정의의 그늘 아래에서

IN THE SHADOW OF JUSTICE
: Postwar Liberalism and the Remaking of Political Philosophy
by Katrina Forrester
Copyright ⓒ 2019 by Princeton University Press
All rights reserved.

No part of this book may be reproduced or transmitted in any form or by any means, electronic or mechanical, including photocopying, recording or by any information storage and retrieval system, without permission in writing from the Publisher.

Korean translation copyright 2025 by Humanitas Publishing Company
Korean translation rights arranged with Princeton University Press
through EYA (Eric Yang Agency)

이 책의 한국어판 저작권은 EYA (Eric Yang Agency)를 통해
Princeton University Press와 독점 계약한 후마니타스(주)에 있습니다.
저작권법에 의하여 한국 내에서 보호받는 저작물이므로 무단 전재 및 복제를 금합니다.

정의의 그늘 아래에서 : 전후 자유주의와 정치철학의 재탄생

1판1쇄 | 2025년 5월 19일

지은이 | 카트리나 포레스터
옮긴이 | 공민우, 박광훈, 오석주

펴낸이 | 안중철, 정민용
편집 | 윤상훈, 이진실

펴낸곳 | 후마니타스(주)
등록 | 2002년 2월 19일 제2002-000481호
주소 | 서울특별시 마포구 신촌로14안길 17, 2층 (04057)
전화 | 편집_02.739.9929/9930 영업_02.722.9960 팩스_0505.333.9960

블로그 | blog.naver.com/humabook
엑스, 페이스북, 인스타그램 | @humanitasbook
이메일 | humanitasbooks@gmail.com

인쇄 | 천일문화사_031.955.8083 제본 | 일진제책사_031.908.1407

값 38,000원

ISBN 978-89-6437-476-4 93300

정의의 그늘 아래에서

전후 자유주의와 정치철학의 재탄생

카트리나 포레스터 지음

공민우·박광훈·오석주 옮김

후마니타스

차례

8 한국의 독자들에게
13 한국어판 추천사

15 들어가는 말
37 1장 정의의 형성
97 2장 의무들
149 3장 전쟁과 책임
199 4장 새로운 평등주의자들
257 5장 세계를 향해 나아가다
307 6장 미래라는 문제
359 7장 신우파와 좌파
415 8장 철학의 한계
465 나가는 말

479 감사의 말
485 옮긴이 해제
506 주
622 찾아보기

일러두기

- 본문의 대괄호([ ])와 각주는 옮긴이의 첨언이며, 아라비아숫자로 매긴 미주는 지은이의 것이다.
- 원문에서 강조하기 위해 이탤릭체로 표시한 곳은 드러냄표로 처리했다.
- 인용된 문헌의 국역본이 존재할 경우 대괄호 안에 인용 부분의 해당 쪽수를 병기했으나 기존 번역을 그대로 따르지 않은 경우도 있다.
- 인터넷 주소가 인용 출처인 경우 2025년 4월을 기준으로 검색 여부를 확인해 연결되지 않거나 사라진 주소는 삭제했다.
- 단행본, 정기간행물은 겹낫표(『 』), 편명, 논문, 신문 기사 등은 홑낫표(「 」)를 사용했다.
- 외국어 고유명사의 표기는 국립국어원 외래어표기법 및 관련 용례를 따랐으나 일부 굳어진 표현은 그대로 사용했다.

어머니,
아버지,
그리고 제이미에게

한국의 독자들에게

이 책은 20세기 후반 영미권 자유주의 정치철학의 변모를 다룬 책이다. 이 책에서는 존 롤스가 쓴 『정의론』의 기원을 다룬다. 그리고 "자유주의적 평등주의"라는 이름으로 알려진 자유주의 정치철학이 탄생하는 가운데 『정의론』이 어떻게 수용되었고, 견고한 위상을 갖게 되었으며, 정전이 되었는지를 탐구한다. 이 책은 또한 사회적 조건과 정치철학 사이의 변화하는 관계에 관한 책이기도 하다. 제2차 세계대전 이후 미국에서 특정한 형태의 자유주의 정치철학이 어떻게 등장했는지, 그리고 전후 복지국가 체제에 금이 가면서 그 철학이 어떻게 변모했는지에 대한 이야기가 이 책의 내용을 이룬다. 『정의의 그늘 아래에서』를 쓰면서, 나는 롤스의 이론과 신롤스주의1 정치철학이 부상한 역사를 정리하는 작업이 사상이 가진 이념적·정치적 힘, 이론과 실천 사이의 관계, 시간의 흐름에 따른 사상의 변화에 관한 다양한 질문을 제기하는 데 도움이 되리라 생각했다.

사회적 조건과 정치철학 사이의 변화하는 관계를 어떻게 봐야 할까? 이 물음에 대해 이 책에서 내가 내린 답은 매우 특정한 역사적 맥락에서 제시된 것이다. 이 책의 출발점은 미국(그리고 영국)의 전후 자유주의 그리고 1970년대 신자유주의 혁명과 함께 일어난 자유주의의 변모에 대한 관심이다. 이들 국가의 전후 질서는 향수를 불러일으킬 만큼 평등주의적이고 사회민주주의적이지는 않았다. 하지만 탈산업화와 자본시장의 세계화, 민영화의 심화, 새로운 작업장 규율 등을 특징으로 하는 1970년대 이후 고도로 금융화된 자본주의 시대와는 분명한 차이가 있었다. 전후 자유주의의 위기 직전에야 지배적인 위치를 점하게 된 자유주의 정치철학 — 전후 자유주의의 관심사들을 상당 부분 반영하고 있었던 — 의 역사를 이해하는 데 이런 변화는 어떤 의미가 있을까? 새뮤얼 모인을 비롯한 몇몇 지성사 학자들은 복지국가가 쇠퇴하던 가운데 자유주의적 평등주의 정치철학이 부상한 것은 아이러니하다고 혹은 비극적이라고 주장한다. 롤스의 이론이 복지국가 시대에 대한 '미네르바의 부엉이' 역할을 하고 있다는 것이다.[2] 이 책에서 나는 그와는 다른 주장을 하고 싶었다. 나는 자유주의 정치철학의 역사를 하나의 "유령 이야기"로, 그 이론이 묘사했던 조건들이자 그 이론이 등장할 수 있던 조건들이 사라진 후에도 롤스의 이론이 "유령처럼" 살아남았다고 이해한다.[3]

이 "유령 이야기"는 두 가지 다른 구성 요소를 가지고 있는데, 내가 볼 때 이 이중적 성격이야말로 이 책의 가장 중요한 역사적 주장 가운데 하나다. 첫 번째 유령은 바로 롤스의 이론이다. 즉, 나는 롤스의 이론이 다른 시대로부터 온 영혼[정신]처럼 기능했다고 주장한다. 그의 이론은 전후 세대의 다른 자유주의 이론들과 많은 부분을 공유했다. 그러나 『정의론』이 출간되고 그것이 중대한 철학적 사건으로 받아들여질 무렵에는, 롤스의 이론을 뒷받침하는 가정들은 일종의 이상화를 거쳐 다른 시대에서도 탄력성을 발휘할 수 있게 되었다. 롤스의 이론은 복지국가의 위기를 견뎌 냈던 것이 아니라, 오히려 그 위기 때문에 자리를 잡았다. 그 이론은 무질서 속에 철학적 질서를 제공함으로써 새로운 자유주의적 합의와 새로운 타협주의 정치의 토대를 마련하고, 무너지고 있던 사회 세계의 정당성을 옹호하며, 그 세계를 [해체하는 대신] 개혁하고자 했다. 『정의론』을 뒷받침하던 가정들이 현실과 맞닿아 있는 진단을 해 줄 수 있는 이론으로서 의미를 지녔던 때는 지나갔지만, "롤스의 이론"만큼은 향수와 소망이 투영된 지적 공간으로 남았다.

이런 방식으로 기능하는 두 번째 유령의 이름은 "전후 자유주의"다. 여기서 전후 자유주의는 전후 미국의 사회적·물질적 조건을 정당화하고 재현하기 위해 등장한 이데올로기적 구성물을 가리킨다. 내가 이 책에서 제안하는 바는 롤스의 저서가 일종의 철학적 '원점'이 되면서 이 사회적 기반[과 철학의 관계]이 모호해졌다는 것이다. 철학적 논쟁에 붙여진 적은 거의 없었지만, 그 배경 조건들이 사라져 가는 와중에도 전후 자유주의라는 유령은 정치철학을 떠나지 않았다. 이는 롤스의 이론 — 전후 자유주의의 개혁적 성향의 전형으로 처음 정식화되었던 — 이 가진 가장 큰 매력이 바로 그의 이론에 상당한 힘과 권위를 부여한 자유주의 철학자들에게 위로와 위안을 제공한다는 것이었음을, 이 이론이 파열을 겪고 있던 자유주의를 대표하는 것으로서 의미를 지녔음을 뜻한다. 정치가 오른쪽으로 이동함에 따라 롤스 이론의 위상은 좌파 자유주의를 대표하는 것으로, 20세기 중반을 지나 살아남은 위대한 이론으로서 공고해졌다.

그렇다고 해서 롤스의 자유주의가 "현실 정치"와 완전히 분리된 것은 아니었다. 오히려 롤스 이후의 정치철학자들은 공공 문제 영역으로서의 정치에 대한 분석을 통해 매우 특별한 방식으로 정치적 실천에 관여했다. 롤스가 전후 시기에 한 추상적 사고들이 자유주의적 평등주의의 토대들로 살아남은 것과 동시에, 공공 문제에 대한 연이은 관심은 많은 정치철학자들이 경험적 주제와 단기적 정치 변화를 다루는 방식을 형성했다. 무엇이 공공 문제로 간주되는지는 어떤 정치적 사건을 철학의 연구 대상으로 삼을 만한 가치가 있는지, 그리고 무엇이 정치로 간주되는지에 대한 자유주의적 방침에 의해 주조되었다. 베트남전쟁과 워런 연방대법원 이후의 시기에, 정치는 제도적 규제, 법원에서 다뤄지는 헌법적 사안들, "응용 윤리학"의 이름으로 분석할 수 있는 문제들과 동의어가 된 터였다. 이런 가운데 계급

권력이나 사회적 적대의 정치는 시야에서 사라졌다. 사회운동, 작업장, 섹슈얼리티, 탈식민화 등의 문제는 법적 규제의 대상인 일부 사안들을 제외하면 자유주의자들이 생각하는 [정치에 대한] 이 같은 그림에 쉽게 들어맞지 않았다. 이렇게 롤스의 추상적 사고 틀과 도덕적·정치적 탐구에 대한 문제 풀이 중심의 접근법의 결합은 정치철학자들이 사회적·정치적 삶, 특히 사회와 정치의 변화를 이해하는 방식에 일련의 영향을 미쳤다. 롤스주의자들은 한편으로는 사회제도와 분배 정의의 관점에서 정치 영역을 사고하고, 다른 한편으로는 개인의 도덕적 책임과 의무라는 틀에서 정치적 행동을 사고했기 때문에, 그들이 가진 개념적 장치로는 더 큰 규모의 사회 변화를 설명할 수 없었다.

이 모든 요인이 20세기 후반에 등장한 사회적 변화들 ― 금융화와 국제 자본시장의 변화에서부터 행정국가의 민영화 확대와 가족-가구 구조, 섹슈얼리티, 젠더의 변화에 이르기까지 ― 에 대한 롤스주의자들의 부주의를 야기했다. 자유주의적 평등주의는 그것이 수반하고 있는 현실 사회 진단과 거의 분리된 채 독립적으로 존재하는 규범 이론이 되었다. 이와 같은 비판적 시각에서 자유주의 정치철학의 역사를 서술한 나의 목표는 철학적 자유주의의 한 헤게모니적 형태가 부상하는 과정을 그리고, 미국의 자유주의적 평등주의가 궁극적으로 전후 자유주의 이데올로기에 철학적 정당화를 제공했음을 보여 주는 것이었다. 일각에서는 자유주의적 평등주의를 다른 ― 자주 더 급진적인 ― 목적을 위해 활용하기도 했지만, 적어도 롤스주의는 그런 대안적 희망들과 가능성들을 제약하고 규율했다. 그 결과 자유주의적인 미국 사회에 대한 애매한 긍정에 기반해 창안된 롤스주의 철학은 오늘날 비판적 힘을 거의 발휘하지 못하고 있다.

『정의의 그늘 아래에서』가 출간된 이후 몇 년을 보내면서, 나는 자유주의적 평등주의가 급진적 목적을 위해 재배치될 수 있다는 롤스주의자들의 주장에 대해 더욱 회의적이게 되었다. 나는 이론가들이 롤스주의의 도구를 사용할 경우 정의론과 전후 자유주의 이데올로기의 그늘 아래에 있게 된다는 주장을 고수하고자 한다. 그러나 나는 이 비판적 역사의 핵심 의의가 일종의 지반 다지기 기능을 하는 데 있다고 본다. 오늘날 철학의 접근 방식을 낯설게 함으로써, 정치 이론가들 및 철학자들에게 정치 이론이 어떻게 달리 사유될 수 있는지, 정치 이론이 어떤 다른 질문을 제기할 수 있는지, 그리고 이론이 실천과 어떤 다른 관계를 맺을 수 있는지를 고려하도록 함으로써 말이다. 이런 작업에는 사회·정치 이론의 다른 전통들과 오랫동안 정치철학의 주류에서 밀려나 있던 많은 대항-헤게모니적인 이론화의 유형들을 살펴보는 것도 포함된다. 그래서 현재 작업 중인 연구에서 나는 어떤 이론적·실천적 도전이 우선시되어야 하는지 또는 이론과 실천이 어떤 관계를 맺어야 할지에 대해 마르크스주의-페미니즘 전통이 [롤스주의와는] 근본적으로 다른 이해를 제공한다는 것을 탐구하고 있다.

    이렇게 볼 때 『정의의 그늘 아래에서』는 특정 역사를 다루고 있지만, 사상과 정치에 대한 훨씬 더 일반적인 물음들을 던지는 책이다. 우리가 물려받은 개념적 범주들 가운데 어떤 종류의 것들이 오늘날의 정치 상황을 이해하는 데 도움을 줄 수 있을까? 롤스 자유주의에 관해 이야기하면서 내가 관심을 두었던 것은 공간보다는 시간을 가로지르는 사상의 흐름이었다. 롤스의 사상이 [한국을 비롯한] 미국과 유럽 외의 지역에 어떻게 전해졌는가는 내가 던지지 않은 물음으로 남아 있다. 그렇지만 나는 한국어 번역본의 독자들이, 정치사상이 어떻게 그것이 최초로 조물되었던 물질적 조건의 영향을 시간의 경과 속에서 간직하는지 탐구한 이 책에서 유의미한 통찰을 발견할 수 있기를 바란다.

한국어판 추천사

이우창

(한국방송통신대학교 문화교양학과 조교수)

내가 지성사 공부에 막 입문했을 때 카트리나 포레스터는 갓 박사과정을 마쳤음에도 불구하고 이미 케임브리지 학파에서 기대와 주목을 받는 학자였다. 물론 포레스터 본인의 영민함이 한몫했겠지만, 그의 작업이 다른 누구도 아닌 존 롤스를 지성사적으로 다룬다는 사실 자체가 주는 충격이 있었다. 정치철학·정치사상 연구의 비역사적인 경향에 대한 비판이 케임브리지 학파의 주요한 과제 중 하나였다고 할 때, 롤스는 그 대척점에 있는 분석적이고 규범적인 정치철학을 대표하는 가장 중요한 철학자였다. 정치사상사 연구자들이 오랫동안 꿈꾸어 온 과제와의 정면 승부에 뛰어든 포레스터의 작업이 기대와 호기심을 불러일으킨 것은 당연하다.

2019년 마침내 출간된 『정의의 그늘 아래에서』는 학계의 예상을 훌쩍 뛰어넘는 야심 찬 작업이었다. 포레스터는 단순히 롤스를 역사적으로 충실하게 탐구하는 정도에 만족하지 않는다. 그는 롤스의 철학적 토대를 형성했던, 동시에 롤스의 철학을 통해 근본적으로 재편성된 1940년대부터 1980년대까지의 사상적 세계를 재구성하는 더욱 거대한 작업에 뛰어든다. 학부 시절의 원고부터 다른 학자들과 주고받은 서신까지 롤스가 남긴 문헌에 대한 철저한 검토를 바탕으로 책은 그가 당대의 수많은 정치적·사회적 쟁점과 대면하며 자신의 사유를 계속해서 다듬어 간 족적을 추적하고, 이를 통해 현대 영미 정치철학의 패러다임이 구축되는 과정을 세밀하게 재구성한다.

그와 함께 저자는 현대 영미 정치철학이 롤스의 근본 전제가 형성되었던 1940, 50년대의 산물임을 지적하며, 그것이 과거와는 너무나 다른 문제들을 직면하고 있는 오늘날의 세계에 얼마나 유효할지 묻는다. 이런 점에서 『정의의 그늘 아래에서』는 연구 대상에 대한 사려 깊은 존중과 날카로운 비판을 함께 선보이는 일급의 지성사 연구라고 할 수 있다.

『정의의 그늘 아래에서』가 역자들의 오랜 고민과 노고에 힘입어 매끄러움과 사유의 힘을 아울러 간직한 뛰어난 국역본으로 한국의 독자들을 만날 수 있게 된 것은 정말 반갑고 기쁜 일이다. 단순히 개별 철학자에 대한 판에 박힌 해석을 넘어 영미 정치철학자들이 어떤 논쟁의 맥락에서 무슨 입장과 전략을 취했는지에 대한 사상적 지도를 재구성하고자 하는 독자, 현대 영미 정치철학에 대한 비판적 이해를 원하는 독자는 반드시 이 책을 읽어야 한다. 높은 관심에 비해 정작 미국을 그 내면에서부터 깊이 있게 이해하는 사람은 드문 한국의 상황에 비추어 볼 때, 포레스터의 책은 현대 미국의 사상에 접근하고자 하는 독자가 고를 수 있는 가장 좋은 선택이기도 하다. 무엇보다 우리에게 파편적으로만 주어져 있는 정치적·법적·정책적 의사 결정의 논리를, 좀 더 근본적으로 현대 정치의 언어를 그 토대에서부터 돌아보고 싶은 이들에게 이 책은 반드시 통과해야 하는 저작이 될 것이다.

들어가는 말

오늘날 영미권의 정치철학은 자본주의 복지국가 내에서의 정의, 평등, 시민의 의무에 대한 자유주의적 관념들과 긴밀하게 연결되어 있다. 대체로 그것은 또한 정치철학의 임무, 즉 정치철학자는 어떻게 작업하고 무엇을 목표로 해야 하는지에 대한 특정한 입장과도 연결되어 있다. 정치사상사 속 여러 시공간에서, 정치철학자들은 역사의 흐름이나 유토피아에 기대어, 또는 개혁·혁명의 주체로 상정된 특정 집단들이나 행위자들에게 호소함으로써 정치적 변화를 정당화하곤 했다. [하지만] 오늘날의 자유주의 정치철학자들은 정치와 제도가 정의라는 이상에 부합하기 위해서는 어떤 방향으로 나아가야 하는지 이해할 수 있도록 설계된 일반 도덕 원칙에 호소함으로써 현실 세계에 대한 윤리적 판단을 내린다. 정치철학에 관한 이런 주류적 입장은 일반 도덕 원칙에 따라 개혁이 이루어지면 우리 사회가 더 나아질 것이라는 신념에 기반하고 있다. 이런 입장의 주창자들은 자신들이 개념 어휘를 공유하는 공동의 지적 기획에 참여하고 있다고 생각한다. 그들은 더 정의롭고 평등한 제도 아래에서 이뤄지는 사회적 삶에 대한 자신들의 철학적 비전이 우리를 [더 나은 미래로] 인도할 수 있기를 희망한다.

20세기 중반에는 정치철학이 도대체 무엇이고 무엇을 할 수 있는지 여전히 불분명했다. 정치철학의 핵심을 이루는 도덕 원칙이나 철학적 논쟁의 기본 조건들에 대한 합의가 부재했다. 또한 정치철학이 어떤 종류의 정치를 상상하는지, 이를 실현하기 위해 무엇이 필요한지에 대한 일관된 이해도 없었다. 20세기 중반과 21세기 초 사이 어느 시점에, 정치철학이라는 관념 자체가 변형되었다. 이때 일련의 관념들이 "자유주의적 평등주의"로 알려진 사조로 일관되게 정리되었다. 그리고 평등주의적 분배 정의 이론이 제도를 사고하는 지배적 방식이 되었다. 자유주의적 평등주의와 그 정의 이론에 비판적인 이들조차 그것을 언제나 언급할 수밖에 없었다.

이 책은 20세기 후반부에 자유주의 정치철학이 변화하는 과정을 역사적으로 추적한다. 여기서는 어떻게 전후 시대에 탄생한 이 이론이 다른 시대에 이르러서는 정치를 이론화하는 지배적 방식이 되었는지, 그리고 그것이 탄생하고 오랜 시간이 지나 새로운 역사적 상황이 도래했음에도 불구하고, 여전히 영미 정치철학을 규정하고 있는지를 다룬다. 1971년, 미국의 자유주의 분석철학자 존 롤스는 『정의론』A Theory of Justice을 출판했다. 이 책에서 롤스는 정의 이론의 장치를 설계했고, 향후 그것은 미국과 영국을 비롯해 세계 각국에서 철학자와 정치 이론가들이 정치를 이론화할 때 사용하는 지배적인 개념들이 되었다. 롤스에 따르면, 한 사회가 정의로운 사회가 되기 위해서는 불평등이 매우 제한되고 모두가 그 사회의 유지에 이해관계를 가지는 "재산 소유 민주주의"로 재조직되어야 했다.

롤스의 이론은 정치철학의 지형과 언어에 지대한 영향을 미쳤다. 『정의론』이 출판된 지 갓 10년이 되었을 때, 한 참고문헌 목록에 따르면 롤스의 사상과 관련된 2512개의 연구서와 연구 논문이 존재했다.[1] 추종자들에게 롤스는 그들의 수호성인이자 분배 정의에 관한 평등주의적 이상을 꿈꾼 선각자이다. 비판자들에게 그는 합리적 선택 및 결정 이론의 도구들을 활용하고, 개인을 자기 이익을 추구하는 경제주체이자 자율적인 도덕 인격으로 상정한 신칸트주의적 개인주의자이다. 그들은 롤스가 자유주의 복지국가를 철학적으로 정당화하거나 심지어 미국을 자유와 시민적 자유의 나라로 무비판적으로 상정한 채 현 상태를 보수적으로 옹호한다고 본다. 그러나 옹호자와 비판자 모두 롤스로 말미암아 정치철학이 다시 태어났다는 점에는 의견을 같이한다. 철학적 자유주의는 롤스와, 정치철학은 전후 미국의 자유주의와 동일시되었다. 롤스식 정치철학에 반대하는 사람들조차도 그것에 의해 조형造形되었다. 20세기 말에 이르자 영미권 정치 이론가들은 모두 정의 이론의 그늘 아래에서 작업했다.

전후 자유주의 정치철학이 겪은 변화는 흔히 철학의 성공 신화로 묘사된다. 특히 이야기의 주체가 정치철학자일 때 그러하다. 정치철학자들은 20세기 중반 정치철학이 사망했다가 롤스의 『정의론』 출판을 계기로 부활했다는 서사를 제시한다. 이런 서사에 따르면, 제2차 세계대전은 철학자들로 하여금 더는 정의나 유토피아를 사고할 수 없게 했다. 정치 이론의 종언이라는 선언도 내려졌다.[2] 그러나 롤스로 말미암아 모든 것이 변했다. 즉, 그의 책 덕분에 규범 이론이 부활하고 정치사상이 재발견될 수 있는 튼튼한 기반이 마련되었다. 정치철학자들, 그리고 많은 경우 정치사상사 연구자들에게, 1971년은 20세기 후반기 자유주의에 있어서 주요 철학적 사건이 일어난 해로 여겨져 왔다.[3] 하지만 이 시점이 전후 질서에 일어난 엄청난 변화의 흐름과 맞물려 있다는 것을 더 이상 무시할 수는 없다. 많은 역사학자에게, 1970년대는 자본주의 복지국가의 정치적·경제적 성과 덕분에 우위를 점했던 사회적 자유주의가 붕괴한 시점이기도 하다. 이 시기에 자본주의 복지국가들은 엄청난 재정 위기와 정당성 위기에 봉착했다. 권리 기반의 개인주의와 신자유주의의 부상은 공익에 대한 기존의 이해를 뒤집고 공공선에 대한 생각을 파편화했다.[4] 사회 자유주의의 이 같은 변혁에 비추어 볼 때, 복지국가에 대한 위대한 철학적 옹호라고 알려진 롤스의 이론은 사실 복지국가 위기의 전야에 등장했다. 그것은 죽어 가는 복지주의 이데올로기의 마지막 숨소리였

으며, 지나간 시대로부터의 외침이었다.5

이 책은 다른 방식으로 정치철학의 역사를 서술해 내고자 한다. 철학의 죽음과 부활은 일종의 성공 신화이다. 그러나 정치철학의 역사는 롤스의 이론이 그것이 원래 설명하고자 했던 역사적 현실이 사라져 버린 이후에도 유령과도 같이 배회하는 이야기로도 서술할 수 있다. 20세기 말 자유주의 철학의 변화는 롤스로부터 시작했으나, 그 시작점은 [『정의론』이 출판된] 1971년이 아니었다. 사실 롤스의 자유주의는 [1970년대의 미국이 아닌] 다른 시대의 산물이었다. 그것은 절대로 복지국가를 단도직입적으로 옹호하지 않았다. 그것은 또한 자유주의가 모순으로 가득 찬 시기에 만들어졌다. 제2차 세계대전 직후 최전성기 때에도, 미국 자유주의는 사실 제한적이고 배타적이었다.6 전후 미국 자유주의는 또한 1970년대 정치 질서의 격변을 특징지을 여러 관념들을 내포하고 있었다.7

롤스의 이론은 그동안 잊힌 윤리학의 세계와 롤스의 그림자 속에 오랫동안 은폐되어 온 이데올로기적 전투들로부터 기원했다. 부분적으로 기원의 망각과 은폐는 롤스 스스로가 일종의 모범으로서 이끈 철학의 "더 높은 차원의 추상화" 덕분에 가능했다.8 현대 자유주의 철학의 지적 토대를 처음 쌓을 때, 롤스는 자유주의를 둘러싸고 수십 년간 이어진 정치적·경제적 논쟁을 대거 참조했다. 이 가운데 일부만이 복지국가와 관련 있는 논쟁이었다. 우리가 오늘날 자유주의적 평등주의라고 부르는 이론은 전후 자유주의의 특정 집합체 constellation와 그 유산을 반영하고 있다. 그러나 이 모든 것을 롤스 홀로 만들어 낸 것은 아니었다. 자유주의적 평등주의의 부상을 가능케 한 사회적 조건은 전후 시대와 1960년대에 마련되었는데, 부분적으로 그것은 베트남전쟁이 냉전 대학*에 있던 젊은 세대의 도덕·정치철학자에게 끼친 영향과 관련이 있다. 1970년대와 1980년대에 이르러 자유주의적 평등주의는 정치철학자와 현실 정치를 매개하는 이론으로 자리 잡았다.

정치철학의 재탄생을 이해하기 위해서는 그 역사적 기원으로 되돌아가 철학적 논쟁을 촉발한 정치적 사건들과 관념들이 무엇인지 규명하며, 그것이 언제 어떻게 형성되었는지 탐구해야 한다. 20세기 후반에, 자유주의 "공공 문제" 철학이라는 독특한 접근 방식의 정치철학과 자유주의적 평등주의라는 독특한 이론이 지배적인 위치를 차지하게 되었다. 그리고 이를 통해 정치철학자와 현실 정치 사이의 관계는 이전과 다른 모습을 띠게 되었다. 이 책은 그런 변화와 그것이 공고해지는 과정을, 그리고 새로운 정치철학의 접근법과 이론이 지닌 정치성을 조명한다. 또한 이 책은 그런 정치성이 무엇을 포함했고 무엇을 배제했는지, 그리고 『정의론』 출간 이후 시기 동안 철학적 재탄생과 해석으로 그 정치성이 어떻게 은폐되었는지 살펴본다. 철학이 세계를 개선할 수 있다는 신념의 부활 그리고 정의와 사회적 삶에 대한 철학적 비전은 모두 구체적인 역사적 상황과 제약의 산물이었다. 이 책이 앞으로 살펴볼 이야기는 오늘날 우리에게는 낯선 세계로부터 이 같은 믿음과 구상이 어떻게 등장했고 그것의 부상이 우리의 세계를 어떻게 주조했는지에 관한 이야기이다.

• 냉전 대학은 20세기 중반에 냉전과 함께 등장한 미국의 연구 대학 모델이다. 미국의 '안보 국가'national security state 그리고 민간 학술·연구 재단의 대규모 투자와 지원 속에서, 유수의 미국 대학들은 전문 지식을 생산하고 연구자와 기술 관료를 양성해 내는 것을 목적으로 재탄생했다. 냉전 대학에 대한 연구는 이제 매우 방대하다(1장 미주 28과 31 참조). 시간이 지났지만 여전히 유효한 개괄로는 다음을 참조. David C. Engerman, "American Knowledge and Global Power", *Diplomatic History* 31, no. 4 (Sep. 2007): 599-622.

***

이 책은 대공황과 제2차 세계대전 이래로 자유주의의 본질을 둘러싼 논쟁이 특정 형태로 전개되어 온 20세기 중반 미국에서 출발한다. 1930년대, 상당수 자유주의자들은 개혁의 범위를 둘러싸고 갈등하면서도 복지국가라는 이상을 실현하기 위해 국가계획을 지지한다는 점에서 노동자들 및 진보주의자들과 공통점이 있었다.[9] 제2차 세계대전이 종결될 무렵, 정부에 대한 신뢰는 매우 두터웠다.[10] 그러나 미국 밖의 전체주의는 동시에 국가에 대한 경계를 불러일으켰다.[11] 전후 시대, 행정국가와 뉴딜 질서에 회의적이었던 자유주의자들은 수십 년 동안 국가의 확장으로 말미암아 새로운 규범으로 자리 잡은 국가계획과 정치적 통제 없이 자유와 평등의 가치를 지키는 것이야말로 자유주의의 책무라고 여겼다. 그 결과, 국가계획과 개입의 대안을 제시하는 여러 정치 이론과 경제 이론, 즉 다원주의와 시민사회에 관한 정치 이론, 국가에 법적 제약을 가하는 헌정 이론, 계획경제보다는 경제의 안정화를 추구하는 케인스주의적 이론, 자본의 권리만을 보호하기 위해 반反국가주의의 언어를 동원한 제한 국가의 이상이 등장했다. 뉴딜과 제2차 세계대전 이후, 공동체, 법, 결사적 삶, 합의, 시민사회, 도덕에 관한 관념들이 강한 중앙집권 국가를 비판하고 제한된 또는 수용주의적accommodationist 자유주의라는 이름으로 점차 많이 활용되기 시작했다.[12]

롤스가 1940년대와 1950년대 자신의 정치철학을 구상하기 시작했을 때, 그가 마주하고 있었던 것은 이런 관념들이었다. 20세기 중반 정치나 사회에 관한 거대 이론을 고민했던 분석철학자들은 소수였던 반면, 많은 사회과학자들은 사회 "체계"를 분석하고 일반 이론을 발전시키고 있었다.[13] 그런 사회과학의 좀 더 거대한 야망을 롤스는 공유했다. 그의 목표는 개인의 윤리적 삶과 결사체를 보호하는 자유주의를 정당화하는 것과 일반적인 차원에서 여러 관계들과 제도들의 도덕성을 판단할 수 있는 이론을 제공하는 것이었다. 젊은 청년이었던 롤스의 최초 관심사는 인격, 도덕적 가치, 덕성을 강조하는 프로테스탄트 공동체주의 윤리였다.[14] 곧 그는 반국가주의, 다원주의, 초기 신자유주의 관념은 물론이고 비트겐슈타인과 여러 형태의 관습주의를 활용했다. 젊은 시절 롤스가 보여 줬던 국가와 집단 이익에 대한 회의적 태도로 말미암아 그의 정치적 성향은 주류 자유주의의 합의 바깥에 있었다. 그러나 냉전 반공주의가 최고조에 이르던 순간, 롤스는 왼쪽으로 이동했다. 평등과 사회정의에 관한 영국 노동당 우파 내에서의 토론, 그리고 미국 내 빈곤 담론으로부터 영감을 받은 롤스는 평등과 제도 일반을 이론화하기 시작했다.[15] 점차적으로, 롤스는 전후 사회민주주의적 자유주의에서 시작해 자신의 정의 이론을 구축해 나갔다.

롤스의 이론은 정치철학의 개념 어휘를 전례가 없을 정도로 바꿔 놓았다. 롤스가 이론화 작업을 시작했을 때, 전후 철학자들은 가상적 선택, 규칙, 관행, 원칙 등과 같은 새로운 관념들을 사용하고 있었고, 롤스 또한 예외가 아니었다. 그는 이 관념들을 이용해 자유주의의 새로운 언어를 발전시켰고 자신의 제도적 정의 이론을 위한 개념적 도구들을 만들어 냈다. 그의 이론은 그 유명한 "원초적 입장"과 같이 윤리적 결정 과정에 대한 새로운 접근 방식을 포함했다. 또한 그는 전후 개인과 국가의 실체적 현실을 추상화한 도덕 인격과 "기본 구조"와 같은 새로운 개념들도 포함했다. 롤스는 완전히 새로운 언어를 발명했다. 그리고 20세기 말에 이르면 수없이 많은 책들이 "무지의 베일", "반성적 평형", "중첩적 합의", "차등의 원칙", "이상론과 비이상론", "자유주의적 평등주의"와 같은 개념들을 더욱 정교화했다.

이후 세대의 몇몇 정치철학자들이 롤스의 방법론들과 개념들에

이의를 제기했지만, 나머지 대다수는 롤스의 방법론들과 개념들을 상식과도 같은 것으로 여겼다. 그런데 이들은 전후 미국 사회와 정치의 성격에 대한 특정한 가정을 전제하고 있었다. 롤스의 이론은 1940년대와 1950년대로부터 기원하며, 흔히 알려진 바와 달리 1960년대의 위대한 사회가 아니라 제2차 세계대전의 산물이었다. 롤스의 사상은 전후 시대 초기에 처음 형성된 이후부터 그의 일생 동안 일정하게 유지되었다. 통상적으로 롤스의 저작들은 그의 일생 중 후반부의 관점에서 읽히곤 한다.16 하지만 『정의론』과 『정치적 자유주의』(1993)의 핵심은 재산 소유 민주주의, 민주적 숙의, 안정성, 중첩적 합의에 대한 초기 사상을 정교화한 것이었다. 여러 의미에서 『정의론』은 1971년 롤스의 사상을 순간적으로 박제한 것과도 같았다. 자신의 일생의 마지막에 이르러서야 롤스는 자신이 앞선 시기에 놓친 관념들을 검토했다.

1950년대 말, 롤스는 이미 자신의 이론을 상당 부분 완성했다. 그러나 그는 완성된 정의 이론의 출판을 10년 넘게 미뤘고, 그동안 자신의 핵심 전제들을 수정하지도 않았다. 이 시기 동안 청년 롤스가 읽고 참고했던 전후의 정치·사회 이론들은 폐기되었으며 사회과학의 체계 이론은 비판의 대상으로 전락했다. 신좌파를 시작으로, 1960년대 민권운동과 급진주의 운동 그리고 뒤이어 나타난 1970년대의 물질 위기 material crisis*는 성장과 근대화, 합의, 다원주의 이론들을 향한 의구심을 증폭하기 충분했다.17 그런데 롤스의 이론은 이 같은 변화로부터 큰 타격을 입지 않았다. 이는 특정한 종류의 전후 자유주의가 '철학적 호박' 속에 박제되어 격동의 1960년대를 지나는 동안에도 그대로 보존되었다는 것을 의미한다. 더 나아가, 롤스의 책

• 뒤에 나오지만, 오일쇼크, 스태그플레이션, 금융 세계화에 따른 경제 불안정성의 심화 등 1970년대 경제구조적 위기를 아우르는 표현이다.

이 적극적으로 수용되기 위한 새로운 조건들이 이 시기에 마련되기도 했다.

1960년대에 전개된 시민 불복종, 의무, 전쟁, 책임을 둘러싼 논쟁 속에서, 새로운 세대의 사회적 자유주의 정치철학자들은 당대의 정치적 곤경이 제기한 윤리적 문제들을 탐구하기 시작했다. 현대 영미 자유주의 철학의 핵심 의제와 주요 관심사는 이렇듯 1960년대의 도덕적 위기 속에서 만들어졌던 것이다. 징병제로 말미암아 베트남 전쟁 문제가 대학가로 침투했다. 그리고 그렇게 철학과 정치가 동기화되었다. 자유주의 철학자들은 다양한 정치적 사건들에 직접적으로 관여하기 시작했고, 사건의 전개 속도와 양상은 곧바로 철학적 토론의 의제와 특성에 반영되었다.[18] 정치철학의 역사 속에서 이 시기는 일종의 변곡점이었다. 자유주의적인 법철학자, 도덕철학자, 정치철학자 들이 롤스를 중심으로 모여들기 시작했다. 이들 가운데는 토머스 M. 스캔런, 토머스 네이글, 로널드 드워킨, 로버트 노직, 마이클 왈저 등이 있었다. 다른 사람들과 함께, 이들은 "공공 문제"에 대한 철학적 연구와 "응용 윤리학"의 유행을 선도했다. 이들은 제도의 정의로움만큼이나 도덕적 행위 주체성에 관심을 가졌다. 얼 워런이 이끄는 연방대법원과 관련해, 권리와 사법권에 대한 논의가 활성화되면서 정치철학자들은 헌법 및 권리 주장의 문제에 더욱 집중했다. 민권운동과 좌파의 반전시위에 대응해, 그들은 시민 불복종과 책임에 대한 새로운 이론을 개발했다. 정치철학자들은 또한 국가의 도덕적 한계를 지정하는 문제에서 벗어나 정치적 행동과 전쟁의 도덕적 한계로 주의를 돌렸다. 왈저의 정전론과 이후 자유주의 철학을 지배해 온 롤스의 시민 불복종에 대한 이론은 바로 이때 등장한 작업들이었다. 또한 롤스의 이론을 중심으로 이뤄진 철학의 대전환을 가능케 한 사회적·지적 조건을 마련한 것도 1960년대의 맥락이었다.

『정의론』이 세상에 나온 1971년은 혼란기가 도래한 때였다.[19]

20년 전 롤스가 제2차 세계대전의 여파 속에서 그랬듯이, 1970년대의 많은 이들 또한 안정을 갈구하고 있었다. 이 시기 독자들은 롤스가 사회민주주의와 인종 자유주의를 옹호하고 있기에 그의 책이 새로운 시대의 요구에 부합한다고 보았다. 1970년대의 위기 속에서, 자유주의 정치철학자들은 분배와 제도의 문제를 중심으로 롤스의 이론에 대한 특정한 해석을 제시했다. 롤스가『정의론』에서 상정한 주요 정치적 가정들은 단단히 자리를 잡았고, 그 범주들은 당연한 것으로 받아들여졌다. 출판 이후 10년 동안 롤스의 이론은 확고한 교리로 자리 잡았으며, 그렇게 자유주의적 평등주의가 탄생했다.

롤스의 제도적 정의 이론은 이후 정치철학적 논쟁의 기본 틀이 되었다. 1974년 로버트 노직이 말했듯이, "정치철학자는 이제 롤스의 이론 안에서 작업하거나 그렇지 않을 경우 그 이유를 설명해야" 했다.[20] 사회과학에서 체계 이론의 시대가 종언을 고한 바로 그 시점에 롤스의 정의 이론은 정치철학에 체계를 제공했던 것이다. 동시대인 위르겐 하버마스의 경우와 마찬가지로, 롤스의 보편주의적이고 규범적인 기획은 포스트구조주의와 포스트마르크스주의적 비판 이론의 도전을 이겨냈다. (물론, 롤스는 좌파적 전통 속에 있지 않았기에 좌파 철학자인 하버마스에 비해 상대적으로 미미한 수준의 도전에 대응해야 할 뿐이었다. 롤스가 마침내 사회주의 좌파와 논쟁을 시작했을 때도 그것은 오로지 외부자의 입장에서 그러했을 뿐이었다.[21]) 그의 정의 이론이 발표된 후 10여 년 동안, 롤스의 동료들, 학생들 및 추종자들은 개별 부분에 이의를 제기할지언정 롤스의 전체적인 틀에 반발하지는 않았다. 많은 독자들에게 롤스의 이론은 [1960년대] 민권운동과 위대한 사회 자유주의를 의미하고 재천명하는 것으로 다가왔다. 하나의 이론으로서, 그것은 분과 학문 사이에 존재했던 오래된 벽을 극복하는 수단이었다. 경제학은 윤리적인 것이 되었고, 분석철학은 정치적인 것이 되었다. 정치철학자들은 사회과학 전반의 도구를 활용해 분배 문제를 해결하는 데 힘썼다. 곧 일부 동료 정치철학자들은 [자신들이 대면한] 정치적 순간에 알맞게 롤스의 정의 이론을 수정하고 발전시키고자 했다. 예컨대, 찰스 베이츠와 브라이언 배리 같은 정치철학자들은 1970년대 국제주의의 맥락 속에서 세계와 미래를 수용하기 위해 롤스 이론의 틀을 시공간적으로 확장했다. 이런 노력으로 탄생한 것이 바로 지구적 정의 이론과 세대 간 정의 이론이었다.

이와 같은 논쟁들은 정치철학과 정치의 관계를 바꾸어 놓았다. 1950년대의 롤스는 전후의 현실을 추상화함으로써 자신의 정의 이론을 구축하기 시작했다. 1960년대의 도덕철학자와 정치철학자는 자신들이 직면한 정치적 사건들에 전략적으로 신속히 반응했으며, 동시에 어떤 상황에도 적용될 수 있는 일반적인 윤리 원칙을 개발하려고 노력했다. 이와 함께 자체적인 기관을 건설하려는 노력도 동반되었다. 정치철학, 정치 이론, 응용 윤리학과 관련된 많은 학술지, 연구소 및 협회가 베트남전쟁 시기에 설립되었다. 롤스의 정의 이론이 발표된 이후, 그의 추종자들은 먼저 그의 이론을 받아들이고 이를 자신들의 정치적 상황에 알맞게 조정했다. 그들은 롤스가 미리 정식화한 일반 원칙 또한 당연한 것으로 내재화했다. 그렇게 자유주의적 평등주의와 함께 철학과 정치의 관계가 역전되었다. 인구문제부터 환경 위기, 세계의 불평등, 신우파의 부상까지 새로운 정치적 문제들이 대두될 때마다 정치철학자들은 종종 롤스의 이론을 그대로 가져왔고 그의 추상적 개념 도구들을 지침으로 삼았다. 롤스의 정의 이론은 이제 정치철학자들과 정치적인 것의 관계를 연결하는 유일한 매개체로 자리 잡았다. 그것은 어떤 윤리적·정치적 문제가 철학적 관심사로 여겨질 만한지 결정하는 자체의 논리를 가지고 있었다. 그 논리는 또한 정치적 차원을 가지고 있었고, 이는 결국 철학의 정치적 방향성을 한쪽으로 치우치게 했다.

왜냐하면 롤스의 이론은 자유주의적 정치관을 수반하는 것이었기 때문이다. 특정한 역사적 순간에 자유주의 철학자들은 자신들의 철학적 관념을 적극적으로 활용해 대안적인 정치 세력과 이데올로기를 공격했다. 1970년대 동안 그들은 좌파의 반식민주의와 사회주의, 우파의 자유지상주의로부터의 공격에 맞서서 자유주의적 평등주의를 수호했다. 상당수의 이론가들이 롤스의 이론적 틀을 훼손하지 않은 채 그 안에 이런 사상들을 수용하려고 했다. 활기찬 좌파 학계의 발전과 더불어, 일부는 마르크스주의로부터 영감을 얻고자 했다. 또 일부는 인권 담론과 신자유주의 사회·경제 이론으로부터 영감을 받아 기존의 정의 이론과 평등 이론에 시장, 권리, 인간성과 같은 개념을 배치하곤 했다. 궁극적으로 이런 작업들은 자유주의적 평등주의 또는 새로운 정치철학의 논리를 보다 확장하고 강화하는 결과를 낳았다. 1980년대에 이르면, 자유주의적 평등주의는 영미 정치 철학계를 지배하는 이론으로 자리 잡았다. 자유주의 정치철학자들은 이제 응용 윤리학, 분배 정의론, 헌법 및 후생경제학에 깊이 관여했다.

그러나 이 같은 새로운 자유주의 패러다임이 승리를 거두는 와중에도 정치철학자들 사이에는 끊임없이 의견 차이가 드러났고, 자유주의 정치철학 진영에 균열이 생겼다. 어떤 면에서 이는 몇몇 정치철학자들이 시대에 따라 변화했기 때문이었다. 예를 들어, 드워킨, 제럴드 A. 코언 등은 롤스의 이론으로부터 벗어나 신우파를 신우파의 언어로써 비평하고자 했다. 신자유주의 정책에 의해 복지국가가 형해화되면서, 정치철학이 [복지국가와 밀접한 관계를 맺고 있던] 롤스주의의 기획으로부터 분리되는 것처럼 보였다. 그러나 이 정치철학자들의 작업은 [롤스의 정의 이론 못지않게] 추상적이었으며 덜 제도주의적인 반면, 잠재적으로 정치적 측면에서는 더욱 급진적이었다. 이런 도전들에도 불구하고 롤스의 정의 이론은 계속해서 정치철학자들의 마음을 사로잡았다. 점증하는 사유화와 금융화의 시대에 국가와 자본주의의 구체적인 변모를 이해하기 위해 자유주의적 평등주의를 재검토하려는 정치철학자는 거의 없었다.[22] 기존의 범주는 그대로 유지되었다. 물론, 분배주의 틀을 과도하게 적용하는 것에 대한 반발은 있었다. 버나드 윌리엄스, 주디스 슈클라, 마이클 샌델, 찰스 테일러와 같은 영향력 있는 비판자들은 인간 본성과 공동체에 호소하며 자유주의 철학에 도전했다. 그러나 이들은 롤스의 이론적 작업에서 배제된 20세기 중반의 관념이나 사상으로 회귀하는 데 종종 그치곤 했다. 이 비판자들은 그들이 비판한 정치사상의 거울상이었던 것이다. [결과적으로] 자유주의 철학의 수용력은 급진적 비판의 가능성을 압도해 버렸다. 롤스의 이론은 하나의 학문을 구축했으며, 좋아하든 싫어하든 자유주의 철학에 포섭된 많은 정치 이론가들과 정치철학자들의 사상을 형성했다.[23] 오늘날까지도 정치철학자들은 정의 이론의 그늘 아래에 머물러 있다.

***

어떤 의미에서 이 책은 미국과 영국, 특히 하버드 대학교, 프린스턴 대학교, 옥스퍼드 대학교와 같은 소수의 엘리트 교육기관에 속해 있는 영향력 있고, 부유하며, 대부분 백인 남성인 분석 정치철학자들의 이야기이다. 이 이야기 속에는 소수의 여성과 그보다 더 적은 수의 유색인종이 등장한다. 모든 주인공이 영국인이나 미국인은 아니지만 모두 영국이나 미국에서 활동했다. 경제학자, 법률가, 정치 이론가의 도움을 받아 이 책의 주인공들은 보편주의적인 자유주의 이론을 구축했고, 이 이론은 그 자신의 독자적인 생명력을 갖게 되었다. 이들은 자신들의 시공간에서부터 출발했다. 지구적인 것에 대해 상상할 때를 제외하고 이들은 거의 전적으로 북미와 서유럽 복지국가에 집중했다. 이들의 철학적 정향은 대체로 영미권 철학자들에 맞춰져 있었으나(물론 철학사에서는 데이비드 흄과 애덤 스미스만큼이나 영국화된 칸트와 헤겔을 읽었다) 자신들의 정치철학만큼은 특정 시공간에 국한되지 않기를 원했다. 이들은 더 많은 사회, 국가, 국제적 영역, 그리고 궁극적으로는 전 지구를 포괄하기 위해 이론을 확장하고자 했다. 또한 과거를 바탕으로 미래를 재구상하고, 정치철학을 가능한 한 보편적이고 제약이 없는 것으로 만들기 위해 시간을 넘나들었다. 이 같은 이들의 노력 각 단계에는 그들의 정치철학이 어떤 종류의 자유주의를 수반할지, 그리고 어떤 형태의 정치가 정당화될지 등과 같은 질문이 핵심적으로 담겨 있었다. 정의의 원칙과 제도에 관한 논쟁을 통해 정치철학자들은 또한 다음과 같은 더 깊은 수준의 관심사에 대한 논의에도 영향을 미쳤다. 즉, 인격과 개인의 본질은 무엇인가? 인간이란 무엇인가? 현대의 불확실성으로부터 인간을 보호하기 위해 제도는 어떤 역할을 해야 하는가? 또한 이들의 제도 이론에는 행위 주체성, 응분, 능력, 책임의 의미 그리고 정치와의 관련성부터 운과 도덕의 관계, 정치적 사고에서 미래와 과거의 의미, 그리고 인간이 내릴 수 있는 선택과 가질 수 있는 통제력의 종류 등과 같은 많은 쟁점들이 걸려 있었다.

　이 책이 서술하는 역사는 (적어도 부분적으로) 이런 사상의 성공에 관한 이야기이다. 이 책의 주인공인 정치철학자들은 20세기 후반에 전 세계적인 영향력을 발휘했다. 그들은 방대한 학문적 파급력을 가진 연구 분야들을 설립했고, 직접적으로는 자신들의 저작을 읽은 경제학자, 법률가 및 정책 전문가를 통해, 보다 간접적으로는 자신들이 가르친 수천 명의 엘리트 대학생을 통해 정치적 권력에 접근했다. 시간이 지나면서 이들의 사상은 더욱더 전문화되어 외부인들이 이해하기 어려운 방향으로 발전해 나갔다. 분과 학문 간 경계가 모호했던 초창기의 냉전 대학에서 정치철학자들은 철학과 안팎의 다양한 이론가들과 논쟁을 벌였다.[24] 1975년 즈음에 이르면, 이들의 대화 상대는 훨씬 더 동료 정치철학자들로만 국한되었다. 그리고 이 시기에 이르면 수많은 정치철학자들이 양성되었다. 대부분은 철학과에 소속되었으나 곧 정치학과와 로스쿨에도 임용되었다. 정치철학자들은 점점 다른 분야의 철학자는 물론이고 특히 정치 이론가들과 스스로를 구분 짓기 시작했다.25 한때 정치학의 하위 분야로서의 정치 이론은 고유한 정체성을 지니고 있었고, 스트라우스주의, 비판이론, 정치사상사, 신좌파, 포스트마르크스주의, 아렌트와 셸던 월린의 민주주의 이론 등과 같이 다양한 전통들을 아우르고 있었다.26 그러나 자유주의 정치철학의 부상 이후 정치 이론가들은 자신의 작업을 롤스주의에 대항해 정의하곤 했다. 때때로 이는 학문적 또는 지역적 구분으로, 개별 이론가가 어디에서 활동하거나 교육받았는지를 반영하는 것이었다. 하지만 어디서든 간에 스스로를 "정치철학자"라고 지칭하는 것은 자신이 롤스의 사상이나 공공 문제 철학에 공감한다는 징표처럼 받아들여졌다.

앞서 밝혔듯이, 이 책의 주제는 현대 자유주의 정치철학이 어떻게 구축되어 왔는지를 살피는 것인 동시에, 정치철학과 정치 사이의 관계를 밝히는 것이기도 하다. 많은 비판자들에 따르면 정치철학과 정치 사이의 간극은 계속 벌어지고 있다.27 자유주의 정치철학은 정책에 더 가까워졌을지 모르나 정치로부터는 점점 더 멀어지는 것처럼 보인다. 아마도 이것은 더 높은 차원의 추상화를 위해 지불해야 하는 대가이거나, 자연과학만큼이나 인문 사회과학 전반에 걸쳐 나타나는 지식의 전문화로 인한 피할 수 없는 결과일 수 있다. 그러나 전문성 또한 정치적임을 잊어서는 안 된다. 자유주의의 대안이 부재하고 역사의 종언이 선언된 냉전 직후의 시기, 당시 지배 이데올로기였던 중도주의적·기술 관료적인 자유주의의 틀 안에서 자유주의적 평등주의의의 도구는 분배 문제에 대한 [구조적이 아닌] 기술적인 해결책을 찾기 위해 활용할 수 있는 보완책으로 받아들여졌다.28 자유주의 정치철학자들의 보편주의적 이상은 이 기술 관료들의 이상보다 훨씬 더 평등주의적이었고 실제로는 거의 공통점이 없었다. 그러나 자유주의 정치철학자들은 기술 관료들과 정치를 초월할 수 있다고 믿는 점에서는 마찬가지로 낙관적이었다.

또 다른 수준에서, 정치는 피할 수 없는 것으로 판명이 났다. 정치철학자들은 다양한 정치적 제약에 자주 직면했다. 여기에 바로 자유주의적 평등주의의 역설이 있다. 한편으로, 롤스의 이론은 정의와 사회 자유주의에 대한 독특하고 상당히 확고한 이상을 제공했다. 다른 한편으로, 그것은 철학에 대한 광범위하고 유연한 관점과 철학의 능력에 대한 자신감을 내포했다. 그러나 확고한 정치적 이상과 유연한 철학적 견해를 지속적으로 결합하기란 매우 난해한 작업이었다. 때때로 후자는 전자를 위협했다. 철학자들이 여러 방향으로 이론을 확장하면서도 자유주의적 평등주의의 핵심 정치적 입장들을 고수할 수 있을까? 자유주의 정치철학자들은 그럴 수 있다고 주장했으나 실제로 그런지는 명확하지 않다. 예를 들어, 1980년대에 정치철학자들은 신우파로부터 시장, 선택, 책임이라는 개념을 차용했는데, 이는 그들이 기존에 중시했던 공동체와 호혜성을 부분적으로 포기해야 하는 위험을 가지고 있었다. 1970년대 탈식민화라는 맥락 속에서 지구적 재분배에 대한 논쟁이 벌어지면서, 일부 정치철학자들은 인류애와 정의라는 개념이 당대의 정치적 담론 속에서 서로 충돌하는 개념임에도 불구하고 모두 추구할 수 있다고 주장했다[이에 대해서는 이책의 5장 참조]. 1950년대와 1980년대 초 영국 좌파가 공동 소유권이라는 사회주의 사상을 평등이라는 가치를 위해 포기해야 할 상황에 놓였을 때[이 책의 1장 참조], 정치철학자들은 현실 정치에서의 양립 가능성과는 별개로 평등과 사회주의에 대한 주장이 개념적으로는 일관되고 양립할 수 있다고 주장하곤 했다. 특정 주장이 반복되거나 다른 맥락에서 재활용될 때, 우리는 그 주장이 최초로 제기된 맥락에서와 달리 새로운 의미를 갖게 되는 것을 보곤 한다. 사회의 정치적 무게 중심이 오른쪽으로 이동함에 따라 일부 정치철학자들 또한 그 중심과 함께 이동하곤 했다. 그리고 중심이 이동함에 따라 자유주의 사상이 의미하는 바도 변화했다. 전반적으로 자유주의적 평등주의는 특히 불평등이 심화되는 시기에 좌파 자유주의의 철학처럼 보였다. [이렇게] 원래 반국가주의 우파로부터 차용되었던 이론은 왼쪽으로 이동하여 뉴딜 자유주의의 철학으로 재창조되었다. 바로 이 자유주의적 평등주의가 [오늘날까지도 영미권의] 철학적 상상력을 여전히 사로잡고 있다.

확고한 정치적 비전이 철학의 유연성을 위협하는 순간 또한 존재했다. (그 자체가 전후 자유주의에 연결되어 있는) 롤스의 이론이 새로운 표준으로 자리 잡은 후, 그것과 양립할 수 없는 사상은 경시되거나 철학적 논쟁으로부터 완전히 배제되었다. 자유주의 정치철학자들은 국가의 본질, 정치적 통제, 집단행동, 법인격 또는 역사에 대한 호소와 관련된 유구한 사상적 전통들을 배제했다. 그들의 개념 선택은 대체로 정치적 함의를 갖고 있다. 특정 이론을 선택하거나 특정 가치 또는 주장을 우선시하는 것은 다른 이론, 가치, 주장을 포기하는 것을 의미할 수 있다. 이런 포기는 특정 개인의 정치적 동기와 관계없이 때때로 집단적으로 구축한 개념적 구조에 갇혀 있게 되어 나타난 결과이기도 하다. 특정한 관점과 주장을 제거하는 것은 의도치 않은 결과를 가져왔고, 종국에는 정치철학의 이념적 유연성을 제한했다. 예를 들어, [파업과 같은] 강제적 요구를 숙의 절차에서 배제하는 철학적 선택은 노동 정치의 쇠퇴를 가져올 위험을 내포했다. 마찬가지로, 특정 역사적 과정과 구조의 규범적 의미를 부정하는 것은 때때로 사회운동, 국가, 제국 또는 자본주의와 같이 오늘날의 세계를 만들어 낸 행위자와 세력을 정의에 대한 논의와 무관한 것으로 축소하는 결과를 가져왔다. 나아가 많은 정치적 갈등[불일치]이 이와 같은 철학적 선택을 통해 설명되거나 정당화되거나, 억압되었다. 마찬가지로 대안적인 정치적 이상들이나 주장들은 완전히 거부되지 않고 자유주의적 평등주의의 패러다임 내에서 길들여지고 수용 — 물론, 그 결과는 그 대안으로서의 힘을 약화하는 것이었다 — 되기도 했다. 후속 세대가 앞선 세대의 논변들을 그대로 차용한 결과, 철학적 패러다임은 개별 이론가들이 의도하지 않았던 정치적 형태를 띠곤 했다.

[확고하게] 고정된 정치적 비전은 다른 방식으로도 자유주의 이론을 제약했다. 롤스는 자신의 이론을 역동적인 것으로 만들려 했을지 모르지만, 실제로는 전후 자유주의의 유령에 붙들려 있었다. 20세기 중반 자유주의 논쟁 속에서 대두한 정치의 본질에 대한 여러 가정들은 롤스의 정의론에 내재되어 있으며, 세계가 변화했음에도 불구하고 이 같은 가정들은 대부분 변화하지 않은 채 유지되었다. 과거의 사상은 이론과 실천의 관계를 매개하고, 그 결과 현재 속에서 긴장을 조성했다. 때때로 정치철학자들은 이 같은 난점들을 직접적으로 해결하고자 했다. 예를 들어, 지구적 정의 이론가들은 국제적으로 새로운 상호 의존의 시대에 부합하도록 롤스의 이론을 수정하고자 했다. [하지만] 많은 경우, 롤스 사상의 확고한 영향력 때문에 정치철학자들은 새로운 변화에 적절히 대응하기가 어려웠다. 롤스 사상의 무엇을 수정하고 개선해야 하는지 항상 명확하지는 않았기 때문이었다. 예를 들어, 국가에 대한 롤스의 관점과, 정의 원칙이 적용되는 사람들에 대한 그의 설명은 국가의 성격과 민주정치의 구성원 및 형태가 변화한 이후에도 계속 받아들여졌다. 정당화에 대한 롤스의 설명은 그로부터 영향을 받은 철학자들에게 그들의 주장을 지속적으로 수정하도록 장려했지만, 기본 구조와 같은 그의 주요 개념들은 그대로 유지되었다. 많은 이들은 또한 전후 자유주의 사상에서 도출된 롤스의 전제를 계속 견지했다. 그 전제란 사회는 합의와 윤리적 합일의 가능성으로 말미암아 존재한다는 것이었다. 이런 [합의주의적]

이상은 미국에서 자유주의 중도가 좌파와 우파에 승리를 거둔 20세기 중반이라는 특정한 역사적 순간을 이상화한 것이었다. 자유주의 철학자들은 정치에 대한 이 같은 합의주의적 비전을 결코 포기하지 않았다. 그것이야말로 철학에 대한 그들의 믿음을 가능하게 하는 것이기 때문이다.

***

이 책은 정치철학의 정치성과 개념 선택의 정치적 함의를 다룬다. 여기서 나는 철학자들이 정치적 사건에 어떻게 대응했는지, 기존의 이론적 선택이 그들을 어떻게 제약했는지, 그리고 이런 선택들이 20세기 사상사에 광범하게 끼친 영향들을 탐색한다. 즉, 이 책의 초점은 자유주의 정치철학의 정치적 입장이 형성된 과정, 정치철학자들이 택하거나 택하지 않은 경로들, 그리고 그 과정 속에서 철학자들이 제기한 여러 질문과 답이 정치철학의 과제, 우선순위, 그리고 경계를 구조화하는 역사에 맞춰져 있다.[29]

1장은 청년 롤스와 그의 연구를 처음으로 촉발한 여러 관념들에서 시작한다. 나는 이 관념들이 1940년대와 1950년대에 롤스의 정의 이론을 형성했음을 설명할 것이다. 2장과 3장은 민권운동과 베트남전쟁이 불러온 자유주의 정치철학의 거대한 전환을 다룬다. 2장에서는 1950년대 말에 시작되어 1960년대까지 이어진 의무와 시민 불복종에 관한 논쟁을 살펴볼 것이며, 이어서 3장에서는 1965년과 1970년대 초 사이에 진행된 전쟁과 책임에 관한 논의를 살펴본다. 4장은 롤스의 『정의론』(1971)이 초기에 수용되는 양상과 1970년대에 자유주의적 평등주의가 구성되는 과정을 보여 준다.

사실, 4장은 이 책 전체 내용의 경첩과도 같다. 앞의 장들에서는 향후 자유주의적 평등주의로 알려질 일련의 작업들이 창조되기 위

들어가는 말

한 조건들은 물론이고 응용 윤리학과 공공 문제 철학의 기원을 살펴본다면, 나머지 장들에서는 새로운 이론이 확장되고 논쟁이 벌어지는 과정과 새로운 평등주의자들의 등장 이후 정치철학 분야에 일어난 변화를 탐색한다. 5장과 6장에서는 자유주의 정치철학자들이 기아, 기본적 욕구, 신국제경제질서, 인구과잉, 환경 변화에 관한 논쟁에 개입하기 위해 자신들의 이론을 어떻게 확장해 나갔는지 다룬다. 이 장들은 지구적 정의 이론, 세대 간 정의 이론은 물론이고, 데릭 파핏의 인구 윤리학과 같이 당대에 새로이 대두한 문제에 대한 영향력 있는 대안적 접근법들이 어디에서 기원했는지 탐색한다. 7장에서는 자유주의 정치철학자들이 좌와 우로부터의 공세에 어떻게 대응했는지 그린다. 이 장은 분석적 마르크스주의와 운 평등주의luck-egalitarianism의 발전 과정을 추적하고 1980년대에 신우파의 여러 사상이 자유주의 철학에 스며들었음을 보여 줄 것이다. 8장은 새로운 공공 문제 철학의 비판자들 몇몇의 면모와 이들의 비평이 어떻게 냉전 이후 자유주의 정치사상을 형성했는지 탐색한다. 여기서 나는 정치 이론가 일반, 심지어 자유주의적 평등주의의 비판자들조차도, 어떻게 "정의의 그늘" 아래에서 벗어나지 못하고 있는지 그려내고자 한다.

    1, 4, 7장은 롤스의 정의 이론과 현대 분배 정의 이론의 형성 과정을 그린다. 이 장들이 다루는 여러 논쟁들 속에서 정치철학자들은 여러 종류의 복지국가 이론과 신자유주의 사상을 맞닥뜨렸으며, 이런 경험으로 말미암아 그들은 1980년대의 신자유주의를 대비하는 동시에 그에 수용적이게 되었다. 2장과 3장은 오늘날 공공 문제 철학자들 사이에서 나타나는 광범위한 접근 방식들이 발전하는 과정을 보여 준다. 정치철학의 제도화는 1970년대 사회민주주의의 정당성 위기가 아니라, 1960년대의 베트남전쟁과 사회운동의 배경 속에서 이뤄졌다. 그러나 롤스의 이론 자체에 중요했던 것은 제2차 세계대전과 전쟁이 창조하고 경계 지은 정치 세계였다. 이 책의 주안점은

전후 정치 세계가 형성한 영국과 미국의 정치철학, 더 자세히 말하자면 옥스퍼드, 하버드, 프린스턴 대학교에서 널리 가르치는 정치철학이다. 이 대학교들에서 현대 영미 자유주의 정치철학은 하나의 독립된 학문 분야로 정착되었다.30

전반적으로 이 책은 장기적인 정치사상사 속에서 롤스와 자유주의적 평등주의가 가지는 위상보다는 정치에 대한 철학적 반응들에 더 주목하고자 한다. 그렇기에 이 책의 목표는 롤스가 칸트, 헤겔, 흄, 시지윅을 어떻게 독해했는지 이해하는 것도, 롤스가 특정 철학서나 전통을 어떻게 읽었는지 설명하고 그를 고전의 반열에 올리는 것을 반박하거나 옹호하는 것도 아니다. 심지어 롤스의 지적 활동과 그의 개념적·철학적·신학적 동기를 설명하는 것조차도 이 책의 목표가 아니다.31 그 대신에 나는 롤스의 이론과 그의 지적 활동이 어떤 정치적 행위였는지를 롤스 자신과 그의 독자들의 눈으로 이해하고 그 결과가 무엇이었는지 파악하고자 한다. 나는 또한 롤스와 그의 동시대인들이 직면했던 담론적 "문제-공간"problem-space이 우리의 것과 어느 정도 다르다고 전제한다. 아무리 우리의 "문제-공간"이 롤스와 그의 동시대인들의 것으로부터 나왔다고 하더라도 말이다. 과거인들이 제기하고 제기할 가치가 있다고 생각한 질문들, 그리고 그 질문들이 내포한 의미들은 과거 고유의 것이며 언제나 오늘날의 우리가 곧바로 이해할 수 있는 것은 아니다.32 정치철학과 현실 정치를 연결하기 위해서는 철학자들이 속한 정치 세계를 면밀히 관찰하고 그들의 직접적인 이데올로기적 맥락을 재구성할 필요가 있다. 롤스가 위치해 있던 이데올로기적 맥락은 인류 역사상 가장 파괴적인 전쟁과 역사상 가장 획기적인 국가 통제의 확장을 경험한 시대, 그리고 그로 인해 과거의 자유주의로 회귀하는 것이 가능하고 바람직하다고 믿었던 이들은 오직 극소수의 사람뿐이었던 시대였다. 우리의 이야기는 여기서 시작한다.

1장
정의의 형성

1971년 『정의론』이 출간되자마자 존 롤스는 영미권의 가장 유명한 정치철학자로 자리매김했다. 엄청난 공을 들여 세심하게 작성한 『정의론』은 롤스 자신의 표현에 따르면 "쪽수뿐만 아니라 다른 의미에서도 매우 방대한 책이었다."[1] 총 600여 쪽, 3부로 이뤄진 이 책에서 롤스는 "공정으로서 정의"에 의해 규정되는 정의롭고 "질서정연한 사회"에 관한 자신의 구상을 풀어 나갔다.

롤스의 『정의론』은 자유주의 사회계약 전통의 부활로 이해되곤 하는데, 이는 그 책의 가장 유명하고도 논쟁적인 개념인 "원초적 입장" 때문이다. "원초적 입장"에서 "인격들"은 사회적 우발성과 자연적 우연으로 인해 가지게 될 자신의 사회적 특징을 알지 못한 채로, 즉 "무지의 베일" 뒤에서 정의로운 사회를 구축하기 위해 모인다고 가정된다. 이때 인격들은 자신의 선택이 우연적 요소에 영향받지 않도록 주의할 것이다. 롤스는 그들이 사회의 정의로움을 판단하는 기준으로 두 가지 원칙을 제시할 것이라고 생각했다. 정의의 제1원칙은 시민의 기본권과 자유를 인정하는 자유의 원칙이며, 제2원칙은 평등의 원칙이다. 평등의 원칙에는 "차등의 원칙"이 포함되는데, 그것은 사회적·경제적 불평등은 최소 수혜자의 이득을 증진하는 방향으로 조정되고 "공정한 기회균등"의 조건 아래에서 모두에게 개방된 공직 및 지위와 결부되어야 한다고 명시한다. 사회는 "상호 이익을 증진하기 위한 협력 체제"로 상상된다. 즉, 사회의 구성원으로서의 상태가 사회의 구성원이 아닌 상태보다 더 큰 이익을 개인에게 제공해야 한다. 정의의 두 원칙은 사회를 구성함으로써 생기는 이익이 공정하고 정의로운 방식으로 분배되도록, 그리고 개인의 소유가 운의 결과가 아니라 사회 안정성을 해치지 않는 수준에서 개인의 노력에 대한 보상으로 존재하도록 보장하기 위해 고안된 것이었다.

자신이 옮긴 병으로 어린 나이에 죽은 형제가 두 명이나 있는 롤스에게 운은 특별한 의미로 다가왔다.2 하나의 이론에 몰두해 자기 시대의 가장 영향력 있는 철학자가 된 만큼, 롤스에게 노력과 보상 또한 특별한 의미가 있었을 것이다. 롤스의 『정의론』이 출판된 후, 롤스의 사상은 그가 의도한 바와 다른 여러 방향으로 확장되고 수정되었다. 그러나 그 모든 출발점은 자유주의의 윤곽이 재구성되는 제2차 세계대전 직후, 즉 전후 시대에 있었다.

일설에 의하면, 20세기 중반 칙칙하고 무미건조한 분석 윤리학계에서 철학자들은 정치보다 옥스퍼드 대학교의 [출입금지 푯말이 있는] 잔디밭을 가로질러 갈지 말지와 같이 사소한 것들에 더 많은 관심을 기울였다고 한다. 그러나 1946년 봄 태평양 전구戰區•에서 3년간의 복무를 마치고 프린스턴 대학교의 박사과정에 진학하기 위해 귀국한 청년 롤스에게 정치란 피할 수 없는 것이었다.3 롤스는 총력전 시대와 그것이 만든 세계를 이해하기 위해 "사회철학"을 연구했다. 자신만의 개념 도구를 마련하기 위해 청년 롤스는 1940년대와 1950년대에 걸쳐 인문 사회과학의 여러 분야들을 탐색해 갔다. 천생 철학자였던 롤스는 흡사 까치처럼 다양한 학문을 섭렵했다. 1950년대 중반, 그는 자신의 학문적 목표를 다음과 같이 세 가지로 상정했

• 1943년 2월 프린스턴 대학교를 졸업한 직후 롤스는 미 육군에 자원입대했다. 그는 일반 보병으로 복무했으며 뉴기니에서의 활약으로 동성훈장을 수훈했다.

다. 첫째, 사회철학은 사회학, 경제학, 역사학, 정치 이론, 법학과 같이 "특정 사실을 일반화함으로써 사회와 인간에 대한 개념을 제공해야 한다. 둘째, 철학의 여타 분야와 마찬가지로, 사회철학은 판단 원칙들의 체계에 관한 것이며 구체적으로는 윤리적 판단의 원칙을 체계화하는 것을 목표로 해야 한다. 셋째, 조지프 슘페터의 표현을 따르자면 사회철학은 "인간과 사회에 대한 포괄적인 그림", 즉 비전을 제공함으로써 사회의 개별 구성원들이 "생생하게" 사회와의 일체감을 느낄 수 있도록 해야 한다.4 이런 세 가지 목표를 향한 롤스의 여정은 전후 자유주의의 이데올로기적 맥락에서 출발했다.

롤스가 자신의 체계를 정교하게 완성했을 즈음, 그의 정의 이론은 너무 복잡한 데다 새로운 개념을 많이 포함하고 있어서 이로부터 그의 의도를 이해하는 것은 어려웠다. 롤스가 철학자로서의 삶을 시작한 1940년대 후반은 자유주의자들이 개인의 자유를 옹호하고, 역설적이게도 롤스의 원숙한 정의 이론의 기저에 놓이게 될 제도, 즉 행정국가*를 비판하는 데 점점 더 집중한 시기였다. 뉴딜과 제2차 세계대전의 여파 속에서, 롤스는 처음에 국가 개입과 계획경제를 제한하는 자유주의에 동조했다. 그는 반국가주의와 다원주의적 자유주의로부터 여러 논지와 비유를 차용했다. 전후 10년 동안, 인간과 사회를 관념화하는 작업에 가장 큰 영향력을 끼친 철학자는 칸트가 아닌 비트겐슈타인, 흄, 토크빌, 헤겔이었으며, 롤스는 재분배 문제만큼이나 행정국가에 권력이 집중되는 흐름을 제한하는 데 관심이 있었다. 윤리적 판단 절차를 체계화하기 위한 롤스의 이론적 작업은 일련의 고민들 — 어떻게 하면 편견과 이데올로기의 영향을 제한하면서 개인 판단의 신성함을 보존할 수 있을지에 대한 — 로부터 비

* 행정국가는 뉴딜 시기를 기점으로 확장된 규제 및 공공사업 기관들, 그리고 좀 더 일반적으로는 입법부가 행정부에 권한을 광범위하게 위임함에 따라 선출된 대표들이 아닌 전문가들과 관료들이 정책을 주도하는 통치 형태를 일컫는다.

롯되었는데, 이런 우려는 20세기 중반의 도덕·정치철학자들이 널리 공유하고 있던 것이었다. 따라서 롤스의 『정의론』은 위대한 사회 시기, 즉 1960년대 미국이 아니라 1940, 50년대 미국의 맥락에서 태동한 책으로 이해되어야 한다. 롤스의 역작의 문제의식은 바로 제2차 세계대전 직후의 시기로부터 비롯되었다.

롤스는 여러 개념들을 새롭게 정립했으며 그의 영향력은 20세기 후반에도 지속되었다. 국가 개입을 필요로 하지 않는 사회에 대한 탐구는 1950년대 초에 이르면 "재산 소유 민주주의" 개념으로 구체화되었고, 이후 이 개념은 사회에 대한 롤스의 이상적 비전을 이론적으로 뒷받침했다. 합의와 숙의에 대한 롤스의 관심과 준헤겔주의적 강조와 같이 많은 사람들이 후기 롤스 사상의 특징(칸트에서 헤겔로의 전환)으로 여기는 개념들이 사실은 이미 1950년대 초에 등장했다.[5] 그러나 롤스는 이런 초기 관심사들 가운데 많은 것을 뒤에 남겨 두었다. 이후 그는 몇 년 동안 정의 이론의 윤곽을 그려 나가며 발전시켰다. 무엇보다도 1952년 옥스퍼드 대학교에서 평등과 사회정의를 두고 벌어진 영국 노동당 내 수정주의의 논쟁을 접하면서 롤스는 정치적으로 좌로 이동했다. 이처럼 롤스의 정치 이론과 그 방향성을 형성하고, 그의 사상이 정치적으로 어떤 역할을 할 수 있을지 보여 준 곳은 냉전기의 미국만큼이나 사회민주주의적이었던 영국이었다. 이 시기 롤스는 정치적 시각을 넓히고 후생경제학과 윤리학뿐만 아니라 사회학 및 도덕 심리학으로부터 영감을 구함으로써 원초적 입장, 기본 구조, 그리고 정의 원칙과 같은 매우 강력한 개념적 틀과 전문용어를 개발해 내는 데 성공했다. 롤스는 전후 자유주의 이념과 제도로부터 도출해 낸 인간과 사회에 대한 비전을 제시하기 위해 적절한 형태의 철학적 개념들을 찾고 있었다. 1950년대 말에 이르면 롤스는 정의 이론의 전체적인 구조를 짜내는 데 성공한다.

***

전후 미국의 자유주의는 이중적인 성격을 가졌다. 대공황의 여파로 사회 및 경제에 대한 국가 통제와 개입의 필요성이 널리 받아들여졌고, 제2차 세계대전과 함께 등장한 전쟁 국가는 상당수의 미국 시민들이 정부의 개입을 그 어느 때보다 정당하다고 생각하게 했다.6 종전 후, 국가 개입에 대한 수용, 급진적 노동운동에 대한 반발, 코포라티즘과 "비강제적인" 문제 해결 방식에 대한 지지를 특징으로 하는 법인 자유주의가 미국 정치의 주요 축으로 자리 잡았다.7 그러나 다른 한편으로 이는 계획경제 및 경제에 대한 국가의 개입을 수용했던 제1차 뉴딜*로부터의 후퇴를 의미했다. 1950년대 "성장 우선주의"를 뒷받침한 케인스주의적 합의는 국가의 역할을 [경제] 안정화에만 국한했는데, 많은 이들은 이를 "개혁의 종언"으로 여겼다.8

국가계획을 통한 재분배로부터의 후퇴는 부분적으로는 반反전체주의의 부상과 "전체주의적인 위협"에 맞서 새롭게 정의된 자유주의의 산물이었다.9 자유주의 사회가 쇠락하고 군국주의 사회가 등장할 것이라는 공포가 확산되었는데, 이 같은 시대적 분위기를 반영하듯 정치학자 해럴드 라스웰은 미국이 "병영국가"**로 변하고 있다고 경고했다.10 이 같은 공포는 반전체주의자뿐만 아니라 뉴딜 개혁에

• 제1차 뉴딜First New Deal은 루즈벨트 행정부가 집권 초기(1933, 34년)에 도입한 일련의 개입주의적인 경제정책을 통틀어 일컫는 말이다. 대표적인 입법 성과로는 긴급은행법Emergency Banking Act, 은행법Banking Act, 농업조정법 Agricultural Adjustment Act, 전국산업부흥법National Industrial Recovery Act 등이 있다. 전국노동관계법National Labor Relations Act, 사회보장법Social Security Act, 부유세 등 좀 더 진보적인 정책들을 추진한 제2차 뉴딜Second New Deal(1935~38년)과 구별된다.

•• 병영국가는 해럴드 라스웰이 동명의 1941년 논문에서 소개한 개념으로, 사회 전반이 군사화됨에 따라 정치-군 엘리트가 지배하는 국가를 의미한다. 기지국가라고도 번역된다.

1장. 정의의 형성

대한 비판자들 사이에서도 제기되었다. 반국가주의자들은 정부의 역할이 "심판" 또는 "자유 기업 체제"의 수호자 역할로 제한되어야 한다고 주장했다. 몇몇 재계 인사들은 미국 사회가 자본주의적 자유와 국가주의적 노예제 사이의 경계에 서 있다고 경고했다.11 "비판적 자유주의자들"은 계획 정책을 거부하고 규제 기관의 힘을 법적으로 제한함으로써 행정국가의 팽창 경향성을 역전하고자 했다.12 불황, 개혁, 전쟁으로 촉발된 1930년대의 노동 정치를 수용해 온 많은 자유주의자들은 노동 급진주의로부터 점차적으로 거리를 두기 시작했다.13 전후 위기를 극복하자, 그들은 권리장전, 즉 "권리들의 헌법"뿐만 아니라, 자유, 법, 헌법 등에 관한 여러 사상을 이용함으로써 대중 정치와 행정 권력에 대항했다.14 1944년 출판된 프리드리히 하이에크의 『노예의 길』이 널리 찬사를 받았던 것은 그가 "제퍼슨주의적인 반국가주의라는 강력한 계보"에 호소했기 때문이었다.15

당대 자유주의 사상가들 가운데 일부는 국가기관의 한계를 판단하기 위한 도덕 이론을 개발하는 데 열중하기 시작했다.16 이는 전간기와 [그 시기에 지배적인 위치에 있던] 혁신주의[진보주의] 이론으로부터의 이탈을 의미했다. 앞선 시기의 뉴딜 국가와 계획경제를 지지하는 많은 법현실주의자, 사회학자, 경제학자, 행정학자가 도덕 규칙과 원칙 대신에 사회적·경제적 "사실"에 호소하며 가치와 사실, 윤리와 과학을 분리했다. 논리실증주의와 그로부터 탄생한 정서주의[정의주의]•는 윤리적인 질문에 대한 연구를 무의미한 연구로 간주했다.17 그러나 그 이후로 행정국가의 비판자들은 전체주의의 원인

• 정서주의(정의주의)는 윤리적 진술이 참, 거짓의 진리치를 가지지 않는, 감정의 표현일 뿐이라고 보는 메타 윤리학의 한 입장이다. 일부 20세기 중반 자유주의 사상가들은 이런 상대주의적 입장이 국가 역할의 과도한 강화로 이어질 수 있다고 보고, 역으로 자연법과 같이 절대적인 기준을 토대로 하는 윤리학을 구축하고자 했다.

이라며, 미국 민주주의 이론의 "상대주의적", 실용주의적, "가치중립"적인 조류에 반발했다.[18] 반전체주의 열풍이 거세지고 심지어 실용주의 철학자 존 듀이마저 "민주주의에 대한 위협"이라고 공격받았던 1940년대 초에 이르면, 수많은 변호사들, 철학자들, 정치학자들이 민주주의적 도덕성이야말로 전체주의로부터 민주주의를 지키기 위한 방벽이라고 주장했다.[19] 이와 함께 자연법 이론이 부흥했다.[20] (국가, 기업, 노동조합에 의한) 정치적·경제적 권력의 집중에 대한 경계가 자유주의의 중심으로 침투해 자리 잡았고, 개인과 결사체적 삶이 중요시되었다. 일부는 하버드 대학교의 자유주의 이론가 칼 J. 프리드리히가 "보통 사람"의 "합리성"에 대한 "믿음"이라고 부른 것을 복원함으로써 새로운 헌정 질서를 세워야 한다고 주장했다.[21] 마찬가지로, 철학자이자 전 식민지 관료였으며, 롤스의 지도 교수인 월터 스테이스는 "개인의 무한한 가치에 대한 믿음"을 공격하는 전체주의로부터 민주주의를 도덕적으로 방어해야 한다고 촉구했다.[22] 반전체주의적 민주주의는 보편적이지만 절대주의적이지 않은 새로운 종류의 "객관적 윤리"를 필요로 했다.

    롤스는 이런 이념들 곁에서 성장했다. 그는 1921년 볼티모어의 부유한 미국 성공회 가정에서 태어났다. 롤스는 1940년대 초 프린스턴 대학교 학부생 시절에 이미 비국가 공동체 속 윤리와 가치의 원천으로서의 개인에 관심을 가졌다. 이런 관심사는 처음에 신학적인 것이었다. 롤스는 도덕성이 국가나 최고선의 선을 추구하는 것에 의해 정의되지 않고, 개인들 사이의 관계에 위치하는 공동체에 대한 비전을 탐구했다.[23] 구원은 사역과 행위로써가 아니라 "인격", 즉 보편적인 도덕 공동체의 구성원으로서 "인정"받음으로써 얻어질 수 있는 것이었다.[24] 한편으로, 롤스는 "자기중심주의"적이며 사회를 원자화된 개인들 간 "교섭"의 결과로 보는 사회계약 전통에 반발했으며, 다른 한편으로는 능력을 기반으로 개별 행위들을 보상하는 펠라기우스주의적 도덕관*에 반발했다. 그 결과, 그는 "인격"을 자신이 추구하는 윤리학의 기본 단위로 삼았다.25 그는 개인이 들어설 여지가 거의 없는 집단주의 이론 그리고 역으로 개인을 사회적 맥락으로부터 추상화하는 개인주의 이론 사이의 공간에 침투해 들어갔다.26 전쟁으로 말미암아 롤스의 관심사는 점차 신학으로부터 멀어졌으나, 롤스의 철학은 여전히 신학의 흔적을 유지했고 여러 측면에서 세속화된 자유주의 프로테스탄티즘의 형태를 취했다.27 롤스가 제대군인원호법**의 지원으로 박사과정을 시작했을 때, 그는 동시대인들과 많은 점을 공유하고 있었다. 즉, 그는 전체주의를 사회과학이 해결해야 할 위기로 파악하고 사회 발전에 대한 설명 기제로서 사회과학의 가능성을 보았다. 롤스는 신이나 국가 없이도 유효한 객관적인 판단 기준을 체계화하고자 했다.

"서양 문명" 교육과정을 신설해 자유주의를 반공주의와 반전체

* 5세기의 브리튼 제도 출신 신학자 펠라기우스Pelagius와 그 추종자들의 도덕관으로, 인간의 의지는 원죄에 의해 오염되지 않았으며, 모든 인간은 신의 은총이 없이도 선과 악 사이에서 선택할 수 있는 완전한 자유의지를 가지고 있다는 입장을 말한다. 이처럼 그는 초기 그리스도교 신학에서, 신의 은총을 부정하며 개인의 자유의지와 개인 책임, 노력을 강조한 인물이었다.

** 흔히 GI 법안G. I. Bill 또는 군복무자 재적응법Servicemen's Readjustment Act으로도 불린다. 제2차 세계대전 참전 군인들에 대한 여러 지원책을 주 내용으로 1944년 제정되었다. 지원책 중에는 롤스가 수령한 대학 장학금뿐만 아니라 직업교육 프로그램, 저금리 사업자 대출, 저금리 주택 담보 대출, 그리고 실업 급여 지급이 포함되었다. 1920년대 출생 남성 10명 중 8명이 GI 법안의 혜택을 받은 것으로 추정되며, 오늘날까지 연방 정부가 단일 이니셔티브로 주도한 사회 보조 프로그램 중 최대 규모로 남아 있다. 하지만 GI 법안의 '평등주의적인' 성과 이면에는 차별과 불평등의 고착화가 존재했다. GI 법안과 인종·젠더 차별과 관련해서는 다음을 참조. Ira Katznelson, *When Affirmative Action Was White: An Untold History of Racial Inequality in Twentieth-Century America* (W. W. Norton & Co., 2005), ch. 5; Margot Canaday, *The Straight State: Sexuality and Citizenship in Twentieth-Century America* (Princeton University Press, 2009), ch. 4.

주의의 "투쟁 신앙"으로 재발명하던 시기에 롤스는 미국 냉전 대학에 입학했다.28 당대의 사회과학자들은 자신들의 학문적 업적이 국익에도 이바지할 수 있기를 열망했다. 행태주의, 사이버네틱스 및 체계 이론이 번성하고 있었고, 근대화론과 합리적 선택 이론의 도구가 여러 분과 학문에서 활용되고 있었다.29 동시대 학자들과 마찬가지로, 체계를 구축하고자 한 롤스는 당시 "황금시대"를 구가하던 연구 대학의 수혜자였다.30 정책 및 방위 지식인이 자주 직면하던 실용적인 요구에 제약받지 않고, 롤스는 "탈정치화"된 전후 인문 사회과학에서 [만연하던] "도구 거래"를 활용할 수 있었다.31 그렇게 롤스는 평생 동안 계속될, 정치제도의 도덕성을 평가할 수 있는 일반 이론을 구축하기 위한 모색을 시작했다. 그리고 1949년 프린스턴 대학교에서 완성한 박사 학위논문에서 그는 자신이 수십 년 동안 큰 틀에서 고수할 정의 이론의 기반을 마련했다.

롤스에 의하면, 민주주의 사회의 중심에는 "합의"가 있었다.32 철학의 목표는 합의에 이를 수 있는 "신뢰할 수 있는 방법", 즉 유연하면서도 정당한 판단 원칙을 산출할 수 있는 "발견 장치"를 찾는 것이었다. "제도적으로 뒷받침되는 선전 선동 장치들을 통해 벌어지는 수많은 이데올로기 전쟁에 직면한 상황에서, 사람들은 합리적인 원칙의 효용성뿐만 아니라, 그것의 존재 자체에 대해 의혹을 가질 가능성이 크다"라고 롤스는 생각했다. 상당수의 철학자들이 이제는 윤리적 원칙을 발견하는 것이 불가능하다고 생각하거나 이를 "권위주의적인" 방식으로 부과하는 것을 받아들였다. 롤스는 이 같은 입장을 취하는 "직관주의"와 공리주의를 적대시했다.33 롤스의 철학적 과제는 바로 상식적인 판단을 바탕으로 한 개혁이 어떤 조건에서 정당화될 수 있는지를 명시하는 개방적이고 비강제적인 절차를 구체화하는 것이었다.34 그는 "직관적인 판단"의 "암묵적" 원칙이 무엇인지 탐구함으로써 윤리적 신념의 정당화 과정 그리고 결정 및 행동의 규범을 분석했다.35 이를 위해, 그는 "명령과 선언에 의한" "확실성" 또는 "국가, 당, 전통, 교회를 비롯한 다양한 기관들 중 하나"와 같은 "고귀한 집단"을 향해 호소하는 방식을 거부했다.36 롤스는 "합리적 토론"이야말로 "민주주의가 청산하고자 노력해 온 사회적 요소들, 즉 권위주의, 자의, 비이성"을 억제하는 데 필수적이라고 주장했다. 사회적 합의는 바로 토론을 통해 드러날 수 있었다.37

롤스에 의하면, 민주주의 사회에서 권위의 주요 원천은 국가가 아니라 "법"이었다. 롤스는 최소주의적이고 심지어 제거주의적eliminativist 국가론을 견지했는데, 국가란 "일종의 헌법에 따라 특정 업무를 수행하는 사람들 — 상원의원, 관료, 판사, 경찰 등과 같은 — 로 이뤄진 집합체"일 뿐이었다.38 현실에서 국가는 법과 그 집행관들이었고, 국가라는 명칭은 단순히 "법정에서 그들을 대표하는 [법적] 인격"일 뿐이었다.39 롤스에게 법이란 "지성 있는 일반인의 집단으로서 시민"이 "공개 토론"을 통해 도출하고 그 구속력에 "자발적으로 동의한" 일련의 "올바르고 합리적인" 규칙들이었다. 합리적인 토론이야말로 "합리적인 법의 필수 전제 조건"이라고 롤스는 주장했다. 이런 논리는 민주주의의 실천뿐만 아니라 이론으로 이어졌다. 권위의 원천은 "오로지 자유롭고 지성 있는 보통 사람의 집단 정의감"이었고, 이는 곧 윤리 원칙의 이론적 기반이 되어야 했다.40

이에 따라 롤스는 자신의 발견 장치로 "합리적인 개인들" — 롤스에게 "합리적인 개인"이란 "부, 사회적 계층, 국적, 인종, 신념 또는 종교에 관계없이 평균적이고 합리적이며 올바른 사고방식을 지닌 사람"으로, 법정에서 증거 채택 여부를 판단할 수 있는 능력으로 정의되는 정서적·지적 지능과 충분한 지식을 가지고 교육을 받은 이로 가정되었다 — 사이의 "토론"을 제시했다.41 여기서 롤스는 과실과 관련된 불법행위법에 등장하는 합리적 개인 개념을 차용했다.42 [불법행위법에서] 과실 책임을 확립하는 "기준"은 "위험을 예견할 수 있었느냐"이다. 또한 민주주의 이론으로부터 롤스는 민주주의 사회에서 도덕적 문제는 전문가가 아니라 평범한 시민에 의해 결정되어야 하는 문제라는 관점을 차용했다.⁴³ 이로써 롤스는 암묵적으로 민주주의에서 시민과 전문가의 역할을 두고 벌어진 존 듀이와 월터 리프먼 사이의 논쟁에서 듀이의 편을 들었다.⁴⁴ 그러나 듀이와 달리 롤스는 과학을 "합리적 탐구의 모범"으로 이해하는 건 지나친 주장이라고 생각했다.⁴⁵ 동시에 롤스는 "고통을 이해하는 능력"을 합리성의 기준에 포함함으로써 계몽주의를 계승했다. 윤리적 합의는 선전선동, 이해 관심, 이데올로기 — 그 예시로 롤스는 "인종주의 정신", "역사의 변증법", "머나먼 곳으로부터 계시"를 들었다 — 의 영향으로부터 자유로운 이들이 가지고 있는 "자유롭고 강압되지 않은 의견"에서만 시작될 수 있었다.[46]

비록 롤스가 많은 것을 말하지 않은 채 남겨 두었지만, 몇 가지 점들은 분명히 했다. 그는 자신의 사고실험이 권위주의의 위협으로부터 민주주의 사상을 보호하기 위한 노력의 일부라고 생각했다. 철학과 미국 헌법은 대안적인 이데올로기들과 이해관계에 맞서 소환되었으며, 그 목적은 반드시 반전체주의적이지만은 않았다. 법, 연방대법원, 그리고 이해관계를 초월한 여론의 "법정"을 중심으로 자신의 이론을 구축하는 것은 정치를 국가 통제 혹은 자본과 노동 간의 집단협상으로 파악하는 비전을 거부하는 것을 의미하기도 했다.[47] 1940년대 중반에 이르면, 합의와 보통 사람이라는 개념들은 "전체주의적 인격"의 위협에 맞서기 위해서뿐만 아니라, 계급 정치에 맞서 "합리주의적" 대안을 옹호하기 위해서도 소환되었다.[48] 롤스 역시 "제한적이고 편향된 집단 도덕성에 의존하는 실책"을 피하는 동시에 이해관계와 이데올로기를 초월하는 방식으로 "우리"를 적절히 정의하고자 했다.[49] 물론 시민들이 편견 — 예컨대, "미 남부[그리고 미국 전역-저자]에 만연한 반흑인" 편견"과 "미 서부에 만연한 반동양인" "편견"

1장. 정의의 형성

— 을 버리는 것은 쉬운 일이 아니었다. 하지만 이런 편견들은 미국 헌법에 표상된 "민주주의 이상"과 "일치"하지 않았다. 그렇기에 그런 신념들은 "편견"으로 불렸다.50

롤스의 인종 자유주의는 계급 및 집단 이해관계에 호소하는 것에 대한 그의 경계심과 결부되어 있었다. 그는 계급과 집단은 올바른 "방법"을 채택함으로써 초월할 수 있다고 믿었다.51 롤스는 또한 개인의 편애성같이 보다 광범위하게 퍼져 있는 것조차도 올바른 방법을 고안함으로써 초월할 수 있다고 생각했다. 롤스에게 이상적인 윤리적·사회적 삶은 결사체적인 것[결사체 속에서의 삶]이었으며, 그는 가족이나 "친밀한 관계" 내에서 이뤄지는 행동은 애정과 "직접적이고 자유로우며 자연발생적인" 애착에 의해 필연적으로 그리고 적절히 동기가 부여된다고 봤다. [그러나] 이런 편애성은 "합리적" 절차에 의해 사회적으로 통제되어야 했다. 롤스는 사회적·정치적 차원에서의 윤리적 판단이 애정, 편견, 이해관계, 또는 이데올로기에 의해 좌지우지되지 않기를 원했다.52

롤스는 이제 왜 그래야만 하는지를 설명하는 작업을 시작해야 했다. 인격과 절차에 관한 그의 집착은 분명 칸트와 비슷한 것이었으나, 정작 롤스는 칸트의 사상을 활용하지 않았다. 1950년대에 롤스는 잠재적 절차들을 광범위하게 모색해 나갔다. 그는 경제학, 정치학, 정신분석학 세 분야 모두로부터 도출된 관념들을 실험 삼아 활용해 봤으나 결국 모두 공동 판단의 객관적 기준을 마련하는 데 부족하다고 생각했다. 또한 이때 그는 맹아적 상태에 있던 인격과 사회에 대한 비전 — 권위주의, 강제, 사회적 통제에 적대적이고, 사회를 윤리적이고 결사체적이며 합리적 토론을 통한 합의에 의해 지탱된다고 보는 그 비전 — 을 발전시켰다.

***

전후 시대에 등장한 새로운 세대의 철학자들은 귀납과 관찰을 통해 도덕성을 연구할 수 있다고 생각했다. 그들은 일상적인 인간관계의 "자연적인" 사실(무엇보다도, 도덕 심리학이 규명한 여러 "사실")을 강조하는 윤리학 방법론을 개발했으며, 사후 출판 저작인『철학적 탐구』Philosophical Investigations(1953)를 비롯한 루트비히 비트겐슈타인의 후기 저작을 자신들의 정초로 삼았다.53 비트겐슈타인과 J. L. 오스틴의 일상 언어 분석의 영향으로, 윤리적 개념의 탐구는 개념의 일상적 의미 — 말이 무엇을 할 수 있으며 어떻게 실천적 삶에 배태되어 있는지 — 의 탐구로 대체되었다. 이로써 윤리학은 행위와 제도에 대한 탐구라는 새로운 형태로 재정의될 수 있었다. 분석철학은 비트겐슈타인의 자장 아래에 있었는데, 롤스가 수학修學한 옥스퍼드 대학교(1952년) 그리고 수학하고 강사로서 활동한 코넬 대학교(1947년, 1953년)의 분석철학은 특히 그러했다.54 롤스는 프린스턴에서 자신을 지도한 노먼 맬컴을 통해 처음 비트겐슈타인에 심취하기 시작했다. 그는 곧 리처드 브랜트, 로더릭 퍼스, 윌리엄 프랭케나, 스티븐 툴민, 쿠르트 바이어를 비롯한 대서양 윤리 이론가 집단의 일원으로서 비트겐슈타인을 영감의 원천으로 삼아 윤리학의 자연주의적이고 객관적인 토대를 마련하기 위해 노력했다.55

비트겐슈타인의 사상은 다양한 사람에 의해 다르게 해석되어 왔다. 롤스의 경우, 맬컴과 맥스 블랙의 비트겐슈타인 해석에 영향을 받았다. 롤스는 이 둘의 생각, 특히 윤리적 사실들을 설명하는 데 있어서 귀납적 사고가 가지는 유용함을 활용해 자신의 박사 학위논문의 방법론을 발전시키고 정당화했다.56 또한, 롤스는 인격에 대한 비트겐슈타인의 자연주의적 이해로부터 여러 관습에 관한 중요한 통찰을 얻을 수 있다고 주장한 맬컴, 엘리자베스 앤스콤, 필리파 풋의 철학, 심리학 및 문법 분석 저작들을 읽었다.57 롤스는 이미 도덕을 인격과 인격 사이의 문제로, 즉 공동체 내에서 다른 인격을 인격으로 인정하는 가운데 존재하는 것으로 파악하고 있었다. 곧 그는 비트겐슈타인을 활용해 도덕이 사회적인 것이며 일상적인 사용으로써 정의되는 것 — 선택되는 것이 아니라 세계 속에서 발견되어야 할 것 — 이라고 설명했다.58 도덕성을 갖는 것은, 유머 감각을 갖는 것과 같았다. 그것은 인간성 그 자체, "삶의 방식"의 일부였다. "삶의 방식"이라는 개념은 비트겐슈타인으로부터 차용한 것이었으나, 롤스는 그것이 "헤겔적인 관념"임을 인지하고 있었다.59 롤스는 도덕성을 자연적인 현상, 즉 연민, 공감sympathy, 동정, "동료애"와 같은 "자연적 감정"의 연장선상에 있는 것으로 묘사하기 위해 그것[삶의 방식이라는 표현]을 사용했다. 롤스에 따르면 인간의 도덕성은 유년기 가족과 친구 관계 속에서 그리고 유년기 이후에는 확장된 결사체 속에서 사랑과 죄의식을 통해 형성되는데, 그는 프로이트, 레비스트로스, 멜라니 클라인, 그리고 자신이 특히 선호한 루소의 『에밀』*Émile*과 장 피아제의 저작으로부터 영감을 받아 이 과정을 서술했다.60 도덕 원칙들은 수치심, 후회, 죄의식과도 같은 도덕 감정의 차원에서 이해되어야 했는데, 이는 도덕 감정이 인격들 사이의 자연적인 관계가 침해될 때 발생하는 반응이자 "인격이 다른 인격을 인정하는 방법 가운데 일부"였기 때문이었다.61 인격과 사물을 분별하지 못하는 것은 그러므로 도덕성의 실패였다. 비트겐슈타인의 표현을 빌리자면, 그런 사람은 "인형에게만 연민을 느끼는 이"와도 같았다.62

이것은 아래로부터 형성되는 윤리적 삶에 대한 비전으로, 이런 비전 속에서 도덕은 보편적이고 자연적이며 인격을 구성하는 것인 동시에 공동체 속에서만 발전시키고 획득할 수 있는 것이었다.63 롤스는 젊은 시절에 품었던 윤리적 삶에 대한 공동체주의적 비전을 계속해서 견지했다. 이제 그는 비트겐슈타인을 활용해 철학이 윤리적 삶을 어떻게 이해할 수 있는지 고민하기 시작했다. 비트겐슈타인에 의하면, 철학적 난제는 현상을 관통하거나 현상 이면에 도달함으로써 해결될 수 있는 것이 아니었다. 철학의 과제가 숨겨진 진실을 파헤치는 것이라는 생각은 잘못된 믿음에서 비롯된 것이었다. 롤스에 의하면, "우리가 알고자 하는 것은 이미 우리 앞에 놓여 있다"는 것이 곧 비트겐슈타인 사상의 핵심이었다.64 비트겐슈타인의 아이디어들을 이해하기 위해 작성한 「비트겐슈타인 사전」에서 롤스는 "철학이란 우리가 이미 알고 있는 것을 현현히 드러내는 것"이라고 적었다.65 훗날 그는 사회철학이란 "자기 분석, 즉 자신의 도덕적 견해를 돌아보는 것"과 다름없다고 말했다.66 롤스의 중요한 출발점은 현존하는 사회적 관계를 제대로 파악하고 이를 어떻게 변화시켜야 하는지 알기 위해서는 논의의 모델과 자기 탐색의 절차와 같은 추가적인 장치들이 필요하다고 주장한 것이었다.

그렇다면 롤스는 무엇이 이미 존재한다고 생각했을까? 그는 인격들 사이의 자연적인 도덕을 보편주의적인 관점에서 서술했으나, 사회에 대한 그의 비전은 국가권력의 집중을 비판한 20세기 중반의 다원주의 이론에서 비롯된 것으로, 사실상 특정한 역사적 순간의 산물이었다. 정치적 다원주의는 산업 영역에서의 다원주의, 즉 단체교섭과 마찬가지로 노사 갈등을 "제도화"하는 것을 목표로 했다.67 전후 시대에 정치적 다원주의는 열정, 이데올로기, 연대를 이해관계와 제도로, 계급 기반의 정치적 행위를 자발적 결사체와 "시민사회"로 대체하는 것을 목표로 하는 탈정치화된 비전을 제공했다.68 한때 루소의 사상에 열광했던 영미의 다원주의자들은 과도한 중앙집권화와 연방 관료제의 확대에 대한 경계심을 이유로 1945년 재출간되기 전까지 한동안 잊혀 있던 알렉시 드 토크빌의 『미국의 민주주의』*Democracy in America*(1835, 1840)에 주목하기 시작했다.69 미국의 지역주의 localism를 강조한 토크빌의 책은 곧 "시민 문화" 이론 그리고 결사체

적 삶을 행정국가와 전체주의국가에 대한 방어책으로 상정하는 이론들의 고전으로 자리매김했다.70

롤스는 바로 이런 사상적 조류로부터 영향을 받았다. 1949, 50년, 프린스턴 대학교 정치학자 앨피어스 메이슨의 미국 민주주의에 관한 대학원 수업에서 롤스는 집중된 권력에 대한 다양한 비판을 공부할 기회를 가졌다. 여기서 그는 토크빌, 제퍼슨, 그리고 19세기 자본주의 비판가 브룩스 애덤스와 리처드 T. 일라이 등의 저서들을 읽었다. 특히 롤스는 자본가 계급, 행정국가, 중앙집권화된 관료제 간의 복합적인 역학 관계를 규명한 애덤스와 일라이에 주목했다. 또한 롤스는 당대 반공주의적 억압에 관한 사회학자 로버트 린드의 분석을 유심히 살펴봤는데, 그는 "거대 기업"이 학문의 자유를 침해하고 흑인, 유대인, 노동조합을 "희생양"으로 삼고 있다는 린드의 결론에 동의했다. 학부 시절부터 롤스는 자본주의에 대한 사회복음주의*적 비판에 관심을 가졌다.71 이제 그는 또한 에드워드 코윈 같은 헌정주의자들의 저서를 읽으며, 어떻게 사법부가 특히 사법 심사를 통해 행정부와 입법부로부터 개인의 권리를 보호하는지 탐구했다.72

무엇보다도 롤스는 뉴잉글랜드의 타운 자치 기구를 "민주주의의 위대한 학교"라고 칭하고 또한 결사체야말로 법과 마찬가지로 국가를 제한하고 권력을 배분할 적절한 장치라고 생각한 토크빌의 사상에 주목했다. 롤스는 토크빌의 분석, 특히 "사회적 조건들의 집합체는 자본가뿐만 아니라 노동자들 역시 구속한다"는 분석을 매우 높이 평가했다(롤스는 이를 마르크스주의적이라고 생각했다). 토크빌은 산업자본주의가 기존의 사회적 유대를 붕괴시키고 새로운 종류의 귀족정

* 19세기부터 20세기 초까지 활발하게 전개되었던 프로테스탄트 지식인들의 진보적 신학 운동을 가리킨다. 이들은 개인의 구원보다는 사회의 구원을 내세웠으며, 사회복음의 이름으로 노동자들과 사회적 약자들의 요구에 귀를 기울일 것을 촉구했다.

을 낳을 것이라고 경계했다. 롤스에 의하면, 토크빌이 예견한 귀족정을 견제할 방법은 "통용되는 말을 따르자면 '복지국가'"뿐이었다. 그런데 복지국가 그 자체도 "삶의 모든 영역에 대한 침해를 야기할" 위협이 될 수 있었다.73 이에 대한 대응책으로서 결사체들이 질서와 안정을 제공해야 했다. 결사체야말로 폭정을 막는 방어막이자 정부와 "산업 계급"을 견제할 권력 장치였다. 결사체가 없다면, 개인은 "국가와 여타 형태의 집중된 권력 앞에서 무기력해질" 것이었다. 롤스에 의하면, "전체주의국가"란 "'결사체에 소속되지 않은 이들'의 국가"였다.74

롤스는 토크빌의 사상을 빌려 자신만의 사회적·정치적 비전을 발전시켜 나갔으며, 이를 아마도 1951년에 행한 두 개의 강의에서 최초로 제시했다.75 이 강의에서 롤스는 사회를 유기체나 기계에 비유한 이론들을 비판했다. [대신에] 롤스는 "사회"는 "게임과도 같다"고 선언했다. 사회에는 합의를 통해 만들어진 여러 규칙들이 존재했으며, 이 때문에 사람들은 합리적인 예측과 결정을 내릴 수 있었다. 즉, 사회란 여러 참여자들이 각자의 이해관계에 따라 행동하는 일종의 게임이었다. "사회의 원동력"은 "수없이 많은 소규모 집단"에 있었다. 자기 이익이란 자신이 속한 결사체를 돌보는 것을 의미했다. 정부는 규제 당국, 즉 결사체적 삶을 안정적으로 유지하는 일련의 규칙들과 다름없었다. 여기서 롤스에게 중요한 점은 게임이 중앙으로부터 통제되지는 않는다는 점이었다. 사회가 중앙에서 통제된다면 그것은 게임보다는 "군대"와 더 유사했을 것이다. 물론 사회 역시 규칙을 강제하고 "사회질서의 기본 조건"을 보호할 일종의 "심판"을 필요로 했다. 법과 정부는 게임이 무너지지 않고 계속될 수 있도록 보장하기 위해 존재했다.76

롤스의 윤리 이론에서 기본단위는 개별 인격들이었으나, 그의 사회적 비전은 그들을 연결하는 여러 "사회 단위", 즉 "대학, 카운티,

시, 교회, 회사, 노동조합"을 강조했다.77 무엇보다도 롤스는 가족, 교회, 회사를 중요시했으며, 이들의 존재를 자연화했다. 그는 인격성 personality이라는 법적 용어를 쓰기를 주저했는데, 이는 그것이 노조, 법인, 국가와 같은 인공적 집단을 묘사하는 데 활용되고 있고, 롤스가 약화하고자 한 당파적인 정치와 연관되는 개념이었기 때문이었다.78 가족 또는 가계는 일차적인 결사체인 동시에 기본적인 경제단위였다. 이때 롤스는 교외 주거 정책부터 가족 임금까지 가족을 기준으로 삼은 당대의 사회 이론과 정책을 그대로 답습하고 있었다.79 롤스에게 가족과 소규모 결사체는 윤리적 개발과 의미의 원천이었으며, 사회 안정을 유지하고 권력 집중을 예방하는 구조적인 역할을 수행했다.80 롤스는 이런 안정화 기능을 게임에 비유했다. 사회의 "원동력"인 게임 참가자의 도덕성은 게임의 원만한 진행에 영향을 주지 않았다. 물론 가족 구성원 간의 관계는 이타적인 것이었으나, "집단들" 사이의 관계 — 예컨대, 가족, 회사, 결사체 간 관계 — 는 이와 반대로 이기적이라고 가정하는 것이 현실적이었다.81 따라서 이타심이 아니라 자신의 이익에 따라 행동하는 결사체들 사이에서 안정성을 확보하는 방법을 찾아야 했다.

수많은 전후 사상가들은 [롤스와 같이 사회를] 게임에 비유했다. 훗날 롤스는 비트겐슈타인, 칼 포퍼의 정치 이론, 피아제의 심리 이론, H. L. A. 하트의 법 이론, 게임이론 등을 그 예시로 들었다.82 마찬가지로, 롤스와 동시대인이었던 인류학자 클리퍼드 기어츠는 게임이라는 개념이 "근대적 삶의 여러 면모를 많이 설명하는 듯하다"라고 회고하기도 했다.83 1950, 51년, 롤스가 사회를 게임에 최초로 비유했을 때 그는 게임이론의 본고장인 프린스턴에 있었으며, 그는 실제로 존 폰 노이만과 오스카르 모르겐슈테른의 유명한 저서, 『게임이론과 경제 행동』 *Theory of Games and Economic Behavior*(1947)을 인용하기도 했다.84 하지만 롤스에게 영향을 끼친 것은 합리적 행위 이론보다는 제도를 게임에 비유하는 또 다른 지적 전통이었다. 프린스턴에서 롤스는 경제학자 윌리엄 보몰 밑에서 수학했으며, 제이컵 바이너의 강의를 이전에 수강하기도 했다.[85] 이 시기, 대서양 양안의 경제학자들은 정치적 문제를 경제학적으로 사고하기 시작했다. 롤스의 정치사상은 한편으로는 후생경제학, 효용 이론, 소비자 행위 이론, 일반 균형 이론에 관한 이 시기의 논쟁, 다른 한편으로는 (그가 후일 흄, 애덤 스미스, 제러미 벤담과 연계할) "제도 기획"institutional design에 관한 공리주의적 전통과의 만남에서 비롯되었다.[86] 롤스에게 게임이라는 비유는 "중앙 통제 없이 합리적 사회질서를 마련할 수 있음"을 보여 주었다는 점에서 "사회철학의 역사에서 가장 중요한 주장"이었다.[87] 규칙만 제대로 마련한다면, 참여자들은 자기 이익을 추구하는 것만으로도 사회 전체의 이익을 증진할 수 있었다. 롤스가 훗날 말했듯이, "이상적인 기업가"는 "이윤 극대화라는 자본주의 게임"에 참여하는 것만으로도 공동선을 꾀할 수 있는 이였다.[88] 롤스의 이런 정치관은 협력과 공감에 의해 작동하며 강력한 주권이 아니라 규칙과 관습에 의해 사회관계가 상향식으로 결정되는, 상업 사회의 비전과도 같았다. 약속, 계약, 합의와 같은 관습적 제도에 의해 규칙이 마련되는 사회를 찬양했다는 점에서, 롤스는 비트겐슈타인의 자연적 사회성과 흄의 정치사상을 결합하고 있었다.[89] 실제로, 1959년 롤스는 "내가 제시한 정의관은 다른 누구보다 흄의 관점에 아마 가장 가까울 것이다"라고 선언했다.[90]

***

[사실 당대에] 게임의 비유를 활용한 사람들 가운데 가장 주목받은 이는 프랭크 나이트였다. 자유지상주의 우파의 스승이자 시카고 대학교 경제학자였던 나이트는 기업 활동을 경쟁적 게임으로 기술했다.

자유를 위한 도구로 가격 체계를 강력히 옹호했던 그는 또한 자본주의가 인간의 도덕성에 끼치는 여러 영향에 대해 고민한 비평가이기도 했다.91 비록 나이트가 윤리의 절대적 기준을 찾고자 하는 모든 노력은 과학적 방법론에 대한 "물신"이라고 폄하했지만, 롤스는 나이트의 사회철학에 큰 관심을 가졌다.92 자신이 소유하고 있던 나이트의 『경쟁의 윤리』The Ethics of Competition(1935)에서 롤스는 나이트가 정치의 핵심 문제란 "개인주의와 사회주의 사이에서 적절한 균형을 찾는 것"이라고 선언한 대목을 무려 세 가지 다른 색깔의 펜으로 밑줄을 쳤다.93 롤스와 마찬가지로, 나이트 역시 "토론"을 토대로 하는 정치야말로 관료제의 지나친 확장에 대한 민주주의의 방벽이라고 파악했다. 매카시즘의 맥락 속에서, 나이트의 반권위주의는 매우 설득력 있었다.94 그러나 [『경쟁의 윤리』에 수록된 글 가운데] 롤스가 빽빽하게 주석을 달 정도로 가장 주목하고 그 사회관에 설득된 것은 나이트가 시장의 도덕적 한계에 관해 논한 비평 논문이었다. 여기서 나이트는 기업 활동이 게임과 같은 특징적인 요소들 ― 운, 능력, 노력 ― 을 가진 것으로 묘사했다. 기업 활동이라는 게임에서 소득은 (상속, 운, 노력에 의해 그 소유권이 배분되는) 생산능력의 소유자들에게 돌아갔다. 이때 노력이야말로 도덕적으로 중요해 보였으나, 나이트는 도덕 원칙의 [핵심] 지위로 격상해서는 안 된다고 생각했다. 상속은 운의 영역에 속해 있었다. 그러나 문제는 운이 보상의 대상이라는 점이었다. [경제학자인 나이트는] 한계 생산성에 따라 보상이 주어져야 한다고 주장했는데, 한계 생산성 그 자체는 선천적인 재능부터 상속, 그리고 환경에 이르기까지 운에 의해 결정되는 요소들의 영향 아래에 있었다. 성공이 거듭됨으로써 운의 영향은 축적되고, 패배자의 게임 참여는 "기계적인 고역"으로 전락해 버릴 수밖에 없었다. 상금의 불평등은 출발점과 판돈의 불평등으로 이어졌다. 이런 의미에서, 기업 활동이라는 게임은 좋은 게임이 아니었다. 기업 활동은 스포

츠맨십도, 사회의 발전에 필요한 여러 품성도 함양하지 못했다.[95]

롤스는 나이트의 좋은 게임 모델을 사회에 대한 자신의 비전에 적용했다. 롤스에 따르면, 좋은 게임에는 어느 정도의 예측 불가능성, 운, 그리고 기회chance가 포함되어야 했다. 게임이 의미 있기 위해서는 "순전히 운"이 아니라 노력과 능력에 의해서도 결정되어야 했다.[96] 규칙을 지키기만 한다면 참여자들은 게임에서 이길 수 있어야 했다. 즉, 모든 게임에서는 "우리가 우리 자신의 운명을 통제하고 있다고 느낄 수 있도록" 해야 했다. 그런데 게임의 까다로운 특성 가운데 하나는 성공이 축적된다는 점이다. 만약 한 참여자가 계속해서 이긴다면 결과는 불 보듯 뻔한 것이었고, "다른 참여자들은 게임에 대한 열의를 상실할 것"이었다. 게임이 참여할 만한 가치가 있기 위해서는 불평등이 해소될 필요가 있었다. 결과가 "예측 불가능하고 노력이 효력이 있기 위해서는 반드시 참여자가 물질적으로나 정신적으로 모두 어느 정도 동등한 자원을 가지고 시작해야 했다." 즉, "승리의 보상 가운데 일부"를 재분배함으로써 "게임을 통제하는 방법"이 필요했다.[97]

하지만 어느 정도의 통제가 필요할까? 여기서 권력 집중에 대한 거부감은 최소주의 정치로 이어졌다. 이 무렵 롤스는 국가를 개인의 집합체로만 보고 자율적인 행위자로서의 가능성을 무시하는 기존의 제거주의적 시각에서 탈피한 상태였다. 이제 그는 정부를 매우 제한적이긴 하지만 사회를 변혁하는 역량을 가진 주체로 상정했다. 롤스에 따르면, 정부는 모두가 원하는 규칙만을 집행해야 했다. 즉, 자동차전용도로 규칙, 공공 보건 및 안전, 형벌, 계약, 도량형에 관한 규칙, 그리고 기초적인 쟁의를 해결하고 "사회질서를 위한 일반적인 조건"을 유지하기 위한 규칙들이 그 예시였다. "우리는 신앙부터 차 취향까지 모든 것에 견해를 일치할 필요가 없다"고 롤스는 말했다. 이때 롤스는 기존의 최소주의적 입장에서 약간 후퇴해, 오늘이 무슨

요일인지에 대해서는 견해를 일치해야 한다고 주장했다. 규칙은 공동생활의 기본 조건을 상정하지만, 개인들에게 직접 간섭하지는 않았다. 예컨대, 모든 운전자는 "지역 정부"에 의해 집행되는 "일정한 규칙"이 자동차전용도로에 적용되길 원하지만 정작 운전해서 가고자 하는 방향은 천차만별"이다. 정부는 운전자가 어디로 가야 한다고 명령해서는 안 된다고 롤스는 강조했다. 만약 그렇다면 정부는 "폭군"에 불과했다.*98* 20년 후 하이에크가 롤스와 자신 사이에는 "견해 차이가 별로 없었다"고 말할 수 있었던 것은 어쩌면 놀라운 일이 아닙니다.*99*

1950년대 전환기에 하이에크와 롤스 사이에는 유사한 점이 많았다. 많은 이들이 계획경제를 공격하면서도 이와 동시에 경제에 대한 국가 개입의 필요성을 인정하는 정치적 지형 속에서, 롤스가 상정한 정당한 국가 개입의 한계 그리고 그의 여러 은유들은 급진적인 반국가주의의 언어와 수사를 사용한 이들이 공유하고 있는 것들이었다. 자동차전용도로의 이미지가 대표적이었다. 월터 리프먼의『좋은 사회』*The Good Society*(1937)에서 차용한 이 이미지는 하이에크와 라이어널 로빈스와 같은 초기 질서ordo 자유주의 및 신자유주의자들이 자유주의 국가와 계획 국가를 구별하기 위해 사용한 것이었다.*100* 그들은 국가와 법치는 올바른 경제적 삶을 만들고 유지하기 위해서만 존재한다고 생각했고, 자신들의 생각을 표현하기 위해 게임의 은유를 적극적으로 사용했다.*101* 또한 롤스는 "미래 세대"나 "자원 보호"와 같이 경쟁적 게임이 "통상적으로 진행"될 때 고려되지 않는 이해관계에 관해 정부가 개입하는 것은 적절하다고 주장했는데, 이때 그는 국방과 등대와 같은 고전적 자유주의의 상투적인 예시들을 명시했다.*102* 심판관으로서 정부의 기능은 사람들이 동의할 수 있는 규칙이라는 이상에 전적으로 기반한 것이었다. 따라서 사람들의 신념이 변함에 따라 정당한 정부 개입의 한계 역시 변할 수 있었다. 자유

가격 체제와 일치하는 한에서 "최대 가능한 고용"을 달성하고 실업이라는 "재해"hazard를 통제하기 위한 재정 정책이 그 대표적인 예시였다.*103* 여기서 롤스는 전후 시대의 케인스주의적 합의와 완전고용이 아닌 최대 고용을 목표로 명시한 1946년의 고용법•을 염두에 두고 있었다.*104*

롤스는 전후 케인스주의적 합의보다 약간 [우측에] 있었다. 그는 점진적이고 규칙에 의해 제한되는 변화만을 원했다. 행정 기구의 재량권을 경계한 그는 선택이 내려지는 "안정적인 배경"을 제공함으로써 재량권을 제한하고 "자의성을 예방"하고자 했다.*105* 롤스에 의하면, 이상적인 입법가는 규칙을 [자의로] 추가하거나 삭제해서는 안 되며, "장기적인 관점에서 볼 때" "정부에 의해 집행되는 규칙의 일반적인 체계" 아래에서 "임의적[무작위적]으로 선정된 개인이 규칙 변경으로 인한 혜택을 받을 수 있다고 합리적으로 기대할 수 있을 경우"에만 규칙의 변경이 가능했다. "재분배를 위한 변화"도 이와 같은 일반적 틀 내에서 이뤄질 수 있지만, 이때 정부는 이런 변화를 "목표로 하는 결정 요인"이 되어서는 안 되었다.*106* 이런 자신의 비전을 롤스는 "자유방임" 사회가 아니라 "경계"prenez-garde 사회의 비전이라고 설명했다. 동시대인들과 마찬가지로, 롤스는 반세기 동안 진행된 국가 건설과 전쟁으로 말미암아 자유방임 시대로 회귀하는 것은 불가능하다고 판단했다. 그러나 "평시"든 "비상사태"든 항상 우리의 이상, 가치, 목표를 정의하고자 하는 이들을 경계하고 "조심"해야 한다는 생각에서 정부의 권한을 계속해서 제한해야만 할 것이었다.*107*

• 미국 연방 정부가 고용과 물가 안정을 정책적으로 보장해야 한다고 최초로 명시한 법이다. 이를 위해, 미국 대통령은 매년 백악관 산하 경제자문위원회Council of Economic Advisors를 통해 경기 분석 및 정책을 내용으로 하는 대통령 경제보고서Economic Report of the President를 작성해 미 의회에 제출하고, 이를 의회 합동경제위원회Joint Economic Committee가 검토하도록 되어 있다.

1장. 정의의 형성

여기서 롤스는 전시의 반전체주의를 평시의 반국가주의를 위해 소환했다. 롤스에 의하면, 시민들의 [일치단결된] 목표를 규정하려는 시도는 "암살단, 정보원, 가스실의 활용"을 의미할 수 있었다. 미국은 "정치적으로 성숙"되었고, 또한 하나의 공통된 목적만을 상정하는 파시즘이나 공산주의에서와 같은 "역동적인 정치적 신념"이 존재하지 않았기에 그와 같은 나락을 피할 수 있었다.108 그럼에도 불구하고, "우리는" 권력의 집중을 "경계해야 한다"고 롤스는 역설했다. 정부의 역할은 사람들이 함께 살아갈 수 있도록 하는 기본적인 규칙들을 집행하는 것으로 제한되어야 하며, 개인들과 결사체들은 각자 자신의 목적을 추구할 수 있도록 남겨 둬야 했다.109

정부의 역할에는 전후 자유주의의 특징적인 요구 사항들이 포함되었다. 즉, 정부는 소비자주권, "자원에 대한 기업가의 통제", 권리장전, 그리고 기회의 평등을 보장해야 했다. 하지만 "경제를 운영하는 데 (……) 정치적 과정에 의거할 수 없는 일"이었다.110 개인의 "시민권과 경제권"에 관해 1950년대 초에 작성한 에세이에서, 롤스는 개인이 소속된 집단이 개인의 권리를 침해할 경우 국가의 역할은 집단에 개입하는 것이 아니라 개인이 집단으로부터 탈퇴할 수 있도록 하는 것이어야 한다고 주장했다. 롤스는 국가가 "구제책을 제공"한다는 조건 아래에서는 기업가가 자신과 동일한 신앙을 가진 사람들만 고용하는 것이 허용된다고 생각했다.111 그러나 때로는 국가가 ― 경제적·정치적 권력의 집중을 제한하거나 경쟁적 게임의 원만한 진행을 보장하기 위해 ― 개입해야 했다. 그렇지 않을 경우, 사회는 롤스의 은유적 표현에 따르면 ― 경제주체들의 사병들로 이뤄진 ― 병영과도 같아질 것이었다.112 다원주의는 병영국가가 등장하는 것뿐만 아니라 사적인 결사체들이 [국가에 의해 통솔되지 않는] 민병대로 변하는 것을 방지해야 했다.

롤스는 국가권력에 대한 논의 속에서 훗날 자신이 정의로운 사회를 위한 이상적인 체제를 구상하는 데 사용할 관념을 처음 고안해 냈다. 젊은 롤스의 철학적 과제는 간섭이 없는 상태에서 게임의 안정성을 도모하는 것, 즉 "자유"와 "질서" 사이에서 균형점을 찾는 것이었다.113 게임의 안정성을 위해서는 사람들이 계속해서 게임에 참여하고 싶어 하도록 충분히 평등한 출발점을 보장해야 한다. 이를 위해, 경계 국가는 "재산 소유 민주주의"를 지향해야 할 것이라고 롤스는 생각했다.

> 정부는 다음 두 가지 모두를 충족하는 기획을 따라야 한다. 첫째, 게임에 유의미한 보상을 보장할 것. 둘째, 대부분의 참여자들이 (완벽한 평등은 불가능하기에) 충분히 평등한 위치에서 출발한다고 여길 만한 상황을 보장할 것. 보다 직접적으로 말하자면, 이는 상당히 광범위한 재산 분배를 의미한다. 우리는 모든 사람이 이익을 얻을 수 있는 재산 소유 민주주의가 필요하다. 하지만 동시에 우리는 참여자들이 쟁취하기 위해 노력할 만한 평균 이상의 상당한 보상을 허용해야 한다. 이를 모두 충족하는 것은 분명히 어려운 일이다. 이를 위해서는 고도의 균형 감각을 유지해야 한다. (……) 그리고 게임의 규칙을 강제하는 것뿐만 아니라 지나친 불평등을 막기 위한 꾸준한 관리가 필요하다.114

"고도의 균형 감각을 유지"하는 것은 롤스를 끊임없이 괴롭히는 난제였다. 어떻게 하면 "자원 및 권력의 광범위한 분배를 보장하고 자원 및 권력의 집중을 방지하면서 유의미한 성공을 보상으로 제공해 게임이 중단되지 않도록" 할 수 있을까?115 게임 참여자들은 대략 동등한 시작점에서 출발해야 했다. 롤스는 개인은 각자 상이한 능력을 지녔고, 상이한 위험을 감수할 의지를 가지고 있다고 봤다. 게임이 계속 진행될 수 있도록 일반 규칙 체계가 지나친 불평등을 제한할 수 있다면, 선천적인 차이에서 기인하는 불평등까지 제거할 필요는 없었다. 결국 과제는 승자가 보상을 너무나도 많이 축적해 나이트가 말한 "게임 속에 들어 있는 운이라는 요소"를 해칠 위험과 노력에 대한 보상의 필요성 사이에서 어떻게 균형을 유지할 것인지였다.[116]

여기서 롤스는 처음으로 "재산 소유 민주주의", 즉 자본이 광범위하게 분산되어 있고 정부의 개입 없이 규칙과 안정성이 보장되는 "열린" 사회에 대한 비전을 해결책으로 제시했다. 그는 아직 이 단어를 전문용어로서 사용하지 않았으며, 그 출처 또한 제시하지 않았다. 즉, 나중에 그가 출처라고 밝힐 경제학자 제임스 미드의 저작, 『자유, 평등, 효율성』Liberty, Equality, and Efficiency(1964)은 10년 후에나 출판될 것이었다(물론 이 시기 롤스는 이미 미드의 저작에 대해 인지하고 있었으며 유사한 자료를 읽고 있었다). 만약 이 단어에 특정한 유래가 있다면, 아마 공화주의적 전통과 재산의 분산에 대한 공화주의의 강조에서 비롯된 것으로 보인다. 특히 (상속법을 통해 재산의 폭넓은 분배를 보장해야 한다는 견해를 표한) 토크빌과 ("재산의 집중과 재산 보유의 불확실성"을 비판하고 "지혜롭고 공정한 토지 분배"가 좋은 통치에 필수적이라고 주장한) 제퍼슨이 영감의 원천이었을 가능성이 크다.[117] 이 사상가들에게서 롤스는 직접적인 재분배 정책보다는 상속법을 선호하는 입장, 그리고 노동자와 국가권력을 경계하는 태도를 발견했다.[118] 롤스는 소득 및 임금 분쟁의 정치가 아닌 재산의 정치를 추구했다. 그에 따르면, 게임이 계속되기 위해서는 권력과 자원의 고르게 분배되어야 할 뿐만 아니라 "개인의 사회적 위치가 노력과 능력에 따라 결정"되어야, 즉 "계층 간 이동성"이 보장되어야 했다. 이것이야말로 "제퍼슨이 재능의 귀족정이라는 말로써 표현하고자 한 바"였다.[119] 롤스는 아직 "선천적 재능"을 "자의적인" 것으로 말하지 않았다.

권력의 분산을 노력에 대한 보상 그리고 기업가적 유인을 토대로 작동하는 자유 가격 체계와 이처럼 연결하는 것은 사적 소유권이 열린 사회의 기반임을 함의했다. 중요한 것은 분배 혹은 불평등의 억제보다 권력을 분산하고 주변부로 이전하는 것이었다. 게임을 안정화하는 데 필수적인 요소에 관한 이 시기 롤스의 이론에는 애매한 점이 있었는데, 이는 향후 그의 작업에서도 지속되었다. 즉, 롤스는 참여자들이 어느 정도 평등한 상태에서 시작했다고 여기는 것이 가장 중요하다고 강조했다. 참여자들이 경험하는 바 — 그들이 실제로 평등한 상태에서 출발했느냐가 문제가 아니라 그들이 그렇게 생각하기만 하면 충분하다는 것인지 — 만 중요한지, 아니면 평등의 실제 정도가 어떤 관점에서는 중요할 수 있다는 것인지에 대해서는 여전히 의문이 남아 있었다. 롤스는 "열린 사회"에서 안정성과 도덕 공동체를 보호하기 위해 필요한 조건들을 탐구하면서 이 문제에 천착했다. 무엇을 어느 정도로 재분배하는 게 필요한지가 롤스의 주요 연구 과제가 되었다. 곧 롤스는 정치적 게임의 규칙을 통해 우연성과 운의 효과를 어느 정도까지 제거해야 하는지 고민하게 된다.

롤스는 이런 제한된 자유주의를, 작은 정부를 선호하는 그것의 반개입주의와 더불어, 뒤에 남겼다. 이후 그는 사회를 설명할 때 가격 체계에 비유하기보다는 헌정 질서와 같은 지속성 있는 질서를 예시로 제시하는 것으로 대신했다. 게임의 비유는 계속 사용했지만, 그 내용을 보충해 나갔다.[120] 게임의 규칙과 참여자라는 비유는 인격이 복잡한 과정을 통해 규칙에 의해 형성된다는 사실도, 인간이 이기적이거나 전략적인 행위자가 아니라 가족과 소속 집단에 대한 강한 편애성[당파성]에 의거해 행동하는 존재일 수도 있다는 사실도 포착하지 못했다. 롤스는 인간을 인간답게 하는 편애성을 보존하고 싶어 했다. 하지만 편애성이야말로 공정한 규칙과 제도가 애초에 필요한 이유이기도 했다. 1952년과 1953년 사이 작성된 연구 노트에서 우리는 롤스가 자신의 이런 생각을 비트겐슈타인의 언어로 표현해 보고자 했음을 발견할 수 있다. 거기서 롤스는 다양한 생활양식을 보존하기 위해 사회의 규칙이 존재한다고 설명했다. 즉,

> 우리가 해야 하는 일은, 다양한 생활양식이 국가에 의해 허용되며 상호 간 관용이 촉진되는 자유 사회를 만드는 것이다. 인간은 공존하기 위해 어느 정도의 합의를 이루어야 한다는 것은 자명한 사실이다. 그런데 여기서 합의의 대상은 합리적인 인간이라면 채택해야 할 특정한 생활양식이지, 근본 가치나 종교적인 가치가 아니다. 공존을 위해 공동체의 일원이 함께 동의해야 하는 것은 (……) 그들이 국가나 다른 일반 규칙 체계를 통해 공동체로서 행동할 때 (……) 모든 사람으로 하여금 지금 이 순간 어떤 생활양식 하나를 선택하도록 강제하지 않는 것이며, 다양한 생활양식이 각자 특성을 유지한 채 모두가 동의할 수 있는 기본 체계 아래에서 발전할 수 있도록 보장하는 사회를 만들어야 한다.121

이와 같은 롤스의 비전은 그 안에서 인격이 서로 동등한 존재로서 대우받는 결사체들을 제도적으로 보장하는 구조였다. 그것은 합의와 동의의 가능성 그리고 절차를 통해 밝혀지고 구체화되는 규범에 기반했으며, 계급 및 집단 간 갈등, 이데올로기, 편견 및 열정의 영향력을 약화하는 것을 목표로 했다. 롤스의 이름을 알릴 평등주의 이론과는 아직 거리가 있었지만, 그 윤곽은 이미 이때부터 갖춰지고 있었다.

**

롤스는 옥스퍼드 대학교 방문(1952, 53년) 이후 10년 동안 자신의 정의 이론을 완성해 나갔다. 냉전 자유주의*가 미국 사상계를 장악했

으며, 매카시즘의 광풍으로 토론은 억압받고 있었다.[122] 따라서 제1차 세계대전 이후 미국의 자유주의자들이 그랬던 것처럼, 롤스가 자신의 이론적 자원을 미국이 아닌 영국에서 찾게 된 것도 놀라운 일이 아니었다. 옥스퍼드 대학교는 당시 철학적으로 번성하고 있었다.[123] J. L. 오스틴은 언어에 대해 토론하는 그 유명한 "토요일 아침 모임"을 주관하고 "언어와 행위"에 대해 강의했다. 앤스콤은 그해 출판된 비트겐슈타인의 『철학적 탐구』*Philosophical Investigations*(1953)에 관한 강의를 진행했다. 피터 F. 스트로슨은 향후 『개체들』*Individuals*(1959)의 초고를 발표했으며, H. L. A. 하트는 『법의 개념』*The Concept of Law*(1961)에 관해 강의했다.[124] 리처드 헤어, 길버트 라일, 그리고 제프리 워녹의 언어분석이 옥스퍼드 교정을 군림했다. 그러나 동시에 옥스퍼드에서는 학생들이 유토피아사회주의에 관한 이사야 벌린과 G. D. H. 콜의 강의를 들을 수 있고 벌린, 하트, 스튜어트 햄프셔가 공동 주관하는 정치철학 세미나에서 롤스를 비롯한 학자들이 루소, 칸트, 케인스의 저작을 함께 공부할 수 있기도 했다.[125] 옥스퍼드 철학자들과 노동당의 밀접한 관계 덕분에 옥스퍼드 대학교는 언어철학의 부화실인 동시에 불평등에 관한 논쟁이 불타오르는 공간이었다.

국민건강보험, 보편 교육, 국가 보험제도 등 다양한 복지 제도가 마련된 전후 영국에서는 국가계획, 공공투자, 공유재산에 대한 논의가 활발히 진행되고 있었다. 특히 영국 노동당과 그 지지자들은 이런 제도화 노력의 성공이 복지와 사회 서비스의 미래뿐만 아니라 좌파

> • 냉전 자유주의Cold War liberalism는 개인주의와 반전체주의로 특징지어지는, 냉전 초기에 탄생한 자유주의의 한 조류이다. 간섭의 부재, 즉 "소극적 자유"의 중요성을 강조한 이사야 벌린이 대표적인 냉전 자유주의자이다. 지성사 연구자 새뮤얼 모인은 냉전 자유주의의 핵심을 유토피아 정치에 대한 전면적인 거부 그리고 자유의 붕괴에 대한 두려움으로 파악한다. Samuel Moyn, *Liberalism against Itself: Cold War Intellectuals and the Making of Our Times* (Yale University Press, 2023).

에게 어떤 의미를 갖는지에 대해 논의할 필요가 있다고 생각했다.[126] 롤스가 옥스퍼드에 도착했을 때, 노동당은 총선에서 패배한 상황이었으며 앤서니 크로스랜드와 휴 게이츠켈이 이끄는 노동당 수정주의가 국유화와 공유재산에 관한 노동당 당헌 제4조를 폐지하고 "사회 평등"과 "사회정의" 같은 도덕적 가치에 새로운 강조점을 둠으로써 노동당을 "현대화"하고자 했다.[127] 페이비언협회에 관한 연구인 아서 루이스의 『경제계획의 원리』*The Principles of Economic Planning*(1949)는 공유재산의 중요성을 부정하고 시장경제에서 누진세를 통한 재분배 정책을 주장했다. 제임스 미드는 『계획과 가격 메커니즘』*Planning and the Price Mechanism*(1948)에서 국가의 역할은 시장이 자원을 효율적이고 공정하게 배분하고 완전고용, 안정성, 공평성 등과 같은 케인스주의적인 목표를 달성할 수 있도록 그 선행 조건을 보장하는 것이라고 봤다.[128]

이어지는 10년 동안 많은 이들은 대서양 양안에서 진행된, 현대 자본주의에서 나타난 사회적 변화에 대한 논쟁에 사로잡혔다. 1940년대의 사회 이론가들은 권력의 집중에 대한 비판을 자본주의와 국가의 본질적인 변화에 대한 분석과 연결했다. 칼 폴라니로부터 조지프 슘페터에 이르기까지, 장기적인 쇠퇴에 대한 비관론이 사회에 확산되었다. 베스트셀러 『경영자주의 혁명』*Managerial Revolution*(1941)에서 제임스 버넘은 아돌프 벌리와 가디너 민스 그리고 케인스가 10년 전에 제기한 주장을 변형해, 자본주의가 소유자 자본주의에서 법인 자본주의로 그 성격이 변함에 따라 새로운 형태의 경제생활이 탄생했다는 주장을 대중화했다. 이제 기업의 통제와 경영은 소유권으로부터 분리되었고, 자본 소유자 대신 새롭게 등장한 경영자 계급에게 권력이 지나치게 집중되고 있었다.[129] 흥미롭게도, 1950년대 중반에 이르면 비관론이 사라지고 성장에 대한 열망이 불안정의 우려를 대체하면서 미국의 사회 자유주의자들은 1940년대의 사회 이론을 가

지고 새로운 풍요의 시대를 이해하려고 했다.130

비교적으로 평화로운 정치적 상황 속에서 이제는 사회변혁적인 이데올로기가 고갈되었다는 주장이 제기되었다. "이데올로기의 종언"이라는 이데올로기의 등장이었다.131 일부에게 "이데올로기의 종언"은 우려와 비관의 대상이었다. 이들은 데이비드 리스먼이 전후 시대 미국인의 새로운 "사회 성격"이라고 명명한 소비주의의 문화적 여파를 걱정했다.132 정치 이론가 주디스 슈클라는 "문화적 숙명주의"가 확산되었다고 생각했으며, 이는 "사회적 낙관주의와 급진주의의 쇠퇴뿐만 아니라 정치철학 자체의 소멸"로 이어질 것이라고 예언했다.133 정치 이론가 셀던 월린은 "정치적인 것"이 경제와 사회에 의해 잠식당했다고 주장했다. 통상적인 정치 문제는 여전히 존재했지만, "노동조합, 기업, 관료, 지역 갱단"과 같은 "비정치적인 집단"에 대한 논의 속에서만 언급되었다.134 경영자주의는 곧 정치와 정치 이론의 소멸을 의미했다. 다른 이들은 좀 더 낙관적인 해석을 내놓았다. 대니얼 벨은 경영자주의에서 자본주의를 넘어서는 "후기 산업사회"*의 씨앗을 보았다. 공유재산과 사유재산의 경계가 더는 중요하지 않은 혼합경제가 등장할 것이었다. 권력과 결부된 것이 소유가 아니라 통제와 경영이라면, 공공 소유는 이제 전후 시대의 정치적 관심사일 필요가 없었다.

"이데올로기의 종언" 담론은 냉전 사회사상의 반마르크스주의를 정당화하는 데 사용되었다. 즉, 사회주의가 더는 필요 없다거나,

---

• '탈산업사회'라고 번역되기도 하는 '후기 산업사회'는 미국의 사회학자, 대니얼 벨이 완전한 산업화 이후 사회적 변화가 어떤 경향성을 따를지 예측하고자 만들어 낸 개념이다. 벨은 '산업사회'와 달리 저축/투자가 제도화된 '탈산업사회'에서는 '지식의 조직화'가 주된 경제적 문제로 대두할 것이며, 주요 사회문제가 자본의 향방을 둘러싼 계급 갈등에서 권위와 관료화에 대한 저항으로 대체될 것이라고 주장했다. Daniel Bell, *The Coming of Post-Industrial Society: A Venture in Social Forecasting* (Basic Books, 1973), pp. 122-125.

계급투쟁을 필요로 하지 않는 해결책이 종국에는 자본주의 안에서 나올 것이라는 주장이었다. 이와 함께 사회민주주의적인 자유주의라는 새로운 지배 담론이 탄생했다.135 미국보다 이른 시기에 영국에서 "이데올로기의 종언" 담론은 사회주의보다 평등과 사회민주주의가 우선시되는 결과를 낳았다. 크로스랜드를 비롯한 자유주의자부터 리처드 크로스먼과 베번주의 좌파Bevanite left까지, 수많은 노동당 사상가들은 버넘의 주장, 특히 국유화와 중앙 계획이 특권을 불러일으키고 엘리트 경영자의 권력을 강화한다는 주장을 받아들였다.136 많은 이들은 경영자주의가 국유 산업과 기업 모두에게 손상을 입힐지도 모른다고 우려했다. 미국의 독자들은 버넘의 사상을 반국가주의와 반전체주의를 강화하는 데 사용했지만, 영국에서는, 크로스랜드가 말했듯, 그 누구도 시장 개입은 곧 전체주의로 이어진다는 하이에크의 "미끄러운 비탈길" 논변을 믿지 않았다.137 대신, 영국 노동당 사상가들은 버넘의 사상을 다원주의와 분권화를 정당화하고 사회주의의 목표를 사유재산의 공유화가 아닌 평등으로 재정의하는 데 사용했다. 크로스랜드는 "사유재산권, 사적 기획, 경쟁, 이윤 동기"가 더는 우세하지 않다고 주장했다.138 이제는 국유화 이외에 사회주의를 실현하는 다양한 길이 존재했다. "탈자본주의"의 시대가 다가오고 있었기 때문이다. 사람들이 명확하게 인식하는지와 별개로, 현대사회는 이미 탈자본주의 시대로 진입했다고 이론가들은 생각했다.

이 같은 생각이 노동당과 학계의 자유주의자들 간 경계가 모호했던 옥스퍼드 대학교에 만연했다. 하트와 벌린은 노동당 내 수정주의자들 및 페이비언주의자들과 밀접한 관계를 맺고 있었으며, 노동당 의원들은 자주 옥스퍼드 대학교 칼리지들의 하이 테이블high table에서 그들과 교류했다. 하트는 게이츠켈과 같이 학부 생활을 보냈고, 제2차 세계대전 중에는 사회정의에 대한 평등주의 이론을 설파하고 국유화를 비판한 더글러스 제이와 함께 살았다.139 노동당 사상가들이 당의 우선순위를 사유재산의 공유화에서 불평등의 제한으로 바꾸자 학계의 정치철학자들도 뒤따랐다. "분배 정의"라는 정치적 구호의 활성화는 경제학에 윤리학을 주입하는 노력과 연계되었다. 1950년, 크로스랜드와 절친한 이언 리틀은 가치중립적인 "과학적 경제학"을 옹호하며 경제학과 윤리학을 분리해야 한다는 라이어널 로빈스의 20여 년 전 주장과 정반대되는 내용으로 후생경제학에 대한 비판을 전개했고, 이로써 경제 이론을 효율성과 계급에 기반한 재분배 [이론]보다 정의와 평등을 우선시하는 자유사회주의와 연결하고자 했다.[140] 1952년 R. H. 토니의 『평등』*Equality*(1931)의 새로운 판본이 출판되면서 기회의 평등 개념에 대한 비판이 새롭게 제기되었다. 앨프리드 J. 에이어, 아이리스 머독, 하트, 벌린, 리처드 월하임 같은 정치철학자들은 사유재산과 자유에 대한 평등한 권리의 상대적 가치와 경영자주의 사회에서의 결과와 기회균등의 위치 등에 대해 논쟁을 벌였다.[141]

이에 대한 대응으로 영국 신좌파 철학자들이 등장했다. 젊은 알래스데어 매킨타이어는 자신의 분석 윤리학 비판을 마르크스주의와 결합했다. 벌린과 앤스콤 밑에서 사사한 찰스 테일러는 『뉴 레프트 리뷰』의 전신 가운데 하나인 『대학과 좌파 평론』의 편집위원으로 활동했다.[142] 이 태초의 신좌파들은 "경영자주의 혁명"이 사회주의로의 전환으로 이어지지 않는다고 반발했다. "파워 엘리트"는 법인 자본주의의 돌격대였다.[143] 1957년 마르크스의 『경제학 철학 수고』 *Economic and Philosophical Manuscripts*(1844)의 프랑스어 판본을 읽고 감명을 받은 채 파리에서의 생활을 마치고 돌아온 테일러는 동료 신좌파 지식인에게 초기 마르크스 철학을 소개했다.[144] 많은 이들은 마르크스의 소외 개념을 페이비언주의의 평등 개념이 필요로 하는 관료제를 비판하는 데 어떻게 활용할 수 있는지 연구했다. 이들의 입장에 따르면, 풍요한 사회는 사회주의가 아니라 소외로 귀결되었다.[145] 테일러에 의하면, "자본주의" 안에서의 "개혁"은 환상일 뿐이었다. 사회주의로 이행하기 위해서는 "(국가의 독점이 아닌) 공동소유"가 필요했다.[146] 노동당 수정주의는 노동자 민주주의보다 절차적 안정성을 중요시하고, 사적 기업의 활동을 보호하기 위한 엘리트의 기획일 뿐이었다.[147]

[전후 영국 내] 평등과 소유권을 둘러싼 논쟁 속에서 제기된 여러 주장들 가운데 몇몇은 롤스에게 전혀 낯설지 않았다. 하지만 이런 주장들이 영국의 좌파 진영 내에서 제기되었다는 사실이 롤스의 지적 궤적에 큰 중요성을 가졌다. 비록 롤스는 평등과 소유권을 둘러싼 논쟁이 정점에 도달하기 전에 옥스퍼드에 도착했지만, 그럼에도 이 논쟁들은 롤스가 자신의 사상이 정치적으로 어떤 역할을 하게 될 것인지 이해하는 데 도움이 되었다. 후기 산업사회에 관한 노동당 수정파의 낙관주의는 롤스의 낙관주의, 특히 민주주의 내에 "핵심" 합의가 존재한다는 롤스의 이전 주장을 보완했다. 영국에서는 수정주의자들의 낙관주의가 미국의 경우처럼 사회학이 아닌 윤리학 및 경제학과 결합했다. 롤스는 이 두 학문 분야 모두에 정통했고 소유권의 분산에 관심을 가졌던 만큼, 그는 공유재산이 아닌 평등을 옹호하는 영국 노동당 사상가들을 주목했다. 이들의 사상을 탐구함으로써, 그는 사회주의와도 조우했다. 옥스퍼드를 떠나 코넬 대학교로 복귀한 1953년 이후, 그는 평등과 기회, 노력과 보상, 도덕 심리를 둘러싸고 영국에서 벌어지고 있던 논쟁을 계속해서 주목했으며, 단순한 기회의 평등과 소비자주권에 관한 자신의 이전 입장을 재고하기 시작했다. 또한 평등에 관한 머독 등의 논문들을 발표되는 즉시 읽고 상세한 노트를 남겼으며, 그의 삶과 함께 지속될 옥스퍼드 정치철학자들과의 인연을 이어 나갔다. 하트가 1956년 하버드 대학교를 방문했을 때 그는 코넬에 있는 롤스를 방문했다. 1956년은 크로스랜드의 『사회주의의 미래』 *The Future of Socialism*(1956)가 출판된 해이기도 했는데, 크로스랜드는 잊지 않고 미국에 있는 롤스에게 자신의 책을 보냈다.[148]

그 이후부터 롤스는 평등에 관한 강의에서 『사회주의의 미래』를 토크빌 그리고 옥스퍼드 시절 만난 여러 동료 학자들 — R. H. 토니, 월하임, 벌린, 존 플라메나츠, D. D. 라파엘, 그리고 조앤 로빈슨을 비롯한 포스트케인스주의 경제학자들 — 의 저작과 함께 언급했다.149

평등 개념과 노동당의 향방을 둘러싼 논쟁이 번성하던 시기, 롤스는 옥스퍼드에서 정의에 대한 집필을 먼저 일반적인 언어분석을 시작으로 진행했다. 롤스가 작성한 한 노트는 "정의. 게임의 규칙. 사회라는 게임. 사회정의"라는 단어들로 시작했다.150 롤스는 [정치]철학의 역사에서 매우 중요하게 될 "정의의 문제"를 정의하는 작업으로 생각을 이어 나갔다. "정의와 공정의 관계는 무엇인가?" "정의의 범위: 어떤 행동에 적용되어야 하는가?" "정의 원칙의 순서." 롤스의 관심사는 게임과 판단 장치에서 사회제도로 확장되었고, 그는 "토론" 또는 "추론 게임"을 통해 사람들로 하여금 벌린이 생활 "패턴" 또는 생활양식이라고 부른 — 혹은 나이트가 "생활 방식"이라고 부른 — 것들을 선택하는 데 필요한 "정의 원칙"들을 탐구해 나갔다.151 이런 원칙들은 선택을 표준화하는 데 필요한 습관을 함양하고 지나치게 많은 선택의 "폭정"으로부터 사람들을 보호하기 위한 것이었다(여기서 롤스는 자신의 직관주의 비판을 이어 나갔다). 정의를 분석한다는 것은, 여러 개인들이 각자 특정 [사회적] "가치들"에 대해 상이한 요구 사항을 제시하는 상황에서 조직, 분배, 자유를 최적화할 수 있는 원칙을 찾는 것이었다.152

정의의 다양한 의미를 조사한 롤스는 정의 개념을 조세, 임금, 사회구조, 형벌 제도, 공직 배분, 그리고 사회구조 등의 측면에서 이해할 수 있다고 썼다. 정의 원칙들은 정의로운 사회조직이 무엇인지 판단하는 데 도움을 줬다. 즉, 모든 이가 지분을 가지는 "합자회사" 혹은 주식회사처럼 사회를 조직하는 것은 과연 공정한가? 또한 정의 원칙들은 자유의 여러 형태(소비자주권, 선택의 자유, 직업과 일, 여가, 필요로부터의 자유 등), 평등의 여러 형태(소득, 기회, 또는 사회에서의 지분), 그리고 다양한 경제적 재화(경제발전, 효율적인 배분, 완전고용, 가격 안정성) 사이에서 결정을 내리는 데 도움을 줄 수 있었다. 또한 사람들은 정의 원칙을 통해 분배를 결정하는 데 영향을 미치는 가치들의 차이를 구별해 낼 수 있었다. 예컨대, 공정한 임금은 노동시간, 노력, 필요, 또는 평등에 따라 계산되거나 노동의 한계 생산의 가치에 따라 정의될 수 있었다. 열린 사회에서 세금은 소득에 비례하거나 고정된 액수 또는 일정한 비율로 책정할 수 있었다. 여기서 어떤 선택을 내리느냐에 따라 그 이유도 달라졌다. 즉, 인간은 "자신의 노동의 열매를 가져야 한다"고 주장할 수도, 인간의 가치는 "의도와 노력에 따라 달라진다"고 생각할 수도 있었다. 또한 "분배 또는 지급은 필요와 욕구에 일치해야 한다"고 주장할 수도, "평등의 규칙"이 항상 우선해야 한다고 생각할 수도 있었다.[153]

  롤스의 이와 같은 논증들은 전후 영국에서 복지주의 또는 사회민주주의 사회에서의 재화 분배를 둘러싸고 벌어졌던 논쟁의 내용과 밀접한 관련이 있었다.[154] 개인 및 집단이 생산에 기여한 만큼에 비례해 보상이 이뤄져야 한다는 윤리적 주장은 리카도주의 및 사회주의의 노동 가치론 그리고 기여한 바에 따라 자격을 부여하되 결국 한계 생산에 맞춰 소득을 계산하는 신고전파의 한계 생산성 이론에서 공통적으로 찾아볼 수 있었다. 하지만 국가가 복지를 제공하는 걸 옹호하는 입장은 이와 다른 윤리적 입장, 즉 필요와 욕구를 충족해야 한다는 입장에 기반하고 있다. 시장 사회에서 [충족되지 못한] 욕구를 충족하고자 만들어진 보편적 사회보험 제도들은 노동시장에서 배제된 사람들에게 소득, 서비스, 그리고 지불 혹은 기여 없이 제공받을 수 있는 "사회적 지원"을 제공했다. 전후 영국에서는 복지 제공의 목표가 무엇이어야 하는지를 둘러싸고 열띤 논쟁이 벌어졌다. 많은 이들은 "빈곤 완화 또는 국민 최소 생활 기준 보장", 평등, 또는

T. H. 마셜을 따라 사회적 시민권과 이타주의의 강화와 같은 대답을 내놓았다.155 롤스의 평등 원칙은 복지의 목표가 필요와 욕구의 충족을 넘어서야 한다고 보면서도 노동 가치론과 공유재산을 반대한 노동당 내 수정주의자의 입장과 궤를 같이했다. 이들은 소득의 원천보다는 분배할 소득의 정도에 관심을 가졌다. 그들에게 논의의 대상은 기회의 평등이었다.156 일례로, 이사야 벌린은 오직 "순수한 형태의 자유방임주의 사회"만이 기회의 평등 아래에서 발생한 모든 형태의 불평등을 수용할 것이라고 말했다.157 크로스랜드, 제이, 그리고 마이클 영 같은 수정주의자들은 기회의 평등에 대한 토니의 비판을 계승했다. 그러나 그들은 게임에의 균등한 참여와 공정한 출발점을 모두 고려해 기회의 평등이라는 관념을 재활성화하려고 했다.158

하지만 노동당 수정파는 어떤 기준에서 출발점을 결정하고 재능과 노력에 대한 보상에 의해 발생한 불평등을 제한해야 하는지에 대해 논의하지는 않았다. 1950년대 초, 롤스는 이런 "균형 잡기" 문제에 대해 고민했다. 그의 최초 생각이 무엇이었는지는 명확하지 않다. 옥스퍼드 대학교에 머물던 시기에 그는 종잇조각에 "급진 정치의 주된 목적이란 노력을 기울이기만 하면 충분한 사회적 지위를 얻을 수 있는 사회를 만들어, 모든 이가 사회에 이해관계를 가지고 심지어 보수파가 되도록 하는 것"이라고 썼다.159 롤스는 기회의 평등이야말로 급진 정치의 목표라고 시사한 것이다. 기회와 노력은 모든 이에게 재산 획득의 가능성을 열어 줬으며, 이것이야말로 재산 소유 민주주의의 기반이었다. 하지만 지나친 치부致富는 보수주의로 이어질 수 있었다. 롤스에게 과제는 얼마만큼의 재산 축적이 충분한지 정확하게 판단하는 것이었다.

청년기에 썼던 신학 에세이에서부터 이미 롤스는 인간이 신의 은총을 받을 수 있다거나 신으로부터 선택받을 "자격"을 스스로 획득할 수 있다는 것에 회의적이었으며, 의롭게 행동하는 것보다 올바른 윤리적 태도를 가지는 게 기독교 윤리에서 더 중요하다고 생각했다.[160] 하지만 구원은 자격과 무관하다는 입장이 사회적·경제적 삶에서의 공정성 문제와 어떻게 연결될 수 있는지에 대해 충분히 이론화하지는 못했다. 그러나 롤스는 이제 노력과 재능에 대한 보상이 어떻게 사회적·경제적 수준에서 분배될 수 있는지에 대해 고민했다. 그는 나이트와 노동당 수정파의 입장 사이에서 고뇌했다. 나이트는 기여를 시장 가격으로 측정하는 것은 개인의 통제력이 미치지 않는 순전한 운의 영역이라는 점을 근거로, 노동과 응분을 연결하는 사회주의의 입장과 한계 생산성 이론 모두를 거부했다. 나이트는 사회주의자들이 부의 상속을 비판하면서도 상이한 생산능력에 따른 불균등한 보상을 옹호하는 것은 일관되지 못한 입장이라고 강하게 비판했다.[161] 부의 상속은 사회적 환경의 결과물이고, 상이한 생산능력은 선천적 재능의 결과물이지만, 궁극적으로는 운과 우연성으로부터 기인했다. 재능의 상속은 부의 상속만큼이나 자의적인 것이었다. 또한 크로스랜드는 "주어진 선천적 기질에 따라 (……) 누군가에게 보상을 하거나 처벌을 하는 것은 불공정하고 현명하지 않다"는 이유로 "가치"라는 "모호"한 기준을 채택하는 걸 거부했다. 그는 "능력의 지대" ― "예외적 능력이 사회에서 얻을 수 있는 추가 보상" ― 라는 개념을 제시함으로써 "유인의 문제"를 제기하고, 평등을 "경제성장" 그리고 "능력 (그리고 노력, 위험 감수 등) 공급"과 함께 균형 있게 추구하는 것의 중요성을 강조했다.[162] 롤스는 나이트의 견해에 동의했으며, "절대적 윤리의 관점에서 볼 때 생산적 기여는 무의미"하거나 "자격의 윤리적 잣대"로 적절치 않다고 생각했다. 마찬가지로, 재능과 능력이 보상의 대상이 되어야 한다는 것에 동의하되, 롤스는 개인의 "도덕적 가치"와 자격에 따라 분배하는 이론과 분명히 거리를 두었다.[163] 점차적으로, 롤스는 이 모든 사항들을 아우르는 이론을 만들어 나가고 있었다.

***

1957년 미국철학회 연례 회의에서 롤스는 「공정으로서의 정의」라는 제목의 논문에서 자신의 정의 이론을 최초로 선보였다. 균형 문제에 대한 롤스의 해결책은 두 가지 정의 원칙이었다. [제1원칙인] 자유 원칙은 각 개인이 "모든 이에게 똑같은 자유를 보장한다는 조건에서 가장 넓은 범위의 자유를 향유할 평등한 권리"를 갖는다고 명시했다. [제2원칙인] 평등 원칙은 불평등이 "모든 이의 이익을 위해서만 존재"하며 "이익이나 달성 가능한 지위가 모두에게 열려 있을 때만" "자의적"이지 아니함을 명시했다. 이 두 원칙은 "자유, 평등 및 공동이익에 기여한 것에 대한 보상"이라는 복합적인 개념으로 공정으로서의 정의를 표현했다.[164] 다음 해 롤스는 "공동이익에 기여한 것에 대한 보상"을 "공동선에 기여하는 서비스에 대한 보상"이라는 좀 더 명확한 용어로 대체했다.[165] 불평등은 사회 전체의 이익을 위해야 한다는 것이었으며, "모든 당사자"가 그 결과로부터 이익을 얻을 때만 허용되었다. 평등을 "초기 원칙으로 인정하는 것은 합리적"이나 "최종 원칙"으로 간주해서는 안 되었다. "왜냐하면 두 번째 원칙[평등 원칙]을 충족하는 불평등이 존재한다면, 평등으로 얻을 수 있는 즉각적인 이익은 장기적인 수익을 고려해 지혜롭게 투자되었다고 볼 수 있기 때문이다. 그런 불평등이 더 나은 노력을 이끌어 내는 자극제로 작동할 수 있다면, 사회 구성원들은 이를 인간 본성에 대한 타협책이라고 간주할 것이다."[166] 즉, 재능은 그것이 유용하기 때문이 아니라 사회의 모든 구성원이 그것으로부터 이익을 얻기 때문에 보상의 대상이 되어야 한다는 주장이었다. 만약 불평등이 "공공의 이익에 기여한 것에 대한 보상으로 발생했다면", 불만을 제기할 이유는 없었다.[167]

분배 정의에 대한 롤스의 이론은 곧 자유주의 정치철학의 새로운 전통을 형성했다. 자유 원칙과 평등 원칙으로 롤스는 노동당 수정파의 정치적 입장을 철학적으로 정리해 나갔다. 롤스의 사상에서 재분배와 불평등은 핵심 문제로 자리 잡았으며, 도덕적 가치와 보상에 대한 이전의 관심은 새로운 형태를 찾았다. 그러나 롤스는 여전히 그의 이론을 발전시켜 나가야 할 필요성을 느꼈으며, 이에 따라 "사회적 우발성"과 "자연적 우연"의 등가성은 기회의 평등을 넘어설 것을 요구한다고 주장했다.168 자연적인 재능, 참여자들의 기여 혹은 자격은 사회라는 게임에서 참여자들의 출발점을 결정해서는 안 되었다. 공정한 사회란, 재능, 능력, 노력의 차이로 인한 불평등을 재산과 소득에 의한 불평등과 동일하게 다루는 사회였다. 롤스는 불평등한 보상이 정당화되기 위해서는 그것을 향한 기회가 모든 이들에게 열려 있어야 한다는 조건을 제시했다. 모두가 고대하던 마이클 영의 능력주의 비판이 발표된 1958년, 롤스는 공유재산보다는 기회의 평등이 중요하다는 영의 주장뿐만 아니라, "능력주의", 혹은 "자연적 자유"의 체계는 선천적 재능 자체가 개인의 인생 궤적을 온전히 결정하는 체제이며 그것은 "불운한 이들이 뒤에 처지도록 내버려둘 수 있는 기회를 평등하게 보장할 뿐"이라는 주장에도 공감했다.169 롤스는 후에 게임을 평등하게 유지할 장치 없이 "형식적인 기회의 평등"만을 보장한다면, 성공[의 결과]가 지나치게 [불평등하게] 축적될 것이라고 주장했다. 롤스가 보기에 "공정한 기회의 평등" — "자유 시장 제도"가 "경제적 사건의 전반적인 경향"을 규제하고 사회적 조건을 "보존"하는 제도적 틀 내에서 작동하는 것 — 이 "사회적 우연성의 영향을 제거"하는 데 더 유용했다. 하지만 여전히 능력과 재능으로 인한 부와 소득의 불평등이 가능성으로 남아 있었으며, "가족이라는 제도가 존재하는 한" 기회의 평등은 불완전할 수밖에 없었다.170 이미 롤스는 기회의 평등 자체만으로는 자신이 생각하는 이상적 사회를 구현하기 어렵다는 것을 인지하고 있었던 것이다. 정의로운 사회는 불평등을 제한하는 또 다른 기제를 필요로 했다.

1950년대 후반, 몇 가지 계기들로 인해 롤스는 실제로 그런 방향으로 자신의 개념을 발전시켜 나갔다. 우선, 그는 "모두의 이익"과 "모두에게 평등하게 개방된"과 같은 "애매한" 구절들을 새롭게 해석해 나갔다. 무엇보다도 그는 "기회의 평등"만으로 이익을 얻을 수 없는 "최하위 계층"에 초점을 맞췄는데, 이는 당대 영미권 사회과학자들의 "빈곤층" 연구에 영향을 받은 것이었다.171 1950년대 후반, 영국의 좌파에게 빈곤은 핵심 문제였다. 대표적인 복지국가 이론가인 리처드 티트머스는 "복지국가를 빈곤층으로까지" 확장해야 한다고 주장했으며,172 민권운동으로 말미암아 정치 지형이 변화하고 평등과 정의에 관한 새로운 자유주의적 이념이 태동하고 있던 미국에서, 자유주의자들은 빈곤 문제에 대한 사회과학적인 담론을 발전시켜 나가고 있었다. 중산층의 소외와 풍요의 문화적·심리적 여파에 대한 미국 다원주의자들의 우려는 풍요 속 빈곤에 대한 걱정으로 대체되었다.173 후기 산업사회에서는 계급 간 경계가 약화될 것이라는 낙관적인 전망은 사라지고, "지위 불안"과 자존감에 대한 우려가 대두했다.174 그리고 심리적 박탈감, 범죄행위, "하층 문화"에 대한 연구들은 가난한 지역사회 — 특히 아프리카계 미국인과 기타 소수 인종 공동체 — 에 초점을 맞춤으로써 문화와 가족이라는 렌즈를 통해 빈곤을 특징화했다.175 "빈곤의 문화" 테제를 따르지는 않았지만, 롤스 역시 빈곤층을 강조했다. 1959년 그리고 1962년 강의에서, 그는 불평등이 "최소 수혜자들"의 이익을 위하도록 조정되어야 한다는 차등의 원칙을 기회균등의 원칙과 함께 제시했다.176 이때 롤스는 또다시 토크빌을 언급하며 다음과 같이 말했다. 즉, 사회적 조건은 최하위층, 중간층, 최상위층 모두를 구속한다(훗날 롤스는 이를 기대의 "연쇄적 연결"[연쇄 관계성]chain-connectedness이라고 정식화할 것이었다).177

"최하위 계층"에 대한 이 같은 강조는 도덕 심리에 대한 롤스의 관심에서 비롯된 것이기도 했다. 1950년대 중반, 권력의 집중, 안정성, 도덕적 가치, 인격 등에 대한 롤스의 초기의 관심은 비트겐슈타인의 철학적 심리학을 사용해 도덕성을 탐구하면서부터 심리학적인 방향으로 전환되었다. 처음에는 1958년 하버드 대학교의 방문 교수로서, 이후 (1962년 하버드로 이직하기 전까지) MIT의 교수로서, 롤스는 "도덕 감정"에 관해 강의했는데, 이는 롤스가 당시에 흄, 스미스, 루소와 같은 18세기 도덕철학자에 관심을 가졌기 때문이었다. 이 도덕철학자들은 (롤스가 주목한 케인스, 나이트, 군나르 뮈르달을 제외한) 20세기 영미 철학자 및 경제학자들 대다수가 간과한 주제, 즉 인간의 추론, 사회성, 윤리적 삶의 성격과 그 토대에 관해 탐구한 이들이었다.[178] 롤스는 18세기 철학자들의 사상을 활용해 사랑과 공감의 자연스러운 발전에 관한 자신만의 도덕 발전론을 구체화했고, 그 결과 평등하고 공정한 사회에서 살기 위해 개인이 가져야 할 "정의감"이라는 관념이 탄생했다.[179]

여기서 롤스는 자신이 "특수 심리"라고 부른 것에 대해 우려를 표했다. "특수 심리"란 질투, 수치심, 굴욕감, 위험과 불확실성에 의해 야기되는 불안감과 같이 정의의 개념을 적절히 분석하는 데 방해가 되는 성향들로, 롤스는 "열린" 사회가 이런 성향들을 완화해야 한다고 생각했다. 그는 "특수 심리"가 야기하는 심리적 피해를 방지하거나 완화하기 위해 어떤 기제와 어느 정도의 평등이 필요한지 설명하려고 노력했다. 안정적인 사회를 위해서는, 다시 말해 사회라는 게임이 계속되기 위해서는 게임에 참여하는 것이 심리적으로 안정적이어야 했다. 적절히 조직된 열린 사회는 사회적 실패가 야기하는 질투와 같은 감정들을 다룰 수 있어야 했다. 기회의 평등이 보장되지 않으면,

> 상위 계층은 교육과 같은 중요 문제에서 불공정한 이점을 가지게 되며, 계층 이동을 제한하는 다양한 장벽들이 세워진다. 또한 다양한 형태의 독점과 경제적 착취가 존재하며,

그 결과는 상속을 통해 영속화되고 특정 계급이 자본과 토지를 소유하는 데 투자된다. 그리고 가장 불운한 이들에게 생활수준과 사회보험을 보장하기 위해 필요한 사회적 최저 기준조차도 유지하지 못하게 된다.[180]

"하위층"을 이루는 이들이 "행운"의 징표에 대해 질투하는 것은 불가피하다고 롤스는 생각했다. 그렇기에 안정된 사회를 이루기 위해서는 질투의 영향이 제한되어야 했다.[181] 많은 냉전 자유주의자들과 마찬가지로, 롤스는 어느 정도의 불안감과 불확실성은 열린 사회가 치러야 할 비용이라고 여겼다.[182] 하지만 롤스는 불안감이 "자발적"으로 감수한 위험에 비례해야 한다고 생각했다. 그리고 위험을 감수하는 이들은 자본주의 체제에서의 "정치인"과 "기업가", 사회주의 체제에서의 "관리자"와 같이 사회적으로 지위가 높은 이들이어야 했다.[183] 이제 롤스의 문제의식은 특수 심리에 가장 휘둘리기 쉬운 이들, 즉 사회의 하위층이 심리적으로 수용 가능한 정도의 불평등을 찾아내는 것이었다. 질투와 굴욕감의 불합당한 영향을 없애기 위해 충분한 조치를 취해 사회 구성원 간의 절대적·상대적 차이를 줄일 필요가 있었다. 사회의 여러 제도들은 굴욕감의 원인 — 즉 재능과 업적에서의 격차 — 그리고 "선천적 재능"을 살리지 못해서 (혹은 "선천적 재능" 자체가 없어서) 느끼는 수치심을 관리해야 했다.[184]

따라서 롤스는 최하위 계층이 직면하는 위험을 줄이고 질투의 정도를 불평등이 정당화될 만한 수준으로 유지할 수 있는 사회적 기제가 무엇일지 탐구했다. 그는 사회적 최저 기준을 높이거나 보상을 위한 경쟁의 일반적인 수준을 줄이는 것이 하나의 해결책이 될 수 있다고 여겼다. 특수 심리의 위협을 줄이는 방법에는 재분배만 있는 것이 아니었다. 가족 및 소규모 결사체 단위에서의 도덕교육으로도 불확실성으로 인한 "신경질적 불안감"을 제어할 수 있었다.[185] 게임 참여자들이 모두 동등한 시작점에서 출발한다고 생각하는 것이 중요하다고 제안했듯이, 롤스는 마찬가지로 행운을 "과시하는 것"이야말로 문제라고 시사했다. 불평등의 비가시화, 심지어 상대적 불평등에 대한 무지조차도 불평등을 정당화하는 기제로 작동할 수 있었다. 상대적 불평등은 열린 사회에서 기대치가 높아지면서 불만과 함께 형성되고 증대되었다.[186] 불평등이 모든 당사자에게 이익을 가져다줄 때 정당화된다고 롤스가 한때 주장했다면, 그는 이제 불평등이 "최소 수혜자"의 "기대치"를 향상하면 정당화될 수 있다는 입장으로 선회했다.[187]

이로써 롤스는 불확실성과 그것의 영향에 "대항"하는 다양한 관습, 습관, 기술 등을 고안하는 일에 몰두했던 한 세대의 사상가들 가운데 맨 끝자락에 자리매김했다.[188] 그렇기에 롤스가 참조할 만한 무수한 잠재적 해법들이 존재했고, 이에 따르면 불평등의 제한만이 사회라는 게임을 지속할 만하게 하는 유일한 기제는 아니었다. 롤스는 사회를 안정화할 수 있는 다양한 "통제 기제들"에 주목했다. 위계질서, 이익집단 간 협상과 가격 체계, 그리고 정치학자 로버트 달이 "폴리아키"[다두정]polyarchy라고 부른 것 모두 안정성을 위한 다양한 방안들이었다. 존 케네스 갤브레이스의 대항 권력* 이론과 독과점에 대한 비판 역시 그런 방안들이었는데, 이는 산업 부문에서 권력 블록이 형성되는 것을 방지하고 탈집중화된 의사 결정을 보장하는 역할을 정부에 부여했다.[189] 조직 이론가들은 조직 균형을 통해 안정을 달성

* 길항력拮抗力 또는 평형력平衡力이라고 번역되기도 하는 대항 권력countervailing powers은 미국 경제학자 존 갤브레이스의 저서 『미국 자본주의』의 핵심 개념이다. 여기서 갤브레이스는 미국의 자본주의에는 '경쟁' 이외의 규제 메커니즘이 존재해 왔으며 그것이 바로 대항 권력으로, 예컨대 '사적 경제 권력'이 성장함에 따라 그 영향력 아래에 있는 이들이 이에 대항하기 위해 서로 규합하여 형성하는 권력이다. 대표적인 사례로는 대규모 농기계·비료·석유·보험 회사에 대항해 농부들이 함께 조직한 농업협동조합이 있다.

하는 방법을 제안했으며, 정신분석학자들은 "도덕 체계의 안정성과 영향"을 유지할 방도를 고안해 냈다. 또한 동시대 인류학자들은 문화 간 가치 충돌에 대한 다양한 연구를 진행함으로써 충돌을 완화하는 데 필요한 것이 무엇인지 고민했다.190 하지만 궁극적으로 롤스는 이 모든 통제 기제들이 "공정한" 안정성을 보장하지는 못한다고 판단했다. 공정성을 보장할 수 있는 것은 오직 최소 수혜자를 비롯한 사회 구성원들 모두가 동의할 만한 공통 규칙뿐이었다.

1950년대 말, 롤스는 이제 도로 법규 유지나 등대 유지 보수 이상의 정부 개입이 필요하다는 주장을 펼쳤다. 국가의 역할은 여전히 제한적이었으나, 롤스의 입장은 국가의 적극적인 재분배 정책을 옹호하는 입장에 좀 더 가까워졌다. 롤스가 열거한 열린 사회에서의 정책들은 경쟁 효율성, 완전고용, 적정 성장률 유지, 적절한 사회적 최저 수준 보장, 소득과 부의 재분배와 같은 복지 정책들이었다. 이제 롤스는 국가의 역할과 국민경제의 관리에서는 신케인스주의적인 해결책을 내놓았다.191 롤스가 영국 중도 좌파의 평등주의와 자신의 최소주의적인 자유주의를 결합함에 따라, 롤스의 재산 소유 민주주의 이념은 새로운 이데올로기로 재탄생했다.192

롤스는 또한 자신의 이론이 다른 정치체제에도 적용될 수 있는지 고민하기 시작했다. 후일 롤스는 자본주의와 사회주의 체제에서 모두 자신의 정의 개념을 실현할 수 있다고 주장했다. 어떤 의미에서 체제 사이의 선택은 별로 중요하지 않았다. 롤스는 자본주의와 사회주의 사이의 체제 경쟁보다 국가가 확장하는 시대에서 민주 공동체의 안정성과 운명에 더 큰 관심을 가졌다. 공유재산을 포기하고 사유냐 공유냐의 문제가 더는 권력의 결정 요소가 아니라고 말한 다른 이들과 비교했을 때, 이런 관심사의 변화는 더욱 두드러졌다.193 만약 후기 산업사회에 관한 사회학자들의 낙관적인 예언이 옳다면, 사실 두 체제 사이의 차이는 사라지고 있었다. 실제로, 롤스는 점진적인 개혁을 통해 정의를 실현할 수 있다고 믿기 시작했다. 청년 롤스는 행정국가의 위협을 경계했지만, 이제 그 걱정은 풍요한 사회의 약속과 빈곤 타파의 가능성 앞에서 옛것이 되어 버렸다. 1959년 롤스는, "1930년대의 개혁으로 인해 사회체제가 점진적으로 정의로운 사회체제라는 이상에 가까워지고 있기에 이제 미국과 같은 나라에서 사회정의는 가장 긴급한 문제가 아닐 수도 있다"고 선언하기도 했다.194 자유사회주의자들의 평등주의 이론으로부터 영향을 받았음에도 불구하고, 롤스는 여전히 이미 주어진 것what was already there에 대한 준혜겔적 혹은 비트겐슈타인적인 헌신을 고수하고 있었던 것이다.195 그리고 여기서 이미 주어진 것이란 사회주의가 아니라 정의의 이상을 향해 나아가는 자유주의 사회였다.

> 자유주의적 자본주의와 자유주의적 사회주의 체제 가운데 무엇이 정의를 실현할 제도와 친화적인지 판단하기 위해서는 역사, 심리, 그리고 경제 효율성 같은 여러 조건들을 고려해야 한다. 우리 사회는 (상대적으로) 자유주의적 자본주의에 가까운 사회이기에 합리적이고 보수적인 입장에서 볼 때, 정의를 실현할 방안은 결국 자본주의적인 틀 안에서 제도들을 운영하려고 노력해야 하는 것이다. 우리는 항상 우리에게 주어진 상황에서 출발해야 하며, 기본적으로 우리의 책무는 합리적인 방식으로 실존하는 제도와 공정한 이상 사이의 차이를 줄이는 것이다.196

정의 원칙들이 공고해짐에 따라, 롤스의 이론과 그 기반인 롤스의 사회상은 독자적으로 힘을 발휘하기 시작했다. 이제 롤스 이론의 논리가 그가 옹호하고자 하는 정치적 입장을 더 많이 제약하게 되었다.

***

롤스에게 정치철학은 "사회와 인간에 대한 개념화"와 "평가 원칙의 체계"를 제공하는 것으로 완성될 수 없었다. 그는 또한 이 둘을 하나의 전체로 통합하는 비전, 즉 "인간과 사회에 대한 총체적 비전"을 제공하고자 했다. 1950년대 평등, 정의, 소유권에 대한 담론을 섭렵해 가는 동시에 그는 다양한 생각들을 자신의 이론적 구조에 포함해 철학적 일관성을 유지하려 했다. 이제 그는 자신이 만든 윤리적 판단의 틀을 개인행동과 특정 분배 문제를 넘어 국가와 사회의 법과 제도에 적용시키기 시작했다. 자신의 정의 원칙들을 표현할 수 있는 여러 이론적 장치들을 고안하면서, 롤스는 정치철학 그 자체를 재발명하기 시작했다.

[그러나] 그 과정은 험난했다. 롤스의 첫 번째 과제는 자신의 이론이 다루는 핵심 주제를 철학적 용어로 표현하는 것이었는데, 이 과정에서 롤스는 다양한 시행착오를 거쳐야 했다. 1950년대 초, 롤스는 우선 공리주의 윤리와 경제학을 참고했다. 그는 특히 전후 정치철학자들의 주요 관심사 가운데 하나였던, 윤리적 추론 논쟁, 즉 행동의 도덕적 정당화에 있어서 규칙의 논리적 위상과 규칙 준수의 본질에 관한 논쟁을 검토했다. 핵심 질문은 개인이 자신의 행위를 정당화할 때 어떤 논리를 제시할 수 있는가였다. 전통적으로, 공리주의자들은 그 효용이나 결과로 판단했다. 의무론자들은 올바른 행동은 도덕 규칙에 부합해야 한다고 주장했다. 규칙을 언제 위반하는 것이 허용되는지 묻는 경우, 공리주의자들은 그 결과에 따라 정당화될 수 있다고 손쉽게 대답할 수 있었다. 하지만 모두가 규칙을 위반하는 경우에는 어떻게 될까? 여기서 고전적 공리주의자들은 어려움에 봉착했다. 한 가지 해결책은 "행위" 공리주의와 "규칙" 공리주의를 구별하는 것이었다.[197] 규칙 공리주의자들은 개별 사안마다 약속을 준수할

때 생기는 효용을 따지기보다는 약속은 지켜야 한다는 규칙, 즉 약속이라는 관행 그 자체의 효용을 따져야 한다고 판단했다.

윤리적 추론 논쟁에 참여하면서 롤스는 그의 정의 이론의 근본 토대를 마련해 나갔다. 1955년 발표된 논문,「규칙의 두 가지 개념」에서 롤스는 상이한 윤리적 추론 방식이 어떻게 사회 형태와 관련되는지 탐구했다. 이때, 그는 "특정 행위"를 "사회적으로 인정되는 규칙"에 따라 정당화하는 방식과 "결과, 효과, 사회 후생 효과 등에 따라 행위를 규칙에 부합시키는" 방식을 구분한 스티븐 툴민의 이론을 활용했다.198 특정 행위의 이유를 제시할 때, 개인은 일반 원칙이 아니라 관행, 즉 일반 규칙만 고려하면 되었다. "사회 관행의 정의로움에 대한 추론"이라는 장에서 툴민은 비트겐슈타인의 사상으로부터 다음과 같은 논증을 따왔다. 즉 "과학 이론의 틀 안에서는 '여기 이 선은 직선인가?'라고 물을 수 있지만, 직선의 특성에 대해 의문을 표해서는 안 된다. 마찬가지로, 특정 도덕규범의 틀 안에서는, '여기 이 행위는 정말로 옳은가?'라고 물을 수 있지만, 옳고 그름의 기준 그 자체에 대해 의문을 표할 수는 없다." 다시 말해, 특정 행위의 옳고 그름을 따지는 것과 "관행 그 자체의 정의로움"을 따지는 것은 별개의 문제라는 것이었다.199

롤스는 처음에는 툴민의 논거에 동의하지 않았으나, 차차 자신의 견해를 수정해 나갔다. 이제 그는 규칙이 "개별 사안마다 공리주의 원칙을 직접적으로 적용함으로써 내린 과거 결정들의 총체"일 수는 없다고 주장했다.200 비트겐슈타인을 연상케 하는 구절에서 롤스는 "규칙을 그렇게 보는 것은 철학을 하다 저지르는 실수"라고 선언했다.201 대신에, 게임의 규칙이 게임을 정의하는 것처럼 규칙도 어떤 특정 관행을 정의하는 것이라고 보는 "관행" 중심적 관점을 제시했다.202 이 관점을 채택하게 되면, 더는 일반 원칙에 호소할 필요가 없었다. 공리주의적인 관점에서 게임의 정의로움을 따질 수 있었지만, 게임 참여자들은 참여한 순간 게임의 규칙을 준수해야 했다. J. L. 오스틴, 스탠리 카벨, 존 설, 앤스콤을 따라, 롤스는 감각 경험을 기록하는 "엄연한 사실들" 그리고 이해되기 위해서는 일종의 규칙을 필요로 하는 "제도적" 사실들을 구분했다.203 규칙은 행위에 "구성적"이다. 즉, 제도의 규칙은 [행위자들이] 규칙의 존재를 수용한다는 전제 아래에서 여러 부류의 행위들을 정의했다.

각 제도는 자체적인 원칙들, 추론 규범, 그리고 자체적인 "담론의 세계"를 가졌다.204 개별 행위자들은 그들이 참여하는 관행이라는 맥락 속에서 이해되어야 했다. 비트겐슈타인에게, 관행과 생활양식은 암묵적인 행동 규범을 의미했다. 우리는 행동 규범을 가지고 있기에, 그리고 없다면, 없이도 어떻게 그럭저럭 지낼 수 있는 방법이 있기에, 합의와 판단을 위한 의사 결정 절차는 필요하지 않다고 생각했다. 하지만 비트겐슈타인에게 영향을 받은 윤리 철학자들은 "정확한" 판단 절차가 무엇인지 그리고 현실 세계 속에서 그 절차의 적용이 어떻게 제약되는지에 관심을 가지고 있었다.205 H. L. A. 하트를 비롯한 철학자들은 비트겐슈타인의 사상을 절차론적으로 해석했다. 롤스는 야구 경기보다 훨씬 더 크고, 안정적이지만 확정적이지는 않은 관행들을 판단하기 위한 절차들을 찾고자 했다. 그가 염두에 두고 있는 관행들이란, "게임과 의식, 재판과 의회, 시장과 사유재산 체계" 같은 것들이었다.206 롤스는 동시대 사회학자들이 사회 "체계" 혹은 "제도적 평형"이라고 명명한, 정당화와 평가가 필요한 제도 형태에 관심을 가졌던 것이다.207

무엇보다도, 롤스는 모든 종류의 관행을 포괄하는 관행, 사회의 경계 그 자체에 대해 고민했으며, 1950년대 말 이를 "기본 구조"라고 부르기 시작했다. 그는 사회와 국가에 대한 여러 전후 시대의 이론들을 이 개념 안에 담아내고자 했다. 롤스에 의하면, 기본 구조는 게임의 규칙을 비롯해, 참여자들의 출발점과 성공 기회를 결정하는 여타 사회제도들로 구성되어 있다. 기본 구조는 또한 정치의 영역을 사회를 이루는 여러 결사체들 자체에 관한 것이 아니라 그들 간의 관계를 다루는 사회의 기본 규칙들에 관한 것으로 설정했다. 이제 국가는 직접 행동하는 주체도 대표를 통해 행동하는 법적 인격도 아니었다.[208] 기본 구조는 관행이지 주체가 아니며, 관행은 행동하지 않는다. 국가를 관행으로서 개념화하는 것은 국가를 적극적 개입의 주체로 바라보는 관점을 배제했다. 이는 우연한 것이 아니었다. 롤스는 개입에 대한 자신의 회의적인 시각에 알맞게 국가와 사회를 상상했던 것이었다.

롤스의 기본 구조 개념은 그가 박사 학위논문에서 제시한 최소주의적 국가관을 포괄하는 것이었다. 하지만 이제 롤스는 이 관점을 미국 행정국가를 구성하는 법률, 법원, 정부 기관, 공공 및 민간 서비스 등의 복합체와 더욱 유사하게 가다듬었다.[209] 그런데 롤스는 국가가 무엇인지 연구하는 데에는 관심이 없었다. 국가에 대한 이 같은 무관심은 국가권력으로 인한 폭력과 파괴를 목격한 전후 세대로서는 어쩌면 당연할지도 모른다. 하지만 롤스의 정치사상은 미국 전후 정치학자들로부터 영향을 받은 것이었다. 국가 이론의 전통이 유구한 유럽과 달리, 미국의 정치철학자들은 "민주주의 체계의 안정성"을 위해 국가를 "비신격화"하고 국가 대신에 행태, 정책, 정치 "과정"에 대해 연구했다.[210] 다원주의 정치학에서 흔히 나타나는 기능주의적 시각은 국가기구들을 분해하고, 열정, 갈등, 그리고 전쟁과 불황에 대한 계급 분석으로부터 분리했다. 롤스는 여기서 한 발짝 더 나아가 이렇게 해체된 제도들을 자신의 주요 이론적 틀 안에서 다시 조합했다. 기본 구조는 규제되고, 정당화되며, 평가되어야 하는 여러 관행의 총체로 상상되었다. 그리고 이렇게 반개입주의적인 다원주의의 전제들이 [롤스의 정의 이론에] 포함되었다. 행정적인 갈등의 장소이자 특수한 제도적 주체로서 국가를 개념화하는 것은 롤스의 이론에서 찾아보기 힘들어졌으며, 이제 국가는 행위 주체성, 권력, 이해관계의 준자율

적인 영역으로 분석되지 않았다.211

　　동시대의 다원주의자들과 마찬가지로, 롤스는 비국가적 결사체들 — 그의 경우, 가족 — 에 더 관심을 가졌다. 실제로 그는 한때 자신의 윤리학을 "가족 중심적"familistic이라고 말하기도 했다. 그러나 롤스가 국가를 시민사회의 공적 제도로 치환해 버리는 것처럼 보이는 기본 구조 개념을 도입하면서 그의 다원주의는 한층 약화되었다.212 한동안 롤스는 기본 구조와 다른 관행들 사이의 구분을 유동적인 것으로 두었고, 기본 구조에 관습, 예의범절, 그리고 가족 및 소규모 결사체 내에서의 관계들을 포함해 보기도 했다.213 이런 유동성은 후일 비판의 대상이 될 것이었다.214 하지만 1950년대 말에 이르러, 롤스는 기본 구조를 정의 이론의 주요 주제로 설정하고, 이에 자신의 두 정의 원칙들을 적용하는 것을 정의의 주요 과제로 삼았다.215 롤스는 다른 관행들과 달리 기본 구조를 비자발적 협력 사업으로 파악했다. 정의와 공정 모두 — 인격들 사이의 인정 관계를 모델화한 — "호혜성"을 적용하는 것이었지만, 공정성 개념이 "자발적" 관행에 적용되는 데 비해 정의 개념은 비자발적 관행에만 적용되었다.216 이에 따라, 롤스는 가족, 노동시장, 종교를 이탈 능력에 의해 정의되는 자발적인 영역에 포함했다. 시민사회에 관한 많은 자유주의 이론에서와 마찬가지로, 결사체적 삶은 대체로 사적인 것으로 간주되었다. 하지만 기본 구조와 사적 영역이 존재론적으로 구분되는 것은 아니었다. 이제 기본 구조는 모든 사회적·윤리적·정치적 생활이 이뤄지는 공간으로 상정되었다. 기본 구조 개념은 게임의 비유를 보완했으며, 구성 규칙이 그것에 일관성을 부여했다. 이제 규칙은 단순히 규제만을 목표로 하는 게 아니라 개별적인 행위와 결정에도 나타났다. 국가의 힘은 그것이 구성한 여러 관계들을 통해 발현되었다. 규칙들의 형태는 사회 에토스의 기초를 이뤘다.217

　　결국 기본 구조 개념은 사회를 하나의 게임으로 보는 시각의 연장선상에 있었다. 롤스는 평형과 체계와 같이 자기 규제 능력을 갖추며 정치적 개입을 최소한으로 필요로 하는 여러 은유들을 고려했다. 기본 구조, 평형, 체계는 모두 국가와 여타 사회제도의 행위 주체성을 인정하지 않는다. 제도가 어떻게 기능하는지 탐구했을 때, 롤스의 초점은 그의 이론에서 언제나 제약의 대상인 행정부나 관료제가 아닌 사법 및 입법 제도들이었다. 하지만 동시에 기본 구조 개념을 발명함으로써 롤스는 자신의 이론을 제도에 관한 것으로 탈바꿈할 수 있었다. 지금까지, 롤스의 사회적 비전은 관습과 공동체로부터 출발했다. 기본 구조는 사회에 대한 논의를 일종의 정치 이론으로 변형했으며, 롤스의 추종자들은 이로써 제도를 논할 수 있게 되었다. 무엇보다도, 응분이라는 관념에 의존하지 않은 채 어떻게 노력에 대한 보상을 정당화할 수 있는지 같은 문제부터 불평등에 대한 개별적인 경험을 불평등의 일반적 특성과 연관시키는 문제까지, 롤스 사상의 여러 모호성을 해소할 수 있었다. 정의를 개별 행위가 아니라 일반 제도에 관한 것으로 만듦으로써 롤스는 자신의 정의 이론을 제도 이론으로 새롭게 소개했다.

***

롤스가 구상한 사회를 평가할 수 있는 철학적 메커니즘은 무엇이었을까? 1950년대에, 롤스는 기본 구조에 대해 합의하고 판단할 만한 조건을 만들기 위해 일종의 "신뢰할 만한 방법"을 확장했다. 이때 롤스는 일반 관점, 즉 "모든 이들이 동일한 판단을 내릴 수밖에 없는 관점"에서 행위에 대한 판단을 내림으로써 합의에 이를 수 있다는 흄의 주장을 동원했다.*218* 흄에게 일반 관점이란 불편부당한 관찰자라는 대표 인격의 관점을 의미했다. 롤스와 그의 동시대인들은 흄의 생각을 활용해 객관적인 윤리를 구축할 수 있는 "도덕적 관점"을 만들었다.*219* 대표적인 사례로는 로더릭 퍼스의 — 윤리적 불일치를 해결할 수 있는 신과 같은 관점을 가진 — 이상적 관찰자 개념이 있었다.*220* 롤스를 비롯한 다른 이들은 사회정의의 기준을 찾기 위해 "모든 이들이 동일한 판단을 내릴 수밖에 없는" 도덕적 관점을 찾아내려고 노력했다.*221* 경제학자들도 이와 비슷한 가상의 절차에 대해 연구하고 있었다. 즉, 존 하사니는 위험 감수에 대한 글에서 기본 원칙들을 도출해 내는 절차들을 제공했다(그의 경우 집단 선택 상황을 활용해 공리주의 원칙들을 정당화했다).*222* 롤스는 [퍼스의] 이상적 관찰자 개념으로부터 거리를 뒀는데, 이는 그 개념이 단일한 의사 결정자를 상정하고, 종교적인 뉘앙스를 가지고 있었기 때문이었다. 관찰자 이론들은 완벽한 1인을 가정했지만, 롤스는 완벽하지 않은 개인들 사이에서 합의가 이뤄질 수 있는 방법을 모색했다. 또한 관찰자 이론들은 완전한 정보를 가정했지만, 롤스는 불완전 정보 상태를 가정했다. 이를 통해 그는 가격에 관한 완전 정보를 가정하는 일반균형 이론으로부터 벗어났다.

롤스는 이런 윤리적 절차들을 자신의 도덕 심리학 및 자연 인격 개념과 연결하기를 원했다. 그는 인간이란 정의롭게 행동하고 다른 이들을 인정하는 선천적인 "성향"을 가지고 있다고 주장했었다. 특정 사회에서 이런 성향들은 "차단"되거나 "붕괴"되기도 했다. 그런 사회에는 "호혜성으로서 정의가 존재할 수 없는" "법인[기업] 사회"와 "노예제와 귀족정"이 포함되었다. 롤스에 의하면, 평등을 추구하는 "성향이 분출"되는 사회도 존재했다. 그런 사회에서는 "산업화와 근대인의 기질로 말미암아 적절한 사회적 조건들이 마련되는데, 이런 사회적 조건에서는 평등을 추구하는 인간의 성향이 자연스레 분출되고 역으로 그것을 억제하는 모든 것은 제거되었다." 따라서 "사회주의 및 이와 관련된 여러 이념과 운동"이 나타나 근대적인 "정의를 향한 요구"가 존재하게 된 것이었다.*223* 롤스는 적절한 의사 결정 절차를 통해 인간의 평등 추구 성향을 억제하는 요소들의 차단을 도모하고 모든 도덕적 관계에 잠재되어 있는 평등의 조건을 촉진할 수 있다고 봤다. 그는 "사려 깊은 판단의 여러 조건들"을 마련해 "인격이 [다른 이를] 인격"으로서 인정할 때 나오는 감정적 반응들, 즉 공감과 동정이라는 자연적 반응을 유도해 내고자 했다. 이런 조건들은

> 평등 추구 성향을 왜곡하거나 억제할 수 있는 모든 가능성을 제거한다. 이 조건들은 인정이라는 자연스러운 반응이 자유롭고 완전히 표출될 수 있도록 하며, 이렇게 함으로써 아래와 같은 합의가 가능해진다. 만약 분명하고 확실한 상황 속에서조차 합의에 이르지 못한다면, 이는 무언가 빠진 게 있다는 것을 의미한다.[224]

이제 관건은 중재되지 않은 개인들 간의 관계가 어떤 모습일지 모델화하는 것이었다.

이것이야말로 "합리적 선택 이론"의 일부로서 롤스의 정의 이론에 포함될 여러 가설적 장치들[무지의 베일 같은]이 존재하게 된 이유였다.[225] 1960년대까지, 롤스는 이 관점을 모델화하기 위한 여러 도구들을 실험해 보았으나 그 목적은 언제나 합의를 도출할 수 있는 관점을 찾는 것 하나뿐이었다. 그 관점만 찾을 수 있다면, 윤리적 삶은 롤스가 상상한 바와 동일하다는 것이 자명해질 것이었다. 그리고 이것이야말로 롤스의 "분석적 구성" 가운데서도 가장 유명한 원초적 입장과 무지의 베일을 지탱하는 핵심 아이디어였다. 무지의 베일 너머의 원초적 입장에서 사람들은 자신의 선천적 재능과 사회에서의 시작점에 대해 무지하며, 그것들이 순전히 운과 우연의 산물이기에 그 자체로 보상의 자격이 될 수 없다고 인식할 것이었다. 그렇기에 원초적 입장이야말로 사회의 기본 구조에 적용할 정의 원칙들에 합의하

고 특정 사회가 일원으로서 참여할 만한, 안정적이고 보상이 공정하게 분배되는 곳인지 판단할 수 있는 관점일 수밖에 없었다.

롤스의 원초적 입장 개념이 특별한 이유 가운데 하나는 이 개념 안에 그가 가졌던 다양한 고민들이 모두 반영되어 있다는 것이다. [원초적 입장에 놓인] 결정 "당사자들"은 사회 여러 부분에서 선출된 대표들이었으나 자신의 실제 사회적 위치가 무엇인지에 대해서는 알지 못한다. 당사자들은 "정의의 여건"에 대한 일반적인 사실 정보는 가지고 있으며, 이에는 분배의 조정을 필요적인 것으로 만드는 인간 심리, 다원주의, 다양성, 그리고 "보통 수준의 상대적 자원 부족" 등과 같은 사실들이 포함된다. 그들은 "일반" 사람들은 아니지만, 그들의 선택은 여전히 "가지고 있는 도덕성에 의해 제한"받는다.226 그리고 분배의 방법을 결정할 때, 그들은 자기 이익을 추구하지만,227 합리적인 이기주의자들은 아니다.228 "자연스러운 도덕 감정과 태도가 발현되는 것을 막는 장애물들"은 제거되었고, 따라서 결정 당사자들은 "불안하거나 불안정"하지 않으며, 굴욕감, 수치심, 질투와 같은 특수 심리를 느끼지 않는다. 어차피 정의로운 사회에서 이런 특수 심리로 인한 문제는 발생하지 않으므로, 특수 심리를 분석적 구성에서 제외하는 것은 타당했다. 여기서 롤스는 의도적으로 순환 논리를 채택했다. 정의로운 사회에서 가정들과 소규모 결사체들은 도덕교육을 통해 개인이 정의 원칙들을 지지하게끔 유도하는 정의감을 함양하고, 질투와 같은 유치한 감정들, 즉 "예외적인 성향들"은 모두 정화될 것이었다.229 또한 질투는 정의로운 제도들과 빈부 격차의 비가시화를 통해 제거할 수 있었다. 따라서 무지의 베일 뒤에서는 이런 요소들을 고려할 필요가 없었다.

롤스는 선택 당사자들을 하나의 인격으로서가 아니라 그들이 사회에서 차지하는 위치를 통해 묘사했다. "결사체, 집단, 또는 기업의 수장"으로 가장 잘 이해될 수 있는 "연속되는 인격" 또는 "유전적 계보" 등으로 말이다. 그리고 종국에는 백인 남성 재산 소유자만을 민주주의 사회의 일원으로 상정한 제퍼슨주의의 전통에 따라 (때때로 재산에는 노예와 여성이 포함되었다), 롤스는 선택 당사자들을 "가장" heads of households으로 설정했다.230 이는 당사자들이 정의 원칙을 선택할 때 적어도 두 세대 이후의 후손을 염두에 두고 선택하도록 보장하기 위함이었다. 롤스의 분석적 구성은 따라서 가족을 미래에 대한 도덕적 주장을 할 수 있는 주체이자 의미, 교육, 발전의 주요 장소로서 견고히 확립했다. 사회의 부분적이고 결사체적인 특징과 가족에 대한 롤스의 애착은 분석적 구성의 여러 수준에 반영되었고 그의 정의 이론에 내재화되었다. 한때 주디스 슈클라는 루소가 "확고한 가부장주의자"라고 말한 바 있다. "성별 간 불평등은 루소가 인지하지 못한 유일한 형태의 불평등이었으며, 이는 그가 성 불평등이 여타 불평등과 마찬가지로 생성해 내는 정서적 고통에 무지했기 때문이었다."231 롤스의 사상이 점차 루소의 사상과 유사해짐에 따라, 슈클라의 루소 비평과 유사한 비판이 페미니스트들에 의해 롤스에게도 적용되기 시작했다.232

롤스는 여전히 "평균적인 사람들"의 "자유롭고 강요받지 않은 의견"에 호소함으로써 확보하고자 한 "합리적 선택"을 자신의 목표로 삼았다. 판단 기준은 다수의 일반인들, 즉 전문 행정가가 아니라 법정이나 배심원을 모델로 한 민주적 "토론"에 의해 마련되어야 했다. 하지만 『정의론』을 구상하면서 롤스는 "토론"에 대한 강조를 버리기 시작했다. 대신에 그는 그가 계약이라 부른 집단 선택에 주목했다. 원래 계약이란 개념은 롤스의 이론에서 지역적이고 민주적인 핵심으로서 출발했다. 즉, 원초적 입장과 같은 시초적인 순간을 모델화하기 위해서가 아니라, 토크빌의 타운홀 회의와 민주적 토론을 형식화하기 위한 것이었다. 다중multitude을 염두에 둔 것도 아니었다. 롤스는 원래부터 원자와 같은 개인들이 사회를 설립하기 위해 모여 계약하는 관념에 대한 불안감을 가지고 있었다. 하지만 계약은 합의와 준숙의적인 절차를 모델화하는 것을 가능케 했다. 또한 직관주의 및 공리주의와는 다른 방식으로 정의를 모델화하고자 하는 롤스의 목표에도 부합했다.

사회를 일종의 게임으로 구상하는 과정 속에서 롤스는 최소 개입주의 국가와 상업 사회를 추구하는 한에서 정치경제학의 초기 공리주의 전통을 활용해 보고자 했다. 하지만 동시에 그는 국가의 역할을 강조하는 공리주의의 또 다른 조류에 대해 우려를 표했다. 후일, 롤스는 자신의 공리주의 비판을 "공리주의는 '인격 간의 차이'를 경시한다"라고 한 문장으로 요약할 것이었다.233 롤스에 의하면, 효용을 집산하고 극대화하는 데 집중하고 분배의 문제를 경시한 나머지, 공리주의 원칙은 사회에서의 패자들과 소수자들을 보호하는 데 실패하고 향후 그가 인격의 "존엄성"이라고 부를 개인의 권리들을 침해한다는 것이었다. 하지만 원래 롤스의 공리주의 비판에는 더 많은 내용이 들어 있었다. 공리주의는 도덕이란 무엇인지, 즉 그것이 인격과 공동체의 인정에 기반한다는 점을 제대로 이해하지 못했으며, 지나치게 "개인주의적"인 "기술 관료적" "행정" 이론에 불과했다.234 공리주의의 틀에서 개인들 사이의 관계의 다원성은 소거되고 개인은 원자화되었다. 그러나 사회 구성원들은 "행정 또는 자비로운 선물의 청구자로서만 존재하는 개인"이 아니라 상호 이익을 위한 협력자들이었다. 그렇기에 "행정적 결정을 위한 고도의 원칙들을 정의의 문제에 적용하는 것은 근본적인 실수"였다. 공리주의는 시민들을 단순히 "복지 수급자"로 취급하기에, 합의를 중심으로 한 도덕 공동체나 토론을 통한 민주적 참여라는 롤스의 이상과 결이 완전히 다른 이론적 전통이었다.235 정의의 두 원칙이 지닌 우월성을 증명하는 데 있어서, 계약 개념은 이런 "개인주의적" 공리주의 — 전체 인구의 후생을 집산함으로써 사회정책을 결정하고 20세기 중반 관료제와 밀접히 관련된 통치의 한 전통 — 를 반박하는 데 특히 유용했다. 롤스의 윤리 철학은 호혜적이면서 개인들 사이의 관계를 중요시한 반면에, 공리주의는 개인들 사이의 관계를 완전히 무시했다.236 롤스가 인식하기에 자신의 계약 이론은 토론 모델의 연장선상에 있었으나 공리주의는 행정 권력과 행정국가의 확장이었다.

***

롤스는 자신의 이론을 더욱 일관되게 만들고 동료들의 조언을 따르기 위해 자신의 생각 가운데 몇 가지를 수정하기도 했다. 1960년대에 그는 계속해서 자신의 이론을 정교하게 다듬었다. [그리고] 1964년, 『정의론』의 초고가 완성되었다.237 초고 완성부터 출판까지 7년 동안 롤스는 도덕 인격과 도덕 절차에 관한 이론에 칸트적 형식을 부여했다. 그는 "반성적 평형"이라고 부르는 대인 관계에서의 정당화 방식을 도입했다. 이 방식은 개인이 원초적 입장에서 어떤 정의 원칙들을 선택할지 결정하기 위한 것으로, 특정 사례, 그것을 통제하는 원칙과 규칙, 그리고 이런 판단을 수용하는 데 고려해야 할 여러 사항에 대해 "숙고된 판단"을 내리기 위한 것이었다.238 또한 롤스는 능력과 자격, 기회균등의 원칙, 정의의 배경 조건, 원칙 간 우선순위에 관한 자신의 입장을 다듬었다. 그리고 옳고 그름, 정의의 목적, 사회적 기본 가치와 자기 존중의 사회적 기초 조건을 새로이 다룸으로써, 도덕 심리학에 대한 자신의 이전 연구와 다른 방식으로 질투와 특수 심리 문제를 해결했다.239

하지만 롤스의 정의 이론의 기반은 1950년대 말에 이미 완성되어 있었다. 이 시기에 기본 구조, 원초적 상태, 정의 원칙들, 공리주의와 직관주의 비판이 각각 정리되었다. 이들은 모두 전후 시대 철학과 전후 자유주의 정치가 제공하는 자원들을 활용해 새로운 종류의 이론을 구축하려는 노력의 일환이었으며, 권력의 집중에 대한 자유주의적 경계심 그리고 평등에 대한 분배적·제도적 논의들을 철학적으로 표현한 것과도 같았다. 롤스는 사회에서 가장 불운한 이들에게 도움을 제공하고 싶었으나, 동시에 20세기 중반 확장하기 시작했던 행정국가로부터 자신이 너무나도 중요시 여기는 다원적 삶의 방식을 지키고도 싶었다. 그의 이론이 "진정으로 세상에 나왔을 때", 국가에 대한 롤스의 입장은 국가의 역할을 교통 통제에 국한해야 한다는 이전의 입장과는 매우 달라져 있었다. 당대의 풍요 속 빈곤 문제에도 불구하고, 롤스는 또한 후기 산업사회 이론가들의 낙관주의적 태도를 공유했다. 그는 객관적인 판단 기준이 존재하며, 단순히 개인들의 집합체가 아닌 그 이상의 것으로 공공을 새롭게 정의할 수 있으리라 믿었다. 일반 관점을 취하기만 하면, 롤스가 사회 구성원 모두 이미 인지하고 있다고 생각한 것들 — 회사, 교회, 가정이 자연적인 결사체로서 공존하고 합의는 정확한 철학적 도구로 발견해 낼 수 있는, 이상적인 사회 및 윤리적인 삶 — 이 철학적으로 분명해질 것이었다.

1962년 이래로 롤스는 하버드 대학교에서 여러 세대의 도덕·정치철학자들을 양성했으며, 그의 제자들은 미국 전역으로 퍼져 나갔다.[240] 정의에 관한 새로운 공적 담론과 사회·분배 정의 이론에 대한 철학 출판물들이 증가하자, 롤스는 이에 고무되어 정의에 대한 연구가 정치철학 자체를 부활시킬 것이라고 제자들에게 선언했다.[241] 롤스는 그의 제자들에게 사회의 가장 토대가 되는 구조들이 점진적으로 나아지고 있다는 신념을 불어넣었다. 적절한 사회구조만 마련된다면, 인간다운 삶과 여러 결사체들의 번영을 보장할 수 있을 것이었다. 헌정 민주주의의 여러 관행들은 운, 우연성, 행운의 영향을 적절히 보완할 수 있었다. 롤스가 고안해 낸 정의의 두 가지 원칙들은 특정 사례에서 분배가 공정하게 이루어졌는지뿐만 아니라 분배의 규칙 및 절차 체계 그 자체가 정의로운지도 판단할 수 있었다. 즉, 이 규칙 체계는 사회라는 게임의 규칙으로서, 적절하게 설정되기만 하면 공정한 기회와 자본의 고른 분산, 그리고 시민들이 평등한 존재로 참여하며 재력으로 권력을 살 수 없는 집단적인 정치 생활이 가능해질 것이었다.

그런데 롤스가 자신의 이론을 완성해 나가는 시점에 새로운 종류의 정치적 문제가 대두하기 시작했다. 이 장에서 확인할 수 있듯이, 그의 이론의 기반을 이루는 윤리와 사회에 대한 롤스의 합의주의적 비전은 전후 시대의 정치적 합의와 그 이데올로기에서 비롯된 것이었다.242 전후 시대의 합의 덕분에 "실천적인 문제로 훼방받을 일"이 거의 없었기에, 롤스는 자신의 시대야말로 "추상적"인 철학을 연구하고 토대들에 관한 심도 있는 탐구를 하기 좋은 시대라고 여겼다.243 평온한 시대에는 사람들이 철학을 "실용적이지 않다고" 여길 수도 있다고, 롤스는 인정했다. 하지만 그는 또한 철학이 무용하다는 입장은 "우리의 시대적 합의, 혹은 외면적인 합의, 그 자체가 빠르게 무너지기 시작할 때" 틀린 것으로 드러날 것이라고 덧붙였다.244 흥미롭게도, 전후 시대에 합의라는 것이 실제로 존재했다면, 그것은 롤스가 정의 이론을 완성한 그 순간 무너지고 있었다.

2장
의무들

1960년대의 민권운동과 반전운동은 연좌시위와 대중 시위 그리고 시민 불복종을 매일의 뉴스거리로 만들었다.1 베트남전쟁이 확대되자 대학가를 뒤덮은 반전 분위기는 한 세대의 철학자들을 정치화했다.2 1960년대 중반 이 철학자들은 롤스를 중심으로 한 무리를 이루었다. 제2차 세계대전 이후의 평온한 시기 동안 롤스는 제도적 현실들을 포착할 근본 개념들을 찾기 위해 정치를 추상화하려 애쓰던 중이었다. 이제 더 많은 도덕·법·정치철학자들이 징집, 학원, 전쟁의 문제와 관련 있는 "공공 문제"의 철학을 모색하게 되었다.3 그들의 문제의식은 이러했다. 윤리학의 객관적 기초를 제공하는 — 제도가 정의로운지를 판단할 수 있는 — 틀이 개인의 정치적 행동과 도덕적 결정을 인도하는 데도 쓰일 수 있을 것인가? 전쟁[제2차 세계대전]의 그늘에서 탄생한, 사회 안정을 목적으로 고안된 이론이 전쟁 반대를 정당화하고 뒤이어 일어난 또 다른 전쟁[베트남전쟁]을 제한하는 데도 유용할 것인가?

한편으로, 롤스는 장기적인 제도 개혁을 인도하는 것이야말로 정치에 대한 철학의 기여라고 여겼다. 그러나 [다른 한편으로] 그는 당장의 행동을 인도할 이론 체계를 모색했던 다른 철학자들과 함께하기도 했다. 반전운동의 절정기에, 일군의 철학자들은 뉴욕과 매사추세츠주의 케임브리지•에서 매달 만나 민권운동과 베트남전쟁이 제기한 윤리적 문제들에 철학이 어떻게 응할지를 논하기 시작했다. 이들은 모임에 윤리·법철학학회라는 명칭을 붙였다. 모임의 초기 참가자들로는 존 롤스, 마이클 왈저, 로버트 노직, 토머스 네이글, 토머스 M. 스캔런, 오언 피스, 로널드 드워킨, 마셜 코언, 프랭크 미셸먼, 주디스 자비스 톰슨, 제럴드 드워킨, 찰스 프리드 등이 있었다.4

윤리·법철학학회의 멤버들은 변화를 겪고 있던 정치철학을 재조직하는 틀을 발전시켰다. 모임의 초창기에 그들은 정의에 관한 롤스의 논고들과 시민적 의무에 관한 왈저의 글을 회람했다. 또한, 전쟁, 행위 그리고 도덕적 책임의 문제 등에 대한 철학적 해결책을 제시하는 것으로 정치적 사건들에 대응했다. 이들이 따져 물었던 것은 개인적 자유와 권리를 옹호하는 것이 무엇을 정당화하는지, 또 개인들이 국가에 맞서, 또는 국가의 이름으로 어떤 행동을 취할 수 있는지였다. 이런 문제들에 답하는 가운데, 행위 주체에 대한 특정한 시각이 나타났고 이는 제도에 대한 롤스의 비전과 잘 맞는 것이었다. 새롭게 정치화된 철학을 수행할 학계 내 공간을 마련하는 데도 이 철학자들은 중요한 역할을 담당했다. 1969년 5월 미국철학회의 한 분과로서 '철학과 공공 문제 학회'가 창립되었다. 2년 뒤 코언과 네이글, 스캔런은 이 분야의 문지기격이 될 학술지 『철학과 공공 문제』를 창간했다. 1960년대 말까지 이들 사이의 토론을 통해 정치철학에 대한 새로운 접근에 있어서 개념적 우선순위가 정해졌다. 이 철학자들은 롤스 이론이 수용되고 보급되며, 뒤이어 자유주의적 평등주의가 구성될 수 있는 조건을 만들었다.

철학자들로서 이들은 몹시 까다로운 문제에 이끌렸다. 롤스와 마찬가지로 이들은 직관주의에 회의적이었고, [일정한] 평가의 틀과

- 매사추세츠주 케임브리지는 보스턴 인근 도시로, 하버드 대학교가 이곳에 있다.

원칙에 기대어 문제를 해결하고자 했다. 그런데 어떤 정치적 딜레마가 [철학자들이 관심을 가질 만한] 까다로운 문제로 여겨졌을까? 1960년대 초 롤스는 짐 크로˙ 체제의 부당성은 철학적 논의의 대상이 아니라고 쓴 바 있다. 인종차별과 관련해, 그 어떤 철학적 문제도 남아 있지 않았다. 오직 철폐의 시행만이, 즉 이를 통해 어떻게 정의를 최대한 실현할 것인지만이 문제였다. 철학적으로 논의할 필요조차 없는, 명백한 부정의라는 것이었다.5 롤스와 그 주위의 철학자들이 인종차별보다 더 관심을 두었던 것은 이사야 벌린이 "가장 근본적인 정치적 문제"로 선언했던, 정치적 의무와 그 거울쌍인 불복종의 문제였다.6 사회적 규칙의 도덕적 기초를 규명하려 했던 도덕철학자들은 이제 규칙을 깨뜨리는 행위를 정당화하는 도덕적 기초를 찾고 있었다. 1960년대 초, 법철학자들과 정치 이론가들은 언어분석을 도구로 삼아 정치적 의무론을 경쟁적으로 발전시켰다. 신좌파와 반전운동이 힘을 얻자, 마이클 왈저를 위시한 이론가들은 의무의 문제에 다양한 방식으로 접근하며 시민권, 정치적 저항, 징집에 관한 논쟁에 참여했다. 이 가운데 몇몇은 반체제 운동에 관대한 태도를 보이며 국가에 대한 급진적 비판으로 기울기도 했다. 하지만 1960년대 중후반의 사회적 격변은 자유주의자들로 하여금 그런 급진주의보다는 초기 민권운동과 1964, 65년 '위대한 사회'˙˙ 프로그램의 입법적 성과를 보존하고 안정화하는 데 더 관심을 두게 했다. 1960년대 말의

˙ 남북전쟁 결과로 노예제가 공식 폐지 된 이후에도 남부에서는 흑인에 대한 제도적 차별이 이어졌다. 본래 흑인을 희화화한 캐릭터의 이름이었던 짐 크로는 사회 전반에서의 흑백 분리를 적용한 남부 주들의 인종차별적 법안을 일컫는 표현으로, 1960년대 민권운동의 주된 비판 대상이 되었다.

˙˙ '위대한 사회'는 린든 B. 존슨 대통령이 내걸었던 슬로건으로, 존슨 행정부의 국내 정책 기조를 대표하는 용어로 통용되었다. 사회복지를 통한 빈곤 문제 해결과 인종차별 해소가 주된 목표였으며, 교육·의료·교통 등 다양한 영역에서의 개혁도 함께 추진되었다.

정치 상황은 급진화된 시위와 투쟁성이 고양된 흑인들이 '법과 질서'의 이름 아래 그들을 진압하려는 국가와 대치하고 있던 격변의 국면이었다. 롤스와 드워킨이 다른 철학자들과 더불어 시민 불복종에 대한 철학적 해법을 모색했던 것은 바로 이런 시기에서였다.7

시민 불복종은 정치 행동과 시민의 의무에 관한 철학의 대응에서 본보기 역할을 한 "공공 문제"였다. 시민 불복종을 정의하고 정당화하는 가운데, 철학자들은 법과 철학의 관계뿐만 아니라 국가에 대한 자유주의의 입장도 수정하게 되었다. 제2차 세계대전 이후 국가는 높은 수준의 정당성을 유지하고 있었다.8 민권 운동을 비롯한 정치적 저항이 일어났기는 하지만, 냉전 안보 국가의 억압 기구들은 시민들의 충성심을 형성하고 유지해 오던 터였다.9 자유주의자들 가운데서는 몇 안 되는 이들만이 국가에 대한 정치적 의무를 의문시했을 뿐, 대부분은 국가의 도를 넘는 행위를 의심할 때조차도 안정과 합의를 우선시하는 입헌 민주주의를 옹호했다.10 하지만 "완전한 시민권의 신화"가 흑인 민권운동과 그로 말미암아 추진된 입법으로 도전을 받자, 국가에 대한 자유주의자들의 양가적 태도는 바뀌게 되었다.11 국가는 좀 더 포괄적인 시민권을 보장하는 주체로 대두했다. 워런 연방대법원•과 '위대한 사회'로 표방되는 1960년대에, 사회·인종 자유주의자들은 미국을 새로운 약속으로 충만한 국가로 보고 '주들의 권리'states' rights와 인종 분리 정책을 지지하는 이들에 맞서 국가[연방]를 옹호했다.12 이 자유주의자들은 사법 적극주의••를 따라 민권운동

• 워런 연방대법원은 얼 워런(1891~1974)이 연방대법원장으로 재임했던 1953~69년의 시기를 지칭한다. 이 시기 법원은 1954년 브라운 대 교육위원회 재판을 위시한 일련의 진보적 판결들을 통해 사회 개혁을 위한 사법적 토대를 놓았다.

•• 사법 적극주의는 특정한 정치적 목표나 사회정의 실현을 염두에 두고 법을 해석하고 판결을 내려야 한다는 입장으로, 워런 연방대법원 시기 사법 적극주의적 태도를 보이는 법관들이 다수 등장했다.

사에서 획기적인 성취를 이뤄 낸 법관들을 "권리 혁명"의 설계자이자 법원에 기반한 입헌주의의 수호자로 보았다.13 뉴딜의 역사가 사회적·입헌적 자유주의의 승리로 재서술되면서, 미국 역사에서 헌법이 금권金權을 보호하기 위한 보수적 기제로 활용되곤 했다는 점은 잊혔다.14 자유주의 철학자들이 수호하려 했던 것은 사회 안정이었다. 많은 자유주의 철학자들은 사회를 하나의 게임으로 이해하는 반개입주의적 은유를 변용해, 국가를 자유와 평등의 보장자로 시민을 게임의 규칙[사회의 규칙]에 따라 행동하는 존재로 이해했다. 그들은 [비록 민권을 일정 부분 수호했지만] 당대의 국가가 가지고 있던 결함을 처리하는 방식도 새롭게 모색했는데, 민권을 수호한 그 국가가 여전히 전쟁 국가이기도 했기 때문이다.15 롤스의 정의 이론은 국가[권력]의 도덕적 한계를 판정하는 하나의 철학적 전략이었다. 다른 전략은 시민 불복종이었는데, 정의를 탐구한 철학자들이 곧 불복종을 이론화하는 데도 나섰다.

시민 불복종 논쟁은 철학자들이 헌법의 영역으로 이동하는 계제이기도 했다. 1950년대 법현실주의, 사회학적 법리학,• 사법 적극주의를 거부하고 "과정"을 중시하는 법 이론가들은 연방대법원을 "원칙의 포럼"forum of principle으로 재인식했다. 이 원칙의 포럼에서는 중립적 원칙과 공정한 과정에 의해 의사 결정이 이루어지고, 법은 정치와 분리된 채 존재한다고 말이다.16 워런 연방대법원과 더불어 성장한 세대의 법률가들은 연방대법원에 대해 좀 더 낙관적인 생각을 품고 있었다. 이들은 연방대법원 내에서 작동하는 원칙들에 미래의

• 법이 어떻게 현실의 사회적 관계에 기초하고 역으로 현실의 사회적 관계가 어떻게 법과 규범에 의해 조직되는지, 즉 법과 사회의 상호작용을 연구하는 법리학 내 사조이다. 20세기 초 미국에서는 개혁 성향의 법률가들이 사회학적 법리학 또는 경제학적 법리학에 근거해 독점, 노동, 젠더, 환경 등과 관련된 사회문제를 해결하고자 했다.

사법적 결정을 구속하는 규범적 힘을 부여하려 했으며, 그 원칙들에 힘입어 법관들이 자유주의적 변화를 계속해서 촉진하는 존재이기를 원했다.17 이런 생각을 바탕으로 사법적 결정의 틀을 고안하려는 노력들은 원칙들로 이루어진 체계를 구성하려는 철학자들의 노력과 함께했다. 사법적 원칙을 체계화하려던 법률가들은 롤스에게서 그 기회를 엿보았다. 국가권력의 제한과 관련된 롤스의 고민은 헌법에 대한 좀 더 폭넓은 철학적 개입을 가능케 해 주었다.18 근본 원칙을 찾으려는 철학적 노력과 법적 노력이 서로 얽히게 된 것이다.

이런 얽힘은 정치철학에 다양한 결과를 불러왔다. 연방대법원이 어떤 문제를 다루느냐에 따라 무엇이 철학적으로 주목할 만한 가치가 있는 정치 문제인지가 정해지는 일이 이후 몇 년 동안 많아졌다. 그러다 보니, 헌정 이론과 접점을 맺을 수 있는 사상이 다른 형태의 정치사상보다 우위에 서게 되었다. 1960년대 말에 이르면 의무와 정치적 행동을 다루는 자유주의 이론가들은 시민권이나 사회보다도 도덕적·헌법적 원칙들에 더 몰두하는 모습을 보였다. 자유주의 철학자들은 개인주의적 용어들로 국가와 사회 사이의 관계를 사고했으며, 구성적 규칙들에 준거하는 것이 아니라 준헌법적인 도덕성이나 그 너머에 있는 일련의 권리들을 내세웠다. 롤스가 1960년대에 자신의 이론을 논문 형태로 발표하자, 다른 철학자들은 롤스의 이론을 위 문제들을 다루는 데 이용하기 시작했다. 롤스가 『정의론』을 완성할 무렵에는 다른 철학자들의 논의가 다시 그에게 영향을 주었다. 미국 자유주의 내에서 시민 자유지상주의*가 세를 키우고 있었음에 비추어 볼 때, 롤스는 입헌 민주주의의 안정성과 질서, 도덕적 개인들의 관계 그리고 사회적 규칙에 관한 자신의 생각을 재고했던 것으로 보

* 일련의 시민적 자유를 모든 형태의 국가의 개입으로부터 보호하는 것을 최우선시하는 자유지상주의의 한 분파.

인다. 그 이전부터 롤스는 개인이라는 개념을 사용해 왔지만, 이제 개인은 행위 주체로서 롤스 이론에서 핵심적인 위치를 점하게 되었다.

그렇지만 롤스는 정치적 행동을 자신의 이론에 도입했음에도 불구하고, 정치적 행동의 정의와 역할에 대해서는 제한을 두었다. 이는 부분적으로 그가 전후 합의에 대한 비전을 저버릴 수 없었기 때문이다. 그는 행위 주체의 문제를 재분배 문제와는 분리해 사고했는데, 이 점은 시민 불복종에 대한 롤스의 설명에서 잘 드러난다. 이것은 철학계에서 일종의 분업이 이루어지고 있었음을 보여 주는 것이기도 하다. 자유주의 철학자들은 전후 자유주의 질서에 대한 [민권 운동의] 저항을 특정한 방식으로 해석해 냄으로써 질서에 대한 반대를 질서의 안정과 양립 가능하게 만들었다. 민권운동에 대한 이 시기 자유주의자들의 해석은 사회적 변화에 대한 자유주의 철학의 이해에 지속적인 영향을 남겼다.[19] 그 사이에, 많은 철학자들은 롤스 이론의 핵심에 존재하는 원칙화된 비전을 받아들였다. 그러면서도 그들은 [롤스가] 윤리의 객관적 토대를 찾는 과정에서 도덕 심리학 및 의사 결정 절차와 관련해 만들어 낸 광범위한 개념적 장치들에 대해서는 경시했다. 자유와 평등에 관한 롤스의 원칙들은 그의 이론 내의 여타 요소로부터 분리되었다. 해당 원칙들은 제도들뿐만 아니라 행위에도 적용 가능한 형태로 일반화되고 격상되었다. 그러나 어떤 행동이 정당한 행동으로 간주될 수 있는지는 처음부터 제한되어 있었다. 자신들의 이론이 세계를 나아지게 만들 것이라는 믿음이 철학자들 사이에 커져 갔다. 그런 동시에 철학자들은 정치의 가능성을 모색하는 정치철학의 지평에 한계를 설정하기도 했다.

***

1960년대 초 남부의 인종차별에 항의해 일어난 연좌시위와 뒤이어

대학가에서 벌어진 신좌파 시위는 시민 불복종의 정당성 문제를 전국인인 논쟁거리로 만들었다. 민권, 의무, 법, 법원의 의미가 논쟁에 부쳐졌다.[20] 철학자들이 민주적 시민의 의무에 관심을 두기까지는 좀 더 시간이 걸렸다. 비로소 이 문제에 관심을 두게 되었을 때, 철학자들은 1950년대 법·철학·정치학 분야에서 이루어진 논쟁들을 참조했다. 논쟁은 록펠러 재단의 후원 아래에서 미국정치·법철학학회와 같은 신생 조직을 통해 활발히 전개되었다. 이 학회의 초창기 회장들로는 칼 프리드리히, 론 풀러, 리처드 브랜트 그리고 롤스가 있었다.[21] 윤리학자들이 권리와 분배 정의 문제에 주목하고 새로운 정치적 국면에서 자신들의 철학적 도구를 사용함에 따라, 분석 윤리 이론은 규범적 전환을 겪게 되었다.[22] 규칙, 약속 준수, (약속을 어기는 것에 대한) 변명, 약속 위반을 정당화하는 방법에 관한 앞 시대의 논쟁에서 롤스는 관행에 대해 사고할 수 있는 실마리를 얻었으며, 이를 통해 기본 구조에 대한 자신의 비전을 뒷받침할 수 있었다.[23] 이런 논쟁 지점들이 의무와 법에 대한 불복종을 둘러싼 토론에서도 진입점이 되었다.[24] 당시의 흔한 철학적 답변은, 불복종은 드물게만 정당화될 수 있다는 것이었다. 민권 시위가 전국적 관심을 받고 있던 때에, 시민의 의무를 논한 대부분의 철학적 논의들은 여전히 상당수의 저항운동에 정당성을 부여하지 않고 있었다.

법적 의무에 대한 가장 영향력 있는 개념화는 미국이 아닌 옥스퍼드의 법철학자 하트로부터 나왔다. 하트는 1955년 한 해를 하버드 대학교 철학과 및 로스쿨에서 보냈다. 그해 올리버 웬델 홈스Oliver Wendell Holmes 기념 강연에서 그는 법과 도덕의 구분을 옹호해, 론 풀러의 격노 섞인 반응을 불러일으킨 바 있었다. 풀러와 하트 간 논쟁은 법과 도덕의 분리를 무너뜨리려는 자연법 이론과 양자를 떼어놓으려는 실증주의 사이의 전선을 확고히 했다.[25] 이로써 하트는 한스 켈젠이 개창한 순수법학*의 계승자라는 이름을 얻었다. 그는 법관의 폭넓은 자유재량권과 분쟁 해결, 법의 경제적 기능에 초점을 맞추는 법현실주의에 도전함으로써 이와는 다른 법철학을 개척하고자 했다. 하트는 법을 행정의 영역에서 제거하고, 비록 도덕성과 법을 구분해야 한다는 입장을 견지했음에도 도덕성에 적절한 위치를 부여하려 했던 것이다.26 몇 편의 논문과 『법의 개념』(1961)에서 하트는 언어철학을 바탕에 두고 규칙, 관행, 공정을 중시하는 사회적 자유주의를 발전시키려 했다. 자연법 이론이 불법성을 부도덕성으로 환원했다면, 하트는 시민이 누리는 다양한 권리·의무와 법의 관계를 탐구했다.27

하트는 약속이나 계약을 통해 창설되는 특수한 권리와, 시민들 상호 간에 존재하는 의무에서 기인하는 일반적 권리를 구별했다.28 강압의 위협이나 복종해 온 관습이 있다고 해서 그것으로 법적 의무가 창설되지는 않는다. 의무는 한 집단 내의 규칙과 관행에 의존한다.29 하트가 볼 때, 사회의 규칙을 따라야 하는 의무는 그 사회 내에 있음으로써 얻는 이익을 개개인이 자발적으로 받아들이는 데서 발생한다. 이익을 얻는 사람은 그 몫의 의무를 행하는 것이 "공정한 게임"일 것이다. 이런 의무론이 1958년 하트에 의해 소개되자, 많은 이들은 하트의 논의 속에 사회를 하나의 게임이나 실험으로 보는 관점이 자리하고 있음을 알아보았다. 한 철학자가 지적했듯 그것은 "참여"를 통해 동의를 확인하는 관점이었고, "계약"을 중심으로 동의를 논하던 기존 관점에 대안을 제공해 주었다.30 의무의 기반은 규칙의 공정성에 있으며 의무의 대상은 게임에 참여한 동료 참가자들이다. 규칙이 공정하고 모두가 게임에 임해 법을 따른다면, 각 참가자에게는 다른 참가자들이 규칙을 준수한다는 점을 악용해 무임승차를 해서

- 순수법학은 사실과 당위의 구별하에 사회학적·정치적 가치판단을 배제하고 법 규범에 대한 논리적·구조적 분석만을 토대로 법을 해석하려는 시각으로, 한스 켈젠의 『순수법학』(1934) 이래 20세기 법학에 지대한 영향을 끼쳤다.

는 안 될 의무가 있다.31

이는 사회 안정성을 우선시하는 관점이었다. 자유주의자로서 이런 관점을 옹호했던 하트는 이 같은 관점이 반드시 사회적 합의에 대한 보수적 순응을 함축하는 것은 아니라고 주장했지만 말이다. 자유주의자들이 몰두하는 한 가지 과제가 있다면, 그것은 사회적 안정 및 합의의 필요와 다수나 국가에 대한 개인(소수)의 권리 사이에서의 조정이다. 하트의 경우, 그의 자유주의자다운 면모는 법이 기존의 도덕적 합의를 집행하는 역할을 맡아야 하는지를 두고 그가 패트릭 데블린과 논쟁을 벌였을 때 드러났다.* 동성애 범죄화에 관한 주장을 담은 1958년 영국의 울펀든 보고서에 반대하며, 하트는 법이 침해해서는 안 될 "사적 도덕"의 영역을 옹호했다.32 이 시기 미국에서 사생활의 권리는 빠른 속도로 시민 자유지상주의자들의 구호가 되어가고 있었다.33 그러나 다수가 합의하고 있던 안정에 대한 도전이 다른 방면, 곧 불복종의 문제에서 제기되었다. 관행을 중심에 두는 시각은 법에 대한 개인들의 불복종이 정당화될 가능성을 제한했다.34 특별히 부당한 법을 가려내기는 어려운 일이며, 사회가 하나의 게임이라면 누군가 규칙을 깨는 것은 그가 게임을 그만둔다는 의미로 받아들여질 것이다. 하트의 개념적 도구들은 참신했고 그의 지향은 자

---

* 하트-데블린 논쟁은 사회적 관행 및 도덕을 법으로 강제할 수 있는가의 문제를 두고 H. L. A. 하트와 패트릭 데블린 사이에 벌어진 논쟁이다. 성인 간 합의하에 행해지는 동성애 행위를 비범죄화할 것을 권고하면서도 성매매에 관해서는 형량 강화를 권고한 울펀든 보고서가 논쟁의 계기가 되었다. 관련 국내 연구로 안준홍의 논문들을 참조할 수 있다. 안준홍, 「도덕의 법적 강제에 대한 일 고찰: 스티븐과 데블린의 보수주의적 사유」, 『가천법학』 9:4(2016);「울펀든 보고서 이후 영국 성매매법제의 변화」, 『서울법학』 28:2(2020);「H. L. A. 하트의 형벌 이론에 관한 일 고찰」, 『법학논고』 70(2020);「울펀든 보고서의 이중성에 관한 고찰」, 『법학연구』 23:2(2020);「울펀든 원칙의 몇 가지 문제와 하트-데블린 논쟁」, 『가천법학』 13:2(2020);「하트-데블린 논쟁의 연대기적 고찰」, 『법학연구』 31:4(2020).

유주의적이었으나, 그 도구들로 뒷받침되는 것은 안정성을 우선시하는 관점이었으며, 이는 정당한 불복종의 여지를 제한하는 당대의 철학적 흐름과 별반 다르지 않았다. 이로써 시민들은 총체적 저항과 완전한 복종 가운데 하나를 선택해야 하는 것처럼 보였다. 문제가 이렇게 설정되었을 때, 그에 대한 철학의 답변은 복종 쪽으로 기울었다. 사회가 게임이라는 메타포는 사회 안정을 수호하는 데 활용되는 것처럼 보였던 것이다.35

그러나 시민 불복종은 점점 자유주의자들이 무시 못 할 정치적 사안이 되어 갔다. 반핵反核운동과 탈식민화 운동도 시위의 정당성 문제를 성찰하게 하는 계기였지만, 복종의 도덕을 평가하기 위한 체계의 탐구는 민권운동에서의 연좌시위로부터 촉발되었다.36 1961년 미국정치학회 연례 학술 대회 중 "정치적 의무와 시민 불복종"Political Obligation and Civil Disobedience이라는 제목으로 구성된 패널에서 철학자 휴고 베다우는 개인 양심에 호소하는 것으로는 불복종을 정당화할 수 없다고 주장했다.37 프란츠 노이만 역시 그와 비슷한 시점에 '양심의 과학'이란 존재하지 않으며, 언제 양심에 따른 행동이 정당화되는지를 말해 주는 "보편적으로 타당한 진술"이란 없다고 논한 터였다.38 베다우는 시민의 의무를 철학적으로 다루는 작업이 필요하다고 보았다. 그가 보기에 양심으로만 불복종을 정당화하는 것은 불복종을 지나치게 허용할 위험이 있었다.

이에 롤스가 이 문제에 도전했다. 시드니 훅이 조직해 1963년 뉴욕에서 열린 "법과 철학" 심포지엄에는 윌리엄 프랭케나, 카이 닐슨, 존 코트니 머리, 허버트 웩슬러, 볼프강 프리드만 등 여러 윤리 이론가들과 법률가들, 신학자들이 참석했다. 이 심포지엄에서 롤스는 그와 하트의 공정한 게임 논의가 의무 이론의 기초로 성립할 수 있음을 보여 주려 했다.39 롤스는 법을 따라야 할 의무를 공정한 게임에서 게임 참여자가 지는 의무의 한 가지 예로 간주했다.40 특정한 범죄행위를 저지르지 않을 의무 ― 다른 사람을 해치지 않을 의무처럼 사회제도에 대한 우리의 참여와는 무관하게 성립하는 ― 와 달리, 법적 의무는 우리의 행동으로 인해 발생하는 것이다. 어떤 관행이 공정하게 되려면, 관행으로부터 이득을 취하는 사람들은 그들의 차례가 왔을 때 그들 몫의 의무를 행해야 한다. 의무란 사회제도에 참여하고 있는 이들이 서로에게 진 빚이다. 이렇게 롤스는 도덕성과 개인의 인격 그리고 개인들이 서로에게 진 빚으로부터 의무가 기원한다고 설명했다.[41] 이와 같은 의무는 다양한 종류의 관행과 조직에 참여해 이득을 누리는 모든 사람에게 적용된다. 사회의 기본 구조에 따라, 의무는 법적 의무의 형태를 띨 수 있는데, 여기서 법적 의무는 사람들이 사회에 참여하기 때문에 발생하는 것이다.

롤스는 헌정 체제의 안정성을 옹호하기 위해 자신의 관행 개념을 구성했는데, 여기서 그는 하트의 논의를 빌려왔다. 공정한 규칙은 단지 형식적인 차원을 넘어 그것이 구성하게 되는 윤리적 습속을 포괄한다. 여기서 규칙이란 가장 넓은 의미에서의 사회제도를 뜻한다. 결정적인 것은 공정한 게임의 의무가 적용되기 위해서는 헌정을 통해 나타난 사회구조가 정의로워야 한다는 점이다. 일단 제도적 정의가 보장된다면, 정책과 법률이 사회 대다수의 지지를 받으며 제도들의 기저에 자리하는 헌정에 대체로 부합하는 한, 시민들은 그 정책이나 법률에 복종할 의무가 있다고 롤스는 생각했다. 개별 법령이 부당하더라도 시민들에게는 복종 의무가 있다는 것이 그의 입장이었다. 복종하기 위해 모든 법률이 옳다고 믿어야 할 필요는 없다. 사람들의 양심은 어떤 법률이 옳지 않다고 여길지도 모른다. 그러나 시스템의 안정성은 (법 하나하나의 옳음 여부가 아니라) 참여자들이 법을 받아들인다는 데 의존한다.[42] 다수결로 내려진 결정 사항은 그것이 다수의 의견이기 때문이 아니라, 그 결정을 떠받치고 있는 시스템이 정당하고 참여자들이 그로부터 이득을 얻기 때문에 준수되어야 하는 것이다. 이때 롤스는 공리주의에 대한 반대 입장을 피력했다. 불복종으로 인해 좋은 것의 크기가 늘어난다고 해도, 정의로운 사회구조를 고수하는 것이 공리의 증진보다 낫다. 우리는 "유용성을 이유로 우리 자신을 공정한 게임의 의무에서 면제할 수 없는 것이다."[43] 공정한 관행에 참여하고 있으며 그에 협력해 이득을 얻는 이상, 우리는 그 규칙에 따라 행동해야 한다.

이상의 논의를 준비하며 그가 작성한 노트를 보면, 규칙과 관행에 대한 자신의 개념화가 지닌 함의를 도출하려 애쓰던 당시 롤스는 시민 불복종보다도 소득세, 투표, 형법, 종교적 관용 같은 문제들에 더 신경을 쓰고 있었던 것으로 보이기는 하다.[44] 더 이른 시점의 글에서 롤스는 공정한 게임의 의무가 로크의 "암묵적 동의와 유사하다"고 쓴 바 있다.[45] 어떤 경우 시민들 가운데 일부 소수자가 의도적으로 사회적 수혜에서 배제되어, 더는 공정한 게임의 의무를 지지 않게 될 수 있다. 그런 경우, 소수자의 위치에 처한 시민들에게는 불복종이 적합한 행동 방침일 수 있다는 것이다. 이는 분명 반향을 불러일으키는 논점이었다. 롤스의 이론 체계가 어떻게 민권 시위를 그 안에 담아내는지를 보여 주었기 때문이다. 뒷날 미 법무부 민권국Civil Rights Division의 일원이 되는 법철학자 리처드 와서스트롬을 비롯한 몇몇 철학자들은 부도덕한 인종 분리 정책을 불복종을 정당화하기에 충분한 부정의로, 남부에서 일어나는 인종차별을 "인권에 대한 부정"으로 규정하며, 민권 시위에서의 시민 불복종을 명확하게 옹호했다.[46] 이와 비교하면 롤스가 강조한 바는 약간 달랐다. 롤스가 강조했던 바는 흑인들이 사회적 관행에 참여하는 데 대한 이익을 백인들만큼 누리지 못한다면, 그들은 (법에 의해 혜택을 받지 못하는 종교 집단 등 다른 소수자 집단과 마찬가지로) 공정한 게임의 의무와 부정의한 법에 복종할 의무에서 벗어나게 된다는 것이었다. 롤스는 이렇게 흑인들이 직면한 부정의를 인정하면서도 사회를 협력적 관행으로, 합의

를 중핵으로 하는 상호성의 체계로 보는 자신의 관점을 유지하고자 했다.[47]

민권운동은 이 시기 의무에 관한 롤스의 논의에서는 그리 두드러지게 나타나지 않는다. 인종적 부정의를 철학적 논의가 불필요할 정도로 명백히 가혹한 일로 여겼음에도 불구하고, 롤스는 의무를 논하는 가운데 인종적 부정의 문제를 직접 언급하지는 않았다.[48] 이후 롤스에 대한 논평자들은 흑인 차별이 가능성으로 상존하는 한 사회가 원칙상 정의에 근접해 가고 있다는 믿음이나 미국적 가치를 인종적 부정의로부터 떼어놓을 수 있다는 믿음에 미국 사회가 부합하지 않는다고 지적했다.[49] 롤스가 문제로 인식했던 것은 근본 시스템이나 그 도덕성이라기보다는 이익과 부담(의무)의 부정의한 분배였다. 롤스가 그렇게 말하지는 않았지만, 그런 인식이 함의하는 바는 미국 사회를 이익 분배에서의 부정의가 이례적·예외적으로 나타나는, 그러나 전반적으로는 정의로운 관행의 체계로 상상하게 하는 것이다. 롤스의 주장은 현존하는 부정의가 근본적인 체제의 안정성을 위태롭게 해도 좋을 만큼은 아님을 시사하는 것이었다. 그에게 문제는 백인 우위의 위계질서가 아니라 "인종 간 분리"라는 부정의한 시스템이었다.[50] 다른 많은 자유주의자처럼 롤스 또한 그런 부정의가 교정되는 과정을 밟아 가고 있다고 보았다. 점진적 개혁, 포용, 통합의 궤적에 대한 전망은 롤스의 신념 가운데 하나로, 그는 올바른 사회 규칙이 도덕적 개인들의 자연스러운 경향을 촉발하기만 한다면 사회가 정의를 향해 나아가리라고 믿었다. 그러나 롤스는 개혁의 속도를 높이기 위해 어떤 행동이 정당화되는지를 탐구하지는 않았다. 이 점은 그의 동시대인들에 의해서도 지적된 바 있다. 1963년 "법과 철학" 심포지엄의 다른 참석자들에게, 롤스의 논의는 정당한 저항의 기준치를 꽤 높게 설정하는 것으로 보였다.[51] 동료들의 반응에 실망한 롤스는 문제를 처음부터 재고하게 된다.

✱✱✱

이후로도 롤스는 사회에 대한 호혜적 관점을 계속해서 견지했다. 하지만 이 같은 관점은 공격받고 있었다. 1960년대 초반 많은 이들이 자유주의적 합의 전망에 도전하고 이에 항의하는 새로운 시대를 옹호하자, 사회 자유주의자들과 노동자 중심 좌파 그리고 신좌파는 법인 자유주의와 경영 논리에 대한 저항으로 수렴했다.52 마르크스주의 신좌파는 그람시를 소환하며 사회적 합의로 보이는 것이 실은 지배계급이 시민사회에서 헤게모니를 행사한 결과라고 주장했다.53 또 몇몇은 "개인 양심의 자율성"이나 "인간의 양심"에 호소하며 그것을 대중 산업사회, 소비주의, 관료주의적 합리화, 미국 국가의 "연성 전체주의"에 맞설 진정성의 무기로 삼고자 했다.54 사망 100주기를 맞아, 양심을 최고의 판단 준거로 여겼던 사상가 헨리 소로를 소환하는 일도 자주 있었다.55

1964, 65년 버클리 자유 언론 운동• 기간, 훗날 '버클리 학파'로 알려지게 될 정치 이론가들 — 셸던 월린, 노먼 제이컵슨, 마이클 로긴, 존 샤, 한나 피트킨 — 은 참여 민주주의적 시각에서의 자유주의 비판을 이론적으로 뒷받침했다. 이들은 '정치적인 것'의 영역이 기술관료제와 그 이데올로기인 "행태주의", "가치중립적" 정치학에 잠식되지 않도록 막으려 했다.56 1964년 "법 집행과 인종·문화적 긴장들" law enforcement and racial cultural tensions을 주제로 열린 회의에서 제이컵

• 버클리 자유 언론 운동Berkeley Free Speech Movement은 1964, 65년 캘리포니아 주립 버클리 대학교에서 발생한 학생운동이다. 학생들은 캠퍼스 내 정치 활동 금지를 해제하고 언론 및 학문의 자유를 폭넓게 보장할 것을 대학 당국에 요구했다. 1965년 1월 대학 당국이 학생들의 요구 사항을 상당 부분 수용함으로써 대규모 연좌시위는 멈추었으나, 버클리에서의 자유 언론 운동은 이후 미국 내 타 대학들로 번질 시민 불복종의 신호탄으로 평가된다.

슨은 시민 불복종이 "정치체 내 참여의 질"에 따라 정당화된다고 말했다. "자치"의 기회가 부족하고 그들의 목소리가 반영될 "정치적 공간"을 조직하지 못하는 곳에서, 시민들은 그럴 기회와 공간을 찾아나서야 한다는 것이다. 이렇게 볼 때 시민 불복종은 시민들이 서로에게 각자의 의무를 "교육"할 수 있는 길이다.57 제이컵슨을 비롯한 이론가들은 합의 이론과 의무·동의에 대한 자유주의적 관점 — 냉전 시기 부활한 로크식 계약론에서 나타났던 — 을 거부했다. 자유 언론 운동의 반향 속에서 이들은 합의·의무·동의와 같은 관념들을 자유주의적 상식에 맞추는 것에 저항했고, 이는 대학교에서의 정치교육과 정치학의 정치성을 재정립하려는 폭넓은 노력 가운데 하나였다.58

「의무와 동의」Obligation and Consent(1965, 66)에서 피트킨은 언어철학을 도구로 하여 기존의 계약론들 및 동의 이론들이 정치적 실천을 이해하는 데 실패했음을 보이고자 했다. 피트킨은 법에 대한 복종을 기초하는 데 필요한 동의를 실제로 행하는 사람은 거의 없다는 점을 지적했다. 이런 비판에 마주해, 동의 이론가들은 의무를 동의와 분절하고 말았다. 그들은 실제로 근대국가에서는 일부의 시민들만이 동의를 한다는 점을 인정하지만, 어쨌든 시민들이 정부의 "보호"를 누리고 있으므로 복종의 의무를 지고 있다고 보았던 것이다.59 이 이론가들이 말하는 동의는 어디까지나 "가상적 동의"로, 이때 정부의 정당성은 시민들이 정부에 실제 동의했기 때문이 아니라 정부가 그들이 동의할 만한 유형의 정부라는 데서 비롯한다.60 피트킨은 이를 의무에 대한 설명으로서는 부족하다고 여겼다. 이런 시각은 개개인을 고립된 단위로, 약속과 의무를 온전히 개인적인 행위로 이해한다. 일전의 철학적 논쟁들을 언급하며, 특정한 약속들은 약속의 관행을 상정한다고 피트킨은 반박했다. 개인은 개별 약속에 앞서 이미 사회적인 존재, 제도들과 규칙들에 따라 행동하는 존재로 이해되어야 한다는 것이다. 누군가 약속을 지키는 규칙으로부터 예외가 되기를 원해 왜 자신이 약속의 의무를 져야 하는지 묻는다면, 이것이 약속이 작동하는 방식이며, 이것이 약속을 지킨다는 것의 의미라는 말을 듣게 된다. 그는 약속 지키기를 거부할 수 있지만, 그것은 그가 어떤 의무를 거부하고 있음을 의미한다. 이는 정치적 의무에 대해서도 성립하는 논리이다.[61] 예외가 되고 싶은 사람은 규칙에 따르지 않을 수 있지만, "적당한 사유나 정당화가 없다면 그는 의무를 위반하는 것이다." 어떤 권위가 참된 것이고, 어떤 정부가 정당하다면 우리는 그에 복종할 의무를 진다. 바로 그것이 참된 권위가 존재한다는 말의 의미이기 때문이다.

피트킨은 철학이 이 이상으로 나아갈 수는 없다고 생각했다. 그에게 복종 의무의 원천이 되는 원칙들을 규명하려는 시도는 "철학적 혼란의 징후"였다. 모든 경우에 들어맞는 원칙이란 있을 수 없다. 피트킨은 다음과 같이 비트겐슈타인식으로 쓴 바 있다. 즉, "수많은 근거가 [상황별로] 있는 것이지, [모든 상황에 적용 가능한] 단 하나의 근거가 있는 것이 아니다. '왜 어떤 약속에 따라야 하지?'와 같은 물음에 대해, 사용된 말들의 실제 의미에 주의를 기울이지 않고 절대적이고 연역적인 답을 내놓을 수는 없는 일이다."[62] 그러나 이것이 현상 유지에 대한 옹호는 아니라고 피트킨은 덧붙였다. 피트킨은 관행 중심적 시각의 보수적 경향을 반전시키기 위해 롤스에 의존했으며, 롤스의 논의를 두 가지 차원에서 의무에 대한 이의가 제기될 수 있다는 취지로 독해했다. 의무는 특별한 경우(예컨대, 여러 의무가 대립하는 경우)에 면제되거나, 제도적 차원에서(약속이라는 관행의 차원에서) 도전받을 수 있다. 여기에 피트킨은 세 번째 차원을 추가했다. "때때로 우리는 우리가 처한 상황이 예외적이라서, 또는 우리가 어떤 의무를 명확히 의문시해서가 아니라 우리에게 복종의 의무를 말하는 이에게 그렇게 할 권위가 없기 때문에 복종하지 않는다." 그러나 반항자가 권위에 저항하는 것이 옳은지를 결정할 손쉬운 방법은 없다. 우리 모두는 어떻게든 행동해야 하며, "그 어떤 이론이나 신神, 당파도 우리를 판단의 곤경으로부터 구원해 줄 수는 없다."⁶³ 이는 그저 개인 양심의 문제만이 아니다. "우리가 전제적인 정부에 저항하는 것은 특별한 예외로서나 단지 우리가 정부에 반대하려는 세력이라서가 아니라, 바로 그 정부가 우리의 복종을 받기에 마땅치 못하기 때문이다."⁶⁴ 의무에 대한 피트킨의 이런 분석은 특정한 법률보다도 정당성의 원천인 권위 일반이 더 쉽게 이의 제기의 대상이 될 수 있음을 시사했다. 이로써 관행 중심적 시각의 규범적 함의는 반전되었다. 복종이냐 혁명이냐의 선택에서, 혁명이 정당한 선택일지도 모르게 된 것이다. 하지만 철학은 언제 그런 선택을 내려야 하는지는 말해 주지 못했다.

　1960년대 중반 반정부 운동의 옹호자들은 명확한 답을 주지 못하는 철학을 내버려두고, 자본주의국가의 권위 쇠락을 법을 [의도적으로] 어기는 시위를 충분히 정당화하는 근거로 보게 해 주는 양자택일적 의무관을 받아들일 준비가 되어 있었다. 이는 자유주의자들이 결코 바라지 않는 사태였다. 도덕 체계를 세우려는 롤스의 탐구는 철학에 대한 그런 회의주의를 겨냥한 것이었다. 다만 롤스는 그때까지 그의 정의 이론 안에 정치적 사건들을 온전히 담아낼 장치를 아직 마련하지 못하고 있었다. 이 같은 양상은 이후 빠르게 변했다. 1964년에 민권법●이, 뒤이어 1965년에 선거권법●●이 제정되고 대학가에서 베트남전의 영향을 체감하게 되자, 자유주의자들은 전쟁으로 인해 제기된 도전들과 기회들에 눈을 돌렸던 것이다.

● 1964년 민권법The Civil Rights Act of 1964은 인종, 민족, 출신 국가, 종교, 성별을 이유로 하는 차별을 불법화한 법으로, 학교 및 공공 기관에서의 인종 분리와 고용 차별 등을 금지해 짐 크로 체제를 종식하는 데 결정적인 역할을 했다.

●● 1965년 선거권법Voting Rights of 1965은 주 정부를 비롯한 지방정부가 선거 자격이나 투표 요건 및 절차를 제한하는 것을 금지한 법으로, 1964년 민권법에 이어 인종차별 해소에 기여했다.

***

전쟁이 고조되자 징집을 둘러싼 새로운 논쟁이 야기되었다.65 1966년 12월 롤스는 대학생의 병역 유예를 허용하는 "2-S" 징병 유예 조치의 부당성을 규탄하는 하버드 대학교 교수진의 결의안을 주도했다. 한 달 전 롤스와 왈저는 다른 교수들에게 "형평성에 맞지 않는" 징병 유예 조치를 거부할 것을 촉구하기도 했다. 이 결의안은 동의를 얻지 못했고, 사안이 "'추상적인' 문제"라는 이유에서 채택이 보류되었다.66 롤스는 이에 굴하지 않았다. 한 달 뒤 그는 대학 당국이 학생과 교원의 징병 유예에 대한 교수진의 반대 의사를 타 "공공 혹은 민간" 기관에 밝혀야 한다는 결의안을 주제로 토론회를 열 수 있었다. 스탠리 카벨, 로더릭 퍼스, 칼 프리드리히, 스탠리 호프만, 하비 맨스필드, 힐러리 퍼트남, 주디스 슈클라, 모턴 화이트와 같은 하버드의 저명한 철학자들과 정치 이론가들이 이 결의안에 서명했고, 새뮤얼 볼스, 스티븐 마글린, 레스터 서로를 비롯한 경제학자들 또한 지지를 보냈다.67 이 결의안에는 물론 롤스의 이름도 들어 있었다.

결의안을 지지하는 교수들을 대표해, 롤스는 "징집이 자유로운 사회에서 영위하는 기본적 자유에 대한 중대한 개입"으로, 이는 오직 국가 안보의 필요에 따라서만 정당화될 수 있다고 말했다. 징집이 필요하다면, 그 부담은 공정하게 분배되어야 할 것이었다. 징병 유예 제도 아래에서 전쟁의 "고난과 위험"은 "가난한 자, 비지식층과 저학력자"가 더 많이 짊어지게 된다.68 부유층을 특권화하는 불공평한 징병 유예제도 대신 롤스는 보편적 징집을 옹호했다. 이는 흑인 남성에게 징집 그리고 "사회학적 배경 조건"이라는 양 측면에서 "이중의 부정의"를 가하는 징병 유예제와 추첨제[로 구성된 현행 복무 제도]에 대한 대안이었다.69 롤스는 병역이 흑인들의 실업 문제를 해결하는 수단이 될 수 있다는 견해 — 악명 높은 1965년의 모이니한 보고서에서 제기된 — 에 반대했다. (가족을 친밀한 도덕성의 공동체로 보는 그의 가족관, 사회 통합에 대한 낙관적 입장, 또 그가 당대 지배적이었던 "빈곤 문화" 담론의 문화론적·병리적 시각을 넘어서고자 했음을 고려할 때, 롤스가 흑인 가정의 여러 "병리적 측면들"을 인종적·경제적 평등의 장애 요인으로 기술했던 모이니한 보고서에 반대했던 것은 당연한 일이었다.70) 그는 사회적 관행에 참여하는 데 따르는 이익과 부담이 사회적 우발성과 태생적 운으로 이루어진 특권에 영향을 받아서는 안 된다고 주장했다. "우연과 운은 빈자나 인종적 차별의 피해자에게 불균등한 영향을 미치게 될 것이다."71 이익과 부담은 공평하고 정의로운 방식으로 나누어져야 했다.

징병 유예제에 대한 항의는 불공평·불공정한 징집에 대한 반대였다. 롤스는 인종 자유주의를 옹호하며 자신의 정의 원칙들이 어떻게 기본 구조의 제도적 틀만큼이나 특정 정책에 따른 부담과 이익의 배분 문제에 대해 판정할 수 있는지를 보이고자 했다. 양심적 병역 거부와 징집 거부가 가톨릭 좌파에서 대학생들 및 진보적 교수들로까지 번져 가자 학생 시위에 대해 고민하던 이들은 분배 문제를 넘어 시민 불복종의 정당성에 주목했다. 이번에는 징집의 맥락에서 말이다. 징집은 한때 시민권에 대한 혁신주의적 시각에서 중요하게 여겨졌으나, 전간기를 거치면서 징집 반대는 반국가주의자들의 시민 자유주의적 구호로 거듭난 터였다.72 이제 반징집 정서는 좌우의 자유주의자들이 단결하는 구심점이 되었다. 1966년 징집 유예 정책을 평가한 징집 문제에 관한 전국회의에서는 사회주의자 및 반핵 좌파와 모병제를 주장하는 배리 골드워터 지지자들 — 경제학자 밀턴 프리드먼도 그중 한 명이었다 — 이 함께했다.73 전미학생연합이 징집 반대를 선언하자, 이 싸움은 전국적 이슈로 확대되었다.

많은 이들은 징집을 법적인 문제로 보았다. "양심적 병역거부자"는 오랫동안 그 권리를 보호받아 온 법적 범주였으나, 오직 종교적 이유에서 전쟁을 거부하는 이들만이 양심적 병역거부자로 인정되고 있었다. 1965년 미합중국 대 시거 판결*은 "지고至高의 존재에 대한 믿음"을 양심적 병역거부의 조건으로 요구하는 조항을 삭제하고, 양심적 병역거부의 정의를 "신실하고 의미 있는 믿음"에서 비롯된 병역거부까지도 포함하는 것으로 확대했다. 그러나 이는 여전히 베트남전에 반대하는 이들 가운데 상당수를 배제하는 기준이었다. 평화주의자는 아니나 전쟁의 유형에 따라 참전 여부를 결정하려는 이들(가령 정전론을 내세우는 가톨릭 신자들)과, (종교적 신앙에 따른 거부자들과 동등한 대우를 받고자 하는) 개인적 양심에 따른 병역거부자들이 배제된 채로 남아 있었다.74 양심적 병역거부자에 대한 정의를 둘러싸고 전쟁 기간 내내 법정과 징집대상자등록위원회에서는 갑론을박이 이어졌다. 등록위원회에서는 기존의 정의를 확대해 모든 전쟁을 반대하지는 않지만, 특정한 유형의 전쟁은 반대하는 이들을 "선택적 양심적 병역거부자"로 규정하는 데 대한 논쟁이 있었다. 정의를 이와 같이 확대하는 것은 결국 이루어지지 못했지만 ― 1967년의 위원회 보고서 『형평성을 위하여: 누구를 징집할 것인가?』In Pursuit of Equity: Who Serves When Not All Serve?에서 이를 알 수 있다 ― 그 뒤로도 미국시민자유연합**은 양심적 병역거부자의 범주를 확대하기 위한 캠

---

* 미합중국 대 시거 판결United States v. Seeger은 양심적 병역거부자에 대한 연방대법원의 판결로, 청원인은 병역거부로 기소된 대니얼 앤드루 시거Daniel Andrew Seeger 등 3인이었다. 이 사건에 대해 연방대법원은 종교적 믿음만을 양심적 병역거부의 정당한 이유로 판단하는 것은 위헌이라고 판시했다.

** 미국시민자유연합American Civil Liberties Union, ACU은 1920년 창립된 미국의 주요 비영리 민간단체 중 하나로, "미국의 헌법과 법률에 의해 이 나라의 모든 사람에게 보장된 개인의 권리 및 자유를 보호·보전"할 것을 그 목적으로 한다. 약 180만 명(2018년 기준)의 회원이 미국 모든 주에서 활동하고 있으며, 사형제와 동성 결혼, 임신 중단 등 민권 관련 사안들에 대해 법적 보호를 제공해 왔다.

페인을 이어 갔다.75 종교적 신앙에 바탕을 두지 않은 세속적 개념으로서 "양심"을 재정의하는 것은 확실한 반전주의자가 아닌 이들에게도 중요한 사안이었다.76

이런 맥락에서 시민 불복종에 대한 시민 자유주의적 접근이 활발히 이루어졌다. 양심에 주목해 민권운동과 양심적 병역거부를 하나의 틀로 담아내려는 시도였다. 1961년 베다우는 "누군가 정부의 법, 정책 및 결정을 방해할 의도로 불법적, 공개적, 비폭력적, 양심적으로 행동할 때[에만] 그는 시민 불복종 행위를 하고 있는 것"이라고 썼다.77 베다우의 정의는 미국시민자유연합의 성명 초안 작업을 도왔던 법률가들과 윤리학자들에 의해 차용되었다. 1965년 미시간에서 신좌파 철학자인 칼 코언과 "티치인"* 연사 강연의 창립자인 아널드 코프먼은 미국시민자유연합을 위해 시민 불복종에 관한 논고를 작성하며 양심과 공개성을 강조했다.78 베다우는 정부의 조치를 교정하거나 그에 대해 불만을 제기할 "법적 수단"이 존재하지 않는 경우, 또는 그럴 수단이 소멸되어 버린 경우에만 시민 불복종이 취해져야 한다고 주장했다.79 1966년 미국정치학회 회의에서 롤스는 자신의 이전 논의를 수정해 시민 불복종에 대해 베다우와 동일한 정의를 제시했다. 마틴 루서 킹 2세 목사의 「버밍햄 감옥에서 보내는 편지」Letters from Birmingham Jail(1963) 역시 이와 유사한 입장을 표명한 것으로 널리 받아들여졌다.80

최후의 수단으로 시민 불복종의 조건을 논하는 것은 이제 자유주의자들 사이에 광범위하게 수용되었으나, 시민 불복종의 목적이 무엇인가 하는 것은 좀 더 골치 아픈 문제였다. 시민 불복종은 헌정질서를 떠받치는 행위여야 하는가, 아니면 법을 위반함으로써 법의

---

* 티치인teach-in은 (주로 대학생들 사이에서) 공적 사안을 주제로 열리는 강연이나 좌담을 가리킨다. 민권운동 시기 미국 대학가에서 활성화되었다.

위헌성을 시험하는 행위인가? 많은 자유주의자들은 소크라테스에서 소로, 간디, 마틴 루서 킹으로 이어지는 전통에 의존하여, 시민 불복종은 법에 대한 충실성의 표현이라는 식으로 이 문제에 답하려 했다.[81] 이는 솜씨 좋은 해석이었다. 소크라테스에서부터 마틴 루서 킹에 이르기까지 그리 잘 맞지 않는 인물들을 자유주의적 범주에 끼워 넣어, 시민 불복종을 개인적 믿음에 따른 행동으로 규정할 수 있었으니 말이다.[82] 이로써 법질서에 대한 정당한 도전은 법의 유효성·위헌성에 대한 문제 제기 아니면 양심이나 도덕에 의해 정당화할 수 있는 요청으로 엄격히 국한되었다.

***

법과 양심에 관한 논쟁의 한가운데에서, 마이클 왈저는 법적·철학적 논쟁과 신좌파의 국가 비판을 아우르는 의무에 관한 입장을 소개하고자 했다. 1960년대 말 왈저는 롤스를 중심으로 형성된 윤리·법철학학회 그룹과 연을 맺었다. 왈저는 이 그룹에서야말로 자신이 진정한 "철학적 교육"을 받았다고 회고했다.[83] (윤리·법철학학회에서의 경험을 차치하더라도) 그가 받아온 철학적 교육은 독특한 것이었다. 브랜다이스 대학교의 학부생이던 시절 왈저는 『디센트』●의 창립자들인 어빙 하우와 루이스 코저를 만났고, 얼마 지나지 않아 『디센트』에 글을 기고했으며 나중에는 편집장까지 지내게 되었다. 케임브리지에서 1년을 보내며 『대학과 좌파 평론』 주변의 초기 신좌파 서클과 어울리기도 했던 왈저는 1957년 하버드로 와 대학원생이 된다. 당시 하버드에서 정치 이론은 비교 정치와 단단히 엮여 있었으며 관념과

● 『디센트』Dissent는 1954년 루이스 코저와 어빙 하우를 비롯한 일군의 뉴욕 지식인들에 의해 창간된 잡지로, 민주사회주의를 비롯해 다양한 좌파 지식인들에게 지면을 제공했다.

제도의 역사를 실천적인 관심에 결합하고 있었다. 많은 하버드의 이론가들은 정부에 자문을 해 주고 각국의 헌법 초안들을 기초해 주었으며, 민주당의 활동가로도 일했다.[84] 왈저도 이런 전통을 따랐다. 잠시나마 그의 선생이었고 이후 오랫동안 동료로 지내게 될 슈클라처럼, 왈저 또한 규범적 주장을 도출하기 위해 정치적 행동에 대한 심리-사회적 설명을 발전시켰다. 이런 설명 방식은 역사와 심리학을 "하버드 스타일"로 활용하던 흐름에 영향받은 것이며, 심리학적 논점과 행태를 중요시하는 전후의 경향을 반영한다.[85]

왈저의 글들은 또한 새뮤얼 비어, 루이스 하츠, 배링턴 무어 2세와 같은 스승들과 민주사회주의 전통에서 물려받은 사고로 물들어 있었다. 왈저는 주기적으로 1961년 미 남부로의 프리덤 라이드 같은 사회운동에 관해 글을 썼으며, 케임브리지의 신좌파 클럽과 지역 내 반전 운동에도 가담했다.[86] 1960년대에 그는 구좌파의 시각에서 신좌파에게 조언과 비판을 주는 논자로 자리매김하게 되었으며, 신좌파의 개인주의와 규율 부재, 대중운동 조직 실패에 비판적인 모습을 보였다.[87] 이처럼 왈저의 정치적 관점은 명확해 보였으나, 그것을 분명하게 정의하기는 어려웠다. 왈저의 초기 작업은 다원주의, 정신적 경험 — 소외에 대한 비마르크스주의적 이해와 불안에 대한 자유주의적 이해를 가로지르는 — 에 대한 관심, 정치 참여에 대한 신뢰를 특징으로 했다. 1967년 이후로는 시온주의가 집단적 삶에 대한 그의 생각에 뚜렷한 영향을 끼쳤다. 왈저는 집단에 대한 개인의 책무를 강하게 옹호했으며, 그것이 요구하는 지적·정치적 규율을 때로는 낭만화하기도 했다.

왈저의 의무론은 의무를 둘러싼 논쟁의 중심에 있었다. 왈저는 1966~70년 사이 『디센트』에 발표한 몇 편의 에세이와 하버드 대학교의 강의들을 통해 자신의 의무론을 발전시킬 수 있었다. 이때 그가 주목했던 것은 공정한 게임이나 양심, 계약이 아니라 동의의 문제였다. 왈저에게 현대 국가는, "서로 모르는 사람들로 이루어진 사회를 통치하는 문제에 대한 성공적인 해결책"이었다. 현대 국가가 제공하는 "비인격적 행정, 법 앞의 평등, 적법 절차" 아래에서 시민들은 서로에게 "이름 없는 남"이며 그런 시민들에게 자치란 허구에 가깝다. 시민의 의무를 설명하는 가장 그럴듯한 방법은 그들이 암묵적으로 동의했다고 설명하는 것이지만, 거기에는 문제가 있었다. 한 장소 내에 단순히 거주하는 것만으로 복종의 의무가 발생하는가? 자유주의자들은 반대 의견의 부재는 동의의 표현으로 볼 수 있다고 가정함으로써 이 까다로운 문제를 처리하려 했다. 그런데 침묵을 의무를 지키겠노라는 약속의 표현으로 간주하고, 혁명이 터지지 않는 한 동의가 이루어진 것으로 본다면, [저항과 복종의] 양극 사이에 놓이는 시민들의 행동이 갖는 중요성은 간과되고 만다.[88] 이는 완전한 복종과 혁명(혁명이 실패한다면 이주) 사이의 양자택일을 강요하는 셈이다. 왈저가 볼 때 동의 이론을 구하려는 이런 식의 시도들은 실패했다.[89] 문제는 시민들을 아직 의무에 동의하지 않은, 그러나 언젠가 성숙한 — 의무에 동의한 — 상태에 이를 아이들과 동일시한다는 데 있었다. 롤스가 내놓은 새로운 형태의 계약론이나, 피트킨이 논한 가상적 동의 이론은 의무를 국가가 제공하는 이익의 대가로 봄으로써 이 난점을 피하려 했다. 그러나 이런 이론들은 "소극적 의무"를 설명할 뿐 적극적 의무에 대해서는 말하지 않는 것이다. 민주주의를 우선시했던 왈저는 인과관계를 뒤집었다. 정부의 정당함이 우리가 정부에 동의했음을 의미하는 것이 아니라, 우리의 동의가 정부를 정당하게 만드는 것이라고 말이다.[90]

동의 이론은 왈저가 행위 주체를 논하는 방식이었으며, 이는 C. 라이트 밀스가 노동계급 정치의 "시대에 뒤떨어진 '노동 형이상학'"이라고 불렀던 문제에 대한 그 나름의 대안이었다.[91] 왈저는 보통의 민주적 시민, 곧 각각의 개인사를 지니고 "일련의 동의들"을 행하며 나날의 삶을 살아가는 시민들을 주된 행위자로 내세웠다. 동의는 "타인에 대한, 혹은 타인들 사이에서 기대를 불러일으키는 원칙·모임·정치제도에 대한 약속"이다.92 의무는 동료 시민들 그리고 사회적 삶을 구성하는 작은 집단들에 대해 지는 것이다. 따라서 다원주의적 시민에게는 "시민권이 그의 여러 의무들 가운데 하나"라는 것이 왈저의 시각이었다. 시민들의 일상에서 멀리 있는 국가가 제공하는 이익이 국가를 위해 싸우고 죽어야 할 의무를 만들어 내지는 못한다. 1967년 정치적 의무에 관한 한 회의에서 왈저는, 국가에 완전히 동의를 부여하지 않은 현대의 시민들은 소외된 채 "단지 거주할 뿐인 외부자"에 가깝기 때문에 그들에게 국가를 섬겨야 할 의무는 없다고 주장했다.93

자유주의 이론가들이 민권을 보호하기 위해 헌법과 국가 그리고 법원에 주목했음에도 불구하고, 국가가 전쟁 수행 능력을 새롭게 구비하자 국가권력에 대한 민주주의적 비판이 활성화되었다. 왈저도 예외가 아니었다. 다원주의는 국가에 대한 이 같은 비판에 활용되었던 언어 가운데 하나였으며, 왈저의 다원주의는 그의 의무론에 커다란 영향을 미쳤다.94 롤스의 다원주의가 가족, 교회, 회사에 주목했다면, 조합과 산업 다원주의가 법적 압박을 받아 쇠퇴하는 가운데 나온 왈저의 논의에서 주된 결사체는 분파, 조합 그리고 사회운동이었다.95 상호적, 다원주의적인 삶을 논하며 롤스는 결사체 내 의무와 법에 복종할 의무를 매끄럽게 연결해 냈다. 롤스에게 공동체 전체는 그 내부에 존재하는 관행들의 체계와 잘 포개졌고, 국가는 시민사회와 잘 포개졌다. 그런데 왈저에게는 소규모의 도덕 공동체와 국가 사이가 순조롭게 이어지지 않았다. 오히려 양자는 충돌했다. 롤스가 뭉뚱그린 것을 왈저는 떼어놓았던 것이다. 왈저에게 개인 간의 의무는 [국가 혹은 거대한 공동체의] 규칙에 따라 행동해야 할 의무로 환언되지 않는다. 국가가 시민들을 보호하기 위해 존재할지라도(왈저는 복지국가가 그런 존재라고 생각했다), 시민들이 국가에 대해 지는 의무는 동료 시민들, 친구들, 동지들과의 결속보다 덜 강하다. 시민들은 수동적으로 받는 이익에 의해서만 국가에 속박된다. 이익으로 묶인 시민과 국가의 관계는 시민들을 서로 결속하는 적극적 의무의 관계보다 훨씬 약한 것이며, 후자가 전자로 이어지지도 않는다. 왈저의 논의 속 시민들은 "그들이 속한 큰 조직[국가]의 정치적 주권이나 도덕적 우월성"을 완전히 인정하지 않는 것이다.[96]

이로부터 여러 급진적 함의가 도출되었는데, 특히 징집 및 현대 국가의 문제와 관련해 그러했다. 왈저는 징집을 시민권에 따른 필수 불가결한 부담으로 보기를 거부했다. 그에 대한 동의가 표현된 사회에서라면, 보편적 징집도 민주적일 수 있을 것이다. 그러나 시민들이 소외되어 있는 사회에서는, "긴급한 경우가 아닌 한 징집은 강제 징용이나 다름없다."[97] 그러니 시민이라면 전쟁에 나가야 할 도덕적 의무가 있다고 할 수는 없다. 전통적인 민주주의의 이상은 아마 작고 민주적인, 군사화된 국가에서는 작동할 수 있을 것이다. 그러나 현대 미국에서는 불가능하다. 군에 복무할 의무는 공동체를 내세우는 것으로는 뒷받침되지 못한다. 1971년을 돌아보며 휴고 베다우는 이 주장을 더 밀고 나갔다. 그는 군 복무의 의무라는 관념 자체가 대규모 군대와 징집법의 산물임을 시사했다. 베다우는 "당국에서 설명하는 의무보다는 우리 앞에 현실로 존재하는 징집이 군 복무에 관한 논의의 실체를 더 잘 말해 주지 않는가? 의무에 대한 우리의 감각이 이 나라의 상비군 체제를 만들기보다는, 군 체제가 우리에게 군 복무의 의무가 있다는 도덕주의적 믿음을 억지로 만들어 내고 있지 않은가?"라고 지적했다.[98]

전쟁 국가는 의무의 본질을 바꿔 놓았다. 국가와 관료제 권력의 확대에 대한 토크빌·베버식의 우려가 국가 및 헌정의 정당성 위기에 관한 신좌파 담론과 함께하게 되었다. 신식민주의와 군사주의에 대한 급진적 탈식민주의의 비판을 반전·민권 운동이 수용하는 가운데,

권위의 상실과 사회 부패에 대한 우려는 징집 거부 이상의 저항을 정당화하는 방향으로 나아갔다.99 정치 이론가 윌슨 케리 맥윌리엄스는 "기술 관료제 시대의 정치 환경"이 과거 시대의 "독재적 상황"과 많은 면에서 닮아 있다고 보았다. 맥윌리엄스가 생각하기로 이 시대의 독재는 "독재자 한 사람의 부패"가 아니라 "생활환경"에서 기인하는 것이었다.100 이와 같은 상황에서 시민 불복종은 코프먼이 국가에 "급진적 압박"을 가하는 전략으로 제시했던 "대결" 및 "무질서"와 쌍을 이루어야 했다.101

이런 주장들은 정당한 저항의 범위를 확대할 것을 목표하고 있었으며, 그 폭을 제한하려는 시민 자유주의 담론에 비판적이었다. 왈저는 다원주의적 토대에서 개인 양심에 호소하는 것을 비판했다. 양심은 결코 개인적인 것이 아니며 언제나 사회적으로 공유되는, "우리가 신神이 아니라 다른 사람들과 공유하는 도덕적 앎"이라는 것이었다. 왈저는 시민 불복종에 관한 논의가 독백을 넘어 시민들 사이의 형제애에 바탕을 둔 토론을 지향해야 한다고 주장했다. 사회 내에는 서로 다른 영역들이 있으며, 불복종은 "국가에 반하는 일각의 주장을 행동에 옮긴 것"이라고 할 수 있다.102 왈저가 보기에 양심적 병역거부자의 범주 확대를 둘러싼 당시의 논쟁은 너무나 법리적인 것이었다. "전쟁 일반이나 이 전쟁(베트남전쟁)이 비도덕적이라고 믿는다"는 이유에서 전쟁이나 징집에 반대하는 이들을 위한 법적 보호가 필요했다. 중요한 것은 전쟁이 정의로운지뿐만이 아니라 시민이 참전을 능동적으로 선택하고 실제로 동의했느냐였다. "한 민주국가가 전쟁의 길로 향할 때", "특별한 고려"를 받아 마땅한 이들은 바로 "참전 결정에 참여하지 못한 이들"이라고 왈저는 지적했다. 특정 유형의 전쟁을 거부할 권리가 모든 전쟁에서의 징집을 거부할 권리보다는 덜 보호되어서는 안 된다. 징집 및 전쟁 거부의 권리는 지조 있는 종교적 평화주의자들뿐만 아니라 일반 시민들과 전장의 군인들에게까지

적용되어야 하는 것이다.*103*

저항과 의무의 문제를 다루며 왈저는 양심적 개인과 국가만을 행위 주체로 보는 자유주의적 시각에서 이탈했다. 이제 그의 다원주의는 기업 내에서 일어나는 불복종, 특히 연좌 파업에도 초점을 두게 되었다.*104* 당대의 시민적 자유와 "표현의 자유"에 대한 이해에 파업권이 포함되지 않았듯이, 시민 불복종을 노동자 운동과 개념적으로 연결하는 것은 드문 일이었다.*105* 하지만 몇몇 이론가들은 노동운동의 전략에 눈을 돌렸다. 철학자 버지니아 헬드는 노동운동에서 시민 불복종의 대안을 구했다. 헬드는 시민 불복종을 고도로 개인적인 차원의 행위로 이해했으며, 집합적으로 시민 불복종을 벌일 때조차도 불복종의 힘은 그 집합적 성격에서 비롯되는 것이 아니라고 보았다. 헬드는 또한 국가와 기업을 비교하며 법인 자유주의에 대한 신좌파식 비판을 따랐다. 기업 경영의 무책임성은 비대해진 현대 국가의 무책임한 관료 기구와 다르지 않다는 것이었다. 그렇다면 노동 거부는 기업과 국가 양 영역에서 적절한 행동의 양식이 될 수 있을 것이다. [국가에 대한] "시민들의 파업"은 기업에 대한 노동자들의 파업과 같이 작동할 수 있는 것이다.*106* 이와 같은 생각이 68혁명의 지구적인 물결 속에서 점차 일반화되어 갔다. 상당수의 신좌파들은 노동계급에 대한 전통적 시각을 버리고 공장 파업을 넘어서는 정치적 저항을 이론화했다. 여기에는 사회적 공장·임금제에 대한 자율주의·반식민주의 이론, 하층계급 혹은 "룸펜 프롤레타리아"에 대한 블랙파워* 운동의 인식, 여성을 성적 계급으로 보는 래디컬 페미니즘의 시각, 가사노동 중지와 스마일 보이콧**에 대한 옹호가 포함된다.*107* 시

---

* 아프리카 흑인과 아프리카 출신의 이민자 흑인들이 정치적·경제적 권력을 획득해 자기 해방을 실현해야 한다는 주장, 또는 그런 주장에 입각한 운동을 말한다. '블랙파워'라는 용어는 1950년대부터 쓰였으나 1960년대 민권운동 시기에 광범하게 유포되었다.

2장. 의무들

민 파업은 자유주의 철학자들도 지지를 보낼 만한 비전이었다.

그러나 왈저는 다른 노선을 택했다. 그는 파업의 범위를 기업에서 국가나 가정으로 확장하는 대신, 시민 불복종을 규정하고 처벌하는 국가의 권능이 제한되는 영역을 설정하는 데 파업 문제를 활용하려 했다. 한 기업이 비민주적이라면, 그 기업에서의 "혁명" — 파업 — 은 국가를 직접적인 공격 대상으로 삼지 않는 한 "시민"의 이름으로 정당화될 수 있다.[108] 1969년 왈저는 "민주국가가 기업을 지배하는 전제군주들을 두둔한다면, 국가는 기업 내에서 반란을 일으킨 이들을 보호할 줄도 알아야 할 것"이라고 지적했다. 국가에 파업 문제에서 비켜설 것을 요구하는 왈저의 주장은 조합과 기업의 영역을 정부의 관여 대상에서 배제하는 산업 민주주의의 다원주의적 전통을 환기하는 것이었다.[109] 국가 자체가 파업의 대상이 아닌 이상 국가가 경찰력을 이용해 개입하는 것은 정당화될 수 없었다. 기업은 민주적 정당성을 갖지 않으므로, 경찰은 "기업의 권위에 도전하는 것만을 목표로 법을 위반하는 사람"에게 맞서서는 안 된다. 이 경우 재산권의 위반은 해당 기업에 반하는 것일지언정 국가에 대한 혁명은 아닌 것이다. 그런 성격의 저항은 기업에 대한 혁명인 동시에 국가에 대한 시민 불복종이다.

비민주적인 국가는 복종을 명령할 수 없다는 것이 그의 전제였기는 하지만, 현존하는 복지국가에 대한 암묵적인 인정이 왈저의 글에는 뚜렷이 나타난다. 현존하는 국가는 "집단행동에 제한"을 부여한다. 다원주의적 시각에서는 어떤 의무를 다른 의무보다 중요하게 취급하는 것이 정당화되기는 하지만, 작은 집단 내에서의 유대 관계가 자유주의적 국가에 대한 총체적 불복종을 정당화할 수는 없다.[110]

•• 스마일 보이콧smile boycott은 페미니즘 이론가 슐라미스 파이어스톤 Shulamith Firestone이 창안한 단어로 여성들에게 애교나 자신의 기분과 무관한 미소를 요구하는 문화에 대한 거부, 혹은 그런 거부를 촉구하는 운동을 말한다.

시민들이 각자의 책무를 지킬 수 있도록 허용하고 그들의 적극적 의무를 인정한다면, 국가는 정당성을 잃지 않는다.[111] 국가는 민권을 보장하는 주체로 남는 것이다. 흑인을 "정치 시스템 내에서 그 어떤 의무도 지지 않을 만큼" 억압받는 소수집단으로 파악하면서 왈저가 비난했던 것은 흑인에 대한 국가의 억압보다는 "민간" 차원의 억압이었다.[112] 소외와 "행정부 독재의 위험"만으로는 저항을 정당화하기에 충분치 못했다. 그렇게 왈저는 민주국가에서 거주하는 것이 법을 따라야 할 의무를 발생시킨다는 것을 인정했다.[113] 공정한 게임 논의는 시민들이 부당한 법이라도 받아들일 것을 요구하는 것으로 귀결되었다. 협력 체계가 그들에게 이익을 제공한다면, 복종의 의무 또한 있다는 것이다. 롤스의 논의에서 사회적 수혜를 얻지 못하는 소수집단이 의무를 지지 않는다면, 왈저의 논의에서는 시민들의 의무는 그 강도를 저마다 달리하며 공동체에의 참여 여부에 따라 완화될 수도 있었다. 관건은 무엇을 참여로 보느냐에 있었다. 사회적 관행에 발을 들여놓는 것을 민주적 의사 결정에의 참여로 보기에 충분한가? 이에 대한 답이 '아니요'라면, 왈저가 말하는 "억압받는 자들의 윤리"나 그의 의무론은 급진적인 방향으로 치달을 수도 있었다.[114]

    왈저는 자신의 논의가 지닌 그와 같은 급진적 함의에서 한발 물러났다. 1967년 여름 뉴어크와 디트로이트를 비롯한 여러 지역들에서 소동이 터지고, 이듬해 마틴 루서 킹 목사와 로버트 케네디가 암살되자, 나라 전체가 폭동에 휩쓸려 가고 있다는 감각이 일었다. 이는 저항의 스펙트럼을 폭넓게 확보하려는 시도에 대한 반동을 촉발했다. 민권과 반전을 외치는 목소리가 커졌음에도 불구하고, 저항에 관한 논의는 보수적인 방향으로 흘렀다. 시민 불복종은 "민주주의를 파괴하는 행위"로 지탄받았다.[115] 1968, 69년 컬럼비아와 하버드를 비롯한 여러 대학 캠퍼스에서 시위가 있고 난 뒤, 왈저는 비민주적 기업에서의 혁명에 대한 자신의 정당화가 학내 민주화를 목표로 투쟁하는 학생들에게는 적용되지 않는다고 주장했다. 대학은 혁명을 필요로 할 만큼 권위주의적인 조직이 아니라는 것이 그 이유였다.116 이처럼 왈저의 다원주의는 겉으로 드러나지는 않지만 반란을 일으키기에 알맞은 조직의 범위를 제한하는 조건들로 채워져 있었다. 이론상 다원주의를 고수하기는 했으나, 신좌파를 (전략 부재를 이유로) 비판했을 때나 후기 민권운동의 급진파·흑인 민족주의 단체를 (잘못된 전략을 사용했다는 이유로) 비판했을 때를 보면 왈저는 그의 다원주의가 도달한 귀결에 이르러서는 후퇴하고 말았다고 할 수 있다.117 [왈저의 예에서 알 수 있듯] 정치 이론가들이 저항을 광범위하게 정당화하려 했던 순간은 길지 않았다.118 우파로부터 민주주의와 다원주의, 신좌파식의 저항이 공격받자, 자유주의 철학자들은 그들만의 시민 불복종론을 내놓았다.

***

시민 불복종에 관한 또 다른 자유주의적 시각이 공고해진 것은 1969년이었다. 그때까지도 왈저와 롤스는 여러 컨퍼런스와 윤리·법철학 학회 모임에서 자신들의 논의를 회람하던 참이었다. 그 사이 윤리·법철학학회에 속한 드워킨, 피스, 마셜 코언, 프랭크 미셸먼 등 법철학자들은 권리와 자유, 원칙의 토대로서 자연법 대신 정의 이론에 주목하기 시작했다. 이 법철학자들은 법적 절차 이론에 근거해 도덕 원칙들이 의사 결정(사법적인 결정이든 다른 결정이든)을 인도하고 헌법적 규칙들에 객관적인 기반을 제공해 줄 수 있다고 주장했다. 이들이 말하는 원칙들은 법원을 초월하는(그러나 법원에 의해 해석되어야 하는) 것으로서, 헌법 내에 존재할 뿐만 아니라 헌법을 넘어 개인들 사이와 공동체 내 관계에 그 원천을 두는 도덕 원칙들을 가리킨다. 이들은 롤스 이론을 통해 법과 도덕성, 합법성과 정의의 관계라는 영원한 문젯거리에 대한 답을 구하기 시작했다.[119] 그렇게 하면서 정치적인 문제들을 법적인 것으로 전유하고 철학에 대한 법적 관점을 구체화해 나갔다.

양심에 중점을 둔 주장들이 실패로 돌아가자, 직관주의에 비판적이었던 많은 철학자들은 "정치적 문제들을 다루는 데" "'정의' 개념"이 활용될 수 있음을 고려하게 되었다.[120] 시민 불복종 논쟁에서 이런 변화가 처음으로 나타났다. 롤스, 드워킨, 코언이 연달아 관련 논고를 발표했다. 롤스의 논고는 베다우가 편집한 선집에 실렸는데, 이 선집은 철학자들이 시민 불복종의 규범, 정당한 시위의 경계, 민권운동의 의미에 대해 입장을 공고히 하는 데 중요한 역할을 했다. 킹 목사를 인용한 철학자들은 그런 목적으로 이 선집의 지면을 활용했다.[121] 징집 문제, 그리고 복종이냐 혁명이냐의 양자택일은 퇴조했다. 새로운 급진 운동과 점점 가혹해지는 보수 반동에 직면해 법철학자들과 정치철학자들은 시민 불복종의 적절한 정의와 그에 대한 처벌을 주제로 논쟁을 벌였으며, 아렌트가 논했듯이 법적 보호를 받을 수 있는 시민 불복종의 권리가 존재하는지에 대해서도 토론을 벌였다.[122]

시민 불복종을 옹호하는 일은 전략적으로 그것을 다른 형태의 시위와 구분하는 일을 수반했다. 어떤 이들은 시민 불복종을 좁게 정의해 민권운동을 배제하기도(그런 방식으로 운동을 지원하기도) 했다. 나중에 위헌이 된 법률을 상대로 한 저항은 시민 불복종이 아니라는 이유에서였다.[123] 미국시민자유연합의 관점에서 볼 때, 불복종에 대한 이 같은 정의는 프리덤 라이드 등 남부에서 운동을 벌이는 민권운동가들에게는 그렇게 할 정당한 권리가 있으나, 다른 유형의 시민 불복종자들은 그렇지 못함을 시사하는 것이었다. 그런가 하면 1960년대 중반 민권운동에 참여한 시위자들은 그들의 활동에 대한 최대한의 지지를 이끌어 낼 수 있는 나름의 방식으로 시민 불복종을 정의했다. 흑인 민권운동가와 자유주의자, 노동조합의 인종 간 연합을 구축하기 위해 안정성과 합의의 언어가 사용되기도 했다. 1966년 한 팸플릿에서 참전군인 출신 운동가인 베이어드 러스틴은 시민 불복종이 시민권에 조응하는 의무일 수 있다고 주장했다(롤스는 자신의 노트에 이 대목을 표시해 두었다). 시민 불복종은 "사회 내의 불일치들"을 드러내어 그것들을 바로잡는 방법이고, 균형이 무너진 권력들 사이에서 균형을 잡는 수단이자, "국가를 개선하고 기존과 다른 새로운 합의를 만들어 내는" 일이었다.124 다른 이들은 그런 일이 드물게 일어난다는 전제하에 책임 있는 태도로 법을 위반하는 것도 이롭다고 여겼다.125 위법행위를 통해 법의 부당성이 시험대에 오르게 되며, 부당한 법이 순치되고 정상화되어 결국 민주적 틀 내로 포섭되리라는 논리였다.126 그러나 자유주의자들과 보수주의자들은 정당한 저항의 범위를 점점 좁히는 쪽으로 시민 불복종을 규정하고 있었다. 이들은 킹 목사의 문장을 선택적으로 배치해 시민 불복종에 "법에 대한 최대의 존중"이라는 프레임을 씌웠고, 시민 불복종을 처벌하기를 바라는 자신들의 입장을 뒷받침하기 위해 특정 문건들의 가치를 높게 평가했다. 특히 이들은 시민 불복종에는 "희생"과 처벌을 "감수"하려는 의지가 포함된다는 데 호응했다.127 공정한 게임과 정의에 관한 롤스의 논의 역시 시민 불복종에 대한 처벌의 중요성과 "처벌을 감당하려는 의지"를 강조하는 목적으로 전유되었다.128

시민 불복종 논쟁은 보수적 방향으로 흘렀다. 닉슨이 '법과 질서'를 내세워 케네디·존슨 시기의 방범防犯 및 처벌 의제를 확장하자, 처벌과 사회 안정을 강조하는 입장에 힘이 실리게 되었다.129 사회를 게임에 비유하는 메타포는 안정성을 최고의 가치에 두는 것이었으며, 이 메타포는 곧 규칙에 따라 행동할 의무를 노골적으로 정당화하고 정당한 시민 불복종 또한 처벌되어야 한다는 주장을 뒷받침하는 데 이용되었다. 이렇게 되자, (시민 불복종의 대가로) "처벌을 감수해야 한다"는 주장을 거부하는 것이 좌파 진영의 상징이 되었다. 카이 닐슨은 시드니 모겐베서와 함께 철학과 공공 문제 학회의 뉴욕 지부를 활발하게 이끌었으며, 베트남전쟁과 뉴욕에서 열린 흑표당원들*에 대한 재판과 같은 주제들에 관해 『철학과 공공 문제』 학회지에 공개서한을 발표했다. 그는 시민 불복종에 대한 정의 안에 처벌을 감수하려는 의지가 수반되어 있다는 생각을 거부했다. 그런 그가 볼 때 정치적 변화를 추동하는 장기 전략의 일부로서 시민 불복종에 [처벌 감수가 아닌] "법적 회피"의 길을 마련해 주는 것이야말로 정당했다.130 역사학자 하워드 진 역시 사회를 게임에 빗대는 비유에 반대했다. 그런 비유는 시위에 나선 사람들이 예의 바르게 체포를 받아들이고 "게임의 규칙"으로서 감옥에 가는 것도 받아들여야 한다는 것을 함축하며, 시위의 "도덕적 진정성"에 손상을 입힌다는 것이었다.131 앤절라 데이비스와 다른 흑표당 이론가들은 더 나아가 흑인들이 억압받는 현실은 미국 국가에 그들을 처벌할 그 어떤 권위도 없음을 의미한다고까지 주장했다.132

그러나 1960년대 말에 이르러서는 시민 자유주의자들과 보수주의자들이 모두 정당한 시민 불복종의 범위를 제한하고 있었다. 신보수주의자들 — 시드니 훅이나 에이브 포타스, 어윈 그리즈월드 등의 법학자들 — 과 연관된 이런 억압적 관점은 시민 불복종을 사회 안정에 대한 위협으로 간주하고 헌정 체제에 대한 순응을 시민권의 근본 요소로 규정했다.133 이들은 직접적인 불복종(불복종하는 이들이 문제 삼는 해당 법률을 어기는 것)과 간접적인 불복종(한 법률이나 정

---

* 흑표당Black Panther은 차별과 경찰의 폭력으로부터 흑인 공동체를 보호한다는 목적으로 1966년 캘리포니아 오클랜드에서 결성되었다. 초창기부터 전투적 행동주의를 지향해 정당 겸 무장 단체의 성격을 띠었으며, 흑인 아동을 위해 무료 아침 식사를 제공하거나 도시 빈민을 위한 무상 의료 서비스를 시행하는 등의 복지를 제공하기도 했다. 연방 정부의 탄압과 민권운동의 약화로 인해 1982년 해체되었다.

책에 저항하기 위해 다른 법률을 어기는 것)을 구분하고 전자만을 정당한 시민 불복종으로 한정했다. 포타스는 시민 불복종을 '위헌적이라고 여겨지는 법률을 시험할 권리' 정도로 제한하고자 했다. 해당 법규가 위헌임을 근거로 한 도전은 정당화되지만, 도덕성의 차원에서 해당 법규가 "악"이기 때문에 도전하는 것은 정당화되지 않는다는 것이었다. 이는 초기의 민권 시위를 제외한 다른 많은 것들을 정당한 시민 불복종의 범위에서 배제하는 정의였다. 같은 시기, 시민 불복종에 대한 미국시민자유연합의 정의 역시 협소해졌다. 연합은 불복종에 나선 시민들을 지원하는 일에 우유부단하게 대처했으며 당국이 가하는 처벌을 용인하는 기준을 신설했다.[134] 중산층이 주도하는 "정당한" 민권운동을 반전운동이나 그것이 초래한 무질서와 구별하려 했던 것이다. 연합의 위상 탓에 시민 불복종에 대한 이 같은 관점이 확산되었다.[135] 1965년 미국시민자유연합은 코프먼과 코언이 작성한 지부 명의의 성명서에서 저항권 선언을 비롯해 [양심과 공개성을 강조하는] 시민 불복종에 대한 설명을 개괄한 바 있었다.[136] 1960년대 말, 연합은 시민 불복종을 '부당한 헌법을 위반하는 행위' 또는 "'어떤 악惡에 관심을 촉구하기 위해 '실정법'을 위반하는 행위"로 규정했다.[137] 1968년 미국시민자유연합은 자신의 방침을 바꾸었다. 연합은 자신들이 [헌법에 비춰 봤을 때] "유효하지 않다고 판단되는" 법률에 도전한 시민들에게만 도움을 제공했으며, 법률에 대한 판단은 법률가에게 각 사안별로 맡겼다.[138] 연합은 또 시민 불복종을 다른 유형의 저항들로부터 명시적으로 분리했다. 연합이 발표한 보도 자료에 따르면, "공공연한 반란이나 폭동은 시민 불복종과는 다른 것이다." 이 자체는 그다지 놀랍지 않은 구분이지만, 구분의 이유를 살펴볼 필요가 있다. "반란이나 폭동은 부당한 법을 바꾸기 위해 공중을 설득하려는 평화적 시도가 아니며, 특정 법률이 헌법에 합치되는지를 가리는 법원의 심사를 촉발하려는 노력도 아니기 때문이다."[139]

시민 불복종은 그 주체를 폭도와 구별할 수 있게 하는, 법원과 헌법을 대상으로 하는 법 위반 행위로 이해되었다. 베트남에서 진행 중인 전쟁, 그리고 블랙파워 이론가들이 미국 내 흑인이 처한 상황을 "내부 식민주의"로 묘사하고 있었음을 고려할 때, 폭동·폭도와 같은 언어가 사용된 것은 우연이 아니다.140

이런 맥락에서 도덕·정치철학자들은 시민 불복종에 대한 정당화가 이전의 의무 이론에서보다 섬세해질 필요가 있음을 인지했다. 공정한 게임적 시각은 국가가 이득을 제공하지 못할 것이 분명해졌을 때에는 불복종을 정당화해 주었지만, 정당한 저항의 범위는 공백으로 남겨 두었다. 시위가 양적으로 늘어나고 질적으로도 다양해지면서, 기존의 시각은 복종과 혁명 사이에 위치하는 다양한 행위들을 분별해 내는 데 한계를 보였다. 반전운동과 초기 민권운동을 위한 이론적 공간을 마련하고 두 운동이 전투성 — 나중에는 두 운동 모두 띠고 말았던 — 을 띠는 것을 막기 위해, 철학자들은 규칙 위반에 대한 공정한 게임 모델에서 벗어나 복종과 혁명 사이의 중간 지점을 모색해야 했다.

1969년 반전·좌파 성향을 띠고 있던 『뉴욕 리뷰 오브 북스』에 발표한 「시민 불복종을 기소하지 않기」On Not Prosecuting Civil Disobedience에서 드워킨은 시민 불복종에 대한 처벌을 형법적으로 해석하려 했다. 마침 그해에 하트에 이어 옥스퍼드 대학교 법철학 석좌교수직에 오른 드워킨은 법현실주의와 실증주의를 넘어서고자 했다. 도덕적 원칙, 권리, 민주적 공동체를 법의 영역에 도입하고, 사회적 제도·관행뿐만 아니라 도덕적 측면과 원칙들 역시 법적 권리 및 의무를 이해하는 데 고려되어야 함을 보이려 했다. 앞서 「규칙들의 모델」The Model of Rules(1967)에서 드워킨은 한 규칙의 적용이 "규칙 너머의 원칙 혹은 정책"에 의존한다고 주장하며 규칙rule과 원칙principle을 구분한 바 있다.141 2년 뒤 그는 저항의 권리가 도덕적 차원의 것일 뿐 그 법적 상응물을 갖지는 않는다는(따라서 시민 불복종에는 처벌이 따른다는) 법현실주의적 주장에 반대했다. 드워킨은 시민 불복종에 대한 형사처벌이 법 해석상의 중요한 부분을 놓치고 있다고 지적하며 법현실주의에 반기를 들었다. 그가 제기한 것은 법의 위헌성이 문제시되고 그 효력이 의심스러운 상황에서 누가 법을 해석하느냐의 문제였다.

헌법을 대법원의 해석과 동일시하지 않는다면, 판검사들의 재량에 의한 판단보다 시민들의 판단과 공동체의 반응이 [헌법을 논하는 데] 더 중요할 수 있다고 드워킨은 생각했다. 시민들은 도덕적 근거를 바탕으로 원칙들에 호소해 자신들이 법에 대한 올바른 해석이라고 믿는 바를 말할 수 있다. 시민들은 법에 "충성"하는 것이지, "법이 무엇인가에 대한 특정인의 시각"이나 특정 법원·검사의 해석에 충성을 바치는 것은 아니다. 이렇게 드워킨은 개개인들이 법원의 잘못된 결정에 맞서 도덕적 원칙에 부합하는 방식으로 권리를 지킬 수 있는, 일종의 헌법 공동체를 옹호했다. "근본적인 개인적 혹은 정치적 권리에 관계되는 이슈라면, 그리고 대법원이 법 해석에서 실수를 저질렀다는 데 대한 다툼의 여지가 있다면, 개인들에게는 대법원의 결정을 최종적인 것으로 받아들이지 않아도 될 권리가 있다."[142] 헌법과 법원이 정치적 도덕성의 원칙을 침해하는 잘못을 범했을 수도 있는 것이다. 어떤 법이 위헌임을 법원에 설득시키기 위해, 시민 불복종자들은 정부의 합법성이나 게임의 규칙에 호소할 것이 아니라 도덕성에 호소해야 한다. 이때 도덕성은 막연한 자연법적인 도덕성이 아니라, 그 공동체의 관행에서 비롯하는 도덕성을 말한다. 상당수의 사람들이 도덕적 근거를 갖고서 법에 따르지 않고 그 법이 "불확실하다"라고 말한다면, 그 법은 무효는 아닐지라도 헌법에 비추어 볼 때 의심스럽다고 할 수 있다. 그럴 때 시민 불복종은 공동체 내의 "합의"에 뿌리를 두게 된다.

여기서 합헌성은 공동체의 도덕으로부터 도출된다. 이는 다수의 주장이라면 무엇이든 헌법에 부합한다는 의미가 아니다. 중요한 것은 법과 근본적인 도덕적 권리들 사이의 연결이다. 그 이듬해[1970년]에 드워킨은 "권리의 언어가 작금의 정치적 논쟁을 지배하고 있다"고 썼다. 시민들은 "정부에 맞설 권리"를 가지며 정부는 이 권리를 진지하게 고려해야 한다. 권리는 "정치사회가 분열되고, 협력이나 사회 공통의 목표에 대한 호소가 별로 가치가 없을 때", "그 본연의 효과"를 가장 잘 발휘할 수 있다. 드워킨이 보기에, 당시 미국 사회의 분열은 깊고 "격렬"한 것이 분명했다. 그러나 "기본 규칙들" — 즉, 그 안에서 사회적, 경제적, 대외 정책 이슈들을 둘러싼 경쟁이 일어나는 "법의 영역과 법적 제도들" — 을 통해 사회의 심층에 도덕적 합의가 존재함을 드러내고 "공동선에 대한 다수의 관점"을 표현할 수 있었다. 권리는 "소수의 존엄과 평등 또한 존중될 것이라는 사회적 다수의 약속"을 표현하는 역할을 한다.[143] 그러므로 국가에 맞설 수 있는 권리를 인정할 필요가 있다. 법이 권리의 침해로부터 자유로울 수 있는 도덕적 권리에 기초하는 것이라면, 법을 위반한 자들을 형사처벌해야 할 강력한 이유가 존재한다. [그런데] 인종차별적인 법은 차별의 대상이 되어서는 안 될 흑인의 도덕적 권리를 침해하는 것이다. 따라서 인종 분리 철폐를 꺼리는 분리주의자들에게는 인종 분리가 해당 공동체의 도덕률로부터 비롯한다 할지라도, 그들이 (인종 분리 철폐에) 불복종할 수 있는 근거는 없다. 그들이 철폐하기를 반대한 바로 그 법(인종 분리 제도)은 다른 사람들(흑인)의 권리를 침해하는 법이기 때문이다.[144] 모든 법이 그런 도덕적 권리에 기초하는 것은 아니었다. 징집이 한 예다. 징집 거부자들은 다른 이들의 권리를 침해하지 않는다. 따라서 비록 그들이 법에 복종할 의무에서 완전히 벗어난 것은 아니지만, 그렇다고 그들에게 처벌을 받아들일 의무가 있는 것은 아니다. 그들의 저항은 징집 관련 법이 의심스럽다는 시민으로서의 판단을 표현하는 행위인 것이다.

윤리·법철학학회 소속 철학자이자 『철학과 공공 문제』의 창립자인 마셜 코언도 처벌을 받아들여야 할 "공정한 게임"상의 의무는 없다는 드워킨의 견해에 동조했다. 법현실주의자들은 "불복종자들의 행위가 법에 규정된 처벌을 감수하려는 의지에 의해 정당화되는 것"이라고 주장했다. "간접적" 불복종에 대한 비난에 맞서[131, 132쪽 참조], 코언은 전쟁 — 부당한 법률만큼이나, 관련된 정부 정책까지도 — 이야말로 시민 불복종을 취하기에 정당한 대상으로 간주했다. "정부가 부당한 실정법을 입법하는 방식으로만 정치적 도덕을 위반하고 이에 대한 시민들의 '직접'적인 저항만이 존재한다고 가정해서는 안 된다"고 그는 말했다. 다만 코언은 형사 기소 여부와는 무관하게 처벌을 감수하려는 의지를 시민 불복종에 핵심이 되는 것으로 여겼다. 코언에 따르면 고통을 감내하려는 저항자의 의지는 "그 사람이 벌이는 저항과 호소의 효과를 강화하는" 수단이었다. 처벌을 감수하려는 의지를 보이는 것이, "사회 내 다수에게 시민 불복종자가 진지한 태도로 사안에 임하고 있으며 그가 법에 충실한 존재임을 알리는 데 도움이 될 것"이다. 드워킨과 마찬가지로 코언 역시 사회 내 다수와 그들의 도덕성을 중요한 것으로 여겼다. 그러나 그 생각은 다수의 도덕성에 대한 특정한 가정을 바탕으로 한 것이었으며, 일종의 원칙화된 집단 양심이었다고 할 수 있다. 시민 불복종은 "특정 법률이나 정책이 바뀌어야 함을 공중에 호소하는 것으로, 사회 내 소수자는 다수가 받아들이는 도덕의 근본 원칙과 양립 불가능한 법이나 정책에 대해 그런 호소를 제기할 수 있다." 그렇다면 시민 불복종을 단순히 개인의 양심에 따른 행위라고는 할 수 없는 것이다. 롤스는 도덕 공동체인 사회의 핵심에 합의가 존재하며, 이 합의에서 게임의 규칙을 판단할 도덕적 원칙들이 나온다는 점을 논한 바 있다. 코언은 바로 이런 롤스 이론에 부합하는 방향으로 시민 불복종에 대한 정의를 조정했던 것이다.[145]

***

1969년 롤스 역시 수년간 작업한 결과를 담은 시민 불복종론을 발표했다. 베다우처럼 롤스 역시 시민 불복종을 불법적이고, 비폭력적이며, 양심에 따른 공적 행위로 정의했다. 그는 민주적 공동체의 관점에서 시민 불복종을 해석했다. 시민 불복종은 "사회 내 다수의 정의감을 건드리는 정치적 행위"였다. 불복종은 "불복종의 대상이 된 사항들을 재고할 것"을 촉구하는 행위이자, 현존하는 "사회적 협력의 조건이 존중받지 못하고 있음"을 경고하는 행위인 것이다. 법이 부당하다고 해서 바로 불복종이 정당화되지는 않으며, 법이 유효하다고 해서 시민들이 절대적으로 순응해야 하는 것도 아니다. 시민 불복종이 정당하려면 "시민사회와 공공선을 규정하는 도덕적 원칙들에 의해", 곧 사회를 지탱하는 정의관에 의해 정당화되어야 한다. 민주적인 헌법을 받아들인다는 것은 다수결 원칙을 어느 정도 수용한다는 것, 몇몇 부당한 법률도 따라야 한다는 것, "다른 이의 정의감 부족으로 인한 고통의 부담"을 약간은 떠안는다는 것을 의미한다. 다만 그런 부담을 지는 데도 한계는 있다. 부정의의 정도가 심각해 그로 인한 고통이 "너무나 크고" 또 고통이 너무나 불균등하게 분배되어 있다면, 불복종은 정당화될 수 있을 것이다.[146]

그런데 저항의 측면에서 볼 때는 이 관점은 시민 불복종을 제한하는 것이었다. 사회 바깥에 존재하는 아예 새로운 도덕성이 아니라 사회 내에 자리하는 도덕성에 호소하고 있었기 때문이다. 양심에 호소하는 것으로는 충분치 않아 보였다. 양심에 맡겨 둔다면 협력 체계로서의 사회는 "불안정"해지고 말 것이다. "공동체 내에서 공유되는 신념이 우리 행동의 도덕적 기반이라고 믿을 수 있으려면 그에 상응하는 무언가를 감수해야 한다."[147] 롤스는 공적 도덕을 강조하고 자의적 판단에 대한 강한 반감을 드러냈다. 그런 그에게 시민 불복종은 "공적 삶의 도덕적 기반을 향한 호소"였다. 사람들은 다른 사람에게 사랑을 강제할 수는 없지만 공통의 정의 원칙들을 따르도록 요구할 수는 있으며, 시민 불복종은 그런 정의 원칙에 대한 호소라는 것이다. 시민 불복종은 "법에 대한 충실성은 유지하면서 법에 불복종하는" 일이다. 또한 그것은 예외적인 행위로, "심대한 부정의"가 존재할 뿐만 아니라 "부정의를 교정하려는 시도"도 통하지 않는 "심각한 파열"의 순간에만 정당화된다. 롤스는 너무나 중요한 기본 구조의 안정성이 시민 불복종을 통해 회복된다고 보았다. 시민 불복종은 "헌정 체제를 좀 더 정의롭게 만드는, 그리하여 체제를 안정시켜 주는 장치"라고 말이다.148

롤스는 의무를 공정한 게임의 시각에서 설명하던 데서 변화해, 안정성에 대한 의무를 독립적으로 만들었는데, 이는 "자연적 의무들"의 일부였다.149 그는 자발적으로 획득된 공정한 게임 의무와 다른 의무들을 계속해서 구분했다. 그러나 롤스는 또한 "정의롭고 능률적인 제도에 반대하지 않을 의무와, 그런 제도들을 지키고 그에 순응할 자연적 의무"를 주장했다. 롤스의 논의가 공정 원칙에 기반한 의무에서 정의에의 자연적 의무로 이동하면서, 정의로운 제도들을 유지해야 할 의무는 자격이나 동의 여부에 의존하지 않고 모든 도덕적 개인들에 적용되는 의무가 되었다. 사회적 관행에 참여하고 있느냐의 여부를 대신해, 개인의 도덕적 성질이 그의 의무가 무엇인지를 결정하게 된 것이다. 중요해진 것은 개별 시민들 — 그들의 도덕성과 가치, 정의감 — 과 제도들의 안정성이었다.

이처럼 롤스는 시민 불복종을 사회의 도덕적 기반을 향한 호소로 특징짓고, 이 특징을 시민 불복종의 핵심으로 규정했다. 시민 불복종은 사회를 구성하는 다양한 결사체들이 아니라, 사회 내 다수 — 도덕적 능력을 지닌 개인들의 무리 — 의 정의감에 호소하는 것이었다. 그러니까 시민 불복종이 "궁극적으로 호소하는 대상"은 "전체 유권자 집단"이라고도 할 수 있다.*150* 그런 집단은 실재하는 행위자가 아니라 헌법에 호소하기 위해, 또는 헌법을 인정함으로써 상상되는 존재이다. 이 집단의 정의감에 따라 시민 불복종에 대한 처벌이나 법의 변화가 결정된다. 헌법적 원칙들이 정의감을 구현하고 있다는 점이 중요했다. 롤스는 연좌시위에 참여한 이들의 행동은 "혁명적"인 것이 아니라 "우리의 연방 체제 내에 있는 상위의 법적 기구들을 향한" 상고[호소]라고 보았다.

> 불복종자들의 목적은 상위 기관들로 하여금 헌법이나 도덕률과 상충하는 것으로 여겨지는 하위 법령들을 교정하게 하는 것이다. 그들의 행동이 법원에 의해 지지받지는 못했지만, 공적 시설에서의 평등한 서비스 제공을 지시하는 1964년 민권법Civil Rights Act의 2조Title II를 통해 그들은 끝내 목적을 달성했다. 우리의 헌정 체제는 정당하기에, 많은 시민 불복종은 사회 내 다수의 정의감을 향해 탈법적으로 호소하는 것이 아니라 헌정 자체나 그 이상에 상고[호소]하는 것으로 해석될 수 있다. 헌법이 문제가 되는 하위 법령의 폐지나 개정을 지시하리라는 믿음이 있는 것이다. 시민 불복종은 법(실정법)에 맞서기 위해 법(헌법과 그 이상)에 상고[호소]하는 것이라고 할 수 있다.*151*

그렇게 볼 때 시민 불복종은, 법에 존중을 표하는 방식으로 이루어지는 법 위반이다. 법을 존중하는 방식이라는 것이 여기서 핵심이다. 시민 불복종이 "비폭력적"이어야 하는 까닭은 폭력이 불복종을 법에 대한 호소가 아닌 위협으로 만들기 때문이다.*152* 인격을 중시하는 롤스의 도덕관으로 보아 폭력의 파괴적 성격이 갖는 문제는 인간관계에서 훨씬 치명적인 것이었겠지만, 불복종이 법에 대한 위협이어서는 안 된다는 롤스의 논점은 사유재산에 대한 폭력 역시 허용되지 않음을 의미했다. 강제력의 사용은 불복종이 법에 대한 호소일 수 없게 한다는 생각을, 롤스는 극단으로까지 밀어붙였다. 그는 강제력에 의존하는 불복종이 "강요에 준하는 것 내지는 테러리즘"에 해당한다고 썼다.153

시민 불복종에서 정당한 행위의 표준은 설득적 발화persuasive speech였으며 사회 안정성을 위해 복무할 것이 우선시되었다. 초기의 게임(사회에 대한 비유로서) 및 절차에 대한 논의에서 공적 이성을 개념화한 후기에 이르기까지, 발화에 대한 롤스의 사고는 민권운동에 대한 그의 "낭만적" 이해에 묶여 있었다.154 롤스에게 흑인들의 자유를 위한 투쟁의 목표는 미국적 신조를 재확인하고 확장하는 것이었다. 그리고 그 투쟁의 방법은 군나르 뮈르달이 "미국적 양심"으로 칭한 비폭력적 호소였고 말이다. 실제로 민권법과 선거권법 제정으로 절정에 달한 프리덤 라이드, 연좌시위들, 캠페인들에서 그런 비폭력적 호소가 나타나기도 했다.155 인종 분리를 철학적 논의가 불필요한 부정의로 여길 만큼 롤스가 그의 인종 자유주의에 깊이 헌신했던 것만은 사실이다. 하지만 그가 인종 분리 철폐를 그저 '앞으로 실행하면 될 문제'쯤으로 치부했던 것은 일종의 낙관주의, 곧 브라운 대 교육위원회 판결●로 미국의 민주적 가치가 확인되었다는 식의 낙관적 관점을 시사했다.156 이런 낙관적 전망은 1960년대 말과 1970년대 발생했던 흑백 통합에 대한 백인 사회의 반동을 통해 현실과 다름이

● 브라운 대 교육위원회 판결Brown v. Board of Education은 1951년 캔자스주 토피카Topica에 살던 초등학생 린다 브라운Lynda Brown이 통학 거리가 먼 흑인 학교에서 백인들만이 다니던 섬너 초등학교로 전학을 신청했으나, 흑인이라는 이유에서 거절당한 것이 계기가 되었다. 이에 린다의 아버지 올리브 브라운은 토피카시 교육위원회를 상대로 소송을 제기했으며, 연방대법원까지 올라간 이 사건에 대해 대법원은 1954년 백인과 유색인종이 같은 학교에 다닐 수 없도록 하는 것이 위헌이라고 판시했다.

드러난 바 있다.157 더욱이, 민권운동은 오직 백인 중심의 미국을 향해 공정과 헌법적 정의의 이름으로 부당한 법을 타도할 것을 호소하는 한에서만, 롤스의 관점에서 정당한 저항의 조건을 만족할 수 있었다. 이렇게 생각하면 민권운동은 —그 핵심에 있어서는 '거의 정의로운' — 기본 구조 내에서 점진적 포용을 이뤄 나가려는 운동이 된다. '거의 정의로운' 미국을 더욱 정의롭게 만들기 위해 운동이 이루어진다는 인식이 롤스식 자유주의 서사의 일부였다. 이렇게 이해되었을 때, 운동은 미국 헌법의 안정성이나 사회의 기본 구조를 위협하지 않으며 기본 구조상의 원칙들이 갖는 통합성에 이견을 제기하지도 않는다. 민권운동의 참여자들은 다만 '거의 정의로운' 게임에 포함될 기회를 요구할 뿐인 것이다. 이런 운동관은 실제 운동의 여러 면면을 간과했다. 민권운동이 미국 사회와 미국 사회의 자기 이해에 가한 도전, 투쟁의 지속성과 흑인 급진주의 및 블랙 내셔널리즘•과의 연계성, 운동가들의 정체성 같은 측면은 간과되고 말았던 것이다. 민권운동가들은 탈식민 운동과 연결되었고, 국제적 압력에 반응했으며, 귀속적 특징을 기반으로 제도에 대한 접근을 막는 현실을 교정하는 것 이상을 목표로 했다.158 자유주의적 운동관을 유지하기 위해, 킹 목사가 설득 이상의 급진적인 정치적 전략을 논했다는 사실은 애써 무시되어야 했다. 「버밍햄 감옥에서 보내는 편지」에서 그가 위협에 가까운 "압력"을 운동 전략으로 논했다는 점은 제대로 전해지지 못했다.159 다른 급진주의 흑인 사상가들 그리고 그들과 킹 목사 사이의 관계 역시 무시되었다.160

  시민 불복종에 관한 법적 논쟁을 참조하면서 롤스는 그의 정의

• 블랙 내셔널리즘은 급진적 내셔널리즘의 한 조류이다. 흑인 공동체의 정치적·사회경제적 단결과 흑인 정체성의 보전을 주장하며, 블랙 내셔널리즘 내 일각에서는 흑인들이 독자적인 국가를 건설해야 한다는 분리주의적 입장을 견지하기도 한다.

원칙들을 불복종 문제로 확장했다. 불복종이 정당화된다면, 그 까닭은 "사회생활의 관행"에서 정의의 원칙들이 위반되고 있기 때문이다. 그렇지만 롤스는 원칙들을 적용하는 데 중대한 제한을 두기도 했으며, 불복종이 정당화되는 데 필요한 조건을 제시했다. "어떤 이가 통상의 정치적 저항에 직면해서도 해소되지 않는 고의적 부정의에 오랜 기간 노출되었을 때, 해당 부정의가 평등한 시민의 자유를 명백히 침해했을 때, 그리고 유사한 상황에서 유사한 방식으로 저항할 경우 초래될 결과가 받아들일 만할 때"에야 불복종이 정당화된다.161 이에 더해 또 다른 제한도 있었다. 오직 "시민권의 지위를 규정하는 평등한 자유의 침해"에 대한 저항, 사실상 억압받는 소수자나 종교 단체의 자유를 위한 저항이어야만 불복종이 정당화된다는 것이었다. 반면 평등을 내세워 불복종을 옹호하기는 쉽지 않았다. 부당한 조세 정책을 이유로 한 불복종은 정당화되기 어려웠다. 경제적 자유나 직장에서의 자유를 옹호하기 위해 일어난 불복종이나 빈곤, 불평등, 억압과 각종 구조적 불이익 등 사회적·경제적 부정의의 이름으로 발생한 불복종도 마찬가지였다.

불복종에 대한 이 같은 관점은 경제적 정의를 문제 삼는 저항이 사회 안정을 침해하며 정당치 못하다는 함의를 주었다. 민권을 경제적 정의와 떼어놓은 것은 롤스 이론에 드리워진 전후 자유주의의 운명을 보여 준다.162 이는 롤스 이론이 다양한 형태의 저항을 배제했음을 의미한다. 이렇게 배제되었던 저항의 예로는 (미국사의 여러 지점마다 그 활동을 제한했던 법적 조건 탓에 불법으로 몰렸던) 노동조합의 저항 전술이나 파업이 있다.163 (노동자 파업의 연장선상에서 불복종을 해석했던) 버지니아 헬드나 왈저의 유비는 부적절한 것이 되었다. 이로써 협소해진 것은 정치적 행동에 관한 사고의 범위였다. 법·정치철학자들은 암묵적으로 시민 불복종을 "표현적 자유"와 결부했다. 시민의 자유에는 경제적 자유가 포함되지 않으며, 시민적 자유는 보통의 정쟁보다 한 차원 위에 자리하는 헌법적 원칙들과 연결된 자유라는 것이었다. 이 지점에서 롤스의 사고는 당대의 변화를 반영했다고도 할 수 있겠다. 미국시민자유연합 역시 경제 정의에 대한 관심을 방기했다.**164** 재분배의 이름으로 법을 위반하는 일은 정당화되지 않았다. 시민의 자유가 "사회적 이해관계"를 둘러싼 노동과 재계, 그 외 다른 이익집단 간 "정치적 거래"의 대상이 되는 것도 안 될 일이었다. 재분배나 이해관계 같은 문제들이 정치에서 배제된 것이다. 이리하여 더 나은 미래의 이름으로, 어렵게 얻어낸 취약한 재분배 성과들을 지키기 위해 일어났던 저항들의 정당성은 한계 지어졌다. 상당수의 사람들이 존슨 시대 '위대한 사회'를 내세워 이루어진 입법 성과조차도 위태롭다고 여기고 있었음에도 말이다.**165** 저항에 대한 이 같은 한계 설정은 또한 민권을 바라보는 롤스의 낭만적 관점을 보여 주는 한편, 그것이 가진 함의, 즉 롤스의 관점에서 볼 때 제도적인 시민권 부여와 [추후 제시될] 정의 이론의 제1원칙에 따른 기본 구조의 변화야말로 충분하고, 성공적이며, 가시적인 성취였음을 재확인해 준다.**166**

이는 롤스 사상의 큰 변화를 반영하는 것이었다. 처음 정의 이론을 세우고 나서 10년 동안, 국가권력에 대한 시각 면에서 롤스는 점점 헌정주의자로 변모했으며 시민 자유지상주의적 논조를 띠게 되었다. 1960년대 초 그는 공정으로서의 정의에서 평등한 자유가 갖는 근본적 중요성을 해명했다. 하지만 곧 제1의 자유 원칙이 제2원칙과 비교해 확고한 우선성을 갖게 되었다.**167** 자유들은 "정치적 거래를 제한하고 사회적 이익 계산의 범위를 결정하는 고정점이었다. (경제적 자유나 재분배 문제가 아니라) 상당히 긴 기간에 걸친 평등한 자유에 대한 위반, 바로 여기가 시민 불복종이 이루어져야 할 적절한 대상이었다." 시민 불복종의 정당화는 효율에 대한 정의의 우선성 그리고 이에 따라 보장되는 평등한 자유에 의존했다.**168**

1960년대 동안 자유주의 철학의 개인주의적·헌정주의적 경향은 팽배해졌다. 정치철학자들은 젊은 롤스가 한때 매력을 느꼈던, 도덕성의 자유로운 작동에 대한 다원주의적 혹은 공동체주의적 비전보다는 개인 차원의 시민적 자유를 우선시하게 되었다. 이후 게임[사회]의 안정성과 개별 행위자의 자유 사이의 긴장 관계가 롤스 이론의 주요 동학으로 자리 잡았다. 의무에 대한 공정한 게임적 시각을 한쪽으로 치워 뒀을 때, 롤스는 도덕적 개인들 사이의 관계에서 비롯되는 도덕성에 이론적 공간을 내주면서도 사회 안정성을 확보하기를 바랐던 것이다. 이처럼 개인의 도덕성 — 제도 바깥에 위치하는 자연적 의무와 정의감 — 에 호소함으로써 롤스가 강조했던 것은, 개인의 행위가 지니는 중요성과 현상을 변화시키는 행위를 정당화할 힘이었다.

이렇게 이 위대한 제도 철학자는 행위 주체와 개인 간의 도덕적 호소 및 개인 간 관계에 관심을 쏟게 되었던 것이다. 또한, 도덕적 개인에 관한 롤스의 논의는 점진적 사회 변화의 메커니즘이 그의 논의의 일부를 이루게끔 했다. 롤스의 도덕적 개인은 정의감에 의해 인도되어, 사회적 규칙들을 판단하는 데 있어 정의 원칙들에 호소하는 존재였다. 그러나 개인의 자연적 의무가 그의 이론 속에서 수행하는 역할은 제도를 지탱하고 안정성을 보전하는 것이었다. (도덕적 개인의 이름으로) 변화를 가능케 하는 이론적 요소가 (사회 안정을 위해) 변화를 억제하는 요소이기도 했다. 자신의 이론에 변화의 요소를 들여놓으면서, 롤스는 또 변화가 정당할 수 있는 기회를 제약했다. 개인 행위자를 위해 새로운 주장을 하던 바로 그때, 그는 전체 시스템의 안정성을 강화하기도 했던 것이다.

롤스가 초기에 의무를 논할 때보다도 시민 불복종의 정당화를 논하며 더 많은 제한을 부과한 것은, 부분적으로는 그가 자신의 이론을 불복종이라는 특별한 정치적 문제와 관련시켰기 때문이다. 이제 발전된 형태로 자리 잡은 이론은 자체의 논리를 갖게 되어 롤스 자신이 정당화하고 싶은 대상에까지도 제한을 부여했던 것이다.[169] 이 제한 사항들로 인해 롤스의 사회 비전에는 현상 유지로의 강한 편향이 주입되었다. 젊은 피터 싱어가 지적했듯이 법에 이의를 제기할 유일한 방법이 공동체가 이미 수용할 만한 원칙에 따른 것이라면, 그 경계 밖에 있는 어떤 것도 불복종의 정당한 근거가 되지 못할 것이니 말이다.[170] 이런 관점에서는 공동체나 공동체에 속한 사람들을 근본적으로 재인식하기가 매우 어려웠으며, 적어도 신좌파와 블랙파워 및 여성해방운동이 요구했던 방식으로 공동체를 재인식하는 것은 기대하기 어려웠다.[171] 롤스는 정치적 무질서의 시대에 합의의 가능성을 담은 사회 비전을 공고히 하는 방식으로 대응했던 것이다.

미국적 신조에 대한 합의가 도전받았을 때, 롤스는 이를 적당한 형태로 재고하려는 의도를 분명히 했다. 1968년 한 회의에서 롤스는 그의 후기 작업을 이끌게 될 "중첩적 합의" 개념의 최초 버전을 선보였다. 이때 그는 합의가 "운이 따라야 하는 일"이며, "상황 여하에 달린 잠정적 협정"이라고 쓴다. 정치적 절차에 대한 작은 합의라도 "얼마간 불안정한" 안정을 이루는 데는 충분할 것이었다. 사회가 "유지 가능하고 안정적이려면(불변하는 것은 아니나, 계류하는mooring 정도의 평형은 유지되려면), 정치적 원칙들에 대한 일정한 합의가 존재해야 한다." 이런 의미에서의 도덕적 합의는 "기본적인 정치적 절차(헌법)를 지지하는" 것으로서, 정치학에서 통상적으로 말하는 이익에 기반한 합의와는 구별된다. 롤스는 "종교나 도덕의 근본 원칙들"에 대해 사람들이 완전한 합의를 이뤄야 할 필요는 없다고 보았다. 저마다 다른 이유에서 그렇게 할지라도, 개인들이 헌법상의 기본적 규칙들을 인정하기만 하면 충분하기 때문이었다.[172]

그러나 롤스는 안정적이고 정의로운 사회를 위해서는 정의 원칙들에 대한 합의가 그저 "서로 다른 주장들이 운 좋게 비슷한 결론에 이른" 결과가 아니라 "이 원칙들에 따라 사람들의 이해관계를 규율하겠다는 협정"일 필요가 있다고 생각했다.[173] 이 생각이 후기 롤스의 "정당한 이유에 따른 안정성"과 "정치적 자유주의"를 뒷받침하게 된다.[174] 합의가 효과적이려면 개인들이 각자 나름의 방식대로 정의 원칙에 대한 입장을 지녀야 한다는 것이 롤스가 주장한 바였다. 그렇지 못한다면 공정으로서의 정의는 (게임이론적인 호기심에 따른) "일종의 수리적 윤리학ethical mathematics으로서는 흥미로울지 몰라도, 그로부터 정치 이론적 중요성을 얻지는 못할 것"이다.[175] 하지만 시민 불복종을 "타당하고 분별 있는 정치적 저항"으로 여겨야 하는가의 문제에서까지 사회적 합의가 "엄격한" 수준의 것일 필요는 없었고, 그에 대해서는 "중첩적" 합의로도 충분했다. 불복종에 대한 중첩적 합의는 상호성의 조건을 만족하고 여러 행위자들이 저마다의 (도덕적, 종교적, 정치적) 이유에서 동의에 이르면 되는 것이다.[176] 그리고 롤스 논의의 함의는 그 정도의 상호성은 당대의 미국 사회에서 충족되고 있다는 것이었다. 사회적 합의의 출발점이 정의로운 기준인 곳과 사회적 합의가 잘못된 정의관이나 지배계급의 산물인 곳 가운데, 시민 불복종이 효과적일 곳은 확실히 전자일 것이다.[177] 만약 미국 사회의 정의관이 그 자체로 부당하거나 사회적 합의가 "지배계급의 시각"에 의해 좌우된다면, 시민 불복종 이상의 행위가 정당화되고도 남을 것이다. 그러나 여전히 근본적으로는 자유주의자다운 낙관을 품었던 롤스에게, 당대 미국은 특정 계급에 의해 지배되고 있거나 그 핵심 가치가 부당한 사회는 아니었다.

개인 행위의 윤리를 주제로 한 이상의 논의들로부터 형성된 것은 미국 사회와 도덕 그리고 도덕성과 정치 행위의 관계에 대한 특정한 관점이었다. 이 관점이 정치에 눈을 돌린 한 세대의 자유주의 철학자들에게 핵심적인 것으로 자리매김하게 된다. 법철학자들과 정치철학자들은 제도의 도덕성과 함께 제도 아래서 행동하는 개인들의 도덕성을 이론화했다. 이들은 사회의 도덕적 기초와 도덕 원칙,

도덕적 개인들을 대상으로 호소했다. 이들이 사용했던 철학적 연장은 이후 새로운 영역들에 적용된다. 그 뒤로 롤스 정의론에 주목한 이들은 사회적 변화의 방식을 제한하는 시민 불복종관을 받아들였다. 국가에 대항해 불법적으로 행동할 개인의 자유는 근본적인 것이었지만, 그것은 또한 느리게 정의를 향해 전진하는 사회를 개선하고 안정화하기 위한 것이기도 했다. 규칙 너머에 있는 가치를 향한 호소로서 규칙을 위반하는 행위는 정당화될 수 있었다. 그러나 많은 철학자들은 그런 정당화가 가능해지는 조건을 이전의 이론가들보다 훨씬 더 정밀한 방식으로 제한했으며, 이는 그들이 목도한 저항의 상당 부분을 정당하지 않게 만드는 효과를 빚었다.

자유주의 철학에서 시민 불복종은 준법적인, 사회 안정화에 복무해야 하는 행위로 좁게 이해되었다. 자유주의 철학의 이해에 따르면 부당한 법과 정책에 대한 이의 제기는 오로지 이미 존재하는 사회의 도덕적 기초에 호소함으로써만 가능했다. 도덕 원칙은 제도를 판단하는 것뿐만 아니라 행동을 정당화하는 역할을 맡게 되었다. 이렇게 도덕철학적 관점이 정치에 적용되는 가운데, 철학의 대상이 될 수 있는 정치 행위를 상상하는 데도 한계가 그어졌다. 시민들의 행동을 인도하는 의무는 다양한 집단이나 계급 간 갈등과 관련되기보다는 개인 차원의 의무와 국가기구에 대항할 의무로 이해되었다. 도덕적 공동체는 스스로 행동할 수 있는 주체가 아니라 정치적 호소의 대상이 되는 존재, 곧 여론으로 돌아가는 시민사회를 뜻했다. 자유주의 철학자들은 정치 행위를 예외적이고 법을 위반하는 경우에 국한해 다루었으며, 그런 예외적 행위를 단수의singular 정적인static, 개인 차원에서 이루어지는 법을 시험하는 행위로 간주했다. 이에 저항을 사고하는 다른 방식 — 시민들과 조직 활동가, 정치인에 의한 합법적 정치 행위나 참여를 탐구하거나, 사회적 권력 및 초법적 권위와의 관계에서 지속적·집합적 행위를 이해하는 방식 — 은 밀려났다. 롤스는 이렇게 일련의 견고한 법적 경계선들을 철학적 범주로 자리매김했으며, 이 경계선은 세심히 관리되었다.

3장
전쟁과 책임

1966년 미국 정부가 베트남에서 저지른 전쟁범죄를 재판하기 위해 버트런드 러셀을 중심으로 하는 국제전쟁범죄법정(일명 '러셀 법정')*이 조직되었다. 여기에 참여하기 위해 철학자, 활동가, 법률가, 논평가 들은 국제적으로 연대했으며, 이들은 미국이 저지른 침략 전쟁 그리고 평화와 인류에 대한 범죄에 대해 유죄를 선고했다.1 장폴 사르트르는 최악의 범죄로서 명명된 지 얼마 되지 않은 '집단 학살'의 죄를 미국에 물었다.2 이때만 하더라도 (20년 전 국제군사재판에서 나치 지도자들과 부역 관리들을 처벌하는 데 사용된) 뉘른베르크 원칙**에 대한 이들의 호소는 아무런 주의도 끌지 못했다. 대니얼 엘스버그가 훗날 썼듯이, 1966년의 시점에서 베트남전쟁은 아직 "범죄"가 아니

---

* 1966년 영국의 철학자이자 공공 지식인인 버트런드 러셀이 베트남전쟁에서 일어난 전쟁범죄를 고발할 목적으로 개최한 일종의 모의 법정으로 장폴 사르트르와 시몬 드 보부아르, 아이작 도이처를 비롯한 당대의 유명 지식인들이 동참했다. 법적 구속력을 발휘할 수는 없었으나, 이후 러셀 법정을 본받아 반인도적인 전쟁범죄나 인권침해에 국제적인 관심을 촉구하는 수단으로 모의 법정이 활용되기도 했다.

** 뉘른베르크 재판/뉘른베르크 원칙Nuremberg Principles은 제2차 세계대전 이후 연합국이 나치 독일의 지도부를 처벌하기 위해 구성한 뉘른베르크 국제군사재판과 이 재판에서 형성된 전쟁범죄 및 반인도적 범죄 관련 원칙들을 가리킨다.

라 하나의 "문제" 내지는 "교착상태" 정도로 여겨졌다.3 이런 상황이 바뀐 것은 1969년에 이르러서였다. 미라이 학살●의 진상이 폭로되자 전쟁범죄 문제가 공적 논쟁의 중심으로 떠올랐다.4 이제 러셀과 사르트르는 말썽을 일으키는 괴짜가 아니라 예언자처럼 보였다. 당시 프린스턴 대학교 철학과의 학과장이었던 스튜어트 햄프셔는 러셀의 "외골수 급진주의"를 조롱했던 자유주의자들을 향해, 그들의 이론은 사태를 정확히 예측하는 데 실패한 반면 러셀의 이론은 성공을 거두었다고 꼬집었다.5 전쟁은 단순한 판단상의 문제이거나 전략적 오류 정도가 아니었다. 그것은 도덕적 위기였다.

전쟁이 지속됨에 따라 피할 수 없게 된 삶과 죽음의 문제를 국제 관계와 개인 간 관계 차원에서 다루기 시작했던 도덕·정치철학자들은 바로 이런 도덕적 위기 앞에서 행동에 나섰다. 정부의 지배 이데올로기로 여겨지던 "가치중립적"인 사회과학적 현실주의의 전문성에 대한 반발이 만연했다. 그 전문성의 담지자들 — 토머스 네이글에 따르면, 왈저가 말하는 "전문가들이 벌인" 전쟁에서 발생한 "잔인한 일들에 가장 책임이 있는 미국 정치인들" — 을 향한 분노 역시 만연했다.6 많은 이들은 기존의 도덕이 실패한 데 대한 책임을 이들에게 묻고자 했으며, 반전운동의 현장에서만큼이나 철학 저널들에서도 대안적인 '새로운 도덕'을 향한 요구가 팽배하게 나타났다.7 새롭게 출현한 공공 문제 철학은 그와 같은 도전의 하나였다. 1971년 『철학과 공공 문제』 창간사에서 저널 편집자들은 철학자들이 "모든 사람이 관심 있는 문제에 그들만의 독특한 방법을 적용"함으로써 "공공 이

● 베트남전쟁 중이던 1968년 3월 16일 남베트남 미라이 마을과 인근 미케 마을에서 벌어진 민간인 대량 학살이다. 미군에 의해 500명 이상의 민간인이 살해된 것으로 추정되며, 그중 상당수는 여성과 아동이었다. 사건 당시에는 자세히 알려지지 않았으나, 1969년 11월 프리랜서 탐사 보도 기자인 시모어 허시의 특종 보도로 그 진상이 폭로되면서 반전 여론을 강화했다.

슈에 대한 철학적 검토가 그 문제를 명확히 하고 해결하는 데 기여할 수 있음을 보여 주어야 한다"고 명시했다.[8]

　1968년부터 1970년대 초에 이르기까지, 전쟁을 냉전 이데올로기와 신식민주의의 산물로 오랫동안 간주해 왔던 좌파뿐만 아니라 자유주의자들까지 반전운동에 가담하자 철학자들은 전쟁에서 나타나는 도덕과 정의의 문제를 다루게 되었다. 이들은 『전쟁과 도덕』, 『전쟁과 도덕적 책임』, 『도덕적 논증과 베트남전쟁』 등과 같은 제목의 책에서 법, 윤리학, 정치철학을 종합했다.[9] 이들은 우선 전쟁 규칙의 윤리적 근거를 찾아 정전론 같은 신학적 이론에 눈을 돌렸다. 이들은 또한 국제법, 그리고 선례로 참고할 만한 제2차 세계대전 이후의 재판들에도 관심을 두었다. 이런 이론적·법적 자원들은 국가 행위에 대한 도덕적 제약이, 국내에서 헌정주의에 의해 이루어지듯, 해외에서도 가능하리라는 전망을 주었다. 롤스, 왈저, 네이글 그리고 다른 윤리·법철학학회 소속 철학자들은 전쟁의 한계를 판정할 수 있는 도덕 이론을 개척하려 했다. 이 철학자들은 평화주의와 모든 폭력을 금하는 도덕적 절대주의를 한편으로 하고 외교정책 전문가들이 내세우는 현실주의와 결부되어 오명을 얻고 있던 공리주의 및 결과주의를 다른 한편으로 하고 있는 두 입장 사이에 자신의 사상을 위치시켰다.[10] 이들이 원했던 것은 도덕 규칙을 위반한 행동을 평가하고, 잔인한 수단을 필요한 일이었다고 주장하며 정당화하는 이들을 비판할 수 있게 하며, 누가 책임을 져야 하는가라는 질문에 답을 주는 일련의 새로운 도덕 규칙이었다. 왈저가 자신의 이론을 완성하고 『정의로운 전쟁과 정의롭지 않은 전쟁』(1977)을 내기까지는 10년이 걸렸고, 롤스가 국제 영역을 자신의 논의 주제로 삼은 것은 1990년대가 되어서였다. 그러나 반전시위와 전쟁의 도덕적 한계를 탐색하려는 시도로부터, 20세기 후반 전쟁과 국제 영역에서의 도덕을 다루는 자유주의 이론이 탄생했다. 이후 자유주의 철학을 지배하게 될 "응용 윤리학"과 "공

공 도덕"에 대한 접근법도 여기에서 그 기원을 찾을 수 있다.[11]

　전쟁은 정치철학의 범위에 대한 사고에 변화를 초래했다. 미국 국내 제도가 아닌 국제적 차원에 관심이 모이면서 도덕 규칙은 롤스가 말한 기본 구조의 한정된 차원을 넘어 확장되었다. 그렇지만 두 차원은 어디까지나 별개로 취급되었다. 국제적 차원은 분배와는 철학적으로 별 관련 없는 것으로 다루어졌다. 전쟁을 둘러싼 실제 정치가 복지와 번영, 징병 메커니즘, 불평등 문제, 시민권과 긴밀히 연관되어 있던 데 반해, 전쟁에 대한 철학적 논의는 도덕적 행동의 문제와만 결부된 채 분배 정의나 정치경제와 함께 다루어지지는 못했던 것이다. 도덕·정치철학에서의 규범적·제도주의적 전환은 이미 진행 중이었고, 1971년 『정의론』이 출판되고 나서는 더 가속화될 것이었다.[12] 전쟁과 관련해 정치적 행동과 도덕적 갈등의 문제를 논하는 데 쓰였던 개념들은 윤리학, 철학적 심리학, 행동 철학에 근거했으며 행위 주체, 의도, 선택, 책임과 연관된 것들이었다. 도덕적 책임의 문제는 도덕적 가치를 공유하는 공동체 내에서 재화를 분배하는 문제와 분리되었다. 철학적으로 문제가 되는 행동은 개인 차원의 것으로, 개인들 사이의 관계에 따라 정당화되었다. 집단들이나 이해관계자들 사이의 정치적 갈등이나 분배를 둘러싼 갈등과는 별도로 다루어졌던 것이다. 이런 철학적 구분은 이상적 이론[이상론]과 비이상적 이론[비이상론]을 구별하는 것으로 정당화되었다.[13] 이후 비판자들은 이런 논리가 이상적 정의 이론의 구조상 수용하기 어려운 다양한 정치 현실, 특히 계급, 인종, 젠더 차원에서 지속되는 지배 양태를 경시하는 것을 정당화해 준다고 지적할 것이다.[14] 1960년대 후반 미국에서 이처럼 철학이 현실에 눈을 감은 것은 철학자들이 내부의 전쟁보다는 외부의 전쟁에 집중한 결과였다. 국내적 혼란의 시기에 국제 이론으로의 전환은 일종의 탈출구였던 셈이다. 갈등은 분배 영역에서 국제 영역으로 외부화되었다. 이리하여 도덕적 합의에 기초한 미국 사회라는 비전은 유지될 수 있었다.

갈등은 [외부화되었을 뿐만 아니라] 또한 개인화되었고, 철학의 관심은 개인의 윤리적 결정 문제로 향하게 되었다. 시민 불복종 논쟁의 궤적이 전쟁에 관한 논쟁에서도 그대로 나타났다. 전쟁 및 전쟁 중 행위에 대해 해당 시민들과 국가가 정치적 책임을 져야 한다는 주장은, 1970년대 초에 이르러 책임을 개인 도덕에 귀속하는 것으로 대체되었다. 시민 불복종 논쟁에서는 시민들의 규칙 위반이 언제 정당화되는지를 규정하는 것이 문제였다면, 전쟁과 관련해서는 전쟁 수행자들의 규칙 무시 행위가 언제 정당화될지를 규정하는 것이 문제였다. 그런데 이를 탐구하기 위해 철학자들이 주목했던 갈등은, 행위자들 간의 갈등이 아니라 행동 방침을 결정함에 있어 도덕 원칙들 사이에서 선택의 "딜레마"를 겪는 행위자의 내적 갈등이었다. 전쟁에서의 윤리적 선택은 응용 윤리학의 시험 사례가 되어, 일반 원칙이 정립·합의·인정되고 특정 사례에 적용되면 어떤 행동이 도덕적으로 허용되는지를 이해하게 해 주는 역할을 했다. 응용 윤리학은 곧 의료, 법, 비즈니스 영역을 포괄하게 되었다. 그러나 극단적 성격을 띠며, 전쟁상의 필요에 영향받는 전쟁 윤리가 응용 윤리학의 첫 시험 사례 가운데 하나였다는 사실은 이후의 도덕·정치철학 발전에 심대한 함의를 지닌다. 극적이고, 평범하지 않은 도덕적 선택에 주목하는 전쟁 윤리의 성격이 다른 영역의 윤리에도 곧장 전이되었다. 결정적으로, 이는 다시 국내 정치 영역으로 옮겨져 공공 도덕의 문제를 다루는 데도 영향을 주었다.[15]

개인의 행위 주체성과 도덕 원칙을 둘러싸고 1960년대 말과 1970년 초에 벌어진 논쟁에서 자유주의 철학자들은 정치적 사건에 신속히 대응했다. 그들은 롤스와 동시대 철학자들이 개시한 일반 도덕 이론에 대한 야심 찬 탐구를 이어 갔다. 가능한 한 많은 사례를 포괄할 수 있는 일반 원칙을 찾아야 한다는 과제는 철학자들을 복잡한 영역으로 이끌었다. 특히 정치에 관해서는 문제가 더 까다로웠다. 베트남전 시기 철학적 도구를 가지고 정치를 이론화하려는 시도가 활발했다. 이 시기의 논쟁을 통해 등장한 것은 정치적 행동을 바라보는 독특한 자유주의 철학의 관점, 곧 정치적 행동을 서로 다른 도덕 원칙들이 대립하거나 도덕 원칙과 현실적 필요가 대립하는 가운데 내려지는 선택으로 바라보는 관점이었다. 일반 원칙과 규칙에 따라 어떤 행동이 허용되는지에 관한 성찰은 도덕성의 한계, 그러니까 도덕성이 다른 가치 주장과 충돌하는 지점에 관한 고민을 수반했다. 이로 말미암아 혼탁한 정치 세계와 "더러운 손"에 대한 베버식의 이해가 윤리학에 진입하게 되었다. 사적 도덕과 공적 도덕의 관계 역시 철학적 논쟁거리가 되었다.

 이는 의도치 않은 결과를 낳았다. 더러운 손, 필요, 죄에 관한 관심이 전시戰時 책임을 다루는 또 다른 제안들이 가진 힘을 무디게 했던 것이다. 당시 부상하던 롤스의 제도적 분배 이론을 배경으로 개별적 행위 주체의 전쟁 윤리에 주목한 것은 제도적·집합적 행위자인 군대, 관료제, 국가를 소홀히 다루는 결과로 이어졌다. 정치철학자들은 그들이 가르치는 학생들과 징병제, 군사주의에 대해서는 우려했으나 정작 군대와 그들이 근무하는 대학 법인에 대해서는 그다지 언급하지 않았다. 도덕적 개인이 당면하는 내적 딜레마를 분석하는 역량은 신장되었으나, 현실을 진단하는 철학의 능력은 무뎌지고 말았다. 장기적인 제도 변화, 특히 군 조직의 변화는 거의 간과되었다.[16] 집단 책임에 대한 생각 대신 철학자들은 지도자 개인의 책임과 그에 대한 처벌에 주목했다. 이런 논의를 통해 도덕적 그름에 대한 철학의 시각과 전쟁에 대한 윤리적 제약을 설명하는 방식이 정교해진 것은 사실이다. 그러나 전쟁과 책임에 관한 당대의 공적 담론에 비추어 볼 때, 이들의 주장은 반전운동이 요구한 것에 못 미치는 경우가 많았다. 전쟁에서의 도덕적 규칙과 한계를 논하는 철학의 확산은 전쟁에 대한 제한만큼이나 [전쟁을] 인가하는 것이기도 했다. 정치철학자들은 도덕 원칙을 정치적 무기로 사용하기 시작했으나, 이런 원칙에의 호소는 일종의 후퇴를 의미하는 것이기도 했다.

***

제2차 세계대전 이후 전쟁을 제한하고 전쟁범죄를 규정하는 지침을 세웠던 뉘른베르크 원칙과 런던 헌장*은 1960년대 초에 이르러서는 정치적 영향력을 상실한 상태였다.[17] 아돌프 아이히만 재판이 국제적으로 주목받았을 때, 아렌트가 중점적으로 논의한 것은 국제법적 규칙과 그에 대한 위반 여부보다는 양심과 악의 본질이었다.[18] 주디스 슈클라가 보기에 [전쟁을 제한하고 전쟁범죄를 규정했던] 뉘른베르크에 대한 관심 부족은 자유주의가 가진 맹점을 반영하는 것이었다. 법의 정치적·비중립적 성격을 은폐하는 법률주의 이데올로기에 사로잡힘으로써 자유주의자들은 뉘른베르크 전범 재판의 목적이 과거의 사건에 대처하는 것이지, 미래에 활용할 수 있는 법적 선례나 지침을 세우는 것은 아니었음을 직시하지 못하게 되었다.[19] 슈클라는 "침략 전쟁"에 관한 뉘른베르크식 정의를 택하는 것이 어떤 면에서는 좋다고도 생각했다. 뉘른베르크에서와 같이 엄격한 정의를 채택하면, 전통적 정전론이 그러했듯 침략 전쟁의 범주에서 벗어난 전쟁에 대해서는 "존중 가능하고 도덕적으로 바람직하기까지 한 '정당방위' 전쟁"으로 정당화할 수 있으리라고 보았던 것이다. 하지만 그런 정당화가 즉각 이루어지리라고 슈클라가 전망했던 것은 아니다. "전쟁의 도

---

* 런던 헌장London Charter은 1945년 8월 미국, 영국, 소련, 프랑스 임시정부의 대표가 주요 추축국 전범에 대한 재판을 실시하기 위해 합의한 협정으로, 이 헌장은 재판소의 규칙과 기능을 명시하고 판결을 내릴 범죄를 정의했다. 이를 통해 뉘른베르크 재판의 국제법적 기초가 마련되었다.

덕성에 대한 낡아빠진 개념과 현실의 전쟁 사이의 거리가 너무 커서, 정전론이 살아남을 가능성은 없어 보인다."20 뉘른베르크 원칙과 정전론이 전쟁을 억제하기보다는 전쟁을 정당화하는 데 이용될 수 있다는 슈클라의 생각은 옳았다.21 틀린 것이 있다면 뉘른베르크 원칙이나 정전론이 퇴조하리라는 예상이었다. 슈클라가 논고를 쓰는 동안에도 그것들은 부활하고 있었다.

전쟁 윤리에 관한 탐구는 철학계가 아니라 거리와 법정에서 먼저 시작되었다. 양심적 병역거부자와 징집 거부자들이 모든 전쟁 일반이 아니라 오로지 베트남전쟁에 대한 반항을 특수하게 정당화하려 하면서, 뉘른베르크 원칙과 정전론에 대한 호소가 확산되었다.22 1966년 '미합중국 대 미첼' 판결에서 데이비드 헨리 미첼은 뉘른베르크 원칙을 활용해, 국제법상의 전쟁범죄를 저지르지 않기 위한 수단으로 징집을 거부하는 행위를 정당화했다.23 비록 1심과 항소심에서 패소하긴 했지만, 징집 거부에 대한 미첼식의 옹호는 이후의 사건들에서도 반복되었다.24 뉘른베르크의 판례는 허버트 마르쿠제, 수전 손택, 폴 굿맨을 비롯해 2만 명 이상의 사람들이 서명한 "침묵이라는 범죄에 반대하는 사람들"과 "부당한 권위에 저항할 것을 촉구한다"와 같은 반전 청원의 표준으로 자리하게 되었다.25 같은 시기 핵전쟁에 대처하는 방안으로 재활성화된 정전론은 가톨릭 반전 활동가들과 프로테스탄트 신학자들 사이에서 제2의 부흥을 맞았다.26 전통적으로 [도덕주의적이었던] 평화주의와 [그렇기에 지나칠 정도로 가혹한 방식으로 수행되던] 십자군 전쟁에 대한 대안으로 정치가들을 인도하기 위해 고안된 정전론은, 통치자들에게는 전쟁의 목적과 수단을 판단하는 틀을 제공한 이론이었다. 즉, 정전론의 틀은 전쟁 그 자체의 정의로움jus ad bellum, 전쟁 중에 발생하는 행위의 정의jus in bello, 그리고 어떤 전쟁이 "정의롭다"고 인정받기 위해 충족해야 할 일련의 요건을 제시했다.27 뉘른베르크 원칙과 함께 정전론은 전쟁이 정당하지 않은 경우 군 복무를 거부할 도덕적 권리와 전쟁 도중에 정의를 위반하는 일에 연루되지 않을 수 있는 이론적 기반을 제공했다. 정전론은 또한 형사상 책임과 범죄행위에 가담하는 것을 거부할 수 있는 법적 권리를 제공하기도 했다.28

반전운동이 급진화되면서, 이런 이론적 자원들이 갖는 유용성에 관한 논쟁이 시위의 정당성에 관한 논쟁을 대리하는 형세가 되었다. 일각에서는 운동가들이 뉘른베르크와 정전론의 원칙들을 "부정확"하게 사용하는 것에 대해 경고했다. 징집 관련 시위에 대한 정부의 "위험하리만치 반자유주의적인 논리"에는 비판적이었지만, 반전운동이 전투적 성격을 띠게 되는 것에 회의적이었던 퇴역 군인 출신 사회주의 운동가 마이클 해링턴은 당시 미국이나 베트남전을 뉘른베르크에 빗대는 것이 모호하다고 일축했다.29 제2차 바티칸공의회의 '종교 자유에 관한 선언'*에서 핵심 역할을 맡았으며, 선택적 복무 분류 체계를 검토하는 위원회의 위원으로도 활동한 존 코트니 머리는 정전론의 원칙을 사용하는 데 주의할 것을 촉구했다. 정전론이 선택적인 양심적 병역거부를 방어하기 위한 도구로 쓰이기 위해서는, 시민들이 정전론이 요구하는 판단력을 발휘하고 "양심에 무분별하게 호소하는" 문제를 방지할 "역량을 갖추어야" 할 것이라고 말이다.30 (롤스도 알고 있었으며 롤스가 그의 책 리뷰를 하기도 했던) 프린스턴 대학교의 프로테스탄트 윤리학자 폴 램지는 1961년 "정당한 전쟁 반대"를 법적으로 범주화하는 주장을 폈지만, 이제는 '베트남의 평화를 위한 워싱턴 행진'과 '민주사회를 위한 학생모임'**에서 제기된 "법리적·

---

* 종교 자유에 관한 선언은 1962~65년 열린 제2차 바티칸공의회의 결과로 채택된 선언문으로, 원제는 '인간 존엄에 관하여'Dignitatis humanae이다. 가톨릭교회가 타 종교에 대한 소극적 관용을 넘어 신앙의 자유를 적극적으로 선언했다는 역사적 의의를 지닌다.

** 민주사회를 위한 학생모임은 신좌파 학생운동을 이끌었던 전국 단체로,

평화주의적인 정전론 독트린"●●●을 비난하고 있었다.31 램지는 『정의로운 전쟁』The Just War(1968)에서 정전론을 현대 전쟁 — 그가 염두에 둔 것은 핵전쟁이 아니라 핵 평화를 가능하게 한 대반란전counter-insurgency이었다 — 에 한계를 둘 수 있는 현실주의적 통치술을 위한 일련의 규준으로 보았다.32 이런 규준에서 보았을 때, 정전론은 베트남전 반대자들이 아니라 베트남전을 설계한 이들에게 정당성을 제공한다는 것이었다.

그러나 많은 이들은 이런 일단의 이론들이 — 전쟁법 및 국제형사법과 더불어 — 국가의 행위에 대한 제한을 정당화하는 데 광범위한 쓰임새가 있음을 인지했다. 이 이론은 국가와 시민의 의무를 우회해, 국제 원칙과 개인 간 관계를 직접 연결할 잠재력을 지니고 있었다. 램지 또한 그 이전까지는 "국제법적 차원"에 머물러 온 "개인과 인류의 이름으로 성립하는 초월적 주장"이 정전론을 통해 국가 수준의 정치에 도입되었다고 보았다.33 국제법은 국가를 제약하고자 하는 자유주의자와 초기 신자유주의자들에게 오랫동안 호소력을 지녀 왔지만, 세계시민주의를 지향했던 법률가들의 꿈은 전후에 퇴조해 버린 터였다.34 그러나 이제 법률가들은 베트남전쟁을 국제법 위반 문제로 다루기 시작했고, 국제정치를 원칙이 통하는 장으로 간주하는 시각을 재차 갖게 되었다. 베트남전에 반대하는 법률가들의 시위를 주도했으며 철학과 공공 문제 학회에도 참여했던 리처드 포크 역시 뉘른베르크 원칙에 주목했다. 그는 뉘른베르크 원칙에서 "시민의 양심

● 1960년 미시간에서 창설되어 1974년까지 활동했다. 참여 민주주의를 표방한 1962년 '포트 휴런 선언'Port Huron Statement과 약 2만 명의 대학생들이 베트남전의 종전과 평화를 촉구하며 워싱턴 의회 의사당을 향해 행진했던 1965년 4월 17일의 집회로 잘 알려져 있다.

●●● 참고로 폴램지는 베트남전쟁에 미국이 참전한 것을 정당한 것으로 보았다. 이는 기본적으로 공산주의 세력인 북부 베트남이 일으킨 폭력에 맞서는 것일 뿐만 아니라, 남베트남 정부의 참전 요청에 따른 것이기 때문이었다.

을 위한 지침이자, 국내 법체계 내에서 정부와 사회 구성원이 국제법상의 의무를 서로 부과하는 데 활용할 수 있는 방패"를 발견했다.[35]

그러나 일부 철학자들은 신학적 교리나 판례에 의존하는 것으로는 불충분하다고 여겼다. 이들은 전쟁법이 취약하고 구속력이 없다고 보았다. 또 어떤 이들은 정치 행위자들이 호소할 수 있는 체계적인 도덕 이론이 필요하다고 주장했다.[36] 롤스가 다시금 이 과업에 도전했다. 1968년 하버드 대학교에서 열린 반전 집회에서 롤스는 노엄 촘스키, 로저스 앨브리턴을 비롯한 징병 반대 운동가들과 함께 연설하며, 선택적인 양심적 병역거부를 정당화하기 위한 밑그림을 그렸다. 이는 단지 종교적이거나, 평화주의처럼 순수하게 도덕적이지 않은 형태의 정당화를 가능케 했다. 롤스에게 선택적인 양심적 병역거부가 정당화되었던 까닭은 양심에 대한 호소나, 그가 시민 불복종을 논하며 언급했던 다수의 정의감 ─ "공동선을 나타내는 정치적 원칙들" ─ 때문이 아니었다. 중요한 것은 전쟁 수행상의 원칙에 대한 위반이었다. 램지가 정부를 옹호하기 위해 정전론에 기댄 바로 그 지점에서, 롤스는 반전운동을 뒷받침하기 위해 정전론을 활용했다. 전쟁의 부정의함은 군 복무를 거부할 권리를 발생시키며 때에 따라서는 군 복무를 거부할 의무를 낳기도 한다는 것이다.[37]

노년에 이를 때까지 롤스는 국제적 차원의 윤리를 주제로 한 저술을 내놓지 않았다. 그렇지만 이때의 논쟁에 자극을 받은 그는 1969년 봄에 연 "도덕적 문제들: 국가와 전쟁"이라는 제목의 강좌에서 전쟁 이론을 구성한다.[38] 봄 학기 동안 격주로 진행된 강의에서 롤스는 기존의 전쟁 이론을 조사했으며 전쟁의 한계에 관한 미공개 논고를 작성했다. 그는 전쟁의 도덕성을 (한 사회 내에서 적용되는) 제도의 도덕성, 곧 정의의 원칙을 확장하면 될 사안으로 여기지 않았다. 전쟁의 도덕성은 도덕 일반을 국제 영역으로 적용하는 문제로, 롤스는 국내 제도들에 종속되지 않는 도덕적 원칙들 및 규칙들이 국제 영역에 존재하는 행위자들과 개인들에 적용되는 형태를 구상했다. 국제 영역에 적용될 원칙 및 규칙은 한 국가나 사회를 다룰 때와 같이 무지의 베일 뒤에서 원초적 입장에 선 국가의 대표들에 의해 채택될 것이었다. 개별 국가의 대표들은 그들의 정의로운 제도를 보전하려는 자연적 의무의 일환으로서, 국익을 위해 전쟁을 제한하는 데 동의할 것이다. 이렇게 선택될 원칙에는 표준적인 국제법 교리에서 잘 알려진 국제법과 전쟁·평화에 관한 법뿐만 아니라, "인간의 생명을 보호할 자연적 의무"와 같은 전통적 금지 사항들도 포함될 것이다. 여기에서 롤스가 의존한 것은 뉘른베르크 원칙이나 최신의 국제법 이론이 아니라 1926년에 나온 제임스 L. 브라이얼리의 『국제법』*The Law of Nations*이었다. 『국제법』은 주권 평등의 원칙과 조약 준수의 의무를 강조하는 고전적 국제법 교과서였으며, 정치적으로 복잡한 문제인 탈식민화나 국제기구는 다루지 않았다.39 정전론처럼, 롤스의 논의 역시 (무시되어서는 안 될 도덕 규칙과 금지 사항들을 강조하는) 도덕적 절대주의와 (국가 안정이라는 명목으로 너무나 많은 것을 정당화하는) 국가이성의 극단을 넘어서려 했다. 롤스는 또한 전쟁을 개시하는 데 따르는 판단과 전쟁 중의 행위를 구별하는 데서도 정전론의 전통을 따랐다.*40*

롤스와 달리, 마이클 왈저를 정전론으로 이끈 것은 징집 거부보다는 전쟁범죄 문제였다. 1967년 『디센트』에 기고한 글에서 왈저는 베이어드 러스틴과 드와이트 아이젠하워 같은 이질적인 인물들이 전시戰時의 도덕적 판단 문제에 임해서는 같은 입장을 보이고 있다고 지적했다. 평화주의자든 군사주의자든 전쟁 자체가 정의로운지 여부에만 초점을 맞추고 있으며, 이들은 전쟁의 명분이 무엇이든 전쟁 중에 저질러지는 행위에 도덕적 제한이 있다는 점은 논의에서 배제한다는 비판이었다.*41* 그러나 어떤 행위는 "군사적 필요성"이나 전쟁의 목적을 내세우더라도 정당화될 수 없다는 것이 왈저의 견해였다. 비전투원에 대한 보호나 포로에 대한 윤리적 처우 같은 전쟁을 수행하는 수단에 대한 제약은 전쟁의 목적과 무관하게 존립해야 했다. 어떤 행동은 절대로 정당화되지 못한다는 일련의 윤리적 구분이 명확히 있어야 했다. 남베트남에서 비전투원을 겨냥한 미군의 수색-섬멸 작전이 진행됨에 따라, 민간인을 그와 같은 공격에 노출되지 않도록 군인과 민간인을 구별하는 것이 최우선적인 과제가 되었다. 1971년 왈저는 도시에 대한 폭격처럼 군인-민간인 구분을 무화하는 행위는 거의 정당화할 수 없는 일이라고 역설했다.42

왈저에게, 전쟁 수행 도중 이루어지는 행위에 대한 이 같은 논의는 자유주의 국가에서 제한되고 소외된 시민권에 관한 논의로 나아가는 첫 단계였다. 첫 번째 저서인 『성자들의 혁명』(1965)에서 왈저는 (전쟁에 윤리적 제약을 부과하는 전쟁론에서 볼 수 있는) 가톨릭의 제한적 도덕성 개념과 (종파적 광신이나 십자군 전쟁에서 나타난) 프로테스탄트의 포괄적 도덕성 개념을 구분했다.43 모든 사람들이 신을 받들어 성전을 벌이는 "성자들"이라면 전투원과 비전투원은 거의 구분되지 않을 것이며, 이는 모든 시민이 공동체를 수호하기 위해 동등하게 군 복무를 하는 민주국가에서도 마찬가지일 것이다. 전투원-비전투원의 구분을 고수하는 정전론은 바로 이런 두터운 시민권 개념에 도전했다.44 왈저가 다른 곳에서 주장했듯이 대부분의 사람들은 스스로 정치에 관여하기를 원하지 않고 관여할 수도 없으며, 따라서 (모두가 전쟁에 같은 비중으로 참여한다는 식의 두터운 시민권 개념에 따른) 전쟁관은 현실과 맞지 않는다.45 이렇게 본다면 정전론은 모든 시민이 군 복무를 하지 않는 이 시대에 더 들어맞는 이론인 셈이다.

전쟁 중 행위의 한계를 규정하고 전투원의 범주를 구별했던 왈저의 행보는 전쟁범죄가 정치와 이론의 화두로 떠오른 1969년 이후의 논쟁에 큰 변화를 예고했다.46 '베트남을 우려하는 성직자와 평신도 모임'•은 미국이 저지른 전쟁범죄의 증거를 모아, 『미국의 이름으로』를 출간했다.47 시모어 허시도 베트남에서의 범죄를 폭로하는 글을 발표했다. 미라이 학살에 대한 허시의 폭로는 논쟁의 향방을 바꿔 놓았다. 이제 전쟁범죄가 자행되었다는 점에는 의심의 여지가 없게 되었다. 문제는 그렇다면 어떻게 해야 하는가였다. 학살에 직간접적 책임이 있는 사람들에게, 그들이 도덕을 위반했다는 것은 무엇을 의미하는가? 롤스가 병역거부와 전쟁 자체의 정의 여부를 다루자마자, 그런 문제는 전쟁 중 행위의 정의를 향한 관심에 묻히고 말았다.48 전쟁 자체의 부당성과 침략 전쟁임을 근거 삼아 징집 거부를 정당화하는 기능을 수행했던, 국제법이나 뉘른베르크 원칙, 정전론 등의 이론적 자원은 전쟁 중 저질러진 범죄행위를 논하는 것으로 그 쓰임새가 바뀌게 되었다.49

이 시기의 논쟁이 전쟁 중 행위와 비전투원 문제를 중심으로 진행된 것은 여러 가지 함의를 지닌다. 전쟁의 특정 측면이 자세히 논의된 만큼 전쟁의 다른 측면은 옆으로 밀려나게 되었다. 전쟁 중 행위로 논의가 쏠린 데 따른 한 가지 결과는 철학이 전쟁을 둘러싼 정치적·이데올로기적 이슈를 외면하게 되었다는 점이다. 러셀의 국제전쟁범죄법정과 반제국주의 좌파 운동으로 탄력을 받은 이후로 일부 반전운동 세력은 미국의 전쟁범죄를 냉전, 탈식민화, 신식민주의에 관련된 지정학적 문제들과 결부했다.50 왈저와 시드니 모겐베서, 카이 닐슨을 비롯한 철학과 공공 문제 학회의 뉴욕 지부 소속 철학자들 — 주류 철학계 내에서 좌파에 속하는 이들 — 은 전쟁을 둘러싼 정치에 관해 거듭 의견을 개진했다.51 왈저는 침략 전쟁과 전쟁 중의 범죄행위를 모두 포함하는 확장된 정전론을 발전시키게 된다. 그는 자신의 정전론을 베트남전 반대뿐만 아니라 1967년 아랍 국가들과 이

- 베트남을 우려하는 성직자와 평신도 모임Clergy and Laymen Concerned About Vietnam은 1965년 10월 결성된 평화주의 단체로, 대체로 프로테스탄트 중심의 조직이었다. 마틴 루서 킹 목사 역시 소수의 흑인 회원 중 한 명이었으며, 킹 목사의 암살 뒤에도 반전운동을 전개했다.

스라엘의 전쟁에서 이스라엘의 입장을 정의로 규정하는 데도 활용했다.52 그러나 전쟁 중 행위에 초점을 맞추고 전쟁에 절대적인 도덕적 한계를 두는 데 주력했던 흐름은 이런 문제들에서 멀어졌다. 많은 철학자들은 전쟁을 둘러싼 정치보다는 전쟁 중에 발생한 개별 행위를, 시민 일반보다는 개별 군인과 지도자의 행동에 더 주목했다. 십자군적인 도덕주의와 달리 정전론은 군인과 민간인, 전쟁의 윤리적 수단과 정치적 목적을 구분했다. 왈저와 같은 이론가들이 이런 구분을 시도하자, 어떤 이들은 그보다 더 나아가려 했다. 슈클라가 예상한 바로 그 방식대로[전쟁을 억제하기보다는 전쟁을 정당화하기 위해 정전론을 활용하는] 말이다. 왈저가 전쟁 중 행위와 비전투원의 무고함에 초점을 맞춘 것은 이후 전개될 흐름을 징후적으로 보여 준 셈이었다.

***

윤리·법철학학회와 철학과 공공 문제 학회에 속한 철학자들이 점점 전쟁을 이론화하는 작업에 뛰어들면서, 기존 논의의 틀에 대해 그들이 가진 불만도 분명해졌다. 뉘른베르크 재판에서 검사를 맡았던 텔퍼드 테일러와 같은 법률가들은 전쟁법으로도 전쟁범죄를 다룰 수 있음을 긍정했지만, 일부 철학자들은 전쟁법이 "도덕적으로 매력적이지 않고" 그 자체로는 전쟁이나 국가를 제약하기에 불충분하다고 여겼다.53 법철학자 리처드 와서스트롬은 전쟁법이 "합리적이고 일관된 규칙·원칙의 체계가 아니기 때문에" 전쟁법에 명시적으로 규정되지 않은 행위를 정당화하고 만다고 주장했다. 전쟁법상 금지된 행위를 하지 말라는 직접적인 명령 이외에 군인들에게는 "행동상의 지침을 삼을 수 있는 일반 원칙이 없다."54 더욱이, 국제법은 전쟁은 도덕성을 무시한다는 기존의 통념을 바꾸지 못했다. "전쟁은 지옥"이기에 어떤 일이든 일어날 수 있다는 셔먼 장군*의 격언에서 나타나는 현실주의적 입장은 여전히 국제 관계의 이론과 실제에서 진지하게 받아들여졌다. 국제법과 그것을 집행할 장치가 없으면 그 법이 지시하는 도덕성은 무의미하다는 주장도 제기되었다.55 윤리·법철학학회 소속 철학자 마셜 코언은 전쟁법이 도덕 원칙이 다른 무엇보다 우선시되어야 한다는 점을 간과했다고 보았다. 국제 관계에 대한 현실주의적 입장이 제공하지 못하는 제약을 부과하기 위해서는, "근본 원칙에 더욱 그럴듯하게 부합하는" 전쟁의 도덕성에 대한 "더욱 엄격한" 개념이 필요했다.56 도덕 원칙은 여타 이해관계에 "종속"되어서는 안 되었다.57 그렇다면 그런 원칙은 어떤 것이어야 할까?

나름의 정전론을 내놓은 롤스와 왈저가 찾고 있던 것도 국제법을 초월하는 일련의 도덕 규칙이었다. 한편에는 도덕적 절대주의 및 평화주의, 다른 한편에는 공리주의와 현실주의를 두고 그 사이에서 그들은 새로운 입장을 개척하고자 했다. 다른 학자들 역시 도덕적 절대주의와 공리주의의 양극단 사이에 스스로를 위치 지을 수 있는 도덕 이론을 모색했다. 1970년대에 접어들자 철학자들은 대체로 공리주의에 도전하는 입장에 서 있게 되었다. 롤스는 공리보다 정의를 더 중시했다. 영국 철학자 버나드 윌리엄스가 가한 공격을 비롯해 공리주의에 대한 다른 비판들도 점점 영향력을 얻어 갔는데, 특히 도덕적 책임에 관한 논의에서 그러했다.58 윌리엄스는 결과주의 이론을 공격하면서, 결과주의가 "우리 각자는 다른 사람이 아닌 그 자신이 하는 행동에 대해 특별한 책임이 있다"는 점을 무시한다고 지적했다.59 베

• 윌리엄 테쿰세 셔먼William Tecumseh Sherman(1820~91)은 미국 내전에서 연방군으로 복무한 군인이다. 남부의 물자 및 시설에 최대한의 타격을 명령해 조지아와 사우스캐롤라이나 지역을 초토화했다. "전쟁의 영광이라는 건 완전 헛소리다. (……) 전쟁은 지옥이다"라는 말 외에도, "전쟁은 잔악 행위이다. 그걸 바꿀 필요는 없다. 잔인하면 잔인할수록 더 빨리 끝나니 말이다" 같은 말을 남겼다고 한다.

트남전쟁의 반향 속에서 공리주의의 위상은 약해졌다. 비판자들은 국가 및 국가의 전쟁 수행과 이데올로기적으로 연관되어 있다는 이유에서 공리주의를 일종의 현실주의와 겹쳐 보았다. 그렇게 볼 때 공리주의는 더 큰 공리라는 명목으로 모든 수단을 정당화하며, 심지어는 살인적 수단까지도 정당화하는 입장이었다. 공리주의에 대한 철학적 비판은 그에 대한 정치적 비판으로 보완되었던 것이다. 스튜어트 햄프셔는 이를 "나쁜 사회과학의 영향 아래 있는 나쁜 도덕철학"이 전쟁의 악惡과 공모한 것이라고 회고했다. 공리주의의 "계산적 도덕" — 비교 불가능한 가치를 비용-편익 분석에 의존해 교환하려는 — 은 개혁을 가로막는 "장애물"로 치부되었다.[60] 공리주의와 관료주의 이데올로기 사이의 친연성은, 추후 알래스데어 매킨타이어가 주장했듯이 "단지 서로 닮은 수준"의 문제에 그치지 않았다.[61] 공리주의는 정책 입안자들 사이에 "정책상의 계획이나 프로그램에 들어맞지 않는 도덕적 요소"는 무시하거나 통제하면 그만이라는 잘못된 믿음을 만들어 냈다.[62] 신좌파의 반국가주의는 관료주의, 군사주의, 가부장제에 대한 자유주의의 비판과 합세해 공리주의를 몰아세웠다. 행위의 도덕성을 중시하는 이들로서는 책임을 회피하고 수단-목적의 논리를 내세우는 공리주의가 전쟁 이론을 장악하는 것을 두고 볼 수 없었다.

공리주의의 대안을 모색하는 과정에서 응용 윤리학에 대한 현대적 접근법이 탄생했다. 많은 이들은 언어분석과 행동 철학의 도구를 사용해 도덕 규칙을 제시하고, 허용 가능한 바를 구분했으며, 전쟁의 목적이나 정치와 무관하게 전쟁에서 누구를 보호해야 하고 누가 책임을 져야 하는가의 문제를 결정하기 시작했다. 철학자들은 이제 추상적이며, 개인적인, 또한 개인들 사이의 관계적 수준의 정당화 양식을 통해 삶과 죽음, 살인이라는 가장 실존적인 문제, 응용 윤리학의 핵심에 계속 남아 있게 될 그 문제를 탐구했던 것이다.[63]

그 가운데 가장 영향력 있는 주장 가운데 하나는 일찍이 10여 년 전에 제기된 바 있었으니, 바로 "이중 효과[결과]" 논변이었다. 이 오래된 아이디어는 엘리자베스 앤스콤에 의해 언어철학에 재도입되었고, 윤리학에 오랫동안 영향을 미친다. 베트남전쟁의 시대에 앤스콤은 현대 도덕철학에 대한 신랄한 비판으로 명성을 얻었다.[64] 앤스콤은 도덕적 진술의 진위 여부를 따질 수 없다고 보는 에이어류의 비인지주의 이론에 대한 지적 반란을 옥스포드 대학 내에서 주도한 인물이었다. 앤스콤은 1956년 트루먼 대통령에게 명예 학위를 수여하기로 한 대학의 결정에 필리파 풋과 함께 반대한 것으로도 유명하다. 그녀는 전쟁에서는 공격 대상에 제한이 있을 수 없다는 입장을 비난했다. "합법적" 살해와 살인을 구분하는 것은 (일본에 대한 원폭 투하가 초래한 민간인들의 죽음을 정당화하는 데 활용되었음에도 여전히 "고상한 논조"로 옹호되고 있던) 집단 책임의 독트린과 다름없이 끔찍한 결과를 낳을 것이라고 앤스콤은 주장했다. 트루먼의 의도는 무고한 사람을 살상하는 것이 아니라 전쟁을 종식하는 것이었다는 일반적인 견해에 대해, 앤스콤은 특정 목적을 달성하기 위해 무고한 사람을 죽이기로 선택하는 것은 언제든 살인이라고 반박했다. 트루먼이 내린 선택에 대해서는 판단을 내리기 어렵지 않았다(그것은 명백한 살인이었다). 앤스콤은 도덕을 특정 태도의 표현으로 환원하는 정서주의emotivism와 목적을 통해 수단을 정당화하는 결과주의 모두 전쟁 중 벌어지는 살인 행위를 금지하는 데 효과적이지 못하다고 생각했다.[65] 단순한 평화주의는 아닌, 그러나 무고한 살인을 금하는 확고한 규칙을 만들어 낼 수 있는 절대주의적 도덕 이론이 필요했다.

이때 앤스콤이 주목한 것이 이중 효과였다. 이중 효과는, 어떤 유해한 사태를 의도적으로 초래하는 것은 허용되지 않지만, 해당 사태를 예견된 부작용 정도로 발생시키는 행위는 때때로 허용될 수 있다는 논변을 말한다. 앤스콤은 『의도』(1958)에서 의도가 행동과 상황에 따라 달라지는 것이라고 설명했다. 또한, 행동은 자연과학적 용어가 아니라 일상적인 용어로서, 행위자의 동기와 의도, 욕망, 설명 그리고 행위자의 비관찰적·실천적 지식에 비추어 이해되어야 한다고 강조했다.[66] 1963년 도널드 데이비드슨이 행위자에 관한 철학 논쟁에 개입한 이래 많은 언어철학자들이 의미에 관한 데이비드슨의 일반 이론을 수용하면서, 의도에 관한 앤스콤식의 설명은 다른 "반인과주의적" 설명과 더불어 호응을 받지 못했다.[67] 그럼에도 불구하고 앤스콤의 아이디어는 윤리학에 뚜렷한 영향을 끼쳤다. 특히 영향력이 있었던 것은 특정 행동이 어떤 측면에서는 의도적이지만 다른 측면에서 보면 의도적이지 않은 이유, 의도적인 것으로 기술되었던 행동이 어떻게 다르게 보면 비의도적인 행동이 되는지에 대한 앤스콤의 성찰이었다. 이런 통찰은 이중 효과 논변을 통해 도덕철학에 반영될 수 있었다. 이중 효과는 무엇이 도덕적인 행위에 해당하는지 묘사하고, 평화주의에 빠지지 않으면서 전쟁 정책에 대한 공리주의적 입장에 도전할 방법을 마련해 주었다.

이중 효과는 전쟁 중의 행위를 넘어 폭넓게 적용될 수 있는 논변이었지만, 일각에서는 이조차도 충분치 않다고 보았다. 「임신 중단 문제와 이중 효과 논변」(1967)에서 필리파 풋은 임신 중단과 관련지어 이중 효과가 갖는 한계를 논했다.[68] 앤스콤과 마찬가지로 풋은 해악을 막지 못한 것과 해악을 저지른 것을 등치시키는 주관주의 및 결과주의 이론을 공박했다. 풋이 바란 것은 도덕적으로 용인 가능한 바를 더욱 섬세하게 묘사하는 방법이었다. 이에 풋은 가상의 사고실험을 했다. 한 전차가 폭주를 하다가 갈림길에 들어섰다. 한쪽으로 가면 그쪽 선로에서 일하고 있던 다섯 사람을 치어 죽이게 되고, 기관사가 다른 쪽으로 전차를 돌리면 그쪽에 있던 한 사람이 죽게 된다. 이때 기관사는 어떻게 해야 할까?

이와 같은 사고실험은 옥스퍼드 분석 윤리학에서 시작되었지만,

그 기원을 넘어 훨씬 광범위하게 유포되었다. 행위자가 좋은 결과와 나쁜 결과를 모두 불러오는 행동들 가운데 하나를 선택해야만 하는 "도덕적 딜레마" 상황을 가정하는 방식도 널리 퍼지게 되었다. 특히 풋이 예로 든 딜레마는 주디스 자비스 톰슨에 의해 유명한 "트롤리 문제"로 변형되었다(톰슨은 이 딜레마에서 도덕적 선택을 내려야 하는 주체를 기관사가 아닌 폭주하는 전차를 바라보는 행인으로 바꾸었다•). 이 같은 딜레마 상황을 가정하는 논의의 요점은 일상적인 언어 사용에 대한 관찰이 아니라 매우 특별한 상황을 통해 도덕적 직관이 가리키는 바를 밝히는 데 있었다. [특별한 상황을 가정함으로써] 직관은 다른 상황에 들어맞는 일반 원칙과 비교되었고, 이런 비교를 거쳐 원칙은 교정되어야 했다.69 사고실험에 비추어 볼 때 풋은 이중 효과가 우리의 직관에 맞지 않는다고 주장했다. 다양한 상황에 적용되기 어렵다면, 그것은 도덕 규칙으로서 유용하지 못하다는 비판이었다. [여러 측면에서 의도성을 따지는 이중 효과 논변 대신에] 풋이 제안한 것은 "직접 행동하기"[함]doing와 "그 행동을 허용하기"[허용]allowing라는 보다 간단한 구분이었다. 이와 같은 풋의 구분은 많은 분야에 응용되었고, 특히 생명·의료 윤리 분야에서 영향력을 얻었다. 이런 구분법은 헤이스팅스 연구소••와 같은 신생 연구 기관의 후원 속에서 급속히 확장되어 "죽

• 톰슨은 트롤리 문제를 통해 "죽이는 것killing이 죽도록 내버려두는 것 letting die보다 더 도덕적으로 문제가 있다"는 논변을 검토하고자 했다. 폭주하는 기관차의 최초 경로를 돌리는 것은 한 사람을 죽이는 것에 해당하고, 경로를 돌리지 않는 것은 다섯 사람이 죽도록 내버려두는 것에 해당한다.

•• 헤이스팅스 연구소Hastings Institute of Society, Ethics, and the Life Sciences는 뉴욕에 위치한 연구소·싱크탱크로, 의료윤리 및 의료 정책 분야에서 오늘날까지도 높은 권위를 자랑한다. 1969년 윤리학자 대니얼 캘러핸과 윌라드 게일린Wilard Gaylin에 의해 설립되었으며, 현재는 헤이스팅스 센터Hastings Center로 이름을 바꾸었다. 의료윤리 분야를 주제로 하는 격월간지 『헤이스팅스 센터 리포트』 Hastings Center Report와 『윤리 및 인간 연구』Ethics & Human Research를 발간 중이다.

이는 것"과 "죽도록 내버려두는 것" 사이의 구분을 낳기도 했다.70 이런 구분은 전쟁에서 허용 가능한 행위의 범위를 정하는 데도 사용될 수 있었다. 직접 해를 가하는 행위는 항상 도덕적으로 허용되지 않는 반면, 그런 행위를 내버려두는 것은 도덕적으로 용인될 수 있게 되었다.

***

이후 몇 년간 도덕·정치철학자들은 원칙에 이르기 위해 사고실험과 가설적 사례를 통한 직관 테스트 방식에 점점 더 의존하게 되었다. 위에서 논한 것과 같은 구분은 책임, 행동, 의사 결정에 관한 논쟁에 중요한 영향을 끼쳤다. 윤리·법철학학회의 철학자들에게, 이런 생각들은 애초에는 전쟁에 관한 논의와 관련 있는 것이었다. 이중 효과와 그 대안들은 전쟁에서의 도덕적 규칙을 찾으려는 시도에 우회로를 제공했다. 1968년 연례 학술 대회에서 토머스 네이글은 풋의 논문에서 비롯된 의도, 이중 효과, 그리고 전쟁 문제에 관한 토론을 이끌었다. 그 이후로 이중 효과에 관해 많은 논의가 벌어지게 된다. 6년 후 학술 대회에서도 찰스 프리드와 길버트 하먼이 이 주제를 소개했고, 이후로도 이중 효과와 비전투원 면책을 둘러싼 논쟁이 『철학과 공공 문제』의 지면을 통해 계속되었다.71

롤스는 이중 효과가 비공리주의적인 의사 결정 규칙을 제공하는 한 (따라서 직관주의와 공리주의의 대안이 되는 한) 설득력이 있다고 네이글에게 응답했다. 롤스는 앤스콤의 표현을 빌려, 이중 효과의 아이디어가 "정신작용을 특이한 경험이나 사적 체험으로 여기는 시각에 대한 비트겐슈타인의 비판"에서 비롯된 것이라고 썼다. 이중 효과는 평화주의로는 나아가지 않되 전쟁에서의 살인을 강력히 금지할 수 있는 방법을 제공해 주었다.72 이는 공리주의에 빠지지 않으면서도 도덕적 규칙을 보다 유연하게 만드는 길이었다. 선과 악의 균형으로는 도덕적 결정의 문제가 해결되지 않았다. 롤스는 "이중 효과가 (절대주의를) 덜 엄격하게 만들고 현실의 요구에 맞게 '조정한다'"고 썼다. "이중 효과는 특정한 수단과 목적을 절대적으로 금지하는 한편, 예측 가능하지만 의도되지는 않은 결과는 허용한다. 적절한 수단과 목적을 선택함으로써 우리는 그 제약 안에서 살아갈 수 있을 것이다." 하지만 그것은 "명백한 직관에 의해 뒷받침되지는 못하는 소소한 제약"에 불과한 것이기도 했으며, 가끔씩만 "올바른 결론"에 이르게 해줄 뿐이라고 롤스는 덧붙였다.[73] 이 정도의 반대 의견은 비교적 온건한 편이었다. 피임에 반대했던 앤스콤이 그녀의 행위 및 의도 유형론을 활용해 월경주기법rhythm method은 피임에 해당하지 않는다고 주장했을 때, 버나드 윌리엄스와 마이클 태너는 그런 주장이 터무니없다고 응수했다. "여느 시대의 궤변가들처럼, 앤스콤은 다른 이들의 구분법에 대해서는 상식을 내세워 으름장을 놓으면서 자기주장의 고상함에 대해서는 몹시 관대하다"는 비판이었다.[74] 이중 효과는 직관을 정당화하며, 직관을 제한할 뿐만 아니라 그것에 면죄부를 부여하는 데도 활용될 수 있었다.

앤스콤과 마찬가지로 롤스는 전쟁에서 무엇이 "도덕적으로 불가능"한 일로 간주되어야 하는지를 정하고 싶어 했다.[75] 그는 어려운 결정 상황에 직면한 행위자의 도덕적 딜레마에 대해서는 동시대 학자들과 비교해 관심을 덜 두었다. 롤스 이론은 이런 딜레마에 대한 선제적 해결책을 제시해, 선택 가능한 행위의 폭이 지나치게 넓어지는 폐해를 제한하려는 목적으로 고안된 것이다. 그러나 제도적 정의의 원칙이 쉽사리 적용되기 어려운 전쟁에서는 이런 딜레마와 관련해 다른 해결책이 필요했다. 전쟁에 대한 롤스의 많은 논의는 그가 "권리 이론"으로 부르기 시작한 광범한 도덕 이론 — 개인 간 관계를 다루며, 제도적 관계와는 독립적으로 개인을 구속하는 자연적 의무를 포괄하는 이론의 일부 — 에서 나온 것이다. 따라서 국제도덕을 결정하는 것은 제도적 원칙보다는, 해를 피하고 궁핍한 자를 돕는 등의 인도주의적 의무였다.[76] 그렇다면 이런 의무가 충돌할 때, 예를 들어 한 사람의 군인이 다른 사람들을 구하기 위해 타인을 죽여야 할 때는 어떨까?

롤스는 이런 딜레마에 적극적으로 응했다. 그는 도덕 원칙에 질서를 부여하기 위해 원초적 입장에서 선택된 우선성 규칙이 선과 악의 경중을 가리는 데 절대적 한계를 부여할 수 있다고 보았다. 이는 이중 효과와 같은 역할을 수행하되, 좀 더 효과적일 것이라고 롤스는 보았다.[77] 불확실한 상황이나 갈등 상황에서 공리나 필요에 호소하지 않아도 좋았다. 결정은 규칙을 참조해 내려질 수 있었다. 그러나 규칙이 준수되지 못하는 전쟁 상황에서는 원칙에 대한 추가적인 보강이 필요했다. 이런 생각들을 자신의 계약론에 끌어들이고자 롤스는 전쟁의 모든 원칙들이 원초적 입장에서 채택되어야 한다고 주장했으며, 개인과 사회 안정에 대한 염려를 전쟁 문제로 확장했다. 그러나 롤스는 규칙이 부분적으로만 준수되는 "비이상적" 조건에서 일어나는 갈등을 해결하기 위해 안정의 원칙을 추가로 도입했다. 여기에는 처벌 및 형벌 시스템과 형법·국제법에서 도출된 "개인 책임의 원칙"이 포함되었다. 이런 요소들은 규칙을 위반한 이들이 그에 상응하는 대가를 치르도록 하기 위한 것이었다. 롤스는 비전투원을 전쟁 중의 살상으로부터 보호하는 것이 바로 이 원칙이라고 보았다. 하지만 모든 것이 이 기본 원칙에서 따라 나오지는 않았다. 롤스는 원초적 입장에서 동의를 받을 전쟁 규칙에 대해 상당한 세부 사항을 덧붙였다. "전쟁의 정당한 명분과 목적을 필연적으로 위반하는 무기의 제조 및 사용은 금지된다"[78]거나, 정상적인 전쟁이라면 "그 나라의 일상적 삶과 국민, 제도에 대한 공격을 수반해서는 안 된다"[79]와 같은 사항들 말이다. 전쟁을 벌이고 진행하는 데에는 엄격한 제약이 따랐지만, 롤스는 예외를 허용했다. 모든 전쟁은 정당방위 전쟁이어야 한다는 원칙을 위반하는 "인도주의적 개입"은 때에 따라 허용될 수도 있었다.

한편, 개인 책임의 원칙과 비전투원 보호에서 비롯된, 불변의 도덕적 한계가 설정되었다. 바로 "제노사이드는 언제나 옳지 못하다"는 것이었다.[80] 롤스는 여기서 자신의 스승이었던 램지를 겨냥한 것으로 보인다. 램지는 전쟁 중 제노사이드 혐의에 대해 미국을 옹호하고 대게릴라전의 정당성을 논하며, "부수적인 민간인의 죽음과 피해"가 확대된 데 책임이 있는 것은 미국이 아니라 "반란군"이라는 견해를 개진했다. 이 같은 주장은 극도로 많은 수의 민간인이 죽음을 맞은 것을 용인하는 것으로 보였다.[81] 롤스는 이 점을 지적하면서, 자신의 사회계약론을 통해 "제노사이드에 대한 절대적 금지를 해명할" 필요가 있다고 서술했다. 일반적으로는 "절대주의를 거부하는 것이 옳"지만 제노사이드는 예외로 해야 한다는 것이, 그의 생각이었다.[82] 이때 롤스는 베트남에서 미국이 저지른 일이 제노사이드에 해당하는지에 대해서는 언급하지 않았다. 의도에 관한 논의와 제노사이드에 대한 규정 ― "고유한 문화를 영위하는 인구 집단"인 한 인민에 대한 고의적 "파괴" ― 을 고려하면, 그가 베트남에서 일어난 미국의 행위를 제노사이드로 여기진 않았을 듯하다.

여기서 롤스는 [도덕적] 그름에 책임을 부여하는 방법을 찾고자 했다. 그 시대 철학의 경향과 롤스 자신의 경향은 책임을 줄이는 관점으로 향하고 있었다. J. L. 오스틴의 영향력 있는 「변명에 대한 변호」는 사람들이 자기 행동에 대한 책임을 어떻게 해명·변명하는지를 핵심적으로 논했다. 오스틴은 통제할 수 없는 상황에 따라 발생한 경우를 "사고"accidents로, 누군가 잘못을 범하지 않았는데도 일이 잘못되어 버린 경우를 "착오"mistakes로 구별했다.[83] 오스틴과 피터 스트로슨 이후의 언어철학은 암묵적으로 행위자를 우연, 유동성, 운에 취약한 존재로 간주하고 있었다.[84] 이는 복지국가와 사회보험제도에 관한 논쟁에서 전개된, 개인의 책임과 응분desert을 격하하는 정치적 주장과도 조응하는 것이었다.85 이런 측면은 롤스 이론에서도 드러나는데, 분배의 제도적 근거로 개인의 응분을 인정하지 않은 데서 그렇다. 그러나 롤스가 전쟁 윤리에서 개인 책임의 원칙을 활용한 (그리고 다른 곳에서는 응보적 정의에 대한 기존의 설명을 활용한) 것은, 그가 응보와 분배라는 서로 다른 사회적 영역 및 관행에 상이한 책임 개념을 적용하는 데 만족했음을 보여 준다.86 도덕적 인격과 도덕 감정 그리고 자연스러운 혹은 반응적 태도를 논하는 대목에서, 롤스는 스트로슨과 마찬가지로 비난 가능성을 도덕적 책임과 인격에서 결정적인 요소로 보았다.87 개인의 공로·응분을 인정하는 데 불편한 기색을 보였으나, 롤스는 좀 더 엄격한 법적·도덕적 규범이 없는 상황에서 전쟁의 옳고 그름을 가르는 궁극적 토대는 개인의 도덕적 책임이라는 원칙적 견해를 피력했던 것이다.

공리주의는 행위자에게 [공리의 증대에 기여했다는 이유로] 면죄부를 줄 수 있으며, 그렇다고 엄격한 절대주의를 택하자니 그것은 너무 징벌적이거나 지속 불가능하다는 단점이 있다. 그러나 절대주의보다 덜 엄격한 입장은 전쟁법처럼 지나치게 관용적이게 될 위험이 있다. 일반적으로 말한다면 롤스는 규칙을 가능한 한 단순화하거나 일반화하려는 동료 철학자들의 충동을 공유하지 않았다. 반면, 네이글은 전쟁 문제에 주목하며 필리파 풋이 그러했듯 절대주의의 대안을 찾아 나섰다. 그가 찾고자 한 대안은 이중 효과보다 단순하고 롤스식의 복잡한 개념 장치를 필요로 하지 않는 형태의 것이었다. 네이글은 「전쟁과 학살」(1972)에서 절대주의가 사람들로 하여금 특정 행위를 하지 못하도록 한다고 주장했다. 특정 결과를 가져오는 것을 금지하지는 않지만 말이다. 전쟁에서는 절대적 금지 사항과 도덕적으로 행해져서는 안 될 행위, 곧 어떤 논증이나 정당화도 "통하지 않는" 행위가 존재한다는 것이 그의 입장이었다.88 네이글에게 이런 절대적 금지는 일상적 도덕 원칙, 즉 우리가 일상에서 받아들이는 규칙에서 추출할 수 있는 것이었다. 네이글은 살인 문제에 관한 절대주의는 "(적대적이든 우호적이든) 사람과 사람 사이에 맺어지는 관계를 지배하는 원칙에 기초하고 있다"고 썼다. "이런 원칙과 절대주의는 전쟁에도 적용되며, 그 결과로 무엇이 나올지언정 특정 수단을 사용하는 것은 결코 불가능하다."[89] 네이글은 이어서 "우리가 다른 사람을 대하는 방식에 관한 원칙이 있다면, 그 원칙은 단지 그 행위의 총체적 효과뿐만 아니라 그 행위가 영향을 미칠 사람들에 대한 각별한 주의를 요청할 것"이라고도 논했다.[90] 정치적 사고에서 결과에 대한 모든 계산을 제거하는 것은 불가능하며, 그렇기에 절대주의는 공리주의적 사유를 완전히 대체할 수는 없다. 그러나 그것을 제한할 수는 있다는 것이다.

절대주의와 공리주의는 세상을 바라보는 두 가지 상이한 관점과 엮여 있다. 절대주의는

> 스스로를 거대한 세상에서 다른 이들과 상호작용하는 작은 존재로 여기는 관점과 결부되어 있다. 절대주의가 요청하는 정당화는 주로 개인 간 관계 차원의 것이다. 공리주의는 스스로를 호의 넘치는 관료로 여기는 관점과 결부되어 있는데, 이 관점에 따르면 행위자는 자신과 관계를 맺고 있거나 전혀 관계가 없는 수많은 이들에게 자신이 통제할 수 있는 혜택을 베푸는 존재이다. 공리주의는 주로 경영[관리]administrative적인 차원의 정당화를 요청한다.[91]

네이글은 우리가 누군가에게 어떤 행동을 할 수 있느냐는 어떤 행동을 정당화할 수 있는지에 의해 제한된다고 보았다. 수평적인 인격들 사이에서의 정당화를 추구하고, 공공복지나 미래의 이름으로 개인을 희생시키는 행정 결정을 거부하는 그의 입장은 전쟁에 대해서도 마

찬가지로 적용되었다. 과연 피해자에게 행한 일을 정당화할 수 있는 가? 일반적 살인과 마찬가지로 전쟁에서의 살인이 용인될 수 없음은 이런 인간관계의 일반적 정당성 요건에서 비롯된다. 이 요건을 고수하는 것은 비전투원 면책이라는 기준을 지키며, "수단과 목적의 문제"에서 공리주의를 행동 지침으로 따르지 않는 것을 뜻한다.[92] 공리주의에 대한 네이글의 대안은 롤스와 다를 바 없이 개인 간 관계에서의 윤리였다. 그러나 롤스의 궁극적 관심이 이 관계의 제도적 맥락에 있었다면, 네이글은 이 관계에서 나타나는 보편적인 도덕 규칙에 초점을 맞추었다. 젊은 롤스가 행정국가의 제도를 겨냥했다면, 네이글은 (전쟁과 같은) 비상사태의 정치에서 공리주의적 논변을 공격하는 것으로 논의를 확장했다. 이를 통해 네이글은 모든 것이 허용되며, 비상사태라는 이유로 모든 수단이 정당화되는 전쟁[시기]의 정치와 같은 정치형태가 따로 존재한다는 주장에 도전했다. 네이글이 볼때 전쟁이 사회적·정치적 삶의 나머지 영역과 달리 특별하게 취급되어야 할 이유는 없었다. 전쟁에 대한 정교한 이론이나 구체적 원칙이 필요한 것이 아니라, 기본적 도덕 원칙에 기초한 단순한 규칙만으로도 행위에 대한 도덕적 한계를 설정할 수 있다는 것이었다.

도덕 이론의 수용 능력과 유연함, 그리고 일반 원칙을 특정 상황에 적용할 수 있다는 확신이 이 새로운 철학의 핵심이었다. 네이글은 롤스와 더불어 전쟁에 대해서는 제도적 접근이 아닌 [수평적인] 인간들 사이의 관계를 중심으로 접근했다. 그러나 롤스와 달리 네이글은 절대주의적 도덕 규칙들이 보통의 인간이 지닌 결함을 반영하지 못하더라도 그런 규칙이 필요하다는 점을 인정할 용의가 있었다. 그가 볼 때 전쟁에서조차도 어떤 수단은 결코 정당화될 수 없었다. 네이글이 보기에, 도덕 규칙이 위반되더라도 절대주의가 힘을 유지하는 방법은 바로 이것이었다. 무시되더라도, 규칙은 그것이 있어야 할 자리에 여전히 남아 있었다. 절대주의의 문제는 현실의 행위자들이 도덕 규칙을 어긴다는 점에 있었으며, 이는 네이글을 비롯한 자칭 절대주의자들도 잘 아는 사실이었다. 네이글은 미라이 사건 폭로 이후에 이렇게 썼다. "우리는 언제나 이 세상이 나쁜 곳이라는 것을 알고 있었"으며, "이제 세상은 악으로 충만한 곳인 것 같다"고 말이다.[93]

전시에도 준수되어야 할 도덕적 규칙과 원칙을 찾으려는 노력은 철학자들 사이에서 계속되었다. 그러나 도덕적 문제에 대한 위와 같은 접근 방식에 대해 비판이 없지는 않았다. 영국 정치철학자 브라이언 배리의 반응이 특히 매서웠다. 옥스퍼드 대학교에서 하트와 함께 공부하며, 옥스퍼드 스타일의 덜 체계적인 접근을 취했던 배리는 1965년 『정치적 논변』을 발표하고 1971년 『영국정치학회보』를 창간한 이후 영국에서 가장 영향력 있는 정치철학자 가운데 한 명이었다.[94] 배리가 보기에, 당대의 "도덕적 절대주의자"들은 모든 행위자에게 면죄부를 주는 이론과 행위의 모든 결과에 대해 책임을 묻는 이론 사이에서 중간 지점을 모색하고 있었다. 그에게 이중 효과는 도덕적 책임을 지나치게 묻는 것을 제한하려는 시도였으나, 도덕적으로 괴로운 결과를 무마하기 위해 고안된 궤변 이상이 아니었다. 이중 효과는 너무나도 큰 불확실성을 초래하고, 너무 많은 것을 정당화하며, 인간적 결함을 근거로 사람들을 봐주려는 의도에서 가해자들이 범죄를 저지르고도 빠져나갈 수 있게 한다는 것이다. 배리는 나중에 베트남전 시기에 벌어진 이 같은 논쟁들을 철학적 "경솔함"의 예로 일축했다.[95] 이 시기의 논쟁은 미라이 학살 사건 이후 많은 사람들이 관심을 가졌던, 규칙이 위반되었을 때 어떻게 규칙 위반에 책임이 있는 자들에게 대가를 치르게 할 것인가 하는 문제에 대해 뾰족한 답을 내놓지는 못했던 것이다.

***

의도와 책임에 관한 이와 같은 철학적 논쟁은 강단 철학의 안팎에서 다수의 도덕·법·정치철학자들이 전쟁에서의 책임 문제를 놓고 입씨름을 벌이던 때에 이루어졌다. 1970년 미 의회는 대니얼 엘스버그와 조지 맥거번 상원의원과 같은 정치인, 아렌트, 한스 모겐소, 그리고 리처드 포크와 텔퍼드 테일러 같은 정치학자들과 법률가들을 모아 "전쟁과 국가 책임"이라는 제목의 컨퍼런스를 열었다.[96] 이 회의에서 참석자들은 책임에 대해 어떤 접근 방식을 취해야 할지를 두고 토론했다. 일각에서는 지도자들의 책임에 관한 논의가 책임 문제를 향한 주의를 흐트러뜨린다고 우려했다. 이를테면, 한스 모겐소는 몇몇 지도자를 재판에 부침으로써 죄책감을 완화하는 것은 "심리적으로 편리한" 방법일 뿐이라고 주장했다.[97] 다른 이들은 책임을 "과잉 법리화[사법화]"하는 것이 책임의 정치적 본질을 흐리고, 또한 법은 "시민으로서 [전쟁에 대한] 우리의 집합적 책임에 주의를 기울이지 못하게 한다"고 주장했다.[98] 이를테면, 언론인 조너선 셸에게 문제는 '책임을 개인에게 물어야 하는지, 인류에게 물어야 할지, 아니면 보다 간단하게 "우리 자신"[미국 시민 전체]에게 물어야 할지'에 있었다.[99] 그러나 어떻게 미국 시민 전체가 전쟁에 대해 책임질 수 있단 말인가? 그것은 많은 이들에게 불가능한 일로 보였다. "우리 자신", 즉 미국 시민 전체를 도덕적 책임을 지고 행동할 수 있는 (그리고 처벌받을 수도 있는) 집합적인 행위자 내지 법인격으로 간주할 수 있는지는 명확하지 않았다. 우리 모두를 재판에 부치는 것과 지도자들에게 형사 책임을 부과하는 것 사이의 구별은 "개념적으로는 흥미로우나, 현실적이지는 못하다"고 텔퍼드 테일러는 썼다.[100]

개인에게 책임을 묻는 것과 집단에게 책임을 묻는 것이 가진 각각의 상대적 이점과 그 가능성에 관해 이루어진 논의는 이때가 처음이 아니었다. 제2차 세계대전 이후, 한 국가 또는 시민 전체가 [전쟁에 대해] 책임지는 것이 가능한지를 둘러싸고 벌어졌던 논쟁이 그 선례가 된다. 1945년 카를 야스퍼스는 독일 시민이 정치적으로 유죄이되, 각 시민이 지는 책임의 정도는 다르다고 논한 바 있다.[101] 드와이트 맥도널드는 회고록에서 집단 책임이라는 개념을 비판했다. 맥도널드는 유대인을 향한 국가 폭력에 대해 "독일 국민"에게 집단 책임을 묻는 것은 일종의 유기체적 국가관을 필요로 하는데, 이는 받아들이기 어렵다고 생각했다. 반면, 짐 크로 시기 흑인들에게 가해졌던 폭력에 대해 미국 남부의 "백인 공동체 전체"의 책임을 말하는 것은 비교적 가능한 일로 보였다. 백인 공동체는 고의로, 또 자주 국가에 반해 흑인을 대상으로 폭력을 가했기 때문이다(물론 국가도 이 같은 폭력에 연루되었기는 하지만 말이다).[102] 한편, 아렌트는 집단적 유죄는 아닐지라도 집단 책임은 성립 가능한 개념이라고 주장했다. 아렌트의 시각에서 볼 때, 시민들이 함께 만들어 가는 정치 세계에 대한 책임, 그것이야말로 정치적 책임의 정의였다.[103] 다른 각도에서 C. 라이트 밀스는 미국에서 나타나고 있는 불평등한 권력 분배의 책임이 "파워 엘리트" 집단에게 있다고 주장했다. 밀스는 엘리트들만큼은 운이나 우연, 섭리를 내세워 자신들이 져야 할 정치적 책임을 회피할 수 없다고 주장했다. 또한, 사회 시스템의 형태를 통제할 힘이 엘리트보다 훨씬 적은 이들에게는, 엘리트에게 책임을 물어야 할 집단 책임이 있다고도 보았다.[104]

이런 주장이 제기되기는 했으나, 1960년대에 전개된 책임에 대한 철학적 논쟁은 정치적 책임보다는 도덕적 책임과 법적 책임에 초점을 두며 다른 방향으로 흘렀다. "법 도덕주의"를 공격하며 하트는 도덕적 책임을 법적 영역에 귀속하는 데 대한 언어철학의 회의주의적 입장을 확장했고, 도덕적 책임은 법적 책임보다 협소한 것이라고 주장했다. 하트는 토니 아너레이와 함께 법에서의 인과성 및 인과관계의 귀속에 대한 영향력 있는 논의를 폈다.*105* 처벌을 응보주의적 관점에서 옹호하려는 움직임 — 이는 공리주의에 대한, 그리고 책임을 경감하는 공리주의적 관점에 대한 광범위한 반발의 일환이었다 — 에 대응해, 하트는 공리주의적 입장(이 입장은 범죄 억제 효과를 들어 처벌의 고통을 정당화하는 미래지향적인 성격이 있다)과 개인 책임을 강조하는 입장(이 입장은 죄가 있느냐 없느냐의 구별을 도덕적으로 중시했다)을 결합한 대안을 내놓았다.*106* 하트는 우발적으로 발생한 일에 대해서도 법은 개인에게 책임을 물을 수 있다고 보았다. 무과실책임●의 기준에 따른다면, 개인은 다른 사람이 저지른 일에 대해서도 책임질 수 있다. 그러나 도덕적 견지에서 본다면 "불가피했거나 자신이 통제할 수 없는 타인이 행한 일"에 대해 책임질 수는 없다. 하트에게 이 같은 [법의] 책임 부여 방식은 도덕성의 의미나 도덕성의 일반적 성격과 상충되는 것이었다. 예컨대 어떤 이가 잘못을 저질렀다고 비난할 수 있다면, 그에게 도덕적 책임이 있다고 할 수 있을 것이다. 그러나 어찌 달리할 방법이 없었다면, 우리는 그를 비난하지 않을 것이며 그에게 도덕적 책임이 있다고 말할 수 없다. 착오에 대해서까지 법제도가 책임을 물어서는 안 된다.*107* 처벌과 책임은 도덕적 비난 가능성에 따라 정해져야 하며, 이 기준은 높게 설정되는 것이 옳다.*108*

철학자 조엘 파인버그 또한 (주장 자체는 다르지만) 비슷한 결론에 이르렀는데, 그는 국가의 권위 아래 행해진 행위 전반에 대해 모든 독일인(또는 미국인)에게 죄가 있다고 판단하는 것은 개념적으로 타당하지 않다고 지적했다. 파인버그는 도덕적 책임이 단순한 책임liability이 아니라 과실fault을 저질렀느냐에 달려 있다고 설명했다. 반면 법의 영역에서는 과실이 없더라도 책임을 질 수 있고, 책임은 다른 개

● 무과실책임은 손해를 발생시킨 특정인에게 고의와 과실 여부와 무관하게 법률상의 손해배상책임을 부과하는 것을 말한다. '엄격 책임', '결과 책임'이라고도 한다.

인이나 집단 또는 여러 세대에 걸쳐 전가될 수 있다고 보았다.109 비록 정치를 추상화하는 파인버그의 방식에 비판적이기는 했지만, 아렌트도 책임과 달리 죄는 전가될 수 없다는 데에 동의했다. 다만 아렌트는 책임이 죄와 같은 방식으로 비난[받아 마땅함]을 내포하지는 않는다고 덧붙였다. 죄책감과 비난받아 마땅함은 특정 행위자와 결부된 문제이기에 논하기가 훨씬 더 까다로웠다. 책임은 잘못을 직접 저지른 사람만이 질 수 있는 것이었다.110

이 같은 주장으로부터 전쟁범죄의 책임을 묻는 강력한 방법을 찾을 수는 없었다. 선택의 상황을 통제할 수 없을 때 내리는 선택에 대해 사람들이 얼마나 책임질 수 있는가를 두고 논쟁은 계속되었고, 어떤 선택을 내린 데 따르는 책임을 뒷받침할 근거는 점점 약화되었다.111 한편, 몇몇 이들은 집단이나 사회 시스템이 도덕적 책임을 진다는 생각이 비합리적일 수 있음을 보여 주려 했다. 이들에 따르면, 우리는 일상 언어에서 '어느 집단에 책임이 있다'라는 식으로 말하긴 하지만, 그렇다고 해서 해당 집단의 구성원에게 실제로 동등한 책임을 물을 수는 없다. 또 다른 이들은 조직된 집단 — 예컨대 "명령에 따라 행동하는 군대" — 과 무작위로 구성된 개인들의 집합 사이에는 차이가 있다고 보았지만, 어느 쪽이든 집단 책임을 논하기에 앞서 "우리는 오직 책임을 인격들에게만 부여할 수 있다"는 점을 분명히 해야 한다고 주장했다.112 그때 인격들이란 개인들을 의미하는 것이었다. 반면, 집합적 책임을 묻기 위해 철학적 열정을 보이는 예는 거의 찾아보기 어려워졌다.113

전쟁에 관심을 둔 철학자들이 대신 주목했던 것은 국제법이었다. 전쟁법은 책임 소재를 구분하는 기준을 제시해 주었지만, 법철학자들은 거기에서 부족한 점을 계속 찾아냈다. 뉘른베르크 원칙은 책임 주체를 국가에서 개인으로 옮겼지만, 집단 책임은 여전히 뉘른베르크 원칙의 일부로 남아 있었다. 뉘른베르크 헌장 제6조는 하나의 음모에 가담한 구성원이 다른 구성원이 저지른 행위에 대해서도 책임을 지도록 하는 대위 책임*의 원칙을 세운 바 있다. 그런가 하면 헌장의 제10조는 단체의 구성원 자격으로부터 책임을 도출했는데, 해당 단체가 범죄를 저질렀다면 그 구성원이라는 점만으로도 죄의 요건을 충족하는 것을 가리킨다.114 헌장은 징집에 동의한 이들에게도 중대한 책임 — 전쟁 수행에 대한 책임과 (공모자 책임 원칙을 통한) 전쟁범죄에 대한 책임 — 을 부과했다. 뉘른베르크 재판은 집단 책임의 범위를 좁혔다. 재판에서 나타난 개인 책임 원칙은 시민 일반에게는 덜 영향을 미쳤지만, 징집에 동의한 이들의 책임을 논할 여지는 아직 남아 있었다. 징집에 동의했다는 것이 곧 군인 개개인의 책임을 낳는 것은 아닐지라도, 징집에 동의함으로써 군인들은 전쟁범죄와 관련된 인과관계 속에 스스로를 위치시키는 것이다.115

상당수의 병역거부자들은 위의 논리를 활용하려 했다. [그러나] 리처드 와서스트롬은 집단 범죄와 공모자 책임이라는 개념이 처벌에 대한 공포를 효과적일 만큼 충분히 불러일으키지 못했다는 통찰을 보였다.116 게다가 전쟁법은 책임의 수준을 잘못 설정하고, 특히 여러 종류의 살인을 구분하는 데 있어 오해를 낳았다. 와서스트롬은 도시 폭격은 다른 형태의 민간인 살해와 도덕적으로 차이가 없다고 주장했다. 도시 폭격을 명령한 자에게 상을 주면서, 다른 형태로 민간인을 살해한 자를 처벌하는 것은 정당화될 수 없는 일이었다. 중요한 것은 존재론적 유형이 아닌 다양한 범주의 행위 주체들 — 군인과 시민, 전투원과 비전투원, 지원병과 징집병, 군인과 민간인 지도자, 군수 종사자와 전투에 직접 참여하는 자 — 을 구분하는 것이다.117 그렇지만 이런 구분조차도 책임 문제를 쉽게 가릴 수 있게 해 주지는 못했다.

* 대위 책임이란 타인이 져야 할 책임을 그를 지휘·감독하는 관계에 있는 사람이 대신하여 부담하는 것을 말한다. 피고용인이 근무 중 일으킨 사고에 대해 고용주가 책임을 지는 경우가 대표적이다. '대리 책임'이라고도 한다.

전투에 참여한 군인에게 통상의 범의犯意, mens rea* 요건을 적용하기란 어려웠으며, 이런 경우 책임은 각자의 "도덕적 선택"이라는 뉘른베르크 원칙상의 미약한 정의에 달려 있었을 뿐이다. 군인들은 "상급자의 명령과 강압"이 있었음을 내세워 전쟁의 현장에서 자신이 행한 바를 옹호할 수 있는가? 과연 그들에게는 전쟁범죄를 수반하는 명령에 불복종할 수 있는 '도덕적인 선택지'가 현실적으로 있었다고 할 수 있을까?118 미라이 학살에서처럼 명백한 사례를 예외로 하면, 완전한 유죄를 입증하기는 어려운 일이었다. 명령에 복종하는 것이 습관화된 만큼, 군인들의 행동은 상부의 명령에 따른 것이라는 이유로 면죄부를 받기가 용이했다.119

그렇지만 정치 지도자들의 경우에는 사정이 달랐다. 1970년대 초 철학적·정치적 관심은 법적 과실 요건인 고의성을 [일반 병사들보다] 훨씬 쉽게 충족하는 지도자들의 책임 문제로 옮겨 갔다.120 정확히 어떻게 책임을 물을 것인지는 좀 더 복잡한 문제였지만 말이다. 앞서 슈클라가 지적했듯, 뉘른베르크 재판은 이 점에서 독특했다. 너무 많은 개인들이 과실의 책임을 져야 했기 때문이다.121 병사들과 달리 지도자들은 형식적인 군대의 규율에 종속된 존재가 아니었다. 그들은 더 많은 재량권, 더 많은 시간, 더 많은 권한을 가지고 사고하며 선택할 수 있었다. 많은 이들은 특히 미라이의 참상에 대한 책임이 최고위층에까지 이어져야 한다고 생각했다. 어떻게 그와 같은 책임을 정할 수 있을까? 와서스트롬은 나쁜 동기가 책임의 필수 요건은 아니라고 주장했다. 전쟁법 위반임을 알면서도 명령을 내린 행위들과 [동기를 따지기가] 보다 어려운 경우 모두에 대해 지도자가 책임을 지도록 하는 편이 적절하다는 것이었다. 지도자가 해당 사안에 대해

---

* '범의'mens rea(혹은 '고의성')는 범죄행위임을 알면서도 그것을 행하려는 주관적 의도를 말한다.

"실제로 인지"해야만 책임질 수 있는 것이 아니며, [그렇기에] 엄격 책임은 별로 매력적인 방안이 아니었다. 지도자의 과실을 판단하는 적절한 기준은 그가 자기 행동[의 결과]에 대해 "알고 있어야 했거나 예견했어야 하는 바"였다.122 이는 이중 효과의 틀을 뒤집는 것[행위자가 의도하지 않은 것에 대해서까지 책임을 묻는 방식]이었으며, 이중 효과의 편향성[의도하지 않았음을 이유로 책임을 묻지 않거나 책임을 가볍게 하는]에 대한 도전이기도 했다. 좋은 의도를 품었느냐가 중요한 것이 아니었다. 중요한 것은 자신의 결정으로 어떤 일이 발생할지를 가늠하는 역량이었다. 하트도 비슷하게 주장했다. 즉, 적어도 형법의 관점에서 본다면, 어떤 행위의 부작용이 널리 알려져 있다면, 그 행동으로 [의도하지는 않았지만 발생한] 부작용은 의도하고 행동한 결과와 도덕적으로 차이가 없다는 것이다.123

이런 논의를 참조해, 일각에서는 법적 과실을 입증할 수 있는 자들을 국내·국제 법정에 세워야 한다고 주장하기 시작했다. 증거가 충분하다면 그 책임을 면할 변명의 여지가 없으니 말이다. 1971년 펜타곤 페이퍼•가 공개된 직후 노엄 촘스키는 증거라면 차고 넘친다고 주장했다.124 전쟁에 대한 논의가 이처럼 법리화되어 전개된 배경에는 정치적 의도가 있었다. 리처드 포크는 오랫동안 반전운동에서 정치적 도구로서 법이 지닌 역할에 주목해 왔다.125 국제형사재판이나 국제형사법의 제한된 정치적 영향력을 고려할 때, 포크는 누구를 재판에 부치라고 요청하는 방식에는 현실적 한계가 있다고 보았다. 그

• 펜타곤 페이퍼는 제2차 세계대전 시기부터 1968년 5월까지 인도차이나 지역에서 미국이 수행한 역할을 기록한 미 국방부의 1급 비밀문서이다. 1967년 국방장관 로버트 맥나마라의 책임 아래 작성되었으며, 보고서 작성의 실무를 담당했으나 정부 정책에 반대 견해를 갖게 된 대니얼 엘스버그가 『뉴욕 타임스』에 문서를 제공해 대중에 알려졌다. 이로 인해 통킹만 사건과 관련해 미 정부와 군이 정보 조작을 자행했다는 사실이 밝혀졌으며, 반전 분위기가 심화되었다.

는 "전쟁과 국가 책임" 컨퍼런스에서 지도자들의 행동을 조사하기 위한 대안적 메커니즘 — 국제위원회나 국내 사법부의 보다 적극적 역할 — 을 제안했다.[126] 다른 제안들도 여럿 제기되었다. 발언자들은 법률가 위원회, 추가적인 법적 원칙, 귀환한 군인들이 증거를 제공할 수 있는 (그리고 자백할 수 있는) 국내 법정, 재판소, 위원회, 포럼 등을 마련할 계획을 논했다. 이때 (베트남인들의 생활환경 파괴를 가리키는 범주로서 처음 제기된) "에코사이드"[생태 살해, 환경 파괴]ecocide를 비롯한 환경 파괴 문제를 다루는 새로운 법체계 또한 요청되었다.[127]

그러나 많은 사람들이 개인에게 책임을 물을 힘이 국제법에 있는지를 여전히 의심하며, 이와 같은 법적 논의가 초래할 예기치 않은 결과를 지적했다. 와서스트롬은 책임의 과잉 법리화가 도덕적 책임을 등한시해, 징집된 병사들로 하여금 도덕적이기 위해서가 아니라 처벌을 피할 목적으로 [명령에 대한] 순응을 회피하도록 부추긴다고 보았다.[128] 반면 반전운동에 관여하던 리처드 포크는 이 같은 법적 논의가 그 자체로 중요한 정치적 결과를 가져올 수 있다는 입장에 섰다. 법적 책임은 정치적 책임감을 가진 시민을 육성하는 데 활용될 수 있다는 것이었다. 포크는 일관되게 법과 정치를 연결했고, 전쟁 중에 발생하는 행위의 정의 문제를 전쟁을 둘러싼 정치와 연결했다. 그는 범죄에 대한 두 가지 시각, 곧 법적 시각과 정치적 시각을 구별했다. 법적인 "기소 모델"이 "개별 가해자에 대한 고발 및 기소"에 중점을 두고 있다면, 정치적인 "책임 모델"은 "특정한 정부의 행위를 거부해야 하는 공동체의 의무와, 그런 정부 행위와 관련된 정책에 저항해야 하는 개인 및 집단의 당연한 책임"에 기반하는 것이다.[129] [기소 모델에 따라] 전범 재판의 법적 성격을 강조하는 대신 — 포크와 다른 법률가들은 전범 재판을 법적으로 신뢰하지 않았다 — 그는 책임 모델을 참조해 재판소의 임무가 무엇인지를 설명했다.[130]

뉘른베르크는 그간 전쟁범죄에 대한 기소 모델의 예로 여겨져

왔으나, 포크는 베트남전쟁의 맥락에서 다시 소환된 뉘른베르크는 정치적 기능을 띤다고 보았다. 뉘른베르크는 개인을 국제사회와 연결하고, 국가주권에 도전하며, "정부가 저지른 범죄로 희생된 모든 피해자들 사이의 초국가적 연대"를 구축할 수 있게 했다. 뉘른베르크를 재소환해 얻은 최고의 결과는 개별 지도자들에게 책임을 물은 것이 아니었다. 법적 원칙에는 교육적 기능이 있었는데, 그것은 책임의 한 형태로서 시민들의 행동을 장려하는 것이었다. 대중은 "도덕적·법적 기준"에서 벗어난다는 것이 무엇을 의미하는지를 법적 원칙을 통해 교육받아야 했다. 책임 모델의 기저에는 "정부가 전쟁범죄를 자행하지 않도록 가장 확실하게 견제하는 것은 양심적 개인들"이라는 믿음이 깔려 있었다.[131] 슈클라도 뉘른베르크에 대해 비슷한 방식의 설명을 했다. 그러나 슈클라는 뉘른베르크의 정치적 기능을 어디까지나 전후 독일에 특유한 것으로 국한해서 인식했다. 반면 포크는 뉘른베르크가 준 교훈을 되새기며, 베트남에 대한 미국 정부의 정책이 범죄임을 폭로하는 것이 그런 정책이 반복되는 일을 막기 위해 필요하다고 보았다. 과거의 잘못을 바로잡아야 한다는 요구는 법적 책임이나 과실의 문제가 아니었다. 법적 원칙은 미래를 지향해 이루어져야 할 정치적 동원을 위해 활용되었던 것이다.[132]

미국 시민들이 전쟁에 대한 정치적 책임도 지고 전쟁의 부담도 서로 나누는 매우 현실적인 방법이 하나 있었으나, 그 방법은 민주정치에서 유효성을 상실하고 있었다. 1973년, 징집이 종결되었던 것이다. 이때를 기점으로 군대는 전원 모병 체제로 변모해 갔다.[133] 징집이 끝나면서 전쟁에 대한 집단적·정치적 책임을 물을 수 있는 가장 확실한 제도적 장치는 사라졌다.[134] 시민의 책임이라는 아이디어는 징집을 통해 만들어진 군대에 대해 소구력을 갖는 것이었다. 전쟁에 나가 싸우는 시민들이 참전을 거부함으로써 전쟁에 영향력을 행사할 수 있게 되는 것이니 말이다. 새롭게 전문화된 군대가 등장하고, 군사

사회학자 찰스 모스코스가 "다층적 병영국가"로의 이행이라 특징지은 변화가 나타나자 책임을 논할 수 있는 근거는 약화되었다. 해럴드 라스웰은 "병영국가" 개념을 통해 민간 질서마저 군사화되고 시민과 군인의 구분이 사라진 사회를 디스토피아적으로 묘사했다. 모스코스는 "전쟁과 국가 책임" 컨퍼런스에서 이 개념이 갱신되어야 한다고 주장했다. 군대는 이제 고립되어, "민간 사회와 더욱 구별되고 분절" 되었기 때문이다. 그 결과로 군의 해외 개입은 "국내 정치에 별 반향을 불러일으키지 않게 되었다." 미국 민주주의에 닥친 위험은 "국가 정책에 대한 군부의 통제라는 유령이 아니라 더 미묘한 위험, 그러니까 일반 시민과 동떨어진 군대가 국제사회에 대한 민간인 지도자들의 무책임[한 결정]을 용인하게 되는 데 있었다." 그런 무책임의 후과가 사회 전반에 밀어닥칠 때가 되어서야 군사 정책은 뒤늦게 민주적 제약 속에 놓이게 될지도 모르는 일이었다.[135]

반군사주의는 전문성·전문가주의에 대한 도덕적 비판에 지나칠 정도로 집중했던 자유주의 및 신좌파 지식인들 — 이들은 관료주의와 행정에 도전하며 자유와 인격성을 우선시했다 — 의 관심을 돌렸다. 이때 이들이 경시했던 것은 제도에 대한 민주적 통제와 민주적 책임, 집단 책임이 실제 위협받고 있다는 사실이었다.[136] "우리 자신"에게 부담을 지우는 — 이를 통해 파워 엘리트들에게 책임을 물을 수 있는 — 실질적 메커니즘이 사라지고 있었다.

징집 문제를 [시민들이 이를 거부함으로써] 집단적인 정치적 책임을 발휘할 수 있는 구체적 사례로서 또는 권력자들에게 책임을 물을 방법으로 지적한 철학자는 거의 없었다. 이 점에서 롤스는 예외적이었다. 시민 자유지상주의가 부상하는 가운데서도, 롤스는 좌우에 걸친 반국가주의 캠페인으로 인한 군대의 제도적 변화가 책임 문제의 향방에 영향을 끼치리라는 점을 간파했다. 군사주의에 대한 그의 우려는 징집에 대한 전면적 반대가 아니라 징집의 중요성을 인정하는 것으로 이어졌다. 모병 제도에 관한 미공개 에세이에서 롤스는 자유주의 우파가 옹호하는 "직업 군대 및 시장 논리에 의해 조직된 군대"는 경직되어 있고 비용이 많이 들며, 특정 집단 및 계급의 이익에 봉사하는 세력이 될지 모른다고 논했다. 그런 유형의 군대는 "신제국주의적인 해외 진출"에 적극 나서는 군대가 될 것이며, 부정의한 전쟁의 국면에서 징집에 대한 정치적 반대가 가능케 하는 제약을 벗어나고 말 것이라고 말이다.[137] 르네상스 시대의 사상가들이 [용병을 경계하고] 상비군에 집착했던 것처럼, 롤스는 직업 군대가 자유에 극히 부정적인 영향을 준다고 생각했다. 반면 시민군은 보다 신중하고, 시민들에게 군 복무를 거부할 권리가 있다면 호전적 국제정치를 견제할 수 있을 것이었다. 시민의 책임이라는 아이디어에 실체를 부여하는 제도적 메커니즘으로서, 일반 시민들로 구성되는 군대는 공화국이 제국으로 타락하는 것을 막아 준다는 것이 롤스의 견해였다.[138]

전후 시기 롤스의 국가에 대한 회의적 태도는 군국주의화나 군대의 탈정치화에 대한 비판으로 귀결될 법도 했으나, 실제로는 그렇지 않았다. 미국은 여전히 복지국가라기보다는 전쟁 국가에 가까운 모습을 보이고 있었다. 타국에 대한 전략폭격과 국내에서 이루어진 이른바 "무질서와의 전쟁"에 들어가는 지출이 사회민주주의적 부문들에 투입되는 지출을 앞질렀다.[139] 해외와 국내에서 벌어지는 전쟁에 비추어 볼 때, 롤스는 이 같은 국가의 도덕적 한계를 논하기 위해 정의론을 전개했을 것이다. 그러나 그의 제도론은 전쟁이나 국가기구에 맞서는 형태로 발전되지는 못했다. 구체적인 법적·제도적 메커니즘에 관한 고민 역시 여기에서 멈추고 말았다. 징병제가 종식되고 미국 자유주의 내에 자유지상주의적 경향이 커지는 가운데, 징병제가 "우리 자신"에게 부담을 지우는 것이 어떤 의미인지를 실감할 수 있게 해 주는 메커니즘이 될 수 있다고 성찰하는 이는 많지 않았다. 1970년대 초 공공 철학이 압도적으로 제도와 분배에 초점을 두면서, 응용 윤리학, 법, 개인 행위로 철학의 관심이 전환하는 가운데 전쟁에 대한 지도자의 책임은 별도의 문제로 다루어졌을 뿐이다.

***

뉘른베르크 이후, 지도자들이 자신들이 저지른 잘못에 대한 응분의 대가를 치르리라는 것은 상상할 수 없는 일이 아니었다. 다만 베트남 전쟁 시기에는 [잘못을 저지른 지도자들은 응분의 대가를 치를 것이라는] 낙관이 덜했다. 전쟁범죄에 대한 폭로가 시야에서 사라지면서, 민간·군사 지도자들이 처벌받지 않게 될 가능성이 커졌던 것이다. 이를 어떻게 할 것인가? 공공 문제의 철학자들 사이에서는 지도자의 책임을 둘러싼 논쟁이 벌어졌고, 이 논쟁을 통해 그들은 "공공 도덕"을 논하는 틀을 세우게 되었다.

　책임과 관련된 정치적 난점은 단순히 책임을 나누기 어렵기 때문만은 아니었다. 책임을 져야 할 당사자를 찾는 것부터가 어려운 과제였다. 익명으로 기능하는 미국 국가의 관료 기구 내에서 "범죄를 저지른 개별 인사"를 찾는 것이 가능한 일인가?[140] 전범 재판과 "법을 넘어선 판단"에 반대하는 이들은 이런 어려움을 활용했다. 곧, 법철학자 샌퍼드 레빈슨이 지적했듯이, 그들은 정부가 "행위자 없는 [비인격적] 제도의 카프카적인 [부조리하고 암울한] 세계, 곧 개개인의 행위가 모여 아무도 바라지 않고 누구도 책임지지 않는 미친 세상을 만들어 내는 세계"라는 데 호소했다. 정부 조직의 복잡성으로 말미암아 법적 과실을 규명할 수 있는 가능성은 줄어들었다. 반면 개별 지도자에 대한 초법적 재판을 요구하는 이들은 중요한 개인과 사건, 결정을 중심으로 정치를 이해했다. 따라서 이들은 책임 소재를 쉽게 찾을 수 있으며, 재판에서는 법만큼이나 도덕이 중요하다고 여겼다. 후자에 대해 레빈슨은 이들이 개인을 처벌하려는 의지가 지나치게 강하다고 지적했고, 반대로 책임 소재를 규명하기 어렵다는 입장에 선 이들에게는 처벌의 의지가 너무 부족하다고 이의를 제기했다. 전쟁범죄 혐의를 진지하게 받아들이기를 거부하는 이들이 많은 상황에서, 레빈슨은 책임자를 아예 규명하지 않는 것보다는 일부라도 규명하는 편이 낫다고 생각했다. 그로서는 집단적 유죄[책임] ― 레빈슨이 볼 때 책임 회피를 가능케 하고, 집단에 대한 처벌은 거의 이루어지기 어렵게 하는 모호한 개념이었던 ― 보다는 개인의 책임에 초점을 맞추는 것이 좀 더 생산적인 방향이었다. 초법적 절차에는 회의적이었지만, 레빈슨은 법을 집행하려는 시도를 국가가 전면으로 거부하는 것은 법 집행 기관 자체의 정당성에 대한 의혹을 초래할 것이라고 보았다.[141]

레빈슨이 진단한 선택의 기로에 마주한 철학자들은 전쟁에 대한 정부의 책임을 논하기 어렵다는 데 점점 더 좌절했으며, 관료 기구나 집단 차원에서 분산되어 버릴 책임을 묻기보다는 개인의 도덕적 책임을 중점적으로 논하게 되었다. 책임져야 할 전쟁의 설계자들로는 맥조지 번디와 헨리 키신저, 로버트 맥나마라•가 반복해 언급되었다.[142] 이런 고위 당국자들의 전쟁범죄 혐의를 논하기 위해 철학자들은 앞서 그들이 발전시킨 개념 틀을 활용했다. 공리주의와 절대주의 사이에서 전쟁의 간명한 규칙을 찾으려 했던 철학자들의 시도는 이 지점에서 시민 불복종에 대한 고민을 통해 확산된 바 있었던 법, 도덕, 처벌의 관계에 관한 논쟁과 맞닥뜨리게 된다. 비상시에 시민에 대한 어떤 권리 침해가 정당화될 수 있는지를 두고 논쟁하던 철학자들은 이제 거꾸로, 비상시에 지도자가 정당하게 할 수 있는 일은 무엇인가를 묻게 되었던 것이다. [일반 시민의 불복종을 논하는 과정에서 출현한] 저항의 윤리는 권력자의 도덕을 다루는 목적으로 전유되었다.

• 맥조지 번디와 헨리 키신저, 로버트 맥나마라는 각각 베트남전 당시 대통령 국가안보보좌관, 국무장관, 국방장관을 역임했다(키신저의 경우는 국가안보보좌관과 국무장관을 모두 지냈다).

규칙을 어긴 개인에게 어떤 처벌을 내려야 할지가 아니라 규칙 위반이 어떻게 정당화될 수 있는지가 탐구되었다.

이런 실천적 관심은 법과 도덕의 관계에 관한 퍼즐을 더 골치 아프게 했다. 법과 도덕이 일치한다면 시민 불복종자는 곧 범죄자이고, 전쟁범죄를 저지른 사람은 법의 강제력에 직면해야 마땅하다. 그러나 만약 법과 도덕 사이에 차이가 있다면 시민 불복종자는 도덕적인 행위자일 수 있다. 전쟁범죄자의 경우에는 어떨까? 와서스트롬과 같이 전쟁법을 무의미하다고 여기는 이들에게라면 이는 아무런 문제가 되지 않았을 것이다.[143] 그러나 다른 이들은 전쟁범죄에 대한 전통적 정당화 — "군사적 필요"에 따라 규칙 위반은 정당화된다 — 가 과연 타당한지를 검토했다. 일부 정치철학자들은 정치적 행동의 도덕성을 논하는 한 가지 접근 방식을 발전시켰는데, 그것은 도덕 원칙에 호소해 의도, 행위자, 도덕적 의사 결정을 바라보는 관점을 정치 영역으로까지 확장하는 방식이었다. 이런 접근을 통해 응용 윤리학에서 "공공 도덕"이라는 새로운 연구 분야로의 전환 움직임이 공고화되었다. 보편적 윤리 원칙을 특정한 정치적 사안에 적용하는 것을 비판해 온 초기 논자들 가운데 몇몇이 도덕적 행위 및 도덕적 의사 결정에 대한 대안적 시각을 세운 것도 이런 접근을 통해서였다. 이들은 윤리적 요구와 정치적 요구가 서로 충돌하는 "더러운 손" 딜레마에 호소했다.

네이글은 1971년 『철학과 공공 문제』 심포지엄에서 발표한 「전쟁과 학살」을 통해 도덕적 절대주의, 전쟁범죄에 대한 책임, 정치 지도자의 운명을 둘러싼 여러 갈래의 논쟁에 관여한다. 이때 네이글은 특정 도덕적 규칙에 대한 위반은 결코 정당화될 수 없으며, 만약 위반되더라도 규칙은 존립한다고 주장했다. 네이글의 논문에 응답한 두 명의 공리주의 철학자 리처드 브랜트와 리처드 헤어는 네이글의 절대주의가 그 어떤 예외도 허용하지 않는다고 지적했다. 이들은 네이글이 자신도 모르는 사이에 공리주의를 인정했다고 보았다.*144* 네이글의 이론은 전쟁범죄를 예외적인 상황에서는 정당화할 수 있게 했고, 이는 전범이라는 범주를 무의미하게 만들었다는 것이다. 나쁜 혹은 폭력적인 행위가 도덕적으로 필요했다면, 그래도 그 행위가 여전히 범죄일까? 그러나 네이글은 윤리적 딜레마가 공리주의자들이 주장하듯 쉽게 해결될 수 있는 것이 아니라고 반박했다. 절대주의가 실패했다고 해서 공리주의가 그 자리를 꿰찰 수 있는 것은 아니라고 말이다. 공리주의는 행위자의 잘못된 결정을 결과적으로 "아무런 문제 없는" 일로 만들어 그에 정당성을 제공했다. 네이글은 이런 정당화를 거부했다. 원칙의 충돌은 그 어떤 행동도 정당화될 수 없는 "도덕적으로 막다른 골목"으로 우리를 인도할 수 있다. 필요의 논리는 절대주의 원칙과 충돌해, 그 한계에 부닥칠 수 있다. 정치는 우리에게 엄청나게 옳지 못한 일을 저지르도록 요구할지 모른다. 때때로, 네이글은 "이 두 가지 형태의 도덕적 직관이 일관된 도덕 체계로 통합될 길은 없다. (……) 이 세상은 명예롭지도 도덕적이지도 못한 행로, 죄나 악에 대한 책임으로부터 자유롭지 못한 상황으로 우리를 몰아넣을 수 있다"고 주장했다. 어떤 문제에 대해서는, 완벽한 해결책이란 애초에 존재하지 않는다는 것이다.*145*

이와 같은 틀은 윤리적 갈등을 의무의 충돌로 이해하는 직관주의적 관점에 대한 버나드 윌리엄스의 비판에서 그 선례를 찾을 수 있다. 직관주의적 관점에 따르면 행위자가 두 가지 의무 가운데에서 선택을 내릴 때, 결국에는 하나의 의무가 우선시되고 그것이 올바른 선택으로 이해된다. 그러면 선택되지 않은 의무는 사라지고 행위자를 더는 구속하지 않는다는 것이다. 반면 윌리엄스는 도덕적 갈등이 여러 가지 다른 욕망들 사이의 갈등에 가깝다고 보았다. 즉 선택이 이루어진 뒤에도 [선택받지 못한] 욕망은 제거되지 않고 도덕적 의무로 남아 지속적 영향력을 발휘한다는 것이다. 이렇게 본다면 도덕적 갈등은 행위자가 마땅히 할 일을 하고 나면 "잔여" 없이 깨끗이 해결되는 것이 아니라, 후회라는 형태로 그 유산을 남긴다.146 특정 원칙이 정당한 사유로 인해 다른 원칙의 "뒷순위로 밀려나" 그로 인해 누군가가 피해를 입은 경우, 피해를 입은 그 사람은 배상을 받거나 최소한 설명을 들을 수 있어야 한다고 로버트 노직은 지적한 바 있다.147 네이글이 말하는 도덕적 난국은 이런 경우와 구조적으로 유사하다. 네이글과 윌리엄스는 많은 부분에서 의견을 달리했지만 — 윌리엄스는 네이글이 "가능한 해결책을 희생시키면서까지" 그가 설정한 문제들에 "사로잡혔다"고 비판하게 된다 — 네이글은 윌리엄스와 마찬가지로 책임과 선택을 완벽하게 규정하려는 것에 반발했다. 그는 선택이나 결정이 내려지면 아무런 문제도 남지 않는 의무·원칙의 충돌 상황이 가능하다는 데 회의적이었다.148 선택이 내려지더라도, 무언가는 남는다는 것이다.

「정치 행위: '더러운 손'의 문제」(1973)에서 개진한 정치 행위자론에서, 마이클 왈저는 네이글의 이런 관점을 적용했다. 어떤 행위가 도덕적으로 그름에도, 그렇게 해야 하는 경우를 가리켜 "더러운 손"이 불가피한 상황이라고 해 보자. 단순히 행위자가 손을 더럽힌다는 점을 넘어, 행위자가 도덕 규칙을 거스른 데 대해 죄책감을 느낄지라도 해당 행위를 해야 한다는 점에서 이 문제는 중대한 도전이 아닐 수 없다. 네이글에 대한 답변으로서, 왈저는 도덕 규칙에 따라 무엇이 허용되는지가 아니라 규칙을 위반하는 행위자가 당면하는 딜레마를 조명했다. 왈저의 관심은 어려운 윤리적 선택을 내리는 행위자가 직면하는 부조화와, 규칙을 준수하지 않는 것이 정당할 뿐만 아니라 그렇게 하는 것이 의무일 때 행위자에게 어떤 일이 일어나는가에 있었다. "행하는 것이 옳지 않은 두 개의 행동 경로"와 마주한 정치 행위자는 어떤 심리적 경험을 하게 되는가? 이것이 왈저의 물음이었다. 네이글은 도덕 규칙의 위반이 규칙을 무의미하게 만들지는 않는다는 점을 분명히 했다. 왈저는 때때로 도덕적 제약을 무시하는 것이 필요하며 정당하다고 보았다. 그러나 그런 경우조차도 모종의 잔여는 남을 것이다. 왈저는 오스틴, 노직, 윌리엄스 등에 영향받아 행위 공리주의에 대한 비판에 동참했다. 행위 공리주의자들은 개별 행위를 오직 그 결과에 의해서만 정당화할 수 있는 것으로 이해했고, 도덕적 잘못에 대해서는 고려치 않음으로써 더러운 손 문제를 해소하려 했다. 왈저가 볼 때 이는 옳지 못했다. 선한 사람이 나쁜 일을 저지른다면, 그에게는 죄책감이라는 형태로 남는 무언가가 있으니 말이다.[149]

최대한 단순화해 말한다면, 더러운 손 문제는 윤리와 정치, 정치적 책임의 관계에 관한 성찰을 촉구한다. 왈저는 필요의 논리나 공리주의적 논리가 정치에 진입할 수 있는 문턱을 낮춰 준 셈이었다. 왈저가 든 예시로는 폭탄의 위치를 찾기 위해 반군 지도자를 고문해야 하는 경우나, 도덕적으로 혼란한 상황에 처한 정치인의 경우가 있었다. 이후 왈저는 진정한 더러운 손 문제는 재앙의 상황, 곧 극도의 현실적 필요가 도덕적 규칙을 뛰어넘는 상황에서 나타난다고 지적한다. 그런 상황에서는 정치가 도덕을 능가하는, 곧 "극단 상황에서의 공리주의"가 나타나는데, 이는 국내 정치에서는 "도덕적이라는 평가를 받을 정치인"이 공동체의 생존을 지키기 위해 전쟁법을 유린할 수 있는 지점을 가리키고 있었다.[150] 왈저는 필요에 따라 저질러지는 도덕적 잘못을 이해하기 위한 세 가지 모델을 제시했다. (오직 행위의 결과에 의해 악행이 정당화되는) 마키아벨리적 행위자, (죄책감에 의해 잘못이 치유되는) 베버적 의미에서의 "고난의 종",● (잘못에 대한 처벌로 사형을 받고 죽음으로써 죄가 소멸되는) 카뮈식의 "정의로운 암살자"●●

● 고난의 종 suffering servant은 구약성경의 「이사야서」Isaiah에 나타난 메시아의 고난을 빗대어 표현한 것이다. 막스 베버는 자신의 선택이 도덕적으로 정당화될 수 없음을 알고서도 공동체의 안녕을 위해 결단을 내려야만 하는, 정치 지도자의 비극성을 논하며 이를 언급한 바 있다.

가 그것이었다. 이 가운데 그가 선호하는 모델은 세 번째였다. 도덕적 행위자라면 일련의 규칙을 위반했을 때 책임을 인정해 처벌을 받거나 참회해야 한다는 것이다.[151]

이렇게 보면 시민 불복종과 더러운 손 문제에는 유사한 측면이 있다(물론 이런 유비에는 한계가 있지만). "대부분의 시민 불복종 사례에서, 국가의 법은 도덕적 근거에 위반되고, 이에 대해 국가는 [위반자들을] 처벌한다. 더러운 손 문제에서 도덕 규칙은 국가이성의 견지에서 위반되는데, 이에 대해서는 누구도 처벌을 하지 못한다."[152] 여기서 왈저는 기꺼이 처벌을 감수하는 충실한 시민권 저항 운동가의 관점을 채택하고 있는 것으로 보인다. [반면] 그는 현실에서 지도자를 제약하는 도덕 규칙은 작동하지 않는다고 주장했다. 규칙을 어긴 자들이 하는 일이라고는 사제에게 고해성사를 하는 정도에 그칠 뿐이었다. 왈저는 뉘른베르크 원칙을 살펴보거나 전범 재판에 주목하지는 않았다. 이 점에서 더러운 손 문제가 가리키는 정치적 '현실'을 인정해야 한다는 그의 요청은 탈급진화의 움직임이었다고 할 수 있다. 필요한 것은 "우리 스스로 대가를 치르는" 방법이라고 왈저는 썼다.[153] 전쟁이 끝나고 나서, 시민들이 부당한 전쟁에 반대하는 충분한 노력을 다하지 않았다면, 그 책임을 시민들에게 물을 수 있다고 왈저는 보았다. 그러나 전쟁에 대한 도덕적 부담은 시민들 내에서 다르게 지워진다. 가장 큰 책임을 질 사람들은 전쟁에 반대할 시간과 자원이 있는 지식인들, 그리고 "전투에 직접 참여하는 이들과는 달리 (……) 지도자들처럼 즉각적 위험에 처하지 않은" 이들일 것이다.[154] 이 무렵 왈저는 처벌의 전망을 단념하고 있었다. 죄를 저지른 이들이

•• 정의로운 암살자just assassins는 프랑스 소설가 알베르 카뮈의 『정의의 사람들』Les Justes(1949)에 나오는 암살자들을 가리킨다. 소설은 20세기 초 러시아를 배경으로, 자신들이 믿는 정의를 실현하기 위해 황제의 숙부인 세르게이 대공을 암살한 혁명가들을 다루고 있다.

누구인지를 밝혀내는 것이 그들을 처벌하는 것보다 더 정치적으로 중요하며 그럴듯한 일이라고 왈저는 생각했다. 처벌이 불가능하다면, 우리는 다만 마땅한 죄를 책임 있는 자들에게 부여하는 데 만족해야 한다는 것이었다. 왈저는 그들이 저지른 전쟁범죄를 공개 문서화하여 책임지게 하는 편이 낫다는 레빈슨의 견해를 따랐다. 전범들을 처벌하는 대신 그들에게 수치심과 사회적 낙인을 부여하자는 제안이었다.[155]

왈저의 더러운 손 딜레마는 새로운 자유주의 철학에 대한 그의 미묘한 입장을 드러내 보였다. 동시대 비평가들은 왈저를 새로운 "도덕적 절대주의" 진영에 속한 이론가이자 새로운 유형의 "결의론자" theorist of casuistry — 이상화와 추상화에 맞서, 역사적 사례와 경험에 의지하여 도덕 규칙 및 원칙을 철학적으로 근거 짓는 — 로 간주했다.[156] "역사적 예시를 동반한 도덕적 논증"이라는 부제가 그 내용을 잘 시사해 주는 책인 『정의로운 전쟁과 정의롭지 않은 전쟁』에서, 왈저는 분석적 정치철학에 대한 방법론적 비판을 가했다.[157] 철학이 도덕의 문제에 관심을 둔 것은 잘된 일이었다. 그러나 추상적 규칙과 선택의 상황을 가정하는 데 집중한 탓에, 전쟁에 관해 논쟁을 벌이는 보통 시민들의 일상적인 "대화"는 무시되었다고 왈저는 지적했다.[158] 굳이 도덕 규칙을 처음부터 이론화하거나, 도덕을 정치에 재도입할 필요는 없다. 도덕은 이미 공동체의 경험과 시민들의 습관, 행동, 사회 심리 속에 존재하기 때문이다. 왈저는 자신의 이런 주장을 롤스와 그 추종자들에 대한 현실주의적·민주주의적 도전으로 규정했다. 딱딱한 사고실험이나 트롤리 문제와 비교하면, 더러운 손의 딜레마는 현실의 정치 생활에 더 가깝다고 할 수 있었다. 물론 롤스가 초기에 비트겐슈타인적 공동체주의를 수용했으며, 드워킨이나 코언이 시민 불복종을 옹호하며 나름의 민주적 공동체 논의를 전개했음을 고려하면, 이렇게 왈저와 롤스의 차이를 부각하는 것은 과장일 수 있다.

하지만 롤스가 구상한 공동체의 제도적 관행과, 또 다른 곳에서 주장한 절대주의적 도덕 규칙 및 행동 원칙 사이에는 어느 정도 간극이 있을 수 있다. 왈저는 바로 그런 간극에 착안해 자신의 입장을 세웠던 것이다.

더러운 손 문제는 도덕 원칙이 공적 행동과 사적 행동에 두루 적용될 수 있는지, 그리고 사적으로는 용인할 수 없는 어떤 행동을 정치적으로는 필요로 하게 되는지를 탐구했던 정치철학자들 사이에서 공공 도덕 논쟁의 표본으로 자리하게 되었다.159 고문에서 핵전쟁에 이르기까지, 공공의 의사 결정을 탐구하는 데 응용 윤리학적 방법이 활용되면서 정치 행위자는 점점 여러 원칙 사이에서 선택의 딜레마를 겪는 존재로 이해되었다.160 앞선 시민 불복종 논쟁에서 도덕성에 대한 호소는 불신받는 국가기구에 맞서 시민 자유를 옹호하는 일환으로 이루어졌으며, 국가와 법률을 넘어서는 권위의 원천을 제시한 바 있다. 이제 그 호소는 무제한 전쟁을 제한하는 철학적 도구의 기능을 수행하게 되었다. 그러나 그것은 또한 공공 도덕에 대한 새로운 비전의 일부로서, [정작] 정치의 영역을 회피하는 형태로 나타나기도 했다. [정치]권력을 가진 행위자들의 도덕성을 논할 때, 철학자들은 더러운 손, 도덕적 딜레마, 비극적 선택 등과 같은 개념을 활용해 분석했는데, 이 같은 분석은 권력자들이 속한 제도적·이념적 맥락, 책임 및 감시라는 선거 외의 메커니즘과는 동떨어진 것이었다. 이는 죄에 대한 판단을 법 바깥의 영역에서 수행하는 것으로, 책임과 관련된 정치적 문제들을 개인 심리의 수준에서 논하게 되는 결과를 낳았다. 분배 윤리의 다른 영역이 부상하는 동안 책임, 권력 그리고 행위 주체의 분배 문제는 상대적으로 간과되었다.161 철학자들이 정치에 어느 때보다도 깊숙이 관여했던 순간에, 그들의 이론은 탈정치화되는 방향으로 나아갔던 것이다. 공공 도덕과 공공 윤리는 의도, 행위 주체성, 책임에 관한 언어분석에서 기원한 응용 윤리학이 정치로 확장되어 생겨난 영역이다. 그런 공공 도덕 및 공공 윤리 논의는 극적인 선택을 내리는 권력을 가진 개인들에게 관심을 전념하는 영역으로 이해되었던 것이다.

행위 주체를 둘러싼 논쟁은 새로운 자유주의 정치철학의 경계를 세우는 데 기여했다. 역설적이게도 이 논쟁은 자유주의 정치철학의 경계를 구획함으로써 그 제도주의적 성격을 공고히 하는 결과를 낳았다. 더러운 손 논쟁의 여파로 몇몇 철학자들은 개인 간 관계에서나 사적·공적, 정치적 관계에서의 도덕이 갖는 다양한 원천을 명확하게 구분하는 데 관심을 두었다. 제도 내에서 이루어지는 개인들의 행위는 제도적 원칙에 의해 정당화되는가?[162] 이들은 사적, 개인적 도덕 원칙이 공적 원칙을 제약하는지, 어떤 원칙이 다른 원칙에서 파생되는 것인지, 또 개인 수준의 원칙이 정치적 원칙의 적용을 제약하는지 등의 물음으로 나아갔다. 로널드 드워킨은, 어떤 공적 행위의 허용가능성을 정치적 원칙인 "자유주의적 공공 도덕"에 따라 결정되는 것으로 보았다.[163] 네이글에게 공적 도덕과 사적 도덕은 서로 다른 원천을 지닌 것이었다. 이 관점에서 볼 때 제도에 적용되는 것은 비인격적 결과주의이고, 공적 도덕은 사적 도덕으로부터 파생되는 것이 아니며, "국가는 사적 삶에 적용되는 윤리와는 독립적인 나름의 윤리에 의존"하는 것이다.[164] 공공 기관에 대한 도덕적 제약은 그 기관 내의 행위자들에게도 적용되지만, 공적 관점이 항상 사적 관점보다 우위에 서는 것은 아니다. 아무리 공공의 이익을 위해서일지언정 공무원이 공직에 있으며 할 수 있는 일에는 한계가 있다. 때로는 행위자의 책임이 기관의 도덕적 결함으로 흡수되기도 했지만, "개인 수준의 도덕에 대한 가장 강력한 제약은 극도의 결과주의에 의해 공적으로 정당화되는 행위에 대해서조차 모종의 제한을 부과할 것"이다.[165]

공적 영역과 사적 영역의 구분선은 제도상의 도덕과 개인 간 관계에서의 도덕을 구분하는 선과 겹쳐졌다. 롤스는 사적 영역을 개념화하지는 않았으나, 제도적 영역과 개인 간 관계의 영역을 구분하고 후자를 가족과 강하게 결부했다.[166] 사생활을 둘러싼 법적·헌법적 논쟁이 정치적으로 불거지고, 롤스 또한 칸트적 시각에서 공공성을 강조하면서, 철학자들은 공과 사에 대한 자유주의적 이분법을 재확인하게 되었다.[167] 그러나 공적 행동과 사적 행동의 대조가 항상 제도적 도덕-개인의 도덕이라는 구분을 낳았던 것만은 아니다.[168] 캐럴 페이트먼과 같은 페미니스트 이론가들이 추후 주장했듯이, 이런 구분은 가족 및 가정을 사적 영역과 뒤섞는 결과를 불러왔다. 더욱이 새로운 자유주의 철학은 공적인 것과 제도적인 것에는 관심을 가졌지만, 정치적인 것의 개념과 관련된 고민은 거의 찾기 어려웠다.[169]

지금껏 논한 전쟁, 책임, 선택에 대한 자유주의 철학자들의 생각이 [결국 철학계 전반에서의] 표준으로 자리하게 되었다. [역설적이게도] 이는 부분적으로 철학의 관심이 다른 곳으로 향하고 있었기 때문이기도 했다. 다사다난했던 장기 1960년대를 겪으며, 새로운 공공 문제의 철학자들은 정치 행위와 법적 논쟁에 주목해 이 시기에 대응했다. 그러나 자유주의자들은 장기간 이어진 무책임한 전쟁, 경제 침체로 인한 위협, 1972년 대통령 선거에서 조지 맥거번이 패배하고 닉슨이 당선된 일을 비롯한 이 시대의 혼란들로 말미암아 지쳐 있기도 했다. 롤스의 정의론이 발표되었을 때 그것은 많은 철학자들에게 여전히 지킬 가치가 있었던 전후 자유주의의 구현으로 받아들여졌다. 롤스의 정의론은 좀처럼 합의를 도출하기 어려웠던 시기에 합의의 가능성을 약속하는 이론이었다. 철학의 관심이 제도로 돌아서면서, 전쟁이나 책임 문제와 고투하려는 철학적 시도는 곧 많은 이들의 시야에서 사라지게 된다. 자유주의적 평등주의가 도래할 참이었다.

4장
새로운 평등주의자들

1971년 출간되자마자 롤스의 『정의론』은 이론서로는 전례 없을 정도로 폭발적인 반응을 받았다. 철학, 정치학, 법학, 경제학, 사회학, 심리학, 교육학, 사회복지학, 범죄학, 보건학 관련 학술지뿐만 아니라 문학지와 비학술 출판물에서도 서평이 쏟아졌다. 『뉴욕 타임스』는 『정의론』을 올해의 책으로 선정했으며, 헨리 시지윅의 『윤리학의 방법』(1871) 이후로 철학 역사상 가장 중요한 저작이라고 극찬했다. 출판 첫해에 『정의론』은 무려 4쇄를 찍었다. 스튜어트 햄프셔는 『정의론』이야말로 "분석철학이 도덕과 정치에 도움이 될 수 없다"는 생각에 대한 "항구적인 반박"이라고 선언했다.[1] 심지어 롤스의 비판자들조차 그의 책을 매우 높이 평가했다.[2]

이때 롤스의 나이는 50세에 접어들었으며, 그의 초기 논문들을 접한 바 있던 이들은 그가 집필을 마치기를 이미 오래전부터 학수고대하고 있었다. 출판 이전 7년 동안 롤스의 원고를 여러 차례 회람했던 그의 학생들과 동료들은 이제 모두 저명한 철학자가 되었고, 다수는 『정의론』이 나오자 서평들을 썼다. 『정의론』이 출판되기 이전부터 롤스는 이미 철학계의 유명 인사였던 것이다. 「공정으로서의 정의」는 네 권의 편집서에서 재인쇄되었고, 「규칙의 두 가지 개념」은 무려 일곱 번이나 재인쇄되었다.[3] 그의 이론은 객관적 윤리, 도덕의 "사회제도", 사회정의, "분배 체계"의 선택뿐만 아니라 시민 불복종과 전쟁에 대한 논의에서 빼놓을 수 없는 핵심으로 자리 잡았다.4 1960년대 동안 롤스는 자신의 강의에서 한 세대의 철학자들을 위한 거대 서사를 제시했다. [롤스에 의하면] 정치철학이 죽었다고 말한 사람들은 크나큰 오류를 범하고 있었다. 사실, 작금이야말로 정치철학이 부활하기에 아주 적절한 시기였다. "정의라는 개념을 분석"함으로써 정치철학의 위상을 공고하게 다질 수 있다고 롤스는 선언했다.5 그리고 롤스는 『정의론』이 그런 분석의 완성본이라고 생각했다. 롤스는 자신이 객관적인 윤리 이론뿐만 아니라 사회제도까지 평가할 수 있는 이론적 틀을 제공했다고 주장했다. 『정의론』은 공공 문제 철학자들이 기다려 마지않던 안내서였다.

그러나 롤스가 『정의론』을 집필하는 동안 미국의 정치 지형은 완전히 변해 버렸다. 민권운동과 베트남전쟁 같은 일련의 사건들이 철학자들의 상상력을 사로잡았지만, 장기적인 정치적 변화도 점점 그 영향을 무시할 수 없을 만큼 확연해지고 있었다. 롤스의 이론과 결부되어 있던 혼합경제와 풍요한 사회에 대한 낙관은 『정의론』이 출판된 무렵 일어난 여러 소요 사태, 무질서 및 경제적 불안정으로 인해 사라져 버렸다. "이데올로기의 종언"의 종언이 선언되었다.6 공적 영역과 사적 영역의 경계가 다시 그려졌으며, 민주주의, 통치 가능성, 정당화에 대한 위기감이 널리 확산되었다.7 롤스가 자신만의 기술 용어들을 정립하고 있던 때에 그것의 배경이 된 [합의주의적인] 정치는 현실에서 사라지고 있었다.

이런 새로운 시기 속에서 사람들은 공적 민주제도와 최소 수혜자의 처우 개선에 주안점을 둔 롤스의 이론을 최소한의 국가 개입에 의해 규제되는 다원주의적 시민사회의 비전과는 거리가 있으며, 상당한 수준의 재분배에 관여하는 복지국가에 대한 확고한 옹호로 인식하기 시작했다. 자신의 저작, 『다른 미국』(1962)에서 "빈곤을 근절하고자 하는 열정"이 필요하다고 주장한 마이클 해링턴은 당대[1960

년대] 미국이 직면한 문제를 "비전의 문제"로 진단한 바 있다. 그는 "미국의 부유한 동네가 풍요의 벽 너머에 있는 소외된 동료 시민들을 인식할 수 있어야만 한다"고 말했다.[8] 많은 이들이 롤스의 이론을 이런 비전을 구체화해 준 것으로 해석했다. 롤스의 정의 이론은 평등한 시민들이 정당하다고 여기는 사회는 어떤 모습일지, 그리고 사람들이 서로의 존재를 명확히 인지한다면 도덕적 인간들은 어떤 존재일지 제시하는 것처럼 보였다. 한 세대의 철학자들에게, 그것은 — 불평등을 줄이고 시민들 사이의 호혜적 관계를 형성하는 것을 목표로 — 사회민주주의를 정당화하고 린든 존슨의 위대한 사회Great Society* 정책을 철학적으로 "해석"한 결과물이었다. 한 비평가는 "위대한 업적 뒤에는 그것의 합리화가 뒤따른다"며, 롤스의 『정의론』과 위대한 사회를 연결했다.[9]

물론 롤스의 정의 이론이 어떤 성격의 합리화인지 평가하는 것은 온전히 독자들의 몫이었다. 독자들마다 롤스의 이론에 대한 상이한 해석을 내놓았다. 여러모로 롤스의 책은 전후 영미권 사상의 백과사전과도 같았다. 롤스는 자신의 이론화 작업이 이뤄진 시기에 주목받았던 관념들과 기법들 — 후생경제학, 선택 이론, 게임이론, 공공재정 이론, 분석적 법학, 윤리학, 민주주의 이론, 그리고 관념사 — 을 모두 자신의 거대 이론을 위해 동원하고 조율했다. 이 모든 것들을 하나의 체계로 묶는 것은 매우 난해한 작업이었다. 때로는 의식적으로, 때로는 혼동하면서, 롤스는 자신의 핵심 사상을 새로운 형태로 주조하기 위해 칸트, 흄, 신고전주의 등 다양한 전통을 활용했다. 익숙하

---

* 미국의 36대 대통령인 린든 B. 존슨이 1965년 연두교서에서 발표한 일련의 국내 정책으로, 사회복지 및 인종차별 폐지 정책의 확장을 핵심 내용으로 한다. 대표적인 입법 성과로는 메디케어Medicare와 메디케이드Medicaid를 도입한 사회보장법Social Security Amendments, 고등교육법Higher Education Act, 연방 정부에 의한 선거권 보호를 내용으로 한 선거권법Voting Rights Act이 있다.

고 상반되며 반직관적인 생각들이 통상적이지 않은 방식으로 공존했다. 여러 시기에 걸쳐 롤스가 개발한 주장들은 서로 중첩되거나 일부 사라지기도 했다가 다양한 차원에서 다양한 형태 — 상호 간 모순을 유지하면서도, 모두 양립 가능하며, 활용 가능한 형태로 탈바꿈했다 — 로 다시 등장했다. "도덕적 관점"에서 봤을 때, 롤스는 관습과 계약, 법적 규칙과 주권적 결정, 개인과 공동체, 이타주의와 자기 이익 사이의 개념적인 모순과 전통적인 이분법이 해소될 수 있다고 주장했다. 그렇게 『정의론』의 내적 일관성은 그것을 이루는 여러 요소들 간의 모순들을 성공적으로 덮어 버렸다. 또한 그런 내적 일관성을 확보하기 위해, 롤스는 자신이 당연시해야 했던 합의주의적 사회관을 독자의 시야로부터 가리기도 했다.

롤스의 이론은 그 광범위함에서 매우 독특했지만, 롤스의 관심사는 당대인들이 널리 공유하고 있던 것들이었다. 베트남전쟁 시기의 여러 논쟁들은 롤스의 독자층을 형성했으며, 그 책에 대한 "고도 자유주의적인"* 독해를 가능케 했다.[10] 1950년대와 1960년대 동안, 국가에 대한 경계심은 약해지고 — 경제성장을 옹호하는 자유주의, 국가에 맞서 시민적 자유와 개인의 권리를 지켜 내고자 하는 사회 자유주의, 그리고 여전히 비주류에 속해 있던 헌정 질서 수호를 강조하는 시장 자유주의 및 자유지상주의와 같은 — 새로운 조류의 자유주의들이 주목받기 시작했다. 사회 자유주의는 기존의 반전체주의적인 색채를 많이 상실했다. 초기 민권운동과 '위대한 사회'의 다양한

• '고도 자유주의'high liberalism는 롤스의 제자이기도 한 정치철학자 새뮤얼 프리먼Samuel Freeman이 고안해 낸 개념이다. 프리먼은 간섭의 배제와 기본적 자유만을 강조하는 17, 18세기의 '고전적 자유주의'와 달리 오늘날의 '고도 자유주의'는 참정권, 기회균등, 시장규제, 공적 가치 등을 강조한다고 주장한다. 공민권-정치권-사회권으로 이어지는 T. H. 마셜의 시민권 발달 과정과 마찬가지로, '고도 자유주의적인' 해석은 '휘그적' 사관에 기반한다.

사법 및 입법 성과에 고무된 자유주의 철학자들은 스스로를 장기 뉴딜 전통의 계승자로 그리기 시작했다.[11] 자본주의가 공적 담론에 재등장했으며, 그 옹호자들은 계획경제에 대한 비판을 좀 더 급진적으로 발전시켜 나갔다.[12] 매카시즘의 종식과 더불어 시작되었고, 1960년대 사회운동에 의해 고무되었던 미국 사회주의 전통의 재발견은 영국에 지속적으로 관심을 가지고 있던 정치철학계에도 영향을 미쳤다. 당시 상당수의 미국 철학자들이 수학했던 영국에서는 사회주의, 복지국가, 분배 원칙에 대한 논쟁이 지속되고 있었다.[13] 1970년대에는 반전운동을 통해 급진화되었던 한 세대의 연구자들이 대학원을 거쳐 유수의 대학교에서 교편을 잡았고, 이에 따라 사회운동의 지적 급진주의가 학계에 침투했다. 롤스는 자유주의 좌파와 사회주의자들로 이뤄진 새로운 청중을 목도했고 그들로부터 영향을 받기 시작했다. 1971년에 그는 "이제 [우리는] 사회주의와 그 형태라는 문제를 반드시 직면할 필요가 있다"고 말했다.[14] 이런 논쟁들은 롤스의 이론이 이해되는 이념적 배경이 고착화되고, 롤스의 그늘 아래에서 발전할 새롭고 다양한 종류의 사회적 자유주의의 특징을 형성하는 데 매우 중요한 역할을 했다.

동시대 사상가들과 마찬가지로, 롤스 역시 이런 특정 문제들에 주의를 기울였다. 하지만 일반화를 위한 그의 노력은 매우 독특한 결과로 이어졌다. 『정의론』이 정치철학의 원점ground zero이 되어 버린 것이다. [롤스의 이론화 작업의 직접적인 배경이었던] 과거의 논쟁들은 차츰 잊혔다. 롤스의 사상을 자신들의 목적에 맞게 활용했던 첫 독자들은 원칙들의 우선순위, 원칙, 선택, 주장의 정당성, 그리고 원칙들의 함의와 같은 문제들에 주목했다. 1973년에 이미 "롤스 산업"이라는 말이 등장했다.[15] 1979년에 이르면, 피터 라슬렛이 정치철학이 죽지 않았을 뿐만 아니라, "롤스주의적"이라는 새로운 수식어가 붙은 철학으로 변모했다고 선언했다.[16] 그러나 1970년대 동안 다양한 학문적·이념적 배경을 가진 독자들이 그의 이론 속에 들어 있는 여러 요소들을 재발굴해 자유주의적, 민주주의적, 혹은 사회주의적인 목적들에 맞게 활용함에 따라, 롤스의 이론은 다시 뜨거운 논쟁의 대상이 되었다. 하지만 결국 베트남전쟁 시기에 지적으로 성숙한 리버럴liberal 세대에 의해 롤스의 여러 가정, 범주, 주장이 점차 자연화되었다. 롤스의 개념들은 학계의 전문용어로 자리 잡았고, 그 결과 그 기원과 이념적 토대는 망각되었다. 이제 철학적 논쟁의 출발점이 현실 정치가 아니라 롤스가 되면서, 젊은 롤스가 — 비개입과 재분배, 복수의 결사체와 행정 전문가, 평등과 공동소유 사이에서 — 직면했던 정치적 선택지들은 그 구분이 모호해지거나 재편성되었다. 이제 롤스 핵심 사상은 공고하게 뿌리내렸다. 머지않아 정치 이론가들은 이제 현실에 맞게 새로운 이론을 구성하기보다는 특정한 조합의 도덕적·정치적 주장을 되풀이하기 시작했다. 정치 이론의 목표는 롤스 이론의 체계를 방어하고 확장하는 것이 되었다. 실제로, 롤스의 체계는 모든 것을 흡수할 수 있는 것처럼 보였다.

새롭게 등장한 자유주의적 평등주의에는 몇 가지 독특한 특징들이 있다. 그것은 제도에 적용되는 정의의 원칙들, 그리고 제도 바깥에 존재하는 권리보다는 사회 규칙으로부터 도출되는 편익들과 부담들에 초점을 맞췄으며, 집단적 행위 주체성보다는 개별적인 도덕 인격을 우선시했다. 그것은 또한 분배에 초점을 맞추되 응분을 분배 원칙으로 인정하기를 거부했고, "역사적인" 주장들을 회피하며,• 사회를 원칙을 공유하는 공동체로 보는 협력적인 사회관을 가정했다. 이와 같은 특징들은 자유지상주의자 로버트 노직과 롤스의 지지자들 사이에서 벌어진 공방전을 통해 확연히 드러났다. 이런 이론적 도

• 이에 대해서는 이 장 후반부, 특히 새로운 자유주의적 평등주의의 세 번째 특성을 참조.

전들뿐만 아니라, 보건 의료 문제에서부터 적극적 평등 실현 조치● 까지 당대의 "공공 문제"에 대처하기 위해 정치철학자들은 롤스의 주장을 발전시켜 나갔다. 사회민주주의 국가의 규범들이 실천의 차원에서 도전을 받고 초국적인 이상들 — 시장, 국제적인 상호 의존성, 환경 및 개인의 인권과 같은 — 에 의해 불안정해지던 시기에 롤스의 사상은 이론의 영역 안에서 강화되었다. 자유주의 정치철학이 세상을 이해하는 데 필요한 용어들이 롤스 이론의 초기 수용 과정에서 형성되었다. 하지만 그 과정 속에서 등장한 것은 그뿐만이 아니었다. 자유주의 정치철학자들이 우측으로는 자유지상주의의 도전으로부터, 좌측으로는 급진적 대안으로부터 스스로를 보호하는 데 사활을 걸, 독특한 형태의 평등주의가 등장했다.

＊＊＊

롤스의 『정의론』이 출판되기 이전인 1960년대에는 몇 가지 변화가 일어났는데, 이는 그의 주요 독자들을 형성하는 데 기여했다. 베트남 전쟁 시기 그리고 의무, 전쟁 및 책임에 관한 논쟁은 공공 문제 철학의 제도화와 도덕·법철학의 정치화에서 매우 중요했다. 이 시기 동안 분배 문제가 도덕 및 정치철학의 주요 논쟁거리로 다시 자리 잡았다. 분석 윤리학에서 사회정의에 대한 규범적 설명으로의 전후 정치철학의 전환 또한 계속되었다. 몇몇 경제·정치사상가들은 국가와 헌법, 시장과 도덕, 제도와 행위에 대한 새로운 설명을 시도하고 있었다. 롤스가 책을 마무리하고 있을 동안, 이들은 당대의 개념 지형을 재구성하고 있었다.

● 소수자 우대 정책으로 번역되기도 하는 적극적 평등 실현 조치는 소수집단에 소속된 이에게 보다 나은 고용 및 교육의 기회를 보장해 고질적인 차별 관행을 시정하고자 하는 적극적 조치들을 일컫는다.

4장. 새로운 평등주의자들

중요한 변화는 롤스보다 정치적으로 우측[의 진영]에서 일어난 경제 자유지상주의와 신자유주의의 부상이었다. 공공 재정과 헌정주의에 관한 논쟁에서, 제임스 뷰캐넌, 고든 털럭을 비롯한 버지니아 대학교 토머스 제퍼슨 센터의 학자들은 정치적 헌정* 연구에 경제학적 분석법을 적용한 공공 선택 이론**을 창시했다.17 신뢰할 수 없는 "사익만을 추구하는" 정치 행위자들과 "비대해진" 관료들에 대한 비난을 통해 공공 선택 이론가들은 20세기 중반 유행했던 중앙집권화에 대한 비평을 극단적인 수준까지 밀어붙이며 시장을 통한 의사 결정 모형을 국가와 민주주의 체제 전반에 적용할 것을 요구했다.18

신자유주의가 정치적 성공을 거두기 이전인 이 시기에 공공 선택 이론가들과 롤스는 — 중앙집권적이고 재량적인 권력에 대한 반대, 안정, 절차주의, 자유 및 자유 결사에 대한 관심, 그리고 무엇보다도 행위의 자유가 정의와 부합하게 행사될 수 있도록 하는 헌법 및 사회 기본 구조에 대한 비전 등과 같은 — 여러 특징들을 공유하는 것처럼 보였다.19 롤스와 마찬가지로, 초기 공공 선택 이론가들에게 영감의 원천이었던 프리드리히 하이에크와 프랭크 나이트 모두 불확실성, 위험, 불가지성에 대해 우려했고, 제한적이지만 강력한 국가를 옹호했다. 또한, 롤스의 정의 이론과 마찬가지로, 불확실성 아래에서의 의사 결정 모형을 따르는 공공 선택 이론의 "헌법 선택" 이론***은 계약 이론의 부활과 형식화의 일환이었다.20 1964년, 롤스는

* 입법부를 중심으로 행정부의 비대화 및 권력 남용을 견제하도록 하는 헌정 체제를 의미한다. 사법부 중심의 행정부 견제인 법적 헌정legal constitution과 구별해 쓰이기도 한다.

** 공공 선택 이론은 기존의 중앙집권적 관료제 국가 — 비시장적 의사 결정 — 에 의해 독점되던 공공서비스의 행정·공급을 경제학적 분석틀 — 생산과 소비 — 로 접근하는 정치경제학의 한 흐름이다. 이렇듯 미시경제학의 소비자 행동 이론을 정치학적 분석과 결부함으로써, 공공 선택 이론은 공공재가 합리적으로 배분되는 데에 필요한 의사 결정 모델과 조직 구성을 제안한다.

비시장 의사 결정 연구 위원회의 제2차 회의에 참석했는데, 이 위원회의 네트워크는 향후 공공선택연구센터와 1969년 버지니아 공대의 학술지,『공공 선택』이 발간되는 데 중요한 역할을 하게 된다. 뷰캐넌은 롤스를 하이에크, 밀턴 프리드먼, 조지 스티글러와 같은 신자유주의자들과 마찬가지로 자신의 동료로 여겼으며, 특히 롤스를 나이트의 추종자, 즉 "공정한 게임" 연구자로 인식했다.21 1968년, 롤스는 프리드먼으로부터 초청받아 신자유주의 단체인 몽펠르랭협회의 회원이 되었다.22

하지만 방법론적 유사성에도 불구하고 공공 선택 이론가들과 롤스는 자본주의의 바람직함 그리고 사회문제를 해결하는 데 있어 정부의 역할에 대해서는 의견을 달리했다. 특히 워런 연방대법원 시기는 헌정주의 담론과 시민 자유지상주의적인 권리 담론이 둘로 갈라선 시기였다. 민권운동에 대한 인종 차별주의적 반동 속에서 사회 보수주의자들은 민권과 노동 정치에 반대하기 위해 미국의 헌법 질서를 이용했다.23 공공 선택 자유주의자들도 권리 담론에 반대하는 입장을 취했다. 뷰캐넌과 그의 추종자들은 상호 동의하는 인격들 사이의 관계를 유지하기 위한 사회의 기본 규칙을 수립하려고만 할 뿐, 그 이상을 추구하지는 않았다. 그들은 불평등과 차별을 시정하기 위해, 특히 가장 중요하게는 인종차별을 철폐하기 위해 정부가 개입하는 것은 그 어떤 형태라도 [무조건] 부당하다고 여겼다.24 몇몇 공공 선택 헌정주의자들은 사회적·인종차별적 보수주의를 받아들였다.25 드워킨과 프랭크 미셸먼과 같은 법철학자들은 권리가 헌법 질서를 초월하는 도덕적 가치를 지닌 것으로 옹호하거나, 롤스의 이론을 활용해 진보적liberal 사법부가 복지권을 신장하도록 이끌고자 한 반면에,

••• 헌법 경제학의 창시자 뷰캐넌은 헌법도 시장과 마찬가지로 시민들의 공공 선택에 의해 개혁될 수 있다고 보았다.

4장. 새로운 평등주의자들

뷰캐넌은 시민 불복종과 적극적 평등 실현 조치에 대한 연방대법원 판결을 비난했다.26

공공 선택 이론의 관점에서 볼 때 롤스가 제시한 차등의 원칙 개념은 급진적인 재분배 정책을 시사했기에, 공공 선택 이론가들은 롤스가 동등한 자유와 헌법 규칙에 대한 헌신을 저버렸다고 생각했다. 롤스와 달리, 공공 선택 이론가들은 케인스주의적 합의에 등을 돌렸다. 1959년, 롤스는 경제적 통치에 대한 자신만의 신케인스주의적 설명을 개발하기 시작하면서 케인스주의적 거시 경제학과 공공 재정에 대한 신고전주의적인 관심을 할당과 분배의 문제에 결합했던 경제학자 리처드 머스그레이브의 아이디어를 참조했다.27 머스그레이브는 정부 역할의 범위와 공공재 이론에 관한 논쟁에서 케인스주의적인 입장을 취했다(이때 그는 공공재 분야에서 관료들은 절대로 정확한 정보를 수집할 수 없다는 이유로 중앙집권화된 국가권력에 회의적인 입장을 취하고 있었다).28 1967년에 발표한 분배 정의 이론에서 롤스는 뷰캐넌이 아닌 머스그레이브를 따라 정부 부처를 다섯 가지 — 공정한 기회의 평등과 정치적 자유의 공정한 가치를 보장하기 위한 분배처distribution, 필요와 복지 서비스를 관리하는 양도처transfer, 독점과 불합리적인 시장 권력을 방지하기 위한 "반독점" 할당처"anti-trust" allocation, 총수요 관리, 연방준비제도, 정부 지출 등을 통한 완전고용 보장을 목표로 하는 경기 안정처stabilization, 그리고 국가의 과세 권한과 공공 지출을 제한하는 교환처exchange — 로 개요화했다.29

롤스의 정의 이론과 공공 선택 이론은 구조적으로 유사하되, 정치적으로는 대립하고 있었다. 그런 이유에서 롤스는 정부[통치]에 대한 공공 선택 이론의 비전을 거부했다. 그는 자유와 기회의 평등을 방해하는 부의 불평등과 권력 집중은 "올바른" 분배 정책을 통해 해결해야 한다는 자신의 입장을 다시 한번 명확히 했다. "부의 불평등한 상속은 지능의 불평등한 상속처럼 본질적으로 정의롭지 않은 것은 아니다"라는 하이에크의 주장에 대해, 그는 "지능과 부 모두에 있어서 불평등은 차등의 원칙을 충족해야 한다"고 반박했다.30 이에 더해, 롤스의 완성된 이론에서는 기본 규칙[을 설립하고 따르는 것]과 정부가 경제생활에 능동적으로 개입하는 것 사이에는 그 어떤 대립도 존재하지 않았다. 롤스의 정의 원칙들에 부합하는 기본 규칙들은 실제로 개입을 필요로 했다. [이런 정치적 입장 차이를 대변하듯]『정의론』을 출판한 1971년에 롤스는 자신의 몽펠르랭협회 회원증이 만료되도록 내버려두었다.31

***

1960년대는 또한 가난의 지속과 풍요 속 빈곤에 관한 담론이 계속해서 부상한 시기이기도 했다.32 빈곤과의 전쟁과 함께, 계급 또는 재분배만큼이나 흑인의 "병리"와 "문화"에 대해 우려하는 인종화된 사회학 연구들이 주류 담론에 등장했다.33 영국에서는 복지국가의 한계가 명확해지고 리처드 티트머스를 비롯한 이들이 빈곤층으로 복지국가를 확장할 것을 요구하기 시작하면서, 소득분배와 물질적 부족이 정의, 이타심, 필요, 응분과 같은 개념과 함께 새로운 자유주의 철학의 주요 개념에 포함되었다.34 교육 기회는 능력에 따라 주어져야 한다는 능력주의에 대한 마이클 영의 비판은 실증 연구를 통해 확증되었으며,35 브라이언 배리를 비롯한 후속 세대 정치철학자들은 롤스가 존경하던 노동당 수정주의자들을 "평등의 실제보다는 수사修辭"를 중요시한다고 비판했다.36 그들[후속 세대 정치학자들]이 시작한 사회정의로의 전환은 지속되었지만, 사뭇 어두워진 사회 분위기 속에서 급진화되었다.

경제 이론에서도 이제 윤리학이 부흥하고 있었다. 20세기 전반부에 걸쳐, 국가 및 국가의 [직접] 공여에 대한 영국인들의 사고에서 나타난 두드러진 특징은 "일상적" 수준의 사회정책에서까지 이상주의의 우세와 "집단 정체성, 개인의 이타심, 윤리적 요구 및 능동적인 시민 참여"에 대한 강조였다.37 존 A. 홉슨부터 아서 C. 피구까지, 경제사상가들은 "경제 과학"에 윤리적 기준을 적용하고자 했다.38 이런 이상주의는 사라진 지 오래였지만, 1960년대에 공리주의와 "복지국가 철학"이 비판을 받자 분배 기준을 탐색하는 움직임과 함께 부활했다. 배리는 [이제] 거의 모든 철학자들이 "분배에 대한 고려를 총 효용의 극대화에 대한 제약 또는 경쟁 요소로 도입해야 한다"고 생각한다고 썼다.39 케네스 애로의 "불가능성 정리"는 시민들이 사회적 가치를 결정하는 데 대한 회의주의를 야기했지만, 동시에 (특히 효용 간의 상호 비교를 거부함으로써) 경제적 분석에 윤리학을 삽입할 수 있는 가능성을 열어 놓았다.40 아마르티아 센의 영향력 아래에서 사회 선택 이론social choice theory은 경제학 너머로 확산되었으며, 그와 함께 윤리학적 강조 또한 널리 공유되었다.41 이와 같은 후생 경제 이론 내 변화는 롤스에게 중요한 도구들을 제공했다. 1968년 [하버드 대학교에서] 애로, 센과 함께 롤스는 세미나를 개설하기에 이르렀다.

이와 같은 맥락 속에서, 영국에서는 경제학, 사회학, 정치철학이 교차하며 사회와 국가의 도덕성과 경제적 분배의 원칙들의 도덕적 기초를 둘러싼 논쟁이 활기를 얻었다. 이는 롤스의 이론이 대서양 전역에서 수용되는 데 매우 중요한 요인으로 작용했다. 예로부터, 정치철학자들은 시장 사회와 이타적 또는 연대적 사회를 구별해 왔으며, 20세기 중반의 사회민주주의의 옹호자들은 두 가지 사회적 비전을 모두 활용한 바 있었다. 영국의 사상사에서 특히 이타주의는 다양한 계보를 지녔다. 이타심은 자선과 기부에 대한 빅토리아시대의 정당화, 국가로부터 독립된 상호부조에 관한 사회주의적 아이디어들, 그리고 — "상호 부조"라는 기여 윤리의 일부로서 — 사회보험, 공공 시민권, 복지 서비스 제공까지 다양한 생각들에서 찾아볼 수 있었다. 이타주의 그리고 자발성의 원칙과 결부된 가치들은 시장의 침범에 대항하기 위해 혹은 공동체 또는 복지국가의 이름으로 주창되었다. [하지만] 동시에 그것들은 사유화되고 개인화될 수도 있었다. [이 경우] 국가를 거부하는 것은 공적인 것을 거부하는 것과 동일했다.[42] 제2차 세계대전 이후, "필요", "호혜성", "상호부조"를 우선시하는 윤리적 이상주의의 일환으로서 이타주의가 부활했다. 1960년대 중반에, 티트머스는 경제정책이 불평등을 해소하는 것에 그쳐서는 안 된다고 주장하며, "사회적으로 인정받은 '필요'"를 충족하기 위해 국가가 이타심, 호혜성, 그리고 사회적 의무를 촉진해야 할 것을 요구했다.[43] 칼 폴라니와 마찬가지로, 티트머스는 "사회가 시장의 부속품"이라는 견해에 반대했다.[44] 영국의 자발적 헌혈 제도와 미국의 사적 헌혈 제도를 비교한 1970년의 『선물 관계』에서 그는 "헌혈과 기부의 상업화는 (……) 이타심의 발현을 억압한다"고 주장하며 자신의 견해를 완성했다.[45] 티트머스의 견해에 따르면, 이타심의 촉진과 필요의 충족은 사회가 원활히 작동하는 데 핵심적이고, 개인 및 사회 행동의 윤리가 중요하며, 사회보험은 위험 분담이 아닌 상호주의의 발현으로 생각되어야 한다.

이와 대조적으로, 다른 이들은 사회민주주의를 옹호하는 데 시장과 상업 사회의 이론들과 연계된 개념들을 활용했다.[46] 이것은 흄, 스미스, 경제학, 사회 선택 이론의 전통이었으며, 자기 이익, 선의, 관습, 사회성을 강조하고 "선물"보다는 "교환"을 우선시했다. 사회정의에 관한 다수의 새로운 자유주의 이론들이 — 정의는 인위적인 미덕이며, 정의로운 사회는 이타심을 필요로 하지 않고, 시장은 그 자체로 도덕적 가치를 지니지 않는다고 여기는 — 이 전통으로부터 비롯되었다.[47] 정부가 시장을 충분히 규제하지 못할 경우, 비판의 대상이 될 수 있지만, 이는 연대나 윤리적 공동체의 이름으로 이루어지는 것은 아니었다. 이 전통의 주창자들에 의하면, 자발성의 원칙은, 개인적 자선, 자선단체, 기업의 기부 등 어떤 형태로 실현되든 간에 국가와 시장의 비인격적 작동을 결코 대체할 수 없다.

이런 [사회민주주의 진영 내 연대적 사회 비전과 시장 사회 비전 간의] 대립은 티트머스의 저작과 사회적 목표를 달성하는 데 있어서 이타심의 역할에 관한 논문들을 실은 『철학과 공공 문제』의 초기 호수들에서 찾아볼 수 있다. 애로는 "많은 경제학자들과 마찬가지로" 자신 또한 "자기 이익을 윤리로 대체하는 것에 지나치게 의존하고 싶지 않다"고 밝혔다. 물론, 재화 공급에서 시장의 한계에 대한 티트머스의 생각은 피구부터 나이트까지 이어지는 유구한 전통에서 비롯된 것이었다. 하지만 애로는 티트머스의 "비인격적 이타주의" 이론에서 "엘리트주의적인 색채"를 발견했다. 애로에 따르면, 티트머스는 그런 이타주의가 "시장만큼이나 인간적인 관계 속의 감정"을 불러일으키지 못한다는 점을 인지하지 못하고 있었다. "시장"에 대한 티트머스의 지나친 반감은 "집단주의"에 대한 하이에크의 반감의 거울상이었다.48 애로의 이런 비판에 피터 싱어는 티트머스와 복지국가의 필요에 기반한 이타주의를 변호하는 것으로 응수했다. 싱어에 따르면, 시장은 절대로 신뢰할 수 없으며, 더 나아가, 티트머스야말로 올바른 형태의 복지국가라면 "이타적인 태도들과 공동체 내 타인과 관계 맺고 돕기를 원하는 욕구"를 함양하는 "자발적인 체제"를 만들어 낼 수 있음을 인지했다.49 싱어는 사회적 목표를 달성하는 데 있어 윤리적 행위가 필수적이라고 생각했다. 반면 애로는, 싱어와 달리, 사회적 목표의 달성은 시장에서 자기 이익에 의한 비의도적 결과이거나 국가의 의도적인 객관화 행위의 결과라고 생각했다. 그러나 싱어와 애로 모두 자신들이 애로가 훗날 "사회주의에 대한 조심스러운 호소"라고 칭할 바를 제시하고 있다고 이해했다.50 결국 논쟁의 요지는 국가가 정당한 행위자인가, 그리고 인간이 도덕적인 존재인지 여부가 과연 어느 정도 중요한가였다.

초기 롤스의 사상은 공동체 윤리와 흄의 시장 사회 전통을 결합한 것이었으나, 시장과 공동체, 공적인 것과 사적인 것 사이의 상대적 가치에 대해서는 명확한 입장을 취하지 않았다. 롤스에게 중요했던 것은 이 모든 것이 제한된 국가 안에서 번영할 수 있다는 점이었다. 어느 시기 동안, 롤스는 자연적 사회성보다는 관습적 사회성을 강조함으로써 자기 사상의 비트겐슈타인적 기초를 흄적인 기초로 대체했다.51 그가 후생경제학과 사회 선택 이론의 방법론을 활용한다는 사실과 함께, 롤스 사상의 이런 경향성은 많은 사람들로 하여금 롤스의 사상을 자기 이익 중심적인 이론[체계]로 해석하게끔 했다. 1960년대에는 인격들의 도덕 공동체에 대한 롤스의 비전에 자율성과 불가침성이라는 새로운 칸트적 언어가 덧붙여졌는데, 이로 말미암아 롤스의 입장이 정확히 무엇인지에 대한 의문이 더욱 커졌다. [사실] 롤스는 상이한 윤리적 전통들과 그것들이 상정하는 도덕 심리학적 가정들 사이의 양립 불가능성을 해결하고자 노력했다. 그에 따르면, 정의라는 관념은 "이타심과 자기 이익 사이에서" 균형을 이루고 있었고 "호혜성의 개념을 내포"했다.52 마찬가지로, 토머스 네이글은 옥스퍼드 대학교 학사 학위논문과 롤스 지도하에 쓴 박사 학위논문을 발전시킨 『이타주의의 가능성』(1970)에서 비인격적 이타주의에 대한 견해를 제시하고자 했다. 네이글에 따르면, "이타주의 자체는 다른 인격들의 실체를 인정하고 스스로를 여러 개인들 가운데 하나로 여길 수 있는 능력에 의존한다." 이타심은 "감상feeling이 아니고" "자기 이익"과 아무런 관련도 없지만, 그 자체로 "합리적"이며, "합리성의 조건"이자 자아와의 관계에 관한 것이었다. 이타주의의 원칙은 개인이 "스스로를 '나'인 동시에 '누군가' — 객관화된 개별적인 개인 — 로 인식할 수 있는 능력으로부터 기원"한다.53 객관화의 시각을 취함으로써, 여러 상충하는 아이디어들이 조화될 수 있다는 것이었다. 네이글과 마찬가지로, 롤스는 비인격적 이타주의의 비전을 옹호하는 방법을 제시했다. 그러나 자기 이익 대 이타주의라는 오래된 구분은 독자들이 롤스를 독해하는 방식에 꾸준히 영향을 미칠 것이었다.

이타주의, 자기 이익 및 필요와 밀접하게 관련된 또 다른 논쟁도 롤스의 수용에 영향을 미쳤다. 이는 주로 영국에서 벌어진 논쟁으로, 그 주요 쟁점은 복지국가의 존재 이유가 인도주의인지 정의인지였다. 1960년대, 일부 이론가들은 국가가 충족해야 할 것은 사회정의가 아니라 필요라고 주장했다. 옥스퍼드 대학교의 한 보수주의 철학자는 정의로움이란 사회적 목표를 달성하는 데 개인이 기여한 만큼 그 결과를 배분하는 것이라고 정의했다. 그에 따르면, 국민보건서비스, 복지국가, 여타 "상호부조" 기관들과 같은 대규모 사회적 사업들은 전체주의로 빠지지 않기 위해 제한된 원칙 아래에서 필요에 따라 재화를 배분해야 했다.54 사회민주주의 진영은 이런 입장에 반발했다.55 옥스퍼드 대학교의 철학자 데이비드 밀러는 후일 도덕 감정 혹은 인도주의적 의무의 필요조건으로서 "인간의 고통은 피해야 한다"라는 전제에서 출발하는 입장과 "모든 이들은 동등하게 존중받아 마땅하다"라는 전제에서 출발해 "필요의 충족"을 정의의 문제로 파악하는 입장을 구분했다. [사회민주주의자들은 후자를 채택함] 필요의 충족을 시장을 통해 해결되거나 자발적으로 해결되도록 내버려둬야 할, 인류애의 문제가 아닌, 정의의 문제로 인지했다.56 즉, 철학자 버나드 윌리엄스가 몇 년 전에 개발한 기본적 평등 개념, 즉 개인 간의 "기저적 평등" 개념을 통해 접근해야 한다는 것이었다.57

『정의론』이 출판되기 이전부터 복지국가에 대한 논의에서 철학자들은 기저적 평등과 연계된 정의 관념을 활용하고 있었다.58 필요와 이타심에 대한 논쟁에서, 인류애보다 정의가 우선시되었다. 점차 철학자들은 도덕적 응분과 덕성이 국가의 법적·윤리적 기초 그리고 경제적 분배의 문제에 어떻게 작용할지에 더욱 주목했다. "누군가에게 응분을 부여한다는 것"이란, 배리가 말하길, "그의 행위 또는 그의 노력 혹은 그로 인해 생긴 결과에 따라 그에게 이익과 손해를 부여하는 것이 좋다는 것을 의미한다."59 응분은 개인적 책임의 원칙으로서 중요했다. 또 다른 철학자의 표현에 따르자면 "응분 의존적인 원칙들"은 법과 형벌의 문제에 널리 적용되고 있었다.60 1960년대에 법철학자들이 씨름했던 문제는 — H. L. A. 하트가 "완화된 응보주의"라고 부름으로써 개념의 범위와 중요성을 제한한 — 좀 더 "인간적인" 형태의 응분 원칙을 고안해 내는 것이었다. 파인버그와 하트는 "이익과 손해" 개념은 자발적 행위와 그 결과에 대해서만 적용할 수 있다고 주장했다.61 "공익"을 이유로 어떤 이에게 무언가가 주어지는 게 "마땅하다"고 말하는 것은 사실 어불성설이었다. 그것은 "마땅하다"라는 말을 "오용"한 것에 불과했다.62 그렇다면 제도적 결정과 경제적 분배에서 응분의 의미는 어떻게 활용해야 하는가?

일부 철학자들은 응분의 개념을 분석함으로써 그에 대한 지나친 의존을 줄이거나 어느 옥스퍼드 대학교 철학자가 주장했듯이 "정의에서 응분보다는 필요가 더 중요한 기준"이라는 사실을 보이고자 했다.63 그들에 의하면, "응분에 의존하는" 정의는 "행위 의존적"이었다.64 하지만 분배 및 제도의 맥락에서, 행위가 필요의 문제에서 고려되어야 하는지는 의문의 대상이었다. [이에 대해] 배리는 "응분이란 과거 또는 기껏해야 현재 지향적"인 반면에, "유인incentive과 방지deterrence는 미래지향적인 관념"이라고 주장했다.65 [그리고] 분배 정의에서 중요한 것은 과거가 아니라 미래였다. [고로, 응분은 분배 정의를 고려할 때 중요하지 않았다.] 이런 논의에서 주요 쟁점은 개인의 도덕성이 정의와 국가를 설명하는 데 과연 중요한지, 중요하다면 그 중요성은 어느 정도인지였다. 티트머스를 비롯해 자발성의 원칙을 확장해 나간 이들에게, 미덕은 사유화되건 공적인 것으로 남아 있건 [그 형태와 상관없이] 여전히 중요했다. 정의에 대한 논의에 새로이 참여한 철학자들에게, 복지국가의 가치는 미덕, 성격, 특질, 그리고 과거의 행위와 무관하게 주창될 수 있다는 점에 있었다. 그들은 제도에 대한 논의에서 "행위"의 영역을 제거하고자 했다. 그렇게 함으로써 "구제받을 자격이 없는 빈민"이라는 담론을 완전히 없앨 수 있다고 여겼다.66

1965년, 배리는 위와 같은 일련의 주장들을 "응분에 대한 반발"이라고 불렀다. 그는 응분에 따라 재화를 배분해야 한다는 논리를 자유주의적 원자주의liberal atomism와 동일시했다. "응분 개념은 자유주의 사회에서 널리 받아들여지고 있는데, 여기서 사람들은 합리적이고 독립적인 원자들로 간주되고, 모두가 혜택을 누릴 수 있는 '사회계약'에 의해 사회에 묶여 있다." 복지국가는 이런 원자주의로부터 벗어나기 위한 움직임을 표상했다. 복지국가에 대응하는 이론은 응분이 아닌 [행위와 무관한] 호혜성과 필요에 기반해야만 했다. 배리가 보기에, 응분 개념은 그 영향력을 잃고 있었다. 이는 법이 "응보주의보다는 재활과 방지"를 강조한다는 점, 그리고 복지국가가 "예전이라면 '구제 가치가 없는 빈민'이라 불릴 이들에게 (실제는 아닐지라도 이론상) 특별히 관심을 가진다는 점"에서 확연했다. 즉, 필요가 충족될 수 있도록 하는 원칙에는 응분 이외의 대안이 존재하는 것이었다. 이때 배리는 "불운에 의해 개인들에게 닥친 위험은 사회 전체가 감당해야 한다"라는 법학자 로스코 파운드의 구절을 인용했다. 파운드의 구절이야말로 "책임 보험 이론"insurance theory of liability과 "사회보험 법안"의 이론적 근거를 제대로 포착한 구절이었다.67 그러나 응분을 주장하는 것이 규범적으로 무의미하다고 생각한 철학자들은 여전히 소수였다. 대다수는 근로소득과 불로소득을 구별하기 위해 응분 개념을 유지하고자 했다. 일부는 응분 개념 없이는 "'자본가들이 획득하는 수혜'의 가치는 그들이 가진 고유한 속성의 가치와 동일하다"는 주장, 혹은 자본가들은 "합당한 일을 하지 않았더라도 수혜의 자격을 가진다"는 주장을 반박할 수 없지 않냐고 지적했다.[68] 배리조차도 응분을 분배의 기준에서 제거하는 것에 대해서는 조심스러웠다. 배리는 유인책과 방지책 없이도 사회가 원활히 작동할 수 있을 때에만 응분 개념이 작용하는 사회와 그것이 작용하지 않는 사회 사이에 유의미한 차이가 존재할 것이라고 주장했다. 오직 그때에만 "정의로운 응분"을 둘러싼 논의로부터 "완전히 결별"할 수 있을 것이었다.[69]

위와 같은 논쟁들은 롤스의 제도적 정의 이론의 등장을 예비했으며, 그의 이론이 어떻게 해석되는지에 영향을 미쳤다. 롤스는 그가 "도덕적 관점에 볼 때 자의적"이라고 판단한 요소들을 분배의 근거로부터 제외했다.[70] 그는 분배에 관해 널리 공유되어 있는 생각들, 특히 사람들은 각자 받아 마땅한 것만을 받아야 한다는 생각은 실은 정의롭지 못한 생각이라는 점을 자신의 이론을 통해 입증할 수 있다고 여겼다. 선천적 재능은 경제적 부와 마찬가지로 도덕적으로 자의적이었다. 주어진 운명, 재능, 부는 사람들에게 그 자체로 더 많이 분배받을 자격을 부여하지 않았다. [따라서] 응분이라는 개념은 사회적 부의 불평등을 어느 정도 허용할 것인지를 결정할 때 제외되어야 했다. 그 대신, 롤스의 원칙들이 운과 우연에 의해 발생하는 불평등 가운데 정당화할 수 있는 것과 할 수 없는 것을 구별하는 역할을 할 것이었다. 하지만 이는 제도라는 가장 일반적인 수준에서만 가능했다.[71] 정치철학이 지나온 경로를 따라, 롤스의 정의 이론은 호혜성을 기반으로 인류애보다는 정의를 우선시하는 주장을 제시했는데, 이는 시장을 활용하되 응분의 역할을 제한하는 것이었다. 더 나아가, 응분 개념에 대한 롤스의 비판은 [불평등에 대한] 제도적 형태의 정치적 정당화가 고차원의 수준에서 서로 결합할 수 있음을 입증하는 동시에 — 복지국가에 대한 이타주의 중심의 설명이든, 윤리적 사회주의이든 — 개인적 도덕성과 제도적 도덕성을 혼동하는 행태에 대한 비판의 일환이기도 했다.[72] 그러나 이로써 롤스의 이론이 "정의로운 응분"과 완전히 결별한 것인지, 아니면 필요, 이타심, 자기 이익 각각의 상대적 강점보다는 여전히 관료제의 남용에 관심을 가지고 있던 미국의 헌정주의 이론가들과 더욱 가까워진 것인지 여부에 대해 롤스의 초기 독자들이 분별하기는 어려웠다.

***

[분명히] 『정의론』에는 위와 같은 논쟁과 관련된 내용이 포함되어 있으며, 롤스의 사상은 그가 사회를 게임으로서 상상한 시점 이래로 20년 동안 상당한 변화를 겪었다. 그러나 그의 초기 이론에 나타난 애초의 특성들은 여전히 남아 있었다. 풍요의 시대에 형성된 미국 사회에 대한 롤스의 낙관과 집중된 권력에 대한 경계 모두 [그의 책에서] 찾아볼 수 있었다. 정의 원칙들에 의해 규제되는 사회에서 — 개별 인격이 우연성, 불운, 부당한 불평등의 영향으로부터 보호받는 — 국가는 개인과 공동체의 삶에 지속적으로 침범하지 않을 것으로 상정되었다. 그러나 이제 롤스는 그의 이론을 시대에 구애받지 않는 영원한 것으로 여겼다. 원초적 입장은 "영원의 관점 아래에서" 인류를 바라보는 것을 의미했다.[73] 그것은 또한 복지국가라는 시대 특정적인 관심사를 초월했다. 언제나 학계의 유행을 선도했던 롤스는 일반성에 대한 자신의 열망 — 도덕적 관점에 대한 그의 탐구에서 비롯되었고 이제는 [과학적] 진리와 합리적 선택의 언어로 표현되었다 — 을 숨기지 않았다.[74] 롤스가 핵심적인 것으로 생각했던 과제는 언제나 복지의 제공을 정당화하는 것보다는 일반 이론을 구축하는 것이었다. 『정의론』의 출판을 앞두고 사회민주주의 국가들 내에서 분배의 윤리성과 경제성에 대한 논쟁이 첨예하게 진행되자, 이론의 일반성을 향한 롤스의 열망은 더욱 강화되었다. 롤스의 최초 의도는 자신의 이론을 통해 20세기 중반 철학과 사회과학에 부족했던 윤리의 객관

적 기초를 제공하는 것이었다. 1960년대에 이르면, 그의 [집필] 의도에는 공리주의를 대체할 [윤리적] 기준과 새로운 법적 헌정주의의 도덕성을 제공하는 것이 포함되었다. 이를 통해 그는 후생경제학의 교착상태를 해결하고자 했다. 즉, 파레토 효율과는 다르게 분배 문제를 판단하는 방법을 제시하고, 여러 세대 동안 경제학자들이 넓혀 온 도덕철학과 경제학 간의 간극을 좁히고자 했다. 롤스의 관심사는, 정의에 대한 이 같은 논쟁이 벌어지기 이전인 20세기 중반에 비롯된 것이었지만, 그의 지적 야망은 시간의 흐름에 따라 점점 더 커져 갔다. 롤스 이론의 엄청난 [포괄] 범위, 혁신적인 개념 어휘, 그리고 전후 수십 년간 제기된 다양한 의제들의 재도입(이는 부분적으로 그의 지적 야망에 기인한다)은 그의 이론이 — 그의 책의 독자들이 원래 위치해 있던 — 복지국가를 둘러싸고 1960년대에 벌어졌던 논쟁들에서 나타난 여러 분열과 대립을 점차적으로 가려 버리는 결과를 낳았다. 롤스는 이 논쟁으로부터 제기된 다양한 관념들을 자신의 이론에 포섭했지만, 그의 성공으로 말미암아 그것들은 정치철학의 기억 속에서 거의 사라져 버렸다.

그러나 『정의론』이 처음 출간되었을 때, 롤스는 자신이 책을 집필하는 기간 동안 형성된 독자들에게 그들에게 익숙한 언어로 자신의 핵심 주장들을 변론할 필요가 있었다. 초기 독자들 가운데 상당수가 롤스의 정치적 입장이 정확히 무엇인지 물었다. 하지만 롤스는 특정한 입장을 고수하고 싶지 않아 했다. 그는 자신의 이론이 특정한 종류의 사회를 상정하는 것이 아니라고 자주 말하곤 했다. 1973년 미국경제학회에서 열린 강연에서, 롤스는 자신이 제시한 이론의 요점을 다음과 같이 설명했다. 오직 평등한 자유와 공정한 기회의 평등이라는 원칙이 실현되어야만, "민주주의가 어떤 형태로든" 실현 가능하다. [사회는] 사회적·경제적 불평등을 수반할 것이며, 첫 번째 원칙만으로는 "개인의 삶의 전망이 그들의 가족과 계급, 선천적 재능 및 우연에 의해 중대하게 영향을 받는 것을 방지할 수 없"다. 이런 불평등을 교정하는 것은 최소 극대화 기준을 포함하는 [롤스의 두 번째 원칙인] 차등의 원칙이다. 차등의 원칙은 "제도적 거시-원칙"으로, "조세와 재정 정책, 그리고 법과 정부가 허용하는 소득과 재산의 불평등"에 적용되며, [특히 불평등의 경우] 그 적용은 [불평등을 제거하는] "결괏값이 아닌 [최소 수혜자에게 혜택을 줄 것이라는] 기댓값expectations"에 해당된다. 그것은 "교회, 기업, 노동조합, 대학 등"과 같은 결사체에는 적용되지 않지만, "기본 구조에 의해 영향을 받는 한에서" 사회집단들의 기대치와 전망을 규제한다. 그러나 차등의 원칙은 "선천적인 다양성"과 "특출한 재능"을 파괴할 대상이 아니라 "사회적 유대의 기초로 작용할 수 있는" 기회로 인정하는 것에서 출발한다. "능력의 자연적 분포는 어떤 면에서 집단적 자산으로 간주되어야 한다"고 롤스는 선언했다. 자유롭고 평등한 도덕 인격들 사이의 관계를 위협하지 않기 위해 제도는 불평등을 활용하는 방향으로 설계될 수 있었다. "불평등은 모든 구성원에게 이익을 가져다줘야 하며 행운을 입은 이들은 수혜를 덜 받은 이들에게 도움이 되는 방식으로 이득을 취득해야 한다"는 최소 극대화 기준을 통해 롤스는 자신의 이론과 경제 이론을 대조했다. 일반균형 이론과 달리, 롤스의 이론은 제도의 결과를 단순히 "개인들이 해야 할 것의 총합 또는 적어도 그것과 어느 정도 연장선상에 있는 것", 즉 "미시 경제적 과정의 총합"으로 보지 않았다. 대신에, 제도는 기본 구조를 규제하는, 즉 "시장의 일반적인 환경"을 제약하기 위한 규범적 원리를 제공하는 것을 목표로 삼았다.[75]

냉전 분위기가 [미국에서] 완화되고 급진적 저항의 분위기가 대학가에 자리 잡으면서, 사회주의와 마르크스주의적 사고들이 학계에서 벌어지는 정치 논쟁의 주요 특징으로 자리 잡았다.[76] 이런 새로운 맥락 속에서, 롤스는 정의 이론의 영향력을 좌파 진영으로까지 확장하고자 했다. 1973년 미국정치학회에서 열린 자신의 책에 대한 좌담회에서, "사회주의적 계획"이나 "마르크스주의적 구상"이 "정의 너머의 것"이라고 자신은 생각하지 않는다고 롤스는 밝힌 바 있다. 그는 "대의제 재산 소유 민주주의만을 고수하고 싶지 않다"며, "내가 말한 것은 모두 호환될 수 있다고 믿기에, 시장 사회주의와 결합된 몇몇 형태의 연방제적 참여 민주주의가 우리[미국인]에게조차도 가장 정의로운 구상일 수 있다고 생각한다"고 덧붙였다.[77] 좀 더 광범위한 정치경제적 문제와 관련해, 롤스는 체제의 유형에 대한 유연한 태도가 그 어느 때보다도 자기 이론에 필요하다고 강조했다. 자본주의와 사회주의 체제 모두 정의를 실현할 수 있었다. 두 체제 모두에서, 게임의 규칙이 모든 게임 참여자에게 이로운 방향으로 설계될 수 있었다. 하지만 롤스의 규칙에 부합하는 사회주의란 시장 사회주의뿐이었다. 왜냐하면 시장은 생산적 자원의 배분, 효율성의 유지뿐만 아니라, 생산자, 기업가, 기업 등이 "자유롭게 결합"하는 데 필수적이기 때문이었다.

이렇듯 롤스는 노동당 수정주의자들과 [정치적 입장에서] 가까운 관계를 유지했다. 좀 더 일반적으로 말해, 롤스는 자신의 초기 사상에서 독립적으로 발전한 여러 관념들을 동시대인들의 것으로 돌렸다. 그는 "축차적 서열화" 개념을 아마르티아 센으로부터 가져왔다고 말했으며, 재산 소유 민주주의는 원래 제임스 미드의 것이라고 밝혔다.[78] 이제 그는 재산 소유 민주주의와 "자유주의적 사회주의" 사이에서 자신의 유연한 입장을 뒷받침하기 위해 미드의 권위에 호소했다.[79] 지금까지 롤스는 언제나 재산 소유 민주주의를 옹호해 왔지만, 그것은 시대가 변함에 따라 반국가주의적인 색채를 잃었다. 이제 재산 소유 민주주의는 우파보다는 좌파 진영의 개념으로 자리 잡았다.[80] 하지만 초기 롤스가 지녔던 국가, 관료제 및 단체 권력에 대한 경계는 여전히 남아 있었다. 롤스는 특정 유형의 재산 체제를 고수할 필요는 없지만, "관료들이 운영하는 중앙 지도 체제 혹은 산업체 간

협의를 통해 통제되는 경제"만큼은 방지해야 한다고 주장했다.81 [롤스는] 여전히 집중된 권력에 대한 비판을 유지했다.

이 모든 논의들이 실천적으로 어떤 의미였을까? 롤스는 급진적인 아이디어를 많이 제시했지만, 동시에 기존의 아이디어들을 상당수 철회하기도 했다. 곧 그의 독자들은 그가 현실 문제에 정확한 입장을 밝힐 것을 요구했다. 그의 이론이 고전의 반열에 오르기 위해서는 우선 여러 방향에서부터 제기된 도전을 이겨내야만 했다. 출간 초기에 어떤 독자는 롤스의 이론이 "철학의 옷을 입고 있는 이데올로기"일 뿐이라고 선언했다.82 앨런 블룸에 의하면, 롤스는 "민주주의와 복지국가를 결합함으로써" 모두를 만족시키고자 했다.

> 롤스는 자본주의와 사회주의 중 어느 것이 제일 효율적인 경제체제인지 답하지 않음으로써 자신의 이론을 냉전주의자의 전유물로 만들지 않았고, 공동체와 최대한의 개인적 자유를 결합함으로써 신좌파의 요구 사항을 들어줬으며, 시민 불복종과 양심적 병역거부를 옹호함으로써 자신의 빅텐트 안에 민권 및 반전 운동가들을 포섭했으며, 경제적 조건으로 인해 자유민주주의가 불가능한 곳에서는 자유가 박탈될 수 있다는 조항을 추가함으로써 제3세계 국가들을 정의롭지 못하다는 비판으로부터 자유롭게 해 줬다.83

존 샤는 롤스가 1950년대 "이데올로기의 종언" 이론가들이 원하던 "이데올로기"를 제공했다고 비판했다.84 롤스는 이미 현존하는 연성 자유주의를 확립했을 뿐이었다. 그는 사회가 협력의 가치를 공유하는 원칙의 공동체라는 비전을 추구했으며, 결사체·계급 내에 그리고 그들 사이에 존재하는 불평등한 권력의 결과를 지워 버리는 것의 중요성을 인지했다. 블룸과 그의 동료들이 지적했듯이, 롤스는 이에 대한 정치적 함의를 열어 두고자 했다. 그리고 이것은 롤스의 정치적 선택이었다. 하지만 동시에 이것은 자신이 창출한 반직관주의 이론과 일치시키기 위해 자신의 정치적 판단을 조정한 결과이기도 했다. 롤스는 종종 자신의 이론이 논리적으로 (어떤 재산 체제를 선택할지뿐만 아니라) 다양한 유형의 질문에 대해 복수의 답변을 허용한다고 말하곤 했다. 어떤 이는 롤스의 이와 같은 모호한 입장에 실망했지만, 다른 이들은 그것을 롤스의 창의성으로 봤다.

따라서 독자들은 일제히 롤스의 책에 경탄하거나 열광하면서도 책의 정치적 함의에 대해서는 의견을 달리했다. 롤스와 가까운 법·윤리 철학자들이 점차 영향력을 확대해 나가고 있었는데, 그들은 자신의 영향력을 확고히 하기 위해 롤스의 사상을 활용했다. 법률가들은 롤스의 원칙들을 통해 헌법에 대한 자신들의 설명과 권리에 기반한 자유주의를 뒷받침하고자 했다.[85] 마셜 코언은 "미국 헌법의 근간을 이루고 있는" 원칙들이 "모호해지고 배반당하는" 바로 그 순간 이 원칙들을 옹호했다며 롤스의 새로운 저작을 환영했다.[86] 후생경제학자들은 완전 경쟁 시장 모형과 현실 경제 사이의 모순이 경제학의 비판적 역량을 질식시키고 있는 상황에서, 시장의 한계를 비판적으로 평가하는 데 사용할 수 있는 가치에 대한 설명을 롤스에게서 발견했다.[87] 하지만 롤스를 구원자라고 생각하는 이들만큼이나 그의 이론에 반대한 이들도 많았다. [어떤 이들은] 그의 헌정주의를 저항적 분위기에 대항하는 현상 유지론이라고 파악했다.[88] 헌법과 그 제도의 이름으로 권리를 요구하는 시위만이 정당화된다면, 현행 헌법과 제도 그 자체에 도전하는 시위들은 자연히 정당하지 않은 것으로 간주된다는 것이었다. 다른 이들은 롤스의 우선순위가 잘못되었다고 주장했다. 그는 경제학과 자기 이익에 너무나 많은 것을 양보했고, 그럼으로써 공동체의 중요성을 경시했다는 것이다. [1960년대의] 복지국가 논쟁을 염두에 두고 있던 많은 이들에게, 롤스는 R. H. 토니와 티트

머스가 대표하는 이타주의 전통이 강조한 "관계성"보다는 분배에 우선순위를 두고 있는 것으로 보였다.[89]

롤스의 이론에 대한 개념적 접근은 크게 두 가지가 존재했다. 하나는 정의 원칙들을 정당화하는 기제에 초점을 맞춰 그것을 통해 윤리 및 사회적 삶에 대한 롤스의 견해를 파악하고자 한 접근법이었다. 다른 하나는 원칙들 그 자체에 초점을 두었다. 첫 번째 접근법을 취한 이들은 인간 본성에 관한 롤스의 이해 그리고 자아에 관한 그의 견해의 현실성 및 이념적 함의에 우려를 표했다. 도덕 심리에 대한 자신의 입장을 책에 따로 제시해 놓았기에, 롤스는 비평가들이 해당 부분을 찾아볼 거라고 예상했다. 하지만 독자들은 오히려 자아 개념이 더 복잡하고 잠재적인 형태로 제시된 부분에 주목했다. 바로 원초적 입장이었다. [원초적 입장이라는] 선택의 상황으로부터 우리는 롤스가 인간 본성을 어떻게 이해하고 있는지 파악할 수 있는가? 그가 내린 가정들은 타당한가? 롤스는 계약 당사자들이 사회제도를 판단할 원칙들에 대한 선택을 내릴 때, 무지의 베일 뒤에 위치함으로써 자기 자신과 사회에 대한 제한적인 지식만을 가진다고 가정했다. 이때 계약 당사자들은 자신이 최악의 상황에 처할 것이라고 가정하고 여러 대안 사회들 중에서 자신에게 최대한 나은 상황을 보장할 사회를 구조화할 수 있는 원칙을 선택할 것이었다. 즉, 그들은 ― 최소 수혜자의 이익을 최대화하는 ― 최소 극대화 전략을 취할 것이었다.[90]

정의 원칙을 유도하는 과정의 모든 단계에 대해 비판이 제기되었다. 케네스 애로와 존 하사니와 같은 경제학자들은 롤스의 원초적 입장을 "위험부담"과 불확실성 아래에서 이루어지는 의사 결정에 관한 당대의 연구의 일환이라고 파악하고, 과연 계약 당사자들이 롤스가 말한 대로 정의 원칙들을 채택할 것인지 의문을 표했다.[91] 하사니는 롤스가 계약 당사자들이 공리주의보다 정의 원칙을 선호할 이유를 설득력 있게 제시하지 못했다고 여겼다. 만약 계약 당사자들이 자신이 최소 수혜자가 될 확률을 고려한다면 사실 공리주의 원칙에 따른 분배를 선호할 것이었다. 하사니는 또한 계약 당사자들이 롤스의 생각과 달리 도박을 거는 것을 선호하리라 여겼으며 더 큰 위험을 감수하면서도 더 큰 판돈을 따기 위해 더 큰 불평등을 선택할 것이라고 주장했다.92 어떤 비평가들은 롤스의 인간 본성 이해가 경제학자들의 그것과 다르다는 것을 인지했으며, 그중 한 명은 롤스가 "너무 신중해 부르주아가 되기는 어려울 것"이라고 지적했다.93 다른 이들은 동기에 대한 롤스의 가정을 문제 삼았다. 예컨대, 왜 계약 당사자들은 "이타적"이지 않고 "서로 무관심"하다고 가정되어야 하는가? 또 어떤 이들은 롤스가 의존하는 실증적 사실과 사회과학 법칙을, 다른 이들은 롤스가 자의적이라고 여긴 특성들을, 또 다른 이들은 역사, 공동체, 정체성 모두 무지의 베일 뒤에서는 무시될 수 있다는 그의 가정을 문제 삼았다.94 그런 다음 롤스의 비판자들은 계약 당사자들에게 주어진 여러 대안들을 문제 삼았다. 더 나아가, 그들은 롤스가 자신의 원칙을 사회의 기본 구조에만 적용하고 국제적인 영역, 시민사회, 가정, 또는 개인 및 사회적 행위에 적용하지 않았다는 점을 지적했다.95

절차주의적 자유주의나 시장 자유주의와 거리를 둔 독자들에게는, 게임이론 또는 신고전파 경제 이론과 관련된 논쟁에 개입한다는 사실 자체가 롤스의 이데올로기적 성격을 드러낸 것으로 여겨졌다. 왈저는 롤스의 이론이 철학이 "보통 사람들의 세계"로부터 "이탈"했음을 보여 준다고 말했다. 롤스는 "철학적 대표", 즉 민주적 현실로부터 괴리되어 있고 "우리 나머지를 대리해 입법하는" 수호자로서의 철학자를 상상하고 있다는 것이었다.96 다른 이들은 그의 이론에서 발견할 수 있는 형식주의 논변과 합리적 선택 이론의 가정들이 틀렸거나 관리주의적·과학주의적 자유주의를 전제하고 있음을 보여 준다고 주장했다.97 이런 비판가들에게는, 너그럽게 해석해 줄 경우, 계약 당사자들을 "서로 무관심한" 합리적 존재로 그린 롤스의 이론은 인간이 실제로 어떤 존재인지에 대한 오해로부터 비롯된 것이었다. 어쩌면 롤스가 비록 때때로 공동체주의적인 수사를 구사하긴 하지만, 실제로는 인간을 원자화된 "무한한 소비자", 즉 '경제적 인간'으로 이해하고 있음을 보여 주는 것일지도 몰랐다. 완전 균형 모형과 실제 시장 사이의 경계가 모호해지듯이, 롤스가 채택한 이론적 모델과 현실에 대한 그의 비전 사이의 경계 또한 모호해지는 듯했다.98 어떤 이들은 계약 당사자들을, 롤스가 때때로 말한 것처럼 보이는, 칸트의 본체적 자아noumenal self*라고 여길 수 있는지 의문을 표했다. 그들은 오히려 자기 이익을 추구하고 비도덕적이며 부도덕한 행위 동기를 가진 인간관을 롤스가 따랐다고 생각했다.99

롤스의 지지자들은 위와 같은 비판들이 원초적 입장에서 계약을 맺는 당사자들을 실제의 인간 자아 또는 그 이상과 혼동한 결과[로 생긴 오해]라고 반박했다. 롤스의 이론이 [일종의] 경제 환원주의라는 비판이 좀 잦아들자, 다른 이들은 원초적 입장에 있는 계약 당사자들이 사실 개인조차도 아니라는 점에 주목했다. 계약 당사자들은 실은 [그들의 직계 후손으로 이어지는] "연속된 계열" 또는 "집단"이었다. 법인 책임을 설명하거나 방법론적 개인주의에 이의를 제기하고자 하는 이들에게 이는 긍정적인 요소였다.100 계약 당사자를 "가장" 家長이라고 부른 것이 롤스 이론의 젠더화된 구조를 드러내는 것으로 본 제인 잉글리시와 수전 몰러 오킨은 롤스의 이론을 [페미니즘의 관점에서] 비판했다.101 잉글리시와 오킨 모두 틀리지 않았다. 브라이언 배리도 인지한 바와 같이, 경제학과 마찬가지로 롤스는 표준적인 경제주체 개념을 활용했으며, 그것은 경제 이론에서 중요시하는,

* 자아 그 자체. 자연적 인과 필연성의 지배 아래 있는 현상적 자아phenomenal self와 구별된다.

1인 가구가 아닌 가계household였다.102 롤스의 이론은 명백히 가족 임금 시대에서 비롯된 것이었다. 가정과 소규모 결사체는 롤스에게 특별한 윤리적 역할을 부여받았으며, 페미니스트들은 이 점을 명확하게 인식했다.

선택, 위험, 불확실성에 대한 여러 분과 학문의 관심이 줄어들자, 원초적 입장은 다른 정당화 기제에 비해 불필요한 것으로 여겨지거나 정의로운 사회를 조정할 원칙들에 대한 선택을 정당화하는 어떤 논변 방식으로만 이해되었다.103 도덕적 관점을 채택하기 위해 여러 선구적인 시도들은 망각되었다. 원초적 입장을 둘러싼 최초 논쟁은 위험과 불확실성 아래에서 이루어지는 의사 결정에 관한 기술적 논쟁보다 오래 지속될 또 다른 논쟁을 위한 기초를 마련해 줬다. 그 새로운 논쟁이란 바로 롤스의 이론에 어떤 자아 개념이 숨어 있는지에 대한 논쟁이었다.104 하지만 그 논쟁이 제기되기 위해서는 10년이 지나야 했다. 게임이론이 부상하는 상황에서 롤스의 이론을 뒷받침하는 심리적 및 자연주의적 근거들은 사람들로부터 큰 관심을 끌지 못했다. 오히려 사람들은 롤스의 이론을 뒷받침하고 있는 경제학적 관념들이 자기 이익을 추구하는 합리적 개인인지 아니면 그에 대한 칸트적 대안인 자율적인 도덕 인격인지에 관심을 가졌다. 롤스의 이론이 실제로 얼마나 급진적이고 요구 사항이 많은지를 두고 논쟁이 불거지자, 자유주의의 목표들에 대한 재해석도 제기되었다. 롤스가 제시한 원칙의 정치성은 이제 복지국가, 헌정 이론, 시민적 자유를 둘러싼 논쟁을 배경으로 이해되었다.

***

롤스의 이론이 목표로 삼은 것은 빈곤층의 처지를 개선하는 것인가? 아니면 평등인가? 자유주의에 비추어 보았을 때, 이 가운데 더욱 급진적인 목표는 무엇인가? 롤스는 부유층을 규탄하고 있는가, 아니면 실은 그들의 책임을 덜어 주고 있는가? 이와 같은 일련의 질문들을 분석함에 있어서, 정치철학자들은 롤스가 자유 원칙을 우선시한다는 게 어떤 의미를 가지는지, 차등의 원칙이 과연 평등주의적인지, 그리고 그것이 요구하는 재분배가 어느 정도인지 답하고자 했다.105 이런 질문들에 대한 반응은 나라마다 확연한 차이를 보였다. 페리 앤더슨이 후일 말했듯이, 미국인들은 "마치 신탁처럼 신비롭고 애매모호한 롤스의 걸작"을 "정치적 무게중심이 오른쪽으로 쏠려 있는 자장 속에서 스스로를 온건한 진보 좌파라고 생각하는 이들의 시각"을 대변하는 것으로 받아들였다.106 예를 들어, 대니얼 벨은 롤스의 작업을 능력주의에 대한 전면적인 비판이자 "사회주의 윤리를 정당화하기 위한 현대 정치철학의 가장 포괄적인 노력"이라고 평가했다. 그러나 영국에서 롤스는 "중도에 속하는 인물"로 이해되었다.107

스튜어트 햄프셔는 롤스를 R. H. 토니나 티트머스와 함께 위치시킨 반면에, 배리는 롤스가 영국의 이타주의 전통에 포함되기에는 현저히 부족하다고 비판했다.108 다른 이들은 그의 이론을 기여주의, 복지국가, 공리주의 이론과의 관계에서 특징지었다. 밀러는 롤스의 이론이 공리주의와 마찬가지로 "미래지향적"이라고 보면서도, 롤스가 자신의 공정한 기회의 평등 원칙에 응분 개념을 슬그머니 집어넣어 놓았다고 해석했다. 배리는 롤스가 응분 개념을 거부한 것에 만족했지만, 전반적으로 그것만으로는 자신이 말한 정의로운 응분과의 "급진적 결별"에 해당될 수 없다고 생각했다. 롤스의 목표는 불평등을 제한하는 것이지 [아예] 제거하는 것이 아니었다. 배리는 일반적인 개선을 위한 경제적 유인책 제공에 지나치게 관심을 쏟은 나머지, 롤스가 진정한 평등주의자라면 절대로 허용하지 않을 만한 정도의 불평등을 용인하는 데 이르렀다고 비판했다.109 유인책의 역할에 대한 후일의 철학적 논쟁을 예고하는 논의에서, 영국의 사회학자 W. G. 런시먼은 한 발 더 나아가 롤스를 비판했다. 롤스의 이론은 기여주의적 원칙에 대한 공격을 담고 있다는 것이었다.110 롤스와 주고받은 서신에서 그는 롤스의 이론이 "운이 좋은 기업가들"에 의한 "갈취"를 허용한다고 주장했다. 롤스는 ― 완전 경쟁 시장의 옹호자이자 "복지국가의 적"인 ― 뷰캐넌과 털럭과 의견을 같이하고 있었다. 런시먼이 보기에 사회정의는 끊임없는 재분배를 필요로 하는데,111 롤스는 지속적 재분배와 필요에 대한 관심이라는 복지국가의 두 핵심 내용을 고려하지 않았기 때문이었다.

『정의론』이 출간된 지 2년 후, 브라이언 배리는 자신의 책에서 롤스를 "개조되지 않은 글래드스턴식 자유주의자"라고 불렀다. 분명히 차등의 원칙은 매우 급진적인 내용을 담고 있었지만, "로크의 사적 소유권 이론[노동 가치론] 이래로 급진적 잠재성을 지닌 가정이 이처럼 '현 질서'를 유지하기 위한 기초로 활용된 적은 없었다!"라고 배리는 탄식했다. 롤스는 분명히 "가장 불운한 이들의 대표"worst-off representative man에게 이익을 가져다주는 것을 목표로 했겠지만, 그것이 정확히 누구를 의미하는지는 모호했다. "가장 불운한 이들의 대표"는 최하위 계층 중에서도 가장 최하위에 있는 이들을 의미하는가? 아니면 "최하위 계층의 평균"을 의미하는가? 로크는 "잉글랜드의 가장 가난한 노동자가 신대륙의 왕보다 더 잘산다는 사실을 고려해 모든 이들은 자신의 노동을 섞은 것에 대해 소유권을 지닌다는 최초의 [급진적인] 생각을 버렸다.* 하지만 [모호함을 남긴 롤스와 달리] 그는 적어

---

* 이 대목은 화폐 도입을 전후로 소유권에 관한 로크의 논의가 달라지는 점을 지적하고 있다. 본래 로크는 인간이 사물이나 토지에 자신의 노동을 섞음으로써 소유권이 발생한다고 여겼으나, 화폐 도입 이후 토지와 별개로 무제한적인 재산의 축적이 가능해진 점을 강조했다. 실제 로크의 주장과 거리가 있지만, 배리는 "잉글랜드의 가장 가난한 노동자가 신대륙의 왕보다 더 잘산다"는 주장을 로크가 화폐경제를 긍정한 대목으로 해석하고 있다.

도 가난한 노동자의 평균이 아니라 '가장 가난한' 노동자를 고려의 대상으로 놓았다."112 [배리에 따르면] 게다가 롤스는 부유층의 동의 여부에 지나치게 강조점을 두었다. 이 점에서, 자유주의자와 마르크스주의자 공히 롤스가 너무나도 현실성 없게도 부유층이 자신의 지위를 포기하고 최소 수혜자에게 이익을 제공하리라고 가정했고, 도덕적 관점이 "계급적 관점"을 대체할 것이라 믿었다고 비판했다.113 어떤 의미에서 롤스는 이러지도 저러지도 못하는 상황에 놓여 있었다. 사회 연대와 관련해 완전한 이타주의 입장의 이점을 활용하지 못했고, 다른 한편으로는 이해관계에 기반한 관점에서 도출된 권력에 대한 명민한 통찰력도 가지지 못했던 것이다.

그럼에도 불구하고 상당수의 좌파 자유주의자들은 롤스를 지지했다. 롤스 자신은 자유 원칙을 계속 우선시했으나, 그의 지지자들은 차등의 원칙의 "급진적 전제"를 지켜 내고자 했다. 일부는 롤스의 분배 아이디어가 생산의 문제와 불가분하게 연관되어 있다고 주장했다. 만약 자유의 우선순위를 완화하고 차등의 원칙을 롤스 이론의 핵심으로 위치시킨다면, 그 원칙은 기존의 복지국가보다 훨씬 더 평등하게 자본을 분산할 수 있었다. 바로 "민중의 자본주의"를 실현할 수 있다는 것이었다.114 다른 지지자들은 롤스가 보상을 "사회적 기능"과 연결하고 "선천적·사회적 행운"과는 단절한다는 점에 주목해 그의 이론이 사실은 자본주의를 배척한다고 주장했다. 롤스는 소유권 자체가 생산적이지 않기에 협력적 체계에 전혀 기여하지 않는다고 생각하며, 따라서 그의 이론은 자본주의적 소유권은 정의롭지 못하고 민주사회주의로의 전환이 필요하다는 주장으로 귀결된다는 것이었다.115 롤스의 의도가 급진적일 필요는 없었다. 그의 이론이 급진적 결론으로 이어지기만 하면 되었다.

따라서 많은 좌파 자유주의 철학자들은 자신들의 필요에 따라 롤스의 이론을 활용하고자 했다. 다른 이들은 롤스의 이론을 자본주의적 복지국가의 합리화로 파악했다.116 법체계에 대한 롤스의 설명은 헌정주의적 법률가들을 만족시켰지만, 당대 확산되고 있었던 법에 대한 네오마르크스주의적이며 비판적인 관점(이들은 법체계와 사유재산 체제 간의 관계를 강조했다)과 그의 이론이 양립할 수 없게 했다.117 게다가 롤스는 시장을 도덕적인 이유에서뿐만 아니라 효율성의 이유에서 비판하는 것을 꺼렸는데, 이는 롤스가 시장을 사회적 분배 기제로서 무비판적으로 받아들이는 것처럼 비쳤다. 또 다른 이들은 롤스가 사유재산과 부만을 강조할 뿐 정의에서 노동자 통제의 문제가 지닌 중요성을 간과한다고 봤다. 롤스는 시장 사회주의가 실제로 어떤 조건들을 필요로 하는지 고려하지 않았다는 것이었다.118 그는 사적 소유와 분업에 숨겨져 있는 자본주의적 착취의 근원을 놓쳤으며, 계급사회가 "불가피하다"고 가정했으며, 사회주의는 단순히 "자본주의적 복지국가"에 노동자 위원회와 공유를 추가해 "수정한" 결과일 수 없다는 것을 보지 못했다. 이와 같은 롤스의 한계는 사실 사회주의의 목표를 평등으로 재구상하고 관리주의와의 조화를 추구한 노동당 수정주의의 유산이었다. 배리가 보기에 롤스는 "가치 있는 노동"의 중요성을 인지하면서도 "대다수 인구의 노동조건을 개선하는 문제를 정의의 문제"로 간주하지 않았다. 이로써 단체행동, 정치적 갈등, 사회정의의 조건을 확보하는 데 노동운동이 가지는 중요성이 간과되었고, 심지어 복지국가의 부분적인 성공조차도 경시되었다. 브라이언 배리에 따르면, 롤스는 "그가 실현 가능하다고 말한 변화를 실제로 이루기 위한 구체적인 절차를 제시하지 않았다." 이 때문에 롤스가 "시장이 그 변화를 실현하는 내재적 경향성을 가진다고 생각한다고 여길 수밖에 없다. 문제는 우리는 이미 경험을 통해 그런 생각이 틀렸음을 알고 있다는 것이다."119 만약 롤스의 이론이 혼합경제가 우리를 후기 산업사회로 인도하리라는 사회학의 예언에 의존하고 있다면, 그 예언은 아직 실현되지 않은바, 그 자체로 정당화가 필요한 가정이었다. 하지만 롤스는 그러지 않았다.

몇몇 좌파적 해석에 따르면, 롤스는 집단 행위자로서 노동계급의 역량을 무시했다. 자유주의자들로부터도 이와 구별되면서도 유사한 비판이 제기되었다. [그것은] 바로 사회적 관계와 평등을 강조함으로써 롤스가 빈곤층을 경시했다는 비판이었다. 몇몇 자유주의자들은 롤스의 평등주의가 지나치게 많은 대가를 요구한다고 봤다. 롤스의 아이디어로부터 직접적인 영향을 받은 일부 법철학자들은 인류애 및 필요에 기반한 복지국가의 논리를 확장하고 — 곧 평등주의에 대한 "충분성"sufficiency 대안으로 자리 잡을 — 빈곤에 관한 논의로 문제의식을 전환함으로써 롤스의 이론에 도전했다.120 예를 들어, 미셸먼은 사법적으로 집행이 가능한 "복지권"의 법리를 옹호하고 미국 헌법 자체가 빈곤을 금지한다는 주장을 전개하는 데 롤스의 원칙들을 활용했다.121 그는 사법부가 롤스의 원칙을 사용해 복지 정책을 옹호하고 "차별적인" 부의 분배뿐만 아니라 물질적 "박탈"로서 빈곤을 비판해야 한다고 주장했다. 복지권의 법리를 옹호하는 데 롤스의 아이디어들을 사용했음에도 불구하고, 미셸먼은 곧 롤스가 불평등 해소를 위해 빈곤층을 경시했다고 비판했다. 미셸먼은 상대적 불평등에 초점을 둔 나머지 롤스가 "사회적 최저선"을 위로 올리기 위한 노력은 하지 않는다고 주장했다.122 현실에서 롤스는 "사회적 최저선"을 올리는 것에 동의했지만, 그의 이론은 개인과 집단 간 호혜적 관계를 유지하는 것이 절대적 빈곤을 줄이는 것보다 중요하다고 말하고 있었다.

이와 같은 평등에 대한 경시는 복지국가의 최소 조건에 관한 논의와 필요를 충족할 국가의 책임에 관한 인도주의적인 주장에서 비롯된 것이었다. 이는 풍요 속 빈곤을 심각히 여겨야 한다는 요구에 대한 반응이기도 했다. 하지만 평등에 대한 경시는 불평등 문제를 놓칠 위험이 있었다. 이에 반해, 롤스의 관계적 평등주의는 불평등 문제에 대한 강력한 해법을 내놓고 있었다. 불평등의 심리적 비용에 초점을 둔 일전의 평등주의 전통과 마찬가지로, 롤스는 여러 계층 간 불평등은 개인과 사회에 파괴적인 결과를 가져온다는 입장을 단호하게 고수했다.*123* 하지만 롤스의 비판자들 중 일부에게 롤스의 평등주의는 매우 중요한 측면에 있어서는 부족했다. 빈곤층의 운명이 부유층과 묶여 있다는 롤스의 생각은 그가 부유한 이들과 맞서 싸워 가난한 이들에게 부를 나눠 주지 않을 것이라는 함의를 내포했다. 즉, 가난한 이들과 부유한 이들은 일종의 운명 공동체라는 것이었다. [그러나] 롤스는 부유층을 특별한 경제적 권력을 지닌 이들로 그리지 않았으며, 부유층의 위상에 대한 공격이 법인 자본주의와 지배 관계에 대항하는 하나의 방안이 될 수 있음을 인정하기를 거부했다.*124* 1973년 미국경제학회에서 롤스는 "만약 사회가 선천적 자산에 대한 인두세를 부과한다면" 최소 극대화 기준을 "각자는 그 능력에 따라 노동하고, 각자에게는 그 필요에 따라 주어지는" [마르크스의] 원칙에 부합시킬 수는 있지만, 그런 방안은 비현실적이라고 말했다. 개인이 "자신의 재능을 숨길 동기가 매우 커질 것"이며 무엇보다도 그것은 자유와 상충하는, 너무나도 급진적인 방안이었다. 대신에 사회는 "다른 구성원을 이롭게 한다는 조건 아래에서 선천적인 능력의 결과를 향유하도록 허용할 수 있었다. 이 경우, 불평등이 존재하더라도 최소 수혜자에게 효율적으로 이익을 가져다주는 결과를 낳을 것이다. 비록 더 많은 이익을 누릴 수 있다고 하더라도 평등한 자유를 포기해야 하지만 말이다."*125*

  1970년대 초, 롤스를 향해 무수히 많은 정치적 비판이 쏟아졌다. 여러 대담회에서 그는 자신의 입장을 방어했다. 그는 자신의 이론을 일종의 현상 유지론으로 그리는 것에 반발했고, 자신은 경제학자들과 달리 "선호를 주어진 것이 아니라 사회적 제도에 의해 형성된 것으로 파악한다"고 주장했다. 개인의 선호는 "고정되어 있지 않았다." 오

4장. 새로운 평등주의자들

히려 삶의 궤적에 따라 선호는 변하고 발전해 나갔다. [자신의 이론은] 선호를 "상품이 아닌 제도"에 관한 것, "물건이 아니라 권리와 기회"에 관한 것으로 가정한다고 덧붙였다.126 자신이 "거의 정의로운" 사회가 "현대 미국"에 "실제로 존재"한다고 여긴다는 배리의 비판에 대해서는, 롤스는 "지난 10년 동안 미국에서 산 사람이라면 이 나라가 내가 정의한 의미에서 정의로운 사회거나 거의 정의로운 사회라고 여기기는 어려울 것"이라고 응수했다. [그럼에도] "의식적으로 우리의[미국의] 정치적 전통을 비하하거나 무시하는 행위는 장기적인 관점에서 볼 때 파괴적인 결과를 낳을 뿐"이기에 "미국적인 정치적 삶"의 여러 [좋은] "면모들"을 보존하기 위한 "노력과 헌신"은 매우 가치 있는 일이었다. 물론, 이것은 "미국 사회가 정의로운 사회 혹은 거의 정의로운 사회라고" 말하는 것과는 거리가 있었다. "그렇게 생각하는 것은 정의 원칙이 지닌 함의를 잘 이해하지 못한 소산"이라고 롤스는 반발했다. "현대 미국 사회의 불평등이 최소 수혜자에게 최대의 이익을 가져다준다고 생각하는 이들이 과연 몇이나 되겠는가?"라고 롤스는 반문했다.127

1971년 강연, "자유주의와 새 정치"Liberalism and New Politics에서 롤스는 자신의 자유주의와 신좌파를 비교함으로써 미국 사회가 어떤 의미에서 실패를 겪고 있다고 생각하는지 상세하게 설명했다. 그는 — 정치과정의 부패, 시장, 점진적 개혁주의, 불공정한 영향력, 제도적 위선을 중심으로 한 — 신좌파의 자유주의 비판이 의미 있다고 평가했다. 그러나 롤스가 보기에 문제는 자유주의적 정치과정과 제도 그 자체가 불공정한 결과를 낳기 때문이 아니라 자유주의가 "오늘날 미국에서는 성립되지 않은" "정의의 배경 조건들"에 의해 뒷받침되지 못하고 있기 때문이라고 말했다. 어떤 경우에는 이런 배경 조건들이 너무나도 "명백히 위반"되고 있어서 아무도 절차의 결과에 구속되지 않고 있었다. 그 자신은 시민 불복종의 정당성에 제약을 두었음에도 불구하고, 롤스는 정의와 동떨어져 있는 "형식적이고 비효과적인" 투표권을 예시로 들었다. 하지만 "나[롤스]에 대한 일부 '급진적 비판가들'이 믿는 것처럼" "자본주의 제도를 완전히 해체하는 것"만이 유일한 해결책은 아니었다. 대신에, 자유주의자들은 "자유주의 제도와 절차의 정당성을 확립하기 위해서는 어떤 개혁이 필요한지 파악할 수 있는" 유연한 존재로 거듭나야 했다. 롤스는 "미국 고유의 자유주의 전통이 현행 제도에 대한 급진적 비판을 합리적으로 재구성할 수 있는 근거를 제공하며, 오늘날 제기되는 상당수의 급진적 비판들은 본질적으로 자유주의적인 근거에 의해서도 방어될 수 있다"고 생각했다.128

하지만 종국에는 롤스가 실제로 어떤 생각을 가졌는지는 중요하지 않았다. 그의 책이 출간된 이후, 롤스의 후배 분석철학자들은 그들이 가장 잘하는 방식대로 롤스를 둘러싼 여러 논쟁에 참여하고 그의 사상을 재해석했다. 그 방식이란, 바로 롤스의 저작에서 몇몇 관념들과 주장들을 취사선택해 [필요에 따라] 최대한 내적 일관성을 부여하는 것이었다. 이때, 그들의 목표는 외부로부터의 도전에 대응하는 것이었으며, 이들은 롤스의 여러 관념들이 특정한 정치 이론으로 귀결된다고 생각했다. 롤스의 후배 분석철학자들에게 도전장을 내민 이들은 좌파 진영의 복지주의자, 사회주의자, 민주사회주의자도, 우파 진영의 공공 선택 이론가들도 아니었다. 오히려 그것은 새로운 우파-자유지상주의 운동가들로, 그들의 목표는 롤스의 원칙들을 수정하는 것을 넘어 정의에 대한 이해 자체를 근본적으로 바꾸는 것이었다. [오늘날 우리에게 익숙한] 자유주의적 평등주의의 기본적인 특성은 이들에 대한 대응 속에서 확립되었다.

***

롤스의 하버드 대학교 동료, 로버트 노직의 주요 관심사는 이타심, 필요, 빈곤, 유인과 같은 개념들에 롤스가 얼마나 중요성을 부여하는지가 아니었다. 그는 롤스가 상정한 국가의 역할에 이의를 제기했다. 롤스의 이론 안에 국가 개입에 대한 회의주의의 흔적을 발견할 수 있을지 몰라도, 노직이 보기에 그의 이론의 재분배적 함의를 고려하면 이는 사실 유의미한 것이 아니었다. 노직에 의하면, 롤스 이론의 재분배적 함의는 부정의로 귀결될 수밖에 없었다. 1973년, 노직은 분배 정의에 관한 논문을 발표했으며, 그다음 해에 『아나키, 국가, 유토피아』*Anarchy, State, and Utopia*를 통해 국가의 역할을 개인, 권리, 사유재산, 계약의 보호로 제한하는 최소 국가론을 제시했다. 노직의 최소 국가론은 롤스의 그것과 사뭇 다른 것이었다. [우선] 노직은 사회를 게임으로 보지 않았다. 중요한 것은 기본 구조의 규칙들이 아니라 권리였다. 노직에게 있어서 권리는 정치나 사회계약보다 선행하는 것이며, 제도에 의해 부여되는 것이 아니다. 그의 주장에 따르면, "개인은 권리를 향유하며, (그들의 권리를 침해하지 않고서는) 어떤 개인이나 집단도 그들에게 특정한 행위를 할 수 없다."[129]

노직은 이런 권리들을 뒷받침하는 논리를 제시하지는 않았다. 이 때문에 그의 신로크주의 이론은 "근거 없고", 반공리주의의 "환원주의적" 주장에 불과하며, 단순히 "현실 가능성 없고" "미국적"이라고 널리 비판받았다.[130] 하지만 [자신을 향한] 비판에도 불구하고 노직은 롤스의 것과 같은, 즉 이상적인 협력 사회는 이 같은 권리들에 대한 끊임없는 국가 개입을 필요로 한다는 이론들에 대한 신랄한 비판을 멈추지 않았다. 개인의 자유를 제한하는 것은 모두 순수하게 자발적인 기획의 결과여야만 했다. 즉, 사회보험, 공교육, 빈곤층에 대한 지원, 이 모든 것은 개인의 자발적 행위가 있어야만 가능했다. 노직은 모든 형태의 의무가 동의에 기초한다고 생각했다. 함께 강연을 연 적이 있던 왈저와 마찬가지로, 그는 롤스가 벗어나고자 힘썼던 동의의 개념으로 회귀했다.131 노직에 따르면, 국가는 개인의 권리를 집행하기 위해서만 존재하며, 여기서 권리는 특히 개인이 동의하지 않은 기획에 참여하도록 강요받지 않을 권리를 의미했다. 개인의 복지를 사회 전체의 복지를 위해 희생할 수도 있는 공리주의적 제도뿐만 아니라 사회 전체의 복지를 위해 개인에게 비용을 부과하는 제도 모두, 노직은 거부할 것을 주장했다.132

이런 노직의 주장이야말로 국가의 재분배 기능에 대한 자유지상주의적 반발이었다. 오직 최소한의 야경국가만이 정당화될 수 있었다. 노직의 비전은 정치철학자들 사이에 새로운 논쟁을 야기했으며, 논쟁의 주제는 롤스의 이론이 어느 정도의 재분배를 요구하는지뿐만 아니라 그것이 도대체 어떤 종류의 이론인지이기도 했다. [노직에 의하면] 롤스의 이론은 제도주의 이론으로서, 재산권은 사회제도에 의해 지정되며 재분배 원칙은 무엇이 누구의 것이어야 하는지를 결정하는 기본 구조에 적용된다고 주장했다. 또한 노직에게 롤스의 이론은 개입주의적이고 비역사적인 이론이었다. "공정한 분배 게임"에 의존하는 롤스와 그의 동료 이론가들은 재화가 어떻게 생산되고 분배되는지 무시한다고 노직은 주장했다. [비유하자면] 그들은 파이를 나누는 데 초점을 맞출 뿐 그것을 구운 이들이 누구인지에 대해서는 무신경했다. 즉, 롤스에게 경제라는 관념은 "천국"으로부터 떨어진 "만나"manna로부터 시작했다.133 "롤스주의" 자유주의자들은 재분배 이론만을 제공했다. 분배 정의의 기초로부터 응분 개념을 제거한다는 것은 능력과 재화가 없는 이들에게 보상을 제공한다는 것을 의미했다.

노직은 이와 같은 비전에 반발했다. 그는 재산이 어떻게 분배되었는지 그리고 시초의 소유권이 중요하다고 봤다. 그에 의하면, 소유권을 방정식에서 제외하는 것은 인과성과 책임의 문제를 회피하는 결과로 이어졌다. 여기서 노직은 향후 큰 영향력을 발휘할 구분법을 만들어 냈다. 노직에 따르면, 한쪽에는 롤스와 후생경제학자들과 같은 "최종 상태 원칙들"에 의존하는 분배 정의 이론가들이 있었다. 이들은 분배의 "현재 시간 단면"만을 평가하고 분배가 어떻게 지금과 같은 상태에 이르렀는지에 대해서는 무관심했다. 다른 한쪽에는 (자신과 같이) "역사적" 원칙들에 의존하는 이들이 있었다. 이들은 개인이 어떻게 그들이 소유하는 것을 소유하게 되었는지가 도덕적으로 중요한 문제라고 생각했다.134 개인의 소유와 재화 통제력이 과연 정의로운지 여부는 사회 전체의 복지에 대한 기여 정도와 무관하게 판단되어야 했다. 정의와 기여가 유관하다고 여기는 이들은 최소 수혜자에게 최대한의 이익을 가져다주는 불평등이라는 조건에서만 재화에 대한 개인의 요구를 정당하다고 보는 — 즉, 차등의 원칙과 호혜성이 적용되는 — "최종 상태" 혹은 "패턴" 이론의 신봉자들이었다. 노직에게 정의로운 분배란 "정의로운 시초 취득", "정의로운 양도", 부정의에 대한 정의로운 "시정", 이 세 가지에 의해 이뤄진 경우만을 뜻했다.135

노직은 자유주의 철학의 발전 궤적에 다양한 방식으로 영향을 미쳤다. 점점 그 세력을 확장해 나가고 있던 공공 문제 철학자들에게 노직과 롤스는 같은 뿌리에서 나온 이들로 여겨졌다. 노직과 롤스 모두 하버드 대학교에 소속된 엘리트 철학자들이었으며, 모두 자유를 우선시하고, 효용을 평가절하하며, "반정치적인" 계약주의에 근본적으로 헌신했다.136 하지만 롤스에 대한 노직의 비평은 다가올 미래를 예견하고 변화하는 미국의 정치적 분위기를 반영하고 있었다. 롤스의 자유주의를 지탱해 주던 자유주의적 정치 문화의 사회학적 낙관과 다른 체제에 대한 개방성은 힘을 잃어 갔다. 대신, 국가 간섭에 대한 회의주의가 급진화되며 확산된, 사유재산, 선택, 자본의 권리, 그리고 시장에 대한 옹호론이 그 빈자리를 채워 갔다.*137* 케인스주의와 좌파적 대안이 위기에 직면하면서, 새로운 형태의 신자유주의와 경제적 자유지상주의가 부상했다.*138* 많은 이들은 국가의 경제개입 역량이 "시장의 절대화"에 의해 쇠약해지고 있음을 인지하기 시작했다.*139* 이런 변화들을 정치철학자들은 "시장과 도덕"을 둘러싼 논쟁들 속에서 마주했으며, 앞선 시기의 자기 이익에 기반한 이론 對 이타주의에 기반한 이론 간의 논쟁을 — 예컨대, 싱어와 젊은 마르크스주의 철학자 제럴드 A. 코언이 참여한 1970년대 후반 의료 개혁 논쟁에서와 같이 — 시장 비판론으로 확장해 나갔다.*140* 하지만 경제적 자유, 재산권, 동의, 선택, 시초 권원과 같은 관념들이 자유주의 철학의 핵심 개념으로 자리 잡는 데 결정적인 역할은 한 이는 시장화를 우려한 이들이 아니라 바로 노직이었다.

노직을 계기로 정치철학자들은 롤스의 이론에 제시된 원칙들을 개념적으로 재검토하고 그의 평등주의를 옹호하게 되었다. 즉, 노직에 대응하면서 롤스의 추종자들은 "롤스주의자"로 완전히 거듭났고 새로운 [정치]철학의 윤곽을 확립했던 것이다. [이 새로운 정치철학에는] 일반 원칙들을 — 여전히 사법부의 주 관심사에 따라 결정되는 — "공공의 문제"에 적용하는 것을 목표로 하는 공공 문제 철학이 포함되었다. 또한 공공 문제 철학자들이 제도에 적용하고 그에 호소할 수 있는 도덕적 원칙들과 함께 자유주의의 특정 비전도 포함되었다. 이 새로운 자유주의적 평등주의자들은 특정 이론이 [정치철학으로서] 합당한지 여부를 — 롤스의 체계는 정치적으로 유연했기에 — 이론가의 정치적 입장보다는 이론가가 새로운 자유주의 이론의 기본 토대에 대한 여러 가정들을 받아들이는지 여부에 따라 결정했다. 자유주의 정치철학의 정치성에 있어서 특히 중요한 영향을 미친 가정들에는 세 가지가 있었는데, 이는 모두 노직에 대한 대응 속에서 명료해진 것들이었다.

그중 첫 번째는 기본 구조의 중요성이었다. 새로운 평등주의자들은 롤스의 "거시 제도적 원리들"을 고수했다. 롤스주의적 정의는 사회 규칙들을 규제하기 위한 올바른 원칙들을 찾는 것이었다. 물론 원칙들에 의해 어느 정도의 분배가 정확히 요구되는지는 논쟁의 대상이었지만, 정의 이론의 제도적인 성격은 논쟁 밖의 것이었다.[141] 정의 원칙들은 기본 구조라는 관행에만 적용된다는 롤스의 주장은 널리 받아들여졌다. 롤스는 자신의 이론을 구성하면서 "관행"이 정확히 무엇을 지칭하는지 그리고 과연 엄밀한 개념인지 고민했다. 기본 구조는 단순한 개념은 아니었지만, 롤스가 개념의 포괄성을 위해 의도적으로 사회제도와 국가 사이의 무엇인가로 정의했기에 다소 모호한 면이 있었다. 많은 이들이 롤스의 이론을 제도주의적인 이론으로 받아들임에 따라 그 모호함은 강조되지 않았다. 차후에 롤스의 비판자들은 행위 주체성을 간과했다는 이유로 제도적 차원에 국한된 기본 구조 개념을 비판할 것이었다. 하지만 당대에는 『정의론』에 설명되어 있는 롤스의 정의 이론이 새로운 기준으로 자리 잡았다. 보충되어야 할 내용과 비평은 모두 이론의 제도적 초점에 대한 반응이었다. 한편 롤스가 지녔던 최초의 동기들은 모두 경시되었다. 기본 구조의 원천으로서 사회를 게임에 비유한 것에 내포되어 있는 개입주의 국가를 향한 비판은 잊혔다. 비록 몇몇 이들이 노직과 마찬가지로 기본 구조의 안정성에 대해서 우려를 표했지만, 대다수는 그것을 자유주의·복지주의·평등주의 사회 및 국가의 구조를 지칭하는 것으로 받아들였다.[142] 노직이 자유주의적 평등주의가 과도히 개입주의적이라고 비판하자, 그에 대한 대응은 평등주의적 분배, 국가 개입, 재분배에 대한 명시적인 옹호로 수렴했다.[143] 제도가 지칭하는 바를 고정하는 동시에 권리보다 제도에 개념적 우선순위를 부여한 철학자들 사이에서 대립이 심화되었다. 곧 이 대립은 정치적 대립을 가로지르게 될 것이었지만, 롤스를 추종하는 제도주의자들은 처음에는 상당한 수준의 재분배 정책을 주창했다.

정의를 인류애보다 우선시하고 기본적 평등과 결합하는 것에 더더욱 주목하던 당대 철학자들에게 롤스의 이론은 자신들의 관심사에 부합하는 것이었다. 이런 평등주의적 헌신이야말로 롤스의 그늘 아래 형성된 자유주의 이론의 두 번째 특성이었다. [자유주의적 평등주의에서 평등주의가 정확히 무엇을 의미하는지는] 철학자들이 수십 년 동안 평등주의의 기초와 함의에 관한 논쟁을 통해 고민한 문제였다. 하지만 평등의 가치와 연계해 철학적 자유주의를 재정의한 것은 노직과 좌파 자유주의 및 사회주의 비판자들에 대한 롤스주의자들의 대응이 낳은 결과이기도 했다. 1977년 드워킨이 "특정한 평등 개념"이 "자유주의의 정수精髓"라고 주장했을 때, 그는 사실 위대한 사회를 사회민주주의로의 길을 닦은 진보적 업적으로, 뉴딜을 "실용 정치의 승리"로 그리는 자유주의 전통에 대한 철학자들의 신념을 확고히 하고 있었다.**144** 과거에 뉴딜 국가를 비판했던 이들은 [이제] 사후post-hoc 옹호자가 되어 버렸다.**145** 드워킨에게, 자유주의적 평등이야말로 오늘날 베트남전에 의해 위협받고 있는 "뉴딜 자유주의"의 "가치 묶음" 가운데 핵심 가치였다.**146** 이제 [뉴딜 자유주의의] 가치 묶음은 관행으로부터 추상화된 개인의 권리나 권원이 아니라, 관행을 규제하기 위해 고안된 정의 원칙에 충실한 롤스의 개념들로 번역되었다. 즉, 이제 이론의 주 관심사는 호혜성, 제한된 불평등, 동등한 도덕 인격에 대한 평등한 대우로 특징지어지는 비자발적 협력 체계였다. 이렇게 뉴딜 국가에 대한 경계 속에서 탄생한 롤스의 이론은 정치철학 분야에서 자연화되는 동시에 뉴딜을 승리로 위치시키는 자유주의적 평등주의의 진보 서사 속 한 이정표로 자리매김했다.

새로운 자유주의적 평등주의의 세 번째 특성은 그것과 역사적 주장 사이의 관계와 관련 있었다. 노직과 롤스 모두 역사를 지워 버렸다는 비판을 받았다. 어떤 이들은 그들의 이론이 추상적이고 시대 초월적이며 역사적 변화와 맥락에 무감각하다고 비판했다. 노직과 롤스의 이론들은 개인과 공동체의 역사에 대해, 실제 사람이 어떤 존재인지에 대해 무관심했다.147 하지만 롤스는 사실 무감각하지 않았다. 그의 주장은 [정확히는] 분배 정의의 관점에서 볼 때 이 모든 것은 무관하다는 것이었다. 분석철학의 시간적 초점에 대해 한 철학자는 "현대적인 사고를 가진 사람들은 사상가들이 미래지향적이기를" 바라고 "정의 개념에서 과거지향은 구식이라고" 보기에 작금의 사상가들은 응분 개념을 중요하지 않은 것으로 상정한다고 쓴 바 있다.148 이는 롤스에게도 해당되는 말이었다. 정의로운 분배에서 개인의 과거는 중요하지 않았다. 원초적 입장도, 무엇이 누구에게 돌아가야 하는지에 대한 롤스의 제도주의적 설명도, 모두 역사와 무관했다. 이와 반대로 노직은 역사적 기원에 대한 이야기, 신화, 주장을 통해 특정 형태의 분배를 정당화하고자 하는 기나긴 전통을 따랐다. 롤스의 이론은 주로 가상적인 것으로, 가상의 합의와 계약은 자유주의적 평등주의의 정당화 양식의 중요한 특징으로 곧 자리 잡았다.149 [반면] 노직은 가상적인 것과 역사적인 것을 융합했다.150 그는 현존하는 재산권의 근거를 실제 역사적 과정으로부터 찾는 것보다는 재산의 분배가 어떻게 발생했을지 상상하는 것에 더 관심을 가졌다. 그러나 동시에 그는 시간이 지나면서 개인들이 어떤 행위를 했고 무엇을 교환했는지에 따라 물질적 재화에 대한 권원들을 지니게 되었으며, 이 과정에 지나치게 개입하는 제도들은 정당성이 없다고 주장했다. 개인의 과거는 교환과 관련해서는 규범적으로 유의미했다.

이런 역사적 과정에 대한 주의 깊은 관심은 노직에게만 국한된 것이 아니었다. 정치적으로 노직의 자본주의 옹호론은 사회주의의 정반대에 위치해 있을지는 몰라도, 철학적으로는 사회주의의 거울상이었다. 노직의 롤스 비판은 특정 사회주의자들의 롤스 비판과 몇 가지 공통점을 공유했는데, 이들은 가치를 정의하고 창출하는 생산 및 노동과정에 대한 설명이 롤스의 이론에는 결여되어 있다고 비판했다. [즉] 파이를 누가 구웠는지, 누가 노력하고 기여했는지가 [규범적으로] 중요하다는 것이었다. 롤스의 초기 자유주의 및 사회주의 독자들은 공동 사업, 공공재, 생산품에 대한 기여가 사회의 주요 분배 규칙에 포함되어야 하는지, 그리고 다른 보상 요건을 갖는 공정성의 규칙에 의해 어느 정도 보완되어야 하는지를 두고 광범위하게 논쟁을 벌였다. 일부 사람들은 역사적 주장이야말로 착취에 대한 보상을 받거나 수용收用된 재화, 시간, 노동력을 돌려받을 자격을 설명하는 데 유용하다고 봤다. [이들은] 역사적 주장을 통해 왜 노동자, 자본가, 또는 기업가가 도덕적으로 유의미한 방식으로 생산적이거나 비생산적인지, 그리고 재화의 생산에서 왜 노동의 기여가 자본보다 상대적으로 평가절하되는지 설명했다.[151] [물론] 노직의 "권원" 이론은 그 정반대를 목표로 했다. 정의로운 양도와 시정은 매우 포괄적으로 정의되었으며, 시정의 문제에 사실 무관심했던 노직은 착취를 시정하기 위한 메커니즘을 제공하지 않았다. 노직의 신로크주의적 시각에서 보면 정의란 개인의 재산을 보호하는 것과 다름없었다. 하지만 노직에 대한 후대의 분석적 사회주의자들의 관심이 보여 주듯이 자본주의를 옹호하기 위한 노직의 [역사적] 주장은 — 특히 (예컨대 착취를 관리자들과 자본가들이 속임수, 학대, 사기 등을 통해 노동자로부터 그들이 생산한 가치를 갈취하는 도덕적·역사적 과정으로 상정하는) 신좌파 윤리로부터 이어져 온 — 특정 반자본주의적 주장들과 유사한 접근법을 취하고 있었다. [노직의] 이런 논변들은 사회정의와 평등과 같이 다소 논란의 여지가 있지만 마르크스주의적이라고 여겨지는 주제들, 그리고 정의로운 교환보다는 규칙들의 체계의 관점에서 자본주의를 비판하는 움직임과 점차 철학적으로 결합했다.[152]

하지만 롤스주의 철학자들이 "역사적" 및 "과거 지향적" 주장에 대한 자신만의 대응 논리를 발전시킨 데에는 좌파로부터의 도전만큼이나 노직의 도전이 주효했다. 자유주의 철학자들의 주요 관심사가 롤스의 이론을 상세히 해석하는 것에서 노직의 이론을 반박하고 롤스의 이론을 옹호하는 것으로 옮겨 감에 따라, 그들은 롤스의 제도주의적이고 현재주의적인 시각을 고수했다.153 이때 역사를 소거하는 것은 보편주의적인 평등주의로 향하는 길로 이해되었다. 응분을 제도적 원칙들과 무관한 것으로 치부하는 동시에, 자유주의 철학자들은 불평등이 발생한 과정에 대한 주장들 그리고 개인의 권원, 최초의 여건, 그리고 자원의 소유에 대한 비제도주의적인 주장들을 규범적으로 무의미한 것으로 상정했다. 자유주의적 평등주의의 정의 이론은 과거의 소유권이 아닌 가상의 현재 속 기본 구조의 제도들에서 출발해야 했다.

***

롤스 스스로가 자신이 구축한 이론의 논리에 순종했듯이, 새로운 자유주의적 평등주의자들은 자신들이 받아들인 이론의 틀에 따라 여러 방향으로 나아갔다. 1970년대 동안, 철학자들은 정의 이론의 핵심을 이루는 제도적 규칙들, 평등주의적 원칙들, 그리고 개별 인격들에 대한 설명에 따라 어떤 종류의 입장들을 수용할지 결정했다. 노직에 대한 반응으로 제도적·가상적·비역사적 성격이 강조되면서 새로운 자유주의적 평등주의는 여러 입장들을 배제했다. 젊은 시절의 롤스가 오직 반박하기 위해 탐구했던 능력주의·기여주의·귀족주의·국가주의 이론을 비롯한 여러 종류의 정치 이론들이 [정치철학의 영역으로부터] 제외되었다.

포함과 배제는 어떤 종류의 사회만이 정의롭다고 여길 수 있는지에 관한 문제에만 국한된 건 아니었다. 자유주의적 평등주의의 배제 기준은 특정 공공 문제를 다룰 때에도 활용되었다. 대부분의 공공 문제가 발생하는 "부분적 준수"의 비이상적 영역을 고려할 때, 철학자들은 정의의 이상ideal justice에 관한 논쟁에서 정립된 주장들을 참조해야 할 뿐만 아니라 [우리의 생각이] 그것들에 의해 제약되어야 한다고 점차 인식했다.154 곧 롤스의 주장은 어떤 공공 문제가 자유주의적 관심사에 포함되는지를 결정하는 상식적 기준으로 자리 잡았다. 이제 롤스의 주장이 정확히 함의하는 바가 무엇인지 모호한 경우에 주로 철학적 논쟁이 발생했다. 롤스의 추종자들이 그의 이론을 확장해 롤스가 무시하거나 예견하지 못한 정치적 문제들에 대처하는 과정 속에서 정치철학 내의 새로운 분과들이 탄생했다. 드워킨이 [당대의] 주요한 정치적 문제들을 "자유주의 묶음"liberal package이라는 표제 아래에 정리할 때, 그는 "베트남에 대한 군사개입", "환경", "버스 통학 제도와 할당제처럼 소수자들을 교육과 고용에서 우대하는, 논쟁의 여지가 있는, 진보적 정책 신념들"과 같은 몇몇 의제들을 자유주의적 문제라고 하기에는 논란의 여지가 있다고 구분해 놓았다.155 드워킨에 따르면, 이런 문제들은 자유주의적 평등주의의 고려 범위 밖에 놓일 가능성이 존재했다. 이후 몇 년 동안 철학자들이 이런 문제들을 탐구한 끝에 [자유주의적 평등주의의] 이론들을 새로운 영역으로 확장했다.

자유주의적 평등주의자들이 자신들의 문제라고 인식했던 공공 문제가 있다면, 그것은 롤스가 10여 년 전 [정의로운 것인지 여부를 따질 필요도 없는] 단순히 "실행"의 문제라고 여겼던 인종차별 폐지와 인종 불평등 및 부정의의 문제들이었다. 철학자들이 이 문제들을 다룬 방식을 살펴보면 새로운 평등주의의 정치성을 명확히 확인할 수 있다. 인종차별 폐지 정책에 대한 반발이 계속된 1970년대, 정치철학자들은 다양한 해결책의 윤리에 주목했다. 이 시기에 노예제와 짐 크로라는 제도적 유산을 시정하기 위해 아프리카계 미국인들에게 배상이 이뤄져야 한다고 주장한 아프리카계 미국인, 흑인 민족주의 및 반식민주의 이론가들은 대체로 노직의 이론과 유사한 구조를 가진 역사적이며, 권리에 기반한 신로크주의적 주장을 펼쳤다.156 시민권의 혜택을 누리지 못하는 그리고 (시민권과 결부된) 불이익에 대한 보상을 받지 못하는 이들에게, 복구와 시정을 요구하는 신로크주의 이론은 하나의 정치적 자원이었다. 1960년대 후반 노예제에 대한 배상 요구가 전국적인 이목을 끌자, 휴고 베다우와 버나드 복실을 비롯한 다수의 철학자들은 역사적 부정의에 대한 배상 요구를 롤스식의 평등주의 틀에 결합할 수 있는지 탐구했다.157

역사적 배상권에 대한 주장은 노직의 틀 속에 쉽게 수용될 수 있었다. 그것은 역사적 원칙들과 제도적 사회 규칙 밖에 존재하는 초역사적 권리를 강조한 노직의 이론과 완벽하게 어울렸다. 반대로 평등주의·제도주의·비역사적인 이론은 역사적 배상권을 쉽게 수용하지 못했다.158 이 점을 복실은 [두 학파의] 확연한 대비를 통해 설명했다. 한편에는 사회적 규칙들의 수용과 "단일한" "유효한 공동체"의 존재를 기반으로 하는 롤스주의 이론가들이 위치해 있었다. 이들은 불운과 자연적 우연에 대한 보상에 관심이 있었고, 사회 "전체"가 그 비용을 부담하기로 동의했다. [롤스주의 이론에 따르면] 분배 정의는 사회는 공정한 경쟁을 통해 운영되어야 한다는 시각에서 비롯되었으며, 이를 위해서는 "미래지향적"이며, 게임의 패배자들을 보호함으로써 사회가 공정하고 원활히 작동하는 것을 목표로 하는 보상 프로그램이 필요했다.159 롤스주의의 반대편에 위치한 이론가들의 배상에 대한 주장은 "더 원초적이고" "과거 지향적이었으며" 사회계약, 합의, 사회적 규칙보다는 "자기보존에 직접적으로" 기인했다.160 노직과 마찬가지로, 복실은 권리 — 물론 노직과 달리, 재산에 대한 권원이 아니라 각 개인이 "스스로 가치를 추구하고 확보할 권리" — 에 기반한 주장을 펼쳤다. [보상 프로그램으로서] 평등주의적인 안전망은 흑인과 피식민지인에 대한 배상과 동일하지 않았다. 즉, 배상은 노예가 노동해 생산한 것을 약탈함으로써 노예 소유주의 후손들이 마땅히 자신의 것이 아닌 부를 소유하게 된 "부정의의 역사로 말미암아 그들이 현재와 같은 상태로 전락했다는 사실에 정확히" 의거한 것이었다.161 이런 신로크주의적인 주장은 사회적 규칙들과 합의의 영역 밖에 존재하는 역사적 주장 그리고 소유, 재산, 상속에 대한 초역사적인 권리들을 활용했다. 사회적 규칙들의 영역 안에 자리 잡지 못하던 이들에게, 이런 주장은 매우 유용한 자원이었다.

그러나 자유주의적 평등주의의 틀 안에 이와 같은 배상권에 대한 주장들을 포섭하기란 매우 난해한 작업이었다. 1970년대의 좌파 자유주의자들처럼 정의 이론에 대한 사회주의적 해석을 시도한 베다우가 흑인 배상권을 분석할 때, 그는 좌파의 과거 지향적인 주장과 평등주의의 현재주의적인 주장을 결합한 "사회주의적인 정의" 개념이 필요하다는 진단을 내렸다.162 이와 달리, 롤스의 제자이자 공리주의자인 데이비드 라이언스는 아메리카 원주민들의 토지 반환 청구를 분석하면서 배상과 시정이 평등주의적인 아이디어가 아니라고 결론을 내렸다. 역사는 특정한 재분배 청구의 설득력을 인과적으로 설명하는 데 활용할 수 있을지 몰라도 ― 그리고 아메리카 원주민들의 "고통과 요구 사항들은 인과적으로나 역사적으로나 (……) 그들 선조들이 겪은 (……) 피해에 근간을 두고" 있을지라도 ― 그 자체로는 규범적으로 중요하지 않았다. 청구의 규범성은 제도적 맥락 밖에 있는 원초적인 역사적 권리들이 아니라 현재의 불이익에서 비롯되었다. 즉, [아메리카 원주민들의 배상 청구는] 초역사적인 권리 때문이 아니라 "(부분적으로는 아메리카 원주민에 대한 강탈과 그 여파로부터 비롯될 수는 있는) 현재의 불평등" 때문에 규범적으로 유의미하다는 것이었다.163 규범적으로 중요한 것은 과거의 부정의와 별개로 존재하는 현재의 피해였다.164 분배 정의는 최소 수혜자가 최대 이익을 받을 수 있도록 제도적 규칙들을 바꾸는 방향으로 작동하기에 배상을 목적으로 하는 역사적인 주장들은 불필요한 것으로 여겨졌다.

평등주의적 원칙들은 롤스가 의도한 대로 포괄적이고 유연했다. 그것들은 배리가 차등의 원칙에 대해 생각한 것처럼 변혁적이고 급진적인 목표를 위해 사용될 수 있었다. 하지만 롤스가 제시한 이론의 구조와 결합했을 때, 평등주의 원칙들은 그 실천에서 온건하고 개혁적이었으며, 대안적인 급진적 요구들을 논리를 통해 중화하는 역할을 수행했다. 제국주의, 식민주의 및 지구적 정치에 관한 역사적인 주장들은 도덕과 정치를 분리한 베트남전쟁에 대한 철학적 논의에서 이미 배제되어 있었다. 롤스의 이론적 틀로 가장 잘 처리할 수 있는 현실 문제들은 헌법과 관련된 것들이었지 배상에 대한 요구가 아니었고, 이는 정치철학의 정치성이 결정되는 데 큰 영향을 미쳤다. 철학의 계속된 "법률화"로 말미암아, 철학자가 관심을 가지는 정치적 문제는 사법부에 의해 결정되었다.[165] 1971년 브리그스 대 듀크 전력 판결Briggs v. Duke Power*로 적극적 평등 실현 조치는 법률로 확립되었다. 오랫동안 백인들이 특권적 대우를 누렸던 영역[고용]에서, 반대로 흑인을 특별히 대우할 것이 법에 의해 요청된 것이다.[166] 이 판결 이후 적극적 평등 실현 조치를 대학가로 확장한 1972년의 행정명령 11246호** 그리고 1978년의 캘리포니아 주립대 대 바키 판결***이

---

* 피사용자의 작업 수행 능력과 무관한 고용조건은 차별 의도가 없더라도 불평등 효과를 낳는다면 간접 차별에 해당하며, 1964년 민권법에 따라 사용자에게는 고용조건과 작업 수행 능력 간의 '상당한 관련성'을 보여야 할 입증책임이 있음을 확인한 연방대법원의 판결이다. 노스캐롤라이나주의 듀크 전력은 흑인을 급여가 제일 적은 노동 부서에만 고용해 왔으며, 고등학교 졸업 여부, 기계 적성 검사, 인지 적성 검사를 노동 부서 이외 부서의 고용조건으로 제시했다. 초·중등교육 및 직업교육에서의 차별이 만연한 상태에서, 듀크 전력의 '중립적인' 고용조건은 이전의 차별적 관행을 유지하는 결과를 낳을 뿐이었다.

** 1965년 9월 24일, 존슨 대통령이 서명한 행정명령으로, 인종, 피부색, 종교, 또는 출신 국가에 근거한 연방 계약자의 고용 차별을 금지하고 적극적 평등 실현 조치를 취할 것을 요했다. 1967년 행정명령 11375호로 성별에 근거한,

뒤따르자, 철학자들은 우선 채용preferential hiring, 적극적 평등 실현 조치, 그리고 직장 내 차별의 윤리를 두고 논쟁을 벌였다. 전후 시대 미국의 자유주의 법률가들은 직장에 대해 크게 두 가지 접근법을 취했다. 하나는 노동조합과 "직장 내 다수결주의"[작업장 민주주의]에 초점을 맞추어 고용인의 재량권에 한계를 설정하는 것이었고, 다른 하나는 차별 금지법과 소수자 보호에 초점을 두는 것이었다. 두 접근법 중 철학자들이 취한 것은 배상 청구로 이어지지 않고 노동 정치를 대체하는 효과를 가진 후자, 즉 차별 금지법 및 소수자 보호에 대한 강조였다.167

우선 채용과 관련해, 공공 문제 철학자들은 다양한 방식으로 이를 정당화했다. 어떤 이들은 권리에 근간을 두는 방식을 택했다. 일례로, 주디스 자비스 톰슨은 그 누구도 타인이 사적으로 생산해 낸 혜택에 대해 어떤 권리도 가질 수 없으므로, 고용인에게는 자신의 마음대로 누군가를 고용할 권리가 있다고 주장했다.168 과거에 이루어졌던 배제에 대한 교정 행위로서 우선 채용이 정당화되었다. 이와 같은 주장은 다양성을 정당화하는 동시에 일자리를 사유화하는 결과를 낳았다. 하지만 톰슨의 비전이 어떤 종류의 권리들에 초점을 두는지 중요하게 생각한 비판자들에게 가장 거슬린 것은 톰슨이 과거의 역사적 피해를 거론했다는 점이었다.169 다른 이들은 롤스의 이론 틀을 비이상론에 확장함으로써 적극적 평등 실현 조치를 다루고자 했다. 롤스의 이상론ideal 대 비이상론non-ideal의 구분법이 당연시되고

2014년 행정명령 13672호로 성적 지향성과 젠더 정체성에 근거한 고용 차별의 금지가 추가적으로 명시되었다.

••• 특정 인종의 비율을 정해 놓은 할당제는 위헌이지만 적극적 평등 실현 조치로서 인종이 대학 입시에 고려될 수 있다는 연방대법원의 판결이다. 이 결정은 2003년 그루터 대 볼린저 판결Grutter v. Bollinger로 재확인되었으나, 2023년 공정한 입학을 위한 학생들 대 하버드 대학교 판결Students for Fair Admissions v. Harvard로 뒤집어졌다.

전자가 후자를 제약해야 한다고 여기기 이전에 개발된 이들의 주장들은 후일 "충분히 롤스주의 철학답지 못하다"는 이유로 배제될 것이었다.170 하지만 롤스의 이론을 적극적 평등 실현 조치에 적용하고자 한 이들은 응분, 능력, 기여, 노력의 우선순위 그리고 기회와 소득의 분배에 있어서 그것들의 중요성에 대한 롤스의 해결책이 적극적 평등 실현 조치에 함의점을 제시한다고 여겼다. 실제로, 적극적 평등 실현 조치가 덕성, 선택, 노력과 보상 간 관계 그리고 결과와 책임 간 관계를 절단해 버린다고 주장한 적극적 평등 실현 조치 비판자와 마찬가지로, 많은 이들은 롤스의 이론이 유사한 결론으로 이어진다고 판단했다.171

롤스의 정의 이론이 적극적 평등 실현 조치를 지지하는 데 어떻게 활용될 수 있는지를 놓고 벌어진 논쟁은 롤스의 이론이 능력주의적인지 그리고 평등주의에서 응분의 위상이 무엇인지를 둘러싼 더 큰 논쟁의 일환이었다. 노먼 대니얼스에 따르면, 롤스에 대한 일반적인 오해는 기본 구조에 "보상의 여지"가 없다는 것이었다. 하지만 롤스가 보상을 그의 이론으로부터 "완전히 제거"한 것은 아니었다. 여전히 그는 능력주의를 완전히 배척하지도 않았으며, 그의 원칙들의 한계 내에서 인정하고자 했다.172 물론 롤스는 응분 개념을 제도적 원칙들과 무관한 것으로 상정했고, 그 누구도 선천적 자산을 가질 자격을 지니지 아니하며 게임에서 남들보다 더 좋은 출발점을 가져서도 안 된다고 강조했었다. 그러나 롤스는 동시에, 응분과 기여가 제도 및 차등 원칙의 제한된 범위 내에서 사회적 관계에 일정한 영향을 미칠 수 있다고 보았다. 그는 개인의 노력이나 재능이 어느 정도까지 응분의 근거가 될 수 있는지를 면밀히 탐구했으며, 선천적 자산이 부족한 이들을 위한 "보상의 원칙"을 제시하기도 했다. 그는 기회균등을 (교육제도를 통해) 형식적인 것이 아닌 구체적인 것으로 만들고 이를 자신의 두 번째 정의 원칙의 일부로서 강조했다.173 롤스의 독자들은 이제 응분에 대한 제도적 및 전前 제도적인 개념들을 통해 적극적 평등 실현 조치를 정당화할 수 있는지 토론했다. 어떤 이들은 응분 개념을 개인적 책임의 원칙으로서 보다 나은 방향으로 이론화할 필요가 있다고 주장했다. 사람들을 "그들의 자격에 따라" 대우하는 것은 "그들의 행위가 칭찬을 받거나 분노를 살 만한 대상이 되는" "자율적인 존재로서 대우하는" 중요한 방법이었다. 그럼으로써 개인은 "자신의 삶과 운명에 대해 통제력"을 더욱 발휘할 수 있을 것이었다. 이런 시각에서 볼 때, 적극적 평등 실현 조치를 주창할 때 강조해야 할 것은 인종이나 젠더와 같은 정체성이 아니라 "노력의 장애물"과 불공정한 불이익을 제거하는 것이었다.174 하지만 응분 개념에 대한 반발은 자유주의적 평등주의가 적극적 평등 실현 조치를 지지하는 방향으로도 이끌었다. 배상 청구는 역사적 주장을 필요로 하는 동시에 대단히 강력하고 형벌주의적인 책임 개념을 통해 분배를 준교정적인 과정으로 이해해야 한다는 함의를 지니고 있었다. 이와 달리, 적극적 평등 실현 조치는 개인의 책임과 집단 자산으로서의 재능을 덜 강조함으로써 평등주의적인 용어로 표현될 수 있었기에 롤스의 이론과 잘 결합될 수 있었다. 그렇게 책임과 응분에 대한 롤스 정의 이론의 모호성은 견실한 제도적 평등주의의 이름하에 정치적으로 활용되었다.175

그러나 롤스의 이론이 적극적 평등 실현 조치의 모든 면모를 쉽게 수용할 수 있는 것은 아니었다. 예를 들어, 적극적 평등 실현 조치는 자유주의 철학에서 집단이 가지는 위상을 위협했다. 집단의 문제는 인종차별 폐지 및 버스 통학 정책에 관한 판례에서 주요한 문제였는데, 당대의 선도적인 반인종차별주의 이론가이자, 법철학자이며, 윤리·법철학학회 회원이었던 오언 피스가 이 문제에 천착하고 있었다.176 그는 "집단 불이익" 원칙에 대한 논의에서 "외면적으로는 중립적이지만 그 결과에서는 인종차별적인 관행들"을 비판했고, 이로써 해결책을 제시할 수 있다고 생각했다. 피스의 "반反종속antisubordination" 원칙은 그 어떤 법률도 특별 불이익 계층의 종속적인 위치를 "더욱 심화하거나 영속화해서는" 안 된다고 주장했다.177 이런 주장을 개진하며, 피스는 다른 분배 정의 이론가들처럼 특정 종류의 역사적·집단적 요구들을 거부했다. 한 독자가 말했듯이, 피스는 "특정 집단의 [역사적] 궤적에 대한 탈정치화된 설명을 채택함으로써 헌법에 대한 집단 특정적인 이론이 가지는 당파성"을 비판했다.178 롤스주의 동료들과 마찬가지로, 그는 흑인들이 겪는 불이익이 어떻게 발생하게 되었는지 역사적으로 탐구하기를 거부했고, 역사적 차별에 대한 보상을 자신의 주장에 포함하지 않았다. 피스에게 중요한 것은 "카스트에 대항하는 윤리적 견해"이지 과거의 잘못이 아니었다.179

『철학과 공공 문제』에서 발행한 읽기 교재, 『평등과 특별대우』 Equality and Preferential Treatment(1977)의 서문에서 네이글 또한 피스와 유사한 주장을 전개했다. 역사적 부정의에 관한 주장들은 기회균등이 이룩할 더 나은 미래를 위해 고려되지 않은 것이다. 네이글은 여성과 아프리카계 미국인들이 여전히 "기회의 평등을 성취의 평등으로 전환하기에는 경쟁에 불리한 위치에 있다"고 판단했다. 하지만 성취의 평등을 추구하기 위해서는 ― 그리고 "능력" 기반 시스템으로부터 떠나기 위해서는 ― 배상, 역사적 부정의, 집단 불공정성, 이전의 공헌에 기반한 주장들을 옆으로 치워 둬야만 했다. 분배 정의는 과거의 잘못, 원초적 권원, 혹은 응분의 개념에 기초해서는 안 되었다. 네이글에 따르면, "권리 주장보다는 상황을 개선함으로써 얻는 이득을 강조하는 방법이 가지는 이점은 바로 현재의 나쁜 상황이 어느 정도 과거의 부정의에 기인하는 것인지 따질 필요가 없다는 것"이었다. "그 원인이 무엇이었든 간에 우리는 현재의 나쁜 상황을 개선하는 것을 선호할 것이다."180 특별대우의 지지자들은 집합체 또는 공동체를 대리하는 주장보다 "개별 불공정성"individual unfairness에 초점을 둬야 했다. [이로써] 집단에 행위 주체성과 책임을 부여하는 것에 대한 회의주의가 재확인되었다. "집단 간 공정성 논리가 적용될 수 있는 유일한 집단은 강한 심리적 동일성 — 그리고 역사적 연속성 — 을 가지는 집단이라는 점을 고려한다면, 해당 논리의 설득력은 [실은] 개별 불공정성을 은폐하는 데서 기인한다는 사실을 알 수 있다"고 네이글은 주장했다. "개별 정당화 없이도 집단 보상과 책임을 옹호할 수 있겠지만 그것은 집단을 타당하지 않게 인격화하는 것에 의존한다."[181]

이제 자유주의 정치철학자들의 과업은 그들이 인증한 평등주의적 주장만을 사용해 다양한 공공 문제에 대응하는 것으로 변했다. 이때 검증의 1차 관문은 롤스의 이론이었다. 새로운 평등주의자들은 롤스의 이론을 자신들의 기준으로 삼았으며 그것이 얼마나 다양한 문제들을 다룰 수 있는지 입증하기 위해 노력했다. 그리고 이와 같은 양상은 오랫동안 계속되었다. 예를 들어, 후일 찰스 밀스를 비롯한 여러 철학자들이 롤스주의 정치철학이 인종적 부정의를 경시하는 까닭은 자유주의적 평등주의의 핵심에 백인 우월주의가 있기 때문이라고 비판하는 등, 롤스에 대한 비판이 늘어나자 몇몇 롤스주의 정치철학자들은 롤스의 이론이야말로 적극적 평등 실현 조치에 대한 견실한 기초를 제공하고 광범위하게 인종 부정의를 비판할 수 있게 해 준다고 반박했다.[182] 롤스 자신은 그의 여생 동안 적극적 평등 실현 조치에 대해 자신의 의견을 제시하지도, 차별 금지의 원칙이나 보상적 정의 개념을 제시하지 않았다. 그는 또한 "인종"을 기회균등 실패의 독립된 원인으로 다루지 않고, 경제적 불평등의 일환으로만 취급했다. 어떤 이들은 그럼에도 롤스의 이론이 다른 종류의 주장들을 불필요하게 만들 만큼 충분한 이론적 자원을 가지고 있다고 주장했다.[183] 대학원 시절부터 롤스에게 [정의의 원칙들의] 도출 과정이 목표로 하는 바는 편견과 비합리성을 제거하는 것에 있었다. 원초적 입장과 무지의 베일을 개념화할 때 인종적 불이익에 대한 고려는 중요했으며, 이 두 개념 모두 인종적 정체성에 대한 지식과 인종차별주의를 제거함으로써 인종 간 불평등을 방지하고자 했다. 공정한 기회 균등의 원칙과 차등의 원칙, 특히 보상의 원칙은 인종적 불이익이 낳는 효과를 상당히 완화했다.184 복실, 로런스 토머스, 미셸 무디애덤스를 비롯한 여러 흑인 철학자들은 롤스의 이론에서 인종 정의 이론의 가능성을 포착했다.185 토미 셸비와 같은 일부 철학자들에게 롤스의 자유주의의 의의는 단지 정의의 집행에서 차별이 없도록 하는 정도를 넘어서는 것이었다. 이들에 따르면, 롤스 자유주의에는 바키 판결 이후 전개된 다양성의 논리가 아니라 평등의 이름으로도 제도적 인종차별주의와 인종에 따른 불이익을 비판할 수 있도록 하는 가능성이 들어 있었다.186 이와 같은 시각에서 볼 때, 롤스의 정의로운 사회는 계급과 인종 간 격차가 모두 없어진 사회였다. [그렇다면] 역사적으로 축적된 인종적·계급적 불이익을 시정하기 위해 반드시 역사적 주장을 별도로 전개할 필요가 없었다.

롤스의 이론이 가지는 강점은 그 세부 주장들을 급진적 목표를 위해, 그리고 롤스 자신은 직접 주장하지 않은, 보다 많은 변화를 요구하는 평등주의를 뒷받침하는 데 활용할 수 있다는 점[즉, 그 정치적 유연성]이었다. 그러나 이론 안의 세부 주장들은 그렇게 할 수 있을지 몰라도, 지적 분야로서 롤스주의가 가지는 구조와 특정 철학적 주제 및 가정이 [당대 학계와 정치 담론에서] 지배적인 위치를 잡게 됨에 따라, 이는 다양한 대안들을 배제하는 결과를 낳았다. 이것이야말로 새로운 철학의 역설이었고, 역설의 여파는 [롤스주의 정치철학이 지배적인 위치를 잡게 된 시기에] 이미 그 모습을 드러내기 시작했다. 1970년대 말에 이르면, 자유주의적 평등주의는 그 성격이 고정되었다. 그리고 한동안 자유주의적 평등주의자들과 그 비판자들 모두 그 [고정된] 조건 안에서 활동할 것이었다. 평등주의 원칙들은 개인 또는 개인들에 의해 결정된 제도적 정책에만 적용되어야 했다. 제도적 규칙들을 핵심으로 다루는 이론만이 유용한 이론으로 이해됐다. 제도적 규칙들 밖에 존재한 권리나 역사에 기반한 주장들은 고려의 대상에서 제외되었다. [그 결과] 자유주의 철학자들은 롤스의 틀에서 배제된 관념들과 주장들은 평등주의 정치를 실현하는 데 더는 필요하지 않다고 주장했다.

5장
세계를 향해 나아가다

1973년에 브라이언 배리는 "장기적인 관점에서 볼 때 국제 관계가 국내 정치보다 훨씬 더 중요하다"고 말했다.¹ 동시대의 철학자들은 달리 생각했을 것이다. 당초 평등주의적 원칙에 대해 논할 때, 자유주의 철학자들은 그것이 [국가보다] 더 큰 지정학적 범위와 결부되는 것을 기피했다. 전쟁의 도덕성에 대한 분석과 같이 그 원칙들을 어렵게나마 적용할 수 있는 경우를 제외한다면 말이다. 국제정치의 광범위한 주제들 — 이를테면 냉전, 지구적 경제체제, 혹은 탈식민화의 결과들 — 은 롤스가 제시한 정의 원칙들이 적용되는 기본 구조와 국내 제도의 외부에 있는 것으로 간주되었다.

지구적 체제의 불안에서 비롯된 가시적 징후들로 말미암아 국제적 영역은 곧 더는 무시하기 힘든 것이 되었다. 1971년 기근과 뒤이은 1974년 기근으로 방글라데시에서 100만 명이 넘는 사망자가 발생했다. 동일한 시기에, 배태된 자유주의•를 기초로 전후 합의를 지

• 배태된 자유주의embedded liberalism란 1944년 브레턴우즈 체제 이후 탄생한 국제경제 체제와 그 작동 논리·이념을 일컫는데, 이는 대공황으로 치달은 19세기 고전적 자유주의의 자유방임과 달리 일정한 규칙·국제기구를 통한 국제 통화 질서의 조율을 추구한다. 당시의 국제경제 체제는 금-달러 본위제와 고정환율제라는 일정한 규칙에 따라 운영되었으며, 국제통화기구IMF, 관세 및 무역에 관한 일반협정GATT, 그리고 세계은행IRBD 같은 기구들이 상기 규칙들의 실현을 돕는 식이었다.

탱하던 브레턴우즈 체제가 해체되었다.2 롤스로 하여금 국내문제에 집중할 수 있게 해 준 번영과 성장은 명백히 위협받고 있었다. 1973년 석유수출국기구의 석유 수출 엠바고와 유가 폭등은 미국과 영국에서 일대의 혼란을 야기했다.3 오일쇼크와 지구적 식량 위기의 여파 속에, 많은 논자들이 "세계의 대위기" 그리고 새로운 양상의 "상호 의존성"을 이해하기 위해 진력했다.4 에너지, 식량, 환율과 관련된 국제적 위기들은 이제 일반적인 현상이 되었다. 그 어떤 나라도 이로부터 완전히 절연될 수 없었다. 가장 부유한 나라들조차, 얼마 전까지만 해도 무력해 보이던 먼 나라의 행위로부터 크게 영향받게 되었다.

많은 자유주의 철학자들이 롤스의 저서와 국내문제에 대한 그 함의에 몰두하던 와중에, 일군의 논자들은 정치철학이 이 같은 지각변동에 어떻게 대처할 수 있는지 고민하기 시작했다. 국제적 영역으로 눈을 돌린 그들은 서로 경쟁하는 두 가지 국제정치적 양상과 마주했다. 비아프라 분리 독립 전쟁•과 그에 따른 위기들을 목도하며, 많은 이들이 기아飢餓를 국가[일국적 차원의] 복지가 아닌 국제 인도주의의 문제로 인식하기 시작했다. 그 결과, 인도주의적 비상사태가 당대의 공적 담론에서 화두로 부상했다.5 한편으로는, 인권과 인도주의 정치가 대두하는 가운데 국제기구, 소비자 단체, 초국적 기업이 그 주요 행위자로 부상했다.6 다른 한편, 오일쇼크 이후의 분위기는 민족자결, 경제 주권, 그리고 지구적 재분배에 대한 반식민주의 운동가들의 목소리에 힘을 실어 주었다. 반식민주의 운동가들이 당장이라도

- '비아프라Biafra 분리 독립 전쟁' 혹은 '나이지리아 내전'은 나이지리아 동남부의 비아프라주가 '비아프라 공화국'을 선포하고 나이지리아로부터의 분리 독립을 시도한 까닭에 나이지리아 정부군과 반군 사이에서 1967년 7월부터 1970년 1월까지 벌어진 전쟁이다. 비아프라전쟁의 전개 과정은 전형적인 제3세계 내전·대리전의 양상을 띠었다. 전쟁은 나이지리아의 포위 공세가 발생시킨 비아프라 지역의 대규모 기아 사태가 제1세계에 널리 알려지면서 1970년대 이래의 전 세계적 인도주의 운동을 활성화한 계기가 되었다.

[77그룹이 조직되고 있던] 유엔에서 승리를 쟁취해 낼 수 있을 것처럼 보였다.7 과연 새로운 자유주의 철학이 앞에서 논한 길항하는 두 국제정치적 경향들을 아우를 수 있을 것인가? 국가의 도덕성을 아래로부터, 즉 결사체적 삶과 개인 자유에 대한 침해 여부를 중심으로 사고하는 대신, 이제 철학자들은 국가 너머로 아예 관심의 지평을 옮겨 갔다. 그렇게 자유주의적 평등주의는 세계를 향해 나아갔다.

의무, 필요, 불복종, 정의 등에 대한 새로운 논의들이 국경 너머서도 적용될 수 있는지 여부는 미답이었다. 1970년대에 걸쳐 도덕·정치철학자들은 자신들의 이론으로 국제정치적 문제들을 포섭할 수 있는지 실험했다. 어떤 이들은 발전 경제학을 둘러싼 논쟁과 지구적 남부* 이론가들의 사상에 주목했고, 또 어떤 이들은 미국 대외 정책에 주목하기도 했다. 이때 많은 이들이 분석 윤리학을 버리고 응용 윤리학과 공공 문제 철학을 선택했으며, 다양한 연구 기관들을 설립해 활동하기 시작했다. 예컨대 1976년 헨리 슈, 피터 브라운, 그리고 카이 닐슨이 메릴랜드 대학교에 철학과 공공 정책 연구소를 차렸다. 이런 연구 기관들은 개인의 의무와 도덕에 대한 논의를 정책과 결합하는 "국제 윤리학"이 태동하는 데 중요한 역할을 했다.8 다른 한편, 어떤 이들은 자신들에게 이미 익숙한 자유주의적 평등주의의 분배 이론에 주목했다. 과연 롤스의 규칙들은 전 세계를 아우를 정도로, 혹은 탈식민화의 새로운 국면에서 국가권력과 국가 통제를 다시금 역설하는 담론들을 포섭할 정도로 확장될 수 있을 것인가?

* '지구적 북부'global north와 '지구적 남부'global south는 전 지구적 종속 관계를 나타내는 개념으로, 냉전기 이데올로기적 대립을 나타내는 '동서 갈등'이 북반구의 과거 제국주의적 침탈을 일삼던 선진국들과 적도 부근·남반구의 과거 식민지를 경험한 후진국들 간 위계를 비가시화한다는 비판과 함께 통용되기 시작했다. 즉, '지구적 남부'는 근대 자본주의가 초래한 억압과 배제로 인해 고통받는 지역·집단을 가리킨다.

바로 이런 도전들이 지구적 정의 이론의 기원에 자리 잡고 있다. 아울러, 이런 도전들은 자유주의적 평등주의의 정치를 형성하는 데 크게 기여했다. 철학의 국제화[즉, 철학을 국제 문제에 적용하기 위해서]는 그동안 간과되어 오던 정치적 문제들, 이를테면 집단 행위 주체성, 갈등, 통제권의 문제들을 진지하게 고려할 것을 요구했다. 이는 정의와 인류애 사이의, 그리고 자기 이익과 이타주의 사이의 구분을 다시금 고착화했다. 다수의 철학자들 — 토머스 네이글, 브라이언 배리, 그리고 찰스 베이츠와 토머스 포기를 위시한 새로운 세대의 학자들 — 은 이제 국제적 영역을 이해하는 데 가장 효과적인 범주가 무엇인지 논의하기 시작했다.9 그 과정에서, 그들은 이론과 실천, 그리고 철학과 정치의 관계에 대한 한 가지 새로운 입장을 공고하게 만들었다. 그 입장이란, 바로 현실에 대한 경험적 설명의 의의를 경시하고, 롤스의 이론을 국제정치적 사유의 새로운 토대로 삼은 것이다. 이렇듯 정치철학을 새로운 분야로 가져오면서, 그들은 롤스의 이론을 롤스의 구상 너머로 크게 확장했다.『정의론』이 대체로 간과한 바로 그 맥락을 다루면서, 정의 이론에 대한 자유주의적 평등주의 해석의 위상이 공고화된 것이다.

***

국제주의 정치철학은 점진적으로 발전했으며, 그 시작은 롤스가 아니었다. 1960년대 후반 미국의 많은 철학자들에게 가장 중요한 문제는 바로 베트남전쟁이었으며, 이를 계기로 철학자들은 정전론과 국제법을 통해 국가 너머를 사유하기 시작했다. 1970년대 초에는 지구적 남부의 문제가 자유주의 사상가들의 정치적·인도주의적 사유에서 큰 비중을 차지하게 되었다. 당시 사상가들의 반응은 크게 두 갈래로 나뉘었다.

1972년, 방글라데시에 닥친 기아의 여파 속에, 피터 싱어가 「기아, 풍요, 그리고 도덕」Famine, Affluence, and Morality을 출간했다. 그것은 그의 철학적 선언문이었다. 그는 만약 "도덕적으로 중요한 것을 희생하지 않고도 극악한 사태가 발생하는 것을 막을 수 있다면, 우리는 도덕적으로 그렇게 해야만 한다"고 선언했다. 그는 트롤리 문제만큼이나 유명해지고 널리 되풀이될 사고실험 하나를 다음과 같이 제시했다. "내가 지나가다가 한 아이가 얕은 연못에 빠져 있는 것을 본다면, 나는 주저하지 않고 연못에 들어가 그 아이를 건져내야만 한다. 비록 내 옷은 진흙으로 더럽혀지겠지만, 그것은 사소한 문제다. 반면, 그 아이의 죽음은 짐작컨대 아주 나쁜 일이니 말이다."[10] 부유한 나라의 사람에게, 지구 반대편의 어려운 사람을 돕기 위해 수입의 상당 부분을 기부하는 것은 저 진흙으로 더러워진 옷처럼 지불할 만한 도덕적 가치가 있는 비용이었다.

공리주의의 부정 준칙 하나가 물에 빠진 아이와 국제 원조에 공히 적용되었다. 그 준칙이란, "도덕적으로 중요한 다른 것을 희생하지 않을 수 있다면, 우리는 고통을 방지하기 위해 최선을 다해야 한다"는 것이다. 이때 물리적 거리는 도덕적으로 무관하다. 물에 빠진 아이를 구하는 것처럼, 부자가 먼 타지의 고통받는 이를 돕는 것은 자선, 즉 "필요 이상의" 신성한 행위가 아니다. 그것은 하나의 도덕적 의무이며, 이를 대신해 줄 다른 이의 존재 여부는 중요하지 않다. 의무는 개인에 의해서, 가장 효과적인 방법이라면 사적 단체건 기아 구호 기금이건 그 어떤 기관을 통해서라도 수행되어야만 한다. 정부에게도 그럴 의무가 있지만, 정부의 방관이 개인의 방관을 정당화할 수는 없다.[11]

옥스퍼드 대학교에서 리처드 헤어와 함께 시민 불복종을 연구하며 학계에 발을 들인 공리주의자 싱어는 국제 문제를 다룬 최초의 분석 윤리학자였다. 그는 도덕 원칙이 제도를 기반으로 하는 개인 간 관계[즉, 국내문제]에 묶여 있다고 생각하지 않았다. 스캔런이 지적했듯, "공리주의 이론의 자연스러운 경향은 그 적용 범위가 전 세계적이라는 것"이었다.12 싱어는 제도 개혁에 대한 요구가 아니라, 개인의 도덕적 행위에 대한 호소를 통해 공리주의를 국제적으로 확장했다. 완전한 원칙에 의해 규제되는 완벽한 사회란 존재하지 않는바, 개인들에게 그들의 의무와 그 실천 방법 — 개인적인 또는 결사·국가·시민사회·시장을 통한 실천 방법 — 을 알려주기 위해 철학자가 보유한 것과 같은 "도덕적 전문성"이 필요하다고 그는 주장했다.13

싱어는 개인의 의무 수행이 제도적 수단과 무관하다고 지적했다. 그 행위가 공적이며 정부를 통해 수행되든, 사적이든, 혹은 공동체적이고 자선적이든 간에, 중요한 것은 그 결과라는 뜻이다. 당대 새롭게 부상하던 소비자 운동의 활동가들을 비롯한 많은 이들이 그의 사상에 관심을 보였다.14 이후, 이타주의에 대한 그의 역설은 민간 자선 활동과 기업의 사회적 책임을 옹호하는 데 활용되었으며, "효과적 이타주의" 운동의 기반이 되었다.15 더 나아가, 1970년대 초 싱어는 이질적인 지적 자원들을 하나의 포용적인 국제 윤리 이론으로 녹여 내고자 했다. 그는 마르크스의 초기 저술로부터 반反소비주의를 도출해 내, 이를 공리주의적 불편부당함에 접목했다.16 아울러 그는 리처드 티트머스로부터 사회적으로 인정된 필요, 그리고 국가로부터 독립적이면서 동시에 국가에 보완적인 자발적 복지 공급이라는 두 아이디어를 도출해 내어 자신의 논의에 적용했다. 그는 호혜성이 자기 이익에 지나치게 의존적이게 만드는 시장의 상품화로부터 이타주의, 기부, 그리고 "공동체적 감정"을 보호하고자 했다.17 그러나 그가 계승한 윗세대의 도덕철학자들처럼, 싱어 역시 개인의 책무와 의무들에서 출발했다. 그렇게 함으로써, 싱어는 국제적·인도주의적 윤리에 대한 새로운 방식의 탐구를 개시했다.

싱어의 철학은 많은 사람들이 국제정치에 대해 다시 생각하던 시기에 세상에 소개되었다. 당시 미국의 대외 정책 전문가, 발전 경제학자, 그리고 반식민주의 활동가들 및 정치인들은 발전과 탈식민화에 대한 기존의 입장을 재검토하느라 바빴다. 적극적인 재분배 노력이 없어도, 해외 원조는 "낙수 효과"를 통해 빈곤을 개선하리라는 구래의 통설은 이제 신뢰를 잃었다.[18] 세계의 빈곤을 "바로잡으려는" 시도들은 기근을 방지하는 데 실패했다. 많은 이들이 월트 로스토의 『경제 발전 단계설: 비공산주의 선언』 The Stages of Economic Growth: A Non-Communist Manifesto(1960)에서 제시된 근대화론 — 빈곤은 국민경제의 초기조건에 불과하며, 어느 국가나 산업화의 발전 단계들을 거쳐 대량 소비·선택·번영의 수준에 이르면 빈곤을 극복할 수 있다는 관점 — 에 이의를 제기했다.[19] 더 나아가, 신진화론적* 인류학자들로부터 경제학자들에 이르는 수많은 논자들이 근대화론에서 나타나는 유럽 중심주의적 편향을 비판하기 시작했다.[20] 탈식민 국가에 발전의 교리는 언제나 하나의 딜레마를 제기했다. 즉, 전후 시기 탈식민 국가들은 반식민주의적 민족자결 개념에 입각해 국가 주도적 산업 발전을 추진했지만, 근대화의 노력이 무색하게도 국제경제의 위계는 바뀌지 않았고, 또한 상당수의 탈식민 국가들이 여전히 해외 원조에 의존하고 있었다.[21] 그들은 이제 대안을 모색하기 시작했다. 미국의 정책 결정자들은 이에 대해 나름대로 대안을 제시했다. 1968년 유엔무역개발[발전]회의 the UN Conference on Trade and Development, UNCTAD에서

---

* 신진화론 neo-evolutionism은 20세기 중반 미국 인류학계 내에서 태동한 지적 흐름으로, 대표적인 논자로는 레슬리 화이트 Leslie A. White와 줄리언 스튜어드 Julian H. Stuward가 있다. 이들은 문화를 '각 사회가 주어진 독특한 환경에 적응한 산실'로 규정하는 한편, 그와 같이 단기적으로 지역에서 사회·생태적 적응의 결과로 형성된 문화들이 장기적인 인류 문화 일반과 맺는 관계에 주목했다. 문제의식의 골자는 무엇보다도 19세기 말 이래 인류학과 사회과학 전반을 지배해오던 단선적 사회진화론의 서구 중심성을 비판하고, 그런 한계를 극복하는 사회 변동론·진화론을 모색하는 것이었다.

지구적 남부의 국가들은 "원조가 아닌 무역"을 요구하고 나섰다. 같은 해 로버트 맥나마라가 총재로 있던 세계은행은 "기본적 필요"에 초점을 두는 새로운 접근법을 세계 빈곤 문제의 해법으로 제시했다. 새로운 접근법에서 발전의 핵심은 [국가 간] 해외 원조가 아니라 [지구민의 권리인] 기본적 필요의 충족으로 규정되었다. 그 영향으로, 절대적 빈곤의 측정이 1970년대 세계은행과 국제노동기구를 비롯한 여러 국제기구들 안에서 논쟁의 핵심 의제로 부상하게 되었다.[22]

이상의 논의에 대해 싱어 역시 한 가지 답변을 제시했다. 한 논문에서 그는 인도주의적 비상사태를 국제정치의 주요 의제로 부각하기 위해 지구적 북부와 남부 간의 관계의 도덕적 의미를 [인도주의적 의무의 문제로] 단순화할 것을 요청했다. 이후 많은 이들이 그의 인도주의 철학을 신봉했다. 하지만 자유주의 철학자들로 하여금 분배 정의에 대한 논의를 국제화하도록 추동한 것은 무엇보다도 무역과 국제 질서에 대한 반식민주의 좌파의 도전이었다. 그 도전은 국제 문제와 관련해 자유주의적 평등주의가 취하게 될 특정한 입장이 다듬어지는 데 크게 기여했다.

근대화론에 대해 제기된 가장 중요한 비판은 종속이론과 부등가교환 이론이었다. 두 이론은 모두 1940년대 말 독일계 영국인 경제학자인 한스 싱어와 아르헨티나의 경제학자 라울 프레비시가 제시한 가설, 즉 발전도상국의 빈곤은 국제무역의 역효과 때문이라는 가설에 기초한다.[23] 이에 따르면, 저발전의 원인은 발전도상국 각각의 특성 혹은 정책이 아니라 국제 체제의 작동 방식 그 자체에 있다. 국제 체제가 원자재 생산국의 빈곤을 유발하고 산업화된 국가에 유리하게 작동하기 때문이다. 1960, 70년대에는 수많은 반식민주의 사상가들이 종속의 원리에 대한 설명을 제시했다. 라틴아메리카의 네오마르크스주의 종속이론을 미국에 소개한 장본인인 독일계 미국인 발전 경제학자 안드레 군더 프랑크는 자본주의 세계 체제를 중심부의 발전이 주변부의 저발전을 초래하는 체제로 설명했다. 즉, 그는 지구적 불평등에 대한 인과적 책임을 부유한 나라들의 발전에 귀속했다. 지구적 북부의 성장은 지구적 남부에 대한 가혹한 착취에 의해서만 보장된다는 것이다.[24] 프랑크의 테제를 비롯해 이와 유사한 진단들이 널리 호응을 얻었고, 국제적으로 전개되는 계급 정치에 대한 논의, 제국주의를 노예화의 일종으로 보는 비판 담론, 그리고 대서양 양안의 흑인 운동가들이 국제주의적 사회주의적 시각에서 제기한 구조적 종속 및 "비지배"에 대한 논의와 결합하기도 했다.[25] 유엔 중남미·카리브경제위원회와 소속 학자들에 의해 종속이론이 제시되기 시작한 이후로는 폭넓은 스펙트럼의 마르크스주의·반식민주의 이론가들이 다양한 목적에서 종속이론을 활용하기 시작했다. 국제 질서의 전복, "자립"을 위한 전략, 그리고 경제적 통합에 대한 혁명적 저항을 요청하기 위해서 말이다. 또 어떤 이들은, 종속이론을 근거로 빈국에 대한 배상이나 지구적 무역조건의 수정을 요청하기도 했다.[26]

발전과 종속을 둘러싸고 경쟁하는 다양한 사상들이 1973년 신新국제경제질서 제안서를 둘러싼 논쟁을 계기로 유엔에서 거론되기 시작했다.[27] 그런 사상들이 자유주의 철학자들의 인식 지평에 등장하게 된 것도 바로 그때였다. 1974년 경제문제를 다루기 위해 최초로 개최된 유엔 특별 총회에서, 발전도상국으로 이뤄진 77그룹은 석유수출국기구의 기습적인 유가 인상 조치에 고무되어 신국제경제질서의 설립 — 탈식민 국가들의 경제 주권에 기초해 세계 경제체제를 재편하자는 비전 — 을 제안하며 국제 질서의 개혁을 시도했다. "신국제경제질서"라는 명칭을 처음 고안한 것은 1963년 프레비시였으며, 1974년 유엔에 제출된 제안서 이전에도 이미 다양한 전신前身들이 있었다.[28] 개도국들은 1973년 국제법의 언어로 쓴 제안서에서 무엇보다 두 가지를 우선적으로 요구했다. 하나는 영토 내 자원에 대한 주권국가의 절대적인 통제권을 보장해야 한다는 요구였으며, 다른 하나는 지구적 남부 국가들의 부존자원 가격을 제고·안정화함으로써 국제무역의 형평성을 회복해야 한다는 요구였다.29 신국제경제질서가 목표로 삼았던 것은 "개별 국가가 불평등과 기존의 부정의를 바로잡기 위해 어떤 사회 경제체제를 취하느냐와 무관하게, 국가들 사이에서 공평, 주권 평등, 상호 의존, 그리고 공동의 이익과 협력"을 보장하는 것이었다.30 사실상 그것은 채무면제, 원조 확대, 신용 기한의 연장, 초국적 기업에 대한 규제, 그리고 부국에서 빈국으로의 기술 이전을 의미했다. 오일쇼크가 고조됨에 따라, 북반구의 선진국들도 이에 주목하기 시작했다.31 심지어는 북미·서유럽·일본 엘리트들의 3극 위원회*처럼 보수적인 기구들마저도 민족자결에 대한 반식민주의적 열망을 누그러뜨리기 위해 재분배적 해법을 모색하기 시작했다.32 주권 평등 요청이 지닌 실질적 함의[국가 간 재분배]를 모면하기 위해, 대외 정책 연구자들 — 국가 간 행위에 천착하느라 초국가적 관계의 "심화"를 간과했던 고루한 현실주의적 국제 관계 이론의 대안을 바삐 모색하던 이들 — 도 상호 의존을 새로운 정치적 현실로 인정했다.33

반식민주의, 마르크스주의, 그리고 신좌파의 제3세계 연대론에서 거론되었을 때만 해도 무시받거나 거부되었던 발상들이 이제는 자유주의 사상에 수용되기 시작했다.34 신국제경제질서에 대한 제안

---

* 3극 위원회는 1973년 7월 데이비드 록펠러David Rockefeller에 의해 창설된 비정부 국제기구로, 북미(주로 미국)·서유럽·일본의 엘리트들이 선진국 간 협력을 활성화하는 것을 공식 목표로 삼았다. 록펠러를 비롯한 발기인들은 1960년대 말부터 1970년대 초 사이 벌어진 전 지구적 사건들, 이를테면 식량 위기·통화 위기·인플레이션·오일쇼크가 전례 없이 높아진 국제적 상호 의존의 산물이었으나, 제1세계가 그에 대한 협동 대응을 하지 못한 탓에 그런 위기가 발생했다고 판단했다. 여기에 참여한 인물로는 지미 카터, 즈비그뉴 브레진스키, 폴 볼커, 앨런 그린스펀, 그리고 에드윈 라이샤워 등이 있다. 3자 위원회, 3국 위원회 등으로도 불린다.

은 사회주의자들로부터 군나르 뮈르달과 같이 혁명이나 단절이 아닌 계획경제를 저성장의 해법으로 제시한 개혁적 복지주의자에 이르기까지 광범위한 세력으로부터 지지를 받았다.35 신국제경제질서에 대한 요구는 반시장적이었는데, 정치권력에 의한 자원의 직접 배분을 옹호했고, 국가의 주권·자율성·통제권의 완전한 실현을 주장했으며, 비국가 행위자 특히 기업의 사유재산권에 대한 제한을 제안했다. 국제 자본에 맞서 "국가의 권리"가 배치된 셈이다.36 그렇지만 신국제경제질서가 지구 경제에 완전히 등을 돌린 것은 아니었다. 종속이론이 국제 관계에 대한 갈등론적 입장을 함의한 것과 달리, 신국제경제질서를 제안한 이들은 국제 질서의 규칙들에 대한 전 지구적 합의를 달성하는 데 좀 더 낙관적이었다. 그런 점에서 신국제경제질서에 대한 요구는 국제 질서에 대한 합의론적 비전을 예비하는 것이었다. 재분배란 지구 경제의 구성원들 간 합의 속에 정의를 실현하는 것이라고 규정한 1980년의 『국제 발전에 관한 브란트 보고서』*가 그 결산이라 할 수 있다.37 1970년대 말, 이런 합의론은 종속이론 및 그와 결부되어 불평등의 역사적·인과적 책임을 부국의 번영·제국주의·식민 착취·자본주의에 귀속하는 논의를 대체하게 된다. 신국제경제질서에 대한 비판자들은 그것이 자본주의적 성장의 최종 목표, 즉 "국가들 사이의 사회주의와 국가들 내부의 자본주의"를 함의한다고 보았다.38

신국제경제질서에 대한 제안서가 갈등론적 관점을 취하지 않고 모종의 재분배적 국제주의를 주창한다는 바로 그 이유에서, 일군의 새로운 자유주의적 평등주의자들이 그것을 받아들일 만한 것으

---

* 『국제 발전에 관한 브란트 보고서』는 전 독일 총리 빌리 브란트Willy Brandt를 위원장으로 하는 국제 발전 문제 독립 위원회가 1980년 발표한 보고서로서, 지구적 북부와 남부 간의 극명한 생활수준 차이의 실태, 원인, 그리고 해결책을 탐구하는 것을 내용으로 했다. 이하, 『브란트 보고서』로 약칭.

로 간주하기 시작했다. 오일쇼크 이후 미국에서 신국제경제질서에 대한 논의가 한창이던 당시, 프린스턴 대학교에서 정치학을 공부하던 찰스 베이츠는 이제는 국제 윤리학이 베트남전쟁 시기에 집착했던 "전쟁과 평화" 문제에서 벗어나 "국제적인 분배 정의" 문제에 주목해야 한다고 주장했다.39 그가 보기에, 신국제경제질서에 대한 요구는 선진국이 "세계 경제체제를 근본적으로 재편"할 의무가 있다는 가정에 기초하고 있었다. 베이츠는 정의로운 제도를 구성하는 데 필요한 재분배적 의무가 무엇인지 판정하는 방법을 알려준 롤스의 이론에서 단서를 포착했다.40 이렇듯 그는 롤스의 논의를 국제적 제도 이론으로 확장하고, 더 나아가 국가의 경계 너머에서도 적용 가능한 이론을 준별해 내는 작업에 착수했다. 아울러 신국제경제질서가 요구하는 세계 체제의 재편이 정의 이론에 의해 정당화될 수 있는지, 그렇다면 그것이 어떻게 가능한지 탐구하기 시작했다.41 머지않아 싱어의 인도주의적 해답은 베이츠의 분배적 해답이라는 적수와 마주하게 된다.

***

베이츠가 롤스 이론을 지구적 차원으로 확장할 수 있다고 생각한 최초의 인물이라고 보긴 어렵다. 원초적 입장에 있는 당사자들이 특정 국가의 구성원이라고 가정하지 않아도 무방하며 차등의 원칙이 국제적으로 확장될 수 있다는 제안은 일찍부터 제기되었다. 스캔런은, "체계적인 경제적 상호작용"이 롤스의 관점에서 하나의 제도로 간주될 수 있다면, 정의에 대한 고려가 "특정 사회뿐만 아니라 세계경제 체계 전체"에 적용되지 않을 이유가 없지 않느냐는 의문을 제기했다.42 배리는 롤스가 원칙의 범위를 제한하면서 가난한 사회에서 태어나는 불운을 다루지 않은 것은 정당화될 수 없다고 보았다. 방글라데시에서 빈민으로 태어날 위험이 있다면(스위스의 빈민으로 태어나는 데 그치지 않고), 사람들은 이를 기필코 경계하며 지구적 최저 생활 수준을 제고하기 위해 지구적 차등의 원칙을 선택할 것이다.[43]

롤스는 이 같은 이의가 제기될 것을 예견하고, 원칙의 이 같은 확장을 차단하고자 했다. 1969년 윤리·법철학학회 회의에서 롤스가 남긴 필기를 보면, 그는 정의의 원칙들을 전 지구적으로 적용하는 것이 "인간 심리를 고려하건대" 그럼직하지 않다고 보았다. 원칙의 한 가지 요건은 개인들이 현실적으로 그것을 준수할 수 있어야 한다는 것이다. 만약 원칙이 전 지구적으로 확장된다면, 이 같은 요건은 충족될 수 없다.[44] 원칙은 상호 이득을 위한 협력 체계에만 적용될 수 있으며, 그 경계는 "자족적 국민 공동체의 개념으로부터 주어진다."[45] 분배 원칙은 협력 체계로 말미암아 상대적으로 불이익을 본 이들에게 보상한다. 협력이 존재하지 않는다면, "상대적 불이익에 대한 보상의 문제 또한 존재하지 않는다."[46] 자족적 국민국가들로 구성된 세계에서, 전 지구적 차등 원칙은 따라서 존재할 수 없다는 것이다. 베이츠는 롤스가 왜 틀렸는지를 증명하는 일에 착수했다.

모든 도덕적 관계가 제도적 소속이나 협력 체계 및 관행에 대한 참여에서 비롯되는 것은 아니라는 주장은 롤스도 받아들인 바 있다. 그것은 자연적 의무와 개인들 사이의 도덕 관계에 대한 그의 설명의 요점이었다. 비록 롤스의 기본 구조가 그의 정치적 입장을 제약했음에도 불구하고, 이런 롤스의 자연주의는 그의 이론이 보편주의적 도덕 이론으로 거듭나는 것을 가능케 해 주었다.[47] 베이츠는 이 점을 활용했다. 그는 설령 국가들이 자급자족하더라도 [국가들 사이에는] 롤스가 제안한 것보다 더 강력한 도덕적 유대, 의무, 그리고 원칙이 존재한다고 주장했다. 게다가, 롤스는 한 가지 결정적인 요소, 바로 천연자원의 분배를 간과했다. 롤스의 보편적 도덕 이론은 사물이 아닌 인간에만 집중했고, 여기서 전前 제도적 재산권 — 물질적 가치의 최초 분배 상태 — 은 핵심 내용이 아니었다. 베이츠는 자원 문제를 다시금 도덕 이론에 포함하고자 했다.

베이츠는 국제적인 원초적 입장에서 국가의 대표자들이 전쟁과 평화의 법칙만을 결정한다는 롤스의 규정이 타당하지 않다고 주장했다. 천연자원에 대한 권리 주장은 국가들 사이의 도덕적 갈등으로 이어지는바, 이를 다루기 위한 법칙을 마련하는 것은 몹시 중요하다. 따라서 당사자들은 국내에서 선천적 재능의 분배와 마찬가지로 자원의 국제적 분배 또한 도덕의 관점에서 자의적인 것으로 간주해야 한다. 응분이나 재능에 따른 이득을 누릴 자격과 같이 복잡한 문제와 비교하면, 국제적인 천연자원 문제는 깔끔한 편이다. 자원의 국제적 분배는 보다 순수한 도덕적 자의성의 사례다. 물적 자원은 재능과 달리 개인의 정체성으로부터 분리될 수 있기 때문이다. 국가의 자족성을 감안하더라도, 베이츠는 롤스의 이론은 "자원 재분배의 원칙"을 제기하는 것으로 필연적으로 귀결된다고 보았다. 그 원칙에 따라 "각 개인은 가용 자원의 총량 가운데 일정한 몫에 대해 명백하게 평등한 권리를 지녀야 한다."[48] 이런 평등 상태에서 이탈하는 것은, 차등의 원칙과 마찬가지로, 불평등이 최소 수혜자에게 유익한 한에서만 정당화될 수 있다. 상기 원칙은 "정의로운 사회제도와 인권 보호에 필요한 경제적 조건의 실현이 불운에 의해 좌절되지 않으리라는 보장"을 자원 빈국에 제공한다.[49]

베이츠는 사회적 규칙이 국가 제도에 국한된다는 롤스의 주장에 이의를 제기했다. 시민들은 지역사회에서의 유대 관계가 더 긴밀하다는 이유만으로 지역민들에게 특별한 의무를 지니지는 않는다. 오직 다원주의적 지역주의자들 — 베이츠가 지적하듯, 마이클 왈저 같은 이들 — 만이 유대 관계가 더 긴밀한 지역공동체가 [시민들이] 사회적 부에 대한 모종의 특별한 권리를 가지고 있다고 주장했다. [유대감과 같은] 심리적 기반이 없다는 이유로 지구적 차원의 원칙을 거부하는 사상은, 개인이 국가에 심리적 유대를 거의 갖지 않는 거대한 근대국가에서 제기되는 개인의 의무에 대해서도 마찬가지로 이의를 제기해야 할 것이다.[50] 국제적 재분배 의무를 비판하는 그 어떤 논증도 그와 같은 유대 관계의 유무를 근거로 삼을 수 없다는 것이다. 더 나아가, 베이츠는 롤스가 기본 구조를 국가로 제한하는 것에도 반대했다. 롤스는 기본 구조의 제도를 비자발적인 것으로 보았다. 기본 구조가 정당화되어야 하는 이유는 그것이 "동의 여부와 무관하게 적용되지만 개인의 복지에 중대하고도 광범위한 영향"을 미치기 때문이다.[51] 이와 관련해, 롤스는 국제 영역을 [기본 구조에서] 배제함으로써, 국제 영역이 어떤 의미에서 자발적 관념임을 암시했다. [베이츠가 보기에 이는] 롤스가 "상호 의존"을 잘못 이해하고 있는 것이었다. 아울러 그는 국가들이, 경제적 상호 연결의 정도와 무관하게, 비자발적인 국제적 경제 관계에 의해 얼마나 크게 영향받는지를 인지하지 못했다. 국내에서 어떤 공동체가 어느 정도나 긴밀한지에 따라 특정 의무가 도출되지 않듯, 국제 체제에서 경제적 상호작용의 총량은 국제적 분배 원칙의 강도를 결정하는 "즉각적인 지표"가 될 수 없다.[52]

베이츠는 근대적 상호 의존이 무역과 투자의 제한에 대한 철폐, 국제분업의 대두, 그리고 국제적인 금융 및 통화 기구에 의해 형성되었음을 지적했다. 그 효과는 물리적 거리가 더는 도덕에 영향을 미치지 못하는 "지구촌"으로 세계가 거듭나도록 한 교통과 통신상의 변화를 넘어섰다.[53] 베이츠는 또한 상호 의존이 근래의 특유한 현상이 아니라 오랜 뿌리를 지닌 구조적이고 역사적인 현상임을 지적했다. 추후 그는, 프랑크의 '저발전의 발전'이라는 이론 구조를 활용한 이매뉴얼 월러스틴의 세계 체제론을 인용하며, 상호 의존의 기원을 근대국가의 기원으로 소급했다.[54] 현재의 상황은 가난한 국가들에게 피할 수 없는 부담을 안겼다. 국제수지 악화로 인해, 그들은 자국민을 위해 사용하면 더 좋을 천연자원을 부유한 나라에 판매할 수밖에 없는 처지에 있었다. 지구적 통화 체계와 초국적 기업을 통해 작동하는 해외 민간 투자 권력은 빈국을 압박하고 또 위험에 처하게 만들었다. 그 권력은 물질적으로는 세계경제 체계에서 일상적으로 발생하는 불안 요소로서, 이념적으로는 근대화와 발전이라는 외래적 사상의 강제력으로서 빈국에 작용했다. 빈국은 비자발적인 지구적 체제의 최소 수혜자였다. 이런 현실을 인정했더라면, 롤스의 정의 원칙은 국내에만 머무를 수 없었을 것이다. 그것은 지구적 체제 전반에 적용되어야만 했고, 지구적 최소 수혜자의 이득 증진을 요청해야만 했다.55 차등의 원칙은, 좀 더 급진적인 평등주의자들이 역설했듯, 국내에서의 급진적 재분배는 물론이고 지구적 차원의 급진적 재분배까지도 함의할 잠재력을 지녔던 것이다.

　1970년대를 거치면서 베이츠의 진단은 변화했다. 베이츠의 사상은 반식민주의 사상가들 사이에서 나타난 궤적을 따라 종속이론에서 국제적 게임 규칙에 대한 개혁의 비전으로 거듭났다. 롤스 이론의 국제적 확장을 주장하면서, 베이츠는 무역 규칙에, 또한 무역, 상품, 천연자원의 지구적 불평등의 물적 기반에 초점을 맞추었다. 경제 체계를 제로섬게임으로 보는 갈등론과 달리, 베이츠가 보기에 경제적 상호 의존은 지구 경제가 "지구적 협력 체계"로 이해되어야 함을 시사했다.56 하지만 이는 한 가지 딜레마를 제기했다. 롤스는 갈등을 협력 체계 밖에 있는 것으로 규정했다. 기본 구조의 바깥은 전쟁이 잠재하는 영역이다. 만일 협력 체계가 전 세계를 아우른다면, 갈등의 공간은 어디에 존재한단 말인가?

　1975년에 국제적 정의에 대한 한 논고를 출간할 때만 해도, 베이츠는 지구적 불평등에 대한 종속이론의 설명이 롤스식의 비非갈등론을 위협한다는 사실을 암묵적으로 인정했다. 각주에서 그는 지구적 무역이 일부 국가들에게 이득을 주지만 모든 국가들의 상황을 [고르게] 개선하지는 못한다는 방식으로 지구적 불평등을 설명하기(즉,

한 나라의 이익이 다른 나라의 불이익을 직접적으로 야기한다는 설명에 반대하는 것)보다는 프랑크의 적극적 저발전active underdevelopment론*으로 설명하는 것이 "더 타당하다"고 지적했다.57 그러나 프랑크의 이론을 진지하게 받아들인다면, 롤스의 한 가지 규정적 제한 — 즉 정의는 참여자들에게 "상호 이득"인 협력 체계에만 적용 가능하다는 제한 — 을 완화해야만 했다. 국제 체계의 한 부분에서의 발전이 다른 부분에서의 저발전을 초래한다면, 최소 수혜자는 협력함으로써 이득을 보지 못할 것이다. 그렇기에 베이츠는 정의의 조건들 가운데, 협력 체계가 비자발적이고 일부 참여자에게 혜택을 주는 조건이 상호 이득의 조건보다 훨씬 더 중요하다고 주장했다. 상호 의존이 모두에게 유익하다고 말할 수 없기 때문에, 경제체제 특히 지구적 무역이 "피해"를 야기하고 가난한 나라의 사정을 더 나쁘게 만든다고 보는 편이 더 현실적이라는 것이다. 협력 체계에 대한 롤스의 비전은 한계가 많았다.

베이츠는 결국 생각을 바꾸게 된다. 그는 신국제경제질서와 마찬가지로 자원과 무역에 초점을 두고 롤스의 호혜성을 무역 관계에 국한된 것으로 간소화하는 한편, 자유지상주의에 응전하며 연마된 롤스의 이론적 도구들을 사용해 반제국주의 좌파의 주장을 길들이고자 했다. 이제 그는 갈등적 패러다임을 합의주의적 패러다임 안에 욱여넣으려 하지 않고 아예 후자의 입장만을 선택했다. 베이츠는 자유주의적 발전 경제학자들과 비슷해져 갔다. 그들과 마찬가지로, 베이츠도 제국주의, 신식민주의, 종속, 부등가교환의 아이디어를 활용한 "역동적 불균형 상태"**와 같은 역사적 이론들보다는 완전 경쟁과

* 앞서 언급되었듯, 부국의 발전이 빈국의 저발전을 '적극적'으로 야기한다는 주장이다.

** 러시아계 미국인 사회학자 피티림 소로킨Pitirim Sorokin(1889-1968)은 『사회·문화적 동학』Social and Cultural Dynamics(1937-41)에서 자연의 균형 상태 개념을

균형 상태 모델에 점점 더 의존했다.58 1979년에 이르면 그는 종속성에 대한 갈등론적 논의에 더는 동조하지 않게 되었다. 이제 그는 빈국에 대한 부국의 배상 의무에 대해 이의를 제기했으며, 종속이론처럼 식민주의적 역사를 근거로 삼는 여타 주장들에도 이의를 제기했다. 『디센트』에 실린 글에서, 베이츠는 식민지의 부를 상속받은 사람들이 왜 선조들이 저지른 잘못에 대해서도 부담을 져야 하는지 그 이유가 불분명하다고 주장했다. "가난한 나라의 빈민이 자본주의 세계경제에 의해" 국내와 국제 두 차원에서 발생하는 "이중적 부정의의 피해자"이기 때문에 부국이 빈국에 일정한 의무를 지닌다는 관념을 그는 거부했다.59 [베이츠가 보기에] 부국과 빈국 사이의 착취 관계를 주장하는 종속이론 — "부국은 빈국과의 관계 때문에 번영하며, 빈국은 부국과의 관계 때문에 고통받는다는 분석" — 에는 결함이 있었다. 부국이 그 관계로부터 항상 이익을 얻는 것도 아니며, 빈국이 자본주의 세계경제에 참여함으로써 그저 상대적으로 (절대적으로 그런 것은 아니다) 불이익을 볼 뿐이며, 종속이 빈곤과 항상 상관관계에 있는 것도 아니라는 것이다.60

이때 역사는 배제되어야 했다. 베이츠는 종속이 불평등의 원인이라는 생각과 거리를 두려고 했다. 분배 정의의 요점은, 그것이 "우리를 사회 분업에서 각각의 위치를 차지하는 개인들로 이해"하는 것이다. 반식민주의 활동가들이 말하는 제국주의적 분업에서 특정 당

> 사회 문화에 대한 분석에 곧장 도입하는 것에 반대하며 '사회적 균형 상태'를
> 안정된 균형 상태와 역동적 균형 상태로 준별할 것을 제안한 바 있다. 안정적 균형
> 상태는 사회적 행동이 체계의 구조에 아무런 변화를 발생시키지 않는 상태를
> 말하는 반면, 역동적 균형 상태는 사회 체계의 구조가 외부 환경에 대응하면서,
> 점진적으로나마, 사회 체계의 장기적 변화가 발생하는 상태를 뜻한다. 본문에
> 나오는 '역동적 불균형 상태'란 소로킨의 두 균형 상태들과 구별되는 것으로, 사회
> 체계의 구조가 외부 환경에 적절히 대응하지 못하고, 불균등 발전을 지속하는 것을
> 의미한다.

사자들이 더 유리한 위치를 차지하게 된 이유나 그들이 지구적 생산물의 더 많은 몫을 향유하게 된 이유는 별로 중요하지 않다. 진정 중요한 문제는 그것이 분배되어야 하는 방식이다. 종속이론의 역사적 성격은 분배에 관해 그 어떤 규범적 함의도 제시해 줄 수 없다. 국내에서 분배 정의 이론가들이 노예제 배상을 요구하는 역사적 주장의 규범적 힘을 부정했듯이, 베이츠는 식민주의적 부정의의 맥락에서 동일한 논리의 주장을 펼쳤다.61

베이츠의 선택은 자유주의적 평등주의에 여러 가지로 영향을 미쳤다. 그는 자신의 초기 작업에서 협력 체계의 필수 조건으로 상정되었던 상호 이득의 원칙을 완화했다.62 자신의 이론이 규칙과 무관하게 작동하는 것을 흡족해하던 싱어와 달리, 베이츠에게 있어 관행과 호혜적 체계의 존재는 여전히 근본적인 것이었다[240쪽 참조]. 그렇지만, 계약을 지구적인 것으로 만들고 시간과 역사를 소거하는 데에는 대가가 따랐다. 이는 국제적 정의를 과거에 벌어진 일과 무관한 현재적 분배의 문제로 만들었으며, 또한 역사적 부정의에 대한 주장을 완전히 기각하는 것이었다. 아울러 역사의 소거는 개인들의 정체성과 그들이 공유하는 역사를 정의와 무관한 것으로 만들며, 마찬가지로 국가, 제국, 그리고 그 국경이 지닌 규범적 의미까지도 부정하는 것을 뜻했다. 축적에 대한 역사적 고찰의 힘을 격하하는 것은 자본주의 개념을 [국제 정의에 관한 논의로부터] 축출하는 것을 수반했고, 그 결과 시장이라는 몰역사적 개념이 불변의 것으로 자리매김하게 되었다.63 동시에, 역사의 소거는 국가를 비자연화하고 그 경계를 잠재적으로 제거 가능한 것으로 만듦으로써 세계시민주의와 국경 없는 정치의 문을 열어젖혔다.

이렇듯 지구적인 제도주의적 평등주의는 무역 규제에 관한 자체적인 비전을 제시하고 동시에 국경의 위상을 낮춤으로써 국가의 권리가 부활하는 것을 억제하는 데 일조했다. 탈식민 국가의 경제 주권, 즉 자원과 수출에 대한 통제권은 신국제경제질서 제안서의 골자였다. 베이츠의 이론은 애초부터 주권의 요구들과 정면으로 충돌했다. 그의 자원 재분배 원칙은 각국이 아닌 개인이 공유 자원에 대해 동등한 권리를 지닌다고 규정했다. 지구적 경제체제의 구조적 변동과 정의 원칙의 지구화를 계기로 "국민국가는 이제 궁극적인 것으로 간주될 수 없게 되었다."[64] 박사 학위논문에서, 베이츠는 두 번이나 자신의 논의를 "세계시민주의적" 구상으로 규정했다. "그것이 보편적 공동체에서의 도덕 관계들과 관련된다"는 의미에서, 아울러 "이때 국경은 오직 파생적인 중요성만을 지닌다"는 의미에서 말이다.[65] 그래도 그는 다음과 같이 양보하기도 했다. "'영구적 주권'은 너무 극단적인 독트린이다. 하지만 만약 자원 소비국이 적절한 보상 없이 정당한 몫 이상을 챙겨 왔다는 사실이 증명 가능하다면 (내 생각대로 그게 가능하다면), 한시적 주권에 한해서는 동의할 수 있다."[66] 이렇듯 개인 간 윤리는 민족자결의 원칙에 직접적인 도전을 제기했다. 롤스 체계의 심장부에 있는 개인 간 도덕성은 급진적인 세계시민주의로 귀결될 수 있었다. 롤스가 개인들의 도덕 공동체와 시민들의 정치 공동체 사이에 확고한 구분선을 그은 반면, 베이츠는 그런 구분이 일관적이지 못하다고 지적했다. 국내적으로든 지구적으로든, 발전과 재분배의 목표는 최소 수혜자 개인들의 몫을 증진하는 것이어야 한다는 것이다. 역사는 격하되었고, 개인이 격상되었다.

이런 세계시민주의는 베이츠의 철학적 관심 못지않게 그의 정치적 관심에서 비롯된 것이기도 했다. 그것은 또한 근대화론에 대한 도전의 일환이자 그에 대한 정치적 교정의 시도, 그러니까 발전론이 발전도상국 국내의 분배 정의를 간과하는 것에 대한 비판이기도 했다. 이는 자유주의자와 보수주의자 사이에서 점차 만연해지던 신국제경제질서에 대한 불만 — 신국제경제질서를 제안하는 이들이 개인들 간 불평등에 무관심하다는 불만 — 을 전면에 내세운 것이었다.[67]

그러나 베이츠의 이론은 로스토를 비롯한 근대화론자들과는 물론이고 새뮤얼 헌팅턴을 비롯해 근대화론에 대한 보수적 비판자들과도 대립하는 것이었다. 두 부류는 각각 경제성장과 정치 질서가 발전의 초기 단계에서는 자유의 보호보다 더 중요하다고 주장했다는 점에서 그렇다. 이에 더해, 이들과는 대조적인 입장에서 자유를 명백히 우선시하는 롤스와도 베이츠는 대립했다.68

브라이언 배리는 롤스가 냉전주의의적 시각을 내포한다는 이유로 그를 비판했다. 만약 자유의 우선성이 국제적으로 적용된다면, 예를 들면, (불평등 수준이 낮은) 유고슬라비아를 호평하고 (부패가 만연하고 사회경제적 자유가 부족한) 이탈리아를 혹평하는 것은 롤스의 관점에서 불가능할 것이다. 롤스의 관점에서, 유고슬라비아는 자유주의적인 형식적 자유가 부재하는 이유로 규탄을 받을 것이다.69 그렇지만 여러 논자들이 지적했듯, 롤스는 예외적인 상황에 한해, 이를테면 "문명의 질적 향상이 필요한" 발전의 "초기 단계"에 있는 사회의 경우에 자유의 우선성을 느슨하게 적용하기도 했다. 이에 따라, 롤스는 탈식민 국가에 관해선 자유의 우선성에서 유연했으나 유고슬라비아(민주사회주의자들에 의해 점차 비자본주의적 경제의 모범으로 거론되던 사례)에 관해서는 엄격했다.70 롤스 이론을 국제적으로 적용하는 과정에서, 이와 같은 단서는 근대화론의 성장 우선주의 그리고 서구 중심적인 문명의 위계를 반영한 것이다.71 역사적 주장을 증오하면서도, 정작 롤스는 성장론의 진화론적·단계론적 관점과 단선적 진보 사관에 의존했다. 정의 이론의 우선성 규칙들을 그토록 중시하면서도, 정작 롤스는 저발전 국가에서의 성장이라는 문제와 관련해서는 유연했다. 비록 발전의 "초기" 단계에 국한되긴 하지만, 경제적 안녕을 위해서라면 시민적 자유는 어느 정도 제한할 수 있는 것으로 규정되었다.72

1970년대 중반에 이르면, 재분배 없는 성장은 작동 불가능하다는 점이 분명해졌다. 박사 논문 가운데 출간되지 않은 한 장에서, 베이츠는 개인적·정치적 자유, 표현의 자유, 그리고 참여권의 옹호라는 요건이 한 국가의 저발전 상태를 이유로 완화되어서는 안 된다고 주장했다. 권리는 보호되어야만 한다는 것이다.73 여러 논자들이 이에 동의했다. 그들은 롤스를 권리와 발전 사이에 "상충 관계"trade-off가 존재한다는 신화에 속아 넘어간 사람들 가운데 한 명으로 간주했다. 1978년 미국 공보국United States Information Agency의 지원하에 헨리 슈가 조직한 필리핀·인도네시아 답사를 일군의 윤리 철학자들과 함께 다녀온 이후, 젊은 정치철학자 로버트 구딘은 인권과 발전에 대한 한 심포지엄에서 "한 국가가 권리를 제한함으로써 경제성장을 자극할 수 있다"는 주장에 이의를 제기했다. 이런 입장에 동의하는 다양한 스펙트럼의 많은 정치사상가들은 지나친 정치·사회·경제적 자유가 자본축적과 인구 증가를 저해하고 정치적 불안을 초래함으로써 안정과 발전에 악영향을 끼칠 수 있다고 주장했다. 노사분규, 선거 주기, 지역의 정치적 압력 등이 해외투자를 저해하고 발전을 위협하기 때문이다. 구딘은 이 같은 모든 논의들이 하나같이 결함투성이라고 주장했다.74 베이츠는 박사 학위논문에서 이에 대체로 동의했다. 그러면서도 그는 상충 관계가 필연적인 경우가 있을 수도 있다고 말했다(그는 강제적인 직업 배분이 정당화되고 직업 선택의 자유가 제한될 수 있는 경우를 지적했다). 그러나 [베이츠가 보기에] 그것을 정당화하는 유일한 근거는 경제성장이나 안정이 아니라 바로 사회정의의 진전이었다.75 한 나라의 발전 경로는 롤스적인 정의의 기준을 따라야 하며, 정의는 마땅히 개인의 기본적 자유를 우선시한다는 것이다.

베이츠는 신국제경제질서가 국가 간 [부의] 이전와 경제적 민족자결에 천착하면서 빈국들이 자국 내 소득분배 문제를 회피하는 것에 도전하기 위해 이와 같은 세계시민주의적 비전을 구상했다. 그는 신국제경제질서가 발전의 해묵은 결함을 반복하고 있다고 보았으며,

자신의 평등주의가 그와 대조적으로 "궁극적으로는 가난한 사람들의 처지를 개선하는 것 (……) [그리고] 국내의 개혁에 도덕적 변론을 제공하는 것"을 목표한다고 역설했다.76 국내의 분배를 조건으로 부과하는 것에는 주권 침해의 소지가 있지만, 바로 그것이야말로 지구적 평등주의의 요청이다. "직접적인 [부의] 이전은 그것이 전 지구의 부유한 개인들과 가난한 개인들 사이의 차이를 좁히는 데 유익한 한에서만 정당화될 수 있다"는 것이다.77 개인의 자유에 대한 고려는 국내 재분배를 위한 개입과 요구를 제한할 수 있지만, 주권으로부터 도출된 일련의 주장들은 그럴 수 없어야 했다. 따라서 신국제경제질서가 요구하는 개혁은 필요한 것이지만, 그것으로 충분하지는 않았다. 신국제경제질서가 요구하는 개혁들은 "일련의 다양한 종속성들" 또는 "빈국 내부의 평등주의적 개혁에 대한 주된 방해물들 중 하나"인 "외래적 영향력"에 "도전"하기에는 불충분하다는 것이다.78 롤스의 이론을 국제적으로 확장한다는 것은 개인의 자유를 정의의 규범적 기준으로 삼는 것을 의미했다.

***

신국제경제질서에 대해 환멸을 느낀 건 베이츠만이 아니었다. 이미 1970년대 중반부터 지구적 북부에서 신국제경제질서는 거센 공격을 받고 있었다. 공세의 중심에는 복지국가의 축소, 사유재산권의 옹호, 반노조 정책, 그리고 무역의 자유화를 주장하며 부상 중이던 신자유주의적 국제주의가 있었다.79 남반구 국가들의 영향력은 약해지고 있었다. 지구적 재분배를 위해 국제법을 고쳐 쓰는 것이 가능해 보이던 기회의 창은 닫히고 있었다. 이처럼 변화하는 국제 정세 속에, 베이츠가 자유주의적 정치철학에서 차지하는 위상은 갈수록 중대해질 것이었다. 그러나 당장은 때가 아니었다. 베이츠와 같은 시기 프린스턴에서 철학을 공부하던 새뮤얼 셰플러는, 당시에는 자유주의적 평등주의의 대두를 가능케 한 국내 불평등 논의나 롤스의 "첨단" 이론에 비했을 때 베이츠의 사상이 "주변적"이었다고 회고했다.80 도덕·정치철학자들이 국가 너머를 사유하고자 할 때조차도, 그들 대부분은 지구적 재분배에 대한 반식민주의적 요청을 세계시민주의적인 방식으로 재인식하는 것에 무관심했다. 대신 많은 이들은 싱어를 따라 개인의 책무와 의무의 틀을 확장함으로써 부국의 개인들에게 요청되는 것을 규명하려 들었다.

원조, 기아, 그리고 인구 증가에 관심을 기울이면서, 철학자들은 복지국가 차원에서 제기되었던 의무와 인도주의에 대한 논의를 국제 무대로 확장했다. 기아 원조는 자선인가 아니면 개인이나 국가의 의무를 수행하는 것인가? 이런 문제를 탐구하기 위해, 철학자들은 싱어의 공리주의를 의무론의 색채가 더 짙은 원칙들로 대체했다. 개인은 금전 기부나 정부에 대한 로비에 나서야 할까? 원조나 발전 지원은 "우호국들"에만 조건부로 제공되어야 할까? 또는 맥나마라의 "기본적 필요" 접근법이 권장하듯이 인구 통제를 비롯한 다른 기획들과 연계되어야 할까? 많은 철학자들이 기본적 필요와 세계 빈곤의 측정을 둘러싼 발전 경제학적 논의에서 제기된 쟁점들을 탐구하기 시작했다. 가난은 불평등의 문제, 정치와 제도의 문제, 그리고 인도주의적 비상사태 가운데 어디에 해당하는 것으로 개념화되어야 할까? 그리고 어떻게 하면 이런 생각들이 새로운 자유주의적 평등주의 안에 포섭될 수 있을까?81

위와 같은 질문들에 대한 답변은 국제적인 현황을 어떤 관점에서 바라보느냐에 따라 서로 다르게 제시되었다. 세계가 목도하고 있는 것은 빈곤인가, 아니면 기아인가? 도덕적 위기인가, 아니면 정치적 위기인가? 식량 위기는 식량 부족, 빈곤, 분배 실패, 혹은 저발전 가운데 무엇에 해당하는가? 1976년에 역사학자 에마 로스차일드는 식량 정치가 "자선이 아닌 무역의 정치"라고 주장했다.[82] 인도주의적 위기로 일컬어지는 사건들은 순전히 윤리적인 분석틀보다는 정치적·경제적 분석틀로써 탐구되어야 했다. 상당수의 발전 경제학자들이 10년 전 복지국가를 연구하는 영국 사회학자들을 사로잡았던 질문을 똑같이 던졌다. 이를테면, 빈곤은 "상대적 궁핍화"와 "절대적 궁핍화" 가운데 무엇으로서 측정해야 하는가, 또는 그것은 기본적 필요와 평등 가운데 어느 쪽의 문제로 인식되어야 하는가? 1970년대 동안 절대적 빈곤에 주목하는 기본적 필요의 접근법이 지배적인 위상을 차지하게 되었는데, 이는 국제노동기구의 후원에 크게 힘입은 것이었다.[83] 이 같은 접근법은 신국제경제질서의 제안을 무시한다는 이유에서 반식민주의 좌파로부터 거센 비판을 받았다.[84] 자유주의 철학자들도 그런 접근법의 함의에 주목했으며, 평등주의가 인도주의 및 발전 정치와 어떤 관계에 있는지 탐구하기 시작했다. 철학과 복지 경제학의 교차를 모색하던 아마르티아 센은 기본적 필요보다는 자원에 대한 접근권에 강조점을 두고자 했다. 훗날 센은 저명한 저서인 『빈곤과 기아』(1981)에서 기아가 식량 부족이 아니라 사회 체계와 그 분배적 결과 — 자원에 대한 접근권이 어떻게 분배되며, 누가 무엇을 보유하는지 — 에 의해 발생하는 것으로 이해되어야 한다고 주장했다. 기아란 자연재해의 결과가 아니며 늘 정치적인 — 식량의 소유권을 분배하는 기능과 관련된 — 현상이라는 것이다. 그렇지만, 그는 빈곤과 평등이 각기 상이한 문제로 고려되어야 한다고, 그러니까 빈곤을 "평등의 한 가지 이슈로 이해하는 처사는 (……) 빈곤과 평등 두 개념 모두를 제대로 다루지 않는 것으로 보인다"고 역설하기도 했다.[85]

    빈곤에 대한 연구와 측정을 불평등에 대한 연구 및 측정과 구분하기란 어려운 일이었다. 국제정치를 어떻게 설명할지뿐만 아니라, 그런 설명에 기초해 정치철학자들이 고안해 낸 추상적 개념들 역시 중요했다. 1977년에 토머스 네이글은 식량 위기가 부의 불평등과 떼려야 뗄 수 없는 관계에 있다고 주장했다. 그렇지만 동시에, 식량은 정치의 영역을 넘어선 아주 기초적인 문제였다. 즉, 식량 위기는 "극단적 필요를 수반하는 극단적 사례"이기 때문에 분배에 대한 논의와 갈등에 만연해 있는 통상적인 논쟁들로부터 분리되고 또 보호되어야 한다. 식량 위기가 세계 빈곤의 문제일 뿐만 아니라 제도적으로밖에 해결될 수 없는 "근본적 불평등"의 문제라는 바로 그 이유에서, 그것은 분배 정의에 대한 통상적인 논의를 넘어서지만 동시에 그 연장선상에 있다는 주장이다.[86] 네이글은 근본적 불평등이 빈곤 및 식민주의 둘 다와 구별된다고 보았다. [근본적 불평등과 구별되는] 단순한 빈곤에 대해서는, 싱어가 가난한 이들의 기본적 필요는 사회제도가 만든 것이 아니기 때문에 자선을 통해 해결할 수 있다고 제안하면서 언급한 바 있다. 그와 달리 식민주의는 무역, 노동, 그리고 빈국의 발전에서 발생하는 식민주의적 착취를 지구적 불평등의 뿌리와 동일시하며 바로 그 이유에서 지구적 불평등에 대한 배상을 요구하는 주장의 중심에 있다. 이 두 입장과 달리, 수많은 자유주의적 평등주의자들은 불평등을 진단적 범주로 사용했다.

　네이글은 "자유방임주의 체제"를 거부했다. 그것은 번영을 출생, 배경, 그리고 재능의 우연성에 좌우되도록 했기 때문이다. 구조적 불평등에 대한 적절한 해결 방법으로는 자선이나 과거의 착취에 대한 보상이 아닌 사유재산제도와 재산 분배 제도의 수정이 제안되었다.[87] 노직이 비역사적 원칙을 비판한 것에 대해, 네이글은 스캔런이 취한 대응을 따라, 중요한 건 체제가 불평등을 허용하는지 여부이지 개인들이 그런 체제를 초래하는 악행을 저질렀는지 여부가 아니라고 주장했다.[88] 설령 아무도 타인을 속이거나 착취하지 않았더라도, 불평등은 여전히 반대할 만한 것이다. 일국적 차원에서, 정의가 요구하는 것은 "재분배적 사회복지"다. 제도적 기제는 도덕적으로 자의적인 요소 ─ 선천적 재능 혹은 자원에 대한 접근성의 차이 ─ 의 영향을 억제해야 하며, 의무나 이타주의에 의해 추동된 사적 기부와는 다른 방식으로 불평등을 교정해야 한다. 국제적 차원에서, 정의는 도덕적으로 반대할 만한 결과를 허용하는 "국제적 시장경제", 즉 권리와 그 권원entitlement*이 "획득, 교환, 상속, 그리고 이전"에 의해 규정되는 현존의 사유재산제도에 도전할 것을 요구하며, "근본적 불평등"의 생산에 기여하는 "세계경제"를 개혁할 것을 요구한다.[89]

국제적 의무를 둘러싼 1970년대의 논쟁을 회고하며, 자유주의자이자 국제 관계 이론가였던 스탠리 호프만은 네이글의 이론을 가난한 사람들에게 불리하게 작동하는 세계 시장경제 체제에 대한 급진적 평등주의의 "고발"로 규정했다.[90] 그러나 네이글은 자신이 제시한 해결책이 실현 가능하다고 낙관하지 않았다. 수십 년 후 세계시민주의적인 지구적 정의 이론의 확산을 목도하며, 그는 앞서 살펴본 초기의 이중성을 더 완강하게 밀어붙이게 된다. 기본 구조는 국가에 국한되며, 그것을 넘어 정의를 이론화하는 것이 불가능하다고 주장하면서 말이다.[91] 여기서는 아직 그런 생각이 배아 상태에 머물러 있다. 재화를 재분배하고, 자의적 불평등을 제거하며, 개인의 자선 의무를 불필요하게 만드는 국가의 강제적 기제가 부재하는 국제적 조건에서 불평등은 쉽게 해결될 수 없었다. 국가의 부재를 감안하며, 네이글은 근본적 불평등에 대한 이 같은 주장이 "해외 원조를 자

---

* '소유 권리' 또는 '권리자격'이라고 번역되기도 하는 '권원'은 노직 정의론의 핵심 개념이다. 『아나키, 국가, 유토피아』에서 노직은 권원을 "정의의 원칙에 따른 (……) 취득acquistion과 이전transfer"의 결과 소유물을 취득한 자가 해당 소유물에 대해 지니는 권리로 규정한다. 이때의 정의의 원칙이란 모든 과정이 자발적으로 이뤄지는 것을 뜻한다. 노직은 권원 이론을 근거 삼아 복지국가와 분배 정의를 '정형화된' 정의관으로 규정 및 비판하며, 그 대신 권원을 기초로 전개되는 '비정형화된 역사적 원리'를 제안한다. 로버트 노직, 『아나키, 국가, 유토피아』 (백낙철 옮김, 형성출판사, 1983), 224, 225쪽.

선으로 규정하는 입장"에 "힘"을 실어 주고 조건부·특혜성 원조에 대한 강력한 반론이 되리라는 점을 인정했다. 네이글은 이상적으로 원조는 진정으로 인도주의적이어야 하며 "정치는 완전히 무시"해야 한다고 보았다.92 네이글이 이렇듯 [정치와 탈정치 사이에서] 불확실한 입장을 취한 것은 "인도주의적인 것"으로 규정된 문제를 정치적 개념으로 설명함으로써 얻을 수 있는 윤리적 이점이 많은 철학자들에게 얼마나 불분명한 것이었는지를 시사한다.

그러나 원조는 필연적으로 정치적인 것이었다. 부유한 나라들이 국제무역의 개혁을 가로막음에 따라, 원조의 정치학이 다시금 주요 화두로 부상했다. 시민단체와 인권 기구의 인권 개선 운동이 카터 행정부의 원조 정책과 맺는 관계뿐만 아니라, 원조가 [부정의한 정부의 통치 아래에 있는] 제3세계 국가들의 요구를 달래는 데에 쓰이는 것 또한 논쟁을 불러일으켰다. 많은 정책 결정자들은 개인의 시민적·정치적 권리를 침해하는 국가에 대해서는 정부 차원의 원조를 중단해야 한다고 주장했다.93 이렇듯 조건부 원조가 야기하는 정치적 논란은 인도주의적 의무를 인권의 윤리에 결부했던 철학자들을 곤경에 빠뜨렸다. 인권 정치가 대두하고 수많은 철학자들이 인권을 시민권보다는 기본적 인간성에 기초하는 것으로 개념화하는 경향이 확고해지는 가운데, 몇몇은 조건부 원조를 옹호했다.94 1979년, 철학과 공공 정책 연구소가 출간한 『인권과 미국의 대외정책』*Human Rights and US Foreign Policy*에서, 휴고 베다우는 시민 자유지상주의의 입장에서 인권을 옹호했다. 그는 인권을 개인의 시민적·정치적 권리로 규정했으며, 재량 원조● 정책이 그와 같은 권리를 보장하도록 연계되어야 한다고 주장했다.95 이런 성격의 주장은 몇몇 이론가들이 롤스가 제시한 자

● 재량 원조discretionary aid policy는 원조 수혜 국가가 원조금을 자신의 재량에 따라 사용할 수 있는 원조 방식을 뜻한다.

유의 우선성 원칙을 국제정치에 단순하게 적용했을 때에도 암시된 바 있다. 그때, 개인 자유들이 인도주의적 자유주의에서 그 무엇보다도 우선시되었다.

아울러, 국제 윤리학자들 사이에서 발생한 인권으로의 전회는 경제적·사회적 권리에 대한 도덕적 최소주의를 함축했다. 철학자 헨리 슈가 대표적이다. 그는 국제 발전에 대한 경제적 관점과 인권·인도주의에 대한 분배적 정의 이론 가운데 어느 것도 포기하지 않았다. 대신, 그는 무엇이 인권으로 간주되며 또 어떤 권리가 중요한지에 대해 한 가지 상이한 관점을 제시했다. 그것은 바로 인권과 경제적 권리를 구분하는 것에 반대하면서, 그 대안으로 생계와 생존에 대한 경제적 권리를 우선시하는 "기본권" 접근을 지지한 것이다. 이는 최소주의적인 경제적 인도주의라 할 수 있다. 이에 따르면 기본권은 지구상의 모든 개인들에게 보장되어야 하며, 기본권은 표적 원조에 대한 이론적 기반을 제공할 뿐만 아니라 그것이 침해되는 경우 국제 원조를 전략적으로 철회하는 것에 대한 이론적 기반 역시 제공한다.[96]

"도덕적 최소한도"의 이론으로서, 슈의 이론은 불평등을 제한하는 대신 지구적 최저 생계의 보장과 빈곤 퇴치를 주장하기에 롤스의 자유의 우선성 원칙과 베이츠의 평등주의 둘 모두에 도전하는 것이었다.[97] 슈는 기본권이 정치 이전의 문제이기 때문에 정치를 초월한 문제라고, 즉 최저 수준의 필요는 민주적 복지 정치보다 앞서 충족되어야만 한다고 보았다. 싱어도 비슷한 주장을 펼쳤다. 그가 말하는 헐벗은 "수급자의 권리"란 시장과 국가 둘 모두의 바깥에 존재하며 상품화될 수 없는 것이다.[98] 싱어의 인도주의가 복지국가에서 기본적 필요의 충족을 중시한 영국의 자발주의적 기획voluntarist scheme의 국제적 계승자라면[209-211쪽 참조], 슈가 필요의 충족을 역설한 것은 최저 생계의 사회적 보장이라는 헌법상의 기본권을 국제적으로 적용한 셈이다.[99] 한편으로, 이 같은 주장들은 가치의 분배에 초점을 둔 롤스의 사고방식이 국제 질서에 대한 철학적 접근이 처음 형성되는 과정에서 얼마나 중요하게 작용했는지 잘 보여 준다. 다른 한편으로, 두 주장들은 공히 자유주의적 평등주의와 분배 정의 이론으로부터 결별한 것이었다. 인권에 기반한 요구가 가진 힘은 국가 제도가 아니라 국가를 상회하는 인권의 위상에서 비롯되었다.

평등하고 도덕적인 개인을 상정하기에, 인권에 대한 호소는 새로운 자유주의적 패러다임 안에 무리 없이 수용될 수 있었다. 그렇지만 인도주의, 기본권, 그리고 필요에 초점을 두는 것은 베이츠로 대표되는 '부담스러운[요구 사항이 많은] 평등주의'demanding egalitarianism로부터 후퇴하는 것처럼 보였다. 인류애와 정의 사이에 선택의 폭이 있다고 가정한다면, 많은 철학자들이 지적했듯, 인도주의는 정의를 약화하고 그것을 순수하게 도덕적인 개인의 의무 혹은 일종의 힘[권력]의 정치로 대체하는 것처럼 보였다. 이에 호응하는 사람들도 있었다. 베이츠의 국제적 평등주의를 유토피아적인 것 — 호프만의 말을 빌리자면, 역사뿐만 아니라 "정치 본연의 정치적 측면"까지도 "부정하는 것" — 으로 간주하는 최소주의적 자유주의자들의 입장에서, 인권은 그 정치적 실현 가능성을 상실한 제도적·분배적 이론에 다시 힘을 실어 줄 수 있는 묘안이었다.[100] 호프만이 보기에, 국제 정의의 기초로서 최소한의 권리를 강조하는 것은 정의 이론을 국제화하려는 도덕주의적 충동에 대한 "현실적" 대안이었다. 호프만은 자유주의적 평등주의에 비판적이었다. 그는 "전 세계 모든 이의 완전한 평등을 실현할 의무가 우리에게 이미 주어져 있다"는 주장은 설득력이 없다고 보았다.[101] 그러나 그는 인권이 권력 문제와 불가분함을 허심탄회하게 인정하기도 했다. 이 점에서, 그는 어디까지나 예외적인 인물이었다. 인권을 이론의 중추로 삼은 국제 윤리학자들은 대개 응용 윤리학자였고, 그들은 실제 정책과 깊이 관련된 연구를 했다. 그럼에도 불구하고, 그들 가운데 자신의 작업이 미국의 대외 정책에 들어 있는 가정

들과 수단들을 당연한 것으로 전제하게 되리라는 점을 우려한 이는 거의 없었다.[102]

***

1970년대 말, 국제 윤리학은 두 갈래의 방향으로 나뉘는 추세였다. 한편에는 개인의 윤리와 원조에 집중하되 제도와 불평등을 경시하는 인도주의적 논증이 있었다. 다른 한편에는 제도와 불평등을 중시하되 개인 간 불평등을 국가 자율성보다 우선시하는 입장이 있었다. 배리는 전자가 "인류애"의 문제를 다루고 있으며, 바로 그렇기에 불필요한 혼란을 야기한다고 주장했다. 중요한 건 정의라는 말이다. 인도주의적 원조가 필요하긴 하지만, "정의에 의해 설정되는 모종의 기준을 마련하지 않고서 인류애에 대해 현명하게 논의하는 것"은 가능하지 않다."[103] 배리는 자유주의 이론의 탈정치화를 늘 경계했고, 바로 그렇기에 정의에 대한 논증이 인류애에 대한 논증으로 전락해 버리는 것에 반대했다. 1979년, 국제정치가 격변하는 중이라는 사실은 배리에게 자명했다. 그는 "이번 세기의 4분의 3을 점철해 온 냉전의 동서 대립 구도"가 "이번 세기의 마지막 4분의 1에 이르러 부국과 빈국 사이의 남북 대립 구도로 대체되는 중"이라고 관망했다.[104]

배리는 신국제경제질서를 주창했던 개도국들의 요구를 지지했다. 1980년대 초에 이르러, 그는 자신의 지지가 지닌 함의에 대해 보다 솔직해졌다.[105] 그는 신국제경제질서가 요구하는 것을 정의 이론의 친숙한 용어로 담아냄으로써 그것이 암시하는 전 세계적 분배의 아이디어를 "순치"domesticate하고 싶다고 털어놓았다.[106] 신국제경제질서의 요구가 타당한 이유는, 그것이 인류애보다 정의를 중시하기 때문이다. 배리는 오래된 구분법을 수정하고자 했다. 그는 인류애가 "선을 행하는 것의 문제"라면, 정의는 "권력의 문제"라고 보았다.[107]

인류애의 원칙들은 고통을 예방하고 또 완화하도록 우리를 인도한다. 이와 달리, 정의의 원칙들은 "물적 자원에 대한 통제의 분배"와 관련된다. 신국제경제질서가 인정했듯, 국제적 정의는 재량 원조나 자선에 대한 단순한 반대라기보다 그것들과는 근본적으로 상이한 세계관이었다. 정의를 국제정치에 적용함으로써 우리는 "재량 원조가 아니라 정의에 기초한 자원의 체계적이고 자동적인 이전을 실천하게 될 것이다. 재량 원조가 냉전적 목적으로 활용되지 않더라도 여전히 그렇다."[108]

배리는 국제 질서의 현실에 가장 부합하는 정의에 대한 설명이 무엇인지를 탐구했다. 비록 베이츠처럼 방대한 체계의 정의 이론을 구축하려 하진 않았지만, 그는 호혜성으로서의 자유주의적 평등주의의 정의 개념을 국제 문제에 적용하기 위해 노력했다. 배리는 어느 사회에나 선물이라는 개념이 존재하기 때문에 호혜성 개념도 모든 형태의 사회로 확장될 수 있다고 추론했다.[109] 그러나 어떤 종류의 호혜성인가? 롤스의 공정한 게임으로는 국제 정의를 설명할 수 없었다. 공정한 게임은 모든 이가 참여하는 단일한 관행의 존재를 필요로 했으나, 세계는 롤스가 말하는 단 하나의 관행으로 이루어지지 않았다. 베이츠는 [롤스를 따라] 세계가 하나의 관행으로 이루어졌다고 주장한 셈이었는데, 배리의 관점에서 이는 베이츠가 상호 의존과 무역이라는 유행하는 관념들에 휩쓸려 버렸음을 보여 줄 따름이었다. 하지만 무역이 호혜성과 동일시될 수 없다. 즉, 배리는, "향신료 무역이 동양과 서양을 하나로 통합"하지는 못했다고 봤다. 자유주의적 평등주의의 핵심인 협력이 전 지구적으로 확장될 수 있다는 주장은 근거가 빈약하다는 것이다. 그렇다고 호혜성을 토대로 정의를 설명하는 다른 방법들이 더 나은 것도 아니었다. 배리에 의하면, 충실성으로서의 정의는 정의를 계약의 문제로 환원했으며, 배리는 이를 노직과 비슷한 입장을 취하는 것이라고 지적했다. 국제적으로 적용되었을 때, 나라들, 특히 가난한 나라들이 계약을 위반하는 경향이 있기에 그것은 효과적이지 못하다(배리는 그것이 용납할 만한 것인지에 대한 논의는 일단 차치했다). 싱어가 기아 구호의 당위성을 논증하며 은연중에 적용한 바 있는 상호부조로서의 정의는 정의를 선행으로 환원했다. 만약 정의를 상호부조로 이해한다면, 자신이 받은 원조에 보답하지 못할 가능성이 큰 수혜국은 원조를 자신이 받아야 할 정당한 몫으로 인식할 수 없을 것이다. 미국이 방글라데시에 준 원조는 그 어떤 의미에서도 상호적 관계의 소산으로 인식될 수 없다.[110] 상호부조로서 고안된 정의 역시 실패했다.

배리는 변상requital 혹은 공정한 교환으로서의 정의가 그나마 더 나은 대안이라고 봤다. 이는 배상을 부국이 빈국에 대해 빚진 것으로 간주하는 반식민주의와 부등가교환 이론을 뒷받침해 줄 수 있기 때문이다. 배리는 배상을 청구하는 주장과 무엇이 등가교환인지를 판단할 권한이 [국제]기구에 주어져야 한다는 주장에 공감했다. 그렇지만, 그는 궁극적으로는 자유주의적 평등주의의 회의적 태도를 공유하게 되었다. 일단, 그는 노예제 배상 옹호론을 논거로 삼아 다음과 같이 논증했다. 만약 착취자의 후손이 더 부유하고 피착취자의 후손이 더 가난하다면, 전자가 조상의 부정의를 속죄할 의무가 없다고 변호하기는 어렵다. 그러나 이런 논증의 설득력은 현재의 불평등에서 비롯된 것이지 과거의 부정의에서 비롯된 것이 아니다. 중요한 것은 평등이지 교정 그 자체가 아니라는 것이다. 교정에 대한 주장은 근본적으로 "보수적"이라는 말이다.[111]

[부등가]교환에 대한 변상으로 이해된 정의 역시 여러 가지 한계가 있다. 배리는 그리스계 프랑스인 마르크스주의 경제학자 아르기리 에마뉘엘의 저서 『부등가교환』(1972)을 변상으로서의 정의를 주장하는 대표적 논의로 꼽으면서 그 실현 가능성에 이의를 제기했다. 에마뉘엘은 가격이 아닌 임금수준의 국가별 차이를 저발전의 역사

에서 결정적인 것으로 보았으며, 그것이 국제적인 노동계급 연대의 부재를 설명하는 핵심 변수라고 보았다. 에마뉘엘은 변상 주장을 논거로 삼아 지구적 무역조건의 개선을 정당화하고자 했다. 부등가교환으로 인해 발생한 손해를 빈국에 배상해 주기 위해서 말이다. 배리는 이의를 제기했다. 그는 종속이론과 변상으로서의 정의를 현실에 적용할 수 있다고 생각하지 않았다. 그는 국가 간 불평등을 개선하기 위해 지구적 남부의 국가들에게 가격 통제권을 주거나 공정 경쟁의 보장책으로서 카르텔 형성을 허용하자는 제안에 대해 의구심을 표출했다. 천연자원에 대한 통제권과 등가교환이 정의의 실현으로 귀결되리라는 발상은 석유의 사례를 그릇되게 일반화한 것이다. 모든 나라들이 자원 부국이거나 가치 있는 원자재를 보유한 것은 아니기 때문이다.112 신국제경제질서로는 충분하지 않다. 호혜성으로서의 정의에 기초한 저 아이디어들을 상회하는 무언가가 필요했다.

배리에 따르면, "호혜성으로서의 정의가 지닌 확연한 한계는 그것이 천연자원 통제권이 처음 어떻게 분배되었는지에 대해 아무 말도 할 수 없다는 것이다."113 그것은 자원의 소유권이 배정된 양상을 탐구하지 않고 그저 자원의 공정한 거래에만 천착했다. 자유주의적 철학을 지배한 호혜성으로서의 정의 이론과 롤스 이후의 자유주의적 평등주의를 특징짓는 제도적 관행 이론은 공히 최초의 소유를 간과한다. 정의의 분석틀은 전前 제도적 상황에는 적용되지 않는다. 배리는 그와 같은 입장이 좌파보다는 자유지상주의적 우파 사이에서 훨씬 만연하다는 점을 인지했다. 배리는 자유지상주의에 언제나 적대적이었으며, 노직의 영향력이 자유주의적 평등주의에 간사한 교란을 일으킨다고 생각했다.114 하지만, 여기서 배리는 수년 후 좌파 자유주의자들 사이에서 널리 공유될 개념적 이행을 단행했다. 그것은 바로 로크, 뷰캐넌, 그리고 노직 등에게서 친숙하게 나타나는 아이디어들을 가져다 쓴 것이었다. 그들은 공정한 교환을 이론의 중심에 놓고 싶어 했으면서도 천연자원의 최초의 소유에 대한 보충적 논의 — "사유를 시작하기 위한" 최초의 여건에 대한 이론 — 의 필요성을 인정했다는 공통점이 있다.115 기존의 관행과 제도적 합의를 전제로 사유하는 비역사적인 자유주의적 평등주의는 자원에 대한 접근과 관련된 이 같은 문제에 대해 침묵하거나 불가지론의 입장을 취했다. 평등주의는 최초의 종속과 통제, 혹은 아마르티아 센이 (기아 문제와 관련된 접근권 이론에서) 자원의 "보유 양상"이라고 칭한 것에 대해 침묵하고 있었다.116 그렇지만 기본 구조가 지구적이지 않다는 롤스의 입장에 동의한 이상, 배리는 국제적 정의에 대한 논의에 착수하기에 앞서 통제권의 최초 분배 양상에 대한 이런 식의 별도의 논의를 빠뜨릴 수 없었다. 권리가 최초에 배분되는 과정에서 발생하는 부정의를 다뤄야만 했다.117

이는 1980년대에 좌파 자유주의자들 및 마르크스주의 철학자들의 주요 관심사가 된다. 그들은 전前 제도적 재산권 개념을 자유주의적 평등주의의 중심에 놓음으로써 신우파에 대응하고자 했다. 이때, 배리는 그 개념의 국제적 적용 가능성을 역설했다. 상당수의 신자유주의자들은 신국제경제질서가 잠재적으로 지구적 사유재산 체제를 동요시킬 수 있다는 점을 인지하고 있었다. 이 같은 잠재적 혼란에 대응하고자, 그들은 자본의 권리에 유리하게 국제 질서를 재구조화하는 데 필요한 새로운 규칙들을 모색한 바 있다.118 우파를 예리하게 관찰해 온 바 있는 배리는 아마 이런 반격의 낌새를 눈치챘을 것이다. 신자유주의자들과 달리, 그는 사유재산권을 옹호하는 규칙 체계에 기초한 대안적 질서를 제안하지 않았다. 오히려, 그는 기회 평등에 대한 개인의 권리로부터 사유를 시작했다. 추후, 그는 하트와는 다른 방식으로 특수한 권리와 일반적 권리를 구별하면서 공유 자원에 대한 일반적 권리가 존재한다는 논증을 펼쳤다.119

배리의 논의에서 정의는 세계의 천연자원에 대한 평등한 접근으로 구상되었다. 배리가 강조했듯, 진정한 기회의 평등은 자원 소유의 평등에 있지 "능력주의적 쳇바퀴에서 앞서 나갈 기회의 평등"에 있는 것이 아니다. 배리는 자신의 구상이 국제 질서에 대한 에마뉘엘의 비판과 공명한다고 생각했다. 그가 보기에, 에마뉘엘은 호혜성에 집착한 점을 제외하고는 전부 타당했다. 이렇듯 공유지에서의 권원을 연상시키는 배리의 주장은 역사적 배상에 대한 주장이 지닌 힘을 인정하면서도 그와는 다른 전략을 취했다. 그렇지만 배리는 자신의 논증이 배상이나 호혜성에 기초한 논증보다도 훨씬 더 급진적인 함의를 지닌다고 주장했다. 빈국에 대한 부국의 의무는 빈국이 빼앗긴 것에 대한 보상이 아니라, 응당 한 국가[빈국]에 귀속되지만 다른 국가[부국]가 점유하고 있는 자원을 이전하는 것으로 해석되었다. 그는 "지구가 언제나 모든 인류의 공동 유산이며, 그 자원을 전유하는 모든 행위는 반드시 정의의 기준에 부합해야 한다"고 말했다.[120] 그 기준에 따르면, 각국은 전 세계 자원에서 각자의 공정한 몫을 보유해야만 한다. 일국적 차원에 국한되어 있는 규칙 체계에 앞서는 그리고 그 이상의 권리가 존재한다는 것이다.

베이츠의 "자원 재분배 원칙"과 마찬가지로, 배리가 제시한 공유 자원에 대한 평등한 권리 또한 유엔 총회가 역설하는 천연자원에 대한 국가의 "영구적 주권", 즉 각국이 자국 영토 내 천연자원을 통제할 절대적 권리를 직접적으로 약화했다.[121] 그래도, 배리의 전반적인 논의는 국가주권을 약화하기보다는 도리어 공고하게 만들었다. 그는 국제정치에서 인류애와 정의 사이의 "주요한 구분선"이 바로 "국가의 자율성"에 있다고 주장했다.[122] 이는 해외 원조와 같이 인류애에 의해 추동된 행위가 기부자에게 재량권을 주면서 수혜자의 자율성을 무시하는 데에서 뚜렷하게 드러난다. 원조의 경우, 수혜자의 권리 주장은 수혜한 자원을 그들이 어떻게 사용하느냐에 따라 제약될 수 있다. 그들은 "책임감 있게", 혹은 원조국이 제시하는 기준에 따라 소비해야 한다. 정의를 기준으로 할 경우, 사정은 지극히 달라진다. 공유 자원에 대한 평등한 권리가 보장되는 경우, 각국은 일정한 몫의 자원을 정당하게 청구할 수 있다. 이에 따라 부국에서 빈국으로 자원이 이전되고 나면, 이제 빈국이 그 자원을 어떻게 사용할지는 빈국의 재량에 따른다. 설명의 편의를 위해 배리는 다음과 같은 한 가지 비유를 들었다. "가족수당"이 아이들[의 생존]을 위해서가 아니라 담배를 사는 데 쓰인다는 비판이 소비 패턴의 변화를 측정하는 방법에 대한 무지 및 유해한 도덕주의적 징후이듯, 국제 원조 물자가 현지에서 어떻게 쓰일지에 대한 우려 또한 그와 매한가지다.[123]

배리에 따르면, 정의의 기준에 따라 자원을 이전받은 행위자는 자율적이어야 했다. 바꿔 말해, 수혜한 것을 어떻게 쓸지는 어디까지나 그들의 자유라는 것이다. 국제적 영역에서, 이때 말하는 수혜자들은 국가를 의미했다. 배리가 보기에, 국제적 영역에서 이런 종류의 정의를 실현하기 위해 필수적인 도구는 바로 국제적 조세였다. 그는 국민총생산 — "대체 불가능한 천연자원의 사용, 생태계에 지운 부담, 지난 세대의 노력에서 비롯된 이득, 그리고 다른 국가에 대한 과거의 착취"를 반영하는 수치 — 에 기초하는 조세가 최소한의 요구 사항이며, 그렇게 거둬진 세금을 "역소득세•와 동일한 기준에 따라" 가난한 나라들에게 직접 분배할 것을 제안했다.[124] 물론, 모종의 부가적인 이전이 인류애에 기초해 국제기구에 의해 실현될 수도 있다. 그러나 이는 수혜자에게 통제권을 돌려주는 것을 목적으로 삼지 않을 뿐만 아니라, 배리가 희망하는 것처럼 "각국에 정당하게 속하는 것이 무엇인지를 다시 규정하는" 방향으로 국가의 자율성을 수정하지도 않을 것이다.[125]

• '부의 소득세'라고도 불리는 역소득세negative income tax는 소득세로 거둬들인 세입을 빈곤층 가계에 분배함으로써 소득공제보다 훨씬 적극적으로 빈곤층의 소득을 보장해 주는 정책이다.

배리의 주장은 국제 문제와 관련해 자유주의적 평등주의가 나아갈 궤적에 정면으로 대치되는 것이었다. 특히, 정의를 실현하기 위해 국제기구에 의존할 것을 암시하는 베이츠의 해석에 대해 그러했다. 베이츠는 정치를 간과한다는 이유로 비판받았다. 배리가 보기에, 베이츠의 정의로운 국제 체제는 결국엔 "권력과 결정권이 여전히 소수의 수중에 집중된 세상일 것이다." 이런 문제의식은 "국제기구에서의 권력 공유에 대한 요청, 혹은 가난한 나라들에게 불리하게 조작되어 있는 규칙을 수정하기 위해 그들이 권력을 집단적으로 행사할 수 있는 권리를 가져야 한다는 요청의 근간에" 있었다.126 베이츠는 통제권을 희생하는 대신 분배에 초점 — 이 같은 롤스적 경향은 국제적 맥락에서 더욱 두드러지게 나타났다 — 을 두었다. 배리는 이 같은 누락을 바로잡고자 했다. 그는 국가의 자율성을 강조했으며, 더 나아가서는 자율성, 즉 통제력과 행위 주체성의 주체를 집단 일반으로 확장하고자 했다. 이것이 바로 국제적 분배 윤리에서 정치를 복원하기 위해 그가 제시한 방법이었다.

자유주의 철학을 다시 정치화하려는 배리의 시도는 국가를 국제적 분배 정의 이론의 중심에 놓는 것에 그치지 않았다. 더 나아가 그는 집단에 주안점을 둠으로써 자유주의적 평등주의에서 집단 행위 주체성이 차지하고 있는 위상에 의문을 제기했다. 이는, 그가 보기에 당시 정치 이론을 장악해 가던, "개인주의적 이데올로기"에 대한 그의 완강한 반감에 따른 것이다. 다른 단위가 아닌 개인에만 초점을 두는 것은 정확하지도 매력적이지도 않다. 배리는 경제 이론은 여전히 가족[가계]을 표준 단위로 상정한다고 거론했다. 롤스와 마찬가지로, 그는 이 논쟁적인 주장을 사실로 받아들였다.127 그러나 롤스와 달리, 배리는 가족을 도덕적으로 유의미한 일차적인 공간으로 규정하기 위해서가 아니라, 집단이 정치적 행위 주체성과 통제력을 지닐 수 있음을 보여 주기 위해서 [가족이 표준적인 단위라는] 사실을 동원했다. 그에 따르면, 개인주의적 자유주의는 개인을 무조건적인 기본 단위로 전제함으로써 누가 자원을 소유·통제하는지에 대한 질문을 등한시한다. 분배를 정의롭게 만드는 것은 개인주의적 원리 그 자체가 아니라 "사람들이 누려 마땅한 일련의 권리와 기회가 주어지는" 상황이다.128 이때 "권원의 정당한 담지자를 개인으로" 한정 지을 필요는 없다. "집단들 ─ 가족, 코뮨, 회사, 혹은 마찬가지 이유에서, 국가 ─ 간에 권리와 기회가 정의롭게 분배되고 있는지에 대해 우리는 제법 포괄적으로 논의할 수 있다." 도덕 원칙은 집단을 그 대상으로 삼을 수 있으며, 그들은 "개인과 마찬가지로" 분배의 기초 단위가 될 수 있다. 이를테면, "권리·권력·자원은 개인의 속성일 뿐만 아니라 집단의 속성이 될 수도 있다."129 신국제경제질서를 연상시키듯, 배리는 집단 간 정의에 대한 논의를 집단 내 정의에 대한 논의로 뭉개지 말아야 한다고 역설했다. 우리는

> 집단 간 분배가 이른바 "진정" 중요한 것과 관련될 때에만, 즉 개인들이 어느 집단에 속해 있는지와 무관하게 개인들 간 분배와 관련될 때에만 그것이 도덕적으로 유의미하다고 생각해선 안 된다. (……) 그런 입장은 어느 집단에 소속되어 있는지가 인간 개개인이 내리는 판단의 자율성과 그 판단을 실천으로 옮기는 데 필요한 자원의 보유 여부에 미치는 영향을 전혀 고려하지 못한다.130

이런 주장은 개인주의적 세계시민주의나 인권을 위해 국가를 초월하고자 하는 것이 아니며, 그와는 상이한 방식으로 재화의 집단 공유를 지향했다. 그것은 인류애가 아닌 정의를 위해, 국가의 자율성과 자원 통제를 우선시하는 것이다.

베이츠는 분배를 탈정치화한다는 이유뿐만 아니라 "국내 정치

의 도덕적 측면"을 무시한다는 이유로도 비판받았다.131 배리가 이런 비판을 정면에 내세운 당시 신국제경제질서가 요구했던 개혁은 지체되고 있었고, 국제적 경제 거버넌스를 개혁하려는 시도들 역시 좌초하는 중이었다.132 그가 생각하기에, 베이츠는 세계를 단일한 협력 체계로 다루는 것을 정당화할 수 있을 정도로 국제기관이 "진보했다"는 그릇된 전제를 품고 있었다. 베이츠는 무역에 과도하게 천착했을 뿐만 아니라, 국제기구의 본질에 대한 롤스 이론의 맹점을 보완하려는 그의 시도 ─ 현존하는 국제기구들이 진정 협력과 공동체를 촉진한다는 주장 ─ 또한 너무 멀리 나간 것이었다. 저 기구들은 규범적 이론의 경험적 근거가 되기에는 너무나 저발전 상태였으며, 정의를 실제로 집행하기에는 너무나 조야했다.133 이런 난관을 돌파하는 방법은 무엇일까? 배리의 선택은 국가보다 아래에 있는 자선단체나 인권단체가 아니었다. 대신, 그는 부국과 빈국 간 이전의 형태로 국제기구를 거치지 않는 국가 간 재분배를 주장했다. 이때 국가의 주권을 역설할 뿐만 아니라 ─ 반식민주의 정치의 지지자와 비판자가 공히 그러하듯 ─ 반식민주의 정치를 민족주의 및 민족국가와 동일시함으로써, 그는 암묵적으로 신국제경제질서를 옹호했다.134 개인은 국제 이론의 유일한 주체가 아니며, 국제기구는 국제 이론의 핵심 행위 주체가 아니라는 뜻이다. 바로 국가야말로 정의의 제일의 수혜자요 제일의 행위 주체라는 것이다.

배리의 사상은 시대의 흐름과 다른 길을 걷고 있었다. 그가 집필하던 당시 제3세계주의의 낙관론은 힘을 잃고 있었다. 제3세계 연합 내부에 새로운 단층이 발생하고 있었으며, 1979년 제2차 오일쇼크가 지구적 남부와 무역협정을 맺으려는 유럽 국가들의 움직임에 제동을 걸었기 때문이다.135 1980년에 출판된 『브란트 보고서』는, 협력과 호혜성의 정신에 입각해, 국제적 연대와 "지구적 사회민주주의"를 주창하는 국제 여론에 지지를 보냈다. 자유주의 이론가들은 이 같은 비전이 종속이론의 반식민주의와 신국제경제질서의 국가주권에 대한 신랄한 강조를 어느 정도 무디게 만들어 줄 수 있다고 보았다. 그렇게 국제적 불평등은 인권과 기본적 필요, 그 두 비전의 경쟁 구도 속에 논의되기 시작했다.136 그중 인권이 머지않아 발전과 국제정치 담론에서 가장 중요한 언어로 자리매김했다.137 철학의 경우도 마찬가지다.138 배리의 이론은 권리에 주목했으나, 인권 담론에 대해 그는 회의적이었다. 하지만 많은 자유주의적 평등주의자들은 개인에 대한 롤스의 강조를 가면 갈수록 인권의 언어로 담아내기 시작했다.139 철학자들이 자율성 개념 — 보통 칸트적인 의미에서의 자율성, 더 흔하게는 분배 결정에서의 통제권이 아닌 분배 정의에 의해 보호되어야 하는 선善으로서의 자율성 — 에 주목하기 시작했을 때에도, 핵심으로 자리매김한 것은 도덕적 개인의 자율성이지 국가나 집단의 자율성이 아니었다.140 이런 추세는 자유주의 철학 전반에서, 특히 국제 정의에 대한 철학적 논의에서 두드러졌다. 개인은 재화의 수혜자로, 인권의 담지자로, 도덕적 주체로 격상되었다.

그리하여 자유주의적 평등주의는, 오늘날 잘 알려진 것처럼, 본질상 제도주의적인 사상 체계로 거듭나기 시작했다. 하지만 역설적으로, 제도의 실제 작동이나 국가 자율성 및 제도의 행위 주체성은 롤스의 주된 관심사가 아니었다. 제도와 국가는 롤스에 의해 무엇보다도 관행, 협력 체계, 그리고 배경적 맥락으로 개념화되었다. 제도와 국가는 국가 인격 이론state personality theory이 정태적 현재의 분배를 넘어 통시적 책임의 수행을 요구하기 위해 주조한 바 있는 행위 주체나 인격의 개념과는 상이한 것이다. 배리는 제도가 경제적 관행이자 동시에 행위자라고 보았다. 그러나 자유주의적 평등주의에서 오직 전자만이 주요한 전제로 자리매김하게 되면서, 집단의 행위 주체성과 자율성에 대한 배리의 강조는 점차 약화되었다. 개인에게 특별한 위상을 부여하길 꺼리던 그의 태도 역시 약화되었다.141 국제 정의 이론이 국가 기반 국제 질서에 대한 반식민주의의 갈등론적 통찰을 자신의 이론에 통합하려 애쓴 그 짧은 시기는 이제 지나갔다. 대신, 세계시민주의적이고, 협력적이며, 인도주의적인 비전이 정의와 밀접하게 결부되었다. 자유주의적 평등주의가 국제화되면서, 세계는 그 자체로서 도덕적으로 유의미한 관행, 즉 롤스적 정의의 원칙이 적용될 수 있는 기본 구조가 되었다. 세계시민주의가 민족자결을 침식할 수도 있다는 우려는 신국제경제질서와 함께 그 자취를 감추었다. 분배적 정의는 인도주의로 전락하지 않으면서도 그것[인도주의]을 포섭할 수 있을 것처럼 보였다.

***

여러 차이점에도 불구하고, 최초의 국제 정의 이론가들은 한 가지 아주 중요한 공통점을 지니고 있었다. 그것은 바로 "경험적" 정치학을 지향하고 있다는 점이다. 롤스의 이론이 행정국가와 미국 사회의 현실적 변화를 개념적으로 파악하기 위한 시도였듯, 그들의 추상화 또한 국제 질서의 현실적 변화를 설명하기 위해 고안된 것이었다. 그러나 1970년대 말, 자유주의적 평등주의들 사이에서 한 가지 변화가 발생하고 있었다. 국제적인 차원에서 정의를 이론화하려는 이들과 국내적[일국적] 정의에 천착하는 이들, 양측 모두 점차 현실에 대한 설명보다 내재주의적 동기에 따른 이론의 고도화 — 철학적 논증, 특히 롤스 체계의 순수화 — 를 지향하기 시작했다. 1970년대만 해도 배리와 베이츠는 경험적 지향성을 공유했다. 그들은 이론을 통해 규범적 함의뿐만 아니라 현실에 대한 진단을 내리는 것까지도 목표로 삼았으며, 비록 카이 닐슨 같은 좌파의 비판을 받기는 했지만 이를 위해 그들의 이론은 국제 질서의 실제 작동을 설명할 수 있어야만 했다. 닐슨은 배리가 국가에 초점을 두면서도 자본주의의 지구적 현실을 간과했기에 "탈정치적"인 논의를 전개하는 데에 그쳤다고 보았다. 닐슨이 보기에 배리의 문제는, 롤스와 마찬가지로, 생산적 정의를 간과하고 소유물과 권원에 대한 노직의 사상에 관심을 기울인 데에 있었다. 닐슨은 베이츠가 구조적인 지구적 부정의에 대해 충분히 경험적인 관찰을 제공했다는 점에서 그나마 더 낫다고 평가했다. 물론 마르크스주의 사회학을 참조하지 않고서는 자본주의와 근대 제국주의에 대한 그의 논의가 미진할 수밖에 없다고 덧붙이긴 했지만 말이다.142

그들의 시도가 성공적이었는지 여부와 별개로, 초기의 자유주의적 평등주의자들은 자신들의 이론을 세계에 정합하게 만들고자 노력했다. 하지만 그들의 관점은 세계를 온전히 설명하기에 역부족이었다.

1980년대 초에 이르면, 이런 초기의 이론들은 경험적 실제에 지나치게 구속된다는 이유로, 즉 "정의의 여건을 고찰할 때 실제적 호혜성"에 지나치게 천착한다는 이유로 비판받게 된다.143 롤스가 주장한 바와 달리, 도덕철학자 데이비드 리처즈는 정의 원칙의 적용이 정의와 관련된 경험적 여건의 존재에 의존하지 않는다고 주장했다. 그런 주장은 호혜성, 협력, 그리고 적당한 수준의 희소성을 공정의 필수 조건으로 상정하는 흄의 사상에 기초했다. 그 대신 [리처즈의] 생각의 중심에 있는 것은 모든 개인들을 동등하게 대함으로써 개개인의 존엄성을 존중하는 칸트주의적 입장이었다. 특히 배리는 롤스의 사유 체계에 내재하는 대립하는 두 경향들을 엄격히 구분한 바 있다. 한편에는 실천 지향적인 흄적 경향이 있으며, 다른 한편에는 이상적이고 가상적인 칸트적 경향이 있다고 말이다.144 롤스 자신의 칸트적 자기 해석 그리고 칸트의 도덕적 구성주의에 대한 롤스의 새로운 해석 [칸트적 구성주의]에 힘입어, 칸트적 경향이 점차 더 우세해지고 있었다.145 자유주의 철학자들과 응용 윤리학자들은 자율성과 존엄성, 개인에 대한 존중, 그리고 가상적 합의와 같은 칸트 철학의 개념을 가면 갈수록 더 많이 채택했다.146 리처즈는 원칙들을 전 세계에 적용하기에 앞서 지구적 조건들 — 상호 의존, 무역, 혹은 시장 공동체 — 이 실제로 호혜성의 여건을 구성한다고 반드시 입증해야 하는 것은 아니라고 지적했다.[147] 세계에 대한 사실들이 잘못된 것일 수는 있어도 그 사실들은 어차피 가변적인 만큼, 중요한 것은 가상적 계약과 그에 지침이 되는 도덕 개념이라는 것이다.

분야를 막론하고 나타나던 한 가지 변화의 징후가 자유주의적 정치철학에서도 마찬가지로 나타나기 시작했다. 다양한 이념적·이론적 색채의 사회·정치 이론가들은 포스트모더니티, 신자유주의, 혹은 후기 자본주의로 묘사되는 당대의 변화들을 파악하고 또 그에 적절히 대응하기 위해 새로운 형식의 추상화를 시도하고 있었다. 당초 이에 대한 자유주의 철학자들의 태도는 주로 적대적이었다.[148] [그러나] 가상적 방법이 정당화와 논증의 주된 형식으로 자리 잡게 됨에 따라, 자유주의 철학자들 사이에서 벌어진 추상화로의 전환은 특정한 형태를 띠게 되었다. 실제적 호혜성의 여건들이 이제 도덕적 호혜성의 가상적 개념들로 대체된 것이다. 이상론은 현실 세계의 조건들로부터 분리 가능한 것이 되었다. 예컨대, 베이츠는 자신이 초기 이론에서 세계가 협력 체계를 구성해야 한다는 요건을 지나치게 과장했다고 시인했다. 그는 경제적 상호 의존의 존재에 의존하는 자신의 국제 정의론을 좀 더 명백히 도덕적 세계시민주의에 가까운 것으로 교체했다. 거기서 도덕적 평등과 인권은 핵심적 위상을 부여받았다.[149] 롤스의 이론이 세상에 막 소개되었을 때만 해도, 그에 대한 수용은 이론의 평등주의를 공고히 하는 방향으로 전개되었다. 이제는 많은 이들이 그 이상적 성격을 강조했다. 정의 이론은 규제적 이상의 위상을 얻었고, 준수해야 할 기준이 되었으며, 그 경험적 요소들이 도덕적 규범으로 이상화·추상화되기도 했다. 이에 더해, 철학자들의 관심사가 물질에서 문화·가치로 이행하기 시작했다. 문화와 가치의 고유 영역에 대한 논의가 눈에 띄게 늘어났다. 고정 자원과 물질적 재화에 대한 논의가 기회 개념으로 재구성되거나 인적 자본과 비물질적 노동에 대한 이론으로 대체되어 갔듯이, 이제는 저물어 가던 한 시대를 풍미한 천연자원에 대한 논의도 문화적 자원까지 아우르도록 확장되었다.150 국제 정의에 대한 논의를 그 경험적 기초로부터 분리함으로써, 이상론은 현재의 상황에 덜 편향적이게 되었다. 그렇지만 물질과 경험, 양자에 대한 지양은 중대한 결과를 초래했다. 롤스의 칸트적 전회 이후, 철학자들은 "현실적인 것에서 합리적인 것을 찾기보다는 합리적인 것에서 현실적인 것을 찾는 데" 더욱 주력했다.151

여전히 제도적 관심을 견지하던 자유주의적 평등주의자들 가운데 토머스 포기가 이 같은 변화를 구현했다. 하버드에서 롤스에게 수학한 그는 1980년 지구적 정의에 대한 강의를 했고, 1983년 「칸트, 롤스, 그리고 지구적 정의」라는 제목의 박사 학위논문을 완성했다. 헨리 슈의 철학과 공공 정책 연구소에 잠깐 머무른 후, 1988년 포기는 『롤스를 실현하기』*Realizing Rawls*를 출간했다. 베이츠와 마찬가지로, 포기 또한 롤스의 자유주의적 평등주의를 지구적 차원에 적용하고자 했다. 포기는 롤스가 경험적 여건들을 지나치게 중시한다고, 개별성에 매몰되는 경향이 있다고 보았다. 이는 롤스의 유일한 현실 정치적 개입이 베트남전쟁 시기 시민 불복종에 대한 글을 쓴 것이라는 점에서, 그리고 롤스가 '현존하는 것'에 대한 준*헤겔주의적 관심을 품고 있다는 점에서 압축적으로 드러난다.152 포기는 롤스의 보편주의를 더욱더 파고들었고, 그리하여 그것을 국제적인 것에 그치지 않는 지구적인 것으로 만들었다. 선택된 원칙은 이상적 조건 속에서 작동해야만 하며, 또한 그것은 부정한 제도의 평가와 개혁에 대한 지침으로서 "아르키메데스 점"을 제공해야만 한다. 포기는 이상론과 비이상론에 대한 롤스의 구분을 강화했다. 하지만 동시에, "이상론 없는 비이상론이란 눈먼 것이요, 비이상론 없는 이상론이란 공허한 것"이라 말하며 양자의 상호 의존에 대한 자신의 독자적인 입장을 힘주어 제시하기도 했다.153 그렇다 할지라도, 포기는 지구적 정의 이론이 권력이나 이해 관심의 변화에 "영향을 받지 않는" "제도적 기준점"을 지향해야 한다고 보았다.154 이상론이 정치 지형의 변동에 휩쓸려선 안 된다는 것이다.

포기는 정치를 모두 아우를 정도로 보편 윤리를 확장함으로써 제도적 국내 정치와 인도주의적 국제 윤리라는 롤스의 이분법을 무너뜨렸다. 어떤 면에서, 그는 롤스에 대해 가장 충실한 해석을 제공한 장본인 가운데 한 명이다. 그의 사유의 출발점은 바로 롤스 이론의 "개인주의적 기초"였으며, 포기는 그 원칙들의 지구적 확장이 인간을 "서로 동등한, 도덕적 관심의 궁극적 단위"로 간주하는 롤스의 칸트주의적 입장이 내포하는 논리적 귀결이라고 주장했다. 포기는 합의의 당사자들이 결사체나 국가를 대표할 수도 있다는 주장을 완강히 거부했다. 정의란 개인들 사이의 자연주의적 인도주의를 확장한 것과 다름없다. 불평등의 제도적 생산과 이에 대한 "도덕적 관심"은 국경에서 멈추지 않는다. 그렇기에, 당사자들은 도덕적으로 자의적인 여타의 우연적 요소들 못지않게 국적이라는 불운을 바로잡는 선택 또한 내릴 것이다.155 지구적 관행의 기본 규칙들은 도덕적 판단의 대상이 되어야만 한다. 이때, 그는 도덕적 판단이 지구적 최소 수혜자의 관점에서 내려져야 한다고 역설했다. 롤스의 제1원칙과 세계인권선언Universal Declaration of Human Rights●이 규정하는 기본권과 자유가 결핍된 이들의 관점에서 말이다.156

포기는 이런 이론이 "지구적 차원"의 "뉴딜"에 지침을 제공할 수

● 제2차 세계대전 중 벌어진 잔악한 인권침해에 대한 반성의 분위기가 한창이던 1948년 12월 10일, 파리에서 개최된 제3회 유엔총회에서 채택되었다. 초안은 1946년 캐나다의 법학자 존 험프리John Humphrey가 작성했으며, 시민적·정치적 권리뿐만 아니라 노동자의 단결권과 교육받을 권리 등 각종의 사회적·문화적·경제적 권리까지도 인간의 기본권으로 포괄해 보호할 것을 요청한다.

있다고 주장했다.157 롤스와 마찬가지로, 그는 원칙들이 자원의 분배를 관리하고 최초의 불평등을 형성하는 사회의 구성적 기본 규칙들을 판단하기 위해 고안된다는 점을 강조했다. 그는 개입보다는 재분배를 통한 안정화를 우선시했으며, 건강보험, 교육, 그리고 고용에 대한 일련의 준(準)케인스주의적 권리들을 국제적으로 적용함으로써 롤스의 원칙들을 보완하고자 했다(비록 뉴딜 개혁식의 공공사업 프로그램이나 소득 이전 제도까지 제시하지는 않았지만).158 신국제경제질서 못지않게 유럽공동체의 연방주의에 흥미를 가졌던 포기는 지구적 북부와 남부 사이의 정치보다는 "상황을 잘못된 방향으로 이끄는 경향이 있는 보이지 않는 손"에 더 관심이 있었다. 규제되지 않는 한 그가 보기에 빈곤, 전쟁, 그리고 폭력을 초래할 "자유 방임주의적 시장 체제"에 말이다.159 그는 역사적 주장에 대한 평등주의 특유의 부정적 태도를 견지했다. 인종주의와 식민주의의 유산은 존재할지언정 규범적으로 무관한 것으로 간주되었다.160 "국제무역, 외교 체제에 의해 대다수 개인들의 삶이 근본적으로 형성되고 또 영향받는다는 사실만으로, 그리고 우리가 이 체제에서 큰 이득을 보는 참가자라는 사실만으로 충분"하다는 것이 그의 입장이었다.161

그렇지만, 포기는 한 가지 독특한 정치 현상과 관련해서도 도덕적 사유를 제시했다. 냉전이 새로운 국면에 돌입하고, 문화 전쟁이 본격화되며, 그리고 인권 운동이 새롭게 대두함에 따라, 국제 질서에 대한 논의에서 보이던 물질과 경제에 대한 강조는 공유 가치와 도덕적 최소주의에 대한 강조에 길을 내주었다.162 서구와 미국의 많은 자유주의자들이 "유토피아의 소진"을 불평했을 때, 지적 반전체주의가 다시 부활하고 있었다. 어떤 이들은 사회민주주의적 비전을 옹호했는데, 그것이 인권과 "생활 세계"에 우선권을 부여함으로써 시장과 국가로부터 개인 간 관계성을 보호하고자 했기 때문이었다.163 이에 부응하듯, 포기 또한 최고선을 지향하기보다는 오로지 최고악을 피하는 데 주안점을 두고 자신의 정의 이론을 쇄신했다. 그는 당대의 지구적 기본 구조를 그저 하나의 "잠정적 타협"으로 간주했다. 이런 잠정적 타협은 각 체제의 "강대국들"이 국내 정치와 자신의 세력권에서 억압적 권력을 행사하며 국제 정의의 실현을 저지하는 것을 가능케 해 주었다. 그런 체제를 특징짓는 "폭력과 궁핍"을 극복하는 것이 과제였다.164

해결책은 세계의 절반이 나머지 절반에게 항복하는 것이 아니었다. 포기는 혹자가 "자본주의나 사회주의 가운데 하나만 옹호"할 수는 없다고 주장했다. "이 세계의 비극"은 자본주의냐 사회주의냐 그 자체에 결부된 것이 아니라, 바로 "자신의 가치가 언젠가 파괴될지도 모른다고 두려워하는 상호 적대적인 정부들 사이에 존재하는 변덕스러운 잠정적 타협에서 비롯된 참상"이다. 이를 고려해, 더 많은 관용이, 즉 "자본주의사회들과 사회주의사회들이 공존하는 이종적 세계에 대한 선호가 널리 공유되는 것"이 요청되었다.165 진정 필요한 것은 인권에 기반한 "엷은"thin 보편주의 그리고 지구적으로 보장되는 일련의 "엷은" 기본적 자유들이었으며, 그것이 바로 국제적인 가치 다원주의의 기반이 될 것이라고 포기는 제안했다. 그리고 이런 지구적 가치 합의는 "상이한 정의관들마저도 서로 존중하는 간문화적 다양성"을 지향하며, 보편적 권리 주장을 희생하지 않으면서도 상이한 체제들과 이념들을 관용할 수 있을 것이라고 말이다.166 더 나아가, 포기는 이와 같은 합의가 자연적·사회적 조건의 피해자가 된 이들을 보호하는 새로운 국제 체제의 탄생을 가능하게 할 것이라고 제안했다. 롤스는 자본주의와 사회주의 모두 행정적 과잉에 취약하며 시장이 효과적으로 작동할 수 있는 체제라는 이유에서 두 체제 모두에 개방적이었다. 그에 비하면, 포기는 두 체제에 대한 롤스의 열린 태도를 중립성과 도덕적 합의에 대한 모색의 일환으로서 자신의 이론에 반영했다. 그렇지만 이 같은 수용의 시도는 어디까지나 최소한의 정의에 부합하는 선에서 가능한 것이었다. 포기는 정의 이론의 이상적 성격을 뒷받침하기 위한 논거로 전체주의의 위협을 자주 언급했다. "문화적 다양성"의 호소가 계속되는 부정의를 은폐하는 데 너무나 자주 동원되는 만큼, 포기는 규범적 원칙들이 경험적 실제에 의해 영향을 받아서는 안 된다고 규정했다. "헌정적 민주주의가 전체주의 혹은 권위주의로 전락한다고(1930년대의 독일 또는 1970년대의 칠레에서 그러했듯)" 도덕적 기준이 바뀌어선 안 된다는 것이다.[167]

포기의 주장이 함의한 바는 올바른 규칙들만 있다면 탈이데올로기적인 국제 합의에 내재하는 정치적 분열을 초월할 수 있다는 것이었다. 이렇듯, 포기의 지구적 정의 이론의 초점은 인류 전체에 놓여 있었다. 이런 비전 속에, 정치경제와 통제권에 대한 문제의식이란 분배에 대한 엄밀한 논의로부터 파생하는 것일 뿐이었다. 포기는 롤스적 관행의 경계를 세계 전체로 확장함으로써 도덕적 개인을 세계시민주의적 도덕 공동체의 일원으로 규정하는 철학을 창안해 내고자 했으며, 그렇게 일련의 기존 제도들은 그 위상이 격하되었다. 이렇듯 지구적 평등주의의 체계 속에, 도덕적인 것과 제도적인 것은 한데 합쳐졌지만, 정치적인 것과 분배적인 것은 분리되었다. 여기에 신국제경제질서의 지지자들이 요구한 것과 같은 집단적 행위 주체성 혹은 집단 통제가 설 자리는 없었다. 정의 이론의 행위자들은 지구적 개혁을 모색하는 국가가 아니라 도덕적 의무를 수행하는 국제기구와 개인들로 규정되었다. 이들은 롤스가 제시한 "정의의 자연적 의무"에 따라 어디까지나 시민사회의 테두리 안에서 정의로운 제도를 지지하고 부정의한 제도를 개혁할 따름이었다. 포기는 롤스의 이론에서 도덕적 책임을 개인에게 귀속하는 측면을 강화했다. 그는 문제적 현실에 개인이 기여한다는 사실 — 관행에 우리가 연루되는 것 complicity — 이 그런 의무를 정당화한다는 점을 강조했다. 정의 이론에, 넓게는 철학 전반에, 행위 주체성의 자리가 마련되었다.

자유주의적 평등주의자들이 국제적 분배 정의로 관심을 완전히 돌리기까지 걸린 20여 년 동안, 정치철학은 전 지구적 변화를 초래할 가치 변화를 반영해 새롭게 구상되었다. 지구적 정의 개념은 "이 질서의 정의를 점진적으로 개선해야 하는 우리의 도덕적 과제"를 특정화하는 데 필요한 기준을 제공해 주었다.[168] 포기는 롤스가 "흠잡을 데 없는 삶을 사는" 방법을 우리에게 알려줬을 뿐만 아니라, 우리로 하여금 "세계인으로서 우리의 양도할 수 없는 과제, 즉 부정의와 인간의 고통을 최소화해야 하는 우리의 의무"를 직시할 수 있도록 도와줬다고 말했다.[169] 부정한 "제도적 기제"의 혜택을 누리는 부역자로서, 혜택받은 개인들은 정치적 행동에 나설 도덕적 책무가 있다.[170] 이렇듯 포기에게 의무와 책임이란 당장이라도 실천 가능한 것이었는데, 포기는 행위 주체성에 부과된 구조적 제한들이나, [부정의한 제도적 기제와의] 연루됨 및 이해관계의 양상들에 대해 크게 신경 쓰지 않았다. 동시에, 포기는 정치보다 높은 위상을 국제 윤리에 부여했다. 가치에 대한 그의 강조는 시장의 과잉에 대처하기 위해 고안된 것이었다. 하지만 시장의 강압에 대한 해법임에도 불구하고 권력을 간과하는 한, 이는 결국 별 소용 없이 현상을 유지하는 데 그칠 뿐이었다. 훗날의 지구적 정의 이론가들은 이 시기에 분배, 행위 주체성, 그리고 정치적 통제가 이론상 분리된 것을 비판적으로 되돌아보게 된다. 그래도 당분간 그것은 국제적 자유주의적 평등주의에서 중심적인 경향으로 지속되었다.[171] 이상적인 지구 공동체란 지구적 원칙과 국제기구를 통해 규제되는 공동체였다. 그러나 그것을 지금 여기의 세계에 구현하는 것은 순전히 개인의 몫으로 남았다.

6장
미래라는 문제

1970년대의 다양한 위기에 직면해 정치철학자들은 롤스의 규칙들을 공간상으로는 물론, 시간상으로도 확장하고자 노력했다. 지구를 향하던 만큼이나 미래를 향해서도 말이다. 불현듯 미래는 불확실해 보였다. 1970년부터 경제성장이 둔화하기 시작했고, 몇몇 경제학자들은 성장이 이제는 "지나간 시대의" 전유물이 되어 버렸다고 생각했다.[1] 실업과 인플레이션이 고조되는 가운데, 특히 영국에서, 장기적인 "쇠퇴론"의 공포가 드리우기 시작했다.[2] 민주주의의 통치 가능성과 국가의 정당성이 위기에 처한 것이다.[3] 하지만 정당성의 위기는 생각보다 철학자들의 관심을 많이 받지 못했다. 일련의 가치들이 사회적으로 공유된다는 믿음이 자유주의적 평등주의에서 지니는 중요성을 고려했을 때, 민주주의국가가 그런 가치를 실현하는 데 필요한 재화를 더는 제공할 수 없을지도 모른다는 생각은 아마도 그들의 관점에선 진지하게 고민하기에 너무나도 막연하고 또 흉흉한 것이었으리라. 그들의 이목을 끈 또 다른 위기는 바로 환경 위기였다. 환경 위기를 계기로, 인구 성장과 자원 고갈에 대한 불안이 전후 자유주의의 "성장 집착"에 대한 비판과 결합되었다.[4] 1968년 에를리히 부부의 『인구 폭발』*The Population Bomb*이 출간된 이후, 인구과잉에 대한 인종주의적인 그리고 인종화된 공포가 절정에 달했다.[5] 책은 2년 만에 무려 22쇄에 돌입했으며, 1974년까지 6년간 200만 부 이상 판매되었다.6 1972년에는 『생태주의자』*The Ecologist* 잡지가 「생존을 위한 청사진」Blueprint for Survival을 출간했으며, 같은 해 로마클럽 또한 자원이 한정된 상황에서의 성장이 "과도한 소비와 붕괴"로 귀결되리라 예측하는 『성장의 한계』*The Limits to Growth*를 세상에 내놓았다.7 이 책은 30개의 언어로 출판되어, 400만 부나 판매되었다.8 이렇듯 지구의 생존이 주류 담론에서 논의되기 시작했다.9 "균제"• 혹은 "정체" 상태••의 경제 이론부터 "인구 제로 성장"과 대규모 기아·기근의 묵시록에 이르기까지, 각기 다양한 미래상들이 우후죽순으로 제시되었다.10 환경주의자들은 종말론자가 되었다.11

이런 불안의 기류들은 자유주의 정치철학에서 벌어진 미래로의 전회의 잊힌 기원이라 할 수 있다. 위기 선언 그리고 "생태 윤리"와 "생존을 위한 새로운 윤리"에 대한 요구에 직면해 철학자들이 취한 반응은 자연 세계 및 비인간 동물과의 관계를 아우를 수 있도록

• 20세기 중반 미국의 경제학자인 로버트 솔로의 성장 모형은 기술적 한계가 상당히 극복된 후기 근대사회를 염두에 두었다. 솔로가 말하는 균제steady 상태란 기술 진보가 상당한 수준에 이르러 자본의 한계 생산성이 정체된 나머지 오로지 인구 증가율(= 노동 공급)만이 성장률에 긍정적으로 작용하는 경제 상태를 뜻한다. 즉, 균제 성장이란 높은 생활수준에 이르렀으나 더는 폭발적으로 성장할 수 없는 경제를 뜻한다.

•• 일반적으로 말하는 정체stationary 상태란 19세기 초 영국 경제학자 맬서스의 인구이론에서 언급된 것으로, 여기서 정체 상태는 이른바 '맬서스적 함정', 즉 전근대사회의 경제가 농업기술의 한계로 인한 토지 한계 생산성 체감을 극복하지 못해 장기적으로 소득이 정체되고 생활수준이 향상되지 못하는 상태를 뜻한다. 맬서스의 논적으로 흔히 묘사되는 리카도 또한 정체 상태를 수확체감, 시장 쇠퇴, 이윤 감소의 국면으로 보았다. 하지만 존 스튜어트 밀은, 맬서스·리카도와 달리, 한계 생산성이 0에 수렴하고 시장 경쟁이 잦아드는 정체 상태가 오히려 생시몽, 마르크스의 사회주의에 가까운 모습일 수 있다고 상상했다. 즉, 인간이 '필요의 왕국'을 넘어 생계가 아닌 인간성을 위한 삶을 영위하는 상태가 바로 '정체 상태'라는 식으로 개념을 전유한 것이다. 이 문장에서의 정체 상태는 맬서스적 정체 상태를 뜻하나, 그것이 6장 후반부에 등장하는 밀의 정체 상태와 상이함을 유의해야 한다.

도덕 이론을 확장하는 것이었다. 그중 일부는 동물권을 옹호하기 시작했다.12 『동물 해방』*Animal Liberation*(1975)에서 피터 싱어는 동물[권]에 대한 공리주의적 변론을 제시했다.13 또 어떤 이들은 『환경 윤리』를 비롯한 학회지를 창간하기도 했다. 하지만 많은 이들은 당대의 새로운 자유주의 철학의 분석틀 속에 미래를 어떻게 사유할 수 있는지 — 그리고 미래와 우리의 도덕적 관계를 어떻게 조정할지 — 를 탐구하기도 했다. 롤스의 이론 역시 그것이 배태된 시대를 반영하고 있었는데, 특히 전후 자유주의는 성장, 번영 그리고 안정에 대한 가정들에 의해 뒷받침되었다. 이런 시간성은 당대의 거시 경제학, 근대화와 탈산업 사회에 대한 이론들, 그리고 심지어는 "미래학" 열풍에서도 널리 공유되고 있었다.14 이 같은 이론들은 롤스에게도 큰 영향을 미쳤으나, 이제 그들은 설득력을 잃어 가고 있었다. 1960년대 말부터 1980년대까지, 도덕·정치철학자들은 새로운 시대가 제기하는 도전에 더 잘 대응할 수 있는 이론을 모색했다. 이때 그들은 의무에 대한 법적·정치적 논의를 확장함으로써 현세대가 미래 세대에 관심을 가져야만 하는 이유를 설명하고자 했다. 현세대는 그 후손에게 어떤 의무가 있는가? 미래를 위해 저축하고 투자할 의무가, 혹은 아이를 낳지 말아야 할 의무가 개인에게 있는가? 이런 논쟁 속에, 세대 간 정의 이론이 탄생했다.

    1970년대 초, 많은 철학자들은 베트남전쟁 시기 도입된 응용 윤리학의 방법들을 전쟁이 아니더라도 삶과 죽음이 오가는 각종 비상사태에 적용하기 시작했다. 특히 기아와 인구과잉의 위협을 중심으로 그러했다. 신맬서스주의적 진단이 제기하는 윤리적 딜레마를 둘러싼 논쟁에 철학자들이 뛰어들기 시작하면서, 트롤리 딜레마와 같은 "직관 펌프들"*이 여기저기서 제안되었다. 그와 같은 철학적 방법

---

* 직관 펌프Intuition pumps란 미국 인지과학자 대니얼 데닛Daniel Dennett이

론이 공고해진 것은 바로 미래 세계의 존속을 둘러싼 논쟁을 거치면서였다. 마찬가지로 공공 문제에 대한 새로운 접근에서도 이제 철학자들은 까다로운 몇 가지 사례들을 통해 도덕과 인격성personhood의 본질을 시험하고자 했다. 특히 인구문제로부터 여러 참신한 철학적 수수께끼들이 제시되었는데, 그중 데릭 파핏이 이론화한 것들이 가장 화제가 되었다. 복잡한 도덕적 문제들이 정치적 논란으로부터 분리됨에 따라, 당대의 딜레마와 그에 대한 철학적 해답 사이에 한 가지 뚜렷한 관계가 자리를 잡기 시작했다. 미래의 문제가 탈제도화[즉 현존하는 제도로부터 분리되어 사고]되면서, 도덕철학은 철학적 추상화가 이루어질 새로운 영역으로 나아가기 시작했다. 우생학, 불임수술, 그리고 인구 제한[산아제한]에 대한 반인종주의적 비판이 힘을 얻으면서, 당시 자유주의자와 좌파 사이에서 인구과잉에 대한 인종주의적이며 문명 위계적인 담론들은 정치적 금기가 되는 추세였다.15 그러나 철학에서 그런 논의는 여전히 지속되었다. 인구과잉과 생태적 생존의 문제는 도덕철학자들과 형이상학자들의 고유한 탐구 대상이 되었다. 자유주의 철학자들은 윤리적 위기를 온건한 수수께끼로 탈바꿈하는 기술을 연마하고 또 능숙히 구사했다.

 동시에, 어떤 이들은 미래를 현재의 문제로서 사고하는 경제 이론의 기술적 도구들에 주목함으로써 미래를 둘러싼 이 같은 딜레마들을 정의 이론 내에 포섭하고자 했다. 몇몇은 지구의 관점에서 사유하는 것이 롤스주의적 분석틀은 물론이고, 잠재적으로는, 넓은 의미에서 인도주의적 윤리의 핵심 가정들마저 위협할 수 있다고 우려했다. 생태주의적 관점은 윤리학이, 국가의 틀을 고수하는 롤스의 이론 너머로, 지구적 문제에 대한 사유로 거듭나는 것을 추동했으나, 다른

사용하며 유명해진 표현으로, 여러 변수들을 통제함으로써 독자들이 오직 직관에 의해 특이한 결론·통찰에 도달하도록 만드는 사고실험을 뜻한다. 대표적인 예로는 인지과학계에서 수많은 논쟁을 야기한 '중국어방 논증'이 있다.

한편으로는 그것을 저해하기도 했다. 지구적 도덕 공동체에 대한 비전을 둘러싸고 다양한 정치적·역사적 이견들이 있었듯, 미래를 위해 현재가 무엇을 희생해야 하는지에 대해서도 극단적인 이견들이 존재했기 때문이다. 자원 부족 시나리오에 대한 "생존주의" 담론과 인구 규모를 둘러싼 논쟁은 자유주의적 평등주의가 전제하는 주요 가정들뿐만 아니라 정의 이론의 기반까지도 침식할 공산이 컸다. 게다가, 철학자들이 그토록 소중히 여기는 도덕 인격이라는 범주마저도 이제 위협을 받고 있었다. 동물과 지구에 대한 근래의 관심 때문이 아니라, 인구과잉을 둘러싼 논쟁에서 비롯된 바 있는 논쟁적인 철학적 아이디어들로 인해서 말이다.

과연 정의 이론은 생존주의의 공격으로부터 살아남을 수 있을 것인가? 도덕·정치철학자들이 이 일련의 새로운 화두들에 대응하던 당시만 해도 롤스의 패러다임은 저 화두들을 아우르지 못할 것처럼 보였다. 그래도 결국 그것은 성공했다. 대립하던 사상들을 제 안으로 흡수하면서 말이다. 1970년대 말에 이르면 세대 간 정의 이론은 롤스 이론의 또 다른 축으로 공고하게 자리를 잡았다. 대부분의 경우, 자유주의적 평등주의자들은 정당성 위기에 대한 논쟁을 회피했다. 그것이 정치적 자유주의 못지않게 철학적 자유주의까지도 위험에 빠뜨릴 공산이 컸기 때문이다. 대신, 그들은 환경 위기에 대한 대응으로써 새로운 도덕 이론들을 제시했고, 그리하여 공공 문제를 다루는 새로운 철학이 탄력적임을 입증하는 데 성공했다. 이는 무엇보다도 새로운 사상들이, 자유주의적 평등주의의 핵심 원리들과 충돌할 때조차도, 더 근본적인 것을 지탱하는 데 기여했기 때문이다. [더 근본적인 것이란] 보편적이고 공정한 도덕성에 대한 헌신에 기초하며, 정치적 문제를 해결하기 위해 그것을 추상화하는 철학적 입장이었다.

***

자신의 이론을 종합하면서, 롤스는 미래가 자신의 이론적 구상에 다양한 개념적 도전을 야기한다고 분명히 했다. 게임으로서의 사회를 구상했을 당시, 롤스는 미래와 관련된 몇몇 문제들이 게임의 바깥에 있는 것으로 보았다. [하지만] 그는 "자원 보존"과 "미래 세대"를 운과 경쟁의 우여곡절에 노출시킨 채 방치해서는 안 된다고 지적했다.[16] 미래를 이론화하려는 고민은 정치사상사에서 생경한 것은 아니었다.[17] 오랫동안 정치철학자들은 어떻게 하면 감정이나 자기 이익에 기초한 유대, 곧 공동체가 시간을 초월해 작동할 수 있는지를 고민해 왔다. 자기 이익에 기초하는 이론들은 미래에 낮은 가치를 부여하는 경향이 있었다. 그에 비하면, 보수주의자 혹은 공동체주의자들은 현대인의 의무를 시간의 스펙트럼 저 멀리로까지 확장했다. 민주주의자들은 현재의 결정이 미래의 그것을 구속할 수 없다고 보는 편이었다. 그들에게 중요한 건 집단 결정, 즉 현재 주권자의 주관적 선호의 총합이었다. 급진적일수록, 민주주의자들은 현재주의적인 경향이 있었다.[18] 또한 많은 이들은 미래가 특정한 일련의 제도들을 요청한다는 점을 인지했다. 보험, 유언장, 신용거래, 그리고 근대국가는 공히 미래를 위해 작동하도록 고안된 장치들이었다. 국가 이론가들은 국가를 구성하는 개별 자연인들보다 훨씬 더 긴 삶을 영위하는 인공적 법인격을 고안해 냄으로써 먼 후대에게 안정을 물려주고자 했다.[19] 1970년대에 철학자들은 이 같은 접근법을 지양하기 시작했다. 국가라는 "불멸의 도덕 인격"은, 피터 라슬렛이 선언했듯, 더는 실현 가능해 보이지 않았다. 그 대신, 그는 "진정 필요한 건 사회적이며 동시에 개별적인, 불멸의 집단이 아닌 필멸의 개인들을 통해 전개되는 세대 간 관계"라고 주장했다.[20]

　미래와 관련해 어떤 제도적 조치를 취할지를 두고, 20세기의 정치사상가들은 미래를 통제하는 계획과 시도를 지지하는 이들과 시장이나 개인 자유의 이름으로 그 계획을 거부하는 이들로 나뉘었다. 냉전 초기, 자유주의와 자본주의 옹호론의 중요한 근거 가운데 하나는 그것이 개인들에게 자신의 미래에 대한 자유로운 결정을 허용한다는 점이었다. 신자유주의자와 사회 자유주의자가 이견을 보인 건 열린 미래라는 조건을 보장하는 데 얼마나 많은 그리고 어떤 종류의 제도적 개입이 필요하냐는 지점에서였다.[21] 이런 문제의식은 전후 시기의 사상에 다양한 방식으로 반영되었다. 철학자 스튜어트 햄프셔는 개인이 미래지향적인 "적극적 실험가"로서 행동하지 못하게 가로막는 사회적 삶에 대한 비전들, 특히 공리주의를 규탄했다.[22] 자유주의 경제학자들이 보기에, 중요한 건 열린 미래를 개인이 통제할 수 있는지 여부였다. 미래에 대한 통제가 "교환의 파트너"일 뿐만 아니라 그 스스로가 "기업가"인 계산적 개인의 행위를 통해 실현되느냐, 아니면 불확실성을 줄이고 위험을 관리하는 사회적 매커니즘을 통해 실현되느냐의 문제 말이다.[23] 전후 신고전파 경제학에서는 도덕적·심리학적 접근이 쇠퇴한 후, 주관적 기대 효용 이론을 비롯한 미시경제학의 의사 결정 이론이 미래를 이론화하는 지배적이고 공식화된 접근으로 자리를 잡았다. 위험과 측정 가능한 불확실성이라는 조건하에 의사 결정 모델은 갈등에 대한 연구뿐만 아니라 미래의 분배, 투자, 그리고 사회 체계에 대한 선택을 아우를 정도로 확장되었다.[24] 이렇듯 미래에 대한 기대를 개인화·공식화하는 경향은 케인스주의적 거시 경제학에 대한 비판에 의해 더욱이 강화된다. "합리적 기대" 혁명과 효율적 시장 가설*로 대표되는 그 비판들은 완전한 정보를 가지고 있

---

* 합리적 기대는 미국의 경제학자 존 무스John F. Muth가 고안하고 로버트 루카스Robert Lucas Jr.가 이론화해 현대 경제학의 대전제로 자리 잡은 개념으로, '이용 가능한 모든 정보를 이용해 미래에 대한 기대를 형성하는 것'을 뜻한다. 이에 기초한 합리적 기대 이론은 경제주체들이 과거와 현재에 존재하는 모든 정보를

는 개인의 선택과 미래 사건에 대한 예측을 경제 이론의 "미시적 기반"으로 규정했다.25

롤스는 자유주의 경제학의 여러 발상들을 자신의 이론에 적용했다. 그는 기대와 선택에 대한 신고전파적 지향을 공유했는데, 여기엔 역사적 주장을 기각하려는 의도가 내포되어 있었다. 그는 개개인이 자신의 "인생 계획"을 추구하기에 충분한 재화를 갖추기를 바랐다. 어떤 사회체제가 인생 계획을 추구하는 데 가장 유리한지를 선택하는 단계에서, 롤스는 미래의 부정적 결과들로부터 스스로를 보호하려는 의지가 원초적 입장에 있는 당사자들에게 중요하게 인식될 것이라고 주장했다. 상황이 불확실하다면, 그들은 자연적·사회적 불운에 대한 보험을 들고 싶을 것이다. 그런 의미에서, 그들은 기업가라고 볼 수 없다. 그들은 미래를 예비하기 위한 제도적 계획을 가진 존재다. 그렇다고 롤스가 자신의 이론에서 선택을 내리는 개인들에게 완전한 정보를 부여한 것도 아니었다. 오히려 그들에게는 제한된 지식만이 주어졌다.26 그래도 롤스는 미래의 문제들을 특수한 정치적 위상을 지닌 개별적 사안으로 간주했다. 미래 세대에 대한 의무는 다른 의무들로부터 구분되는가? 이런 의무들은 정의의 문제인가? 롤스의 이론은 계약 이론이며, 이때 미래와의 계약이란 상상하기 어려운 것이다. 이미 국제 정의 이론가들은 물리적으로 멀리 동떨어져 있는 이들을 계약 이론의 주체로 구상하는 데에서 상당한 어려움을 겪은 바 있다. 아직 존재하지도 않는 미래의 개인들과 계약을 맺기란 더

최대한 활용해, 다른 사람들의 기대까지도 지속적으로 고려하고 또 피드백하여, 미래를 예측하는 합리적 주체라고 상정한다. 이로부터 도출되는 효율적 시장 가설에 따르면, 시장의 가격은 경제주체들이 이용 가능한 정보를 모두 활용해 상호작용함으로써 형성된 효율적 수치다. 아울러, 바로 그렇기에 효율적 시장 가설은 시장가격에 어느 정도의 예측 오차가 있을 뿐 체계적 오류가 존재하지 않으며, 누군가 아무리 특별한 계획을 세우더라도 장기적으로는 시장 수익률을 넘을 수 없다고 주장한다.

욱이 어려운 일이다. 롤스의 경우, 계약은 관행, 그러니까 호혜성에 의해 특징지어지는 협력 체계의 존재에 달린 것이었다. 현재와 미래 사이의 근본적으로 비호혜적인 관계를 고려한다면, 대체 어떻게 시간을 초월한 계약관계가 성립할 수 있단 말인가?

롤스는 미래와 호혜적 관계를 맺는 것은 불가능하며, 자신의 정의 원칙들이 이에 적용될 수 없다고 생각했다. 비록 미래와의 관계라는 측면은 여전히 "정의와 관련된 사안"이지만, 일반적으로 미래의 이해 관심은 사회적 게임의 정상적인 진행 경로 바깥에 있다는 것이다.27 미래에 대한 대부분의 고려 사항들은 원칙들에 보완적일 뿐이다. 그런 고려 사항들은 현재의 의무, 즉 정의로운 제도를 지탱하는 "자연적 의무"의 일환으로 간주되었다. 미래와 관련된 롤스의 가장 주된 논의는 "정의로운 저축의 원칙"으로, 롤스는 이를 통해 자신이 제시한 정의 원칙들의 적용 범위를 한정하고자 했다.28 이 원칙은 적정 수준의 저축률을 책정하고 축적률을 제한함으로써 현재 세대의 행위가 미래 세대에게 혜택을 주는 방향으로 세대 간 관계를 규정한다. "이상적인 사회"란 "경제가 균제 상태의 성장 중에 있으며 동시에 정의로운" 곳이다.29 저축 원칙은 한 사회가 이상적 상태에 도달할 때까지 성장하도록 보장하고 그 구성원이 이전과 같은 수준의 번영을 계속 영위케 하는 것을 목표로 삼는다. 사실, 이는 어떤 정의로운 사회가 사회적 최저 수준을 정할 때, 저축 원칙이 반드시 고려되어야 함을 의미한다. 현재 수용할 만하다고 판단되는 사회적 최저 수준은 어느 정도는 미래 세대를 위한 저축률에 의해 결정될 것이다.30

이런 아이디어는 원초적 입장의 구상에 반영되었으며, 거기서 정의로운 저축의 원칙은 시간을 초월하는 관계들의 규제 원칙으로 선택될 것이었다. 하지만 그것은 그리 간단한 문제가 아니다. 원초적 입장에 있는 당사자들은 여러 사회집단의 개인들을 대표해야 한다. 이때의 개인들이란, 특정 세대의 개인들만을 의미하는가 아니면 모든 세대의 개인들을 포함하는가? 혹은, 사회 발전의 특정 단계의 개인들만을 의미하는가 아니면 모든 단계의 개인들을 포함하는가? 롤스는 모든 세대를 대표하도록 당사자를 구성하는 것은 난망하다고 주장했다. 원초적 입장에 모든 부류의 실제적 혹은 가상적 인격들이 대표된다고 생각하는 것은, 그가 말하길, "지나친 환상"이다.31 대신, 그는 "관점을 취하는 그 시간"present time of entry이라는 해석을 제시했다.32 당사자들은 현대인이지만, 무지의 베일이 당사자들로 하여금 자신이 어느 세대에 속하는지를 모르게 한다는 것이다. 그들은 공히 현재의 고정된 시점에서 미래를 관리하는 원칙들을 선택하게 된다. 그렇다면 대체 왜 당사자들이 미래를 고려해야 한단 말인가? 만약 그들이 자신의 현재적 이해 관심에 편향되어 있다면, 과연 그들이 저축을 하겠는가?

    이에 대해 롤스는 두 가지 주장을 제시했다. 첫째, 그는 무지의 베일을 통해 당사자들이 자신이 속한 세대에 대한 정보를 갖지 못한다고 상정했고, 그리하여 특정 세대가 후속 세대를 궁핍하게 만드는 원칙을 선택할 수 없게 했다. 두 번째 주장은 롤스가 "합리적으로 상호 무관심"하다고 묘사한 당사자들 사이에서 이타심, 공감, 그리고 자기 이익이 가진 상대적 힘에 대한 도덕 심리학적 문제를 제기했다. "합리적으로 상호 무관심"하다는 것은 당사자들이 불편부당함을 의미했다. 따라서 이들이 후대를 중요하게 고려하도록 하기 위해서는 추가적인 조치가 필요했다. 롤스의 해법은 "동기부여적 가정"을 명시함으로써 현재적 편향을 교정하는 것이었다. 계약의 당사자들은 "바로 뒤 세대와 감성적 유대를 지니며 가족의 계통을 대표하는 것으로 간주된다." 즉, 그들은 제 자식(그리고 그들의 자식)을 고려하기에 저축하리라는 것이었다.33 바로 이 보완적 규정이 미래에 가치를 부여했다. 경제학자 로버트 솔로와 주고받은 편지에서 롤스가 설명하듯, 그것은 "일반적으로 한 아들이 제 아버지에게 타당하게 요구할 수 있다고 느끼는 것과 그 아들이 자신의 아들을 위해 기꺼이 제공할 수 있는 것 사이의 균형에 의해 주어진다. 정의롭고 질서정연한 사회에 필수적인 조건들을 갖추어 가는 경제적 진보의 노정에는 여러 단계가 있고, 이 같은 절충적 입장들은 각 단계에 알맞게 조정될 수 있다. 이런 까닭에 저 균형은 다양하게 존재할 수 있다." 이는[즉, 현재와 미래 간의 균형을 잡는 일은] 순전히 원칙들만으로 작동하지 않는다. 원칙으로는 오직, 다음과 같이, 최소 극대화의 원칙만이 적용될 뿐이었다. 즉 "대표자 아들과 아버지는 각 세대의 최소 수혜 집단에 속한다고 여겨진다. (……) 자본의 축적률은 가장 불운한 이가 자신의 후손을 위해 기꺼이 저축하는 정도로 정해질 것이다."[34] 정의로운 저축 원칙과 그 동기에 대한 규정은 미래를 다룸에 있어 계약 이론이 지닌 한계를 해결하기 위해 롤스가 선택한 돌파구였다.

이런 주장들은 신고전파 경제학에 대한 롤스의 반응이기도 했다. 1950, 60년대에 솔로와 에드먼드 펠프스 등은 자본축적과 소비의 원리를 규명하기 위해 다양한 경제성장 모델들을 제시했다. 저축률, 이자율, 그리고 성장률 사이의 관계를 이론화하는 — 아울러 소비가 극대화되는 소비·저축·투자의 균형률을 파악하고자 하는 — 이같은 모델들은 후생과 자원 배분의 계산에서 미래를 고려하는 문제와 관련해 여러 함의를 지녔다. 특히 경제적 결정에서 미래 세대가 고려되는 방식과 그들의 이익을 보호하기 위한 정부의 역할과 관련해서 말이다.[35]

롤스는 이런 논의를 경청했다. 시간과 미래에 대한 그의 이해는 성장 이론가들의 그것을 반영했다. 성장 이론의 뿌리에는 프랭크 램지의 「저축의 수학적 이론」(1928)이 있었다. 램지는 (국가의 목적이 무한한 시간 지평에서 후생의 총합을 극대화하는 것일 때) 국가 수입의 지출 및 저축 수준을 결정하는 이론을 제시함으로써 시간을 초월한 이상적 자원 배분에 대한 논의의 형식을 마련했다.[36] 1961년, 펠프스는 이후 널리 알려질 하나의 성장 모델을 대안으로 제시했다. 그는 소비가 지속 가능하고 높은 수준으로 지속되는 "균제 상태"가 "축적의 황금률"을 따름으로써 도달 가능하다고 주장했다. 이 황금률이란, 솔로의 성장 모델에서 그러하듯, 일인당 소비가 가능한 최대 수준의 상수로 지속되는 것을 가능케 하는 저축률을 말한다.[37] 이후 몇 년간, 황금률의 실현 가능성은 경제학자들을 사로잡은 화두가 되었다. 램지가 (순수한 시간 선호를 0으로 설정해야 한다고 주장함으로써) 미래 세대에게 현재 세대와 대등한 자격을 부여한 것이 자주 도전받았다. 아서 C. 피구도 비판을 피할 수 없었다. 그 또한 마찬가지로 먼 미래에 높은 가치를 부여했으며, 더 나아가 그는 개인의 단기 성과주의를 억제하며 "아직 태어나지 않은 세대의 신탁관리인"으로 행동하는 것을 정부의 과제로 간주했다.[38] 그의 이론은 "비민주적"이며 "권위주의적"인 것으로 일축되었다.[39] 이런 이론들은 현재 세대에게 미래를 위해 과도한 저축과 희생을 요구한다고 평가받았다.

1960년대에 일련의 경제학자들 — 폴 새뮤얼슨, 아마르티아 센, 윌리엄 보몰, 스티븐 마글린, 그리고 고든 털럭 — 은 사회적 할인율을 둘러싼 논쟁에 뛰어들었다. 사회적 할인율이란 미래의 재화를 현재 가치로 환산하는 할인율로, 논자들은 어떻게 하면 사회적 할인율이 미래에 과도한 중요성을 두는 높은 저축률을 상쇄시킴으로써 세대 간 저축을 공정하게 만드는 데 기여할 수 있는지를 두고 논쟁했다. 선호의 민주주의적 총합을 산출해 내는 것이 불가능하다는 케네스 애로의 주장이 남긴 여파 속에, 어떤 이들은 가격 책정의 기제를 개인에게서 집단으로 확장하는 것을 회의적으로 봤다. 예컨대, 마글린은 "한 집단이 저축이냐 소비냐를 결정하는 계산식은 개인의 그것과 근본적으로 상이하다"고 주장했다.[40] 조앤 로빈슨은 미래를 할인하는 것으로는 현재-미래의 상충 관계라는 정치적 문제를 해결할 수 없다고 생각했다.[41] [현재를 중시하는] 개인의 시간 선호를 조절하는 데 정부 개입이 필수적인지 여부를 두고, 그리고 그런 개입이 민주주의에 위협을 제기하는지 여부를 두고 이견이 분분했다.42 하지만 머지않아, 대부분의 경제학자들은 사회적 할인율을 통해 미래를 고려하는 것에 동조하게 되었다. 개인의 단기 성과주의가 전 사회적으로 적용되는 것으로 상정되었다. 이전의 경제학자들이 저축·투자의 심리와 도덕성에 대해 논의한 것과 달리, 이제 논의는 양의 시간 선호 가정*에 기초한 표준적인 경제 행위 모델만을 중심으로 전개되었다. 아울러 한 가지 특정한 이론 구조가 새로운 가정으로 자리를 잡았다. 바로 할인율이 저축률을 결정하며, 또한 그것이 보장하는바, 미래 세대의 후생보다 현재 세대의 후생이 더 큰 비중을 부여받으리라는 것이다.

이런 아이디어들에 주목하며, 롤스는 자신의 정의로운 저축의 원칙을 개발했으며 아울러 자신의 정의로운 사회를 "균제 상태"를 지향하는 것으로 묘사했다.43 롤스는 제도가 그 중요성을 잃지 않기를 바랐다. 그는 무한한 성장이 불필요하다고 믿었다. 동시에 그는 세대 간에 일정한 형평을 달성하기 위해 저축률을 설정하는 것이 필요하다고 생각했다. 미래 세대의 이름으로 극심한 불평등을, 즉 부자의 방대한 부의 축적과 빈자의 극심한 고통을 정당화하는 근대화론은 용납할 수 없다는 것이다. 그러나 롤스는, 경제학자들과 달리, 효용보다는 정의에 호소함으로써 독자적인 저축률을 제안했다. 할인율은 비이상적 상황에서만 사용될 것이다. 게다가 정의는 저축에 한계를 둔다. 그 말인즉슨, 각 세대는 정의가 보장되는 데 필요한 정도로만 저

---

* 양의 시간 선호positive time preference, 혹은 시간 선호란 당장 소비할 수 있는 현재의 재화를 미래에 제공되는 재화보다 더 선호하는 행태를 의미한다. 19세기 말~20세기 초에 활약했던 오스트리아의 경제학자 오이겐 폰 뵘바베르크 Eugen von Böhm-Bawerk와 미국의 경제학자 어빙 피셔Irving Fisher가 세련된 형태로 이론화한 것으로 알려져 있다.

축을 해야 한다.44 이런 면에서 저축 원칙은, 비록 그 자체로서 하나의 정의 원칙은 아니지만, 어디까지나 그의 이론 전반에 깊게 뿌리내린 것이다. 그래도 롤스는 미래에 너무 많은 힘을 실어 주는 것을 원치는 않았다. 차등의 원칙이 시민 불복종을 정당화하는 데 또는 국경 너머의 사안에 적용되는 것을 금지했듯, 이제 그는 그것이 시간을 초월해 적용되어서는 안 된다고 단언했다. 그에 수반될 부담스러운 저축과 재분배는 필수 사항이 아니었다.45

이런 양가성 — 미래를 고려하려는 의지가 있으면서도, 정작 그것의 현재적 가치를 제한하는 것 — 은 롤스 자신이 아이디어들을 정당화하는 논리에도 반영되었다. 원초적 입장의 당사자와 현실의 개인들을 구분하는 선이 바로 여기에, 그것도 지극히 흐리게 그어졌다. 롤스는 정의라는 이유로 오늘날의 현대인들이 미래의 낯선 사람들에게 무언가를 빚지는지가 불명확하다는 생각을 내비쳤다. 제한된 시간 지평 속에 살며 편파적인 사람들에게 후속 세대 일반을 위해 저축할 것을 요청하는 것은 현실적이지 않다. 오히려 그들은, "아버지가 아들을 생각하듯", 오직 자신의 자식을 위해서만 그럴 수 있을 것이다.46 이처럼 개인 단기 성과주의의 가정이, 젠더화된 그리고 가부장제적인 형식으로, 상호 이익의 가정과 나란히 원초적 입장에 도입되었다. 그러나 동시에 롤스는 당사자들이 심리적·도덕적 지평을 확장하길 원했다. 당사자들로 하여금 후속 세대, 특히 이후의 두세 세대를 위한 저축을 꾀하게 만들기 위해, 즉 현재적 편향에 대처하기 위해 [후속 세대에 대한 유대감이라는] 동기를 규정했다. 비록 감정의 유대가 중첩되는 세대들을 이어 주는 동기부여적 접착제로 기능하기도 하지만, 거기엔 분명한 한계가 있었다.47 감정이 도달할 수 없는 먼 미래에 관여하는 것은 정의로운 제도의 몫으로 남았다.

미래에 대한 롤스의 논의는 일련의 도덕적 제약 사항들을 제시함으로써 성장 이론과 화해할 수 있었다. 그는 단선적이고 무한한 시간 지평이라는 경제적 시간성을 수용했으나, 동시에 "영원의 관점"에서 사회를 바라보는 것을 추구했다.[48] 그는 도덕성이 시간에 대해 중립적이라고 생각했으나, 오직 시간 선호만을 기반으로 미래 세대의 후생을 할인하는 것에 대해서는 이의를 제기했다. 한편으로 미래는 단지 더 멀리 있다는 이유만으로 그 중요성이 체감되지 않으며, 다른 한편으로 미래의 이름으로 추진되는 급격한 재분배는 정의의 두 원칙이라는 틀 내에서 쉽게 정당화될 수도 수용될 수도 없다. 이는 미래에 대한 관심이 덜 중요하다는 말이 아니다. 이는 롤스가 미래를 낙관했음을 의미한다. 성장이 계속될 것이라고, 개혁이 병행된다면 정의는 달성되리라고 말이다.

『정의론』을 뒷받침하는 이런 가정들은 전후 시대를 특징짓는 20년간의 전례 없고 예외적인 경제성장이 없었더라면 상상하기조차 어려웠을 것이다.[49] 하지만 롤스의 책이 출판되어 널리 읽힐 당시, 미국 경제의 향방과 정부의 역량에 대한 이런 자유주의적 낙관론은 사회불안과 경기 침체로 말미암아 이미 도전받고 있었으며, 더 나아가 브레턴우즈 체제의 종말에 뒤따른 스태그플레이션으로 말미암아 더욱이 신뢰를 잃게 될 것이었다.[50] 몇몇 독자들, 특히 솔로와 애로 같은 경제학자들은 롤스의 정의로운 저축의 원칙이 아니라 부담스러운 최소 극대화 원칙이야말로 세대 간 공정에 좀 더 탄탄한 이론적 기반을 제공한다고 보았다.[51] 당대의 정치적 난관들 — 성장 둔화, 재정 과잉, 자원 분쟁, 그리고 에너지 위기에 대한 논란들 — 을 우려하는 이들이 보기에도 저축 원칙은 별로 좋은 해결책이 아니었다. 성장이 아니라 그 한계에 관심 있는 이들이 보기에도 마찬가지였다. 철학자들을 충격에 빠뜨린 건, 1970년대의 인도주의적 위기 속에 주요한 공적 관심사로 부상한 한 가지 문제에 대해 롤스가 침묵했다는 점이다. 그것은 바로 인구문제다.

***

『인구 폭발』의 출판을 계기로 인구과잉은 전 사회적으로 심각한 문제로 인식되기 시작했다. 그것은 1960년대에 있었던 전 지구적 인구 제한을 위한 수많은 정치적 캠페인의 결산이었다.[52] 그 여파로 도덕·정치철학자들이 인구문제를 다루기 위한 여러 방법들을 탐구하기 시작했다. 많은 이들은 사유를 전개할 때 롤스의 이론보다는 공리주의로부터 출발하곤 했다

　기술 관료적 통치론으로서 공리주의는 식민지의 인구 제한 및 우생학 정책과 결부된 내력이 있었다. 그것은 보수와 진보를 가리지 않고 공히 널리 수용되었으며, 19, 20세기 영국과 미국의 자유주의자들 사이에서 대단한 관심을 받기도 했다(이 점은 20세기 말 자유지상주의적 우파의 정부의 복지 프로그램 비판에서 점차 중요한 근거로 지적되었다).[53] 공리주의적 도덕·경제 이론에서 인구의 규모와 후생의 상충 관계는 대개의 경우 평이한 언어로 논의되었다. 헨리 시지윅은 공리주의를 두 가지로 구분했다. 일인당 평균 행복의 크기가 가장 큰 공동체가 제일 바람직하다는 "평균" 공리주의와 행복의 사회적 총량이 가장 큰 공동체가 제일 바람직하다는 "전체" 공리주의가 그것이다.[54] 평균 공리주의는 새로 태어난 개인이 기존의 개인이 누리는 평균적인 수준의 행복보다 더 큰 행복을 누릴 경우에만 인구 증가를 지지한다. 그와 달리 전체 공리주의에 따르면, 인구가 더 많을수록 행복의 총량도 더 커질 것이다. 그에 따르면 인구 증가는 각 개인의 행복 수준과 무관하게 지지할 만한 것이었다. 삶의 "질"의 관리를 중요한 정치적 문제로 간주하던 20세기의 사회 자유주의자들은 전체 공리주의를 대체로 거부했다. 인구 제한이 그 자체로 나쁘기 때문이 아니라, 그것이 "살아갈 가치가 없는 삶"을 살게 될 개인의 탄생을 초래하기 때문이었다.[55]

1952년에 롤스는 이 문제에 주목하며 "이상적인 인구 규모"와 "산아제한"이 "논의하기에 당혹스러운" 도덕적 문제들을 제기한다고 적었다. 당시 롤스는 아직까지는 공리주의에 동조적이었으나, 인구 증가가 후생을 증진하는 방법이라는 공리주의적 제언에 대해서는 벌써부터 완강한 반대 입장을 취했다. 인구 제한이 필수적인 상황 — 그것이 "사회제도에 의해 모종의 질서정연한 방식으로" 집행되어야 하는 상황, 혹은 "전쟁, 기아, 질병, 아니면 그 이상의 비극에 의해 실현되는 상황" — 이 분명 존재하지만, 이상적으로 인구의 규모는 개인의 자유에 맡겨져야 하는 문제다.56 『정의론』에서, 롤스는 "합리적인 유전학적 정책"이 정의로운 국가에는 중요할지도 모른다는 말만 남겼을 뿐 인구 제한의 문제와 관련해서는 대체로 침묵했다.57 지인과 주고받은 편지에서, 롤스는 "인구 규모의 문제에 정의의 개념을 적용하는 데 상당한 불편함"을 느낀다고 토로했다.58 롤스가 보기에 생명에 대한 통제는 정치의 본령이 아니었다.59

그러나 인구과잉이 화두가 됨에 따라, 몇몇 논자들은 공리주의가 "당혹스러운" 전체 공리주의로부터 분리되어 인구 제한을 정당화하는 데 쓰일 수 있다고 제안하기 시작했다. 롤스가 공리주의를 공격하기 시작한 바로 그때, 일군의 논자들이 공리주의를 방어하고자 결집한 셈이었다. 다른 한편, 그로부터 얼마 전 일군의 후생경제학자들은 성장과 저축률을 둘러싼 논쟁에서 최적의 인구 규모가 고려되어야 한다고 주장하며 그와 같은 논의를 부활시킨 바 있다.60 이는 경제학적 논의에서 맬서스주의의 부활을 알리는 것이었다. 맬서스주의는 19, 20세기 초까지만 해도 경제학의 중심에 있었으나, 기술의 역량과 인구학적 "이행"•을 확신하는 성장 이론에 의해 축출된 바 있

• 인구 변천, 인구학적 변화 등으로도 옮겨진다. 대체로 고출생, 고사망에서 저출생, 저사망으로 인구 동태가 변화함에 따라 일어나는 인구학상의 여러 변화를 가리킨다. 이 같은 변천으로 말미암아, 인구 증가가 통제 불가능할 정도로

다.61 이제 새롭게 태어난 "신맬서스주의"는 공리주의적 계산에서 미래가 어떻게 고려되어야 하는지에 대한 논쟁을 촉발했다.

만약 후생을 계산하는 데 미래의 모든 잠재적 인격이 포함되고 공리주의가 시간 중립적이라면, 미래의 인격들을 위한 막대한 희생이 현대인에게 요구될 것이다. 반면, 만약 현대인만이 계산식의 고려 대상이라면, 공리주의적 계산은 현재에 편향될 것이다. 공리주의는 시간 중립적이어야 하는가? 그 계산식은 다양한 시간대의 인격들, 예컨대 아직 태어나지 않은 이들까지도 모두 고려해야 하는가? 아니면 오직 현재 살아 있는 이들만을 고려해야 하는가? 그리고, 롤스는 자신의 계산에서 이 같은 문제들을 고려하는가? 1972년, 케임브리지의 젊은 후생경제학자 파르타 다스굽타는 롤스에게 보낸 편지에서 그의 오류를 지적했다. 롤스는 "각기 상이한 사회적 상태에 있는 인격들이 가진 효용의 총합"을 비교하는 계산식을 제시했으나, 이때 "아직 태어나지 않은 상태" — 즉 "후속 세대"에 속하는 상태 — 를 사회적 상태들 가운데 하나로 고려하지는 않았다. 하지만 태어나지 않은 이들까지 고려한다면, 모든 것이 바뀔 것이다. 그런 경우, 다스굽타는 소비 그리고 후생의 총합이 모두 감소할 수도 있다고 역설했다. 이런 사정을 고려한다면, 인구 규모의 증가를 지지하긴 어려울 것이다.62 따라서 전체 공리주의가 언제나 인구 증가를 선호한다는 해석은 부정확하다.

인구와 미래의 문제는 도덕의 본질에 대한 질문을 제기하기도 했다. 1967년, 공리주의 철학자 잔 나비슨은 출산할 의무가 공리주의적 원칙에 부합하는지를 물었다. 나비슨은 도덕성을 현재 존재하는 인격들 사이의 관계와 관련된 것으로 정의했다. 그에 따르면, 도덕

폭발적으로 이루어질 것이라는 맬서스의 예측과 달리, 인구 증가가 정체, 안정화되는 모습을 가리킨다.

은 "인격과 관련된다." ― 그 말인즉슨, "우리의 행동이 타인에게 미치는 영향만이 도덕적 의무의 근거"가 될 수 있다는 것이다. "한 인격에게 어떤 의무가 있다면, 그 의무의 대상이 반드시 존재해야 한다. 즉, 우리의 행동이 누군가의 행복과 관련되어야 한다. (……) 만약 우리의 행위가 특정 인격들에게 어떤 영향을 미칠지 상상할 수 없다면 우리에게는 도덕적 고찰의 대상이 주어지지 않은 셈이며, 따라서 우리는 자의적으로 행동해도 좋다."63 한 행위는 그것이 누군가에 악영향을 미치는 경우에만 악하다는 것이다.

이런 논의는 새로운 인격의 출생과 관련해 어떤 의미를 지니는가? 만약 한 인격이 아직 태어나지조차 않았다면, 우리의 행위가 그에게 미치는 영향 또한 존재하지 않는다. "도덕은 우리가 타인을 어떻게 대할지의 문제를 다루는바", 이 문제는 "도덕적 관계의 대상"이라고 볼 수 없다.64 공리주의자들은 오직 "일반적인 행복의 증감", 즉 개인들의 행복에만 관심을 가지며, 일반적인 행복 수준에 아무런 영향도 미치지 않는 행위는 "도덕적으로 무관"하다고 본다. 이에 따라 아이를 출산할지는 대개 도덕적으로 무관한 문제다. 태어남으로써 아이가 "더 행복해진다"고 말하는 것은 이치에 맞지 않다. 태어남으로써 아이의 행복이 "증진되었다"고 말할 수 없기에, 출생에 따른 공리의 증감을 비교하는 것은 불가능하다.65 중요한 건 현재의 인격들뿐이다. 나비슨은 이렇듯 도덕의 제한적 본질을 논거로 삼아 인류의 멸종이, 지극히 유감일지언정, 도덕적 문제가 될 수는 없다고 주장했다. 도덕을 "인격과 관련된" 문제로 정의한다면, 인구 집단에 새로운 개인을 추가하는 일은 도덕적으로 중립이다. 그가 말하길, "우리는 개인을 더 행복하게 만드는 것을 선호하지만, 행복한 개인을 출산하는 것에 대해서는" 중립이다.66

그래도 나비슨은, 인구과잉을 경계하며, 또 하나의 주장을 추가했다. 한 아이가 태어나기 전까지는 아무런 도덕적 문제가 발생하지 않는다. 하지만 그 아이가 태어나는 순간, 그 아이의 고통을 줄일 의무가 발생하게 된다. 그렇기에 잠재적으로 부모가 될 이들에게는 한 가지 딜레마가 발생한다. 즉, 그들은 아이를 가질 의무는 없지만 고통받을 개인을 낳지 말아야 할 의무가 있다. 싱어와 같이[261쪽 참조], 나비슨은 또한 공리주의의 부정 준칙 하나를 제시했다. 바로 행복을 생산하는 것이 아니라, 불행의 생산을 지양하는 것이 도덕적 행위의 궁극목적이라는 원칙이다. 불행을 줄일 수 있다면, 즉 태어나면 아이가 불행하리라고 예측할 수 있다면, 아이를 낳지 말아야 할 의무가 있다는 것이다. 게다가, "간접적 효과"(즉, 아이의 탄생이 개인의 행복 그 이상으로 야기할 효과)까지도 고려한다면, 불행할 아이를 낳지 말아야 하는 의무는 더욱이 설득력을 얻는다. 나비슨은 우리에게는 공공의 짐이 될 아이를 낳을 권리가 없다고 생각했다. 따라서 나비슨은 국가에 짐이 될 만한 불행한 아이를 낳는 것을 금지할 권리가 공공에게 있다고 주장했다.[67]

　나비슨의 논의를 계기로 인구 윤리학이 탄생했다. 인구 윤리학적 논의가 취한 형식은 주목할 만하다. 철학자들은 인구 제한이라는 논쟁적 문제를 제도적 틀 속에 논의하는 대신, 인구를 정치로부터 유리된 윤리학의 대상으로 만들었다. 이때 인구가 야기하는 도덕적 문제는 도덕의 시간 지향과 관련된 문제로, 그리고 "존재하지 않는 인격에 대한 의무"가 존재할 수 있는지 여부에 대한 물음으로 탈바꿈했다.[68] 어떻게 하면 미래가 고려될 수 있는가? 이에 대한 반응은 크게 두 가지로 나뉘었다. 첫 번째 반응은 도덕을 인격으로부터 분리하는 것이었다. 이들은 공리주의적 의무란 개별 인격에 대한 의무가 전혀 아니며, 오히려 전반적인 상황을 개선하고, 선을 생산하며, 악을 예방해야 할 의무라고 주장했다. 우리는 미래의 인격이 아니라 미래의 행복에 대해 도덕적 관심을 가지고 있다는 주장이다.[69] 이와 같은 주장은 후생 증진을 위해 인구가 증가할 것을 요청한다. 이에 불만을 느낀 몇몇 논자들은 공리주의적 논리를 폐기하고 그 대신 인격 간 관계를 초월해 선을 행할 일반적 의무를 중시하는 방향으로 논의를 보강했으며, 그리하여 생태적 윤리의 기반을 정초했다. 이런 철학적 입장은, 미래의 인격들에 대한 책임과 무관하게, 생태계 전반에 대한 책임을 정당하게 요구한다.[70]

두 번째 반응은 도덕과 인격 간의 관계를 보존하되, 현대인만을 고려하는 현재주의적 귀결을 지양하려는 것이었다. 롤스 또한 이에 대한 동기를 규정함으로써 이와 같은 입장을 취한 바 있다. 개인들이, 아버지가 아들을 고려하듯, 미래의 두세 세대까지도 고려해야 한다고 규정했으니 말이다. 어떤 논자들, 예컨대 당시 새로 생긴 헤이스팅스 연구소의 연구 소장이었던 대니얼 캘러핸 같은 논자들은, 고려 대상이 되는 인격의 범주를 "암묵적으로 계약을 맺을 수 있는" 이들로 확장할 것을 제안했다. 그렇게 된다면 도덕적 관심은 예측 가능한 미래와 결부되더라도, 그 범위는 한두 세대 뒤까지로 — 앞으로 100년 정도로 — 한정될 것이다.[71] 도덕적 관심을 미래로 확장하는 것은 권리 이론가들에게도 어려움을 야기했다. 많은 이들은 현재 존재하는 인격만이 권리를 지닌다고 생각했기 때문이다. 권리에는 지시 대상, 즉 담지자가 있어야 한다. 어떤 이들은 미래의 인격들이 태어나게 된다면 으레 일련의 권리를 부여받을 것 — 미래에 그들은 그런 권리들을 "청구할 것" — 이라고 지적하면서 아직 태어나지 않은 이들을 권리의 담지자로 규정했다. 부모가 자식에게 그러하듯, 우리도 미래의 인격에 대한 의무를 수행해야 한다는 것이다.[72] 조엘 파인버그는 미래 세대가 이해 관심을 지니고 있기 때문에 그들에게 권리를 부여하는 것이 가능하다고 주장했다. 이를테면 "이해 관심은, 그 담지자가 아직 태어나지 않았더라도, 우리에게 무언가를 청구할 수 있다. 고인이 이 세상을 떠났지만 여전히 우리가 그의 이해 관심을 존중하듯 말이다."[73] 이는 미래의 인격에게 태어날 권리가 있다는 뜻이 아니다. 하지만 미래 세대가, 그들이 실제로 태어나리라는 전제하에, 지금 살아 있는 이들에 의해 보호받아야 마땅한 일련의 이해 관심을 지닌다는 뜻이다. 마찬가지로 우리에게 환경 유산을 보존할 의무가 있다는 점을 고려할 때, (그리고 의무가 있는 곳에는 그에 상응하는 권리가 있다는 점을 고려할 때) 아직 태어나지 않은 세대의 권리에 대해 논의하는 것은 충분히 합리적이다. 그렇다면, 더 나아가, 인구 제한은 통제가 아닌 권리의 문제로 재구성될 수도 있다.74

이런 아이디어들은 윤리학 전반, 특히 의료 윤리학과 태아 또는 도덕적 인격성을 온전히 갖추지 못할 것으로 간주되는 사람들의 권리를 둘러싼 논쟁에 널리 적용되었다. 특히 안락사, "뇌사", 임신 중단, 그리고 유전공학을 둘러싼 논쟁에서 말이다.75 여러 사례들을 포괄하는 일반 원칙에 대한 탐색은 이제 인격성에 대한 논쟁으로까지 확장되었다. 현실 정치는 이런 경향을 가속화했다. 로 대 웨이드 판결Roe v. Wade(1973) 전후로, 철학자들은 태아의 인격과 잠재적 인격의 살 권리를 두고 격렬한 논쟁을 벌였다. 임신 중단에 대한 『철학 및 공공 문제』 특집호에서 잘 드러나듯, 철학자들은 살인 윤리에 대한 논쟁에서 제시된 바 있는 각종의 사고실험과 직관 펌프를 임신 중단 윤리에 대한 논쟁에 적용했다. 가장 잘 알려진 임신 중단 옹호론은 주디스 자비스 톰슨이 제시한 바이올리니스트의 비유*였다(이는 현명하게도 추후 임신 중단 비판을 뒷받침하게 될 인격론적 주장에 의존하지 않았다).76 다른 이들은 인격성의 문제, 즉 임신 중단권이 "잠재성 원

* 톰슨이 제안한 바이올리니스트의 비유는 다음과 같다. 당신이 잠든 사이, 치명적 신장 질환을 앓는 유명 바이올리니스트를 살리기 위해 음악 애호가들이 당신을 납치해 당신의 신장을 바이올리니스트의 순환계와 연결했다. 당신이 병원을 나가 버리면 유명 바이올리니스트는 사망하고 말 것이다. 그런데 그를 살리기 위해 당신이 9개월 동안 그 상황을 감내하는 것이 당신의 도덕적 의무인가? 톰슨은 그렇지 않으며, 당신의 자기 결정권이 더 중요하다고 주장했다. 바이올리니스트를 태아로 치환한다면 이 비유가 임신 중단 옹호론임은 자명하다.

칙"을 부정하는지 여부에 초점을 두고 잠재적 인격에 생명권이 수반되는지를 논의했다.[77]

임신 중단 논쟁은 인구 제한에 대해 여러 함의를 제시했다. 만약 잠재적 인격에게 생명권이 없다면, 임신 중단만 허용되는 것이 아니라 인구 증가에 대한 제한 역시 허용될 것이었다.[78] 임신 중단과 인구 제한의 연관을 염두에 두며, 자유주의 철학자들은 임신 중단권 운동의 향방에 대단한 관심을 기울였다. 로 대 웨이드 판결 당시 임신 중단권 운동에서 주축은 무엇보다도 여성운동 진영과 사생활권 privacy rights의 지지자들이었으나, 동시에 이는 전 지구적 차원에서의 "고통의 경감"을 기치로 내건 인구 제한 운동에 의해서도 지지를 받았다.[79] 그러나 미국에서 재생산 권리와 인구 제한을 연결 지으려는 시도는 원주민과 흑인 여성을 상대로 한 강제 불임 시술에 반대하는 운동가들의 캠페인에 의해 이미 규탄받은 바 있다.[80] 이후에도 흑인 및 반식민주의 페미니스트들이 지구적 북부에서 진행되어 온 유색인 여성에 대한 불임수술을 공론화하고 1975~77년 인도에서 선포된 "비상사태"* 기간에 대규모 강제 불임수술이 진행된 일을 계기로 지구적 남부에서 발생한 유사한 문제가 주목을 받으면서, 이런 논의는 사회적으로 완전히 금기가 되었다.[81] 그러나 철학에서, 임신 중단을 둘러싼 논의는 의료 서비스에 대한 접근 가능성 및 강제성과 같은 정치·경제적 문제보다는 대체로 인격성, 인구 성장, 그리고 미래의 인격을 둘러싼 윤리적 문제와 결부되었다. 그렇게 응용 윤리학의 위상

---

* 부정선거 혐의로 법원에서 유죄판결을 받은 인디라 간디Indira Gandhi 수상이 1975년 6월 25일 일방적으로 비상사태를 선포한 이후, 이를 해제한 1977년 3월 21일까지 약 21개월의 기간을 가리킨다. 이 시기 동안 선거가 연기되고 시민 자유가 제한되었으며, 간디 수상의 차남이자 실세였던 산자이 간디Sanjay Gandhi는 산아제한을 명분으로 빈민 남성들을 강제로 잡아들여 불임수술을 강요했다.

은 높아져만 갔다.

***

존재가 불확실한 먼 미래의 인격과 우리가 존재를 예측할 수 있는 근미래의 인격을 구분하는 차이는 무엇인가? 잠재적 인격이 아무런 권리를 지니지 않는다면, 미래 세대에 대한 우리의 의무를 정당화하는 근거는 무엇인가? 1970년대 중반, 철학자들은 『정의론』을 수용하는 과정에서 이런 질문들의 함의를 두고 논쟁을 벌였다. 미래의 인격은 원초적 입장에 포함될 수 있는가?[82]

리처드 헤어는 롤스가 "현재 시간"을 필수 조건으로 규정한 것, 그리하여 현존하는 인간에게 도덕적 가중치를 주면서도 "현재 존재하는가 그렇지 않은가의 문제를 감추지" 않은 것은 인구, 임신 중단, 그리고 미래의 잠재적 인격들에 대해 롤스 자신은 "아무 할 말이 없음"을 보여 준다고 생각했다.[83] 어떤 이들은 미래의 잠재적 인격을 고려하는 것이 전체 공리주의로 회귀하는 결과를 낳을 것이라고 우려했다. 만약 존재의 [여러 시점이라는] 문제가 사라진다면, 롤스의 당사자들이 아이를 최대한 많이 낳아 복지 수준을 제고하는 선택을 내릴 것이라고 말이다.[84] 다른 한편 배리는, 태어나지 않은 이들이 고려되지 않는다면, 인류의 멸종이 때 이르게 찾아올 수도 있다고 주장했다. 평균 공리주의에 따른 이상적 계약은 "현대인으로 하여금 '우리가 죽은 뒤에 대홍수가 나든 말든'이라고 말한 퐁파두르 부인•과 같은 태도로 지구의 모든 자원을 무분별하게 낭비하게 만듦으로써

• 이는 7년 전쟁이 한창이던 1757년 11월, 로스바흐 전투에서 프랑스군이 패배했다는 소식을 듣고 낙담한 루이 15세를 달래고자 그의 정부情婦 퐁파두르 부인Madame de Pompadour(본명은 Jeanne Antoinette Poisson)이 했다고 전해지는 말이다.

인류의 생명을 단축할 것이다." 반대로, "잠재적 개인들에게 권리를 부여하는" 시간 초월적인 전체 공리주의는 잠재적 개인을 마치 실제로 존재하는 것처럼 간주하면서도 권리 부여의 대상을 "먼 미래의 개인들까지 확장"하지 않는 경향이 있었다. 후생이 최대로 증진될 수만 있다면, 그것이 언제 달성되느냐는 중요한 문제가 아니라는 것이다. 그런 경우에도 인류의 멸종은 충분히 발생할 수 있다. 계약에 포함된 잠재적 개인들이 효용이 아닌 다른 원칙을 선택하는 대안적 경우에도, 마찬가지로 그들은 더는 출산을 하지 않기로 결정할 공산이 크다. 마지막으로, 차등 원칙이 미래의 모든 개인들에게 적용되는 경우도 그렇다. 어떤 이들로서는 차라리 태어나지 않는 편을 선호할 정도로 삶의 질이 나쁜 경우가 존재할 것이며, 이때 원초적 입장의 당사자들은 최소 수혜자의 이득을 극대화하기 위해 더는 출산을 하지 않는 선택을 하게 될 것이다.[85] 이렇듯, 배리는 뚜렷한 묘안이 없다고 보았다.

롤스는 이런 문제들을 회피했다. 다스굽타와 인구에 대한 논의를 서신으로 주고받으며, 롤스는 당사자들이 "미래 사람들 모두의 효용 수준"을 고려할 필요가 없음을 강조했다. 그는 두세 세대의 인격들을 당사자에 포함하는 규정만으로도 "모든 세대 간 관계를 묶어 내기에" 충분하다고 보았다.[86] 하지만 롤스는 더 심오한 [정치철학의 역할과 관련된] 이유에서 이런 논의를 경계하기도 했다. 1974년 미국철학회 회장 취임사에서, 그는 더 나아가 정치철학 전반이 실존 및 인격성과 같은 "형이상학적" 문제들을 무시해도 좋다고 주장했다.[87]

많은 철학자들이 이에 반발했다. 그중 데릭 파핏의 비판은 자유주의적 평등주의의 본질을 꿰뚫는 것으로 평가받으면서 대단한 영향력을 얻게 된다. 옥스퍼드에서 수학한 소장 학자였던 파핏은 1971년 롤스에게 보낸 편지에서 "인구정책에 대해 생각하면 할수록, 나는 이 주제가 정말 어렵다는 사실을 확인하게 된다"고 말했다.[88] 같은 해, 파핏은 옥스퍼드에서 나비슨과 싱어가 함께 참여하는 인구 윤리 세미나를 열었다. 거기서 그가 제시한 논의는 추후 수 편의 논문과 비공개 논고를 거쳐 『이성과 인격』Reasons and Persons(1984)으로 발전하게 된다.89 책은 총 4부로 구성되어 합리성, 시간, 인격 동일성personal identity, 그리고 현존성과 미래 세대의 문제를 다루며, 기존 도덕 이론의 "자멸적인" 성격을 비판하는 데 주력한다. 일상 언어학파•의 전통을 따르던 옥스퍼드의 선배들과 달리 파핏은 "철학자들이 우리의 신념을 해석하는 데 그쳐서는 안 된다. 신념이 잘못되었다면, 그것을 바꿔야만 한다"고 주장했다.90

인구와 인격성을 둘러싼 논쟁에서 영감을 얻은 파핏은 여러 사고실험들을 통해 자아, 시간, 그리고 미래에 대한 몇 개의 논증을 제시했다. 그는 널리 받아들여지는 철학적 가정들 가운데, 상당수는 철학적 착오의 소산으로, 몇몇 철학적 문제들은 매우 까다로운 것이라고 지적했다. 파핏이 무엇보다도 문제시한 아이디어는, 대표적으로 버나드 윌리엄스에 의해 제시된 것으로, 인격 동일성이 기정의 사실이며 그것이 육체적 동일성에 결부되어 있다는 아이디어였다.91 이런 관점은 인격들이 동일한 뇌를 가졌다면 그들이 모두 동일한 인격이라고 주장하는 것과 진배없다. 이와 달리, 파핏은 인격의 연속적 존재란 상이한 시점의 정신적 상태들이 맺는 관계들[심리적 연결성]에 불과하다고 주장했다. 바꿔 말해, 인격은 연속적 자아가 아니라 심리적 경험의 총합이라는 것이다. 이는 미래를 사유하는 방식에 대해 중대한 함의를 지닌다. 대부분의 사람들은 미래가 바로 자신의 미래라

• 비트겐슈타인의 영향을 받아 1940, 50년대 옥스퍼드를 중심으로 유행한 지적 경향이다. 논리실증주의자들이 일상 언어적 표현이 철학적 의사 문제擬似問題를 발생시킨다는 이유로 인공언어의 체계를 건설하고자 한 것과 달리, 일상 언어학파는 일상 언어적 표현의 정당성을 인정하고 그에 내포된 의미를 분석하는 것이 철학의 제일 의무라고 생각했다.

고 생각하기 때문에 미래를 대단히 중시한다. 파핏은 우리의 미래 자아가 결코 우리와 동일한 인격이 아니라는 점에서 그런 관점이 잘못이라고 보았다. 내 미래의 운명을 사유하는 것이 합리적인 이유는, 미래인이 나와 동일 인물이기 때문이 아니라 그가 심리적으로 현재의 나와 관련되기 때문이다.92 이렇듯 건조한 관점에서 볼 때, 인격 동일성은 별로 중요하지 않다.

파핏의 또 다른 논증인 "당혹스러운 결론"은 보다 자명하게도 공리주의의 인구 논쟁으로부터 도출된 것이었다. 그것은 전체 공리주의가 (사람들이 살아갈 가치가 있는 삶을 영위하는 한에서) 후생을 증진하기 위해 인구 팽창을 정당화하는 방식, 즉 설령 그들의 삶이 불행하고 그들의 출산이 인구과잉으로 귀결될지라도 출산해야 한다는 논리에 대한 재해석이었다.93 그러나 미래에 대한 그의 논증 가운데 가장 큰 영향력을 얻은 것은 [현재의 인격과 미래의 인격 사이의] "비동일성 문제"다. 비동일성 문제는 오늘 우리가 내리는 결정이 내일 어떤 개개인들이 존재하게 될지를 결정한다는 사실에서 비롯되는 역설, 즉 상이한 행동 방식이 상이한 개인들을 존재하게 만든다는 점을 파고든다. 이에 따르면, 우리는 우리의 선택에 의해 영향받는 개인들이 미래에도 동일하게 존재하리라고 전제하면서 우리의 선택과 행동, 정책이 미래의 개인들에게 미치는 영향을 논의해서는 안 된다. 이때 파핏은 미래의 개인(우리의 행위와 무관하게 존재할 이들)과 가능한 개인(우리의 행위에 존재 여부가 달린 이들)을 구분했다. "아이를 갖지 않기로 한 우리의 선택"이 가능한 개인들[즉 우리가 다른 선택을 했으면 세상에 존재했을 이들]의 이해 관심을 해칠 수 있냐는 질문에 대해, 그는 아니라고 대답한다. 우리는 우리가 낳지 않은 이들에게 위해를 가할 수 없다. 우리가 현재 특정한 방식으로 행동한 결과 특정한 개인들이 탄생하게 된다. 따라서 파핏이 "인격에 대한 영향을 중시하는" 관점이라고 칭한 나비슨의 주장대로라면, 현재 [아이를 낳지 않기로 한] 우리의 행위에 의해 사정이 나빠진 미래인은 존재하지 않는다. 우리가 특정한 방식으로 행동했더라면 태어났을 인격의 행복을 우리가 실제로는 달리 행동했기 때문에 태어나지 않은 인격의 행복과 비교할 수 없다. 그렇다면, 이는 [미래에] 우리가 의무를 지는 특정 인격이 존재하지 않기 때문에, 우리는 미래에 대해 그 어떤 의무도 없다는 것을 의미하는가?94

파핏은 그와 같은 결론을 피하고 싶었다. 개인을 존재하게 만드는 어떤 행위들은, 설령 그 결과로 태어난 개인의 (또는 현재 및 미래의 다른 사람들의) 사정을 나쁘게 만들지 않더라도, 여전히 도덕적으로 바람직하지 않다. '인격에 대한 영향을 중시하는 관점' 대신, 파핏은 [특정 인격으로 환원되지 않는] 객관적 관점을 제안했다. 만약 도덕이 특정 인격에게 영향을 미치[는 것에 국한되]지 않는다면, 도덕에 대한 우리의 논의는 우리 행동의 결과가 특정한 인격에 영향을 미치는지 여부에 한정되지 않을 수 있다. 자원을 고갈시키는 행위는 [그것이 특정 인격에 영향을 미치지 않는다고 해도] 여전히 도덕적으로 부당한 것으로 판단할 수 있다. 이렇듯, 특정 대상에게 악영향을 미치는 것만이 도덕적으로 부당하다고 판단할 수 있는 유일한 근거라는 관념은 폐기되어야만 했다.95

이런 생각들이 이후 환경 윤리와 미래의 문제를 두고 벌어질 논쟁의 기반이 되었다. 우리가 자원을 낭비한다고 해서 특별히 피해를 본 사람이 존재한다고 말할 수 없다면, 자원 고갈이 도덕적으로 중요한 문제인 이유는 무엇일까?96 동일성에 대한 파핏의 사유 역시 광범위한 호응을 얻었다. 『윤리와 인구』, 『미래 세대에 대한 의무』와 같은 제목으로 수많은 글들이 쏟아져 나왔다.97 도덕·정치철학자들은 비동일성 문제의 함의를 두고 대립했다. 비동일성의 문제 자체에 반대하는 이들은, 미래 세대의 구성원이 누구냐는 문제가 그들에게 영향을 미칠 현재 우리의 행동을 윤리적으로 평가하는 기준이 될 수 없다고 주장했다. 반면 다른 이들은 비동일성 문제의 논리적 귀결이 불가피하며, 현재의 선택이 미래 세대의 구성에 미치는 영향에 따라 어떤 선택이 허용 가능한지 준별해 낼 수밖에 없다고 생각했다.[98]

파핏의 등장 이래로 인구 윤리학은 폭발적인 관심을 받기 시작했고, "도덕 수학"이라 일컬어지며 하나의 독자적인 분과로 거듭났다.[99] 그러나 인구문제는, 정치적인 것을 메타 윤리적·형이상학적인 것으로부터 분리해 내려던 롤스의 구상과는 정반대로, 도덕철학으로 하여금 다시금 근본적인 질문들에 주목하게 만들었다. 나비슨이 말하듯, 인구 윤리학은 철학자들로 하여금 동일성의 문제, 즉 "논리, 의미론, 그리고 형이상학"의 문제로 회귀할 것을 요청했다.[100] 파핏은 다른 방식으로도 롤스에게 도전했다. 예컨대, 롤스는 공리주의가 인격의 개별성을 진지하게 고려하지 않는다고 주장하며, 공리주의가 불편부당한 관찰자를 매개로 개인적인 선택의 원칙을 사회적 의사 결정의 그것으로 확장함으로써 서로 다른 인격들을 단일한 존재처럼 잘못 다룬다고 비판했다. 파핏이 볼 때, 인격들 사이에 형이상학적 구별이 가능하다는 롤스의 주장은 잘못된 것이었다. 그 구별이란 실제에 부합하지 않으며, 그런 까닭에 공리주의자들이 인격들의 구별됨을 무시하는 것은 정당한 처사라는 것이다.[101] 이는 개별적인 도덕 인격을 도덕의 유일하고 참된 주체로 설정하는 자유주의적 평등주의의 급소를 찌른 셈이었다. "인격이란", 다른 글에서 파핏이 지적하기를, "민족, 협회, 혹은 정당과 진배없는 것이다."[102] 여기서 파핏이 시사한 존재론은 초기 롤스의 다원주의와 공명할 만한 것이지만, 이미 오래전 롤스는 그런 입장을 폐기한 바 있다. 물론, 파핏이 자신의 철학적 논의에서 집단의 위상을 개인을 상회하는 것으로 설정하고자 한 것은 아니었다. 오히려 그는 철학사에서 개인에 의해 은폐되어 온 존재의 위상을 드러내고자 했다. 페리 앤더슨은 파핏이 "동일성을 해체한 것"을 "공리주의 버전의" 포스트구조주의라고 보았다. 아이러니하게도, 파핏의 논증은 근본적으로는 "장기이식과 유전공학(이 리스트에 인구 제한이 추가되어도 무방하다)의 대두에 대한 유물론적 반응"이라는 것이다.103

자기 이익 이론에 대한 파핏의 비판은 개인의 동기에 합리성을 부여하는 신고전파 경제학의 이론과 가정이 과도하게 확장되는 것에 저항하려는 도덕·정치철학자들의 광범위한 노력의 일환이었다. 1970년대 말, 유수의 저명한 경제사상가들이 경제적 합리성에 대한 신고전파의 핵심 가설들에 도전을 제기했다. 예컨대, 로버트 하일브로너는 합리성에 대한 그런 입장이 미래에 대한 사회의 윤리적 책임감을 쇠약하게 만들었다고 주장했다. 경제적 합리성은 우리가 미래에 관심을 가져야 하는 이유를 알려주기는커녕, 도리어 "후속 세대가 내게 해 준 게 무엇인가?"와 같은 질문을 제기하니 말이다. [하일브로너가 보기에] 우리에게 필요한 건, 우리로 하여금 "생명의 존속"에 헌신하도록, "합리적 계산의 살인적 경향"에 저항하도록, 그리고 "후대의 초월적 중요성"을 발견하도록 추동하는 "생존주의적 윤리"다.104 아마르티아 센, 마틴 홀리스 등은 당시 새롭게 부상하던 행동 경제학자들과 함께 "합리적인 경제적 인간"과 호모 에코노미쿠스라는 "합리적 바보"에 대한 비판을 제기했다. 호모 에코노미쿠스란, "추상적으로 규정된 선택지들" 사이에서 선택을 내리는 "추상적 개인들"에 불과하다고 말이다.105

아울러, 인격 동일성에 대한 파핏의 논의는 자기 이익, "자유방임주의", 그리고 경제적 합리성과 같이 널리 수용되던 개념들에 도전을 제기했다. 더 나아가, 그것은 여러 철학적 난제들 — 예컨대, 현대인이 미래를 위해 단행하는 희생이 합리적인가라든지 특정 행위를 지금 당장과 미래의 어느 시점 중 언제 실천으로 옮길 것인지 등의 문제들 — 을 깔끔하게 해결해 주기도 했다.106 파핏은 롤스가 경제학의 여러 아이디어들을 빌려온 것에 암묵적으로 이의를 제기했다.

그는 미래의 위험[리스크]을 평가하기 위한 사회적 할인 기법의 도입을 거부했다.[107] 할인을 통해 우리는 도덕성의 문제를 마치 금전적 가치의 문제처럼 다루게 되며, 이때 시간성의 문제는 아주 투박하게 고려되기 때문이다. 파핏은 시간을 공간과 비교해 보면 그런 처사의 불합리함이 명확히 드러난다고 주장했다. 이를테면, "우리가 우리 행위의 공간적 효과에 대해 1야드 멀어질 때마다 n퍼센트의 비율로 덜 신경 쓴다면, 그것이 도덕적으로 정당하다고 생각하는 이는 없을 것이다." 그러니, 시간에 대해서도 우리가 동일한 입장을 취해야 한다고 파핏은 주장했다.[108] 그의 이론은 전반적으로 이런 입장을 강화한다. 우리의 행동이 미래의 타인에게 미치는 결과에만 신경을 써서는 안 된다. 미래 자아는 현재 자아를 그저 연장한 것이 아니라 그와는 별개의 인격이기에, 현재 우리의 행위가 우리의 미래 자아에 미치는 결과에도 동등한 수준으로 관심을 기울여야 한다. 이렇듯, 시점이 언제냐는 무의미한 질문이 되었다.[109]

종합하자면, 파핏은 롤스의 체계로부터 완전히 독립된 일련의 논증을 제시했으며, 이를 통해 철학자들로 하여금 윤리적 불편부당함 — 특정 대상에 대한 그 영향과 무관하게 현상을 판단하는 것 — 에 주목하게 만들었다.[110] '인격에 대한 영향을 중시하는 관점'과 전체 공리주의는 행위 주체보다 행위 그 자체를 중시하며 특정 인격에 대한 영향과 별개로 행위 그 자체의 타당함을 설명할 수 있는 이론으로 공히 대체되었다. 파핏을 계기로, 불편부당의 윤리에 대한 탐색이 대폭 활성화되었다. 하지만 그 정치적 유용성을 두고 공공 문제 철학자들 사이에서는 이견이 발생했다. 비록 파핏이 여러 난제를 해결함과 동시에 더 많은 수의 새로운 난제들을 제기하긴 했으나, 여전히 그의 철학적 재능은 전설적인 것으로 찬사를 받았다. 다수의 도덕·정치철학자들은 그가 선보인 것과 같은 개념적 일관성과 정교함이 무엇보다도 중요하다고 보았다. 다른 한편, 어떤 이들은 도덕 이론의 가치가 — 비록 자주 공공 문제에 대한 해답으로 환원되긴 하지만 — 그 "실용적 효과"로만 판단될 수는 없다고 지적했다. 우리의 신념이 잘못되었다면 그것을 바꿔야 하겠으나, 철학이 그 이상을 해 줄 수 있으리라고 기대해서는 안 된다는 것이다. 몇몇은 바로 그것이 정치적 비관주의의 원인이라고 보았다. 예컨대, 네이글이 규범 이론의 한계를 인정하며 말했듯, "도덕적 판단과 도덕 이론을 공적 문제에 적용할 수는 있지만, 이는 현저하게 비효과적이다. (……) 품위, 인류애, 동정심, 공정에 모두 호소할 수 있는 설득력 있는 주장일지라도, 강력한 이해 관심이 개입된다면 주장만으로 변화를 이끌어 내기엔 역부족이다."111

베트남전쟁 때만 해도, 공공 문제 철학자들은 현실 정치와 공명하며 사유했다. 철학자들이 정치적 논란을 회피하기 시작하면서 그런 관계에 변화가 발생하기 시작했다. 일부는 추상적 방법을 통해 당대의 정치 문제에 대한 해법이 아닌 그로부터의 도피처를 마련하고자 했다. 이런 도피적 태도는 인구과잉에 대한 논의가 정치적으로 금기시된 이후에도 철학에서 오랫동안 존속하는 것을 가능케 했다. 이런 끈질김은 부분적으로 파핏의 영향에 말미암지만, 인구 윤리학이 구체적인 정치 문제들을 추상화한 것도 그 주된 원인이다. 신우파가 우생학에 대한 페미니스트적·반인종주의적 비판을 전유해 재생산 권리에 반격하기 시작하면서, 인구 제한과 재생산 규제는 지나치게 정치적인 문제가 되어 버렸다. 이에 철학자들은 "도덕적 수학"의 복잡한 문제들을 "지극히 추상적인 수준에서" 고찰하기 시작했다.112

롤스의 추종자들 가운데 국제 윤리와 인도주의 윤리를 전공하는 이들은 이런 대응 방식이 부적절한 것이라고 판단했다. 그들은 다른 길을 걷고자 했다. 이들은 인구의 생사에 대한 윤리를 정의, 의무, 그리고 이상적 사회 비전의 분석틀로 다루고자 노력했다. 롤스의 제자이자 칸트주의 도덕철학자인 오노라 오닐은 인구에 대한 공리주의적 논의가 인구과잉, 기아, 그리고 세계 식량 위기가 초래한 현황의 "위급함"을 진지하게 고려하지 않을 뿐만 아니라, 그것이 "지금 여기에 대해 갖는 함의"를 간과한다고 지적했다. 그들은 "얼마나 더 많이 낳아야 하는가?"라는 질문을 고민하고 있었으나, 그녀가 보기에 진정 중요한 질문은 "인구를 얼마나 더 줄여야 하는가?"였다.[113]

***

『구명보트 지구』(1976)에서 오닐은 게임이나 협력적 관행과는 다른 방식으로 사회적 윤리를 구상했다. 구명보트의 비유는 "전 지구적" 문제를 조명하는 당대의 이론들 가운데 가장 운명론적인 편에 속했다.[114] 그것은 유엔 미국 대사였던 아들라이 스티븐슨이 임기 마지막 연설에서 지구를 한 척의 우주선에 비유한 것에 대한 반응이었다.[115] 지구라는 우주선에서 자원은 부족하고, 생명은 불안정하며, 골든타임은 촉박하다. 우주선의 승객들이 한정된 자원을 갖되 탈출할 수도 없듯, 비슷한 상황에 처한 우리 지구의 주민들도 잘 협력해 지구를 올바른 방향으로 조종해야 한다는 것이다. 우주선 지구의 이미지는 케네스 볼딩 및 허먼 데일리와 더불어 반(反)성장 생태 경제학의 아이콘이 되었다.[116] 하지만 신맬서스주의 생물학자 개릿 하딘은 지구가 우주선이 아니라 구명보트에 가깝다고 보았다. 세계인들은 선장의 지도하에 협력하는 화목한 승무원들이 아니라는 것이다. 차라리, 세계인들은 구명보트의 승객들과 같다. 그것도 너무 작고, 식량도 연료도 다 떨어져 가는 구명보트 말이다. 승객들은 무질서하며, 그들의 생사는 작은 보트에서 벌어지는 자리싸움에 달려 있다. 예상했던 위기가 눈앞에 닥치면, 누군가는 보트에서 내려야만 한다. 자원자가 없다면, 누군가 강제로 떠밀릴 것이다. 보트의 목적은 평화도 안정도 아닌, 생존이다.[117]

6장. 미래라는 문제

하딘은 일찍이 「공유지의 비극」The Tragedy of the Commons(1968)으로 드높은 악명을 얻은 바 있다. "공유지의 비극"은 개인들이 줄곧 자기 이익에 따라 행동하기만 하면 언젠가 세계의 공유 자원이 고갈되고 말 것이라는 불길한 예견을 제시했다. 1972년에 그는 『새로운 생존 윤리 설명서』Explaining a New Ethic for Survival를 세상에 내놓았다. 당시 분위기로 말하자면, 「공유지의 비극」은 이미 24쇄를 거듭할 정도로 많은 관심을 받고 있었으며, 식량 및 농업 위기로 인해 인구 성장이 식량 공급을 앞지르리라는 우려가 이제 현실로 다가오는 것처럼 보이는 중이었다. 볼딩을 비롯한 생태 경제학자들은 이 같은 문제들이 성장에 대한 자본주의적 집착으로 인해 발생한다고 보았으며, 이에 대한 대안으로서 세계시민주의적 윤리에 호소했다.[118] 하딘은 인구 "폭발"이 자본주의 문명으로 하여금 인간의 실존에 대한 강압적 조치들이 취할 것을 요구한다고 주장했다. 하지만 이때 하딘은 그 목적을 소수의 생존으로 규정했다. 위기의 근원은 문명에 있지만, 그에 대한 해법은 개별 국가에 위임되리라는 것이다. 예컨대 그가 쓰기를, "만일 우리가 정복과 생식을 절제할 수만 있다면, 결국 우리의 생존은 세계가 어떤 세계냐에 달린 문제, 즉 하나의 세계냐 혹은 영토 국가들로 쪼개진 세계냐에 달린 문제가 될 것이다. (……) 모든 사회가 개인의 존엄성과 문명을 지켜 낼 순 없을 것이다. 사정이 그렇다면, 몇몇 사회에서만이라도 해내야 한다." 하딘의 인종주의적 비전에서 가난한 나라의 인구를 제한하는 것은 자본주의적 성장을 지속시키기 위해 필수적인 것이었다. "문명은 선의를 품은 멍청한 이들에게 위협받고 있다. (……) 운 좋게 선택받은 소수는 이 문명의 신탁관리인처럼 행동해야 한다."[119]

1970년대의 혼란스러운 분위기 속에, 철학자들은 기아, 인구 위기, 그리고 "성장 한계론"을 진지하게 숙고하며 윤리학이 나아갈 길을 타진하기 시작했다. 이때 하딘의 구명보트 비전이 자유주의 철학자들에 의해 채택되었다. 비록 그것이 롤스의 협력 체계와 양립할 수 없는 사회관을 전제하며 지나치게 강압적인 수단을 필요로 하지만 말이다.*120* 오닐은 우주선 지구의 비유가 "극적"이기는 하지만 실제의 "위기"를 잘 보여 주진 못한다고 생각했다.*121* 좀 더 현실적인 미래는 구명보트보다 훨씬 더 긴급하고 극단적 결핍에 시달리는 상황이라는 것이다. 당시의 분위기는 "낙관적인 축에 속하는 전문가들마저도 몇십 년밖에 남지 않았다고 예측"하는 상황이었다.*122* 오닐은 구명보트 지구의 비유가 가능한 미래상 — 이른바 철학의 전형적인 "기괴한 상황" — 일 뿐만 아니라 하나의 사고실험일 수도 있다고 생각했다. 그녀는 이를 이용해 미래인을 죽음·기아·굶주림으로부터 보호할 현대인의 권리와 의무를, 즉 "지구인의 생존 수단이 현재는 충분하지만 미래에는 불충분할 것으로 예상되는 상황"에서 요구되는 삶과 죽음의 윤리를 고민했다.*123* 인구 제한이 인도주의와 미국의 대외 원조를 둘러싼 논의의 주요 사안으로 부상하고 있던 만큼, 오닐은 당대의 새로운 국제 윤리 담론에서 인구를 인권, 정의, 국제적 의무 못지않게 중요한 주제로 부각했다.*124*

미래의 재앙과 장기적 자원 부족을 예방하기 위해, 오닐은 과감한 전 지구적 차원의 기아 정책(생계 수단의 최대화)과 인구정책(인구 규모의 최소화)이 필요하다고 주장했다. 출산율을 억제하고, 환경오염을 줄이며, 소비 패턴을 바꾸지 않는 한 기아는 불가피한 것이었다.*125* 오닐은 이런 정책의 기반으로 "죽임을 당하지 않을 권리"를 제시했다. 이때 오닐은 이중 효과 원칙, 즉 의도적 살인과 비의도적인 살인의 방임을 구별하며 후자에 대한 도덕적 책임을 묻지 않는 입장을 비판했다. 오닐은 빈국에서의 기아로 인한 사망과 부국의 개인, 정부, 그리고 법인의 행위 사이에 존재하는 인과관계가 밝혀진다면, 그런 행위가 일종의 살인으로 분류될 수 있음을 보여 주었다.*126* 정상적인, 즉 자원이 결핍되지 않고 "충분히 갖춰진 지구"에서 "어떤 이들은 타인의 분배 결정에 의해 죽임을 당한다." 우리 모두 다른 누군가의 생명을 위협할 수 있다. 설령 노직이 말하는 "무고한 위협"의 경우에 해당할지라도, 우리의 분배 결정은 어쨌거나 일종의 살인이라는 것이다.127

오닐은 기아로 인한 사망이 임금 책정과 상품 가격 결정을 비롯한 다양한 행위들과 인과관계에 있으며, 그런 행위들이 개인의 죽임을 당하지 않을 권리를 침해한다고 지적했다. 지구가 구명보트의 상황으로 치닫는 가운데, 이 모든 인과적 효과는 더욱 심각해질 것이다. 살인은 일정 부분 불가피해 보였다. 그러나 죽임을 당하지 않을 권리를 진지하게 받아들이고 "기아로 인한 사망을 예방하고 또 최대한 연기해야 할" 의무를 지닌바, 우리는 미래의 죽음에 공모되는 것을 최대한 방지하는 정책을 입안해야만 한다.128 이런 정책은, 지구적 자원 결핍 속에서 우리가 누군가의 생사를 선택해야만 하는 미래의 상황뿐만 아니라, 당장 현재의 살인을 최소화하기 위해서라도 필수적이다. 만약 우리가 지금 당장 행동하지 않는다면, 우리는 "죽임을 당하지 않을 권리의 침해를 정당화"하기 위한 "새로운 이유"를 모색하고 또 그런 권리의 침해가 정당화되는 지경에 이를 것이다. 이 같은 시나리오를 예방하기 위해, 우리가 인구 제로 성장 운동과 같은 사회운동을 지원하고 "온건한 정책부터 혹독한 정책에 이르기까지", 즉 피임부터 불임수술 그리고 "더 이상의 출산을 완전히 금지하는 것"에 이르기까지 다양한 정책들을 마련해야 한다고 오닐은 주장했다.129

이렇듯 생존주의는 세계시민주의적 인도주의의 적이 아닌 쌍둥이가 되었다. 하딘의 생존주의적 윤리학이 세계시민주의를 위협하는 것이었던 반면, 오닐은 위기의 일상화로 점쳐질 앞으로의 비상사태에 대한 정치적 논의 속에 양자를 규합했다. 한편, 이는 신칸트주의적 롤스주의가 그러하듯 개인에게 무거운 도덕적 책임을 안기는 것이었다.130 다른 한편, 오닐은 국제 윤리학자들과 같이 필요 충족의 최소주의적 윤리를 정의에 대한 요구보다 우선시했다. 관계가 아닌 생명 그 자체로부터 도출된 기본권에 호소하면서 말이다. 슈와 마찬가지로, 오닐 또한 식량문제를 다른 불평등 문제들과 상이한 것으로, 즉 보통의 분배 정의를 초월하는 최저 생계의 문제로 간주했다.[131] 지구적 불평등은 기아로 인한 죽음의 원인 가운데 하나다. 구명보트와 같은 상황에서, 생계 수단에 대한 통제권은 불평등하게 분배된다. 승객들은 1등석 승객부터 아무런 소유권도 주장할 수 없는 밀항자까지 다양하다. 불평등은 기업이나 정부의 투자 결정이 기아로 인한 죽음을 초래할 수 있는 상황을 조성한다. 하지만 불평등을 해결하는 것은 오닐이 제시한 해결책에 포함되지 않으며, 오닐은 싱어와 같이, 개인의 의무가 어떻게 제도적으로 실천되어야 하는지 명시하지도 않았다. 재산이 없다고 재분배를 요구할 수 있는 건 아니라는 것이었다. 재산권은 생존권에 내포되지 않았으며, 생존권은 현재의 재분배와는 별개로 존재하며 생사의 국면과는 무관한 것으로 규정되었다.[132]

오닐의 사상은 비상사태와 생존권을 제도적 관행과 사유재산 제도로부터 분리해 사유하려는 자유주의 철학의 경향을 잘 보여 준다. 여기서 정의 이론의 기구들은 필요하지 않다. 게다가, 바로 이런 맥락에서, 정의 이론은 중대한 한계를 지녔다. 롤스의 "정의의 여건" — 원칙들이 적용되기 위해 선결되어야 하는 세계의 조건들 — 에는 적절한 부족 상태라는 가정이 내포되어 있다. 결핍의 수준이 심각한 상황인 구명보트와 롤스의 정의의 여건 사이에는 너무나도 큰 간극이 있다. 생존주의 이론은, 아무리 세계시민주의적인 기획일지라도, 그와는 다른 상황을 상상해야 했다. 오닐의 죽임을 당하지 않을 권리, 슈의 기본적 권리, 그리고 심지어는 리처드 포크가 제안한 — 베트남 전쟁에 의한 "에코사이드"를 처벌하는 데 필요한 법적 범주로서 제안한 바 있는 — "살기 좋은 환경"에 대한 권리에 이르기까지, 이들 모두 정의와 평등주의의 테두리 바깥에서 타인을 돕거나 그 피해를 줄일 의무를 모색했다.*133* 그러나 이들이 조건부 원조를 통한 인구 제한에 동의할 때조차도, 당장은 구명보트의 침몰을 막는 것이 고통을 경감하는 것보다 중요하며 원조가 구명보트를 침몰시킬지도 모른다는 하딘의 주장에 동의한 사람은 아무도 없었다. 현재의 고통을 경감해야 한다는 요청은 자유주의적 인도주의 철학에서 언제나 우선순위를 부여받았으나, 동시에 그것은 생존주의적 정책에 대한 제약으로 작용했다. 인구과잉이 불러올 파국에 대한 해결책을 모색하던, 『브란트 보고서』처럼 국제적 재분배를 고안하던 매한가지였다.*134*

그러나 현대인에게 과감한 조치를 요청하는 미래 중심적 생존 전략을 거부하는 철학자들도 있었다. 이들은 자주 일관되지 못한 개념에 기반해 논의를 전개했다. 존 패스모어는 미래의 불확실성[을 출발점으로 하는] 논의가 직계 후손에게 우선순위를 부여하는 것으로 귀결되기 마련이라고 지적했다. 당시 헤이스팅스 연구소의 선임 연구원이었던 마틴 골딩도 미래를 위한 행위를 정당화하기에는 미래가 너무나도 불확실하다는 데 동의했다. 우리는 미래 세대가 무엇을 원할지, 무엇을 지향할지 모른다는 것이다. "먼" 미래 세대는 높은 확률로 우리와 아주 다르기 때문에, 우리는 우리가 "그들을 위해 무엇을 해야 할지" 알 수 없다. 먼 미래의 불확실함은 우리가 그들과 그 어떤 도덕 공동체도 공유할 수 없음을 뜻한다. 권리와 의무가 발생할 수 있는 조건은 개인들이 단일한 도덕 공동체에 소속되며 "바람직한 삶"에 대한 여하한 관념을 공유하는 것이다. 미래 세대는 그들이 "우리"가 살고 있는 도덕 공동체의 구성원인 한에서만 모종의 권리를 지닌다.*135* "생태적 공황 상태"에 주눅 들어 "그저 생존만을" 준비할 필요는 없다. 진정으로 중요한 것은, "직계 후손을 위한 계획을 세우는 것이 아니라", "직계 후손들"에 대한 의무를 수행하는 것이다. 우리는 미래 세대가 "사회적 이상을 실현하는 데" 걸림돌이 되는 것을 치우는 일만 해야 하며, 그것 이상을 논하는 것은 "미래에 대한

도박"이라는 것이다.*136*

　이렇듯 불확실성을 강조하는 논의는 1970년대에, 특히 신자유주의 사상가들 사이에서 점점 더 흔해졌다. 그들은 불확실성과 정보의 문제를 거론하며 계획경제 및 통제경제가 미래의 선택지를 제한한다고 비판했다. 인구와 관련된 논의의 맥락에서, 허먼 칸과 줄리언 사이먼을 위시한 신하이에크주의 기술 낙관론자들은 파국주의를 비난하며 "종말론자들"이 틀렸음을 보여 주고자 했다. 불확실성을 고려한다면, 아울러 기술 진보와 자유 시장을 가정한다면, 미래 세대가 어련히 잘 살아갈 것이라는 주장이다.*137* 칸과 사이먼은 폴 에를리히, 하딘, 그리고 인구 이론가들을 비난했다. 더 나아가서는 "재분배"와 "불평등 감소"와 같이 미래를 계획하는 모든 종류의 국가의 강압적 조치들까지도 비난했다. 인구 제한에 대한 반대 논리를 미래를 위한 계획·국가정책·투자 전반을 비난하는 데 고스란히 적용한 것이다.*138* 청년 시절 케인스가 맬서스주의자였던 것과 반대로, 이제 수많은 반反맬서스주의자들은 반反케인스주의자가 되었다.*139* 지구의 생존을 위한 계획은 복지국가를 지지하는 이들의 관심사일 뿐, 그 비판자들의 관심사가 아니었다.

　생존주의는 과연 평등주의 이론의 일부가 될 수 있을 것인가? 1970년대 중반에 몇몇 논자들은 차별금지법에서 롤스의 정의론에 이르는 다양한 자유주의적 패러다임이 생태 문제를 수용할 수 있음을 입증하고자 노력했다.*140* 롤스의 이론이 그런 도전을 감내할 수 있는지를 두고 철학자들은 논쟁을 벌였다.*141* 패스모어는 "그가 천연자원의 절약에 대해 언급하지 않았다"며 반대표를 던졌다. "도덕철학자들은 자신이 몸담고 있는 세계에 대해 정말이지 관심을 기울이지 않는다!"*142* 롤스의 이론은 미래 세대에게 너무 적은 몫을 남겨 주었다. 비록 현재 세대가 저축해 둔 것을 사용할 권리를 미래 세대에게 보장해 주긴 했으나, 저축의 원칙은 차등 원칙에 기초한 재분배나 시간 중립적인 공리주의와 같은 현재 세대의 희생을 요청하진 않았다. 게다가 어떤 이들은 분배 패러다임이 지나치게 확장되는 것을, 바꿔 말해 인간의 본성과 관련된 문제를 분배적·경제적 관점에서 바라보는 것을 거부하기도 했다. 라슬렛은 세대 간의 모든 관계들을 저축으로 포괄하려는 시도가 "이해하기 어렵다"고 말했다. "사회적 관계가 물적 소유에 기초해 일반적으로 구성된다는 주장은 존중받기 어렵"기 때문이다. 좌우간, "어느 시대 어느 사회든 저축을 필요로 하는 것은 사실이다." 문제는 "자연의 중요한 구성 요소들"이 낭비되거나 고갈되지 않도록 하는 것, 다시 말해 "고대인들이 황금을 고갈시키고 엘리자베스 1세 시기 영국인들이 숲을 황폐화한 비극을 되풀이하지 않는 것이다."[143]

브라이언 배리는 평등과 생태에 대한 두 관심사를 결합하고자 노력했다. 그는 정의 이론의 지구적 확장을 시도할 뿐만 아니라, 인구 과잉과 자원 고갈 같은 문제들을 다루기 위해 도덕 원칙을 미래로 확장하는 데도 관심을 기울였다. 1973년에 그는 정치 이론이 "생태학적" 관점을 받아들여야 한다고 주장했다.[144] 이를 위해 배리가 주목한 지적 자원은 두 가지로, 하나는 성장과 물질주의에 대한 영국 생태운동의 반소비주의적 비판이며, 다른 하나는 에른스트 F. 슈마허가 『작은 것이 아름답다』(1973)에서 제시한 바와 같은 "충분함"의 철학이다.[145] "기하급수적인 성장" 그리고 자연-인간 및 국가들 간의 "상호 의존성"에 비추어 볼 때, 생태적 관점의 중요성은 그 누구도 "반박할 수 없는 것"이다. 배리는 "인류가 위기로 치닫고 있다"고 말하며, "우리의 뿌리 깊은 편견들을 발본하는 것만이 미래의 파국을 피하는 방법"이라고 주장했다. 파핏이 집단 행위의 문제와 마찬가지로 생태 및 인구문제에도 도덕적 해법이 필요하다고 판단한 것과 달리, 배리는 생태 문제가 정치의 중요성을 재확인해 준다고 생각했다.[146] "빅토리아시대의 좌파와 우파"가 공히 희망했던 것처럼, 생산력이 "모두의 필요"를 충족하고 정치의 근간이 되는 모든 갈등들을 해소해 주는 순간은 오지 않을 것이다. 이미 생태 위기는 기존의 불평등과 "광범위하고 첨예한" 이해 관심의 충돌을 격화시킴으로써 정치 문제를 "더욱더 다루기 힘든 것"으로 만들었다.[147] 이를 감안한다면, 우리에게 주어진 과제는 미래 세대에 대한 의무를 이론적으로 수용할 방법을 찾는 것이다.

의무론이 부활한 지 20여 년이 지난 1977년, 배리는 철학계의 동향을 개관하는 한 편의 글을 발표했다. 이에 따르면, 상호 보호, 자기 이익, 혹은 공동체에 의무의 근거를 둔 이론들은 미래, 특히 "우리의 직계 후손" 이후의 "먼 미래를 간과"하는 우를 범하고 있었다.[148] 홉스와 흄에서 하트에 이르기까지 도덕을 "상호적 자기방어"와 다름없는 것으로 간주해 온 철학적 전통은 미래 세대에 대한 의무를 발생할 수 없는 것으로 간주한다. 그들은 당장 "협상력"을 갖지 못할 뿐만 아니라 우리와 호혜적 관계를 맺을 수도 없으니 말이다. 따라서 그들은 미래 세대의 이해 관심을 무시하는 것이 합리적이라고 보았다. 마이클 왈저를 비롯한 공동체주의 이론가들은 의무가 "반드시 실재적이지 않더라도 잠재적인 호혜적 관계"에 기초한다고 주장하는데, 이 또한 후속 세대에 대한 의무를 배제하는 규정이다. 최악은, 골딩과 같이, 의무의 근거를 단일한 도덕 공동체의 소속됨으로 규정하면서 미래 세대 중 일부에게만 의무를 부과하는 주장이다. 배리는 이것이 "미래의 모든 이해 관심을 노골적으로 무시하는 것보다도 더 도덕적으로 불쾌하다"고 평가했다. 그것은 "자본주의에 우호적인 국가에만 기아 구호를 제공해 줘야 한다는 미국인들의 부박한 견해의 통시적 버전"이었다.[149]

"우리의 도덕 원칙에는 시간적 한계가 없다"고 보는 편이 더 낫다는 주장도 있었다.[150] [하지만] 사실 "몰시간적 도덕성"은 받아들이기 힘든 결론에 도달한다. 심지어는 시간 초월적 공리주의마저도 불확실성과 무지의 가정이 추가되면서 직계 후손만을 보호하는 이론으로 변질될 수 있다.151 "보편주의적 공리주의의 맥락에서 무지에 호소하는 것은, 우리가 원칙의 엄밀한 적용에 수반되어야 마땅한 숭고한 방식으로 행동할 의사가 없음을 은폐하는 연막처럼 일반적으로 기능한다." 패스모어는 바로 그런 방식으로 불확실성을 악용한 셈이다. 배리는 경제학자들도 매한가지라고 보았다. 그들은 "자신들의 이론의 결함을 은폐하기 위해 미래 세대에 백지수표를 내미는" 혐의가 있다. 배리는 이와 같이 "일이 잘 풀릴 것이라고 막연히 기대하는 태도는 당연히 [현실적으로 사고하는] 개인들에게는 사려 깊지 못한 것으로 받아들여질 것"이라고 지적했다. "하물며 후속 세대라고 더 나을 것으로 보이지는 않는다." 자유지상주의자들 역시 미래를 경시하도록 허가해 주었다. 노직이 말하는 권원은 "우리가 원하는 대로 재산을 처리할 권리"를 수반하며, 이는 무제한적인 소비와 자원 파괴를 잠재적으로 정당화한다.152

이에 대한 "대안적 윤리"는 최소한 "현재 살아 있는 사람들이 지구의 소유자가 아닌 관리인이며, 자신이 물려받은 것보다 나쁘지 않은 상태로 후대에 물려줘야 한다는 관념을 함의해야 한다."153 배리가 보기에, 롤스는 성장 이론의 전형적인 경제적 시간성에 기초해 손해의 방지가 아닌 재화의 보존에 초점을 두었고, 그 결과 생태 문제의 시간성과 그 정치적 난관 및 그에 대한 해법을 파악하는 데 실패한다. 배리는 "투자라는 개념을 중심으로 논의를 전개하면 [정작] 가장 난해한 논점들을 회피하게 된다"고 지적했다. 그것은 먼 미래의 세대를 돕기 위해 가까운 미래 세대들의 행동에 의존한다. 비록 현재 세대가 먼 미래의 세대를 염두에 두고 저축할지라도, 그다음 세대도 똑같이 행동하리라는 보장은 없다. 정의로운 저축률에만 천착하면, 세대 간 관계 일반이 한 세대와 그다음 세대 간의 관계로, 그리고 "우리가 구속할 수 없는" 그 이후 세대들의 행동으로 환원된다.154

손해의 방지에 초점을 둔다면 이야기가 달라진다. 먼 미래 세대를 위한 환경 보존은 직속 세대의 행위에 의존할 공산이 크다. 하지만 "당장의 수백 년 동안엔 잠잠하다가 그 후에 파국적 결과를 초래할지도 모르는 생태적 수면자 효과"*의 경우는 어떤가? 수면자의 행위, 즉 단기보다 장기에 더 중대한 결과를 초래하거나 단기에는 이롭지만 장기에는 해로운 행위는 반드시 고려되어야만 한다.155 "투자와 생태계 파괴" 사이에는 중대한 차이가 있다. "전자의 경우 후대는 우리가 물려준 것을 사용할지 아니면 보존할지 선택할 수 있지만, 후자의 경우 후대가 어찌하든 먼 미래 세대에게 악영향을 미치기 마련이다." 롤스는 이토록 상이한 두 개의 문제를 하나로 뭉개 버렸다. 배리는 "진정 고약한 문제는", "직계 후손이 아닌 먼 미래의 후손들에 대한 우리의 의무에 관한 것이지만, 롤스는 이에 대해 아무 말도 하지 않는다"라고 썼다.156

롤스는 생존보다는 안정의 문제에 관심이 더 많았다. 여전히 배리는 미래에 대한 의무가 정의의 분석틀에 부합해야 한다는 신념을 견지했다. 인류애와 선행을 실천할 의무로는 불충분하다는 것이다. 그는 성장과 자기 이익에 대한 롤스의 가정들을 수정함으로써 정의 이론을 생태 위기의 시대에 적합하게 만들려고 했다. 롤스는 가족 관계의 유대를 동기부여적 가정으로 규정함으로써 가족의 중요성에 대한 자신의 선입견을 이론에 고스란히 투영했을 뿐만 아니라 이론의 기술적 아름다움까지도 훼손했다. 더 나아가 이런 조치는 원초적 입장의 당사자들과 현실의 개인들 사이의 경계를 모호하게 만든다. 배리가 보기에, 직계 후손들을 우대하는 처사는 정의의 범위에 불필

---

* 심리학에서 수면자 효과란 시간이 지남에 따라 점증하는 자극의 효과를 의미하는데, 여기에서 저자는 생태계 파괴에도 당장의 효과뿐만 아니라 먼 미래에 나타나는 효과가 있음을 지적하고자 생태적 수면자 효과Ecological Sleeper-Effect라는 표현을 사용했다.

요한 시간적 제한을 두는 것이며, 정의를 "개인들이 실제로 갖고 있는 감정"에 "기생하도록" 만듦으로써 이론을 현재 상황에 편향되게 만든다. 이렇듯 "관심의 한계가 곧 정의의 한계가 된다."157 하지만 미래에 대한 도덕 이론의 과제는, 한 철학자가 지적했듯, "자기 관심의 굴레를 끊어 내는 것"이다.158 현재의 이해 관심이나 감정에 의존하는 이론은 현재 개인들의 이해 관심이 미래 개인들의 그것과 "상호 의존적"이기 때문에 미래 세대의 복지가 공공재로 간주되어야 한다는 사실을 놓치는 경향이 있었다.159 아울러, 영국의 정치 이론가 존 그레이가 배리에게 보낸 서신에서 지적했듯, 이익 이론은 "거슬릴 정도로 인간중심적"이었다.160

그래도 배리는 포기하지 않았다. 비록 "엄청난 지적인 불쾌함"을 느꼈음에도 불구하고, 그는 그것[정의 이론]만이 생태주의의 시대에 적합한 윤리를 고안해 내는 유일한 방법이라고 생각했다. 그는 인간존재의 가치를 현실 및 미래 인류의 이익으로부터 도출하는 것이 불가능하다고 확신하기에 이르렀다. 인류 멸종에 대한 강한 반감은 그것이 "태어나지 않을" 이들의 이해 관심을 해친다는 생각으로는 설명될 수 없다는 것이다. 그런 반감을 개념적으로 설명하기 위해선 윤리 원칙을 이해 관심으로부터 분리하는 수밖에 없는 노릇이다. 배리는 인간의 이해 관심을 초월하는 어떤 것, 즉 "우주적[구조적] 부당함"cosmic impertinence에 호소함으로써만이 인류 멸종에 반대할 논리적 근거를 마련할 수 있었다. 그는 이런 입장이 생태 이론에 필수 불가결하다고 보았다.161

이런 통찰은 롤스에 대한 또 다른 비판과도 결부되어 있으며, 배리의 두 비판은 하나같이 그로 하여금, 당대의 수많은 철학자들처럼, 가상적 방법을 더욱 강화하게 만들었다. 두 번째 비판은 흄적 전통의 계승자로서 롤스가 호혜적인 제도적 관행을 정의 이론의 필수 조건으로 삼고 정의의 여건 — "적절한 부족 상태, 적절한 이기심, 그리고 상대적 평등" — 을 관행 적용의 필수 조건으로 간주한다는 점을 겨냥했다.162 이런 필수 조건들은 정의의 여건에 해당하지 않는 관계들, 예컨대 동물이나 다른 세대와의 관계들을 정의 이론의 적용 범위에서 배제하는 결과를 낳는다. 적절한 부족 상태를 필수 조건으로 고수함으로써, 롤스는 배급 경제의 시행이 필수적이었던 전후 영국 사회나 낙관적인 생태주의자들마저도 불가피하다고 보는 미래의 시나리오처럼 물질적 결핍이 심각한 상황을 정의 이론의 대상으로부터 배제했다.

배리는 롤스의 이론이 너무 협소하다고 생각했다. 풍요로운 전후 미국 사회만이 롤스가 말하는 정의로운 사회의 배경 조건을 충족할 수 있다고 봐도 무방했다. "간사한" 흄적 여건을 정의의 필요조건으로 받아들이면 우리는 미래를 위해 아무것도 할 수 없게 된다.163 배리의 관점에서 적절한 부족 상태 조항은 제거되어야만 했다. 미래가 불확실하기 때문이 아니라, 그것이 롤스의 정의로 하여금 흄의 그것처럼 재산권에 집착하게 만들기 때문이다. 만약 정의가 단순히 재산권에 관한 것이라면, 극한의 결핍 상황에서 정의 이론의 필요조건들은 성립할 수 없을 것이다. 정의가 적절한 부족 상태에서만 적용 가능하다고 인정하는 것은, 구명보트 지구에서의 윤리란 보트 끝에 매달린 사람을 밀어내는 것에 불과하다고 말하는 것과 진배없다. 진정 필요한 것은 결핍의 상황에서 누가 무엇을 획득할 수 있는지를 평가하는 기준이다. 배리는 롤스에게 "합리적 협력으로서의 정의"라는 계약론적 이해와 합의 이론을 제공한 흄적 요소를 폐기하고 칸트의 가상적 선택 이론, 즉 "보편적이고 가상적인 동의로서의 정의"를 도입할 것을 제안했다.164

국제 정의에 대한 논쟁에서와 마찬가지로, 세대 간 정의에 대한 논쟁에서도 롤스의 이론을 해석하는 두 관점 사이의 간극이 드러났다. 1980년대로 접어들면서, 시간과 공간의 두 지평에서 공히 경험

이론에서 가상 이론으로의 전환이 발생했다. 그레고리 카브카는 미래인이 현대인만큼이나 다양한 욕구를 가진다고 주장했다. 국제적 차원의 의무를 정당화하기 위해 도입된 바 있는 가상적 방법이 미래를 사유하기 위해 요청되었다.165 데이비드 리처즈는 칸트의 도덕 인격 개념이 세대 간 관계를 마치 여러 세대들이, 전 지구적 관계에서와 같이, 호혜적인 관계에 있는 것처럼 사유할 수 있는 기반을 제공해 준다고 보았다.166 배리는 롤스가 원초적 입장에서 미래를 중요한 문제로 부각하기 위해 제시한 두 번째 주장에 집중했다. 상호 간의 가상적 동의가 미래를 위해 작동하려면, 원초적 입장의 당사자들은 자신이 어느 세대에 속하는지 알지 못하는 채 모든 세대로부터 균등하게 선출되어야 했다. 배리가 보기에, 이런 전제가 필연코 정의로운 저축의 원칙으로 귀결되는 것은 아니다. 오히려 그는 "자원 고갈과 환경 파괴"를 제한하지 않으면 후손들이 크게 피해를 입을 것을 심각하게 고려하는 원칙이 선택될 것이라고 보았다. 그렇기에 그들은 기회 평등의 원칙을 선택할 것이며, 이때 미래는 열린 결말로 남아 있다. 이는 정의의 여건과 결부된 문제가 아니며, 차라리 최초의 입장에서 자원 통제권의 평등에 관련된 것이다. 정의는 현재 세대가 미래 세대의 사정을 직접적으로 개선하기보다는, 자원을 고갈시키지 않음으로써 미래 세대가 향유할 전반적인 기회의 폭을 좁히지 말 것을 요청한다.167 만약 자원이 불가피하게도 소진되거나 기회의 폭이 줄어들고 미래 세대의 선택권이 부정된다면, 그들에게 이에 대한 마땅한 보상이 주어져야 한다.168

***

자유주의적 평등주의자들이 분배 정의에서 역사적 배상과 교정의 요청을 제거하던 그때, 동시에 어떤 이들은 미래를 위한 보상을 분배 정의에 포함하고자 했다. 재생 불능 자원의 고갈에 대한 현재 세대의 배상은 미래 세대에게 다양한 기회를 보장해 주기 위한 투자의 형식을 취했다. 그들이 응당 물려받아야 할 자원의 최소치를 할당해 보존해 주는 식으로 말이다.[169] 배리는 인류가 언젠가 성장을 초월해 정체 상태에 도달하리라고 주장하지는 않았다. 그와 같이 "감상적인" 빅토리아시대적 문제의식으로부터 그는 거리를 두었다.[170] 대신, 미래에 대한 의무를 둘러싼 그의 논의는 무엇보다도 피해의 예방에 집중할 것을 제안했다. 비록 생존에 대한 관심이 그를 비관주의자로 만들었지만, 그래도 배리는 결국 개방성 이론을, 즉 미래에 대한 현재의 의무가 인류애나 필요 충족의 권리로부터 도출되는 것이 아니라 정의와 평등으로부터 도출되는 이론을 제안하기에 이르렀다. 그는 자원 결핍에도 불구하고 여전히 열린 미래가 가능하다고 주장했다. 인구 성장 추세를 둘러싼 파국론이 정치철학자들 사이에서 잦아들자마자 그와 같은 개방성에 대한 열망들이 제기되기 시작했으며, 이는 배리 이후의 세대 간 정의 이론에서 공유되는 특징이 된다. 그 이론들은 자주 추상적이고 먼 미래에 대한 모종의 비전을 내포했다. 거기서 시간은 압축되고 또 평평하며, 내일은 오늘과 도덕적으로 같은 위상에 있는 것으로 해석된다.[171] 이는 부분적으로 정의 이론의 가상적 정당화에 기인한다. 경험적 고려로부터 분리된 결과, 미래에 대한 이론은 적절한 부족 상태는 물론이요 생존주의 이론의 비판까지도 흡수할 수 있는 것이 되었다. 1970년대 말 이래, 점점 더 많은 철학자들과 경제학자들이 평등주의에 자원 결핍의 문제의식을 포함하는 도전에 착수하기 시작했다. 먼저 점진적으로 에너지 고갈과 원자력 발전의 맥락에서, 그리고 더 중요하게는 기후변화로 인해 환경문제가 핵심 의제로 부각되면서 그리했다.[172] 이들 중 몇몇은 미래 세대에 대한 의무를 정의 이론 내에 포함하고자 했으며, 이때 그들은 배리가 비판한 이익 이론과 파핏이 거부한 '인격에 대한 영향을 중시하는 이론'의 두 공통점이었던 현재적 편향과 경험적 여건을 폐기하는 것을 지지했다.

한편으로는, 결국 정의에 대한 가상적 논의와 도덕을 불편부당함으로 해석하는 입장이 승리했다고 할 수 있다. 롤스 이론의 분석틀은 그 근본 가정들을 위협하는 생존주의적 아이디어까지도 수용토록 확장되었다. 다른 한편으로, 롤스가 그토록 강조한 제도적 측면은 이제 별 관심을 받지 못하게 되었다. 도덕이 먼 미래까지 포괄하게 되면서, 미래를 사유하기 위해 기존의 제도·공동체·가족에 특별한 위상을 부여하는 이론들은 대개 뒷전으로 밀려났다. 미래에 대한 철학적 접근은 이제 정의의 여건이나 다른 제도적 맥락과는 개념상 독립적인 것이 되었다. 현실과 도덕의 괴리를 포착하기 위해 정치제도에 주목하는 접근은 이제 정체성이나 개인의 선택에 기초하는 접근으로 대체되었다.173 롤스는 저축률과 할인율에 대한 관심을 여전히 견지했다. 하지만 도덕·정치철학자들이 점점 더 후생경제학적 논의를 참조함에 따라, 그와 같은 기술적 문제들은 롤스의 윤리학적 도구로부터, 그리고 개인적 선택을 집단적 선택으로 확장할 수 있는지에 대한 우려로부터 분리되어 갔다. 철학자들이 할인에 관심을 가진 것은 의미심장했다. 이는 미래에 대한 의무의 수행이 시장에서의 개인의 선호에 비유될 수 있음을 시사한다. 1980년대에 행동 경제학자들과의 협력을 통해 개발된 시점 간 선택 모델*이 에너지 정책에 대한 논의의 중심적인 분석틀로 자리를 잡아 갔고, 이는 당대 새롭게 부상하던 자유주의적 환경 운동이 "지속 가능성"을 중심 의제로 부각하는 데 결정적으로 기여했다.174 이렇듯 미래에 대한 선택이 탈제도화됨에 따라 제도가 아닌 개인의 선택이야말로 미래를 현재의 의제로 만드는

• 시점 간 선택 모델modes of intertemporal choice은 구매를 결정한 시점과 손익이 발생하는 시점에 차이가 있는 상황에서의 의사 결정 모델을 뜻한다.

주체가 되었다. 사실, 추후 행동 경제학자들이 정부 차원에서 상당한 영향력을 행사하며 미래를 위한 여러 정책들을 고안했을 때, 그들의 정책은 미래를 공공재로 규정하면서 미래를 계획하는 제도들을 마련하는 것이 아니라, 개인들로 하여금 개개인의 미래에 대한 선택을 내리도록 "넛지"* 하는 데 주력했다.175

롤스 이론의 시간성, 특히 성장에 대한 낙관적 비전은 자유주의 철학 전반에서 지속되었으며 또한 자유주의의 점진주의를 뒷받침했다. 롤스는 목적론적 가정과 노골적으로 역사철학인 테제를 지양하고자 했으나, 사실상 그의 비전은 경제의 평등화가 장기적으로 계속될 것이라는 가정 위에 서 있는 것이다. 추후, 롤스는 공정으로서의 정의가 기하급수적 성장의 시기를 지나온 사회에서도 적용될 수 있음을 강조함으로써 이런 한계를 수정하고자 했다. 그는 존 스튜어트 밀의 정체 상태 개념을 성장 이론의 균제 상태와 종합하고자 했다. 일전에 그가 정체 상태에 대해 언급한 건 각주 하나가 전부였다.176 1985년 밀에 대한 강의에서, 롤스는 밀의 정체 상태를 질서정연한 사회의 한 유형으로서 탐구했다. 그곳은 "자연 세계를 보존하는" 제도가 잘 마련된바, "모든 시민들이 평등한 정의의 조건하에 질적 수준이 높은 쾌락들을 마음껏 향유하는 곳이다." 더 나아가, 높은 생산성, 낮은 인구성장, 그리고 짧은 노동시간이라는 — 아울러 금리생활자처럼 노동하지 않고 "나태한 계급"이 부재하는 — 조건하에 노동자는 "적정 수준의 삶"을 살고 질적으로 높은 수준의 쾌락을 향유할 수 있다. 롤스는 이런 상태의 실현 가능성을 비관했다. 그는 밀이 "자본주의의 역동"과 "정치적 갈등의 뿌리 깊음을 과소평가"한다는

---

* 넛지nudge는 개인에게 선택의 자유를 열어 주면서도, 팔꿈치로 쿡쿡 찌르듯이, 그로 하여금 바람직한 선택을 내리게끔 유도하는 방식을 뜻한다. 행동 경제학에서 창안된 이 개념은 사회학과 행정학(정책학) 일반에 확대되면서 큰 호응을 얻었다. 입식 소변기에 과녁 모양 스티커를 붙여 두는 것이 대표적 사례다.

점에서 "비정치적"이라고 보았다. 롤스가 말하길, "지금의 관점에서 보기에 그는 너무 낙관적이었다."¹⁷⁷

원숙한 나이에 이르러서도 롤스는 젊은 시절의 관점을 고수했다. 『정의론』이 출간된 이후 10년 동안 철학자들은 미래를 사유하는 여러 새로운 비전들, 곧 미래의 인격, 자원 결핍의 시나리오, 저축과 개방성과 세대 간 정의에 대한 이론들을 모색했다. 그 대부분의 이론들은 위기의 시대 속에 배태되었음에도 불구하고 대체로 시대의 역동성을 따라가지 못했다. 롤스는 자신의 이론이 자본주의 옹호론에 불과하다는 비판을 갈수록 근심했다. 하지만 이에 대한 그의 대응은 역동적이기보다는 정체stasis 형태를 띠는 것이었다. 밀의 정체 상태의 실현 가능성을 비관하면서도, 롤스는 그것이 자신의 이론 안에 포섭될 수 있음을 증명하고자 했다. 자신의 이론을 뒷받침해 주던 전후의 성장주의에 환멸을 느끼며, 롤스는 "성장이 앞으로도 무한히, 줄곧 높게" 지속되리라는 "자본주의적 기업가 계급"의 이데올로기가 "이미 미국에서 의미를 상실한 소비주의가 만연한 시민사회"를 결과했다고 주장하기에 이르렀다.¹⁷⁸

무한한 성장에 대한 이와 같은 비판은 롤스의 반소비주의적 경향이 심화되고 있었음을 잘 보여 준다. 아울러 이는 자신의 정의로운 사회에 탐욕스러운 자본가들이 잔존할지도 모른다는 점을 그가 점점 더 우려했음을 반영한다. 한편으로 롤스의 반소비주의는 그의 이론이 자본가의 탐욕을 허가해 준다는 비판에 대한 대응이었다. 다른 한편으로 그것은 롤스의 보다 심오한 문제의식의 일환이었다. 즉, 롤스는 자신의 이론을 도덕 심리학이나 행위 주체성에 관한 것이 아니라 제도주의로 해석하는 경향이 자발성의 원칙을 이타주의적·인도주의적 견지에서 옹호하는 이론과 개인 행위에 대한 판단을 지양하는 평등주의적 제도주의 사이의 구분을 고착화한다는 점을 우려했다. 이후 이런 구분은 비판적 검증을 받게 된다. 그럼에도 불구하고, 롤스의 우려는 미래에 관련된 이론적 입장 그 자체에 대한 중대한 변화로 귀결되지는 못했다. 성장의 한계를 다루기 위해 저축의 원칙 기저에 깔린 시간관을 수정하는 데까지 나아가진 않았던 것이다. 그러려면, 롤스는 자신의 이론이 포괄할 수 있는 사회의 리스트에 밀의 정체 상태를 추가하는 수준을 넘어서 이론 자체의 방향을 완전히 바꿔야 했을 것이다.[179]

자유주의 철학자들은 전후 사회의 정치적 타협을 정당화해 준 성장과 생산성 향상이 정체되면서 발생한 성장 정치의 위기를 적절히 다루는 데 실패했다. 마르크스주의자들은 그동안 사회적 지출에 의해 은폐되어 온, 자본주의적 축적의 이기利器라는, 근대국가의 실체가 재정 위기를 계기로 만천하에 드러났다고 주장했다.[180] 사회 보수주의자들은 위기를 풍요 속에 배태된 비현실적 요구들이 빚어낸 결과라고 생각했으나, 시민들이 더 적게 요구하고 스스로 기대치를 조정하지 않는 한 국가가 계속 어려움에 직면할 것이라는 데 동의했다.[181] 두 진단 모두 자유주의 철학자들의 관심을 사로잡지는 못했다. 자유주의 철학자들은 복지국가와 사회민주주의가 무리 없이 작동하리라는 가정을 수정하지 않았다. 이렇듯 그들 대부분은 성장이 더는 보장되지 않는 여건에서의 정의가 어떠해야 하는지를, 또는 상이한 정치·경제적 타협 속에 평등주의적 비전이 어떻게 유지될 수 있을지를 사유할 기회를 놓쳐 버렸다. 오직 배리만이, 사실상 정의와 성장을 분리함으로써 그리하고자 했다.[182] 그렇게 철학자들은 당대의 정당성 위기를 외면했다. 그러나 그것의 이데올로기적 귀결은 그들이 무시할 수 없는 것이 되었다.

7장
신우파와 좌파

1970년대 말 신우파가 대두했다.[1] 레이건 행정부 시기 국가가 지원하는 금융 탈규제와 지구적 자본시장으로의 전환은 미국의 국가적 위기를 완화하고 유예하는 데 기여했다.[2] 동시에, 번영의 시대가 막을 내리며 발생한 문제들에 대한 해결책으로 "시장"이 자리매김했다.[3] 시장이 공적·사적 삶의 영역에 새롭게 침투하기 시작했으며, 국가가 제공하는 복지와 민주적 기능에 대한 공격에서 국가의 대안으로 무기화되었다.[4] 케인스주의적 합의가 분열되고 밀턴 프리드먼과 같은 통화주의자들이 득세하면서 자유주의적 및 보수주의적 지식인들 사이에서 다양한 형태의 신자유주의 이론들이 세를 불려 갔다. 그러면서 반관료주의적 공공 선택 이론, 오스트리아학파로부터 영감을 얻은 자유지상주의, 합리적 기대 이론, 그리고 공급 측면 경제학•이 부상했다.[5]

경제학의 신고전파적 분석틀이 정치학에 적용되기 시작했다. 경제학자들, 법학자들, 그리고 정치학자들은 공히 '총'總, aggregate••이라

• 공급주의 경제학 내지 공급 경제학으로 번역되기도 하는 공급 측면 경제학supply-side economics은 경제성장의 주요인을 기업의 생산성 제고로 간주할 뿐만 아니라, 이를 위한 과감한 감세 — 소득세·법인세 — 와 규제 철폐를 제안한다. 공급 주도 경제학의 정책 제안은 레이건 행정부 초기 대거 도입되었으나, 그 실효성에 대해서는 비판적 시각이 지배적이다.

는 개념을 공격하고 인간 행위를 지극히 개인화된 분석틀로 파악하기 시작했다. 더불어 정부의 "무책임성"과 "지대 추구", 관료제의 "비효율성", "비시장적 의사 결정" 등을 규탄하는 한편, 공기업의 민영화를 주장했다.6 어떤 이들은 케인스주의자들이 전제했던 바와 달리 정부의 특수한 권위를 더는 인정하지 않았으며, 정부를 이윤 극대화를 추구하는 다양한 단위들 가운데 하나로 간주했다.7 또 어떤 이들은 국가를 정보와 지식의 수집 단위 가운데 하나로 격하하고 복지 공급을 경제적 낭비로 보기도 했다. 다른 한편, 민주주의가 인플레이션의 원인이라는 주장이 지지를 얻어 갔다. 인플레이션은 "모든 사회적 위기의 근원"인바, 인플레이션 방지를 위한 경제적 거버넌스의 대대적 개편이 설득력을 얻어 갔다.8 미국 보수주의의 뿌리 깊은 노동시장 자유방임주의와 노동조합에 대한 적개심이 마침내 자유롭게 풀려났다.9 경제적 결정이 민주적 정치과정으로부터 분리되었고, 그렇게 공공의 시야에서 벗어나게 되었다. 공적인 것과 사적인 것 모두 사유화●●●된 것이다.10 그렇지만 역설적으로 그와 같은 반국가주의적 목적을 위해 국가가 대폭 강화되었다. 변화와 재편성, 자본 권리의 강화, 그리고 교육·보건·형벌·사회 서비스 전반에서 선택·책임·경쟁의 교리를 장려하기 위해서는 정부의 정책과 기제가 여전히 필수적이었

●● 여기서 '총'이란 총수요와 총공급 등 케인스주의 거시 경제학에서 자주 쓰이는 개념들을 통틀어 칭하는 것이다. 고전파적 경제 분석이 개인·가계를 경제의 기초 단위로 삼아 개별 단위의 수요와 공급을 설명의 격자로 삼은 것과 달리, 케인스는 '한 경제 내 주어진 기간·가격수준에서 최종 재화·서비스에 대한 수요와 공급의 총량'을 경제학적 분석의 대상으로 삼았다. '총' 개념에 기초한 케인스의 거시 경제학은 대공황 이후 세계의 수많은 국민경제가 재정정책·통화정책을 운영하는 기틀이 되었다.

●●● 이 글에서 privatization은 국가나 공기업의 재산을 민간 자본에 매각하고 운영을 전환하는 경우에는 민영화로, 이를 제외한 나머지 경우에서는 사유화로 번역했다.

기 때문이다.¹¹ 이는 세기 중반의 자유주의 철학을 관통하던 반국가주의적 수사가 급진화된 결과이자 동시에 그로부터 이탈하려는 움직임이었다. 반국가주의는 초기 롤스 사상의 특징 가운데 하나로, 그의 제한된 자유주의는 등대를 운영하는 정도의 역할만을 국가에 부여한 바 있다. 1970년대 말, 이제 자유지상주의 경제학자들은 시장실패의 보완책으로 묘사되던 등대마저도 공공재가 아니라고 주장하기에 이르렀다.¹² 하이에크가 선언했듯, 사회정의란 "신기루"에 불과하다는 것이다.¹³

자유주의 철학자들은 신우파가 지닌 잠재력을 과소평가했다. 그들 가운데 많은 이들이 사회적 관계들을 시장 논리에 종속시키고 삶의 많은 측면을 상품화하는 시장화 과정에 반대하지 않았다. 시장화에 대한 이런 경시는 부분적으로 자유주의 철학자들이 당시 부상하던 우파가 아닌 좌파에 매료되어 있었기 때문이다. 마거릿 대처와 로널드 레이건의 등장에 대항해 정치철학자들은 사회민주주의 좌파의 평등주의를 고찰하는 일에 착수했다. 특히 1970년대 영국에서 번영의 종말은 당초 사회주의 좌파에게 기회로 여겨졌다. 1972년 당시 노동당의 실력자였으며 후일 사회민주당을 창당하게 되는 로이 젱킨스가 말했듯, "1950년대에는 많은 사람들이 사회가 번영함에 따라 불평등이 줄어들 것이라고 생각했다." 그러나 "이제는 그런 견해가 지나치게 단순할 뿐만 아니라 최악의 경우 완전히 틀린 것일 수도 있음이 분명해졌다."¹⁴ 1970년대 내내 노동당은 산업민주주의와 공적 소유를 다시금 강조하는 것으로 대응했다.¹⁵ 미국에서는, 비록 좌파 정치의 전통적 지지층인 노동계급이 분열되고 또 재구성되었으며, 노동계급을 좌파 정치의 지지층으로 묶어 두려는 정치적 노력이 좌절되었음에도 불구하고, 냉전의 해빙과 학계의 좌경화가 철학의 급진화를 가능케 했다. 그런 경향은 반식민주의적인 지구적 재분배 정치에 대한 요청이나 롤스주의자들의 사회주의에 대한 관심 속에 두드러졌다.16 수차례의 재정 위기 속에서 자본주의와 민주주의의 관계가 비판적으로 검토되면서, 정치철학에서 사회주의의 부활이 점점 더 가시화되었다. 케네스 애로가 1978년에 말했듯, "경제성장의 명백한 정체停滯, 근래의 잠재적·현실적 인플레이션에 대응하기 위해 마련된 경제 안정화 정책의 위기, 그리고 재분배적 해법의 목적 상실은 하나같이 자본주의에 대한 대안을 모색할 필요성을 새롭게 제기하고 있다."17 이렇듯 1980년대에 들어서면서 자유주의 정치철학은 좌파에 가까워지고 있었다. 마르크스주의가 철학의 주류로 진입할 것처럼만 보였다.

이에 대한 반응으로 새로운 물결의 평등주의가 등장했다. 이를 구성하는 일련의 사상들은 정의와 평등에 대해 좀 더 포괄적이고 전체론적인 접근을 취했다. 이때 한 갈래의 사회주의 이론이 크게 각광을 받았는데, 그것은 집단 행위자보다는 개인에, 그리고 노동보다는 분배와 소유에 초점을 둔 사회주의 이론이었다. 다른 한편으로 신자유주의 사상이 공고하게 자리를 잡음에 따라, 철학자들은 그들을 격파하고, 기각하고, 또 길들이기 위한 새로운 전략들을 개발했다. 그런 전략 가운데 하나는 바로 우파의 개념들을 철학 이론의 중심에 배치—때로는 의도적으로, 대개는 간접적으로 말이다—하는 것이었다. 자유주의적 롤스주의자들은 노직을 논박하는 것이 평등주의와 국가의 재분배 기능을 수호하는 데 결정적이라고 보았다. 그리하여 우익을 상대로 한 싸움이 광범위한 전장에서 벌어지기 시작했다. 철학자들은 시장과 계약, 사유재산권과 선택, 책임, 그리고 복지 의존성과 같은 개념들을 파고들었다. 일부는 경제에 개입할 수 있는 국가의 역량이 시장에 의해 축소될 수 있다고 우려했으나, 그보다 많은 수의 철학자들은 시장의 "마법"이라는 수사를 받아들였다.18 시장은 필수 불가결하며 잠재적으로 중립적인 것이 되었다.19

그리하여 정치철학자들이 재산권, 소유, 그리고 그 도덕적 유사물인 책임을 둘러싸고 논쟁하기 시작했다. 롤스는 재산권을 제도적인 것, 즉 기본 구조의 일환이라고 간주한 바 있었다. 전前 제도적인 재산권마저도 이제는 수많은 이론들 사이에서 중요한 위치를 차지하기 시작했다. 로널드 드워킨, 제럴드 A. 코언, 존 로머, 그리고 데이비드 밀러 등 자유주의·사회주의·마르크스주의 계열의 다양한 철학자들이 사적 소유, 공동소유, 그리고 합동 소유 개념을 탐구했다. 일부 자유주의적 평등주의자들은 우파의 이론적 자원을 활용해, 그러니까 신우파의 책임·시장·선택 개념을 평등주의적 목적에 맞게 전유해 좌파적 전환을 주장했다. 그리하여 분배 영역으로부터 분리되었던 행위 주체성과 윤리적 행동에 대한 논의가 다시금 분배 영역에 포함되게 되었다. 다른 한편, 어떤 이들은 기대치를 낮춰 평등주의의 가장 부담스러운 측면들을 포기하고 최소주의적 변론을 제시함으로써 신우파의 공격으로부터 복지국가를 보호하고자 했다. 롤스가 등장하고 철학이 변모한 이래 처음으로, 많은 사람들은 정치·경제적 변화가 정의 이론과 자유주의 복지국가의 기반을 침식할지도 모른다고 생각하기에 이르렀다.

좌파와 우파의 대립은 여러 가지 방식으로 자유주의 철학을 특징지었다. 평등주의자들은 이제 시장과 자유주의에 대해, 얼마간은 국가와 자본주의에 대해서도 논의하기 시작했다. 그 과정에서, 한편으로는 다양한 갈래의 사상들이 평등주의의 분배적·개인주의적 패러다임에 통합되었고, 이는 평등주의 패러다임의 승리를 상징하는 것이었다. 평등한 자원 분배에 대한 논의 속에 점점 더 다양한 사회적·정치적 가치들이 분배 대상으로 규정되어 갔다. 다른 한편, 롤스 이론의 분석틀이 압박을 받게 되었다. 평등을 둘러싼 논쟁은 롤스의 기획이 해체되는 계기가 되었다.[20] 그 이전까지, 롤스의 이론에서 합의·관행·성장 개념과 이론적 구상의 밑바탕인 세기 중반 미국 사회의 여러 조건들은 수정되지 않은 채 남아 있었다. 심지어는 철학자들이 롤스의 이론을 지구적 혹은 세대 간의 문제에 적용하고자 했을 때조차도 그랬다. 하지만 역설적으로 정의 이론의 본래 관심사였던 재분배 문제에 천착하면서, 그들은 롤스의 가정들로부터 이탈했다. 많은 이들은 가상적 합의와 동의에 대한 논의를 발전시키는 데 계속 주력했으나, 개인과 제도적 도덕성의 관계에 대한 롤스의 비전을 저버린 이들도 있었다. 전前 제도적 재산권, 책임, 그리고 응분을 둘러싼 논쟁에서 제도적인 것과 정치적인 것의 경계가 다시 그어졌다. 개인의 권리·선택에 대해 제도가 행사하는 구성적 역할에 대한 롤스의 강조는 도전받거나 아예 무시되었다. 제도·과정의 중립성에 대한 강조는 그 결과물에 대한 관심으로 대체되었다. 정치철학자들은 사법과 제도 너머의 영역까지도 도덕화하며 기본 구조 개념 그 자체에 의문을 제기했다. 기본 구조에 대한 이런 비판들은 아래로부터 제기되었다. 철학자들은 게임의 규칙 대신 플레이어들 사이의 관계에, 이를테면 시장, 사회적인 것의 영역, 그리고 추후에는 정의와 평등의 "에토스"에 주목했다.[21]

이와 같은 초점의 전환은 역설적이게도 철학자들이 당대의 국가 변동을 파악하는 데 별 도움이 되지 않았다. 신우파에 대한 반격에 집중한 이들은 1980년대의 탈정치화, 사유화, 그리고 국가의 복지 기능 약화에 따른 민주적 통제의 쇠퇴를 간과하고 말았다.[22] 대조적으로, 롤스의 가정들을 고수하며 자유주의 철학의 민주적 절차를 심화하고자 했던 많은 사람들은 평등주의의 급진화를 추구하는 데까지 나아가진 않았다. 게다가, 이런 급진화는 오래가지 않았다. 평등주의를 둘러싼 이 같은 논쟁은 사회주의 사상과 평등사상이, 본래 철학적으로나 도덕적으로 상통하지만, 정치적으로 충돌하고 서로 다른 프로그램을 제언하는 특이한 국면에 벌어졌다. [물론 사회주의와 평등의 대립이 아주 새로운 것은 아니었다.] 전후 시기에 [노동당은] 평등의 추구를 주요 강령으로 자리매김하는 대가로 사회주의 노선을 폐기한 바 있다. 그와 같은 대립이 1980년대 초 노동당에서 당의 미래를 둘러싼 논쟁에서 다시 부각된 것이었다.23 철학에서는 자유주의적 평등주의가 승리를 거두게 되었다. 좌파 사상이 [자유주의적 평등주의에] 점차 포섭됨에 따라 그 [비판의] 날카로움이 무뎌졌다. 1980년대에 철학자들은 마르크스주의 사상을 평등주의적 분석틀에 어긋나지 않게 만들거나 자유주의적인 목적에 종사하도록 길들였다. 이런 경향은 소유와 재분배에 대한 논의에서 그리고 경제를 정치화하고 분배 결정에 대한 민주적 통제를 강화하려는 몇몇 시도에서 두드러졌다. 이와 같은 논의들은 궁극적으로 민주적 통제를 요청하는 사회주의 이론이 아닌 숙의 민주주의와 공적 이성에 초점을 둔 자유주의 이론에 길을 내주었다.

롤스의 이론은 그 대안들의 공세를 견디고 살아남았다. 국가가 사유화되고 새로운 형태의 규제, 자본 투자, 금융화가 경제적 결정을 민주정치로부터 더욱더 유리시킴에 따라, 냉전의 막바지에 철학계에서 유행한 분석적 마르크스주의와 민주사회주의의 실험은 냉전 종식 후 그 자유주의적 변종들로 거듭나고 말았다. 사회주의는 자유주의적 평등주의와 만나 그에 포섭되는 데 그쳤다.

***

1979년은 정치적 우파[신우파]와 마찬가지로 자유주의적 평등주의에도 괜찮은 해였다. 태너 기념 강연Tanner Lecture에서 아마르티아 센은 평등에 대한 자신의 관심을 구태여 정당화할 필요조차 느끼지 못했다. 차라리 그는 "무엇의 평등을 추구해야 하는가?"와 같은 질문을 던지곤 했다.24 롤스는 "합리적 인간이라면 당연히 욕구하는 것들", 그러니까 효용·후생·부·소득·기회가 아닌 사회적 기본 가치들의 평등을 중시한 바 있다. 센의 제언은 롤스의 기본 가치들 대신 "역량들"에 주목하자는 것이었다. 역량은 필요와 선택을 모두 아우를 수 있는 개념으로 상정되었고, 센은 그것이야말로 평등주의적 정의의 적절한 "기준 통화"라고 주장했다.25 이런 움직임을 계기로 애로, 제임스 미드, 앤서니 앳킨슨과 같은 정치철학자들, 경제학자들, 그리고 이들보다 좌파적이며 불평등과 빈곤에 주목하는 이들 사이의 학술적 교류가 활성화되었다. 그들은 새로운 후생경제학의 방법과 "보상 기준"에 규범적 기준과 가중치를 더함으로써 경제사상을 공리주의적 후생 극대화의 원칙으로부터 구출해 내고 분배 문제에 민감하게 만들고자 했다.26 센은 상기의 논의뿐만 아니라 영국 복지국가론의 전통도 대거 참조했다. 특히 영국 복지국가론의 윤리적 사회주의 지향과 빈곤·필요·행위 주체성·복리well-being 논의에 관심을 기울였다.27 평등의 측정 기준이 무엇이어야 하는가라는 센의 물음은 향후 30년간 평등주의 철학자들을 사로잡았다.

1981년에 로널드 드워킨 ― 당시 옥스퍼드 대학교의 법철학 석좌교수로서 뉴욕 대학교에서 강의를 하며 권리 이론의 옹호자로 명성이 높았다 ― 이 센의 도발적 주장에 대한 응답을 제시했다.28 드워킨은 한 쌍의 논문을 발표하며 "자원의 평등"에 대한 변론을 제시했다. 드워킨은 평등의 상태가 무엇이 분배되는가에 의해 결정되어야지 수혜자의 욕구나 선호가 충족되는지 여부로 결정되어서는 안 된다고 보았다. 롤스와 마찬가지로, 그 또한 후생의 측정에 결부된 난관을 우회하는 이론을 모색했다. 이에 따르면, 평등론은 자원의 수혜자가 주어진 자원을 자신의 선택에 따라 자유로이 사용하도록 보장해 주어야 한다. 더 나아가, 평등론은 후생이나 "주관적" 효용 개념에 기초하는 분배론에 만연한 함정, 그러니까 사치스러운 취향을 지닌 사람에게 더 많은 가치를 요구할 권리를 허락하는 함정에 빠져서는 안 된다. 드워킨은 롤스의 논의가 미진하다고 주장했다. 그가 보기엔, 롤스의 [이론에서 중심이 되는] 제도적 관행을 넘어 그것에 선행

하고 그것과 구별되며, 나아가 평등이 요구하는 바를 좀 더 심도 있게 다루는 평등 이론이 필요했다.29

드워킨이 이론의 초점을 평등으로 전환한 것의 정치적 함의는 분명했다. 그의 논고는 대처의 첫 총선 승리 직후에 쓰인 것이었다. 그는 1979년의 총선이 "이데올로기적 혁명", 즉 복지국가에 대한 신뢰의 붕괴나 "자유 기업"에 대한 믿음의 부활을 뜻하지 않는다고 주장했다. 차라리 그것은 영국 선거제도의 "비非이데올로기적" 성격을 나타내는 징후요, 노동당이 자신들이 내건 평등주의의 핵심 원칙들을 설득력 있게 제시하지 못한 결과라고 그는 주장했다. 더 나아가 그가 주장하기를, 노동당은 이제 "공정한 사회의 비전을 노조와의 역사적 제휴 관계로부터 연역해 내려는 시도를 관두어야 한다. 노조와의 제휴는 당의 원칙에 기초해야지 그 반대여서는 안 된다."30 대처의 승리 이후 좌파들의 중도화를 옹호한 수많은 영국의 자유주의자들과 마찬가지로, 드워킨은 노동운동과의 역사적 제휴 관계로부터 분리될 수 있는 사회민주주의적 평등론을 모색했다. 그들과 마찬가지로 드워킨 또한 우파의 부상을 과소평가했다. 부분적으로, 그것은 그가 상기한 바와 같이 단체 협상으로부터 평등을 분리해 내는 것이 사회민주주의의 공동화空洞化를 가속화할 것이라는 점을 과소평가했기 때문이다.31 그 대신, 드워킨이 내세운 과제는 시장 자유주의가 평등의 대의를 훼손하지 않으면서도 평등주의로 흡수될 수 있음을 논증하는 것이었다.

드워킨은 자신의 평등론을 정당화하기 위해 한 가지 사고실험을 제시했는데, 그것은 얼마간 원초적 입장에 버금가는 관심을 받게 된다. 그는 배가 난파되어 한 무리의 사람들이 무인도에 조난된 상황을 가정한다. 그들은 섬의 자원을 평등하게 사용하고자 한다. 개개인에게는 새로운 화폐로서 조개껍데기가 동등하게 주어지며, 그들은 스스로 만족할 때까지 필요한 자원을 얻기 위한 경매를 진행한다. 경매에서, 사람들은 다른 이들이 높이 평가하는 것을 얻으려면 더 많은 조개껍데기를 포기해야 한다. 색다른 취향을 가진 사람이라면 조개껍데기를 덜 포기하게 된다. 경매의 결과로 발생한 분배는 최초의 평등 상태로부터 말미암으면서도 개인들의 선택을 반영한다. 그러나 개인들이 모두 똑같은 존재는 아니기 때문에 ― 즉 상이한 재능과 "핸디캡"을 보유하기에 ―, 이 같은 차이에 민감하게 반응하는 분배를 위해서는 추가적 자원 이전이 필요하다.32

그래서 드워킨은 경매를 보완하기 위해 "가상적 보험 시장"이라는 두 번째 장치를 도입했다. 조난자들은 이제 무지의 베일 뒤에 있는 것과 같이 지식이 제한된 상황에 처한 것으로 상상된다. 그들은 자신이 장애를 지녔는지 혹은 생산적이고 또 시장성 있는 "재능"을 지녔는지 알지 못한다. 이때 개개인은 위험[리스크]에 대비하기 위해 보험을 구매할 수 있다. 시장성이 낮은 재능을 보유하는 데 그칠 가능성에 대비하거나, 모종의 핸디캡을 지녔을 위험에 대비하는 식으로 말이다. 만약 한 개인이 보험으로 대비한 수준보다 열악한 재능을 부여받는다면, 그에게는 일정한 보험금이 지급된다. 개인이 예상한 것보다 시장성이 좋은 재능을 부여받는다면, 그는 보험금을 지불해야 한다. 그 이상의 재분배는 없다. 그 이후로 발생하는 모든 불평등은 정당화할 수 있는 것이다. 각 개인은 자신들이 선택하지 않은 여건에서 비롯된 불운에 대해 충분한 보상을 받았다. 따라서 그 이후로, 그들은 자신이 내리는 선택에서 비롯된 결과에 대해서는 책임을 져야 한다. 안전하게 살든 위험을 감수하든, 운명은 개개인의 몫이다.33

이는 시장에 의존하는 평등 이론이라 할 수 있다.34 드워킨은 자원의 평등을 규정하기 위해 가상적 경매로 논의를 개시했다. 그리고 가상적 보험 시장을 통해 세율을 결정함으로써 불평등을 바로잡고자 했다. 그렇지만 드워킨은 현실의 시장이 평등주의를 실현하는 데 필수적이라는 점도 분명히 했다. 시장이 실질적으로 "허가"하고 "장려"

하는 "재산 소유의 심대한 불평등" 때문에, 시장은 "평등의 적으로 간주되어 왔다." 그는 "정치철학자들과 보통 시민들은 모두" 평등이 "시장에 의해 제공되는 것으로 추정되는 효율성과 자유의 적대자 혹은 희생양"이라고 생각한다고 썼다. "그렇기에 현명하고 온건한 정치란, 평등과 다른 가치들 사이의 균형이나 절충을 유지하는 것과 다름없게 여겨진다. 시장에 일정한 제한을 두거나, 시장의 일부를 혹은 전체를 상이한 경제체제로 대체함으로써 말이다." 드워킨은 이 같은 인식에 이의를 제기했다. "무수한 재화와 서비스의 가격 설정 기제로서 경제적 시장 개념은 자원 평등에 대한 이론적 작업의 중심에 있어야 한다."35 이렇게 그는 시장을 가치중립적인 기제로 고안한 것이다. 경쟁 시장은 롤스 이론 체계의 일부이기도 했으나, 드워킨은 거기에 새로운 의미를 두었다. 이 같은 차이는 각자가 제시한 비유에서조차도 두드러지게 나타났다. 롤스가 국가계획에 반감을 품은 나머지 경쟁 시장을 민주적 토의에 비유했다면, 드워킨은 경매 시장에 비유했다.

선택과 책임 개념 또한 드워킨의 논의에서 핵심적이었다. 그는 후생의 단순한 평등을 거부했다. 개인의 후생을 평등화하는 것은 개개인이 게으름을 피우는 등 "자유롭게" 내린 나쁜 선택에 대해서도 보상해 줄 것을 요청하기 때문이다. 개인은 자신의 선택이 가져오는 결과에 대해 책임져야만 한다. 그러나 그들의 선택은 특정한 여건 속에서 내려지는 것이며, 그들은 여건 그 자체에 대해서는 (만약 그런 여건을 그들 스스로 선택한 것이 아니라면) 책임이 없다. 드워킨은 분배가 "여건에 둔감하되, 선택에 민감"해야 한다고 주장했다.36 개인은 불운에 대해 보상받아야만 한다. 그러나 보상은 특정 부류의 불운에 대해서만 주어져야 한다. 사회의 모든 패자들이 보상받을 수 있는 것은 아니다. 드워킨은 운을 두 종류로 구분했다. 하나는 "선택운"으로, 그것은 "심사숙고하고 계산된 모험의 결과, 그러니까 혹자가 예상하거나 거부할 수 있었던 개별 위험을 수용함으로써 발생하는 득실이다." 선택운은 개인이 심사숙고해 감수하기로 선택한 위험천만한 상황이다. 반면 "비선택운"은 "개인이 의도한 모험의 결과라고 볼 수 없는 위험의 작용이다."[37] 비선택운은, 개인이 모험을 선택하지 않았더라도 그의 통제를 벗어난 요인들에 의해 발생한 위험에 노출되는 상황이다. 예기치 못한 "운석 충돌"은 나쁜 비선택운의 전형이다. 주가가 오르는 주식을 구매한 것은 좋은 선택운이다. 자원 평등의 이상은 오직 비선택운의 차별적 영향과 결과에 대해서만 완전한 보상을 요구한다. 만약 당신이 모험을 감수해 나쁜 선택운을 맞닥뜨리게 된다면, 그 어떤 보상도 주어질 필요가 없다.[38]

드워킨의 개입은 시의적절한 것이었다. 선택, 책임, 시장을 부각하는 그의 작업이 발표된 당시, 비시장적 사회조직들은 전면적인 비판을 받고 있었다. 많은 이들은 경제학자들의 완전 경쟁 시장 모델과 현실 세계의 시장 사이에 존재하는 간극을 좁히고자 시도했다. 그 실천에 있어서는 결국 독점을 옹호하게 되더라도, 특히 현실 세계의 시장들을 유일하게 신뢰할 만한 사회적 선택 기제로 자리매김하기 위해서 말이다.[39] 국가는 시민들의 복지를 더는 책임지려 하지 않는 한편, 시민 개개인의 책임과 기업가적 가치를 장려했다.[40] 개인의 선택과 동의(실제적이라기보다는 가상적인 동의)가 정당성 주장의 기반이 되었다. 드워킨은 지금껏 "우익 정치철학"에서만 해당되었던 방식대로, 이런 생각들을 평등주의에서도 중요한 것으로 만들고자 했다.[41]

또한 드워킨은 "법경제학 운동"*과 관련된 특정 논쟁, 그러니까

• 법경제학은 1960년대 이래 미국에서 대거 활성화된 법학적 경향으로, 법제의 고안과 운용에 대한 분석에 신고전파 경제학의 이론을 도입하고 해당 법제의 경제적 효과를 중시하는 경향이다. 그 이전 미국의 법학계에서도, 이를테면 법현실주의나 반독점법 연구에서도 법제와 사회 현실의 관계는 중요한 판단 준거였다. 법경제학 운동은 각양각색의 사회 현실 중에서도 경제적 편익에

사유재산권과 경쟁 시장이 분배 결과에 대해 미치는 상대적 효과를 둘러싼 논쟁에 개입했다.[42] 이 논쟁의 뿌리는 후생경제학에 있었다. 전통적으로 후생경제학자들은 천부적 재능과 재산의 분배[상태]가 결과의 공정성을 결정하는 데 중요하다고 여겨 왔다. 정치적으로 이런 이론적 접근은 두 가지 방향으로 전개될 수 있었다. 국가가 분배 결과의 공정성을 보장할 책임이 있다고 여겨지는 곳에서 최초 분배[상태]의 공정성에 대한 강조는 혁명적 국가주의로 귀결될 수 있었다. 일부 사회민주주의 경제학자들도 1980년대 초 그런 가능성을 제안했다.[43] 그렇지만 대부분의 신고전파 경제학자들은 효율성을 분배와 별개로 사유했으며, 최초 분배가 공정하지 않더라도 경쟁 시장이 효율적 결과를 보장해 줄 수 있다고 지적했다. 그 결과가 반드시 공정한 것이 아닐지언정, 파레토 효율에 도달할 수 있다는 뜻이다. 1960년에 경제학자 로널드 코스가 제시한 사회적 비용 정리*는 시장의 효율성이 적용될 수 있는 분야의 경계를 급격하게 허무는 데 기여했다.[44] 그의 세례를 받아, 많은 사람들이 경쟁 시장은 재산의 최초 분배[상태]와 무관하게 효율적 결과를 보장해 줄 수 있다고, 그렇기에 공공재란 "값비싼 착시"에 불과하다고 주장했다.[45] 이런 관념은 법의 과제가 경제적 효율성의 제고라고 생각한 리처드 포스너에 의해

주안점을 두는 한편, 민법상의 행위자들에게 최대한의 자유와 정보를 제공하는 것이 법제의 이상이라고 역설했다. 법경제학자들은 재산권의 명확한 획정과 거래 비용의 최소화를 통해 사회적 효율성을 손쉽게 제고할 수 있다고 판단하곤 한다.

* 코스 정리 Coase Theorem는 로널드 코즈가 1960년 한 논문에서 제시한 내용을 조지 스티글러가 다음과 같이 정식화하고 명명하면서 세간에 널리 알려지게 되었다. 즉, "A의 행위가 외부성을 유발하여 B에게 영향을 미치고 있다고 하자. 만일 A와 B 중 누구에게 재산권이 있는지가 명확히 획정된다면, 양자 간에 교섭을 하는 데 거래 비용이 존재하지 않을 경우, 해당 행위는 재산권이 누구에게 부여되는지 여부와 상관없이 사회적으로 효율적인 수준만큼 이루어진다." 김두얼, 「로널드 코즈의 "사회적 비용의 문제" 다시 읽기」, 『법경제학연구』, 10권 1호(2013년 6월), 5쪽.

법과 철학 전반에 스며들었다.46 그에 따르면 보통법의 새산권, 불법행위, 범죄, 그리고 계약 개념들은 본래부터 경제적 추론의 구조를 띠고 있었으며, 선호를 극대화하는 경향으로 설명될 수 있는 것이었다.47 기실 세기 중반에도 보통법 특유의 불법행위법과 상해 보상 청구 개념은 자율적 개인의 권리와 완결성, 행정국가와 정부 직접 규제에 대한 비판, 그리고 보상報酬, compensation과 복지의 민영화를 옹호하는 근거로 크게 주목받은 바 있다.48 이제 그것은 경제적 가치의 증대에 기여하는 수단으로 자리매김했다. 보통법의 재산권 개념이 시장 교환의 기초로, 시장 탈규제와 민영화를 뒷받침할 수 있는 것으로 규정되었다.

수많은 법철학·정치철학자들과 마찬가지로, 드워킨 또한 이 같은 연구 문헌들에 심취해 있었다. 가장 근본적인 도덕적 차원에서 그는 그와 같은 법경제학의 아이디어들에 반대했다. 그와 더불어, 다양한 학파의 법학자들이 법을 효율성으로 환원하는 접근에 이의를 제기했다. 법경제학에 대한 비판자의 대오에는 네오마르크스주의자, 비판 법학자, 그리고 법을 권력과 정치의 장으로 보는 법현실주의자들이 있었다. 그뿐만 아니라, 법이 심오한 헌법적 가치, 도덕성, 그리고 국가의 최고 이상을 실현하는 도구라고 생각한 복지 권리 및 헌정이론가들 또한 법경제학에 도전했다.49 드워킨은 이 같은 비판자 가운데 하나였다. 포스너 및 귀도 칼레브레시를 거론하며, 드워킨은 부의 극대화를 목적 그 자체로 간주하고 그것을 정의와 거래할 수 있다는 법경제학의 관점을 강도 높게 비판했다. 그가 말하기를, 부의 극대화는 "사회적 목적이 될 수 없다. 여러 목적 가운데 하나여서도 안 된다."50 법에 대한 경제적 분석은 법의 가장 중요한 도덕적 목적을 효율성, 특히 "지불 의사"에 기초한 효율성으로 규정한다.51 드워킨은 이런 관점을 전면적으로 비난했다. 권리 이론가인 그가 보기에, 재산을 가장 "유용하게" 사용할 수 있는 이에게 재산권이 배분되어야 한다는 주장은 극악무도한 것이었다. 드워킨은 효율성의 우선성을 부정하고, 더 나아가 효율성의 규범적 개념화가 "이데올로기적"이라고 지적했다. 그것은 (더 많이 소비하는) 부자와 (생산성이 탁월한 자산을 더 많이 가진) 생산적 시민에게 이롭도록 편향되어 있기 때문이다.52

하지만 드워킨은 법경제학적 분석틀의 일부 구조적 요소들을 자신의 이론에 적용하기도 했다. 드워킨은 법경제학 사상가들과 달리 반정부적이진 않았으나, 자유주의적 평등주의의 근간에 내재하는 반反개입주의적 요소는 그로 하여금 반反관료주의에 동조하게끔 만들었다. 롤스와 마찬가지로, 그는 사회구조가 적절히 마련되어만 있다면 정부가 개인의 선택과 복리를 위해 과도하게 개입할 필요가 없다고 생각했다. 하지만 드워킨에게 있어 이는 모든 개인에게 최초의 자원 분배 상태를 공정하게 제공하고, 더 나아가 불법행위·범죄에 대한 법적 보호를 제공함으로써 공정한 상호작용을 위한 기틀을 시장경제에 마련하는 것을 의미했다. 바로 그런 이유에서, 그는 최초의 여건, 보험 시장, 사유재산권, 그리고 불법행위법식의 책임 개념을 평등주의에 도입했다. 드워킨은 협상, 시장, 그리고 보수라는 "자원주의적"resourcist 분석틀을 사용하되, 평등을 보장하는 방식으로 그것을 전유했다.53 그는 이상적 시장에서 한 개인이 소유한 것에 대해 다른 사람들이 얼마를 지불할 의사가 있는지 결정하기 위해 지불 의사의 원칙을 논거로 삼았다. 그렇지만 그는 그 원칙이 부자에게 이롭도록 편향된 점을 보완하기 위해 원칙이 무지의 상황에서, 즉 모든 참여자가 평등하게 시작하는 보험 시장에서 적용될 것을 요청했다. 그는 "계약상의 면책"과 사고accidents에 대한 논의에서 발전된 책임 개념을 논증에 도입했다. 이는 나쁜 운과 행동의 결과로 개인이 입은 손해가 어떻게 보상되어야 하는지에 대한 보통법의 논의를 응용한 것이었다 (구체적으로는 개인이 사고의 비용에 대해 책임을 지는지 여부에 대한, 그리고 법적 책임·과실에 대한 규정이 엄격한 체제에서 무보험자들을 위한 보상이 어떻게 가능한지에 대한 논의). 이렇듯, 그는 권리·보험·보통법이 효율적이면서도 공정한 시장 메커니즘과 긴밀히 결합한다면 평등을 실현하고 시장의 과잉에 대비할 수 있다고 제안했다.54

드워킨의 평등 이론은,『정의론』 출간 이후 노직에 반대하거나 노직의 비판에 맞서 자유주의적 평등주의의 제도적·비역사적 특성을 강화하는 데 천착하지 않은 최초의 평등 이론 가운데 하나였다. 노직은 당대의 새로운 법경제학에서 영감을 얻긴 했지만, 그의 관심사는 무엇보다도 초기의 분배[상태]에 대한 철학적 기반을 마련하는 데, 그러니까 사유재산의 불평등 분배를 최초 점유 또는 노동의 대가로 정당화하는 데 있었다.55 노직과 마찬가지로, 드워킨 또한 제도의 영역 밖에서 개인의 권리로부터 논의를 시작했다. 그는 개인이 자신의 선택에 책임을 지고 또 그래야만 한다는 입장을 견지했으며, 최초의 여건을 설명하기 위해 시장 메커니즘을 사용하는 입장을 견지했다. 그렇지만 그는 자신의 시장은 노직이 개념화한 시장처럼 역사적이고 우발적인 것이 아니라, 순전히 가상적이며 [특수한 목적에] "예속적인" 것이라고 규정했다. 드워킨의 시장은 재산권의 초기 분배[상태]와 무관하게 자원을 가장 가치가 높은 용도로 분배하기 위해서가 아니라, 바로 그 초기 분배[상태]를 평등하고 공정하게 만들기 위해 고안되었다.56 시장의 도덕적 한계에 대한 좌파와 자유주의자들의 거부감에 맞서며, 드워킨은 시장이 평등주의적 목적을 실현하는 수단이 될 수 있다고 역설한 것이었다.

이는 롤스의 사상을 확장하는 동시에 그로부터 이탈한 것이었다. 여러 가지 측면에서, 드워킨은 롤스의 기획을 이어 나갔다. 그는 불편부당함과 합리성으로부터 평등을 도출해 내고자 했다. 다양한 가치관들 사이에서 중립성을 견지했다는 점에서, 그는 롤스의 사회적 기본 가치 개념을 수장한 셈이었다. 롤스의 사회적 기본 가치는 중립적 결과를 상정하지 않았을뿐더러 사치스러운 취향을 가진 사람과 수수한 취향을 가진 사람이 같은 양의 자원을 사용한다면 전자의 만족도가 더 낮기 마련이라고 함의했으니 말이다.57 아울러 드워킨은 국가 개입에 대한 롤스의 끈질긴 경계심 역시 확장했다. 그의 사회제도는 사고실험의 기본 아이디어를 모방토록 설계되었다. 즉, 가치의 재분배는 오직 한 번만 발생하며, 그마저도 개인들의 출발점을 공정하게 설정하기 위함이었다. 드워킨은 롤스가 씨름한 바 있는 행운과 불운의 문제를 전면에 내세웠다. 개인이 불운을 겪어도 좋다고 말할 수 있는지, 그런 불운이 개인들의 "자유로운" 선택과 결부될 수 있는지, 그리고 불운의 결과에 대한 보호조치가 보편적이어야 하는지 아니면 조건부여야 하는지의 문제를 말이다. 이런 문제들에 대한 롤스의 대답은 개인의 행동, 특성, 그리고 선택을 분배와 무관하게 규정한 것이었다. 롤스가 천부적 재능을 공유 자산으로 취급하고 (제도적 원칙 및 천부적 재능과 관련해) 응분의 위상을 격하한 것은 전후 복지국가의 정신, 즉 자격 있는 수혜자와 자격 없는 수혜자를 구분하지 않는 것을 반영한 철학적 대응물이었다. 바로 그 복지국가가 위기에 처함에 따라, "응분에 대한 저항"은 개인의 재산과 책임을 중시하는 시장 논리에 자리를 내주게 되었다.58 개인의 책임을 경감해 평가하는 논의는 뒤안길로 밀려났다. 드워킨은 윤리적 행위와 보상 사이에 분배적 관계를, 그것도 이타주의가 아닌 선택에 기반한 관계를 다시 도입했다.

그 결과는 [개인의 책임을] 요구하는 평등주의였다. 그러나 시장의 중심성과 더불어, 선택 개념의 부흥은 우파에게 양보를 해 준 것처럼 보였다. 이는 추후 엘리자베스 앤더슨을 필두로 수많은 논자들에 의해 지적되었다.59 이는 드워킨과 같은 사회 자유주의자들이 피하고 싶었을 법한, 다음과 같은 질문이 제기되는 결과를 낳았다. 즉, 궁핍한 시민은 그들의 처지가 "무책임한" 행동에 의해 발생했으며 또한 그들 스스로 선택한 결과라면 고통받도록 내버려져야 하는가?

그럼에도 불구하고, 정작 드워킨의 이론을 수용한 것은 우파가 아니었다. 철학계에서는 또 다른 변화가 진행 중이었고, 이는 드워킨의 아이디어가 오히려 좌파에게 수용될 수 있는 기반을 마련해 주었다.

***

영미권 마르크스주의의 부흥은 역사학자들과 사회학자들 사이에서 "역사적 마르크스주의 문화 연구"로 먼저 시작되었다. 철학계에서 마르크스주의가 지대한 관심을 받기 시작한 것은 그로부터 상당한 시간이 흐른 뒤였다.60 1970년대 말에 이르면, 사회주의가 다시 유행하고 여기에 좌파 자유주의 사상이 어우러지면서 마르크스주의의 새로운 전성기가 도래했다. 로버트 폴 울프 그리고 허버트 마르쿠제의 세례를 받은 신좌파를 제외한다면, 1970년대 내내 철학자들은 마르크스주의를 멀리했다. 그들은 『먼슬리 리뷰』의 미국 사회주의 논의, 『뉴 레프트 리뷰』의 지면에서 벌어진 "서구 마르크스주의"의 수용을 둘러싼 논쟁, 그리고 『이론과 사회』, 『텔로스』, 『뉴 저먼 크리틱』을 중심으로 한 비판 이론의 미국적 수용에 큰 관심을 보이지 않았다.61 1970년대 말에 이르러, 분석철학자와 정치 이론가들은 차츰 다양한 서구 사상가들의 이론을 실험적으로 탐구하기 시작했다. 예컨대 위르겐 하버마스는 마르크스주의에 환멸을 느낀 서구에서 진행되는 새로운 논의의 대표 주자로 주목을 받았다.62 하지만 무엇보다도, 영미권 사상가들은 마르크스 그 자체에 다시금 관심을 가졌다.63 일부는 마르크스의 사상을 자유주의와 민주주의의 틀 내에서 안전한 것으로 만들고 싶어 했다. 예컨대, 피터 싱어는 마르크스를 인도주의적 헤겔과 윤리적 사회주의 사이의 교차점에 있는 인물로 소개했다.64 많은 이들은 마르크스로부터 정의 이론을 추출해 내고자 했다.65 어떤 이들은 집단적 행위 주체로서 마르크스가 노동계급에게 부여한 역사적 사명을 박탈하고자 했다. 셸던 월린은 마르크스를 자본의 "전능함"에 환멸을 느낀 사상가 가운데 한 명으로 거론했다. 그에 따르면, 혁명 이론은 기술 관료주의의 부상으로 인해 절망하는 이들에게, 그러니까 능력주의적·경영자적 자본주의에서 인간 행위 주체성이 더는 어느 무엇도 성취할 수 없게 되었다고 절망하던 이들에게 "위안"을 제공해 줄 수 있는 것이었다.66 마르크스주의적 법학과 국가론의 가능성을 타진한 논자들도 있었다.67 미국정치·법철학학회의 1983년 연간 학회지가 마르크스주의를 주제로 다룰 정도였다. 많은 이들에게 마르크스주의를 환기하는 것은 "사회를 개선할 수 있다"는 믿음을 드러내는 한 가지 방법이었다.68

새로운 마르크스주의적 방법론을 자신의 체계에 접목하고자 한 일군의 사상가들이 재산, 소유, 그리고 책임 개념에 주목하기 시작했다. 그들의 접근법은 자유주의적 평등주의의 틀을 그대로 보존하기보다는 변형하는 것이었다. 1978년, 후일 "분석적 마르크스주의"의 창시자로 불리게 될 일군의 철학자, 정치학자, 경제학자, 그리고 사회학자가 모여 매년 학회를 열기 시작했다. 그 초기 구성원에는 제럴드 A. 코언, 애덤 셰보르스키, 힐렐 스타이너, 필리프 판 파레이스, 욘 엘스터, 존 로머, 에릭 올린 라이트, 그리고 로버트 브레너가 있었다. 이 이론가들은 영미 마르크스주의 내에서 제기된 일련의 논쟁에 뛰어들었다. 예컨대, 가치 논쟁, 세계 체제론(이매뉴얼 월러스틴의 작업에 의해 촉발된 논쟁), 그리고 자본주의 이행 논쟁(이는 브레너의 농업 자본주의 연구에 의해 촉발되었으며, 새로운 "정치적 마르크스주의"를 정초했다) 등이 그것들이었다.69 그들은 마르크스주의를 그저 수용하는 데 그치지 않고 독자적인 방법론적 접근을 취했다. 이는 "이론적 기반을 모색"함으로써 마르크스주의가 새롭게 재구성될 수 있으며, 마르크스주의가 현대 사회과학의 도구들과 양립 가능하다는 신념에 말미암았다. 로머가 말하길, 마르크스주의는 계급투쟁, 집단행동, 그리고 "개인의 사회적 형성"을 강조한다. 이에 비했을 때, 사회과학의 도구들은 개인을 "모델 밖에서 이미 결정된 선호와 목표를 그대로 고수하며 여러 제약에도 불구하고 개별적으로 이윤 극대화를 추구하는 행위자"로 규정했다.70 분석적 마르크스주의의 핵심 주장은 상기의 두 접근이 화해할 수 있다는 것이었다.

논자들은 제각기 다른 방식으로 상기의 목표를 실현하고자 했다. 코언은 기능적 설명에 주목한 반면, 브레너, 로머, 엘스터는 합리적 선택·결정 이론을 사용해 경제적 합리성을 둘러싼 논의에 "적응된 선호"adaptive preferences와 같은 새로운 개념을 도입하고자 했다.71 어떤 이들은 합리적 선택 개념의 사용을 전략적인 수로 간주했다. 그들은, 마르크스가 그리했듯, 그와 같은 부르주아적 "패러다임"이 "반反부르주아적 결론"을 도출하는 데도 쓰일 수 있음을 입증함으로써 그것을 "무장해제"하고자 했다.72 대부분의 논자들은 유럽의 마르크스주의에 대해 뿌리 깊은 반감을 품고 있었다. 이를 반영하듯, 모임의 비공식적 별칭은 "헛소리 않는 마르크스주의 그룹"이었다.73 그러나 그들의 지적 노력은 방법론적 성과보다도 더 심오한 함의를 지녔다. 자유주의적 평등주의와 논쟁하며, 그들은 시장 사회주의를 분배적 평등 이론으로 만들었다. 마르크스의 사상이 롤스주의적 분석틀에 알맞게 다듬어진 것이다.

정치철학자들에게 있어 분석적 마르크스주의자들 가운데 가장 주목할 만한 멤버는 코언과 로머였다. 전후 캐나다 몬트리올에서 성장하며 공산당 활동을 한 이력이 있는 코언은 옥스퍼드에서 길버트 라일에게 사사받았다. 런던 대학교에 자리를 잡은 그는 『카를 마르크스의 역사 이론: 변론』(1978)을 출판할 당시 벌써부터 노직과 스캔런 같은 이들, 그리고 공공 선택 이론가들과 치열한 논쟁을 벌이고 있었다.74 그는 이 책에서 역사 유물론의 결정론적 구상을 옹호하는 한편, 유럽 마르크스주의 내의 다양한 흐름들에 대한 대안을 제시하고자 했다.75 코언이 스스로 천명한 목표는 루이 알튀세르와 에티엔 발리바르가 개시한 마르크스 『자본론』에 대한 연구를 진척시키되, 알튀세르와 발리바르의 접근 방식에 도전하는 것이었다. 특히 그는 층위, 정세, 그리고 분할 등과 같은 그들의 사회학적 분석틀과 비유에 불만을 품었다. 당시 알튀세르의 비전은 신좌파에서 마르크스주의 페미니즘에 이르는 영국 마르크스주의 전반을 제패하는 중이었다.76 코언은 마르크스주의적 사회관을 분석철학의 그것에 가깝게, 그러니까 개인들로 그리고 수직적 관계보다는 수평적 관계로 구성된 사회관과 비슷하게 변용했다.77 아울러, 그의 기술 결정론은 에드워드 파머 톰슨과 1세대 영국 신좌파에 대한 부정이기도 했다. 그들은 "객관적" 소유관계가 아닌 계급의식이야말로 계급 형성의 "징표"임을 강조했는데, 코언이 보기에 이는 지나치게 주의주의적이고 또 주관주의적이었다.78 경제구조를 생산력에 의해 결정되는 것으로 구상하는 기능적 설명을 도입함으로써, 코언은 집단적 개체들의 행위 주체성과 계급투쟁의 역할을 격하했다.79

코언의 저서는 노동 가치론, 이데올로기, 계급, 그리고 이행 개념의 타당성을 둘러싼 일련의 논쟁이 촉발되는 데 기여했다.80 분석적 마르크스주의자들은 합리적 선택 이론의 연장들을 사용해 자본주의 발전 단계들 간 이행의 역학을 정밀하게 설명하고 사회주의로 전환하기 위한 조건을 규정하고자 했다.81 그들은 또한 착취 이론을 둘러싼 논쟁이 새롭게 개시되는 데도 기여했다. 착취가 기술적 언어뿐만 아니라 윤리적 언어로도 정의될 수 있는지, 그리고 착취가 노동시장 내 교환에만 적용되는지 아니면 모든 종류의 시장에 (심지어는 비자본주의적 시장에도) 적용될 수 있는지가 논쟁의 도마에 올랐다.82 착취 논쟁에서, 코언은 분석적 마르크스주의에서 이내 만연해질 특유의 이론적 입장을 취했다. 그는 노동 가치론 그리고 사회적 노동의 불균등 교환으로서의 착취 개념을 폐기했다. 그 대신, 그는 분배 이론의 분석틀을 활용함으로써 그리고 착취를 비호혜성의 관점에서 정의함으로써 착취에 대해 흡사 롤스식의 개념화를 시도했다. 바로 착취를 개인 간 권력관계의 언어로, 즉 타인을 상대로 "불공정한 이득"을 취하는 것으로 정의 내린 것이다.[83]

착취 논쟁에 개입하며 로머는 보다 덜 행위자 중심적인 접근을 취하는 대신 재산에 초점을 두었다. 그는 자본주의적 착취의 제일의·독보적 공간으로서 노동시장이 갖는 중심성을 해체했고, 노동과 교환 대신 소유와 소득에 천착했으며, 자본주의를 사회적 불평등의 한 체계로 새롭게 설명했다. 로머는 착취를 "생산수단이 되는 재산의 부정의한 분배"로 정의했다.[84] 전직 수학 선생이자 샌프란시스코 교사노동조합에서 조직가로 활동한 내력이 있는 그는, 상기의 논의를 통해 미국 마르크스주의의 일련의 논쟁에 개입한 것이었다. 당시 미국 마르크스주의는 해리 브레이버맨의 『노동과 독점자본』(1974)이 출간된 이래 노동과정, 작업장에서의 통제와 강제의 문제, 그리고 현대적 기업에서 경영자 통제의 고착화가 계급투쟁 ― 작업장에서의 강제에 대한 저항으로서 개념화된 그것 ― 의 향방에 대해 갖는 함의에 천착하고 있었다.[85] 로머와 같이 계급 구성과 노동과정에 대한 사회학적 접근에 회의적이었던 이들은 그런 접근을, 그들에 대한 비판자들이 묘사하듯, 자본주의적 축적과 위기에 대한 "시장 지향적" 접근으로 대체하고자 했다.[86] 로머는 "생산과정에서 벌어지는 노동자와 자본가의 투쟁에 생산적 자산의 불평등 소유보다 더 특권적인 위상을 부여하는 것"은 착오라고 주장했다.[87] 계급투쟁은 한 생산양식에서 다른 생산양식으로의 이행을 설명해 주지 못한다. 계급투쟁이 생산양식의 이행을 설명한다고 주장하는 것은 "역사 유물론을 주의주의적 사회 이론"으로 환원하는 것과 진배없으며, 이는 역사 이론이 아닌 "지배의 사회학"으로 전락하는 것이다.[88] 노동과정에 초점을 두는 것은 "잘못된" 혹은 "비유물론적인" 분석으로 귀결되며, 이로써 사회주의 국가에서의 착취가 자본주의국가에서의 착취와 진배없는 것으로 간주될 공산이 크다는 지적이다.

이때 로머는 두 논적을 염두에 두었다. 하나는 소외를 중시하는 신좌파였고, 다른 하나는 자본가에 의한 노동자 지배가 착취와 계급을 이해하는 데 결정적이라고 보는 이들이었다. 로머는 노동조직[노동자 지배 내지 노동과정]이 오직 소외의 본질만을 정의할 뿐이라고 주장했다. 차라리, 착취의 본질은 강제성의 여부로 정의되며, 이는 노동시장에서의 잉여가치 추출이 아닌 재산 관계에서 발생하는 것으로 규정되었다.[89] 자본주의적 착취는 "한 계급의 노동을 다른 계급이 전유하는 것이며, 이는 노동이 아닌 생산수단의 소유 혹은 그에 대한 통제권이 차별적으로 분배된 까닭에 실현된다."[90] 그는 착취를 파악하는 데 있어 노동시장에 초점을 맞추는 것은 필수적이지도 않으며, 그것으로 충분하지도 않다고 보았다. 왜냐하면 가치의 전유가 상품 시장이나 신용 시장, 혹은 둘 모두를 통해 전개되기 때문이다. 재산 분배가 가장 중요하다. 노동자에 의한 통제와 산업민주주의도 좀 더 일반적인 문제로 환원될 수 있다.[91] 마르크스주의 내의 비판자들에 응답하며, 그는 작업장에서의 강제는 재산 관계에서 비롯된다고 주장했다. 자산 분배는 생산의 사회관계를 함축하며, 자본주의를 "불평등한 재산 체제"로 설명하는 것은 자본주의가 불평등한 노동 체제라는 인식을 배제하는 것이 아니다.[92]

착취에 대한 이 같은 정의는 다양한 체제들 내에서의 착취를 진단하기 위해 고안되었다. 즉, 그것은 봉건제적, 사회주의적(노동자 협동조합들 사이의 착취), 그리고 지위에 의한 착취(중앙화된 계획 국가에서의 착취)를 모두 아우르는 분석틀을 모색하기 위해 고안된 것이었다. 로머가 "제국 없는 제국주의"라고 불렀던 국제적 분업과 부등가 교환에서는 이와 같은 다양한 유형의 착취가 공존했다.[93] 이와 같은 이론의 확장은 시대를 반영한 것이었다. 로머와 코언 모두 서구 자본주의의 착취 못지않게 동구권 국가사회주의를 탐구하는 데도 관심이 있었다.[94] 장기적으로 봤을 때, 로머가 착취 이론을 확장한 데에는 선견지명이 있었다. 탈산업화, 금융화, 그리고 신용 팽창의 시기에 로머의 논의는 착취 이론이 운신할 수 있는 폭을 넓혀 줌으로써 그것이 노동과정 바깥에서 이뤄지는 착취를 진단할 수 있게 했다.[95] 하지만 단기적으로, 착취 개념의 재정의는 로머가 시장 사회주의를 정당화하는 것을 가능케 했다. 그의 이론대로라면, 지속적인 재산 분배를 통해, 시장 사회주의가 자유와 평등은 물론이요 우월한 효율성까지도 보장해 줄 수 있으니 말이다. 수많은 좌파들이 시장 근본주의를 자유, 평등, 그리고 공동체에 대한 주요 위협 요인으로 간주한 것과 달리, 로머는 비자유의 근원이 시장이 아니라 국가에 의해 지탱되는 재산권 체제에 있다고 보았다.[96] 이는 그가 자본주의국가를 재산권 체제의 보증인이라 비판하는 논거가 되었다.

게다가 재산 분배에 집중하는 것은 작업장의 위상을 격하함으로써 자유주의 정의 이론가들이 사회주의를 고민의 대상으로 수용하는 것을 가능케 해 주었다. 머지않아 분석적 마르크스주의자들은 착취론과 평등주의적 분배 정의론을 자유롭게 오가며 논의하게 된다. 자유주의적 평등주의와 마르크스주의의 두 패러다임이 양립 가능하게 된 것이다. 1980년대 중반에, 철학에서 사회주의는 하나의 유력한 사조였다.

***

소유관계에 관심을 가진 건 분석적 마르크스주의자들만이 아니었다. 문제의식은 수렴하는 중이었다. 신고전파 경제학에서는 사유재산권이 다시 핵심 쟁점이 되었으며, 드워킨의 자원 분석틀은 재산과 소유에 대한 관심이 다시 유행을 타게 만들었다.[97] 철학계 밖에서도 재산세를 둘러싼 논쟁, 주주 가치 혁명, 그리고 1980년대 "자산 가치 상승에 기초한 새로운 자본주의"의 부상을 계기로 재산의 정치가 부활했다.●98 철학계 내부에서, 비슷한 변화가 이념적 구분을 떠나서 재산을 이론화하려는 움직임으로 나타났다.99 평등주의적 정의의 기초를 다시 생각하자는 센과 드워킨의 도발에 응답하며 자원·부·기회·인적 자본에 초점을 둔 새로운 평등 이론들이 제시되었는데, 이들은 가면 갈수록 더 기술적이고 후생경제학적인 접근을 취했다. 센과 마사 누스바움은 역량들capabilities에 기초한 논의를 제시했고,100 로머는 재능을 이론화했으며, 리처드 아네슨은 복지의 기회균등을 주장했으며, 코언은 이득에 대한 동등한 접근권을 강조했다.101 평등주의자와 사회주의자 모두 공정한 재산 분배를 보장하려면 시장과 최초의 여건이 어떻게 맞물려 작동해야 하는지를 탐구했다. 1980년대 나머지 기간 동안, 우파와 좌파의 철학자들은 다양한 층위의 논쟁

- 주주 가치 혁명은 '주주 가치의 극대화'maximizing shareholder's value가 현대자본주의에서 경영의 제일 원칙으로 자리 잡게 된 계기인 1970년대 말~1980년대 초 일련의 사건들이다. 1970년대 미국의 '경영자주의' 산업 대기업들이 국제적 경쟁에서 도태되고 생산성 개선에 실패하자, 자산 가치의 하락에 불만을 품은 각종 기관 투자자들 — 특히 공적·사적 연기금들 — 과 월가의 펀드매니저들 및 기업사냥꾼들은 '기업이 시가총액 상승을 위해 고정자본을 매각하고 임금 지출을 절감해 주주 가치의 환원을 극대화해야 한다'는 논리를 기업에 관철함으로써 이익을 보장받고자 했다. 경영진과 협상을 하든, 아니면 주식을 매수해 이사회를 장악한 후 경영진을 교체해 버림으로써 말이다. 주주 가치 혁명은 끝내 레이건 행정부가 경영권 보호 조항들을 대폭 완화하면서 제도화되기에 이르렀다. 주주 가치 혁명의 결과, 미국 대기업은 산업 생산, 즉 고정자본의 '감가상각'에 기초한 영업 이익 창출에 몰두하지 않고 채권·주식·부동산·예술품 등 다양한 자산의 '가치 상승'을 통한 시가총액 제고를 제일의 목표로 삼게 된다. 유동성을 마련하기 위해 중서부의 수많은 공장들에 대한 투자가 철회되고, 비용 절감을 위해 수많은 노동자들이 해고되었다. 저자가 인용한 미국 사학자 조너선 레비는 이런 1970, 80년대의 변화를 포드주의적 산업자본주의에서 '자산 가치 상승에 기초한 새로운 자본주의'로의 이행으로 평가한다.

에서 소유의 문제에 주목했다. 예컨대, 드워킨의 무인도 사고실험은 계급 형성과 계급 착취에 대한 로머의 논의에 적용되었다(추후 로머가 제시하게 될 "쿠폰 사회주의"*의 쿠폰 개념은 드워킨의 조개껍데기와 아주 흡사하게 기능했다). 많은 이들이 이론을 논증하려면 최초의 여건, 재산권, 그리고 시장 메커니즘을 반드시 반영해야 한다고 생각했다. 초기 정의 이론에서 그와 같은 관념들은 그저 암시될 뿐이었다.

그러나 정치적으로 사회주의와 평등의 관계는, 특히 영국에서, [실제 노선 투쟁과 결부되어 있다는 점에서] 매우 까다로운 문제였다. 옥스퍼드를 비롯한 유수 대학의 철학자들은 여전히 정당정치와 깊은 관계를 맺고 있었다. 미국에서, 많은 사회주의자들은 사회민주주의를 체제 이행의 필수적인 첫 단계로 간주했을 터이다. 하지만 대처 집권 이후 노동당의 미래에 대한 드워킨의 논평이 보여 주듯, 영국에서 사회민주주의와 사회주의 사이에서의 선택은 이론이 아닌 현실의 문제였다. 노동당 분열 이후, 노동당에서 떨어져 나온 일부가 사회민주당Social Democratic Party, SDP을 창당했고, 노동당의 실권을 쥐고 있던 사회주의 좌익은 1983년 선거에서 참패했다. 선거의 여파 속에, 노동당 내 우파 "현대화주의자"modernizing와 온건 평등주의 좌파는 "구 노동당"의 사회주의를 과거의 잔재로 치부하며 당내의 사회

---

* 로머가 제시한 쿠폰 사회주의는 기본소득에 기초한 시장 사회주의의 한 모델로, 경쟁의 부재에서 비롯되는 사회주의 기업 구조의 비효율성을 개선하기 위해 금융시장을 제한적으로 도입하는 기획이다. 그의 기획에서 대기업은 모든 시민의 공동소유이며, 성년이 된 시민은 주식을 구입할 수 있는 동일한 수의 '쿠폰'을 정부로부터 배급받아 기업의 주식을 자유로이 구매할 수 있다. 여기서 쿠폰은 일종의 기본소득으로, 시민은 쿠폰으로 산 주식과 그 배당금을 소유할 수 있다. 이 모델에서 상속을 위한 증여와 쿠폰의 금전 거래는 금지되며, 쿠폰과 주식은 소유자가 사망할 시 국고로 환수되어 새로운 성년 시민들에게 배분된다. 로머는 쿠폰과 제한적 금융시장의 도입을 통해 불로소득의 불평등을 대폭 완화하고 궁극적으로는 자본주의적 착취를 거의 제거할 수 있다고 주장했다.

주의 좌익과 대립했다.*102* 사회주의에 반대하는 많은 이들이 평등을 담론 투쟁의 자원으로 동원하면서, 사회주의와 평등의 이론적 연관이 정치적 불화에 의해 위협을 받게 되었다. 이런 갈등은 영국의 좌파 자유주의 그리고 사회주의 철학자들의 저술들에 고스란히 반영되었다. 그들은 신우파의 위협에 당면해 사회주의의 미래, 대안, 그리고 생존을 모색하는 데 사로잡혀 있었다.*103* 전후 노동당의 사상가들은 신자유주의 사상을 그다지 심각한 위협으로 생각하지 않았고, 계획경제에 대한 하이에크식의 비판을 아예 무시해 버린 바 있다. 그에 비해, 이제 노동당 수정주의의 후계자들은 친시장적·반개입주의적인 형태의 사회민주주의를 옹호하며 신자유주의의 위협에 적극적으로 대처하기 시작했다.*104* 제임스 미드와 리처드 레이어드 같은 경제학자들은 가격과 독점 권력을 제한하기 위해 관료제보다는 시장을 활용할 것을 오랫동안 주장해 왔다.*105* 조세 계획과 소득 계획이라는 그들의 아이디어의 신규 지지자들이 노동당 내에서 마구 생겨났다. 예컨대, 온건 좌파 하원의원인 브라이언 굴드는 『사회주의와 자유』(1986)에서 롤스의 이론을 활용해 자유와 평등을 사회주의의 이상으로서 옹호했으며, 국가를 "계획"이 아닌 "발전"의 엔진으로 설정했다.*106* 롤스와 미드식의 재산 소유 민주주의 비전은 대단한 관심을 받았고, 시장이나 사적 소유가 불평등 발생의 주요 원인인지를 두고 논쟁이 벌어졌다. 어떤 이들은 "혼합 체제"와 소유의 재분배를 주장했다. 이때 재분배의 대상은 사유재산뿐만이 아니라 "사회적 재산"과 생산적 자산까지도 아울렀다.*107* 재산 소유 민주주의 개념은 더욱더 자유주의적 사회주의 체제에 가까운 것으로 재해석되었다. 리처드 크라우스는 그와 같은 방향의 시도를 한 사람 중 하나로, 그의 작업은 롤스가 『공정으로서의 정의: 재서술』(2001)에서 자신의 사상을 재해석하는 데 영향을 미쳤다. 크라우스는 롤스가 재산 소유 민주주의에 대한 최초의 구상을 더욱 급진화하고 복지국가 자본주의

로부터의 이탈을 강조하게 만들었다.[108]

　사회주의, 평등, 그리고 소유를 둘러싼 논쟁은 1980년대 당시 하버드와 더불어 정치철학의 전 세계적 구심점이던 옥스퍼드를 뜨겁게 달구었다. 옥스퍼드의 교수진에는 드워킨, 데릭 파핏, 센, 데이비드 밀러, 조셉 라즈, 버나드 윌리엄스, 그리고 머지않아 임용될 코언이 있었다. 미드, 앳킨슨, 그리고 런던 정경대학교에서 불평등을 연구하는 후생경제학자들과 같이, 많은 이들은 새로 창당된 사회민주당의 지지자였거나 적어도 시장을 통해 사회주의를 쇄신하고자 했다. 페이비언협회와 제휴하는 '사회주의 철학 연구회'의 1986년 모임에서, 구성원들은 "평등과 정의라는 사회주의적 가치의 실현"에서 시장의 위상을 두고 다음과 같은 질문들을 던졌다. 즉, 그것은 신뢰할 만한가, 아니면 "자본주의적 에토스와 실천에 의해 돌이킬 수 없게 잠식될 (……) 또 다른 버전의 혼합경제, 이를테면 자본주의의 얼굴을 한 휴머니즘이 아닌가?"[109] 시장이 사회주의를 보완할 수 있다고 보는 영국 내 사조에서 두각을 드러내던 철학자 밀러는, 자유지상주의의 "시장의 장점에 대한 근본적 통찰"에 기초해 "시장경제에 전적으로 그리고 주저함 없이 헌신하는 사회주의 이론"을 구축하는 것이 가능하다고 생각했다.[110] 마이클 왈저가 『정의의 제 영역들』(1983)에서 제시한 다원주의적인 민주사회주의 그리고 로버트 달의 다원주의적인 경제민주주의 옹호론과 자신의 사상을 나란히 놓으며, 밀러는 시장을 옹호하는 것이 "국가를 후퇴시키는 것"이 아님을 강조했다.[111] 시장은 효율적일 뿐만 아니라 노동자들에게 (특히 직업 선택에서의) 자율성을 부여하며, 더 나아가 사람들이 "각자의 취향과 선호를 지닌 독특한 개인들"이라는 사실을 고려해 그들 각자가 "개인으로서 번영"을 누리게 해 준다.[112]

　밀러는 우파와 같은 전제에서 논의를 개시하면서도 궁극적으로는 시장 사회주의의 "순수한 모델"을 옹호하는 것이 가능하다고 제안했다. 그 모델에서 자본 소유는 사회화되며, 자본시장과 노동시장은 폐기되지만 재화·서비스 공급에서 시장 메커니즘은 존속할 것이다. 밀러가 구상한 사회는 협동조합 기업들이 경쟁하는 사회다. 거기서 "개인의 응분에 대한 보상은 강력한 입헌주의 국가가 규정하는 바에 따라 분배된다." 협동조합 내부의 불평등은 그것이 구성원들의 능력과 책임의 차이에서 비롯되는 경우에 한해 허용되며, 협동조합들 사이의 불평등은 그것이 "시장의 조건과 경제적 성과의 차이"에 말미암는 경우에 한해 허용된다. 밀러는 그것이 사회민주주의의 발전이지 그로부터의 단절이 아님을 힘주어 말했다.[113] 그는 자유주의자들과 달리 시장의 중립성을 믿지 않았다. 아울러, 협동조합적 비전이 중앙의 투자은행을 필요조건으로 삼는 데서 드러나듯, 그가 탈집중화된 사회주의로 완전히 나아간 것도 아니었다. 바로 이 점에서 그의 비전은 존 그레이와 같은 시장 자유주의자들로부터 국가계획으로 전락하리라는 비판을 받았다.[114] 물론 밀러는 이 같은 비판에 동의하지 않았다. 이렇듯 반관료주의적 자유주의와 영국의 시장 사회주의는 반국가주의에서 조우했다. 평등주의자들이 시장에 주목하던 바로 같은 시기, 사회주의자들도 그러했던 것이다.

    시장과 재산에 대한 이런 관심의 또 다른 특징은 바로 구조나 소유관계보다 행위자들에게 주안점을 둔 것이었다. 소유에 대한 관심에는 개인 행위의 소유권과 그에 대한 개인의 책임이라는 도덕적 유사물이 있었다. 이는 본디 우파의 문제의식이었으나, 이제는 좌파가 드워킨의 선택·책임 개념 그리고 자유지상주의의 "자기 소유권" 개념에 호응하며 그것을 받아들이게 되었다.[115] 노직의 역사적 논증에 대응하고자 롤스의 초기 추종자들은 자유주의적 평등주의의 제도적 성격을 강화하고, 코언이 주장했듯, "개개인은 자기$_{self}$라는 완전한 사유재산을 소유한다"는 자유주의적 권리 주장을 의문시한 바 있다. 코언에게 있어 이 점은 롤스와 드워킨 등의 철학자들이 자유주의자보다는 사회민주주의자에 가깝다는 사실을 보여 줬다. 즉, 그들은 재능을 도덕적으로 자의적이며 운의 문제에 불과한 것으로 간주함으로써 자기 소유를 부정했으니 말이다. 도덕적 의미에서의 재능은 개인이 아닌 사회에 귀속되었다. 이와 대조적으로, "우익 자유주의"는 자유주의적 권리 주장을 수용할 뿐만 아니라 자기 자신을 소유하는 개인이 외부 자원을 불평등하게[남들보다 더 많이] 획득할 권리까지도 주장했다.[116] 이는 좌익 자유주의자들이 자기 자신에 대한 소유권은 수용했으나 개인들이 외부 자원에 대해서는 평등주의적으로 분배받아야 한다고 주장한 것과 달랐다. 제럴드 A. 코언은 자기 소유권, 자유, 그리고 평등이 충돌하는 개념들이라는 노직의 제안을 진지하게 받아들였다. 많은 평등주의자들은 자기 소유와 자원의 평등한 분할이 양립 가능하다고 생각하며 노직에 반대했으나, 오히려 코언은 노직의 제안을 수용하면서 동시에 "세계 자원의 합동 소유"라는 사회주의적 비전을 견지했다. 그는 진정한 "조건의 평등", 즉 자원의 평등 분할이 아닌 자원의 공동소유에 주목할 때 비로소 자기 소유 개념과의 "불장난"을 포기하게 될 것이라고 제안했다.[117]

코언은 자유지상주의의 전제들에서 전략적 가치를 발견했다. 1989년에 과거를 회고하며 그는, "드워킨은 선택과 책임이라는 반反평등주의적 우파 사상의 가장 강력한 무기들을 평등주의 안에 포섭하는 데 상당한 기여를 했다"라고 말했다.[118] 드워킨은 계급적 지위를 초월하는 개인들 사이의 차이가 만들어 낸 불평등은 정당화될 수 있는가라는 질문을 핵심으로 다룬 바 있다. 누군가는 재능이 많고 누군가는 재능이 부족하기 마련이다. 어떤 이들은 고상한 취향을 갖고 있으며, 이는 그들 스스로 개발한 것일 수도 있고 그들이 물려받은 것일 수도 있다. 어떤 이들은 부지런한 반면, 어떤 이들은 게으르다. 어떤 이들은 미덕을 갖추었으나, 어떤 이들은 순전히 운이 좋을 뿐이다. 이런 차이들이 "개인화된 불평등"을 발생시키는데, [드워킨이 보기에]

그중 태반은 개인의 선택, 그러니까 개개인의 생산적 작업 습관, 무책임하거나 사치스러운 생활양식 그리고 불운과 불이익의 결과물이었다.119 재능이 도덕적 자의라는 롤스의 뿌리 깊은 확신과 정반대로, 드워킨은 불평등이 개인의 자원·역량이 아닌 취향·선호의 차이에서 비롯되었을 경우 개인이 그에 대한 책임을 져야 한다고 주장했다. 스캔런과 같은 평등주의자들은 개인의 "선택된 사치스러운 취향"에 대한 보상을 논할 때 선택의 중요성을 경감함으로써 드워킨에 응수했다. 그와 달리 코언은 드워킨의 논증을 더 밀고 나갔다.120 그는 "평등주의자에게 근본적인 구분은 개개인의 운명을 판가름하는 것이 선택이냐 운이냐에 있음"을 지적했다.121 비선택운에 따른 불평등은 부당한 것으로 평가되었다. 평등주의는 "그런 종류의 불이익을 보상 또는 교정할 것을 명령"하진 않지만, "주체의 선택이 반영되지 않는 종류의 '비자발적' 불이익"에 주목했다.122 불이익은 "그것이 착취나 불운을 반영할 때에만 시정되어야 한다." 평등주의의 목적은 비자발적인 불이익을 제거하는 것이었다.123

코언은 자원 못지않게 선택, 책임, 그리고 행위의 소유를 자신의 부담스러운 평등주의의 중심에 놓음으로써 강도 높은 재분배를 요구하고 강력하며 개입주의적인 국가의 존재를 함의했다. 이는 보다 광범위한 의제들을 도덕적 사유의 대상으로 삼고, 중립성과 과정에 대한 자유주의적 걱정에서 벗어나 정치철학이 결과에 대해 관심을 갖도록 하기 위한 노력의 일환이었다.124 코언은 스스로를 "도덕주의자"라고 선언했다. 그는 다양한 관계들과 행위들을 정의와 평등의 관할 아래에 두고자 했다. 그의 평등론은 "다른 도덕적 존재와의 관련 속에 우리에게 주어지는 모든 것을 잠재적인 분배 정의의 문제"로 간주했다. 혹자가 지적했듯, 이런 정의관은 "인간의 정의"보다는 "정의로운 신"의 사고방식에 가까울 정도로 "운의 일반적 자의성"을 보편화했다.125 이에 비추어 볼 때, 그 어떤 행위도 분배 이론의 범주를 벗어나서는 안 되는 일이었다. 코언은 추후 바로 그런 이유에서 롤스가 제도에 집중한 것을 비판했다.[126] 진정 필요한 것은 개인들이, 그가 놓인 구체적 사회관계와 무관하게, 스스로 만들어 낸 결과에 대해 책임지게 하는 이론이었다.

책임을 전면에 부각한 것은 부자들이 면죄부를 받지 못하게 하기 위함이었다. 윤리적 사회주의자들은 가치를 기여의 관점에서 사유하는 데 익숙했는데, 이를테면 게으른 빈민과 부지런한 빈민, 혹은 투자하는 자본가와 게으른 부자를 도덕적으로 구분하는 것을 꺼리지 않았다. 코언은 이런 전통의 연장선상에 있었다. 코언은 롤스가 개개인에게 헌신을 너무 적게 요구하고 "평등주의적 양심"을 격하하며 아울러 부자에게 생산 증대에 대한 유인으로써 고수입을 허락해 준다는 이유로 그를 비판했다(롤스는 최소 수혜자에게도 이롭다면 부익부 富益富가 정당하다고 보았다). 코언은 그것이 원칙적으로 부당하다고 보았다.[127] 하지만 그것은 불평등의 심화와 슈퍼 리치의 부상이라는 정치적 현실에 비춰 봤을 때에도 부당한 것이었다. 부자에 대한 사회주의적 문제의식은 이렇듯 평등주의와 호응했다.

코언의 평등주의는 유인에 대한 롤스주의의 관대한 태도와 부자들이 향유하는 부에 그 어떤 절대적 제한도 둘 필요가 없다는 롤스주의의 함의를 정면으로 공격했다. 롤스가 정의를 기본 구조로 제한한 것에 코언이 반기를 든 건 "개인적인 것이 곧 정치적인 것"이라는 페미니스트적 테제를 수용하기 위해서이기도 했다.[128] 마르크스에 대한 그의 재해석이 정치를 기술 결정론으로 치환한다는 이유에서 비판받긴 했으나, 그의 후기 작업에서 결정론은 행위 주체성으로 그리고 "불쾌한 동기"와 부자의 자본주의적 탐욕에 집중하는 것으로 대체되었다.[129] 선택과 책임을 중시한 것은 많은 비판을 받았다. 현실적으로, 무엇을 선택으로 간주할지를 결정하는 것은 행정적으로 어려운 문제였다. 정치적으로, 그의 사상은 온정주의라는 비난을 받았다.130 이론적으로, 그는 "자유의지의 문제라는 수렁"에 빠졌다. 비록 코언은, 우리의 선택을 비롯한, 형이상학적인 의미에서 인간 삶의 많은 것들이 우리의 통제 밖에 있어도 좋다는 점을 기꺼이 인정했지만 말이다.131

시기도 그리 좋지 않았다. 선택과 책임을 평등주의적으로 포섭하려는 시도는 사회민주주의에 이바지하기보다는 우파에게 "조건부 항복"을 한 것처럼 보였다.132 베트남전 이래 책임과 운의 문제는 법, 공적 도덕, 그리고 정치범죄를 둘러싼 논의에서 정의 이론의 언저리를 늘 맴돌고 있던 문제였다.133 그러나 그것은 분배 이론에서 중요한 역할을 부여받지는 못하고 있었다.134 철학자들이 마침내 그것을 중시한 1980년대는 국가 관료제의 무책임성에 대한 비판이 "무책임한" 복지 수혜자들의 "의존 문화"에 대한 비판과 정치적으로 조우하던 때였다. 책임에 대한 관념은 부자를 공격하는 것이 아니라 가난한 사람의 행실을 문제 삼는 데 쓰이고 있었다.

행위와 재산의 소유를 둘러싼 이와 같은 분쟁은 자유주의자와 사회주의자를 구분하는 전통적인 경계를 재조정하는 결과를 낳았다. 재산으로의 관심의 전환은 자유주의적 평등주의를 새롭게 만들었다. 분배와 선택의 패러다임 또한 사회주의 철학을 새롭게 만들었다. 냉전의 막바지에, 사회주의 철학자들은 한때 그들 스스로를 자유주의자들로부터 구분 짓던 신념들, 특히 공적 소유에 대한 옹호를 포기하기 시작했다. 1989년, 로머는 여전히 사유재산권을 부정하는 것이 사회주의의 결정 요소라고 역설했다. 그는 사적 소유가 효율성을 위해 필수적이며 사유재산권의 재분배 정도면 평등을 족히 달성한다는 주장에 반기를 드는 한편, 평등을 위해서는 생산적 자산의 국가 소유가 필수적이요 그것이 효율성을 결코 저해하지 않는다고 강조했다.135 그렇지만 시장이 평등을 촉진한다는 주장은 머지않아 공적 소유에 대한 거부를 정당화하는 데 활용된다. 전후 시기의 자유주의적 사회주의자들이 공적 소유는 사회주의의 결정 요소가 아니라고 주장했을 때, 그들은 사유재산 체제에도 경영자 통제가 널리 퍼졌다는 사실을 내세우며 자신들의 입장을 정당화했었다.136 롤스가 체제 문제에 관해 유연한 입장을 취한 것도 마찬가지로, 재산이 널리 분산되는 한, 공적 소유와 사적 소유의 구분이 별로 중요한 문제가 아님을 함의한 것이었다. 1990년대 초에 이르면, 비록 다른 이유에서였지만, 로머는 비슷한 입장을 취하게 되었다. 시장 제도와 재산 관계 사이의 연관성은, 자본주의에서나 사회주의에서나, 많은 사람들이 이해했던 것보다 덜 확정적인 것이라고 로머는 주장했다. 사회주의는 "특정한 재산 관계의 실현이 아니라 평등주의의 한 종류"로 여겨지는 편이 가장 적절하다는 것이다.137 재산 관계는 로머 이론의 중추에 놓이기에 이르렀으나, 어디까지나 시장에 종속되는 한에서 그러했다.

이와 동시에, 집단에 대한 로머의 강조 역시 폐기되었다. 로머가 추후 제시하게 될 쿠폰 사회주의는 그가 스스로 회고하기를 자유주의적 평등주의식의 재산 소유 민주주의와 같은 전통에 있는 것이었다.138 무엇보다도 평등주의의 한 형태로 새롭게 정의된 시장 사회주의는 다양한 체제들, 예컨대 사유재산이 그 활용 방식에 따라 제한되는 "사회적 공화주의"와도 양립 가능했다.139 다른 분석적 마르크스주의자들도 분배 평등을 위해 공적 소유가 아닌 소득에 기반한 해결책을 택했다. 이를테면, 1986년에 로베르트 판데르페인과 필리프 판 파레이스는 일정 수준의 소득을 보장하기 위한 "보편적 보조금"이 "공산주의로 가는 자본주의적 길"이 될 수 있다고 제안했다.140 많은 이들은 공동소유에 대한 지향을 버리는 대신 자기 소유, 최초의 여건, 그리고 자원의 평등화로 눈길을 돌렸다. 이런 이론들의 반개입주의적 논리는 철학자들로 하여금 점점 더 자유지상주의적인 입장을 취하게 만들었다. 그리하여 좌파 자유지상주의가 대두했다. 그 전위에 있던 힐렐 스타이너의 "출발점 이론"은 태어나는 모든 개인들이 천연자원의 동등한 양을 사용할 권리를 지녀야 한다고 주장했다.[141] 코언이 말하길 "정치적 동력을 여읜" 좌파들이 제시한 이런 이론들은 개인을 중심에 두고자 하는 경향이 있었다. 소유가 넓게 분산됨에 따라 집단적 통제의 역량 또한 줄어들었으니 말이다. 그 대열에 동참한 수많은 이들은 통제의 문제를 차치해 두었다.[142]

상기의 논의에서 분석적 정치철학자들을 갈라놓는 주된 구분선은 재산의 분배를 자유주의적 평등주의식으로 할 것이냐 아니면 사회주의식으로 할 것이냐가 아니었다. 구분선은 사회제도와 국가에 대한 정치 이론적 입장에 따라 그어졌다. 평등, 재산, 그리고 사회주의를 둘러싼 논쟁은 후기 롤스주의적 자유주의 철학의 특유한 성격을 해체했다. 정치철학자들은 롤스 이론에서 사회적 기본 구조에 의해 가려져 온 요소들을 전면에 내세웠다. 『정의론』이 출간된 이후, 롤스의 독자들은 자유주의적 평등주의를 제도적·비역사적 이론으로 규정하고 기존의 관행에 집중할 뿐 관행 바깥의 권리들은 경시했다. 비록 많은 이들이 롤스의 이론에 도전했으나, 그들은 대체로 기본 구조의 범위를 비판하지 롤스의 제도적 초점 자체는 문제 삼지 않았다. 롤스가 국제정치와 환경 정치를 간과한다는 이유로 비판하던 철학자들도 그 초점을 세계와 미래로 확장하고자 할 따름이었다. 세기 중반 미국 시민사회에 대한 롤스의 이상화 그리고 사회를 관행들의 체계로 보는 롤스의 인식으로부터 비롯된 그의 이론의 합의주의적 골자는 그대로 보존되었다. 비록 롤스에 도전하는 이론들이 사회를 지배나 갈등의 관점에서 보고, 롤스 이론에 깔린 점진적 진보 서사를 의문시하고, 사회계약의 전통을 공격했음에도 불구하고 말이다.[143] 좌파, 반식민주의, 페미니즘, 그리고 비판적 인종 이론은 주류 철학계에서 배제되었으며, 이런 배제는 그들이 자유주의적 평등주의의 핵심 교의들과 양립 불가하다는 이유에서 철학적으로 정당화되었다.[144] 대다수 철학자들은 변함없이 그 교의들을 받아들였다. 롤스주의 페미니스트 철학자로 가장 잘 알려진 수전 오킨도 마찬가지였다. 『정의, 젠더, 그리고 가족』(1989)에서 그녀는 롤스가 가족을 정치의 본령에서 배제하고 도덕적 관계와 사적 행위의 영역을 제도에 종속시킨 것에 반기를 들었다. 그러나 가부장제 가족의 자연화를 바로잡기 위해 그녀가 주장한 해결책은 여전히 가족 문제를 기본 구조에 포함하는 것이었다.145

그러나 전前 제도적 재산권이 평등을 둘러싼 논쟁의 화두가 되면서 기본 구조 개념에 대한 확신은 흔들리기 시작했다. 기본 구조의 해체는 철학자들을 새로운 영역으로 이끌었다. 젠더와 인종 정의의 관점에서 제기된 도전들이 서서히 주류 철학계에 포섭되기 시작했다. 다른 도전들은 영향을 끼치는 데 좀 더 많은 시간이 걸렸다. 비록 국가의 성격이 사유화를 거치며 변화하는 중이었음에도 불구하고, 정치철학자들은 전통적인 사법·입법 제도 바깥에서[즉, 사회경제적 영역에서] 주로 벌어지던 그와 같은 변화를 진단하기 위해 자신들의 국가 개념을 수정하려는 노력을 하지 않았다.146 대신, 그들은 제도와 개인의 관계를 수정함으로써 기본 구조에 변형을 주고자 했다. 개인은 언제나 롤스의 제도적 기구에서 중심에 있었다. 물론 개인의 위상은 이론이 처음 제시된 이래 몇 차례의 정당화를 거듭하며 서서히 강화되었지만 말이다(이는 정의 이론이 세계시민주의적 기획으로 확장되고 롤스 본인이 자신의 이론을 칸트적으로 재해석한 것을 뜻한다). 그렇다 하더라도, 개인의 윤리와 행위는 분배 정의와는 별도의 영역에 해당하는 것으로 치부되곤 했다. 그러나 이제, 파핏이 롤스의 분석틀을 해체한 것과 같은 시기에, 분석적 마르크스주의자들은 정의와 평등을 제도적 틀 너머로 크게 확장하고 좀 더 광범위한 여러 사회적 관계들을 도덕적·정치적 고찰의 대상으로 포괄했다.

비록 드워킨 그 자신은 제도주의를 신봉했으나, 그가 개인의 책임과 선택을 자신의 이론에 도입하면서 상기의 해체 과정이 개시되었다. 드워킨은 개인의 선택에 따르는 도덕적 책임을 분배 정의의 중심적인 문제로 자리매김했다. 아울러 코언이 부담스러운 평등주의를 개진하기 위해 도입한 일련의 범주들이 그 자체의 생명력을 얻은 바, 그 범주들은 그 자체로 철학의 신성한 성물로 자리매김하게 되었다.147 분배 평등 논의에서 개인의 선택은 이제 결정적인 것이 되었다. 엘리자베스 앤더슨은 추후 제도적·관계적 평등주의자와 이런 "운 평등주의자" 사이의 근본적인 구분선을 규명했다. 앤더슨에 따르면, "운의 평등"에 관한 그들의 이론은 "자본주의와 사회주의가 각자 지닌 최악의 면모들"만을 추출해 낸 것이었다. "거친 개인주의"*와 "보험"을 결합함으로써, 그것은 자본주의와 복지국가에 대한 옹호론과 진배없는 것이 되었다. 운 평등주의자들은 평등을 그저 "분배의 패턴"으로 인식했다.148 그들은 개인의 선택이 타인의 운에 미치는 영향을 경시하면서도, 사회주의의 지지자들에 맞서기보다는 돕는 방향으로 선택·책임의 조건을 정하고자 분투했다.149 분배 패러다임은 지나치게 확장된 나머지 그 제도적·관계적 기반을 상실하고 말았다.

평등주의적 논증을 위해 우파의 전제들을 활용하는 철학적 전략은 위험한 것이었다. 그렇게 해서 평등주의에 도입된 개념들은 본래에 가지고 있던 독자적인 힘을 잃지 않았다. 재산과 책임 개념의 부활은 양가적인 결과를 낳았다. 평등주의적 원칙들은 조건성을 보편성에 성공적으로 통합했다. 그러나 선택이 분배에 영향을 미치는 임계점을 지극히 낮게 설정할 때조차도, 평등주의자들은 문제 제기에서 자유롭지 못했다. 행위의 결과에 대한 개인 행위자의 책임, 개인 응분

---

* '거친 개인주의' rugged individualism는 자립적이며 외부 — 국가나 공동체 — 로부터 주어지는 부조·지원에 의존하지 않는 개인의 주체성을 옹호하는 관념이다. '거친 개인주의'는 허버트 후버 대통령과 그 후예들이 뉴딜 개혁 당시 민주당과 개혁 세력의 노동조합주의 및 국가 개입에 맞서기 위해 서부 팽창 시기의 '거칠고 독립적인 남성성'을 미국 문명의 원동력으로 부각하면서 널리 알려졌다.

의 위상, 그리고 복지국가에서 기여 원칙의 위상에 대한 의문이 거듭 제기되었다.150 우파가 논쟁을 장악하던 당시, 선택·책임·사유재산권·시장을 논증에 포함하는 전략적 선택은 그런 개념들이 "사실에 둔감한" 원칙들 속에 보존되는 결과를 낳았다.151 자유주의 철학은 그런 개념들까지도 이상론의 일부로 포섭하는 역량을 가진 것이었다.

***

다른 한편, 일군의 정치철학자들은 이상론의 드높은 꿈 그리고 소유 문제에 대한 관심을 내려놓으려 했다. 그들은 다른 방식으로 신우파가 가져온 변화에 대응했다. 민주적 통제와 정당성의 문제를 파고듦으로써 혹은 복지국가와 그 정책을 옹호하는 최소주의적 접근을 개발함으로써 말이다.152 당시 복지국가에 대한 최소주의적 정당화 시도 가운데 가장 널리 지지를 받은 것은 로버트 구딘의 논의였다. 그는 "복지국가에 반대하는 자유시장주의자들을 다름 아닌 그들의 논거로", 즉 "그들 논증의 '내재적 논리'로 격파하겠다"는 목표를 천명했다. 구딘은 복지국가를 무엇보다도 "강제적, 집단적, 그리고 대개 비재량적인" 방식의 복지 공급 체계로 규정했다.153 복지국가에 대한 종래의 정당화는 기본적 욕구가 충족되지 않을 경우, 반드시 국가가 이를 충족해야 한다는 주장에 기초했다. 게다가, 복지국가는 "비시장적 관계와 가치"를 보존해 준다.154 시장 바깥에 있어야만 하는 개인 간 관계가 존재하듯, 특정 재화와 서비스의 공급 또한 그래야 한다.155 우리에게는 취약한 것들을 보호할 도덕적 책임이 있고, 그에 따라 시장에 경계를 설정해야 한다는 것이다.156 하지만 구딘은 복지국가를 "시장 바깥에, 그러니까 시장의 작동 법칙과 그 정당화 논리의 외연에" 위치시키는 상기의 원칙들이 정당화의 "모든 부담"을 질 필요는 없음을 보여 주고 싶어 했다. 국가와 비非시장 복지 공급의 필요성을

바로 시장의 논리적 전제들을 통해 보여 주는 것이 가능하다고 생각한 것이다.157

복지 공급 체계가 민영화의 위협을 받는 가운데, 구딘은 그런 악조건 속에서도 복지국가가 존속할 수 있게 해 주는 옹호론을 제공하고자 했다. 대체로 시장 논리가 복지국가에 적대적인 것은 사실이었다. 복지국가를 시장 실패에 대한 교정책으로 보는 신고전파의 논리는 복지국가를 정당화하기에 역부족이었다. 시장이 해 줄 수 없는 자선 활동의 매개적 역할과 공공재·공공 혜택의 공급을 복지국가가 대신해 준다는 논리도 마찬가지였다. 복지국가가 보험 시장의 실패를 치유하기 위해 고안된 사회보장제도라는 논리 또한 미진한 구석이 있었다. 본질상 보험은 재분배와 거리가 멀뿐더러 합리적 기대를 보존하고 불확실성을 제거하도록 기능하기 때문이다. 보험으로서의 사회복지 모델에 대한 도덕적 거부는 어떤 방식으로든 제기될 수 있었다. 예컨대 "보험의 규범은 무엇보다도 복지국가의 가장 특징적인 기능, 즉 도움이 없이는 기본적 욕구를 충족할 수 없는 개인들의 욕구를 충족해 주는 기능을 정당화할 수 없다."158 대신, 구딘은 복지국가가 시장의 존재에 결정적인 "전제 조건들"을 제공해 준다고 주장했다. 시장의 상호작용은 개인들이 "독립적인 시장 행위자"일 것을 요청한다. 그렇다면 개인의 의존성은 응당 제거되어야 할 터이다. 바로 그 점을 복지국가가 보장해 준다는 것이다.

의존성은 복지국가에 대한 우파의 공격을 상징하는 개념이었다.159 이는 1960년대 말 닉슨의 소득 보장 정책이 실패한 이래 미국에서 빈곤과 복지 수급 자격을 둘러싼 논쟁의 키워드로 자리매김해 왔다. 1980년대에 들어, 그것은 두 개의 상호 연관된 사조에 힘입어 우파 담론에서 다시 널리 통용되기 시작했다.160 하나는 자본주의에 대한 급진화된 "도덕적" 옹호론으로, 그것은 사회보장제도를 비난하고 시민들에게 "개인의 통제권"을 되돌려 줄 것을 약속했다. 다른 하나는 빈곤의 "문화"적 측면을 중시하는, 마찬가지로 급진화된 담론이었다. 인플레이션 히스테리를 이용해 기업에 대한 규제 완화와 노동규율 강화, 그리고 사회보장제도의 민영화를 정당화해 온 우파 논자들은 더 나아가 복지 제도 전반을 경제적 낭비이자 자본주의의 족쇄로 규정하기에 이르렀다. 복지 지출 비용이 민간에 주어진다면, 빈곤을 제거하고도 남을 정도의 성장을 발생시킬 것이라고 그들은 주장했다. 복지 제도는 위험을 감수하는 태도를 억누르고 "복지 의존성"을 발생시킴으로써 빈곤을 전혀 개선하지 못한다는 것이다.[161]

이처럼 기업가적 문화를 빈곤에 대한 해법으로 봤던 자본주의에 대한 도덕적 옹호론은 시장의 효율성을 주장하는 데 그치지 않고, 그 이상으로 나아갔다. 공급 측면 경제학의 옹호론자로 잘 알려진 극우 논객 조지 길더가 대표적이다. 그는 "레이건 정부의 성경"이라는 칭호를 얻은 저서 『부와 빈곤』(1981)에서 하이에크뿐만 아니라 프리드먼까지도 자본주의에 대한 "기술적이고 실용적인" 옹호만을 제공할 뿐이라고 비판했다.[162] 이[길더의 사상]는 자유 시장과 자유 기업 체제에 대한 세기 중반의 옹호론들 그리고 자본주의에 대한 시장 자유주의의 윤리적 비판과는 참으로 거리가 먼 것이었다. 길더는 사회보험과 재분배가 "근면", 노력, 그리고 보상의 연결 고리를 부숴 버리고 기업가 정신을 억누름으로써 빈곤을 영속화한다고 비난했다. 그는 "이타주의가 자본주의의 본질"이라고 주장했다.[163] 시장과 자본의 권리라는 미명 아래에서 제기되는 복지국가 비판은 의존성에 대한 두 번째 비판, 그러니까 "가족적 가치"와 "가족의 책임"을 복원하자고 주창하는 사조와 교차했다. 상기의 구호들은 1970년대 말 기독교 우파와 "친가족적" 문화 보수주의가 내건 기치였으며, 신보수주의와 신자유주의 가족 정책의 슬로건이었다.[164] "가난한 미혼모"에 대한 인종주의적 공격이 한창이던 1984년, 찰스 머리가 출간한 『퇴보하는 미국 사회』는 "사회 최하층의 병리학"에 대한 보수적 논의들을 다시금 활성화했다.¹⁶⁵ 이를테면, "빈곤 프로그램이 도리어 빈곤을 만들어 낸다"거나 근로 복지에 의해 진작된 "노동 윤리"만이 의존성이라는 심리적·도덕적 현상을 "치유"할 수 있다는 식의 주장들이 제기되었다.¹⁶⁶

구딘은 이 같은 관념들을 전유하여 오히려 복지국가를 옹호하는 데 활용하고자 했다. 그는 궁핍한 남을 도와줄 도덕적 책임이 가족을 부양할 책임과 동일한 원천에서 파생된다는 점을 보여 줌으로써 "가족의 책임"이라는 개념을 "전략적 이점"으로 전환하고자 했다.¹⁶⁷ 구딘은 "복지국가가 고안된 목적이" 바로 "의존의 문제를 해결하기 위함"이라고 말했다. 국가는 빈곤을 발생시키기지 않고 오히려, 자본주의의 도덕적 옹호론자들마저도 인정할 수 있는 방식으로, 그것을 해결했다. "유사 이래 궁핍한 시민은 늘 공적·사적 자선 체제 덕분에 연명했다." "시민이 그와 같은 독지가의 자의"에 더는 의존하지 않게 된 것은 바로 복지국가의 시대에 이르러서다. "만약 신우파의 주장이 실현된다면, 과거의 양상이 다시금 재현再現될 것이다." 역사상 의존의 문제는 노동, 임금, 또는 재산 소유를 통해 해결되었다. 구딘은 진정한 해결책이 비인격적이며 비자의적인 재화와 서비스의 공급이라고 주장했다. 그것만이 궁핍한 자들에게 시장에 대한 접근과 참여, 그리고 정치적 "자립"을 선사해 줄 수 있기 때문이다.¹⁶⁸

이때 관료제를 위한 변론은 신중하게 개진되었다. 당시는 수많은 좌파들이 복지국가를 문젯거리로 인식하고 몇몇 좌파 비판자들이 우파와 유사한 진단을 내리는 분위기였기 때문이다. 예컨대, 왈저는 정치적 의존성이 복지국가가 초래한 뜻밖의 결과임을 인정하고, 그 대신 빈자의 "자존"과 "자부심"을 지켜 주기 위해 사회화된 분배 내지는 새로운 기제를 제안했다.¹⁶⁹ 그렇지만 일군의 사회민주주의적·사회주의적 페미니스트 이론가들은 다르게 생각했다. 그들은 복지국가를 의존성의 기원이 아닌 의존성의 해결 수단으로 간주하며 국가권력, 온정주의 그리고 불안정성에 대한 좌파 내의 회의론에 제동을 걸려 했다.170 구딘은 그들과 뜻을 함께했다. 이때 그는 한 가지 특이한 주장을 펼쳤다. 여러 에세이와 추후 출간될 『복지를 지지하는 이유들』(1988)에서, 그는 의존성의 문제가 기실 "착취의 문제"임을 역설했다.171

의존성과 착취는 주로 별개의 것으로 취급되는 추세였다. 착취 그리고 경제적 예속 관계와 달리, 의존성은 노동과정 외부에서 이루어지는 정치적 분석 범주로 분류되었다. 많은 논자들은 생산 노동의 영역 바깥에 존재하는 — 또는 마르크스주의적인 착취의 범위 너머에 있는 — 억압적 관계를 설명하기 위해 종속·지배·억압 같은 개념들을 사용하거나, 노동과 노동자의 형상을 다른 영역으로 확장해 적용하곤 했다.172 그와 정반대로 구딘은 저 구분을 무너뜨리고자 했다. 구딘은 자의적 권력과 의존성이라는 공화주의적 언어와 노동·경제권력 영역 너머로 확장된 분석적 마르크스주의의 착취 개념을 결합했다.173 착취는 "비非호혜성" 혹은 종속이론이 말하는 "부등가교환"과 달리 경제적 관계에 국한된 현상이 아니라는 것이다. 그것은 어떤 과정의 결과물이기 이전에 하나의 과정 그 자체이며, 경제적·제도적·분배적인 만큼이나 개인적인 현상일 수도 있다. 이를테면, "연인들도 경제적 계급 관계에서와 마찬가지로 서로를 착취할 수 있다."174 "'간통'에 대한 분석이 부부의 정절 의무에 대한 분석에서 파생되듯, 착취에 대한 분석 또한 약자를 보호해야 할 의무에 대한 분석에서 파생된다."175 개인 간의 착취는 응당 공정한 게임이 실현되어야 할 상황에서 권력이 불평등하게 혹은 독점적으로 분배될 때, 그리고 "개인의 상대적 이득이 타인의 심대한 불운을 대가로 해서 발생하는바 이득 추구 그 자체가 도덕적 잘못"일 때 발생한다.176 그러나 착취는 보다 근본적인 문제로 환원될 수 있다. 즉, 착취는 인간이든 사물이든 "우리에게 주어진 약자를 보호할 의무의 위반"을 수반하는 것으로 서술될 수 있다.177 이에 비추어 볼 때, 복지국가의 존재 의의는 다양한 의존적 존재들에 대한 착취를 방지하는 것이다. 개인들에게 필수적인 도움을 재량의 변덕 없이 제공함으로써, 국가는 "국가에 의존하는 이들을 착취로부터 지켜" 내며 "그들이 [경제적 시장뿐만 아니라] 사회 내 다른 부문의 (준)시장에 참여"하는 데 필요한 최소한의 자립을 보장해 준다.178

이는 공정이 아닌 취약성에 기초한, 경제 관계만큼이나 개인 간 관계까지도 보호해 주는, 그리고 마르크스주의적 범주를 길들여 시장 자유주의자들에게 호소하고자 하는 복지국가 옹호론이라 할 수 있다.179 시장 의존성을 줄이는 것에 대한 구딘의 강조는 복지국가를 탈상업화의 기제로 보는 당대의 복지국가론과 닮은 구석이 있었다.180 퀜틴 스키너와 필립 페팃 같은 공화주의 정치사상가들도 구딘과 마찬가지로 자의성에 초점을 두었다. 그들도 자유를 독립과 비지배로 새롭게 이론화하고자 했으며, 자유주의적 평등주의에 도전하기 위해 종속의 사회적 측면에 주목하고 있었다.181 약자에 대한 구딘의 관심은 공리주의식으로 필요에 기반한 복지국가론의 전통을 재천명한 것이었다.182 그의 이론은 국제적 차원의 도덕적 요구를 최소한으로 설정하는 입장에 가깝다는 의미에서 인도주의의 국내 버전이라 할 수 있다. 궁핍한 남들과 궁핍한 가족 구성원이 진배없다는 그의 주장은 추후 그가 제시하는 세계시민주의의 중심 논리가 되었다. 그렇지만 어떤 측면에서 구딘은 정치철학의 새로운 장으로 나아갔다. 자유주의 철학에 지배, 착취, 그리고 관계적 권력 개념을 도입하기 위해 사회적·대인적 관계를 중점적으로 다루는 이론들을 활용했으니 말이다. 물론 그의 관심은 무엇보다도 국가에 있었다. 이런 관심사들을 종합한 결과, 구딘은 기본 구조 바깥이 아닌 그 안에 새로운 영역을 마련하고자 했다. 그는 수많은 철학자들과 기본 구조에 대한 보통법적 해석이 간과한 국가의 측면들, 그러니까 법원·입법·조세의 정의가 아닌 복지의 행정과 공급이라는 측면에 주목했다.

비록 롤스도 자신의 이론에서 기본 구조 개념을 통해 행정국가의 작동을 포착하고자 했지만, 사실 그의 일차적인 관심사는 국가와 그 기관들의 행정·집행 기능을 제한하기 위한 사법적·분배적 노력, 특히 헌법과 입법 기구에 있었다. 이에 따라, 롤스 이후의 자유주의적 평등주의자들은 크게 세 개의 주제, 즉 불평등·소유와 관련된 분배 문제나 법·법원·헌법과 관련된 사법적 문제, 그리고 저 문제들을 해석하는 민주적 공동체에 초점을 두었다. 롤스의 제도주의에 대한 비판은 그가 실제로는 개인, 심리, 그리고 공동체에 관심을 가졌다는 점도 간과하지만, 그뿐 아니라 롤스의 비전이 행정국가를 오직 부분적으로만 다룬 탓에 국가 제도를 충실하게 분석하지 않았다는 점도 놓치는 경향이 있다. 철학자들이 과정만큼이나 결과에도 주목함에 따라, 그리고 평등주의자들이 행정을 경시한 채 분배 패러다임을 확장해 감에 따라 그런 측면의 국가 제도는 더욱더 잊혔다. 바로 이런 맥락에서, 구딘은 사법·입법 제도와 다양한 종류의 결사체·관계·규범뿐만 아니라 국가의 또 다른 요소들, 즉 관료제의 복지 공급자적 기능에 주목했다는 점에서 두드러졌다. 책임을 둘러싼 논쟁에 참여할 때에도, 그는 가치의 수혜자나 위대한 지도자의 '더러운 손' 딜레마뿐만 아니라 데니스 톰슨이 "너무 많은 손들"의 문제라고 칭한 관료와 공공서비스의 공급자에게도 관심을 기울였다.[183] 하지만 구딘은 이 새로운 주제를 다룰 때 자유주의적 평등주의의 교훈을 적용하기도 했다. 그의 작업에서 두드러지는 것은 관료에 대한 경계심이었다. 착취의 위험을 최소화하기 위해, 그는 복지 공급 과정에서 관료의 재량이 축소되길 원했다. 관료제의 과잉에 대한 그의 해법 또한 지극히 자유주의적인 것이었다. 시장이 모든 일을 대신하게 하는 신자유주의적 대안을 택하지는 않았으나, 그의 선택은 불편부당한 규칙, 즉 관료에게 "의무와 책임"을 부과하는 문화를 통해 국가 관료의 재량을 억제하는 자유주의적 해법이었다.184 그는 복지 공급의 무조건성과 보편성을 옹호할 뿐, 그와 같은 불편부당한 규칙을 집행하고 도덕적·정치적 원칙들을 구체화하는 정치적 제諸 조건이 어떠해야 하는지에 대해서는 대체로 무관심했다. 구딘의 논의 속에서 관료 행정 전문가는 정당, 노동조합, 민주주의, 혹은 집단 행위자들의 결정에 의해 제한되는 것이 아니라 그들보다 우선하며 그들로부터 독립적인 규칙·규제에 의해 제한됐다.

***

평등과 사회주의를 둘러싼 논의가 한창이던 당시, 일군의 자유주의 철학자들도 국가에 관심을 갖기 시작했다. 하지만 그들 가운데 대부분은 앞서 살펴본 논의와는 다른 문제에, 바로 사회질서의 근본을 이루는 제도적 규칙들을 정당화하고 그에 권위를 부여하는 문제에 관심을 가졌다. 전후 시대와 달리, 번영의 과실은 국가 구성원들에게 더는 널리 공유되지 않고 있었다.185 사회적 화합을 위한 사회적 지출의 요구가 충족되지 않았으며, 분배 갈등은 사회 안정성을 위협하고 있었다. 1970년대 말 복지국가의 위기로부터 10여 년이 지난 후, 철학자들은 복지국가의 동기적·민주적 기반을 파고들고 현존하는 자유주의 질서의 정당성과 정당화 가능성을 의문시하기 시작했다. 세기 중반 영국의 이론가들은 국가가 필요를 충족하기 위해 고안되었으며, 이타주의나 사회적 연대, 혹은 둘 다에 의해 뒷받침된다고 보았다. 아울러, 롤스의 이론은 개인들이 정의의 원칙들을 지지하고 또 그에 순응하기 위해 정의감을 지닐 것을 요청한 바 있다. 하지만 국가가 쇠퇴 중이라는 분위기가 공공연해지면서 사람들은 그런 정의의 기반이 존재할 수 있는지, 혹은 단 한 번이라도 존재한 적이 있는지 의문을 제기하기 시작했다.186 경제학자와 사회학자는 "저성장"과 경기 침체가 이타주의의 기반을 침식하고 있다고 주장했다.187 정치철학은 우파의 전제와 비유를 단순히 포섭하는 것 이상으로 조정되어야 할 것처럼 보였다. 과연 부담스러운 평등주의나 롤스식의 정의 이론은 그와 같은 배경에서도 정당화될 수 있을 것인가?

이 질문에 답을 제시하고 규범 이론의 경험적 제약 요인들을 파악하기 위해, 일군의 철학자들이 복지국가의 역사적 조건들을 다시 검토하기 시작했다. 구딘은 복지국가가 이타주의에 기반한 것이 아니라 불확실성으로부터 서로를 보호하는 보험의 기제, 따라서 계몽된 자기 이익 추구의 결과라고 주장했다.188 영국의 복지국가가 제2차 세계대전기에 형성된 이유 또한 달리 해석되었다. 전쟁이 고조한 이타주의나 국민적 단결 대신, 그는 전쟁이 삶의 불확실성을 크게 높임으로써 개인들로 하여금 위험을 공유하는 메커니즘에 참여하게 만들었다고 주장했다. 밀러는 이런 관점이 복지국가를 시장 자유주의에 취약하게 만든다고 논평했다. 만약 복지국가의 목적이 사회보험에 있다면, 그것은 경쟁 시장에서 쉽게 구매 가능한 것일 터이니 말이다.189 그는 이타주의야말로, 평시에나 전시에나, 복지국가의 실제 동기를 더 잘 반영하는 개념이라고 보았다. 유복한 사람이 궁색한 사람의 후생에 기여하는 메커니즘에 개인들이 참여하게끔 만드는 것은 바로 이타주의다. 그가 보기에 영국인들의 태도는 이타주의가 여전히 복지국가를 뒷받침한다는 신호였다. 영국인들은 복지의 하한선이 유지되는 한 타인이 제 돈으로 "고품질의 의료 서비스나 교육"을 누리는 것에 개의치 않기 때문이다. 물론 이는 정의감이 잘 함양되고 있다는 신호는 아니었다. 정의감은 모든 이들이 동일한 재화에 호혜적인 접근권을 누려야 한다는 믿음으로 표출된다. 국가의 사회 정의적 기초는 복지의 하한선과 상관없이 [국가가] "철저하게 시장을 대체하는 것"을 목표로 한다.190 그런 기초가 부재할 때, 이타주의는 "복지국가의 기초로서는 차선책"일 뿐이다.191 구딘은 이에 동의하지 않았다. 소득 이전은 "수입이 끊기는 것에 대한 보험"으로 다시 개념화되어야 한다. 신자유주의자들의 주장과 반대로, 이런 보험은 사적 메커니즘보다는 공적 메커니즘을 통해 조달될 때 더 효율적이다. 보험 관점을 통해서라면 평등이나 이타주의와 같이 낡은 관념에 호소하지 않고도 상당 수준의 재분배를 정당화할 수 있다. 위험[리스크]을 공유하는 시민들의 [사회적] "연대"로도 충분하다는 것이었다.192

롤스적 자유주의나 분석적 마르크스주의의 부담스러운 평등주의에 비하면, 사회보험에 대한 이 같은 변론은 눈높이를 낮춘 것처럼 비춰졌다. 그러나 몇몇 논자들은 그런 최소주의적 관점으로도 사회주의의 실현이 가능하다고 주장했다. 「사회주의의 여전한 중요성」(1988)에서 브라이언 배리는 소유권의 위상을 격하하고 생활 조건에 대한 집단적 통제를 핵심 원칙으로 삼는 사회주의론을 제안했는데, 이때 사회보험의 관행은 그 핵심 원칙을 구현하는 것으로 제시되었다. 사회주의를 평등주의와 동일시하는 것을 완강히 거부하며 그리고 새로운 시장 사회주의와 평등주의가 공히 "자유의지 문제"에 집착하는 것을 비판하며, 배리는 "소유의 재조직으로는", 예컨대 협동조합 같은 시도로는, "시장의 부적절함을 극복할 수 없다"고 주장했다.193

배리는 자유지상주의가 별 저항 없이 수용되는 것에 경악을 금치 못했다. 그는 인플레이션이 민주주의를 위협한다는 우려가 실은 "선출된 정부의 손을 영영 묶어 두기 위한 민주적 지지를 얻고" "경제정책을 입안하는 정부의 역량을 박탈하려는" 술책이라고 보았다. 공공 선택 혹은 통화주의 자유주의자에 대한 양보는 "규제, 공공복지, 그리고 재분배라는 민주주의국가의 필수 불가결한 발전 방향을 적대시"하는 것을 뜻한다. 이를테면, 제임스 뷰캐넌은 뉴딜과 워런 연방대법원의 성과를 허물기 위해 오랫동안 "헌정적 반혁명"을 외쳐 왔는데, 이때 그는 "반反인플레이션 히스테리"에 힘입어 "평온한 시기에는 반동적인 잡설로 널리 인식될 제안들에 민주적 지지를 동원"할 수 있었다.194 철학자들은 이미 자유지상주의 우파에게 너무 많은 것을 양보해 버렸다. 철학자들은 사적 보험 시장, 선택, 책임, 선행과 같은 우파의 개념들을 사용한 지 오래이며, 시장 논리 그리고 정치가 그것을 좀먹는다는 관념을 받아들인 지도 오래다. 규칙이 자리 잡고 나면 사람들이 개인으로서는 행동할 수 있지만 집단으로서는 그럴 수 없다는 관념은 매우 해로운 것이었다. 자유주의적 개인주의의 승리는 사람들로 하여금 "교육부터 대중교통까지, 모든 사회 의제가 정치화되는 것을 최악"이라고 생각하게 만들어 버렸다. 대처주의가 성공한 비결은 "이기적이고 반사회적인 선택을 자기 이익"과 동일시한 것이었다. "그리하여 우리가 집단적으로 공유하는 이해관계를 위한 선택이 마치 하나의 자기희생처럼 여겨지게 되고 말았다."195

과제는 이데올로기적 혼란을 바로잡고 국가의 새로운 정당성을 찾아내는 것이었다. 이는 "대중을 이타주의로 전향시키는 것"으로는 해결될 일이 아니었다. 진정한 해법은 개인들이 공동의 목표를 위해 집단적으로 행동함으로써, 이를테면 노동조합, 상호공제조합, 그리고 공공 보험 기제를 통해 스스로를 교육하는 것이었다.196 지금까지 영국 사회의 "근간을 이루는 정신"은 소득 대체를 위한 보험 모델이 아니라 소득 분위에 따른 "공적 부조 모델"로 그것은 "착한 사마리아인의 정신"에서 나온 것이었다.197 배리는 이렇듯 욕구의 충족성에 초점을 둔 영국의 체제가, 구딘과 반대로 (전쟁이 초래한 불확실성에 대한 공포가 아니라), 전시의 사회적 연대에 힘입어서만이 가능했다고 주장했다. 그런 연대가 상실된 마당에, 복지 혜택이 관대한 수준으로 유지되리라고 기대할 수는 없을 것이다. 대조적으로, 보험 모델은 이타주의나 높은 수준의 연대 없이도 작동할 수 있다. 게다가 그것은 시민들로 하여금 자신의 삶을 통제할 수 있게 해 준다. 배리는 소유권이 아닌 바로 그런 통제야말로 사회주의에 결정적이라고 보았다.

영국의 이론가들이 전후 복지국가의 기원을 두고 토론하던 당시, 국가의 정당화를 두고 논쟁하던 미국의 철학자들은 미국 건국의 기원을 재검토하기 시작했다. 영국에서 사회주의가 그러했듯, 이는 미국 자유주의 철학의 향방에 매우 중요한 문제였다. 프랭크 미셸먼, 브루스 애커먼, 캐스 선스타인 등 윤리·법철학학회와 관련된 다수의 법철학자들은 입헌주의적인 "시민적 공화주의"를 옹호했다. 이때 그들은 1970년대 말 존 그레이빌 에이가드 포칵에 의해 재해석된 미국의 공화주의적 전통에서 "인민 참여"의 역사적 모델을 발견했다. 입법 과정에 국한되지 않고 "시민들 사이에서 그리고 대표자들 사이에서 광범위하고 지속적으로 정치적 논의"가 이뤄지는 것을, 말하자면 "인민이 집 밖에 나와 일상 곳곳과 타운홀 회의에서 뜨겁게 토론하는 것"을 모범으로 치켜세운 것이다.*198* 선스타인은 미국의 헌법에 "노골적인 선호", 그러니까 사적 집단이 정치권력에 기초해 자원을 전유하는 것을 금지하는 성격이 있었다고 주장했다. 사회는 사적·대립적·외생적 이해관계들을 조정하는 데 그칠 것이 아니라 공동선을 모색하며 그것들을 초월해야 한다. 이때 그 지향점이 되는 사회적 선호는 통치 과정과 "집단적 자기 결정"을 통해 형성되어야 한다.*199* 자유주의적 헌법학자들은 공화주의와 역사로 관심을 전환했다. 하지만 대개 그 의도는 워런 연방대법원 이후 그들이 개진해 온 사법부 옹호론과 사법적 자유주의를 강화하는 데 있었다.*200*

공과 사의 구분이 다시 그어지고, 정치철학자들은 다양한 방편을 통해 공적인 것을 수호하고자 했다. 어떤 이들은 대인 관계에서의 정당화 이론에 역사적 모델을 접목했다. 그 과정에서, 정부의 조치가 계약 당사자들에 의해 수용되거나 수용될 수 있다면 정당화된다고 본 롤스의 가상적 동의론이 확장되고 또 논쟁에 부쳐졌다.*201* 스캔런식의 계약주의, 즉 그 누구도 합당한 이유에서 거부할 수 없는 이성에 호소하는 것이 어떤 도덕적 원칙의 수용 가능성을 결정한다고 보는 관점도 영향력을 얻었다. 『정의론』에서 롤스는 정치적 정당화에서 공개성 조건condition of publicity의 중요성을 강조한 바 있다. 그로부터 오랜 시간이 지나 출간된 후속작 『정치적 자유주의』Political Liberalism(1993)에서, 그는 공개성 개념을 "공적 이성"에 대한 입론으로 발전시켰다. 공적 이성이란 롤스식의 칸트적 개념인 '자유롭고 평등한 인격'들이 공유하는 이성으로, 롤스에 따르면 그것은 정부와 시민의 관계 혹은 시민 상호 간의 관계를 결정하는 가장 심층적 가치들을 아우른다. 공적 이성의 실천은 사회의 규제적 규칙들이 모든 사회 구성원들에게 수용할 만한 것이도록 보장해 주는바, 정치적 정당화를 위해 필수적이다.202 당시 영미권 철학자들 사이에서 영향력이 커져 가던 하버마스와 더불어, 롤스의 관념은 "숙의 민주주의"에 대한 새로운 이론적 탐색의 기반이 되었다. 롤스주의자들은 하버마스의 의사소통 행위 이론 그리고 모든 담화가 강제로부터 자유로운 이상적 담화 상황 개념이 롤스의 원초적 입장과 지닌 유사점에 천착했다. 자주 인용되는 바와 같이, 하버마스는 그런 담화 상황에서 "다른 힘이 아닌 오직 더 나은 논변의 힘만이" 지배한다고 주장한 바 있다. 그것은 민주적 합의가 도출될 수 있는 이유를 제시하는 한 모델이 되었다.203

공적 이성에 대한 논의를 계기로 광범위한 평등주의적, 자유주의적, 그리고 사회주의적 정치·분배 이론들이 자유주의적 도덕적 정당화의 새로운 형식을 띠기 시작했다. 분배 이론이 개인 수준의 최초의 여건에 집중하면서 공적인 것을 공동화空洞化했던 것처럼, 다른 이론들은 숙의의 기제와 과정을 정초하는 작업에 착수함으로써 공적인 것을 재수립하기 시작했다. 시장 메커니즘과 외생적 선호●를 전제한

● 합리적 선택 이론은 개인의 선호가 사회·국가·제도·조직의 밖에서, 즉 태생적으로 혹은 개인적인 ― 사적인 ― 경험을 통해 형성되는 '외생적 선호'라고 본다. 반면 역사적 제도주의는 그런 선호들이 문화의 산물임을 강조한다. 즉, 아무리 개인적인 경험이라도 어디까지나 사회와 그 제도의 영향에 의해 형성되기에 '선호의 내생성'을 주장한다.

평등주의자들은 공적·합리적 담화의 이상적 절차가 동기·선호를 변화시킬 수 있다는 이유에서 그것을 옹호했다. 욘 엘스터가 말했듯이, 시장은 이제 "공적 포럼"에 길을 내주어야 했다.204 롤스의 이론에서 나타나는 민주정치의 결핍을 파고든 이 같은 이론들은 분배에 초점을 둔 롤스의 이론을 기술 지배적이고 "행정적"인 정치를 조장할 위험이 있다는 비판으로부터 보호하고 정당화하는 교정책을 제공했다. "공적인 것"은 시장과 국가 모두에 대한 대안이 되었다. 그러나 그와 같은 자유주의적 비전에서 공적인 것은 시장과 국가 둘 모두와 적대적이지 않은 것이 되었다.

 이는 자유주의적 평등주의가 그 전후의 기원으로 되돌아갔음을 뜻한다. 롤스가 자신의 정치적 자유주의를 발전시키는 와중에 스스로의 이론을 "상대화"하고 "다원주의적으로" 그리고 "정치적으로" 전환했다고 보는 것이 머지않아 통념이 됐다.205 그러나 공적 이성과 숙의 민주주의에 관심을 기울인 롤스와 정치철학자들은 그들에게 익숙한 영역으로 되돌아갔을 뿐이다.206 롤스는 전후 시기의 초기 작업에서 "토론 게임"을 제시하는 등 일찍이 토론에 관심을 가진 바 있다. 이윽고 원초적 입장과 반성적 평형으로 대표되는 "너와 나"의 개인 간 관계에 초점을 두느라 롤스는 그런 관심사를 포기했으나, 다시금 토론에 대한 전후 시기의 관심이 부활한 것이었다. 토크빌도 다시 한 번 르네상스를 맞이했다. 분석적 마르크스주의자들도 유행에 합류했다. 토크빌이 마르크스주의와 공명한다는 초기 롤스의 생각을 그들도 공유하는 것처럼 보였다.207 타운홀 회의 혹은 그에 상당하는 형태의 민주정치는 롤스가 말하는 정의감의 획득에 필수 불가결한 것으로 규정된 바 있다. 다시금 정의 이론의 동기적 기초가 이런 형태의 민주주의를 요구하는 것으로 여겨졌다.

 이렇듯 공화주의와 숙의의 이상 그리고 자유민주주의적 제도에 호소함으로써 자유주의적 평등주의를 민주화하려는 시도는 국가·

관료제에 대한 신자유주의적 비판이 인기를 얻어 가던 것에 대한 반응이기도 했다. 타운홀 회의는 국가와 시장에 대한 민주적 대안을 제시하려는 자유주의 철학자들의 노력을 상징하는 것이었다. 정당화에 대한 여러 사상들의 영향 아래에서, 숙의 민주주의 이론의 부상은 사회주의적 통제를 모색하는 흐름과는 일정한 거리를 두고 벌어졌다. 물론 예외는 있었다. 롤스의 제자인 조슈아 코언은 그의 초기 저작에서 두 사조를 연결 짓는 시도를 꾀했다. 코언은 숙의 민주주의가 그 자체로 사회주의의 한 형태라고 주장했다. 왜냐하면, 이상적 담화 상황을 모델로 삼는 숙의 절차를 실현하기 위해서는 경제민주주의가 불가결했기 때문이다. 이상적 숙의 절차는 숙의 민주제도를 정당화해 주는 기제이자 동시에 그것의 모델 그 자체였다. "타운홀 회의"와 "노동자에 의한 통제"의 유사함에 주목한 왈저처럼, 코언도 사회주의가 민주주의로부터 연유한다고 생각했던 것이다.208 아울러 그는 투자에 대한 공적 통제와 결합된 작업장 민주주의야말로 자유로운 숙의가 전개될 수 있는 제도적 조건을 제공해 준다고 주장했다.209 "규범적 사회주의는 주로 자본 소유를 비롯한 권리들의 다발을 누가 지녀야 하는가에 초점을 둔다." 그는 이것이 잘못된 질문이라고 생각했다. "사회철학이 단일한 재산 개념을 전제하고 우리로 하여금 저 권리 다발을 주고받는 데만 주의하게 만들어서는 안 된다." 차라리 소유 그 자체가 "분산"되어야 한다. 코언이 사회주의의 요체라 생각한 "민주주의적 결사"와 권력의 분산은 집단 소유에 대한 사상이 일반적으로 잘 수용하지 않는 관념들이었다.210 이 점에서 코언은 분석적 마르크스주의와 평등주의식의 소유·분배에 대한 강조와 결별하며 공동소유가 사회주의의 정의定意라는 관념 또한 거부했다. 그 대신, 통제력의 행사와 경제의 정치화를 관건으로 본 것이다.

추후 코언은 숙의 민주주의의 실현에 정치경제적 조건이 필요하다는 자신의 초기 입장으로부터 거리를 두게 된다. 사회주의보다

"결사체 민주주의"에 초점을 두면서, 그는 제인 맨스브리지를 비롯한 신좌파의 참여 민주주의 이론가들과 결을 같이하게 된다.[211] 이들은 사회적 행위자와 투쟁에 관심을 두며 사회정의의 지향을 자유주의 철학 내에 복귀시키고자 했다. 자유주의 철학이 1960년대의 사회운동에 약속했으나 대체로 저버린 그 대의를 말이다. 1990년대 제3의 길 논쟁을 거치며 공적 소유와 대규모적 집단 통제의 관념들이 폐기된 후, 소유에서 통제로 균형추를 옮기려는 시도들은 "이해관계자" 민주주의론●과 자유주의에 대한 "경합주의적" 비판으로 귀결되었다.[212] 그러나 롤스주의자들은 민주적 통제의 문제를 다루는 데, 즉 수평적인 인격들 사이에서의 정당화와 숙의에 대한 이론을 평등주의적 분배론과 연결하는 데 소극적이었다. 대부분은 자신들의 부담스러운 평등주의적 제도론을 일종의 집단 정치론과 결합하는 데 관심이 없었다. 계급사회에서의 집단 정치가 평등주의적 비전의 실현에 기여할 수 있었음에도 불구하고 말이다.[213] 상기의 논의 가운데 평등주의에 남은 것은 민주주의와 숙의의 이름으로 제기되는 관료제·탈정치화 비판뿐이었다. 사회주의의 실험은 정당화와 정당성에 대한 자유주의의 숙의론적 설명에 의해 대체되었다. 여기서 민주정치는 부정의에 대항하는 집단행동이 아닌 담화와 공적 이성의 관점에서 다뤄졌다. "이상적 절차주의"가 민주적 정당성의 기반으로 여겨지게 된 것이다.[214]

냉전의 막바지, 곧 1980년대는 자유주의적 평등주의가 절반의 승리를 거두는 데 그친 시기임이 분명했다. 자유주의적 평등주의는 어떤 면에서는 승리를 거두었으나, 다른 어떤 면에서는 경합했다. 자유주의 철학의 새로운 접근이 널리 수용되었음에도 불구하고, 그 정

● '이해관계자 민주주의'란 특정 의제를 두고 단순한 다수결로 사회적 의사결정을 내리기보다는 그에 관련된 다양한 이해관계자들의 참여와 공론을 통해 숙의와 사회적 합의를 도출해 내는 민주주의를 뜻한다.

치적 성격과 이론적 지향은 여러 방면에서 도전받았다. 경제학과의 관계로 말미암아, 평등주의는 더욱더 기술적인 분석틀로 거듭났다. 동시에, 복지국가에 대한 공격에 대응하면서, 평등주의는 더욱더 전략적인 분석틀로 거듭났다. 소유 문제에 집중하는 분배 패러다임은 그 어느 때보다도 견고해졌다. 평등에 대한 요구는 더 급진적이면서 동시에 운·선택·책임 같은 우파의 주제들에 더 많이 관여하게 되었다. 많은 이들이 롤스 이론 체계의 기저에 깔린 대전제들에 도전했다. 어떤 이들은 사회주의와 마르크스주의 좌파의 관념들을 수용하며 자유주의의 외연으로 나아갔고, 어떤 이들은 우파의 관념들에 관심을 기울였다. 또 어떤 이들은 자유주의의 시장화를 거부하기 어려운 것으로 간주했다. 제럴드 A. 코언을 비롯한 일군의 논자들이 평등주의의 본령을 넓히고자 노력한 결과, 롤스주의의 초점이 기본 구조로부터 그와는 다른 제도, 관계, 그리고 다양한 형태의 사회적 권력들로 옮겨졌다.215 많은 이들이 일반적인 제도적 초점에서 최초의 여건, 시장, 그리고 포럼으로 관심사를 돌렸다.

　이런 변화들은 기본 구조에 대한 아래로부터의 도전, 즉 기본 구조가 젠더, 인종, 그리고 개인 간 부정의까지도 아우르도록 그 범위를 넓히려는 도전에 길을 터 주었다. 그러나 그에 상응하는 위로부터의 성찰적 변화를 찾아보긴 어려웠다. 정치철학자들은 게임의 규칙으로부터 연역해 게임 참여자들의 에토스를 분석했지만, 누가 팀을 통제하고 또 운영하는지에 대해 질문하는 사람은 거의 없었다.216 집단 정치의 위상에 대한 고민은 평등주의적 분배를 위한 사회주의적 정당화 혹은 행정국가와 지구적 자본주의의 변화에 대한 철학적 진단으로 발전하는 대신, 공적 정당화와 공적 이성의 사용을 중심으로 하는, [따라서 근본적 개혁에 관심을 두지 않는] 자유주의적 이론으로 귀결되었다. 철학자들의 인식 지평은 시장에 대한 옹호와 비판에 의해 주조되었다. 대부분의 사람들이 그러하듯이, 그리하여 많은 철학자들은 자신들이 경험하고 있던 변화를 제대로 진단하지 못했다. 결국, 신우파에 대응하면서 정치를 분배와 숙의로 보는 철학적 관점의 승리가 앞당겨졌다.

8장
철학의 한계

1980년대가 되자 새로운 철학은 공격을 받게 되었다. 자유주의적 평등주의가 신우파 사상과 고투를 벌이는 동안, 상당수의 비판자들은 롤스와 그가 대표한다고 여겨지는 정치철학에 대한 접근 방식을 거부했다. 그간 정치철학자들은 헌법의 위상을 높이고 "분배 패러다임"을 구축하던 터였다.[1] 그들은 도덕성을 이론의 정당화나 개인 간 관계, 제도를 논하는 데 근본적인 위치에 두고, 점점 더 많은 사회적·정치적 영역에 자신들이 세운 윤리 원칙을 적용해 가던 중이었다. 이 모든 것들이 1980년대에 들어 도전받게 되었다. 여러 철학자와 정치 이론가들, 마이클 왈저, 주디스 슈클라, 알래스데어 매킨타이어, 찰스 테일러, 버나드 윌리엄스, 스탠리 카벨, 마이클 샌델 등은 철학이나 자유주의를, 또는 두 가지 모두를 비판했다. 이 비판자들에 따르면 자유주의 철학은 정신적·윤리적 삶을 제대로 이해하지 못하고 있었다. 이 철학은 자아의 본질과 인간의 행위 주체성을 곡해하고 있었다. 자유주의 철학은 또 도덕과 공동체 그리고 정치 현실을 무시했다. 이런 비판들이 1980년대를 거치며 자유주의적 평등주의에 대한 표준적 대안으로 여겨지게 되었다. 한 가지 아이러니가 있다면, 그것은 이 비판들이 궁극적으로는 롤스의 그늘 아래에서 정치철학이 재구성되는 데 도움을 주었다는 점이다.

1980년대를 살아가는 많은 이들에게, 전후 자유주의 질서는 무너지는 것처럼 보였다. 자유주의적 보편주의는 인간 과학 전반에 걸쳐 논쟁의 대상이 되었다. 영미권 학계에서는 새로운 접근과 해석 전략이 부상했다. 인류학자들과 역사학자들, 그리고 탈식민주의·문학 및 문화 이론가들은 페미니즘, 해체주의, 포스트마르크스주의, 포스트구조주의의 함의를 논하며, 기존의 정체성과 행위 주체성[개념]에 도전하고, 이를 불안정화하며, 다시 기술하는 비판 이론들과 씨름했다.2 이는 20세기 중반을 풍미한 사회주의나 반식민주의적인 보편주의를 자유주의만큼이나 중요하게 고려하지 않을 수 없게 했다.3 또한, 새로운 시장 및 비즈니스 중심의 이데올로기는 시민사회의 분열이나 다원주의적 "시민 문화"의 해체, 개성의 상실, 제도의 형해화를 우려하게 했다. 정치학자들은 사회적 삶이 파편화되고 원자화되었으며, 전통적 공동체가 파괴되었다고 주장했다.4 다만 이런 파괴의 원인을 두고는 의견이 분분했다. 어떤 이들은 풍요와 소비주의의 시대가 문제라고 지적한 반면, 다른 이들은 그 시대가 지나가고 있는 것이 아닌지를 걱정했다. 그러나 당대의 사회질서가 사람들을 "나 홀로 볼링"* 하도록 만들었다는 생각만큼은 널리 퍼져 있었다.5 복지국가를 축소하려는 우파의 움직임이 있자 많은 이들은 공동체의 가치에 호소하기 시작했다. 냉전이 다시금 강화되고 신자유주의 정책과 국제 인도주의 정치가 자리 잡으면서, 1970년대의 복지주의와 국제주의적 계획은 후퇴했다.6

보편주의에 대한 도전과 공동체에 대한 우려는 자유주의 정치 이론 내에서 특정한 형태를 띠었는데, 이는 이 문제를 둘러싼 논쟁이

* 사회학자 로버트 퍼트넘Robert D. Putnam은 2000년에 쓴 『나 홀로 볼링』(정승현 옮김, 페이퍼로드, 2009)에서 과거에 활발했던 미국 시민들의 공적 참여와 커뮤니티 문화가 약해진 탓에 사회적 고립의 문제가 대두하게 되었다고 주장했다. 이런 퍼트넘의 진단은 학계를 넘어 시민사회와 정치권에도 큰 반향을 부른 바 있다.

철학자들이 구축한 지적 세계의 중심부와 주변부 양측에서 전개되었기 때문이다. 많은 정치 이론가들과 철학자들이 이 논의로부터 영향을 받아 자유주의 정치철학의 지배적인 가정과 주장에 도전했다. 롤스의 이론이 탄생한 배경이기도 한, 객관적 윤리를 향한 전후 시대의 탐구는 [사실 그 이전부터] 오랫동안 반대를 받아 왔다. 1960년대 이래 많은 이들이 도덕과 정치에 보편적·객관적[임을 내세우는] 원칙들을 새겨 넣으려는 시도를 비판해 왔다. 분석철학자들은 보편적인 판단 근거를 모색한 반면, 다른 이들은 자아의 본질과 철학의 임무를 이해하는 대안적 방법을 찾아 나섰다. 1980년대에 이르러 자유주의 철학에 대한 비판자들은 체계성을 구축하려는 철학적 논의 방식에 도전하며 문학과 역사, 해석에 호소했다. 자유주의적 평등주의는, 그리고 분석적 정치철학 일반이, 중립적 규칙과 보편적 원칙에 매달린다는 이유에서 비판 대상이 되었다. 비판자들이 [체계성과 보편적인 것] 대신 내세운 것은 해석, 경험, 국지적인 것, 특수한 것이었다. 몇몇 이들은 자유주의적 절차주의와 사회적 삶에 대한 시장의 침입에 모두 반대하며, 비현실적인 "칸트적 추상화"를 자아와 공동체에 대한 좀 더 두터운 비전으로 대체하고자 했다. 또 다른 이들은 평등 대신 인간성을 중시하며, 윤리적 삶의 취약성과 잔인성으로부터 개인을 보호해야 할 필요를 역설했다. 이들은 개인의 신체적 안전에 대한 집단과 국가권력의 위협에, 또 견제받지 않은 정치권력이 개인들에게 가할지 모를 물리적·심리적 위험에 주목했다.

　이런 비판자들에게 롤스와 그 추종자들은 주요 표적이었다. 자유주의 정치철학은 정당성이나 민주주의보다 합의와 분배적 결정을, 집단 이성이나 통제보다는 대인 관계에서의 정당화와 절차적 차원에서의 정당화, "공적 이성"을 우선시하는 기술주의적이고 관료주의적인 사고 유형으로 여겨지게 되었다. 다수의 정치 이론가들은 자유주의 철학자들이 시장과 통치 기구의 중립성에 몰두하는 것을, 민주주의나 공동체보다도 철학을 우위에 두는 법률주의적·반민주적 전문가주의와 결부했다. 그리하여 자유주의적 평등주의와 그 비판자들 간의 분열은 더욱 심화되었고, 이는 정치철학 및 정치 이론이 이해되는 방식에도 영향을 미쳤다. 전후의 규범적 정치 이론 분야는 가치중립성을 내세우는 행태주의 정치학에 반대하며 자신의 정체성을 발전시켜 온 바 있다.7 그러나 '정치사상 연구를 위한 국제 컨퍼런스'(1967년 설립) 같은 전문 학회나 『정치 이론』(1973년 창간) 같은 저널에서, 규범적 정치 이론은 자신을 점점 더 롤스식의 '정치철학'과 대립하는 것을 규정하고 있었다. 이런 정치철학과 정치 이론 사이의 분열은 이미 형성되어 있던 "분석"철학과 "대륙" 철학 사이의 간극을 따랐으며, 이는 대륙 철학을 소외시키고 이단시하기까지 하는 미국의 엘리트 대학 철학과 내의 인구 분포에 상응하는 것이었다.8 유럽의 포스트마르크스주의와 비판 이론은 공공 문제를 다루는 분석철학자들에게는 대체로 무시되었지만, 자유주의에 대한 신좌파의 민주주의적 비판을 계승한 정치 이론가들은 이 이론들을 수용하여 아렌트, 위르겐 하버마스, 셸던 월린과 같은 이들을 정전의 반열에 올려놓았다.9 이 같은 정치 이론 전통에 속하는 이들 가운데 일부는 롤스 및 그 추종자들과 서로 관계하지 않는 것을 자부했지만, 다른 일부는 롤스에게 직접 도전하는 길을 택했다. 여전히 자유주의에서 주류를 이루고 있던 규범적 정치 이론은 민주주의와 공동체를 중시하고 국가권력을 회의하는 쪽으로 방향을 전환하고 있었으며, 이들에게 롤스는 비판 대상인 자유주의 철학의 상징적 존재가 되었다.10

이렇게 되자 롤스의 이론은 그 자신이 반대했던 여러 특징들과 결부되고 말았다. 비판자들은 롤스가 20세기 중반의 행정 중심 정치에 대한 반대 입장을 세우면서 탐구했던 논변들을 재검토했다. 그들은 자아와 공동체와 같이 롤스의 초기 논의에서 근본적이었던 추상화 작업을 재평가했다. 윤리학에서의 객관성 문제를 탐구하고 미국 사회의 가능성을 다시 상상함으로써, 롤스가 밟아 나갔던 단계를 되짚어 보려 한 이들도 있었다. 그리하여 그들은 사회적 약자 집단의 주장이나 문화의 문제처럼 자유주의적 평등주의자들이 소홀히 했던 영역으로까지 나아갈 수 있었다. 또 다른 이들은 롤스의 사회철학을 처음 구성했던 주제인 전체주의와 개인에 대한 분석으로 되돌아갔다. [이런 논의들을 통해] 1980년대 말 정치적 자유주의자들 사이에서 자유주의적 평등주의의 가장 영향력 있는 대안으로 떠오른 것은 공동체주의와 반전체주의적 자유주의였다. 자유주의적 평등주의자들이 평등을 기술적으로 논하며 내부에 시선을 두었다면, 비판자들은 전후 시기에 중요했던 문제로 관심을 돌렸다. 이처럼 비판자들은 전후 자유주의에 기반한 철학적 세계 안에 머물렀는데, 그들이 이론적 작업을 하는 동안 그 세계가 변했는데도 그렇게 했다. [그 세계 바깥의] 독특한 지적 전통에 호소함으로써 자유주의의 근본 전제에 도전한 정치 이론가들이 엘리트 연구 기관에서 자유주의에 필적하는 명성을 얻은 경우는 거의 찾기 어려웠다. 자유주의적 평등주의에 대한 주류적 대안은 전후 자유주의 패러다임에서 수용할 수 있고, 롤스 및 롤스식 자유주의를 전거로 한 것들로 한정되었다. 그런 대안을 내놓은 이들은 바로 자유주의자들과 같은 대학에서 일했던, 자유주의자들의 가까운 동료들이었다. 결과적으로 대안 이론 가운데 상당수는 자유주의 정치철학의 거울상을 제공했을 뿐, 그들이 약속한 정치적 대안을 제시하는 데 이르지는 못했다. 정치 이론은 계속해서 정의론의 그늘 아래에 머물러 있었던 것이다.

***

1970년대부터 이미 상당수의 철학자들과 정치 이론가들이 새로운 자유주의 철학의 특정 성격에 대해 반대를 표명한 바 있었다. 비판자들은 합리성, 규칙, 중립성, 객관성에 헌신하는 새로운 자유주의 철학의 경향성에 도전했으며, 냉전 시대의 "알고리즘적 합리성"에 우려를 제기했다. 또한 그들은 이 같은 경향성에서 나타나는 "합리주의", "형식주의", 행태주의 등을 비판했다. 예컨대, 스튜어트 햄프셔는 베트남전쟁에서 사회과학이 담당했던 역할을 비판하며 현대 도덕철학이 행태주의와 동일한 문제에 직면했다고 주장했다. "계산적" 도덕 논의는 도덕에서 명제화되거나 프로그램화되기 어려운 요소들을 모조리 무시하고 "나머지의 경우 모두 추적해 계산 대상으로 삼을 수 있다는 잘못된 확신을 품었다"는 주장이었다. 합리주의적 관점을 취한 "윤리 분석가"들은 — 자기 행동에 이유를 제시할 수 있는 행위자에 초점을 맞추며 — 의식적으로 표현될 수 없는 것들은 무시했고 햄프셔가 "설명의 불완전성"이라고 부르는 철학적 전제도 간과했다. 현실에서 마주하는 [도덕적] 딜레마는 원칙들을 합리적으로 적용한다고 해서 해결될 수 있는 것이 아닌데도 말이다. 도덕적·정치적 결정에 선행하는 추론 과정 또한 법리적 결정처럼 손쉽게 "재구성할 수 있는" 것이 아니었다. 도덕 법칙에 대한 지식은 "경험"을 통해 체득된 실천 이성을 대체할 수 없었다.[11] 자유주의 철학의 핵심에 자리하는, 이론과 실천의 관계에 대한 비전은 윤리적·사회적·정치적 삶이 어떤 것인지를 포착하는 데 실패했다.[12]

규칙에 얽매인 도덕론에 대한 비판은 1980년대 롤스주의 철학에 대한 비판의 핵심을 이루었다. 이런 비판은 앞서 사회과학 및 공리주의적 도덕철학에 대한 반응으로 나타난 바 있다. 1972년 버나드 윌리엄스는 공리주의가 개인으로 하여금 비일관적인 삶을 살아가도록 한다고 지적했다.[13] 공리주의는 행위자에게 자기 삶을 공리주의적 관점에서 바라보도록 유도함으로써, 도덕 감정을 "단지 공리적 가치의 대상"으로만 보도록 요구한다는 것이다. 그러나 "우리가 세상과 맺는 도덕적 관계는 부분적으로 그런 도덕 감정에 의해 주어지지만,

또한 우리가 '함께' 살아갈 수 있거나, 그럴 수 없는 것들에 대한 느낌으로 형성된다. 그렇기에 이런 감정을 순전히 공리주의적 관점에서 우리의 도덕적 자아와는 동떨어진 것으로 간주한다면, 우리는 자기 자신의 도덕적 정체성에 대한 감각을 상실하게 되며 이는 말 그대로 우리의 온전성을 상실하는 일이다." 이렇듯 윌리엄스는 공리주의가 인간을 자신의 "도덕 감정"과 행위로부터 소외시킨다고 보았다.[14] 공리주의는 "근대 세계"에 "너무나 과도하게 그리고 너무나 무의식적으로 사로잡혀", "행정적인 합리성에 무비판적으로 호소"했다.[15] 공리주의는 행위자의 삶이 무엇을 목표로 하는지를 파악하지 못했다. 그런데 시간이 지나면서 이런 비판은 공리주의를 넘어 확대되었다. 개인의 욕망, 신념, 기획을 무시한 윤리 이론은 공리주의만이 아니었다. 롤스 이후 의무론적 윤리학이 부상하자 윌리엄스는 계약 및 의무에 관한 칸트주의 도덕철학을 겨냥하는 것으로 비판의 방향을 전환했다. 칸트주의 윤리학 역시 구체적인 윤리적 현실에 충분히 관여하지 못한다는 주장이었다. 그가 보기에는 "규칙 만들기에 대한 특정한 개념화"에 의존해 합리적인 행위자를 이해하려는 것이 "칸트주의적 입장의 핵심"이었다.[16] 그러나 실제 사람들은 도덕적 규칙이나 효용의 관점에서 사고하지 않는다. 롤스를 따르는 신칸트주의자들은 그들 스스로 믿었던 만큼 공리주의와 크게 다르지는 않았던 셈이다.

1980년대, 옥스퍼드 대학교에서 훈련받은 사회민주주의자인 윌리엄스는 공공 문제 철학에 대한 가장 중요한 비판자 가운데 하나가 되었다. 그의 비판은 내부자의 입장에서 나온 것이었다고 할 수도 있다. 그러나 그가 다른 공공 문제 철학자들과 관심을 공유했음에도 불구하고, 아니 어쩌면 공유했기 때문에, 윌리엄스는 공공 문제 철학이 나아가고 있던 흐름에 거세게 반대했다. 『윤리학과 철학의 한계』(1985)에서 윌리엄스는 공리주의와 응용 윤리학, 그리고 (그에게는 정의 이론을 뒷받침하는 것으로 간주되었던) 불편부당한 도덕성을 포괄하는 "도덕 체계"에 치열하게 도전했다. 윌리엄스가 보기에 그 체계는 자기 기만적이었다. 그것은 올바른 윤리적 이해와 윤리적 삶을 살 수 있는 사람들의 역량을 가로막는 장애물이었다. 공리주의자들이 [공리의 크기를 기준으로] 상황의 경중을 따지는 방식으로 행위자의 주체성을 무색하게 했다면, 의무론자들은 의무라는 관념이 윤리적 사고를 구조화하도록 함으로써 행위 주체성을 지나치게 도덕화했다. 의무만이 의무를 "이길" 수 있다고 생각하는 것은 윌리엄스가 보기에 실수였다.[17] 또한 윌리엄스는 당대의 도덕론이 도무지 옹호할 수 없는 자발성 개념에 기초하고 있다고 주장했는데, 이 같은 자발성 개념은 "개성과 심리 또는 사회적 결정을 배제한 채 오로지 행위자의 기여도에 따라서만 비난과 책임을 할당하는, 또 그런 의미에서의 공정성을 극도로 추구하는" 것이었다. 행위자의 자발성을 이런 방식으로 이해하는 것은 환상이었다. 도덕철학의 "순수성", 다시 말해 "도덕의식을 다른 종류의 감정 반응이나 사회적 영향으로부터 추상화해야 한다는" 주장은 일련의 극단적 대조 — "강제 대 이성, 설득 대 합리적 확신, 사회적 수치 대 개인의 죄책감" — 를 만들어 냈다. 그렇지만 "자발성이 없으면 강제만이 존재"하고, 도덕이 요구하는 "매우 특별한 의무"가 없으면 각자의 "선호"만이 존재하게 되는 것은 아니다.[18] 실제 삶에서는 어떤 도덕적 의무를 회피할 수도 있고, 그렇게 하는 것이 종종 좋은 일이 되기도 한다. "인간 삶의 거의 모든 가치 있는 부분은 당대의 도덕론이 우리 앞에 제시하는 그런 극단들이 아니라 극단의 사이에 존재한다."[19]

그런데도 철학은 도덕적인 것과 비도덕적인 것의 이분법을 고수하며 도덕의 이름으로 포괄할 수 없는 인간의 감정, 윤리적 행동 및 관계 들을 간과하고 있었다.[20] 윌리엄스는 도덕적 문제들을 전혀 다루지 않았던 전후 분석철학에 대해 그러했듯, 도덕철학 분야에서 전개되고 있던 새로운 조류에 대해서도 비판적이었다.[21] 그는 자유주의 철학이 '논리의 횡포'에 시달린 탓에 좋지 못한 "결의론적"casuistical 결론에 이르게 되었으며, 원칙들을 중시한 나머지 사람들이 삶 속에서 갖게 되는 기대와 믿음에 반하는 답을 내놓는다고 생각했다. 이중 효과 교설에서부터 임신 중단이 영아 살해와 도덕적으로 다를 것 없다는 문제 제기에 이르기까지, 당대의 철학이 합리주의적 극단으로 향하는 측면은 여럿 찾아볼 수 있었다.[22] 이 모든 것이 "운에 맞선 피난처"를 제공할 수 있다는, 도덕에 대한 잘못된 이해를 가져왔다.[23] 윌리엄스는 운이나 운명에 대한 자유주의적 평등주의자들의 관심을 공유했지만, 그들의 접근 방식과 결론에는 의구심을 품었다. 그는 비난이나 죄책감, 후회 같은 윤리적으로 중요한 감정들이 행위자의 자발적 자기통제와만 관련 있다는 주장을 비판했다. 우리는 사람들이 자발적으로 벌인 일에 대해서뿐만 아니라 운에 따라 하게 된 일에 대해서도 비난할 수 있기 때문이다. 우리는 종종 상황이 어떻게 전개되느냐에 따라서도 행동을 정당화하고, 때로는 사람들이 하는 행위가 아니라 그들이 어떤 인격을 지닌 사람인지를 두고도 비난을 한다. 따라서 결과에 대한 도덕적 책임을 개인에게 돌리는 일은 도덕적 운의 불가능성을 주장하는 이들이 생각하는 것보다 훨씬 복잡한 성격을 띤다.[24] 윌리엄스는 도덕의 영역이 과도하게 확장되었다고 생각했다. 가치의 세계에서 한계를 모른 채 뻗어 나간 도덕은, 다른 유형의 가치 평가에 맡겨야 할 영역까지도 지배하는 패권적 존재가 되었다는 것이다. 인간의 개성이나 역사의 우연성을 제대로 이해하지 못하는 한계에도 불구하고 행운과 불운이 영향을 미치는 영역에서조차, 도덕은 패권적인 존재가 되었다.

1980년대에 접어들 무렵, 비인격적이고 체계화된 규칙 기반의 이론이 세계의 특수성들을 이해할 수 있다는 믿음을 버려야 한다고 주장한 저명한 철학자는 윌리엄스뿐만이 아니었다. 하지만 윌리엄스의 공격이 특히 노골적이었던 것만은 틀림이 없다. "기성의 철학 이론"은 역사적, 심리적, 정치적으로 특수한 상황에 적용될 수 없었다.[25] "윤리학을 적용"하는 문제에 관한 한, 삶의 모든 부분과 각 직업의 도덕성마다 다른 덕목과 심리가 있는 것이다. 철학자들의 잘못은 윤리적으로 "특수한" 관계 — 변호사와 의뢰인, 의사와 환자 — 를 모델로 하여 그 모델을 일반적이고 광범위하게 적용할 수 있다고 생각한 것이었다. 필요한 것은 철학의 영역에서 만들어진 문제들을 그대로 투사하는 것이 아니라, 그 나름의 고유한 성격을 지닌 정치에 대해 정치적인 물음을 던지는 것이었다. 알래스데어 매킨타이어 역시 특정한 응용 사례로부터 추상화하는 방식으로 규칙 및 원칙을 만들어 내려는 시도가 혼란을 초래한다고 여겼다. 규칙은 그것이 적용되는 특정 범위를 넘어서면 존재하지 않는다는 것이었다.[26] 롤스 역시 이 같은 비판의 몇몇 측면에는 공감했다. 1985년 그는 비공식적으로, 자신의 형상을 따라서 철학을 재창조하는 것을 규탄했다. H. L. A. 하트에게 보낸 편지에서 롤스는 "나는 오늘날 정치철학의 여러 목표와 방법이 잘못 이해되고 있다고 확신한다"라고 썼다. 그는 또 "나는 버나드 윌리엄스가 무슨 뜻으로 그렇게 말하는지에 공감하지만, 그가 그렇게 말하는 이유와 나의 기본 관점은 다소 다르다"라는 의견을 전하기도 했다.[27]

롤스의 하버드 대학교 동료 스탠리 카벨 역시 일반 언어철학과 문학, 정신분석학을 결합한 저서 『이성의 요구』(1979)(이 저작은 롤스 이론처럼 완성되기까지 20년이 넘게 걸렸다)에서 도덕을 바라보는 지배적인 시각에 이의를 제기했다. 카벨은 "도덕은 반박에 열려 있어야 한다"고 주장했다. "도덕은 갈등을 해결하거나 품는 한 가지 가능성을 제공"할 뿐, 그 외 다른 가능성들 역시 존재했다. "정치, 종교, 사랑과 용서, 반항, 철회"가 그런 가능성들이다. "다른 방법들이 종종 접하기 어렵거나 잔인한 까닭에 도덕이 가치 있는 방법이 되지만, 도덕만이 문제를 해결하는 방식의 전부는 아닌 것이다."[28] 대부분의 철학은 이 점을 포착하는 데 실패했다. 철학자들은 너무나 자주 도덕을 하나의 게임으로 여기고 있었다. 카벨은 롤스가 전후 공리주의와 마찬가지로 약속을 지키는 것을 도덕의 중심에 두는 데 집착했던 것뿐만 아니라, 젊은 롤스가 사용했던 도덕-게임의 유비에 이의를 제기했다. 그는 또 삶의 관행 및 형태가 잘 마련된 제도와 같다는 주장에도 도전했다. 카벨에게 도덕은 게임 같은 것이 아니었다. "도덕이라는 삶의 형태"는 도덕률과 동일시될 수 없었다. 어떤 규칙도 "관행적 규칙이 롤스의 설명 속에서 기능하는 방식으로 실제의 도덕적 삶에서 기능하지는 않는다"고 카벨은 생각했다. 자신이 어떤 행동 경로를 따라야만 하는지를 사람들이 결정할 때, 그들에게 주어지는 선택지는 "게임에서처럼" "고정되어 있"지 않다는 것이다.[29] 비트겐슈타인에 대한 카벨의 관습주의적 독해는 롤스 철학의 제도주의적 측면에 도전할 수 있는 유력한 대안을 마련해 주었다. 이때의 아이러니는 롤스 철학의 많은 구성 요소 또한 후기 비트겐슈타인에 대한 절차주의적 해석에 그 기원을 두고 있다는 — 그 이후로 버려졌긴 하지만 — 점일 것이다.

주디스 슈클라에 따르면, 자유주의 철학의 도전 과제 가운데 하나는 도덕에 대한 법리주의적 관점을 피하는 것이었다. 1980년대 롤스와 카벨의 동료였던 슈클라도 당대 자유주의 철학에 대한 비판의 대열에 합류했다. 슈클라가 보기에 자유주의 철학은 일반 원칙을 추어올리고 시간성을 고려하지 않은 채 행위자를 추상적인 도덕적 존재로 간주했는데, 이는 "경험에 대한 법리주의적 왜곡"을 수반했다.[30] 자유주의 철학은 행위자를 "냉혹한 선택과 위대한 결정"이 내려지는 극적인 순간 — 이때 행위자는 "동요하는 가운데 개인적이고 장엄한 위기"의 상황에서 "더러운 손" 문제와 마주하게 된다 — 속에 있는 것으로 묘사했다는 것이다. 그러나 슈클라는 이런 이해가 "사람들이 그들 자신을 총천연색 영화에나 등장하는 상상 속 세계에 살고 있는 존재로 여기는 경우에나 적합한" 환상에 불과하다고 지적했다.31 법을 모델로 하여 세워진 이론은 합의를 가정하는 함정에 빠지고 말았다. 슈클라는 법리주의 이데올로기를 비판하면서 법체계는 사회적 응집 및 합의의 정도를 과대평가한다고 주장했다.32 법리주의적인 철학 역시 이 점에서 실수를 범했다. 이 철학은 가상적 합의나 도덕적 합의 가능성에 의존했으며, 도덕을 마치 까다로운 사건에 대해 판단을 내릴 수 있게 하는 논쟁의 여지 없는 보통법인 양 다루었던 것이다.33

슈클라는 또한 자유주의 철학 내에서 의무, 자율성, 자발적 선택이 우월한 위상을 부여받고 있는 데 대해서도 반대했다. 이런 요소들이 중요해진 배경에는 계약론이 부상했기 때문인데, 이 같은 부상은 "복지국가가 전쟁 국가가 되었"기 때문에 가능했다. "사회정의가 역사적이기보다는 도덕적 주장을 통해 논해지면서 개인이 사회에 대해 어떤 의무를 지고 있느냐가 다시금 철학 논의의 중요한 주제가 된 것이다."34 베트남전쟁 이후 철학자들은 "양심적 병역거부와 정전론에 빠져들었고", "비교적 정의로운 국가의 법에 복종할 의무가 있는지 여부에 대한 다소 미적지근한 논쟁"만 남게 되었다. "그 누구도 무조건적인 복종을 주장하지는 않기 때문에", "이 논쟁의 성과는 크지 않았고", 이후 철학은 "협소한 계약주의 패러다임 안에서" 작동하게 되었다.35 이에 대해 철학자들은 지나치게 도덕화된 의무 대 정치적으로는 너무나도 협소하게 다뤄진 의무라는 잘못된 선택지를 내놓았다. 그들은 규칙, 원칙, 계약, 동의라는 렌즈를 통해 각종 관계들을 바라보았고, 경험을 무시한 용어들을 가지고 관계들을 재서술하려 들었다. 예컨대, 전쟁 이론가들은 전쟁에 동의한 정도에 따라 군인과 민간인을 구분했는데, [이것이 얼마나 실제와 동떨어져 있는지] 인식하지 못했다. 다시 말해 [슈클라에 따르면] "민간인들이 공격으로부터 면제되는 것은 그들이 군사적 공격에 무력한 존재이기 때문이지, 징집된 상대편 병사에게 총격을 가하는 역시나 징집된 군인이 했다고 하는 모종의 동의를 하지 않아서가 아니"었다. 특정 행위가 도덕적으로 끔찍한 이유는 행위가 벌어지기 이전의 관계나 합의(가상적 합의든 다른 성격의 합의든)와는 대체로 별 관련이 없을 수 있다. 그리고 개인 간 관계가 아닌 계약을 통해 접근할 경우 제도와 권력관계는 오해될 여지가 크다. 슈클라는 잔인함에 대해 고찰하며 이 문제를 다른 방식으로 설명했다. "잔인함은 신성한 규칙이나 인간의 규칙을 위반하는 문제가 아니라, 인격을 훼손하는 악덕"이라고 말이다.[36] 카벨도 비슷한 주장을 폈다.[37] "약속 준수"를 정당화할 필요에서 시작되는 논의의 문제점은 약속이 대부분의 인간적 헌신과 달리 "법적 계약"과 유사하다는 데 있었다. 이는 "모든 인간관계를 인격적이기보다는 계약적 관계로 묘사하는 사회관을 수반"한다.[38] 그러나 윤리적 삶을 이루는 대부분의 요소들은 법과 같지 않다.

***

그렇다면 윤리적 삶은 어떻게 이해되어야 하는가? 자유주의 철학의 비판자들이 대안을 제시하기 시작했을 때, 그들의 생각은 광범위한 지적 발전과 교차를 이루었다. 이들은 저마다의 방식으로, "실제 경험" lived experience의 실체를 파악하기 위해서는 기존과 다른 접근 방법이 필요하다고 주장했다. 윤리·법철학학회의 동료들에게 점점 도전적인 입장을 취하고 있던 왈저의 경우에는 역사적·사회학적 실례들과 정치적 행동 및 분배 사례들을 살피는 것을 중시했다.[39] 햄프셔 역시 추상적 추론은 심리적 경험, 윤리적 복합성, 그리고 인간 행동을 이해하는 데 있어 실천적 지식이 갖는 중요성을 간과한다고 주장했다.[40] 그는 원칙이 아니라 "실제 사례"와 "실제로 어려운 결정을 동반했던 사건에 대한 직접적 경험에서 나온 진짜 이야기들"에 귀를 기울여야 한다고 주장했다.[41] 이 같은 [역사적] 내러티브와 문학적 강조가 윤리적 갈등과 양면성을 간과하는 새로운 자유주의 철학에 반대하는 사람들 사이에서 두드러지게 부각되었다. 슈클라는 『일상의 악덕』(1984)에서 "문학"과 "역사적 내러티브"가 비록 "개인적인 경험과 같지는 않"지만, 철학적 원칙보다는 실제 경험을 잘 포착할 수 있다고 썼다. "이야기하기" 방식이 가진 장점은 "실제 경험과 역사의 비합리성을 합리화하지 않는" 것이다. "이야기에서 우유부단함, 비통일성, 비일관성은 말끔하게 다림질되거나 괄호 안으로 처리되지 않는다. 우리의 모든 갈등은 결론을 내릴 수 없는 상태 그대로 보전될 수 있다." 이야기하기는 공적 무대에서 정치가 "의식ritual으로 나타나고, 표현되며, 사회적 교류의 대상이 되고 실행되는" 것을 이해하는 데 핵심적인 방식인 것이다.42

이제 '경험'은 이론이 포착해야 하는 고유한 영역으로 여겨졌다. 정치 이론가들이 규칙 및 법에 대한 비판을 이 같은 논의들과 나란히 놓으면서, 그들은 인문학 전반에서 진행 중이던 경험에 대한 연구로의 전환에 가담[합류]했다. 1960년대 후반, 여성해방운동에 가담했던 페미니스트 이론가들에 의해 '개인적인 것이 곧 정치적인 것'임이 설파되면서, 일부 이론가들은 경험의 정치를 제안했고, 다양한 정신분석 이론가들과 마르크스주의 이론가들은 이를 자신들의 이론 내에 통합하려 시도했다.43 이후 수십 년 동안, 역사학자들과 인류학자들, 사회 이론가들이 [실증주의적] 경험주의의 틀에 도전하고 일상생활의 중요성을 강조하면서, 일부는 경험을 준규범적인 기준 내지 기초로 삼게 되었다.44 이는 의미, 설명, 해석에 대한 개념적 문제들을 제기하는 것이었으며, 많은 이들은 해체주의와 포스트구조주의적 틀을 통해 이 문제들을 다루게 되었다. 이런 문제들은 영미권에서 '사회과학의 철학'을 탐구하는 이들, 특히 문화 간 또는 개인 간 관계를 이해하는 문제에서 비트겐슈타인의 영향을 받은 철학자들의 관심을 끌기도 했다. 1950년대와 1960년대를 거치면서, 타자의 마음과 고통을 이해하는 방식을 둘러싼 논쟁은 다른 문화를 이해하는 방법에 대한 논쟁으로 바뀐 터였다.[45] 특정한 사회적 관행에 참여하고 있던 사람만이 그것을 이해할 수 있는가? 관행의 "기반"인 "행위"가 중요한 것이며, "지성에 의해 파악된" 철학적 원칙들은 그 유효성을 상실했고 결국 중요한 것은 "삶이 실제로 진행되는" 방식이라면, 관찰과 공감적 재구성 또는 상상력을 통해 [다른 문화권에서 나타나는] 삶의 형태를 이해할 수 있지 않을까?[46]

처음에는 사회과학 및 행동 철학자들이, 다음에는 인류학자들과 사회학자들 그리고 역사학자들 — 피터 윈치, 토머스 쿤, 클리퍼드 기어츠, 퀜틴 스키너를 비롯한 — 이 행위를 지배하는 규칙을 이해하지 않고는 행위 자체에 대한 이해도 불가능하다고 주장하고 나섰다.[47] 행위의 존재론적 위상을 둘러싸고 철학자들 사이의 논쟁이 계속되는 동안, 의미 이론가들과 인과관계를 강조하는 논자들 간의 충돌은 "해석주의적" 사회과학을 탄생시켰다. 해석주의는 "실증주의"를 거부하고, 객관적·보편적 비교 기준이 있다는 관점에 도전했으며, 자연과학이 인간 과학의 모델이라는 생각을 공격했다. 윈치는 『사회과학의 개념 및 철학과의 관계』(1958)에서 [문화권별로 각 단어의] 의미가 다양한 삶의 형태들과 문화적 범주들에 의해 경계 지어져 있어 번역 불가능하다고 이해하면서, 다양한 사회를 [서로 비교해] 평가할 수 있는지, 또한 개별 문화들을 외부의 시각에서 이해할 수 있는지를 둘러싼 논쟁을 불러일으켰다. 이 논쟁은 사회학적 지식의 철학적 지위와 더불어, 사회과학의 성립 가능성 여부에 대한 함의까지도 다루는 것이었다.[48] 도덕철학자들에게 이런 주장은 보편적 논증이나 서로 다른 세계관에 대한 비교 평가의 불가능성을 시사하는 것이었으며, 상대주의의 위협을 제기했다.[49] 또한, 원칙의 적용이 아닌 사례 중심의 대안적 논증 방식을 가리키는 것이기도 했다.[50] 1960년대 사회과학의 철학자들은 이 같은 통찰들에서 비롯된 선택지들과 마주하게 되었다. 즉, 방법론적 개인주의와 사회적 전체론 가운데 어떤 것이 적절한 틀일까? 사회과학은 자연과학의 일부인가 아니면 자체적인 통일성을 갖는 과학인가? 행태주의는 인간의 행동을 설득력 있게 설명할 수 있는가, 아니면 사회학적 관찰과 역사적 재구성 — 즉 이해와 "상상적 재연", 또는 인류학적 개념으로 말하자면 "두터운 기술"● — 을 통해서만 인간 행동을 이해할 수 있는 것인가?[51]

1970년대 후반과 1980년대에 이르러 이런 생각들은 객관성, 중립성, 보편주의를 주장하는 자유주의 철학을 비판하는 데 활용되었다. 계몽주의적 자유주의 이론이 이론을 자연화하고 그 서사를 정당화하는 것에 맞서 비판자들은 페미니스트, 포스트구조주의자, 탈식민주의적 입장에서 다양한 공격을 가했다. 이들은 당대의 개념 틀이 가진 우연성과 한계, 행위자 및 주체에 대한 자유주의적 가정의 불합리함, 그리고 이런 가정들이 권력과 결부되어 있으며 식민지 근대성의 구조·규범이 만들어 낸 산물임을 부각했다.[52] 그러나 자유주의 철학자들과 이론가들은 이 같은 대항 이론들의 급진적 측면을 받아들이지는 않았다. 이론가의 입장이나 이론가가 사용하는 범주를 불안정하게 만든다는 이유에서다.[53] 대신 그들은 문학 연구자들과 역사학자들, 인류학자들로부터 차이, 정체성, 국지적 입장, 지역 문화에 대한 아이디어를 차용했는데, 이는 문화 전쟁에서 자신들의 논적들로부터 상대주의와 역사주의라는 비판을 받는 결과를 낳곤 했다.[54] 이런 맥락에서 많은 법률가들과 철학자들이 '해석'을 통해 도덕과 의

● 클리퍼드 기어츠는 『문화의 해석』The Interpretation of Culture에서 인류학적 서술이 행태적으로 관찰 가능한 현상을 넘어 특정 문화의 고유한 의미망을 구성하며 이루어져야 한다고 주장했다. 한 사람의 윙크에 대해 단지 눈을 깜빡였다는 행동만을 기록하는 것이 '얇은 기술'thin description이라면, '두터운 기술'thick description은 윙크라는 행동이 해당 문화 내에서 갖는 맥락을 반영해 '애정의 표시'와 같은 의미를 이끌어 낸다.

미에 접근해야 하며, 이는 지역과 특정 문화에 대한 관심을 수반한다고 주장했다.55 해석을 옹호한 이들 가운데 가장 중요한 철학자는 찰스 테일러로, 그의 헤겔 연구는 현상학적 전통을 분석철학에 도입하는 데 크게 기여했으며 행태주의 정치학의 중립성에 대한 그의 공격은 롤스를 비롯한 여러 이론가들의 공감을 얻었다.56 그러나 롤스주의자들이 자유주의적 제도의 중립성을 두고 논쟁할 때, 테일러가 남긴 논의를 이어받아 객관성에 맞서 의미들의 "현재성" — 의미들이 해석된 것인지, 발명된 것인지, 아니면 발견될 것인지 여부와 관련해 — 을 논하기 위해 해석을 내세운 것은 롤스의 비판자들이었다.

이런 주장을 대표하는 영향력 있는 이들 가운데 한 명이 리처드 로티였다. 로티의 『철학과 자연의 거울』(1979)은 진리 대응론[•] 및 자연과 문화를 초월해 진리를 정당화하려는 시도에 도전했다. 간주관적 합의를 우선시하고 진리를 "우리가 믿기에 괜찮은 것"으로 보는 그의 신실용주의적 관점은 객관성과 자유주의 철학의 규범들에 대한 논박의 기초가 되었다.57 로티는 진리에 대한 추구가 개인을 그가 속한 공동체로부터 멀어지게 하는 길이라고 주장했다. 그가 보기에 철학자들은 "현실의 사람들"과 관계를 맺고 자신들을 "실재적 또는 가상적 집단의 구성원 가운데 하나"로 생각하는 대신, "어느 특정한 인간 존재와 관련 없이 설명될 수 있는" 어떤 것으로서 "진리"가 존재한다는 잘못된 믿음을 갖고 있었다.58 로티가 보기에, 객관성에 대한 철학의 집착은 공동체와 민주주의에 반하는 것이었다.59

이리하여 해석에 대한 호소는 정치적 힘을 얻게 되었다. 반反객

• 리처드 로티에 따르면 진리 대응론the correspondence theory of truth은 인식론적 구조들 및 개념들이 실재를 있는 그대로 반영한다는 입장이다. 『철학과 자연의 거울』에서 로티는 이런 진리 대응론이 과학과 같은 특정 담론에서만 유효하다고 비판하고, 인문학으로서의 철학은 진리 대응론이 전제하는 진리의 절대성을 포기하고 역사적·문학적 접근을 취해야 한다고 주장했다.

관주의적 입장에 대한 영향력 있는 옹호자가 된 왈저에게, 해석의 중요성을 강조하는 것은 민주주의의 이름으로 자유주의적 평등주의를 비판하는 작업의 일환이었다. 왈저는 정치 이론 — 롤스 및 그 추종자들과 연관된 '정치철학'과는 구분되는 — 이 공동체의 구체적 현실에서 출발해야 한다고 주장했다. 새로운 도덕을 발견하거나 발명하는 일은 있을 수 없고, 이론의 역할은 이미 존재하는 도덕을 "해석"하는 것이라는 주장이었다. 그는 "정의와 평등"은 "철학적 인공물로서 [개념적으로] 구현될 수 있겠지만, 정의로운 사회나 평등주의적인 사회를 철학을 통해 만들어 낼 수는 없다. 그런 사회가 이미 존재하는 것이 아니라면 — 우리의 개념과 범주 속에 숨겨져 있다면 — 우리는 그 사회를 구체적으로 알거나, 현실에서 실현할 수 없을 것이다"라고 말했다.60 왈저는 롤스 자유주의라는 새로운 "학파"가 민주적 시민권과 [여타] 공동체적 [개념] 범주들에 대한 해석을 통해 정치를 이해하기보다는 '철학자 왕'을 기반으로 한 거짓되고 해로운 정치관을 제시하는 것으로 보았다. 그는 롤스에 반대하는 방식으로 비트겐슈타인을 다음과 같이 인용했다. "철학자는 그 어떤 사상 공동체의 시민도 아니다." 그렇게 볼 때 롤스의 사상이 일반 시민들보다 법률가들과 경제학자들 사이에서 더 큰 인기를 누렸다는 사실은 이 사상의 핵심에 있는 비민주성을 웅변하는 것이었다. [정치 질서를] "정초"하는 철학으로서 틀 지워진 이상론은 본질적으로 "권위주의적 성격을 띠었다."61 그것은 실제의 "사회적 과정"이나 "현실의 남녀"에 주목하지 않는, [온갖 문제에 대한 권위 있는 결정을 내려 줄] "재판관들에 중점을 두"는 "절차적 설계"의 철학 — 브루스 애커먼의 표현으로는 "철학자의 돌"을 찾으려는 탐구 — 이었다. 왈저는 "그런 철학자의 돌 같은 것이 있다고 생각하지 않았다." "철학을 위한 주장이 강해질수록, 민주주의를 위한 주장을 펴기는 어려워진다"는 것이 그의 입장이었다. 경험을 거부하는 롤스주의 철학은 그 밑바탕에 반민

주적 성격이 있음을 증명하는 것이었다.62

이처럼 경험에 주목하는 것은 언어, 의미, 문화에 대한 해석에 호소했던 역사학자들과 인류학자들의 반(反)경험주의적 움직임과 궤를 같이하는 것이었다.63 그러나 이 시기 인류학자 클리퍼드 기어츠와도 매우 가까운 관계에 있던 왈저는 모든 분석 범주가 맥락적, 논쟁적, 상황적이라는 식의 비판에는 동조하지 않았다.64 대신 그는 자유주의 철학의 객관주의적 주장과 법리화에 맞서 경험 및 그것에 대한 해석에 주목하고 그 위상을 격상했다. 일찍이 "현실에 존재하는 사람들"의 "실제적 경험"을 탐구해 왔던 왈저는 이 같은 초기의 문제의식을 윤리적 규범에 관한 논의로까지 확장했다.65 다른 이들도 정의 이론에 맞서 반관료주의적 주장들을 활용했다. 이런 주장들은 전후 시기와 베트남전쟁 시기 공리주의 비판에 쓰였으며, 경험의 특수성을 무시한 채 이루어지는 비용-편익 분석을 공격하는 역할을 한 바 있다.66 월린을 비롯해 『민주주의』(이 저널은 오래 유지되지 못했다)에 관여했던 이들은 미국식 자유주의의 법리적 절차주의와 경제 생산성을 중시하는 이데올로기가 민주주의를 짓눌러 버렸다고 주장했다.67 자유주의적 평등주의는 "절차적 공화국"의 이론으로 간주되었다.68 자유주의적 평등주의가 지나치게 기승을 부린 탓에, "정치적인 것"이 사라질 위기에 놓여 있다는 비판이 일었다. 이에 대한 대응으로 일각에서는 지역 문화와 실천을 진흥시키려 했고, 다른 일각에서는 전문가주의의 대항마로 정치교육을 말하며 경험에 준거한 참여 민주주의 비전을 옹호했다.69 관료제 권력에 대해서는 강력한 시민사회가 그 맞수로 내세워졌다.70 이윽고, 자유주의 철학의 핵심인 합의의 비전을 거부하는 포스트마르크스주의 사상으로부터 독특한 경합(적) 민주주의* 이론이 나오게 된다.71

* 경합(적) 민주주의 agonistic democracy는 급진 민주주의의 한 갈래로서

해석을 옹호하는 모든 이가 자유주의적 평등주의를 거부했던 것은 아니다. 정치철학이 이미 존재하는 도덕에 대한 "발견"에 의존한다는 주장은 롤스 이론에서도 낯선 것이 아니며, 이는 오히려 정치철학의 임무에 대한 롤스의 비전에서도 근본적인 것이었다. 롤스 또한 이미 존재하는 도덕을 탐구해 원칙을 주어진 관행 내에 위치시키는 것(그 원칙을 전 세계로 확장할 수는 없다)이야말로 철학의 목표라고 여겼다. 그의 이런 구성주의적 입장은 많은 역사주의자들에게도 호소력을 발휘했다.72 그렇기에 1980년대 많은 자유주의 철학자들이 해석이라는 요소를 자신들의 이론에 통합할 수 있었는데, 그 가운데서도 가장 잘 알려진 인물은 드워킨이었다.73 드워킨은 일찍이 법원의 역할이 이미 존재하는 법을 "발견"하고 집행하는 것이라고 주장한 바 있으며, 롤스와 마찬가지로 기존 도덕 공동체의 중요성을 강조했다.74 그는 이제 자유주의적 "합리주의"의 틀 안에 해석을 수용해, 법원에 법 창조 기능이 있음을 주장하고, 사법 활동을 "한 나라의 법이 지닌 역사"에 대한 해석 행위로 간주했으며, 법적 주장에 대해 '객관적' 진실 여부를 따지는 것의 중요성을 격하했다.75

그럼에도 불구하고 자유주의적 평등주의를 비판한 이들은 대체로 합리주의 철학 대 민주적 경험이라는 이분법을 운운하며 롤스주의자들을 전자에 위치시켰다. 롤스 자유주의의 실질적 주장들을 수용한 이들조차, 로티가 "사회적 연대"에 대한 "객관성"의 우위라고 지적했던 롤스 자유주의의 이 같은 우선순위에 대해서는 도전을 가했다.76 이런 논쟁은 한때 젊은 롤스를 사로잡았던, 객관적 윤리학의 가능성과 윤리적 의사 결정 절차에 관한 오랜 물음들로 회귀했다.77 자

동의와 합의의 가능성을 내포하는 숙의 민주주의와 달리 사회에 편재하는 지배, 배제 및 적대 관계를 민주주의의 조건으로 이해하고, 활력 있는 경합적 공론 영역agonistic public sphere의 창출을 민주주의 이론가와 정치가의 과제로 제시한다. 그 주요한 이론가로는 샹탈 무페Chantal Mouffe와 보니 호닉Bonnie Honig 등이 있다.

유주의 철학자들이나 그들의 비판자들이나, 그 주된 관심이 사회적·도덕적 합의의 원천에 있기는 마찬가지였다. 삶의 양태와 삶이 흘러가는 방식에 호소하는 것으로 충분할 것인가, 아니면 판단 기준을 제공하기 위해 모종의 원칙들이 필요한가? 왈저는 올바른 도덕 원칙들을 찾을 수 있기는 하지만, 그것들은 오직 "우리가 서로 공유하는 의미" 속에서만 찾을 수 있다고 주장했다.[78] 로티가 보기에는 일반 원칙에 호소함으로써 사회적 불일치를 해결할 수 있다는 생각 자체가 문제였는데, 이는 드워킨의 표현을 빌리자면 "관습과 일화"convention and anecdote에 호소함으로써만 그 긴장을 해소할 수 있는 민주적 삶에 대한 오해에서 비롯된 것이었다. 로티는 비트겐슈타인의 표현을 빌려 민주적 담론을 "'정치적 목적을 위해 상기해야 할 것들' — 다양한 관행들이 보여 온 지난날의 효과와, 기존 조건이 달라지거나 유지된다면 어떤 일이 벌어질지에 대한 예측에 관한 이야기들 — 을 서로 교환하는" 것으로 이해했다.[79] 이런 이해에 따르면 정치적 문제들은 관습과 합의, 또는 삶이 흘러가는 방식을 참조해 해결되어야 했다. [반면] 합리성은 [이런 정치적 문제의 성격을 고려하지 않고서] "무분별하게 혼란을 일으키는" 것으로 여겨져야 했다. 로티는 기꺼이 "합의를 추구하는 자유주의적 롤스주의자들"인 "우리"는 자문화 중심적일 수밖에 없으며, "우리가 가진" 견해는 "우리가 현재 영위하는 삶의 방식"으로만 정당화될 뿐이라고 말했다.[80]

그리하여 일반 원칙을 우선시하는 이들과 도전자들 사이의 분열은, 도전자들에 의해 그 판이 다시 짜이게 되었다. 위[합리성]로부터 부과되는 윤리적 규범이냐, 아래[실제의 삶]로부터 생성되는 규범이냐를 두고 벌어지는 싸움으로 말이다. 1980년대 중반이 되자 이를 둘러싼 정당화와 비판의 대결은 더욱 깊어졌다. 상대주의, 오해, 위선 등과 같은 비난이 드워킨, 왈저, 네이글, 로티 같은 이들 사이에서 오갔다. 비판자들은 자유주의 철학자들이 합의를 중시하고 민주적 통제보다는 비민주적 결정·절차에 중점을 두는 것이 기술 관료제와 불평등에 대한 암묵적 수용이라고 말하고 있었다.[81] 객관성과 비인격적 양식의 지식은 반민주적인 전문가주의와 결부되었다. 해석과 경험의 언어가 자유주의적 절차 국가에 대한 비판의 대열에 합류한 것이다.[82]

***

이런 논쟁을 통해 자아 및 정체성에 관한 일련의 독특한 생각들이 출현했고, 여기에 보다 큰 맥락으로 작용했던 것은 바로 공동체에 대한 옹호였다. 이 시기 보수주의자들은 1960년대에 등장한 다양한 사회적 기획과 민권운동, 여성운동의 물결 속에서 자신들이 "버림받았다"고 느끼며 정부에 불만을 품고 있던 집단에게 호소하기 위해 공동체를 내세웠다.[83] 백인이라는 점이 더는 국가에 대해 권리 주장을 펼 수 있는 명시적 근거가 되지 못하자, 공동체와 문화, 민족성의 수사가 "인종"을 대체해 집단 정체성을 주장하기 위한 근거로 자리매김했다.[84] 그러나 공동체로의 전환은 [보수주의자들뿐만 아니라] 자유주의자들과 좌파들에게서도 유사하게 나타났다. 상당수의 사람들이 관료주의적 자유주의와 관료주의적 사회주의가 하나같이 공동체의 가능성을 부정하고 도덕적 황폐화 및 소외(그리고 물질적 궁핍)을 초래했다고 오랫동안 주장해 온 터였다.[85] 그래서 신좌파 지식인들의 과제는 복지 및 독점 자본주의의 비인격적 구조 이면에 묻혀 있던 공동체의 힘과 주체성을 회복하는 일이 되었다(이 과제는 "도덕 경제",• 전통, 관습, 참여에 대한 역사적 탐구로 이어지기도 했다).[86] 신자유주의에 의

• 도덕 경제는 본래 마르크스주의 역사가 에드워드 파머 톰슨이 18세기 영국사에 대해 사용한 개념이었으나, 그 의미가 확대되어 도덕적·문화적 규범에 영향을 받는 경제활동 및 현상 일반을 지칭하기도 한다.

해서 시장 중심적인 의사 결정 방식이 확립됨에 따라 시장의 유동성과 불확실성에 관심을 두었던 이론가들은 다시금 공동체에 눈을 돌렸으며, 이제는 마르크스가 아닌 R. H. 토니나 칼 폴라니를 내세워 자유주의적 자본주의의 원자론과 상품화에 맞서 공동체를 보호해야 한다고 주장했다.[87] 왈저는 『정의의 제 영역들』(1983)에서 시장에 기반한 불평등이 시장의 경계를 넘어 다른 시민권의 "영역들" — 곧 교육, 의료, 공적 명예 등 — 을 침범하도록 허용해서는 안 된다고 주장했다.[88] 자칭 공동체주의자들은 자유주의가 자아의 사회적 본질을 오해하고 있으며 자유주의적 주체가 상호 적대적이고 소외된 사회 질서를 만들어 냈다고 주장하기 시작했다.[89] 자유주의 철학의 인간학이 공동체적 관계를 수용하는 데 난점이 있다는 주장은 새로운 것이 아니었지만, 이제 이 주장은 자연주의와 자유주의적 중립성에 대항하는 해석주의적 전환, 그리고 롤스에 대한 지역주의적·민주주의적 비판과 결합했다.[90] "추상적", "개인주의적", 권리 중심의 정치를 전복하고 "애국심", "공동체의 근본적 유대", "가족"으로의 귀환을 예고하면서, 칸트적 보편주의에 대한 헤겔적 대응이 형태를 갖추었던 것이다.[91]

자유주의 철학을 비판하는 공동체주의자들에게 첫 번째 관심사는 자아였다. 이는 부분적으로 자유주의적 평등주의의 내적 경향, 특히 자유주의적 평등주의 내에서 자율적인 도덕적 개인에 대한 칸트적 이상과 선택, 책임, 행동에 대한 평등주의적 강조가 점점 더 중요해지고 있던 경향에 대한 반응이었다. 정체성에 대한 전통적인 관념을 해체하고 근대성의 주체를 재구성하려 했던 동시대 사회 이론에 대한 영미권의 적대감을 시사하듯, [자유주의적 평등주의자들은] 자율적 인격[주체]의 관념을 더욱 확고히 했다. 실제로, 데릭 파핏이 제시한 이론(자아를 일련의 우연한 연관 상태들로 해체하고, 이와 거의 같은 방식으로 자유주의적 주체를 위협할 수 있었다)에 열광했던 독자들조차 그 이론이 지닌 급진적 함의는 경시했다.92 대부분의 롤스적 자유주의자들은 [여전히] 개인과 그 개인의 합리적인 삶의 계획에 대한 헌신을 유지했는데, 공동체주의자들의 주요 타격 대상은 바로 이 지점이었다.

자아와 인간 행위의 구성적 측면에 대한 가장 영향력 있는 해석주의적 논의를 펼친 것은 찰스 테일러였다. 1970년대 후반 테일러는 해석학적 틀을 개발했고 그런 가운데 "책임 있는 인간 행위자"를 다양한 개념으로 구분했다.93 자유주의적 개인주의(및 실존주의) 관점에 따른 "극단적 선택자"radical chooser가 있는가 하면, 경제학 및 공리주의 이론에서 상정하는 이익·공리의 양을 따지는 "단순한 계량자"가 있고, 또 다른 행위자관으로 "강한 가치 평가자"도 있다는 것이다. 강한 가치 평가자는 단순히 여러 대안 가운데 하나를 택하거나 행동 방침을 평가해 결정을 내리는 것이 아니라, "나는 어떤 삶을 살 것이며, 어떤 주체가 될 것인가"와 관련된 보다 깊은 윤리적 "가치의 어휘"와 "정체성"을 고민하며 결정을 내리는 존재다.94 이런 정체성이 "평가의 지평"을 설정한다. 자신의 정체성을 부정하는 사람은 모종의 "장애"를 입게 되고, "진정성 있는" 가치 평가를 가능케 하는 자신 안의 본질적 부분을 상실하게 된다. 도덕적 행위자는 원칙이나 열려 있는 극단적 선택지에 의거해 결정하는 것이 아니라, "가장 근본적인 공식들과 그 공식들이 명확히 표출하려는 바"에 주의를 기울인다. 이런 [도덕적 행위자들의] 표출은 단순한 기술이 아니라 경험을 구성하는 자기 해석 행위이다. 이런 자기 해석 행위를 이해하기 위해서는 "전체 자아"[온전한 자아]를 끌어들여야 하며, (공리주의나 다른 원칙에 따른) 고정된 "잣대"를 기준으로 판단해서는 안 된다. 이런 형태의 평가야말로 한 인간의 본질적 특징에 해당하는 것이다. 테일러는 자유주의 이론이 선택의 자유와 강한 도덕적 책임을 강조한 나머지 이 점에 대해서는 소홀히 했다고 생각했다. 그는 그의 구성적 자아를, 다양한 형태의 결정론이나 유물론에서 나타나는 확고 불변한 자아관과 구별하려 했다. 후자와 달리 전자는 주체의 도덕적 책임을 제거하지 않고, 오히려 책임의 근거를 마련해 주었다. 찰스 테일러는, 우리 자신에 대한 성찰을 통해, 우리는 우리 자신에 대한 책임을 발견한다고 썼다.95

테일러는 이런 진정성 있는 자아를 자유주의적인 "권리의 담지자"와 대조시켰다.96 계획 능력 — 즉, 가능성을 제시하고 목표(그리고 목표를 달성할 확률과 비용)에 따라 가치를 계산할 수 있는 전략적 역량 — 으로 정의되는 "근대적 주체"는 평가하고, 선택하며, 계획에 따라 행동하는 능력에 따라 존중받는 존재이다.97 이 주체는 자연[본성]에 의해 그리고 객관적 검토를 통해 설정된 자신의 목적을 자율적으로 발견한다. 자유롭고, 선택할 수 있으며, 스스로를 정의할 수 있는 이런 주체는 "세계를 객관화해, 자신과는 분리된 대상으로 보고 도구적인 방식으로 세계에 대해 추론한다." 계산을 강조하고, [인간의] 목적을 자연적으로 주어진 것으로 식별하며, "선호도에 따라 내려진 선택을 해석하기보다는 중립적으로 설명하는 데 그친다"는 점에서, 공리주의는 이 같은 주체관의 산물이다.98 반면 테일러가 말한 진정성 있는 자아는 계산하는 기계가 아니었다. 이 자아는 의미를 부여받고, 의미에 의해 구성되는 존재였다. 진정성 있는 주체는 선택을 내리는 전략적 능력이 아니라 무언가를 중요하게 여기는 — 즉 중요한 대상들과의 관계에서 목표 및 목적을 인지하고 구성할 수 있는 — 존재로 재정의되었다. 테일러는 "평가의 본질"이 "고정된 목표에 비추어 내려지는 평가"로 환원될 수는 없다고 보았다. 그는 평가의 본질을 이루는 "더 많은 부분은 인간 고유의 목표와 연관된 어떤 기준들에 대한 민감성"에 있고, "자아의 감각은 이런 인간적 기준들과 관련해 자신이 어디에 있는지에 대한 감각"이며, "적절한 개인의 선택 역시 이 기준들에 의해 인도된다"고 말했다.99

그렇다면 자유주의적 평등주의가 그리는 도덕적 인간은 자유로운 선택자, 근대 자본주의적 주체의 모습에 해당하는 것이었던가? 일각에서는 그렇게 추정했지만, 개인에 대한 롤스의 서술은 그에 대한 강경한 비판자들에게도 오랫동안 모호한 것으로 여겨져 왔다.100 롤스가 말한 합리적 인간을 크로퍼드 B. 맥퍼슨은 자신의 이득을 최대화하려는 존재라고 보았지만, 그 합리적 인간의 목적은 부르주아의 그것과는 거리가 멀다고 생각했다. 그러나 맥퍼슨은 인간의 이중성 — 한편으로 계급사회를 유지하려 하면서도 다른 한편으로 비非부르주아적인 목적을 지향하는 — 을 자유주의적 자본주의사회의 전형으로 간주했다. 그가 볼 때 [롤스의 주체관에서 나타난] "애매함"ambiguity이야말로 "부르주아적 인간의 전형적 특징"이었던 것이다.101 롤스식의 합리성에 대해 제기된 다른 비판들은 인간 주체 일반에 대한 롤스의 설명이 아니라, 원초적 입장에 선 존재의 합리성에 초점을 맞추고 있었다. 이 차이를 인식했던 테일러는 자신의 비판을 롤스에 대해서는 적용하지 않았다. 테일러는 자신과 롤스가 구성적 관행 내에서 행동하는 주체에 대한 이해를 공유한다는 점을 알고 있었다. 이 행동 주체들이 독자적으로 삶의 계획을 만드는지는 모호했다. 또한 전前 제도적 권리가 롤스의 체계에서 근본적인 요소도 아니었다. 즉 롤스 역시, 테일러와 마찬가지로, 개인을 언제나 제도적 존재로, 특정한 생활양식 속에 위치한 존재로 생각했던 것이다.

그렇기에 테일러가 사회과학 및 공리주의에 대한 비판을 자유주의 철학에 맞서는 방향으로 재정향하고, 권리 중심의 원자론적 비전에 반대했을 때, 그가 겨냥했던 비판의 초점은 주로 도덕적 인간 주체를 사회적 관행에 결부한 롤스의 논의가 아니라 노직의 권리 및 권원 이론이었다.102 실제로, 이런 비판은 롤스의 궤적이 개인 소유권과 선택에 초점을 맞추었던 운 평등주의와 갈라지던 때에 나온 것이라서, 테일러의 주장을 더욱 강력하게 했다. 브라이언 배리는 선택에 주목해 자유를 선택의 차원에서 정의했던 이 시기의 경향을 "안일한 자유주의적 보수주의"로 규정하며, 이런 시각은 마치 삶의 계획을 선택할 능력이 (집단적 정치 행동을 통해 확보되거나 권력 작용을 통해 만들어지는 것이 아니라) 자유주의적 개인들에게 형이상학적으로 주어지는 것처럼 오인하게 한다고 지적했다.[103] 이런 배리의 비판에 동의하는 사람들은 자아에 관한 테일러의 논의를 매력적으로 느끼게 되었다.

많은 공동체주의자들은 행위 주체와 해석에 대한 찰스 테일러의 관점을 선택, 시장, 시민사회를 바라보는 자유주의적 관점에 대한 오랜 비판들과 연결하려 했다. 이 가운데 가장 도발적인 시도는 마이클 샌델로부터 나왔다. 테일러와 드워킨의 제자였던 샌델은 롤스가 전성기를 구가하던 시기 역시 하버드에서 가르치고 있었다. 샌델의 비판 대상 역시 롤스의 주체관이었다. 샌델은 롤스가 "궁극적인 목적을 따지기에 앞서 이미 개별화되어 있는 소유의 주체"를 내세웠으며, 롤스식의 주체에 가장 중요한 것은 선택할 수 있는 역량이라는 점을 지적했다.[104] 샌델은 이 "무연고적 자아"야말로 롤스 이론의 핵심이라고 주장했다. 그가 볼 때 이 점은 원초적 입장에 서서 선택을 내리는 주체를 합리적이고 탈신체화된 존재로 표상한 데에서뿐만 아니라 롤스가 분배 정의의 근거로서 응분이나 능력을 받아들이지 않은 데서도 입증되었다. 그러니까 샌델은 테일러가 노직의 이론에서 보았던 원자론적 자아를 롤스 이론에서도 찾았던 것이다. 샌델은 또 평등주의자들이 다루고자 했던 문제들에도 주의를 기울였다. 즉, 많은 이들은 롤스가 분배 정의를 논하면서는 응분과 책임, 행위 주체를 중요시하지 않으면서(개인의 "품성" 문제는 도덕적으로 논하기에 임의적이며 재화의 분배와는 관련 없다는 주장), 응보적 정의를 다룰 때는 다른 태도를 보이는("나쁜 품성"으로 인해 벌어진 일에 대해 책임이 있는 이들은 처벌을 받아야 마땅하다는 주장) 데서 나타나는 불일치에 주목하던 터였다.

응분이라는 요소가 시장 중심 사회에서 지니는 의미는, 보다 긴밀한 사회적 관계가 작동하는 공동체주의적·연대적 사회에서 응분이 갖는 의미와 비교해 어떻게 다른가? 롤스 이론이 촉발한 것은 이 문제를 둘러싼 논쟁이었다. 그리고 일부 논자들은 자유주의적 원자론에 대한 전반적인 반대의 일환으로, 롤스가 공적을 중요하게 여기지 않음에도 반대했다.105 도덕적 가치와 인정을 고려하지 못한다는 이유에서 응분과 기여 원칙을 무시하는 이론들을 비판했기는 하지만, 테일러는 롤스가 응보적 정의와 분배 정의에서 책임과 품성에 대한 판단을 달리한 데 대해서는 반대하지 않았다. 아마도 테일러는 다양한 관행에 대해 일관된 기준을 적용하기 어려움을 참작했던 것으로 보인다. 그러나 샌델은 이에 대해 다른 입장을 취했다. 그가 보기에 롤스 이론이 (태생적·사회적으로 취득한 자산은 도덕적으로 볼 때 자의적이라는 주장에 근거해) 공적과 공로를 평가절하한 것은, 롤스가 한 인격의 "속성attributes과 구성 요소constituents"를 지나치게 강하게 구분한다는 점을 보여 주는 것이었다. 샌델은 롤스가 [임의적으로 주어진] "'내' 자산은 강한 구성주의적 의미에서는 내게 속하지 않으며"[따라서 본질적인 구성 요소일 수 없으며 내 인격의 우연적인 속성일 뿐으로], 따라서 내가 그것을 가질 자격이 있다고 말하는 것은 온당치 못하다는 주장을 편다고 보았다.106 "자아와 그 소유물"에 대한 롤스식의 구분이 인격과 소유권을 침해할 소지가 있다고 본 노직처럼, 샌델은 자아와 그 소유물을 구분하는 것이 옹호되기 어렵다고 지적했다. 롤스는 자아가 사회적으로 구성된다는 점과 역사적·문화적으로 구성된 정체성에 있어 선천적·사회적 자산이 중요하다는 점을 이해하지 못했다는 것이었다.107

샌델의 비판은 대니얼 벨의 주장을 확장한 것이라고도 할 수 있는데, 벨은 능력주의와 차별에 대한 자유주의자들의 공격이 인격과 도덕적 가치 개념을 제거하려는 방향으로까지 너무 지나치게 나아간 나머지 "인간 자체는 실종되고, 오직 몇몇 속성만 남아 있게 되었다"라고 주장했다.108 샌델은 롤스의 이론을 오류 — 특히 차등의 원칙과 같은 — 로부터 구해 내기 위해서라도, 무연고적 자아를 "간間주관적 주체 개념"으로 대체해야 한다고 주장했다. 그는 개인의 정체성이 시민 간 그리고 결사체 간 관계에서 형성되는 구성적 공동체 개념을 제시했으며, 정체성을 형성하는 그런 관계는 선택 가능한 것이 아니라 발견될 뿐이라고 보았다. 샌델은 어떤 국면에서 자아에 대한 적절한 설명은, "단수로 존재하는 개인 이상의 무언가를 포함"할 것이라고 말했다.[109] 그는 자아를 그 소유물로부터 분리하는 대신, 애초부터 어떤 자산을 안고 살아가는 사회화된 자아를 그렸다. 이로써 샌델의 논의가 집단적 행위 주체와 집단행동의 문제로 향하지는 않았지만 말이다. 다만 샌델은 정치 이론의 초점을 재조정해 그 단위로 [무연고적 자아와 개인이 아닌] 사회적 자아와 그가 속한 공동체를 내놓았던 것이다. "사회적 자아"에 대한 옹호는 자유주의에 대한 공동체주의적 비판의 핵심 요소가 되었다.[110]

그러나 정치적으로 보면, 이런 비판은 여러 가지 다른 방향으로도 전개되었다.[111] 일부 공동체주의자들은 가족, 문화, 민족을 옹호했다.[112] 마르크스주의에서 기독교로의 지적 이행을 겪었으며 근대를 신랄히 비판했던 매킨타이어는 사회적 정체성이 없는 "정서주의적 [정의주의적] 자아"emotivist self를 규탄하고, 친족 관계로 구성되며 덕성에 의해 자극되는 전근대적·반계몽주의적 자아를 찬양했다.[113] 롤스의 주체, 도덕적 가치, 책임, 문화, 품성과 같은 어휘들에 대한 비판이 "기술 지배적" "적대 문화"adversary culture가 만들어 내는 인간 유형에 대한 우려를 대신하게 되었다.[114] 한때 반관료주의 좌파의 특징이었던 아이디어가 신보수주의 우파에 의해 활용되었다. 신보수주의 우파들의 반관료주의 논변은 기업의 관료제 조직보다는 복지국가의 기능을 공격하는 데 초점을 맞춘 것이었지만 말이다.[115] 공동체주의의 언어는 복지 수급권과 빈곤을 둘러싼 인종적으로 코드화된 담론에서는 보수적 목적을 위해 사용되었고, 나중에는 우파 담론의 여러 전제를 수용하고 정당화했던 『반응하는 공동체』와 같은 '제3의 길' 노선의 저널들에서 나타났다.116 일부 좌파는 이 점을 분명히 인식하고 있었다. 바버라 에런라이크는 신우파의 인종주의와 권위주의에 도덕적 의미를 부여해서는 안 되며, 자유주의와 우파 공동체주의가 "유착"하는 것을 용인해서도 안 된다고 샌델을 비판했다.117

공동체주의적 비판이 지녔던 엄청난 영향력은 부분적으로 이 같은 유연성에 기인한다.118 그러나 공동체주의가 정치 이론 내에서 영향력을 얻을 수 있었던 이유는 전후 자유주의 질서의 주요 전제들을 심각하게 위협하지 않았기 때문이기도 했다. 신좌파 성향의 공동체 이론가들이 독점자본주의와 관료제 국가를 비판하기는 했지만, 문화적 전환cultural turn 이후의 사회적 자아 담론은 (자본주의나 국가보다는) 시장과 계약관계에 의해 도덕 영역이 오염되는 것에 대한 우려와, 인간을 선택하는 주체로서만 파악하는 시각과 보편 원칙에 대한 비판으로부터 더 큰 자극을 받았다. 신우파의 반관료주의적 자유주의와는 정반대로, 선善에 대한 공동체주의적 탐구는 절차적 권리 그리고 "의무론적 공화국"에서 [구성원들이 서로를 동료가 아닌] 낯선 "이방인들"로 [인식하게 되는 것을] 법인 권력의 확장보다도 더 위협적인 것으로 여겼다.119 일각에서는 선택과 책임[을 강조하는] 평등주의로의 전환이 우정과 공동체라는 사회주의적 가치를 손상시킨다고 우려했다. 그러나 많은 이들은 사회주의 원칙을 포기한 채 소유권, 부, 권력의 사회화를 요구하지 않았으며, 그 대신 전통과 "상호 공유된 이해", 그리고 정체성의 보존과 확장을 우선시했다.120 평등주의자들 사이에서 소유권과 관련된 논쟁이 활발해지자, 공동체주의자들은 도덕적 의미에 초점을 맞추는 방식으로 분배 패러다임에 대응했다. 그렇지만 그들이 비판했던 자유주의자들과 마찬가지로, 정치적 행동 및 정치적 통제의 문제를 전면에 내세운 공동체주의자는 거의 없었다. 샌델의 영향력 있는 비판에서도 정치는 최종 장에서 등장하는 데우스

엑스 마키나deus ex machina로서 상상된다. "혼자서는 알 수 없는 선善을, 공동체와 함께하는 정치를 통해서는 알 수 있다"는 식으로 말이다.121 그러나 그런 정치가 과연 어떤 모습일지, 그것이 자유주의적 평등주의자들이 그렸던 형태의 정치와 어떻게 다를지는 거의 논해지지 않았다. 더욱이 공동체의 쇠퇴와 아노미, 소외의 증대를 한탄하는 이들은 이 서사를 문화적인 차원 아니면 형이상학에 가까운 것으로 여기는 경향이 있었다. 조합과 공동체의 붕괴를 의도적인 정치적 행동의 산물이나 국가의 억압적 정책의 결과라고 말하는 사람은 별로 없었던 것이다. 민주주의의 관점에서 자유주의를 비판하는 이론가들이 늘어난 것과 달리, 공동체주의자들 사이에서 집단을 중심으로 하는 정치에 대한 요구는 그 타당성을 인정받았으나 제대로 탐구되지는 못했다.122

그리하여 공동체주의의 여러 면면은, 공동체주의에 대한 자유주의적 비판자들이 주장했듯, 자유주의 정치철학의 패러다임 내부로 수용될 수 있었다.123 이 점에서 공동체주의는 자유주의적 자아에 대한 보다 급진적인 비판 — 담론적이고, 규제된 주체에 집중하거나, 주체를 완전히 해체함으로써 공동체적 연고를 갖지만 자율적인 행위자라는 공동체주의적 관점에 그 어떤 여지도 남기지 않는 — 과 구별된다. 이는 계약론적 자유주의의 남성적 주체에 도전하고, 자유주의의 공사 이분법이나 가족 같은 소규모 공동체를 중시하는 것에 반대했던 페미니즘 이론과 공동체주의 사이의 차이를 보여 주는 것이기도 하다.124 [자유주의와 급진주의·페미니즘 사이의 관계에서 나타난 간극과는] 대조적으로, 공동체주의자들은 롤스주의적 시각의 몇몇 핵심적 측면들을 그대로 유지했다. 공동체주의와 롤스 자유주의 사이에는 가족 유사성 관계가 존재했다. 해석주의적 공동체주의의 기원은 롤스 이론에서와 같이 '비트겐슈타인적 모멘트'에 있었다. 왈저와 매킨타이어, 테일러 그리고 샌델은 모두 칸트주의자 롤스에 맞선 헤겔주의자로 여겨졌는데, 버나드 윌리엄스의 표현을 따르자면 이들은 "헤겔 우파적 목적"을 위해 후기 비트겐슈타인을 활용했다.[125] 그러나 이 과정에서 이들은 롤스가 초기에 품었던 고민들을 재검토하게 되었다. 숙의 민주주의 이론가들이 롤스가 자신의 이론을 모색하기 시작했던 바탕이자 일찍이 토크빌이 중요시했던 타운홀 회의에 다시 관심을 두며 분배 정의 이론이 가진 민주적 결함을 해결하려 고심했던 것처럼, 공동체주의자들 역시 젊은 롤스에게 큰 영향을 끼쳤던 헤겔과 비트겐슈타인 그리고 공동체에 관한 아이디어들에 주목했던 것이다.

공동체주의자들이나 롤스나 이 점을 간과하지는 않았다. 샌델은 자아실현을 위해 사회적 결합이 갖는 중요성을 논하며, 롤스의 논의 속에 "간주관적인 자아에 대해 말하는 구절들"이 있음을 인정했다. 그는 또한 "자아는 다수의 자아들이 함께 활동하는 가운데에서 그 실체를 드러낸다"[126]라는 롤스의 주장을 받아들였다. 다만 그는 롤스 이론이 다른 한편으로 무연고적 자아를 그리고 있음을 고려해 이 점이 롤스의 근본적 모순을 보여 준다고 생각했다.[127] 그러나 롤스의 "간주관적인 자아에 대해 말하는 구절들"은 "은유"에 불과한 정도가 아니었다. 그것은 개인과 사회를 이해하는 데 있어 공동체를 중심에 두고, 정체성과 도덕성을 선택된 것이 아니라 발견되어야 할 중요한 대상으로 간주하는 롤스의 관점을 보여 준다. 『정의론』의 한 대목이 말해 주듯이, "삶의 계획을 그릴 때 우리는 백지상태에서 시작하지 않는다."[128] 롤스는 한때 자아의 경계를 누그러뜨리며 다원주의적인 집단 행위 주체를 위한 이론적 공간을 열어 준 바 있었는데, 이 점에서 그는 샌델과 다르지 않았다.[129] 더욱이, 롤스 이론을 일종의 소유적 개인주의로 규정하면서, 샌델은 젊은 시절 롤스가 거부했던 원자론적이고 이기적인 주체를 상정한 계약론을 자신의 출발점으로 삼았다.[130] 롤스와 그를 비판한 이들 사이에서는, 그에 대해 동일한 기억을 간직하고 있었던 것은 아니지만, 공통의 역사가 있었다.

롤스는 그가 보기에 보수적으로 기울어지고 있던 공동체주의 비판자들에 의해 자신의 사상이 오해되고 있다는 견해를 피력했다. 1986년 "현대 철학의 현장"을 주제로 한 강연에서, 그는 왈저와 매킨타이어, 샌델을 "세 얼간이stooge"로 묘사했다(롤스는 찰스 테일러 역시 여기에 포함할지 고민했지만, 결국 최종본에는 테일러의 이름이 들어가지 않았다).[131] 다른 이들 역시 롤스 이론이 잘못 표상되고 있다고 항의했다. 이들은 자유주의적 평등주의 역시 [비판자들과 마찬가지로] 공리주의의 개인화와 행정주의적 경향에 반대하고 기술 관료제로 인한 소외를 우려한다는 점을 강조했다.[132] 『정치적 자유주의』를 출간하며 롤스는 자신의 생각이 변화했음을 시사하는 방식으로 공동체주의자들에게 응답하게 된다.[133] 『정치적 자유주의』가 관용과 다원주의, 민주주의, 공적 이성 그리고 정당화 문제에 관한 롤스의 관심을 보여 주며, 이를 둘러싼 새로운 논쟁을 불러일으킨 것은 사실이다. 많은 이들은 이 책에 이르러 롤스의 입장이 보편주의에서 공동체주의로 후퇴한 것이라고 독해했다.[134] 그러나 롤스의 견해와 공동체주의자들이 옹호하는 입장 사이에는 [『정치적 자유주의』가 출간된 후부터가 아니라] 언제나 공통점이 있었다. 물론 판단과 정당화의 문제에 있어서는 여전히 큰 간극이 있었다. 즉, 롤스는 기존 가치와 관행을 윤리적으로 구별하기 위해 개발한 이론적 장치를 포기하지 않았다.[135] 롤스가 계속해서 공동체주의자들에게 답답함을 느낀 것은 그들이 고민하던 문제에 자신의 이론이 얼마나 도움을 줄 수 있는지가 잘 이해받지 못한다는 점에서였다. 롤스의 관심 역시 왈저의 그것과 마찬가지로 이미 존재하고 있는 것을 해석하고 드러내는 데 있었기 때문이다. 두 사람은 근대적 주체란 무엇이며, 의미란 어떻게 구성되는지 등과 같은 문제에서도 생각을 공유했다. 롤스와 왈저 모두 도덕적으로 중요한 결사체가 국가에 의해 만들어지거나 포섭되는 형태가 아니라, 국가 아래 활발히 돌아가는 개인들의 공동체가 조직되는 민주적이고 다원주의적인 공동체를 구상했다. [자신이 오해받고 있다고 여긴] 롤스는 1983년 이렇게 썼다. 왈저의 비판은 "대체로 매우 부정확하거나, 그보다 더 나쁜 수준이다. 대부분의 경우, 『정의론』의 관점이 제대로 이해되기만 한다면 그것이 왈저가 말하려는 바나 실질적 문제들에 대해 그가 도달하고자 하는 결론과 얼마나 다를지 모르겠다."136

***

"원자주의"에 대한 불만과 문화적 전환으로 인해 촉발된 것은 자유주의적 평등주의에 대한 공동체주의적 비판만이 아니었다. 전통으로 눈을 돌리며 과거를 재상상하려 했던 이들도 상당히 많았다. 몇몇은 자유주의에 우호적인 태도를 보이며 자유주의의 수정된 버전을 제시했다. 시민 공화주의에 대해 탐구한 법철학자들은 시장을 우선시하던 것에서 토크빌적인 시민 포럼으로의 전환과 같은, 평등주의적 제안을 내놓았다.137 좀 더 중요했던 것은 시민 공화주의 이념에 대한 역사학자들의 재발견이었으니, 이는 자유주의 국가의 헌법 및 원칙에 대한 상대화를 가능케 했다.138 J. G. A. 포칵과 퀜틴 스키너를 비롯한 케임브리지 학파의 정치 사상사가들은 '자유주의가 승리한 역사'라는 내러티브에 균열을 내려 한 이들 가운데 일부였으며, 특히 보편적·초시간적인 권리 이론이 갖는 허점을 공격했다. 이는 독립과 비지배로서 이해되는, 자유에 대한 공화주의적 이상을 회복하려는 노력의 일환이기도 했다.•139 미국 시민권과 미국적 전통에 대한 해석을

• 케임브리지 학파의 문제의식과 연구 방법에 대해서는 리처드 왓모어, 『지성사란 무엇인가?』(이우창 옮김, 오월의봄, 2020); 안두환, 「케임브리지 학파의 지성사와 역사주의 정치학」, 『한국정치학회보』 55권 1호(2021)를, 공화주의적 자유 이해에 관해서는 퀜틴 스키너, 『퀜틴 스키너의 자유주의 이전의 자유』(조승래 옮김, 푸른역사, 2007)를 참조.

둘러싼 논쟁에서, 해석주의적 접근에 동조한 역사가들과 이론가들은 삶의 여러 형태들은 비교 불가능하다는 주장을 활용해 비토대주의자인 로티의 "자문화중심주의"를 옹호했다.140 정치 이론가들은 절차적 공화국의 역사를 쇠퇴론의 논조로 서술하기 시작했다. 대체로 비극적인 톤이었던 그들의 서술을 통해 자유에 대한 사적私的 개념화와 국가 중립성의 신화가 만들어졌다. 이 시기는 "이민"과 "국민적 다양성의 증대", "소비사회의 흥기"가 자치에 대한 공화주의적 비전을 불가능한 것으로 보이게 하던 때였다.141

이런 서사는 판단의 객관적 토대가 있다는 주장을 거부하고 획일적인 자유주의보다 국지적 문화를 강조했던 공동체주의자들에게 모종의 규범적 효과를 초래했다. 자유주의 복지국가가 보통의 시민들이 덕성을 발휘하는 정치로 회귀하는 것은 가능하지도 바람직하지도 않다고 여기긴 했으나, 왈저는 오랫동안 시민권을 집단적 헌신과 자아에 대한 구성적 비전을 바탕으로 이해해 온 이론가였다. 이제 그는 정치적 연대와 억압받는 자들의 윤리학에 대한 초기의 관심에 더해 공동체적·문화적 경험의 중요성을 호소하게 되었다. 이처럼 "대중적 방식"의 사회 비평을 해 나가면서 왈저는 로티가 정당하게 여겼던 자문화중심주의의 방향으로 나아갔다.142 이는 자유주의 철학자들 사이에서는 반발을 불렀는데(왈저는 자신이 자유주의에 대한 "변절자"로까지 여겨졌다고 말했다), 그들은 [하나의] 공동체에 대한 강조가 서로 충돌하는 여러 전통들의 공존을 거의 배제하며, 왈저가 소중히 여기는 좌파 정치를 옹호하기도 어렵게 한다고 주장했다.143 특히 부활한 우파가 복지국가를 포위하고 있던 때에, 공동체에 존중을 표한다는 것은 보수주의로의 편향을 의미하는 것이 아닌가? 왈저는 자신의 논의가 그렇게 이해되는 것을 막기 위해 애썼다. 그는 사회 비평에 대한 자신의 설명이 여전히 비판의 근거를 허용한다는 단호한 입장을 취했고, 급진적 해석주의나 역사주의자들과는 달리 자신의 입장은 인권과

"최소한의 도덕"moral minimum에 대해 주의를 쏟고 있기에 모종의 판단 기준 — 여러 해석의 방향이 있는 가운데서도 존재하는 보편적 토대 — 을 제공해 준다고 주장했다.144 그러나 이런 왈저의 자기변호는 비판자들의 마음을 돌리지 못했다. 비판자들이 보기에 그의 이론에는 "진보를 향한 목적론"이 작용하는 것으로 보였다. 이상론이 없는(그리고 그의 내재적 비판과 결합될 역사철학이 없는), 왈저의 정당화 틀은 "미국 역사와 문화"에서 해결책을 찾을 수 있다는 믿음에 의존한 것이었으며, 이는 미국 정치체의 민주주의적 성격에 대한 정당화되지 않은 믿음이었다.145 국가의 절차주의가 확대되고 윤리적 삶이 상품화에 노출되고 있었음에도 불구하고, 왈저는 미국 민주주의의 이상이 역사를 통해 개화하리라고 상상하고 있었던 것이다.

미국 민주주의에 대한 이런 재해석은 롤스가 민권운동의 물결 속에서 지지했던, 헌정적 변화에 관한 서사와도 조응하는 것이었다. 롤스와 그에 대한 비판자들은 모두 입헌주의적이고 합의주의적인 이상 속에서 민주적 포용과 통합을 향한 점진적인 경로를 가정하는 목적론 — 롤스는 자유주의적인 성격의, 반면 비판자들은 시민적 성격의 목적론이었지만 — 에 암묵적으로 의존하고 있었다.146 1990년대 초 확산된 이런 서사들 속에서 미국은 민주주의가 구현될 현장으로 간주되었다. "'우리'we로 돌아감으로써" 변화와 개혁의 기초가 마련되리라는 믿음이 있었다.147 이런 서사들은 또한 국가와 시장, 법원과 같은 기술 관료적 제도의 팽창이 일어날지라도 일상의 민주주의가 영향을 받지 않도록, 지역공동체에 대한 규범적 비전을 제공하려는 의도를 띠고 있었다. 일각에서는 미국 사회의 위계와 불평등을 핵심 문제로 제기했지만, 그들조차 현실에서의 실패를 인정하면서도 미국적 가치와 제도가 지닌 이상을 재천명했다.148 이렇게 볼 때 이 서사들은 서로 다른 방식으로 다음의 문제들을 회피한 셈이다. 즉, 자유주의와 공동체주의적 다원주의의 바탕인 아메리칸드림이 어떻게 사회적·인종적 갈등에 의해 형성되었는지, 어떻게 사회적 안정이라는 목표가 이런 갈등적 요소들을 무시한 채 추구되었는지, 아메리칸 드림 그 자체가 배타적인 것임은 물론 어떻게 그것이 국내외에서 다양한 위계 구조와 불평등, 새로운 형태의 지배를 낳았는지 같은 문제들 말이다.149 종속의 역사들을 경시하고, 인종·계급·젠더에 따른 배제가 미친 영향으로부터 자유로운 분화되지 않은 민주적 주체에게 희망을 투사하며, 흑인 노예제의 역사를 특수한 원죄나 우발적 탈선쯤으로 취급함으로써 이들은 미국 예외주의라는 오래된 모델을 답습했다.150 이들에게 있어 도덕적 합의에 기초한 사회라는 비전은 잠재적이든 실제적이든 당대 미국의 현실에서 멀리 있는 것이 아니었다.

이 같은 내러티브 속에서 자유주의자들과 공동체주의 비판자들 사이의 거리는 좁혀졌다. 그렇지만 양자 사이의 대립은 계속되었으며, 이는 정치 이론 내의 분열을 계속 구조화했다. 공동체주의자들은 사람들이 무엇을 가졌는지나 무엇을 했는지보다는 그들이 누구인가[정체성 및 소속]에 초점을 맞추었다. 그리하여 공동체주의자들은 그들만의 독특한 임무를 갖게 되었다. 주로 개인에 주목하던 주류 자유주의 정치 이론 내에서 집단 차원의 주장들이 비중을 얻게 된 것은 공동체에 관한 논쟁을 통해서였다. 롤스는 계급적 이해관계와 집단적 편견을 제거하기 위해 일정한 결정 절차를 설계했으며, 그의 틀은 주로 집단적 불이익보다는 개인 차원의 불이익을 다루었다. 반면 종속 집단의 투쟁과 억압받는 소수자 집단의 주체성에 대한 관심은 거의 없었다. 차별 반대와 적극적 평등 실현 조치의 형태로 제도적 평등주의와 양립 가능했던 경우를 제외한다면, 여성해방, 반식민주의, 흑인 운동에서 제기했던 정치적 요구는 주류 철학에 스며들지 못했다.151 그러나 이제 집단 차원의 주장이 공동체주의의 틀에 진입했다. 이를 가능케 한 것은 평등이나 지배, 불이익에 관한 논쟁이 아니었다. 공동체적 경험, 전통, 사회적 의미 범주들을 통해 이해되는 정체성에 대한 호소가 이를 가능케 했다. 정치 이론가들이 고려하게 된 집단 차원의 주장들은 문화적 차이에 대한 인정을 요구했다. 또 그런 주장들에서는 롤스 이론에 대한 공동체주의적·다원주의적 비판이 (왈저 그리고 다른 누구보다도 테일러에 의해 해명된) 인정 이론●의 일부로 활용되었다.152 이로써 피억압 집단의 정치학에 관한, 새로운 문제 영역이 열리게 되었다. 그러나 여기에는 문제를 탈정치화할 위험도 있었다. 귀속적 정체성은 제도적 권력이나 극복되어야 할 경제적 종속에 의해 만들어진 범주로서 불안정화되어야 할 것이 아니라, "타자와의 대화적 관계"를 통해 자연화되고 "발견"되고 "협상"되어야 할 것으로 이해되었기 때문이다.153

이 때문에 자유주의-공동체주의 논쟁이 많은 이들의 시야에서 사라졌음에도, 이 논쟁의 한 버전이 다시금 아로새겨지게 되었다. 헤겔로부터의 영향을 의식하는 인정 이론은 롤스식의 칸트적 자유주의에 따른 재분배 이론에 맞서는 대항 이론이 되었다.154 인정 이론은 분배 이론이 무능력을 드러내는 지점에서 그것을 대체할 수 있었다. 분배 이론은 복지국가 사회에서 기본적인 경제적·사회적 욕구가 충족되더라도 지속되는 종속이나 "불인정"으로 인한 상처에 대해 제대로 논하지 못했다.155 그러나 테일러가 볼 때는 정체성에 대한 인정이야말로 "인간이 갖는 필수적 욕구"였다.156 인정 투쟁을 통해 집합적 저항의 형태를 구축하는 것이 가능해 보였고, 인정 투쟁의 출발점은 부당한 대우의 경험에서 비롯된 "상처받은 감정"이 될 것이었다.157 이런 생각들이 다문화주의에 대한 옹호와 더불어 차이에 대한 인정 속

● 인정 이론에서는 사회적 상호작용을 통해 충족받기를 원하는 인정 욕구가 개인과 집단에 있다는 점을 중시한다. 자신의 정서나 권리, 사회적 가치 등을 인정받을 때 사람들은 자기실현에 이르지만, 이런 인정에 실패했을 때에는 인정 투쟁에 나선다. 인정 이론을 발전시킨 이론가로는 왈저와 테일러뿐만 아니라 비판 이론을 계승하는 악셀 호네트 Axel Honneth가 있다.

에서 평등한 시민권을 긍정하는 근거를 마련해 주었다.158 이 생각들은 또한 개인 차원의 도덕적 세계시민주의와 결부되어 부상하던 지구적 정의 이론에 대한 대항마를 제공하는 한편, 문화적 민족주의, "민족적 다원주의", 토착민의 권리 등을 옹호할 수 있는 근거를 제공했다.159 그러나 여러 자유주의적 평등주의자들이 볼 때, 인정 이론의 틀은 무엇이 종속 상태인가에 대한 진단을 배리가 "문화" 영역이라고 부른 것에 국한할 위험이 있었다. 이렇게 되면 "평등"의 관점에서 종속을 논하기는 어려워지며, 자유주의적 평등주의자들의 시각에서 인정이라는 틀은 자기 존중의 사회적 기반에 대한 롤스의 논의에 새롭게 기여하는 바가 크지 않아 보였다.160 인정 이론의 뿌리에는 지배에 대한 비판이 있었음에도 불구하고, 분배 이론가들은 지배 비판을 계승하는 다문화주의 및 차이 이론가들이 지배와 종속의 문제를 논하는 방식에 결함이 있다고 대꾸했던 것이다.161 이처럼 피억압 집단의 정치학이 정치 이론에 진입한 계기가 인정에 관한 논쟁을 통해서였다는 점은 기존의 평등주의 이론가들이 이런 피억압 집단의 문제를 분배 정의와는 별 관련 없는 것으로 치부하고 있었음을 의미한다.

***

공동체와 집단적 경험에 대한 관심은 또 다른 자유주의 비판자들의 반응을 촉발했고, 이제 전선戰線은 두 갈래로 나뉘었다. 신칸트주의적 인간관에 대한 반발은 구성적 주체와 사회적 자아에 대한 자기 해석적 관점을 만들어 냈지만, 이제는 자유주의적 개인을 두고 롤스주의와 공동체주의적 관점 모두에 도전하는 제3의 대안적 설명이 출현한 것이다. 정치 이론가들이 다시 자아에 초점을 맞추면서 등장한 것은 최소주의적 자유주의였으며 이는 헤겔보다는 흄의 철학에 가까웠다. 이런 유형의 자유주의가 의문시한 대상은 자유주의적 평등주의자들이 견지한 합의에 대한 비전, 분배 패러다임, 숙의적 합리성이었다. 1980년대는 보편을 지향하던 평등주의적 주장들이 해체되던 — 이 과정은 프랑스 사회주의자들의 노선 전환과 영국에서 노동당과 사회민주당의 분당으로 대표되는, 유럽 좌파의 주류를 형성하던 이들의 사회주의 노선 포기로 인해 가속화되었다• — 시기였다.162 최악의 시나리오를 상정하는 [그리고 이를 미연에 방지하는 데 초점을 둔] 현실주의 정치가 귀환하고 반전체주의적 움직임도 다시 활기를 얻자, 이를 왈저는 "냉전의 정신을 부활시키려는" 시도라고 진단했다.163 권리에 관한 불안이 자유주의 내에서 반反좌파주의를 촉발하면서, 많은 자유주의자들은 이론의 방향을 조정했다. 강력한 정치권력[세력]들에 맞서 개인의 권리를 주장하는 방식을 다시 상상하면서, 분배 주장에서 인도주의적 주장으로의 전환이 이루어졌던 것이다.164

법률주의적이고 추상적이며 분배 논의에 치우친 자유주의에 맞서 생생한 경험과 이야기하기의 중요성을 역설했던 이들은 이제 윤리적·정치적 삶의 복잡성을 포착하고 삶의 전체를 조망할 수 있는, 그 점에서 기존과는 다른 종류의 개별적 행위 주체를 도덕·정치 이론 안에 위치시키려 했다. 버나드 윌리엄스는 자신의 철학을 인본주의적 도덕 심리학에 접목해, 기존 도덕 체계의 핵심에 자리하는 자아와 정체성에 대한 인식이 현실에 맞지 않음을 지적했다. 카벨은 리처드 월하임과 함께 쓴 『삶의 가닥』The Thread of Life (1984)에서, 자아에 대한

• 1970년대 두 차례의 석유 위기에 뒤이은 불황은 유럽의 사회민주주의 정당들이 지지세를 유지하는 데 곤란을 겪게 했다. 복지국가에의 헌신, 경제에 대한 국가 규제, 재분배 목적의 과세 등 기존의 이념적 전제가 의문시되고 좌파 정치와 노동조합주의의 사회적 기반이 약화되었다. 마거릿 대처 집권기였던 1981년, 영국 노동당이 이념 지향적 마르크스주의자들에 의해 장악되어 일반 대중의 지지를 받지 못한다고 생각한 이들은 떨어져 나와 사회민주당을 결성했다. 비슷한 시기 프랑스 사회당 또한 프랑수아 미테랑의 지휘 아래 정통 사회주의를 포기하고 민영화와 긴축 등 신자유주의 정책에 열린 태도로 돌아섰다.

정신분석학적 설명 방식을 적용해 "살아가는 과정"process of living이 갖는 연속성을 강조했다.165 이들은 개인을 자발적으로 행동하기보다는 덜 구조화되고 윤리적으로 엄정한 맥락 속에서 행동하는 구체적 존재로 여겼다. 슈클라 역시 선택할 역량이 아니라 "선택하는 데 실패"하는 것으로 특징지어지는, 갈등과 소외를 겪는 복잡한 자아에 대한 초시간적 비전을 중심으로 정치 이론의 방향을 다시 세우게 되었다.

개개인에게 돌아갈 책임을 경감하는 효과를 가져오는 이 같은 자아관은, 자유주의 철학이 내세우는 '이성적으로 의사 결정 하는 자아'에 반대했던 슈클라에게 매우 중요한 요소였다.166 슈클라는 개인에 대한 탈맥락화된 인식과 제도적 맥락으로부터 추상화된 개인 개념, 그리고 계약주의 패러다임에도 주목했다. 1980년대 초 슈클라는 정치를 인도주의화하는 것과 "인도주의적 대의는 비정치적인 것"이라는 주장에 맞섰다. 비록 R. H. 토니와 달리 슈클라의 "비탄은 사회주의를 지지하기 위한 것은 아니었지만", 토니와 같이 그녀 또한 "'인도주의의 평온한 논조'라고 불렀던 것에 대해 반대 의견을 표명했다."167 슈클라는 신체를 [역사를 배제한] 제도에 대한 최소주의적인 정치의 기초로 삼는 것에 반대했는데, 그런 최소주의적인 정치는 [사회적·제도적 맥락을 거세한 채] "벌거벗은 삶"bare life만을 보호 대상으로 삼았다.168 그러면서 제도적으로 보호받지 못하는 이들, 특히 시민권을 갖지 못한 이들에 주목했으며, 새로운 지구적 정의 이론이 소속의 문제를 소홀히 한다고 비판했다. 1983년 슈클라는 "브라이언 배리와 찰스 베이츠가 다루는 국제적 재분배 논의"에서 "외국인에 대한 배제 문제"가 무시되고 있다고 말했다.169 그녀는 난민들뿐만 아니라, 국내 망명자들과 부정의로 인한 희생자들, 법적·정치적 시스템에서 소외된 이들에게도 관심을 기울였다. 한 미공개 에세이를 보면 슈클라가 "순수한 양심"의 영역 — 원칙이나 공동체에 속한 "우리"에 호소해 내린 결정과는 대조되는 — 을 따로 떼어내려 했음을 알 수 있다. 또한 자유주의적 평등주의자들이 수십 년 전 양심적 병역거부 논쟁에서 (정의 원칙을 지키기 위해 양심에 관한 주장을 포기함에 따라[1장 115쪽 참조]) 고려하지 못한 문제들을 슈클라가 돌이켜보았다는 점도 알 수 있다.170

이후의 1980년대 동안, 분배 정의를 넘어서려는 시도들은 슈클라를 그녀가 이전에는 외면했던 인도주의로 이끌었다. 슈클라가 제시한 이론의 행위 주체들은, 인간성을 부여받은, 심리적 경험과 신체적 경험이 상응하는 존재였다. 슈클라는 개인의 신체적 욕구를 심리적인 욕구와 같은 지위로 끌어올렸으며, 이 같은 욕구들을 보호하는 것에 기반한 소극적 정치negative politics를 정식화했다. 중요한 것은, 더 나은 자아나 잠재적인 미래가 아니라, 숨 쉬며 살아 있는 현실의 행위 주체들이라는 까닭에서였다. 정치의 임무는 바로 그들을 돌보는 데 있는 것이다. 신체의 권리 및 고문·잔혹 행위로부터 보호받을 권리는 슈클라가 "생존주의" 정치라고 부른 것의 기본 요소로 자리했다.171 이는 풍요의 시대가 막을 내리고 낙관적 안정이 생존주의적 비관에 자리를 내주고 난 이후의 시기에, 개인들의 인간됨을 보호하기 위해 고안된 일종의 최소주의적 방침이었다. 이 점에서 슈클라의 생존주의는 반전체주의적 자유주의로의 후퇴를 알리는 신호와도 같았다. 잘 알려져 있듯이, 슈클라는 자신의 자유주의를 "공포의 자유주의"로 명명했다.172

공포의 자유주의는 자유주의적 평등주의의 유력한 대안이 되었다. 공포의 자유주의의 핵심에는 자유주의의 존재 이유가 잔인함, 공포, 제도적 권력의 남용으로부터 개인을 보호하는 데 있다는 주장이 있었다. 개인의 취약성에 대한 슈클라의 오랜 고민은 그녀의 말년에 이르러 반전체주의적 냉전 자유주의의 토대가 되었다.173 윌리엄스와 로티 등은 이런 슈클라의 생각을 받아들여 개인의 인권, 충분한 자원 제공, 생존을 우선순위에 놓는 최소주의 정치를 내세웠다. 모두 (정도의 차이는 있으나) 칸트적 이성에 대한 집착을 공격했다는 공통점이 있다면, 이들은 공포의 자유주의를 활용하는 방식을 각기 다르게 설명하고 정당화했다. 이를테면, 로티가 공포의 자유주의를 옹호하게 된 것은 그가 객관적 진리 추구를 거부했기 때문이었다. 그에게 공포의 자유주의는 "자유주의자들" — "잔인함이야말로 우리가 보일 수 있는 최악의 악덕이라고 생각하는 사람들"로 정의되는 — 이 "시간과 우연"이 작용하는 [역사적] 상황에 따라 신뢰할 만한 것[자유주의]이었다.174 반면 윌리엄스는 니체와 푸코가 그러했듯 계몽의 이상에 대해 의구심을 품으면서도 다른 한편으로는 그 이상을 옹호하는 양가적 노선을 걸었다(후자의 측면은 윌리엄스로 하여금 로티를 비롯한 실용주의자들을 "진리를 부정하는 자들"로 비난하게 했다). 그가 공포의 자유주의를 옹호한 것은 "정치 현실"을 강조하는 "아래로부터의 반보편주의적 보편주의"라는 점에서였다.175 중요한 것은 개인의 삶이었으며, 윌리엄스는 자유주의가 다른 대안들보다 개인이 유의미하고 "진정성 있는" 삶을 영위하도록 하는 데 더 나은 이념이라고 보았다. 이는 사회민주주의적 제도를 필요로 하는 자유주의 비전이었으나, 윌리엄스는 그 이상을 요청하지는 않았다. 그는 그런 제도를 확보하기 위한 집단 정치를 주창하지는 않았다. 1980년대 영국 좌파가 혼란을 겪고 있던 시기에 그는 전통적 의미의 사회주의가 더는 유효하지 않다는 입장을 분명히 했다.176 슈클라와 마찬가지로, 윌리엄스도 눈높이를 낮추었던 셈이다.

이들이 내세운 최소주의적 자유주의의 구성 요소로 상정된 개별 행위 주체들은, 칸트적 인간과 비교해 더 평범하고, 덜 도덕주의적이고 덜 추상적이어야 했다. 이런 주체관은 자유주의 철학의 칸트적 전환에 대한 흄적 시각의 대응이라고 할 수 있다. 그래서 행위 주체들은 도덕적 용어를 통해 논해지기보다는 전기적biographical, 역사적으로 묘사되는 경우가 잦았다. 그들 각각의 역사는 사회적 자아에 새겨진 공동체의 흔적[공동체주의]과 추상적 도덕 인격의 열린 미래[칸트적 시각]를 넘어, 일련의 선[가치]goods 그리고 삶의 계획과 결부된 것으로 이해되었다. 그러나 이런 흄식의 자유주의는 강한 현실주의와도 관련을 맺고 있었다. 정신적 취약성, 일상의 악덕, 그리고 인간성에 대한 슈클라와 다른 이론가들의 강조는 본래 개인을 돌보는 따뜻한 제도 정치를 목표로 하는 것이었다. 그러나 공포에 대한 호소는 비상사태의 정치로 이어졌다. 공포로부터 개인을 지킨다는 명분은 여러 유형의 달갑지 않고 불공정하며 부당하고 착취를 가하는 국내·국제적 정치제도를 정당화하는 데도 활용될 수 있었으니 말이다. 여기서 우리는 인도주의적 개입과 전쟁, 악을 줄이기 위해 어떤 부정의는 용인될 수 있다는 식의 주장을 떠올리게 된다.177 도덕주의적 자유주의를 다시 정치화하려는 시도에서 만들어진 공포의 자유주의는 이리하여 또 다른 유형의 탈급진적 도덕주의로 이어질 수 있었다. 비록 이때는 보편 원칙이 아니라 역사에 호소하는 것이긴 했지만 말이다.178 공포의 자유주의는 여러 유토피아주의가 수반하는 잔인성을 간과하지 말 것을 경고했으며, 정치의 "공포스러움을 잊거나 그에 대해 거짓된 바를 말해서는 안 되는 의무"를 소홀히 한 철학자들에게 도전장을 던졌다.179 그러나 그 이론가들의 의도가 무엇이었든, 공포의 자유주의가 띠었던 억제적 성격은 "변혁적 정치"와 급진주의가 가져올지 모를 공포스러운 결과를 "망각"한 급진파를 규율하는 움직임을 낳았다.180

이 지점에서 역사는 교훈과 함께 경고를 전하는 원천이 되었다. 공포의 자유주의에 있어서 역사에 대한 호소는 새로운 역사 서술에 대한 요청이나 시간을 정치 이론상의 설명 원리 내지는 분석 수단으로 통합하려는 시도와는 거리가 멀었다. 그보다는 20세기의 역사가 증거하는 공포에 주의하라는 경고에 가까웠으며, 철학자들의 거창한 평등주의적 계획이 재앙으로 귀결될 수 있음을 시사하는 '미끄러운 비탈길 논변'*'을 활용하기도 했다.*181* 1990년대 이후로 전쟁의 역사와 기억에 관한 이런 주장은 인도주의적 개입의 정당성을 뒷받침하는 데 쓰일 것이었다.*182* 그러나 일부 자유주의 이론가들은 더욱 광범위하게 역사에 호소했는데, 이는 자유주의적 평등주의의 "시대 초월적" 속성에 반기를 들기 위한 것이었다.*183* 공동체주의자들이 전통에 호소하기 위해, 또는 생생한 경험을 이야기하기 위해 역사에 주목했다면, 자유주의적 평등주의에 대한 다른 유형의 비판자로서 최소주의적 입장에 선 논자들은 복잡성, 우연성, 불확실성에 호소하기 위해 역사를 소환했다는 차이가 있다. 때때로 그들은 경고라기보다는 정치적 제약으로 기능하게 될 교훈을 역사로부터 도출해, 인간 본성이 정치적 변화에 부과하는 한계점들을 입증하려는 목적으로 역사적 사례들을 활용했다. (공동체주의자들과는 다른 방식으로) 자유주의 철학이 합리주의적 원칙에 집착한 나머지 정신적·정치적 현실로부터 거리를 두거나 현실을 회피하고 있다고 여긴 슈클라, 윌리엄스, 로티와 같은 이들에게 역사는 현실을 불러오는 하나의 방법이었던 것이다.*184* 이들에게 역사는 도덕적 신념들이 역사적 상황의 산물임을 보여 주며, 어떤 정치 원칙을 실천으로 옮길 때 수반되는 불확실성과 복잡성에 대해서도 알려주는 원천이다.*185*

우연성, 복잡성, 불확실성에 대한 이런 생각들은 정의만큼이나 정당성에 초점을 두는 정치철학을 정당화하는 데 점점 더 많이 활용되었다.*186* 롤스가 정의의 원칙을 선택한 것은 우연성이 집단적 삶에 미치는 영향을 제한하기 위해서였다. 20세기 중반을 풍미한 반전체주의의 영향 아래 있던 그는 입헌 민주주의의 취약성과 함께 입헌 민주주의 체제하에서 태어나는 일이 하나의 행운이라고 강조했다. 반

• 미끄러운 비탈길 논변은 어떤 결정이 의도치 않게 엄청난 결과를 초래할 것을 예측하는 논증 형태를 말한다.

면 [슈클라를 위시한] 새로운 반전체주의 비판자들은 우연성에 호소함으로써 자유주의적 평등주의의 확신을 거부하고 자유주의적 평등주의의 보편 주장을 약화하고 있었다.187 이런 호소는 역사 유물론이나 결정론적 역사관을 비판하는 데뿐만 아니라, 구조의 힘에 맞서 행위 주체의 힘을 추켜올리거나 이론가의 입장을 탈보편화하는 데도 활용되었다.188 또한 자유주의적 평등주의의 확실성에 도전하는 데도 활용되었다. 로티에게 우연성은 자유주의와 사회민주주의가 초역사적으로 정당하다는 데 도전하는 신실용주의자의 도구였다.189 윌리엄스는 역사가 어떤 신념의 우연성을 드러내 준다면, 자유주의에 대한 정당화에는 일종의 "확신" — 특정 입장을 보편화하려는 철학을 정당화하는 데 필요한 — 이 필요해진다고 보았다.190 이처럼 역사주의와 우연성에 주목하는 흐름은 슈클라와 같은 자유주의 이론가들이 제기한 초역사적 도덕심리학과는 긴장을 빚기도 했다. 슈클라를 비롯한 자유주의자들은 우연성을 끝까지 밀고 나가는 급진 이론가들을 따르지는 않았던 것이다. 비록 철학자들 사이의 쉬운 합의와 이념적 합일이 이루어지기 어렵다는 입장을 취했기는 했지만, 이 자유주의자들이 추구했던 것은 계몽주의적 자유주의의 전복이 아니라 자유주의를 더 효과적으로 옹호하는 데 필요하다고 생각되는 비非토대주의적 근거였다.

이런 정당화 작업을 위해 몇몇 자유주의 이론가들은 다른 유형의 역사적 서술에 눈을 돌렸다 — 미국 민주주의나 복지국가의 역사가 아니라, 자유주의의 기원을 좇는 역사로 말이다. 공동체주의를 거부하고 보편성에 대한 도전을 흐트러뜨리기 위해 이들이 참고했던 것은 냉전 초기에 처음 설파되었던 [자유주의의] 승리 서사였다.191 사회주의라는 해악에 대한 교정책으로 자유주의를 내세우는 대신, 이들은 다원주의적 갈등 속에서 관용이 승리를 거두는 역사라는 틀 속에서 자유주의를 강조했다. 이로써 혁명의 시대나 자본주의의 탄생,

복지국가의 설립이 아니라 종교전쟁이 자유주의의 창립 계기로 내세워지게 되었다. 또, 다원주의나 관용이 "신념의 일치"를 "강요"하는 전체주의 및 객관주의적 도덕 이론의 절대주의에 맞서 다양성을 옹호하는 전후 민주주의 이론의 수사로 쓰이게 되었다. 1990년대에 접어들 무렵에는 자유주의적 평등주의를 비판하는 이들뿐만 아니라 그것을 지지하는 이들도 다문화주의의 도전에 대응하는 일환으로 이와 같은 움직임을 보였다. 롤스와 배리 등 저마다 독특한 방식으로 자유주의를 강화한 이들에게, 종교전쟁은 시장이나 좌파 세력만큼이나 집단적 삶[이 가져올 수 있는 위험]을 길들이는 것을 목표로 했던 세속적이고 다원주의적인 자유주의의 창립 계기로 여겨졌다.[192]

공포의 자유주의는 자유주의 정치철학의 의미를 구체화하고 권력이 작동하는 가운데 개인이 취약해지는 지점을 드러냄으로써 이 철학을 정치화하려는 시도들을 촉발했다. 그러나 다른 한편으로 공포의 자유주의는 탈급진화의 성격을 띠기도 했다. 자유주의자들이 우연성과 갈등에 눈을 돌린 것은 집단 정치를 위해서가 아니라 개인 차원의 정치, 곧 계급투쟁이나 집단 간 투쟁이 아니라 개인 내면에서 일어나는 갈등을 다루기 위해서였다. 역사가 변혁의 가능성을 제약하는 역할을 함으로써 역사에 대한 호소는 보수적인 경향을 띠게 되었다. 더욱이 배제와 착취, 전횡의 역사는 공포의 자유주의에서도 — 역사적 논증의 규범적 중요성을 인정하지 않았던 롤스 이론에서와 마찬가지로 — 무시되거나, 자유주의적 이상 자체에 대한 도전이라기보다는 그 이상을 실행하는 과정에서 나타난 실패 정도로 취급되었다. 따라서 이 역사는 자유주의의 가치가 제국과 자본, 축적과 권력의 역사에 직접 구속받지는 않는다는 것을 보이는 역사라고 하겠다. 이 역사가 제국과 자본, 혹은 권력 대신 중시한 것은 인간성이었으며, 이는 차이에 대한 문제 제기나 분배 이론에서 빈곤의 감소보다 평등이 우선으로 다뤄지는 것에 의문을 제기할 수 있게 했다.[193] 공포의 자유주의는 분배 패러다임이 지나치게 확장되는 데 대한 우려를 나타냈다.[194] 이런 우려는 새로운 것이 아니었다. 이미 수십 년 전에 윌리엄스는 한마음 한뜻으로 뭉친 공동체가 갖는 분배적 평등의 한계를 지적한 바 있다. 그런 공동체는 포괄적인 국가 개입을 요청할 테고, 그것은 결국 다른 평등의 개념(인간에 대한 평등한 존중)과 충돌하리라는 이유에서였다. 이런 우려가 다원주의와 가치들 사이의 충돌에 대해 우려하는 이들, 그리고 국가·행정 권력에 대한 자유주의적 비판을 강조하는 이들에 의해 다시 힘을 얻어 다시금 천명되었다.[195] 시간이 지나면서, 이 지점으로부터 롤스주의에 대한 새로운 비판이 형성되었다. 즉, 분배 정의 이전에 정당성[의 원천]을 논하는 토대의 정치에 강조점을 둔 "정치적 현실주의"에 대한 호소가 바로 그것이었으며, 그런 토대의 정치학은 보수주의적 형태와 좌파적 형태를 모두 취할 수 있었다.[196] 분배 대신 안정성이 다시 주목받게 된 것이다.

여기에 아이러니가 있다면 이런 논의가 바로 롤스가 초기에 밟았던 단계들을 반복한다는 점이다. 자유주의자로서든 자유주의에 대한 비판자로든 정전적 지위를 얻게 된 이론가들에게는 한 가지 공통점이 있었다. 그들은 어떤 면에서 롤스가 생략하거나 미처 다루지 못하고 남겨 둔 생각들로 회귀했던 것이다. 롤스는 그의 사상 여정을 자아와 자아를 둘러싼 사회적 관계의 문제에서 시작했으며, 이는 공동체주의와 인본주의의 성격을 모두 띠고 있었다. 그의 초기 사회 이론은 전체주의와 전쟁의 그늘 아래에서 개입주의적 국가권력을 제한하기 위해 고안된 것으로, 국가나 국가정책을 지지하는 정치적 지반을 구축하는 작업이 성공을 거두었다고 여겨지던 때에 나온 이론이었다. 롤스가 상상했던 작은 규모의 결사체는 정치적으로 구성된 집단이 아니라 관습에 의해 존재하는 공동체, 가족, 교회 같은 모임이었다 — 많은 형태의 공동체주의적 다원주의도 이와 거의 동일한 가정을 하고 있었다. 그는 또한 국가권력을 두려워하고 재분배를 제1의 우선순위로 두지 않는 최소주의적 자유주의에서 출발한 이론가이기도 했다. 자유주의에 대한 가장 두드러진 대안으로 제시된 것이 국내적 반국가주의, 도덕 심리학적 자유주의, 비트겐슈타인적 공동체주의라는 점을 생각해 보자 — 그러면 이 대안들이 젊은 롤스가 경시하거나 폐기했던 것과 유사함을 알 수 있을 것이다.

롤스적 자유주의가 지닌 바로 그 포용성, 즉 여러 대안을 길들이고 확산하는 그 이론의 힘이 이데올로기적 지형의 폭을 협소하게 만드는 결과를 가져왔다. 자유주의 철학자들이 논의의 중심으로 견지했던 사항들은 자유주의에 대한 비판자들에게도 반영되었으며, 그 비판자들의 대안 이론 역시 도덕과 자아라는 문제를 떠나지 않았다. 분배 정의 이론은 근본적 질문에 초점을 맞추면서 정치적 통제와 집합적 행위 주체, 그리고 권력의 제도적 메커니즘에 대해서는 소홀히 다루는 경향이 있었다. 공동체주의자들도 이 점에서는 별반 다르지 않았다. 마르크스주의가 변질되어 자유주의와 양립 가능하게까지 되었듯이, 불우한 집단의 정치학은 정체성에 관련된 공동체주의적 문제를 내로 포섭되었다. 최소주의적 자유주의자들은 취약한 개인을 보호하고 국가나 공동체에서의 권력 남용을 지적하는 데 관심을 보였지만, 직장이나 기업에 대해서는 그와 같은 문제의식을 적용하지 않았다. 공동체와 공포에 대한 호소는 재분배의 중요성을 격하했다. 자유주의적 평등주의자들도, 그들에 대한 비판자들도 사회·경제적 삶의 다양한 방식이나 삶의 변혁 가능성에 대해서는 폭넓은 설명을 제시하려 하지 않았던 것이다. 이들이 공백으로 남겨 둔 문제들은 좌파 그리고 주류 정치철학 바깥에 있는 이들의 몫으로 남게 되었다. 따라서 자유주의자들과 그 비판자들의 논의는 정치철학의 심리적·윤리적 시야를 넓혔지만, 정치철학의 정치성을 한계 짓는 결과를 낳기도 했다. 이는 이전의 공동체주의적·반전체주의적 세계관으로의 회귀일 뿐만 아니라 일종의 후퇴이기도 했다. 롤스적 자유주의에 대한 현실주의적 혹은 공동체주의적 비판의 귀결은 연약한 개인과 연약한 사회적 자아로 이루어진 비전이었다. 이런 비전의 도래는 철학과 정치가 덜 야심 찬 지향을 갖게 되었음을 의미한다.

나가는 말

냉전의 종결 이후, 롤스식 자유주의는 제3의 길이라고 불린, 주류 자유주의 이데올로기보다 약간 좌파적인 이념으로 자리매김했다.1 모두가 이데올로기의 시대는 끝났다고 외친 전후 시대에 롤스의 목표는 사회가 점진적으로 더욱 정의로워지기 위해 요구되는 개혁이 무엇인지 판단하는 데 필요한 비판적 사고의 틀을 제공하는 것이었다. 역사의 종언이라고도 불린 시대에 자유주의적 평등주의는 이제 자유민주주의와 마찬가지로 헤게모니 담론이 되었다.2 운 평등주의 논쟁은 지속되었고,3 공적 이성과 숙의 민주주의에 관한 논쟁은 더욱 번창했다.4 평등주의가 제도를 지나치게 강조하고 정치 대신 절차를 중요시한다는 반발도 있었지만, 그럼에도 불구하고 많은 학자들은 평등주의 분배론을 사회적·윤리적 삶의 모든 부분으로 확장·적용해 나갔다. 평등주의는 국제 질서 이론으로서의 영향력도 갖추게 되었다. 특히 롤스의 1993년 논문 「만민법」The Law of Peoples은 많은 철학자들이 지구적 분배 정의와 세계시민주의의 여러 가능성을 탐구하는 계기가 되었다. 제1차 이라크 전쟁과 유고슬라비아 전쟁 중에는 인도주의적 개입에 대한 논쟁이 이어졌다.5 많은 학자들은 다문화주의, 연방 헌정주의, 지구화 문제를 탐구했는데, 특히 캐나다, 오스트레일리아, 유럽에서 이런 논의는 선주민들의 권리 주장과 마스트리히트 조약 이후의 유럽 통합 과정에 대응하는 데 활용되었다. 다른 이들은 민족주의와 애국주의의 여러 유형들을 옹호하면서, 민족국가를 평등

뿐만 아니라 공동체, 정체성, 연대, 다양성의 옹호자로 그려냈다.[6] 기후변화에 대한 우려가 높아지면서, 세대 간 정의, 비동일성 문제, 미래 가치의 할인 문제에 대한 연구도 늘어났다.[7] 그렇게 롤스의 이론은 지속적으로 도전받고 발전해 나갔다. 그 결과, 롤스의 존재는 ― 혹은 적어도 그의 사상은 ― 유령과도 같이 철학적 논쟁을 계속 배회했으며, 추종자뿐만 아니라 비판자에게조차도 영원한 논박의 대상으로 남았다. 경합 민주주의 이론이 점차 영향력을 확대한 1990년대에서도 이런 경향이 지속되었다.[8] 이제 유수의 명문 대학에서 정치철학자가 되기 위해서는 롤스주의 또는 그와 유사한 여러 대안 이론에 무조건 정통해야 했다.

자유주의가 정치적으로 승리한 것처럼 보였음에도 불구하고, 자유주의적 평등주의 철학자 대부분은 역사가 종언했다고 생각하지는 않았다. 롤스는 자신의 이론이 이제 안정화된 자본주의 복지국가를 정당화하는 데 그칠 뿐이라는 비판에 분개하곤 했다. 자신의 마지막 저작인 『공정으로서 정의: 재서술』*Justice as Fairness: A Restatement* (2002)에서 그는 "재산 소유 민주주의"에 대한 자신의 비전이 복지국가 이론보다 좌파적이라고 주장했다.[9] 롤스는 1980년대 재산 소유 논쟁 당시 등장한 자신의 이론에 대한 좌파적 해석에 적극적으로 동의했다. 롤스의 이론이 혼합형 소유 체제로 귀결된다는 이런 해석은 게임에서의 시작점을 강조한 롤스의 초기 입장에 주목했으며, 상속법, 저축, 교육 정책과도 같은 재산 및 능력의 초기 분배를 균등화하는 전략을 통해 재산 소유의 광범위한 분산을 보장하고자 했다.[10] 이후 제3의 길이 실패했다는 것이 분명해지자, 사람들은 이런 "선분배" 개념이 신자유주의에 대한 평등주의적 대안이라고 인식했다.[11] 말년에 롤스는 자신이 이런 입장을 일관되게 고수했다고 회고했다. 자신은 자본주의 복지국가 그 이상을 추구했다는 것이었다.

롤스가 무엇인가 독특한 걸 항상 원했다는 것은 분명하다. 하지만 이 책의 주요 목표 가운데 하나는 롤스가 항상 일관된 입장을 고수했다는 서사가 오히려 그의 사상을 이해하는 데 방해된다는 것을 보여 주는 것이다. 아마 모든 인간이 그렇듯이, 롤스는 자신의 과거에 대해 일부 옳고 일부 틀리게 이해했다.『정치적 자유주의』를 롤스 사상의 전환점으로 이해하는 통념과 달리 롤스는 진정으로 굳건하고 안정되게 자신의 사상을 견지했다. 시간에 따라 변화한 것은 롤스 사상의 이데올로기적·정치적 의미였다. 토머스 제퍼슨의 18세기부터 마거릿 대처의 20세기 말까지, 재산 소유 민주주의 개념은 다양한 의미를 지녔으며 다양한 방식으로 활용되었다.12 신우파의 여파와 민주국가 제도에 대한 신자유주의의 공세 속에서 "선분배론"으로 해석되었지만, 대공황과 제2차 세계대전을 뒤따른 시대적 상황 속에서 롤스의 이론은 전혀 다른 의미를 가졌다. 최소주의 자유주의자들조차 생산수단의 공적 소유를 제한적으로 받아들인 20세기 중반, 젊은 롤스는 개입보다 선분배를 강조하는 "경계"prenez-garde 국가를 제시함으로써 국가주의에 대한 반감을 표했다. 롤스의 사상은 자본주의를 넘어서는 후기 산업사회에 대한 비전과의 대화 속에서 탄생했지만, 또한 안정된 체제의 불안정화와 권력의 집중을 경계하는 자유주의적 반개입주의에 의해 형성되기도 했다. 국가 통제를 수용한 20세기 중반의 합의 밖에 위치했다는 점에서, 롤스의 입장은 복지 최소주의, 자본권, 시장 자율성 보호를 통해 국가의 역할을 제한하고자 한 초기 신자유주의자들의 입장과 유사했다.13

무엇보다도 놀라운 점은 오늘날 주류 자유주의 경제·정치사상과 20세기 중반의 시대적 합의 사이의 엄청난 괴리라 할 수 있다. 국가 개입에 대한 회의에서 출발한 롤스는 곧 생각을 바꾸어 계획경제를 수반하지 않는 평등주의에 기반해 전후 자유주의를 옹호했고, 그렇게 자기 시대의 합의에 더욱 가까워졌다. 하지만 곧 시대적 합의 그 자체가 변화해 롤스로부터 멀어져 갔다. 1940년대에는 이례적이었던 신자유주의는 20세기 말에 이르러서는 새로운 정상 규범으로 자리 잡았다. 이데올로기의 중심이 오른쪽으로 이동함에 따라 롤스와 그의 추종자들은 그렇게 좌파 자유주의의 대표가 되었다. 전후 시대의 자유주의적 회의주의와 노동당 수정주의, 1960년대의 시민 자유지상주의적 사회적 자유주의, 그리고 1980년대의 평등주의까지 변화하는 정치적 환경에 자유주의 정치철학자들은 적응해 나가면서도 핵심적인 관심사는 일관되게 고수했다.

자유주의 정치철학자들이 항상 롤스의 초기 비전이 의도한 바만큼 [시대의 변화에 맞춰] 조정한 것도 아니었다. 그들은 이미 존재하는 직관에서 출발했는데, 이런 직관들은 현존하는 것으로 시대에 따라 변화하며 그들의 이론적 토대를 형성했다. 정당화에 대한 롤스의 설명이 요구했듯, 롤스의 원칙들은 사회와 계속해서 결부되어 있었다. 하지만 자신의 사회 비전을 [시대의 변화에 맞춰] 갱신한 이들은 거의 없었다. 롤스가 구축해 낸 이론적 도구는 참고해야 할 교리가 아니라 이데올로기의 철학적 기반이 되었고, 사회적 비전의 핵심에 변화하지 않은 채 남아 있었다. 합의를 핵심으로 하는 사회관은 이상화의 결과이기에 현실 자체가 변화함에 따라 현실성을 상실했다. 롤스의 의도는 여러 가정을 설정함으로써 자신의 이론으로부터 도출할 수 있는 여러 실천적 결론들을 통제하는 것이었다. 하지만 자유주의적 평등주의가 의존했던 이상화된 가정들은 향후 수십 년 동안 이어질 사회와는 공통점이 거의 없는 사회에서 정식화된 것들이었다. 이 사회는 안정적인 경제성장, 낮은 경제적 불평등, 강한 노동조합으로 특징으로 하는 사회인 동시에 오늘날 우리 사회보다 인종 및 젠더 간 불평등이 극심한 사회였으며, 보편적 복지국가가 존재하는 동시에 배타적이고 단편적이며 불안정한 사회였다. 롤스의 사상이 태동한 사회는 또한 전쟁과 제국주의에 의해 형성되었으며, 냉전에 의해 구조화되고, 급격한 경제성장과 브레턴우즈 협정에 의해 유지되는 사회였다. 이에 따라 이 사회가 창출한 정치 이론은 정치에 대한 숙의적 비전에 기초한 것으로, 사법 및 입법 기관에 초점을 두었으며, 그 밖의 사회적, 정치적, 국제적 제도에는 제한적인 역할과 가치를 부여했다. 또한 경제적·사회적 삶의 좀 더 광범위한 역학과 조직화를 고민하기보다는 재화의 분배에 천착하기를 선호했다.

자유주의적 평등주의 이론에서 국가의 상대적 부재는 부분적으로는 롤스가 국가에 의한 사회의 잠식을 경계하던 순간에 자신의 사상을 구축해 나가기 시작했다는 사실로 설명할 수 있다. 그러나 롤스식 자유주의의 가장 큰 역설 가운데 하나는 그것이 결국 현존하는 정치 이론 중 가장 국가주의적이고 절차주의적인 정치 이론이 되었다는 것이다. 자유주의적 평등주의자들은 보편주의적이고 재분배에 초점을 둔 국가 중심 정치의 마지막 수호자가 되었다. 이는 그들의 경쟁자들 — 주류 정치철학 및 정치 이론을 지배한 공동체주의, 인도주의, 세계시민주의, 반전체주의, 현실주의 이론, 비주류로 전락한 탈구조주의, 흑인 사상, 페미니즘, 탈식민주의 국가 비평, 노직과 분석적 마르크스주의의 관심사를 물려받은 우파 및 좌파 자유주의 — 과 비교했을 때 특히 두드러진다. 자유주의적 평등주의자들은 또한 이런 다른 이론가들보다 행위 주체성과 인격에 대해 덜 관심을 갖는 것으로 이해되었다. 개인을 넘어서는 사회적 행위자들과 사회제도에 대한 초기 롤스의 관심에도 불구하고, 사회적 행위자들과 사회제도에 대한 논의는 후기 롤스의 사상에서 제외되었다. 궁극적으로 독자들은 그것들을 이론화 작업에서 불필요한 것으로 치부했다. 롤스가 사회주의와 접점을 찾은 1990년대 이후에는, 공적 이성 이론이 정치철학 내 논쟁을 지배했는데, 이때 정치철학자들은 숙의를 정치의 명시적 이상으로 삼았다. 평등주의적 관점에서 보았을 때, 이는 난감한 조정인 동시에 탈정치화 작업이기도 했다. 사회적 행위자들과 비국가 사회제도는 여전히 부차적인 관심사였다. 기업, 노동조합, 강압적인 집단 행위 주체에 반발하는 것에서 출발한 정치철학이 사회운동과 동떨어진 이상적 대화의 정치와 연결된 것은 그리 놀라운 일이 아닙니다. 분배와 제도에 대한 논의는 정치적인 것으로부터 단절되었다. 집단의 위상이 격하되고 도덕에 대한 호소가 이데올로기와 이해관계의 힘보다 우선시되면서, 남은 것은 오직 자유주의 제도 내에서의 개인 간 토론뿐이었다.

젊은 롤스는 사회 권력과 통제에 대해 고민했지만, 그가 주도한 정치철학의 분배로의 전환은 권력과 통제 모두로부터 벗어난 이론의 탄생으로 이어졌고, 그의 사상은 기술 관료적이라는 비판에 직면했다.[14] 롤스의 틀에 대한 도전은 아래로부터 제기되었다. 즉, 기본 구조의 범위와 그것의 개념화가 사회적 지배의 비국가적 관계를 경시한다는 것이었다.[15] 반면, 롤스주의는 절차적 이론으로 간주되었기 때문에, 위에서부터 이의를 제기하는 경우는 전무했다. 즉, 국가에 대한 설명과 권력 구조를 강화하고 재생산하는 데 있어서 국가의 역할, 그리고 국가의 정치 및 행정 기능을 누가 통제하는지에 대한 롤스의 가정에 의문을 제기하는 이는 극소수였다. 전후 자유주의가 서서히 무너지자, 많은 이들이 공동체, 인권, 정체성의 이름으로 절차주의와 시장화에 반발했다. 하지만 신자유주의자들이 — 공공복지의 외주화 및 사유화, 국가의 형벌 기능 및 공적 감독 범위의 확장, 그리고 경쟁, 탈규제, 새로운 형태의 초국가적 후견주의 및 거버넌스를 통해 — 어떻게 국가 자체를 변화시켰는지에 대한 탐구는 거의 이뤄지지 않았다.[16] 자유주의 정치철학도 예외가 아니었다.

그러나 자유주의적 평등주의는 전후 자유주의 질서가 해체된 후에도 살아남았다. 이는 새로운 "공공 문제"를 기존의 사고 틀 속에서 수용하는 자유주의적 평등주의의 이론적 신축성 덕분이었다. 따라서 자유주의적 평등주의는 역사적인 성공을 거두었다고 할 수 있다. 하지만 모든 성공과 마찬가지로 성공에는 대가가 따랐다. 롤스의 이론에는 전후 자유주의의 모순, 승리와 한계 모두가 반영되어 있다. 공공 문제 철학이 하나의 분야로 정립되기 시작한 시기에 활동한 정치철학자들의 지평은 민권 개혁과 전후 풍요의 시대에 형성되었다. 이 정치철학자들은 그들이 제기한 질문에 대해 설득력 있는 해결책을 내놓았다. 그러나 그들이 제기하지 않은 문제들도 있었는데, 이는 이런 문제들이 이미 만족스럽게 해결되었다고 판단했기 때문이었다. 예를 들어, 전후 자유주의 정치철학자들은 완전한 도덕적·정치적 평등과 시민권을 가정했다. 다른 질문들은 철학적으로 흥미롭거나 정치적으로 긴박한 것처럼 보이지 않았다. 즉, 경제적 결정이 정치화되어야 하는지 여부는 그들의 의제에 속하지 않았다. 이런 의미에서, 정치철학자의 관심사는 자연스레 주어진 게 아니라 이데올로기적 맥락 속에서 형성되고, 그 지평은 다른 역사적 행위자와 마찬가지로 그들이 스스로 이해한 정치적 환경에 고정되었다. 1960년대는 풍요, 민권, 위대한 사회의 시대였지만, 이와 동시에 도시 위기와 대량 투옥의 시대이기도 했으며, 공공투자가 감소하고 노동운동이 파괴되는 탈산업화와 금융자본주의라는 새로운 국면의 출발점이기도 했다.[17] 이 시기의 자유주의 철학자들은 자신의 승리를 예상했지만, 그 대가를 예측하지는 못했다.

그들의 개념적 관심은 정치철학의 형태에 더 광범위한 결과를 가져왔다. 20세기의 마지막 10년 동안 자유주의 사상은 확장되고 논쟁을 불러일으켰으며, 수많은 도덕적·정치적 상황과 도전에 적용되었다. 자유주의적 평등주의는 도덕적, 정치적 합의에 기초한 이론으로 정의되었다. 그것은 합의에 이를 수 있는 도덕 인격 간 관계라는 이상에 의존하는, 비역사적이고 제도적이며 개별화하는individualizing 이론이었다. 자유주의적 평등주의는 분배와 소유권의 문제를 압도적으로 중시했다. 시간이 지남에 따라, 자유주의적 평등주의의 가정을 둘러싼 논의는 점점 폐쇄적이게 되었다. 롤스 사상의 구성 요소는 사상과 연계될 수 있는 정치의 종류를 극도로 제한했다. 과거사 청산과 같은 주장은 거부되었고, 미래에 대한 생각은 받아들여졌지만 특정한 종류의 추상적이고 도덕적인 미래만 허용되었다. 더 높은 차원의 추상화와 복잡성을 향한 자유주의 정치철학의 논리는 정치철학자가 인구과잉을 둘러싼 문제와 같은 도전적인 철학적 문제에 직면했을 때 현재의 관점에서 수용할 수 있는 미래의 결정이란 무엇인지 고민하는 데 집중하는 것으로 귀결되었다. 하지만 이는 역사적 부정의와 배상 문제와 같이 정치철학자가 붙잡고 씨름할 만한, [인구과잉 문제] 못지않게 지적으로 흥미롭지만 좀 더 정치적인 다른 문제들을 무시한 결과였다. 자유주의적 평등주의의 역사에는 가지 않은 길들이 많다. 롤스가 제시한 이론의 개념적 구조는 종종 철학자들의 [제한된] 선택을 정당화하고 자유주의가 온전히 보존되는 기제를 제공했다.[18]

롤스 사상의 지배적 위상은 자유주의 정치철학의 비판자에게도 영향을 미쳤다. 정치철학의 비주류에 있는 많은 이들은 롤스의 틀을 사용함으로써 자신들의 주장에 대해 일종의 정당성을 얻을 수 있다고 보았다.[19] 애초에 자유주의적 평등주의의 이론적 구조로부터 제외된 다양한 사상적 조류들 — 마르크스주의, 페미니즘, 비판적 인종 이론, 반식민주의 등 — 이 주류 담론에 진입하기 위해서는 자유주의적 평등주의 또는 그 대안의 형태를 차용해야만 했다. 예를 들어, 자유주의 정치철학자들이 페미니즘의 관심사를 진지하게 받아들이기 시작한 것은 페미니즘 이론가들이 기본 구조, 가족, 가치 분배와 같은 롤스주의적인 언어 또는 시장과 상품화에 대한 공동체주의적인 언어를 사용해 자신들의 작업을 소개하고 나서였다.[20] 이데올로기의 성공은 의미 있는 대안의 가능성을 제한했다. 자유주의 정치철학자들은 상이한 정치적 목표를 위해 고안된 사상과 마주했을 때, 오직 자신들의 틀 안에 포섭될 수 있는 것들만을 받아들였다. 자유주의적 형태의 생존주의는 안정 이론으로 통합되었다. 분석적 마르크스주의는 마르크스주의가 재산 분배 이론으로 머무는 한 평등주의의 일부로 받아들여졌다. 토론과 숙의의 이론으로 압축될 수 있는 여러 민주주의 사상도 마찬가지였다. 정치철학자 브라이언 배리가 분명히 밝혔듯이, 신국제경제질서가 주장한 것들은 정의 이론의 여러 고전들에 맞춰 "순치"되어야만 했다.21

이 책은 현대 자유주의 정치철학의 정전들과 이론적 구조를 비자연화하고 낯설게 만드는 것을 목표로 삼았다. 현대 자유주의 정치철학의 구조가 구축되는 이야기 속에서 우리는 여러 철학적 선택의 결과가 축적되어 자유주의 정치사상의 지향성과 형태가 결정되고 고착화되는 과정을 발견할 수 있었다. 이것이 시사하는 바는 특정한 형태의 자유주의를 구성하는 과정에서 이루어진 선택들이 무엇이 정치철학에 포함되고 무엇이 포함되지 않는지에 대한 우리의 사고에 지속적인 영향을 미친다는 것이다. 이는 롤스와 다른 생각을 가졌던 이들의 선택에도 해당된다. 롤스의 틀은 특정한 종류의 정치 이론과 특정한 종류의 정치만을 상상하게 만드는 제약으로 작용했다. 이 책은 자유주의 정치철학의 정치적 효과뿐만 아니라 그 정치적 기원을 찾으려고도 했다. 현대 자유주의 정치철학의 이야기는 복지주의가 개인주의로, 민주주의가 신자유주의로 순식간에 타락하는 단순한 쇠퇴의 서사가 아니다.22 그런 서사의 일부일 수는 있지만, 쇠퇴주의는 복자 국가나 재분배 이외의 [보다 급진적인 이상을 목표로 하던] 과거를 보이지 않게 하고, 사상의 차원에서는 진실이기 어려운 급격한 전환을 암시한다[는 점에서 문제가 있는 역사 인식이다]. 쇠퇴주의는 복지국가나 재분배 이외의 과거를 가리고 사상의 차원에서는 참일 수 없는 급격한 전환을 암시한다. 쇠퇴주의는 또한 특수한 역사적 시공간에서는 자유주의적 평등주의가 불의와 불평등에 대한 급진적인 고발의 근거를 제공했으며, [앞으로도] 언제나 그렇게 할 가능성이 있다는 사실을 무시한다.

***

21세기의 첫 10년 동안 자유주의 정치철학자들은 앞선 세대가 옆으로 제쳐 두었던 여러 사상적 조류를 주목하기 시작했다. 롤스의 도구의 핵심에 있는 사회상은 그 어느 때보다 더 큰 압박의 대상이었다. 가족은 수년 동안 논쟁의 대상이었고, 교회와 회사는 오래전부터 다원주의의 토대에서 자리를 잃었다. 2007, 08년의 세계경제 위기 이후 일부는 정의 이론을 적용할 장소로 법인, 작업장, 노동시장, 그리고 노동조합을 주목하기 시작했다.23 다른 이들은 분배 원칙을 보완하기 위해 화폐 및 금융 철학을 연구하거나 착취와 지배/피지배에 관한 공화주의 이론을 용도에 맞게 변형해 나갔다.24 점점 더 많은 정치 이론가들이 경합주의, 현실주의, 비이상주의, 제도주의 노선을 따라 정치철학을 재정치화할 것을 주문했다.25 한때 정의 이론의 비역사적 성격과 기본 구조의 추상적 개념에 의해 배제되었던 문제들이 토론과 연구의 대상으로 자리 잡았다. 일부 정치 이론가들은 식민주의의 구조적 유산에 의해 제기된 윤리적 문제를 재검토하고 역사적 불의, 기업의 책임 및 배상 문제에 대해 탐구했다.26 다른 이들은 기본 구조가 과연 일관적인지 의문을 제기하기 시작했고 롤스의 추상화 작업이 현대 정치제도를 제대로 반영하는지 또는 국가와 관료제의 성격, 역사, 그리고 사유화 과정을 적절하게 포착하는지 검토했다.27 많은 정치철학자들이 비판적 인종 이론, 페미니즘, 마르크스주의가 제공하는 통찰을 주류 정치철학으로 가져온 이후 이데올로기 연구가 부활했다.28 오늘날의 정치철학자들은 앞선 세대 철학자들의 이데올로기가 가졌던 사각지대를 탐색할 방법을 찾아가는 듯했다. 아니면 앞선 세대의 철학자들이 자신의 질문에 너무나도 포괄적으로 대답했기 때문에 새로운 세대가 새로운 영역으로 이동할 수 있었을지도 모른다.

그러나 정치철학의 오래된 틀은 여전히 존속한다. 많은 인간 과학과 마찬가지로 그리고 부분적으로는 전문화된 학문 체계의 제약 덕분에, 정치철학은 계속해서 체계적인 사회 및 정치 이론을 구상하는 것보다는 개별 문제를 해결하는 것을 지향한다. 새로운 주제가 철학적 영역에 진입함에 따라 정치철학자들의 실질적인 관심사가 넓어지기 시작했지만, 여전히 많은 논쟁이 다른 시대의 사고방식을 반영한 사상의 그늘 아래에서 진행되고 있다. 2008년 경제 위기에 뒤이은 급격한 변동의 시기 속에서 자유주의적 평등주의의 핵심에 있는 정치적 역설은 더욱 극명하게 드러났다. 어떤 면에서 자유주의적 평등주의는 역사의 종언[시기]에 걸맞은 좌파 자유주의였던 것처럼 보인다. 상대적인 평온과 자유주의적 낙관이 만연했던 시기, 정치가 기술관료적이고, 분배적 결정에 관심을 보였고, 새로운 합의에 의해 특징지어졌던 그때[1990년대], 정치철학은 롤스가 전후 수십 년 동안 희망했던 바대로 시대적 과제의 핵심을 파악한 것처럼 보였다. 그 시대적 과제란 이미 승리를 거둔 자유주의를 개혁하는 것이었다. 역사의 종언이라는 선언이 안이한 판단을 넘어서 오류 그 자체로 판명 난 오늘날, 이 철학적 자유주의의 정치적 역할이 무엇인지, 그 역량이 무엇인지는 이제 명확하지 않다.

방법론, 범위, 목적 등 롤스주의의 비전은 여러 측면에서 최근 비평가들이 지적했듯이 오늘날의 정치적 상황에 적절하지 않아 보인다. "이상적이지 않은" 현실, 이해관계, 그리고 이데올로기에 대한 오랜 무관심은 더는 지속될 수 없다. 합의를 가정과 목적으로 상정하는 것은 갈등이 도처에서 여전히 지속되고 있는 우리의 시대에 어울리지 않는 것처럼 보이기도 한다.[29] 주어진 패러다임에 맞지 않는 현실로부터 개념적 문제를 포착해 내고자 하는 철학적 경향은 위기의 순간 비생산적인 것이 된다. 특히 주어진 패러다임이 합의주의적인 것일 경우 그러하다. 주어진 패러다임이 합의를 바탕으로 한다면,

이데올로기적 갈등은 주어진 현실이 아니라 해결해야 할 문제로 상정되기 때문이다. 이런 상황 속에서는 개인이나 집단의 직관이 전체 공동체의 가치를 대표한다고 믿는 자유주의적 인식 자체가 문제일 수 있다. 이해관계, 집단행동, 통제, 계급, 위기에 대한 설명이 부재한 — 그리고 가치에 대한 잠재적 합의, 지속적인 성장, 지속적인 안정을 가정하는 — 롤스의 사상은, 1970년대에 위기에 직면해 국내 정치적 갈등 대신 세계 및 생태 윤리에 천착한 롤스 추종자들에게 그러했듯이 오늘날 우리의 현실을 완전히 이해하는 데 더는 유용하지 않은 것처럼 보인다.

하지만 다른 한편으로, 자유주의적 평등주의가 요구하는 분배 방식은 충분히 급진적인 것으로 보인다. 자유주의적 평등주의가 최근 영미 좌파 진영 내에서 부활해 많은 이들을 놀라게 한 사회주의적 열망에 걸맞은 제도적 청사진을 그리는 데 도움이 될 수 있다는 주장도 나오고 있다.30 이런 의미에서, 자유주의 정치철학이 전후 자유주의를 넘어서지 않았고, 1970년대 이후의 우리 시대에 완전히 적응하지 못했다는 사실은 역설적이게도 자유주의 정치철학이 가지는 크나큰 강점 가운데 하나이다. 다양한 형태의 불평등과 연계되어 있었고 전쟁과 제국주의의 산물이기는 했지만, 우리가 전후 자유주의를 개혁의 종결이 아닌 시작을 위한 사상으로 전유할 수만 있다면 그 내용 가운데 일부는 충분히 유용하게 쓰일 수 있다. 따라서 자유주의 정치철학의 일부는 2008년 세계경제 위기를 일으킨 정치 구조와 밀접한 관련이 있는 것처럼 보이지만, 보편주의적인 원칙들을 비롯한 다른 부분들은 불평등의 격차가 너무나도 커진 시대에 필요한 해결책을 제공하기에 적합한 것이기도 하다. 무엇보다 분명한 점은, 자유주의적 평등주의가 재산 분배를 재조직하고, 이를 정당화하며, 불평등의 정도를 제한하기 위한 무척 중요한 자원이라는 것이다. "제3의 길" 시대에는 불평등 문제가 종종 정치에서 경시되었지만, 정치철학자들은 항상 불평등을 근본적인 문제로 인식해 왔다.

또한 정치철학은 20세기 후반부터 인문학 전반에 확산된 비자연화하고, 반反본질주의적이며, 특수화하는 지적 움직임에 의해 영향을 거의 받지 않은 유일한 학문 분야이다. 이와 같은 학문적 고립은 역설적이게도 정치철학자들이 자신의 목표를 조정하고 일부 정당화 기제를 버릴 수만 있다면, 평등주의 및 보편주의와 상당히 밀접한 좀 더 급진적인 비판 또는 인간 해방 운동으로 자신의 주된 관심사를 쉽게 전환할 수 있는 계기로 작용할 수 있다. 정치철학의 약점은 손쉽게 강점으로 재해석될 수 있다. 즉, 당연한 것으로 여겨지는 이론적 가정들을 포기하고 일부 논의와 정당화 기제가 특정 정치적 시공간의 산물이라는 점을 받아들임으로써, 정치철학은 정당화를 넘어 설득이라는 새로운 정치적 역할을 수행할 수 있을 것이다. 개인 및 집단의 행위에 대한 이해를 인간 심리의 현실에 보다 부합하도록 갱신하고 보편주의 및 최대주의 원칙과 결부함으로써, 도덕주의적인 정치철학은 충분히 정치화될 수 있다. 그렇게만 할 수 있다면, 정치철학자들은 자신이 도출해 낸 보편적 원칙을 계급으로 분열된 사회에서 실현하기 위해 필요한 민주주의적 정치의 중요성을 더욱 설득력 있게 주장할 수 있을 것이다. 자유주의적 평등주의에는 우리에게 더는 필요하지 않은 요소들이 있지만, 여전히 지켜 내야 할 요소들도 많다.

모든 사회적 이론화와 마찬가지로, 모든 철학은 현실을 추상화한 결과물이라는 점은 너무나도 자명한 사실이다. 자유주의 정치철학의 기본 개념들은 대공황과 제2차 세계대전 이후 개인과 국가를 새로이 상상하려는 롤스와 동시대인들의 여러 노력들에서 비롯된 것들이었다. 당시 롤스가 인지했듯이, 우리에게 필요한 기본 개념을 찾는 것은 합의의 시대뿐만 아니라 대립의 시대에도 매우 중요하다.[31] 이 책이 전달하고자 하는 여러 교훈 가운데 하나는 롤스가 이론화 작업을 시작한 합의의 세계와 지금 우리가 살고 있는 세계 사이의 정치적 거리를, 우리는 종종 과소평가한다는 것이다. 오늘날 정치철학자들은 익숙한 학문 분야인 법학과 경제학뿐만 아니라 사회 이론, 역사학, 그리고 현실에서 벌어지는 정치적 갈등을 들여다봄으로써, 롤스가 그랬던 것처럼 새롭게 출발할 필요가 있다. 그들은 이전에 제기하지 않았던 새로운 질문을 던지고 — 국가의 새로운 특성, 자본주의에서의 행위 주체성, 젠더화된 권력과 인종 불평등과 같은 — 롤스의 이론화 작업이 마무리된 시점 이후에 벌어진 여러 사회적·정치적 변화들에 주목해야 한다. 자유주의적 평등주의의 등장 이후, 국가는 그 역할과 역량을 확장하는 동시에 사유화되었다. 자본주의와 일의 특성은 변화해 왔고 앞으로도 극적이고 예상치 못한 방향으로 계속 변화할 것이다. 최소 수혜자의 특성도 변화했다. 우리는 이제 이들의 구성에 대해 재고해야 할 뿐만 아니라, 이들의 위상을 재분배 정책의 수혜자에서 변혁의 주체로 재고해야 할 것이다. 무책임한 금융기관, 새로운 미디어 플랫폼의 등장, 기술 변화, 기후 위기 속에서 급진주의 사회운동과 새로운 과두제가 충돌하는 상황에서 정치의 의미 그 자체가 변하고 있다. 자유주의 정치철학자들은 이런 변화에 대처할 때 유용한 도구 몇 가지를 분명히 가지고 있지만, 우리 시대의 문제는 새로운 사고 틀을 요구한다. 아마도 이제는 20세기 후반부를 지배한 철학적 자유주의를 유일하고 자명한 교리보다는 활용 가능한 여러 이론 가운데 하나로 간주하고, 롤스의 사상을 정치사상의 역사 속에 존재하는 하나의 장으로 이해할 때가 온 것일지도 모른다. 우리의 "유용한 과거"인 동시에 여타 정치 이론과 마찬가지로 그 시대의 산물로서 말이다.

감사의 말

이 책을 쓰는 데 도움을 준 모든 이와 기관에 감사의 말을 전하고자 한다.

이 프로젝트 그리고 그것을 가능케 한 모든 인연은 모두 케임브리지 대학교 킹스 칼리지의 역사학부에서 시작되었다. 초기 연구는 영국 문예연구위원회의 지원을 받아 진행했다. [이 책의 기초가 된] 나의 박사 학위논문을 지도하고 내가 원하는 작업과 글쓰기를 할 수 있도록 격려해 준 데이비드 런시먼에게 가장 큰 도움을 얻었다. 그는 [이 책에 포함된] 여러 장들의 원고들을 읽었는데, 그의 지지, 통찰, 그리고 우정 없이는 나는 그것들을 완성할 수 없었을 것이다. 학부 때 이래로 퀜틴 스키너는 나의 스승이자 내 연구의 꾸준한 지지자이다. 그가 보여 준 모범적인 모습과 너그러움 그리고 격려에 깊은 감사를 표하고 싶다. 리처드 턱은 매사추세츠주 케임브리지[하버드 대학교]에 처음 초청해 주었고, 이는 이후 여러 차례에 걸친 점점 더 긴 방문으로 이어졌다. 그때 이래로 그가 보여 준 관심과 그와 나눈 대화에 감사를 표하고 싶다. 마크 스티어스와 조엘 아이작은 나의 박사 학위논문의 심사 위원이었으며 그 이후 책으로 발전시키는 데 중요한 조언을 해 주었다. 여러 방법으로 그들은 내게 전후 미국 정치사상의 역사를 서술하는 것이 가지는 의의를 알려주었다. 케임브리지 대학교 세인트존스 칼리지에서의 연구 지원금을 통해 나는 [박사 학위논문을 책으로] 재구성할 수 있었다. 내게 연구를 진행할 수 있는 시간과 공간을 제공해 준 크리스토퍼 돕슨 칼리지장master과 연구원들에게 감사하다. [또한] 여러 도움을 준 케임브리지의 친구들과 선생님들인 제니 뱅햄, 던컨 벨, 조슬린 베츠, 애너벨 브렛, 크리스토퍼 브룩, 존 던, 샬럿 페어클로스, 재러드 홀리, 故 이슈트반 혼트, 새뮤얼 제임스, 보리스 자딘, 던컨 켈리, 피터 맨들러, 도미닉 오마호니, 톰 패리존스, 조 필프, 매그너스 라이언, 폴 세이거, 마이클 소넌셔, 그리고 실바나 토마셀리 등에게 감사를 표한다.

나는 이 책의 대부분을 런던 퀸 메리 대학교에서 썼다. 특별히 리처드 버크에게 감사를 표하고 싶고, 또한 퀸 메리 대학교와 런던 대학교의 여러 동료들, 특히 조애나 코언, 해나 도슨, 사울 두보, 앵거스 가울랜드, 콜린 존스, 아비 리프시츠, 에릭 마티센, 미라 시겔버그, 퀜틴 스키너, 개러스 스테드먼 존스, 게오르기오스 바루사키스에게 감사하다. 이 프로젝트를 지속하기 위해 필요했던 안식년을 제공해 준 미리 루빈 그리고 내가 없을 때 강의를 대신해 준 퀸 메리 대학교 동료들에게도 감사의 말을 전한다. 또한 안식년 동안 뉴욕 대학교에서 머물 수 있게 해 준 뉴욕 대학교 갤러틴 개별연구대학NYU Gallatin의 피더 앵커와 인문·사회과학 국제연구소의 스테파노스 게룰라노스에게도 감사를 표한다.

나는 이 책의 이야기에 중요한 부분을 차지하는 기관에서 이 책을 완성할 수 있었다. 내가 마침표를 찍을 수 있도록 도와준 하버드 대학교 동료들에게 감사드린다. 내게 공간을 내준 학부장 티모시 콜턴과 제니퍼 혹실드 그리고 나에게 격려와 지지를 보낸 정치학부와 사회과학위원회의 동료들, 특히 대니엘 앨런, 에릭 비어봄, 에릭 넬슨, 마이클 로젠, 리처드 턱에게 감사의 말을 전한다. 데이비드 아미티지, 팀 바커, 켄지 복, 키아라 코델리, 알렉스 고레비치, 다라 그랜트, 피터 홀, 짐 클로펜버그, 아담 레보비츠, 프리야 메논, 찰스 피터슨, 마티아스 리스, 줄리 로즈, T. M. 스캔런, 루카스 스탠칙, 그리고 돈 톤티플라폴은 내게 여러 가지 조언을 해 주었고, 여러 장들에 대해 좋은 논평을 해 주었다. 연구를 보조해 준 조슈아 시몬스과 최종 원고 준비에 도움을 준 케이트 윤에게도 감사를 표하고 싶다. 관대하게도 전체 원고를 읽는 수고를 해 준 대니엘 앨런, 에릭 비어봄, 프랭크 미셸먼, 에릭 넬슨, 마이클 로젠에게 특별히 감사하다. 각각 이 프로젝트 전체에 대해 여러 방향으로 달리 생각해 보도록 나를 이끌어 주었다. 로라 애들러, 매기 도허티, 제프리 레노위츠, 더바 미트라, 퀸 슬로보디언, 벤 타노프, 브랜던 테리, 모이라 와이글, 그리고 크리스틴 웰드는 내가 이 책을 마무리할 때 운이 좋게도 함께할 수 있었던 친구들 및 동료들이었다.

프린스턴 대학교 출판부의 롭 템피오 편집장은 언제나 격려를 해 주었고 안정감을 주는 너그러운 태도로 이 프로젝트를 지원해 줬다. 초기 단계부터 이 프로젝트에 믿음을 갖고 마지막 결과까지 인내심을 가지고 기다려 준 점에 깊이 감사드린다. 또한 맷 로할, 엘런 푸스와 출판부의 제작팀, 그리고 원고와 색인 작업에 도움을 준 신시아 벅, 에이미 셔먼, 토머스 브로턴윌렛에게도 감사드린다. 얀베르너 뮐러는 책의 제안서를 검토하고 학위논문에서 책으로 전환하는 초기 단계에서 중요한 조언을 해 줬다. 새뮤얼 모인 역시 내가 깨닫기도 전에 이 책이 나아가야 할 방향을 꿰뚫어 보았는데, 그의 앞선 연구는 이 프로젝트 전반에 걸쳐 내게 중요한 대조점인 동시에 영감의 원천이었다. 모인 그리고 철저한 논평을 제공해 준 데이비드 밀러에게 특별히 감사를 표한다. 두 사람은 내가 수정이 필요한 부분들이 무엇인지 파악하는 데 큰 도움을 주었다. 이 책의 원고를 다룬 여러 자리에서 함께해 준 케임브리지대, 시카고 대학교, 코펜하겐 대학교, 코넬 대학교, 조지타운 대학교, 하버드 대학교, 존스 홉킨스 대학교, 칸더슈테그 대학교, 런던의 역사 연구소Institute of Historical Research, 런던 정경대, 프린스턴 대학교, 옥스퍼드 대학교, 뉴욕 대학교, 스탠퍼드 대학교, 세인트앤드루스 대학교, 시드니 대학교, 유니버시티 칼리지 런던, 예일 대학교, 요크 대학교의 청중들과 토론자들에게 감사드린다. 특히 2016년 몬트리올 정치이론 워크숍에 참가한 아라시 아비자데, 찰스 블랫버그, 제이컵 레비, 캐서린 루, 브리아나 맥기니스, 빅토르 무니스프라티첼리, 안드레이 포아마, 윌리엄 로버츠가 준 통찰력 있는 논평 덕분에 새로운 방향으로 나아갈 수 있었다. 각 장의 조안에 대해 논평해 준 조애니 빅스, 리처드 버크, 조슈아 처니스, 스테판 아이크, 제러미 케슬러, 앤드루 리스터, 알렉산더 리빙스턴, 앤디 세이블, 테힐라 사순, 미라 시겔버그, 아미아 스리니바산, 폴 와이스먼에게도 감사드린다. 마지막으로 전체 원고를 읽어 준 데이비드 런시먼과 퀜틴 스키너에게 특별히 감사의 말을 전한다. 또한 여러 버전의 원고를 읽어 준 조너선 레비, 소피 스미스, 그리고 특히 제이미 마틴에게도 깊은 감사를 드린다.

나는 프린스턴 대학교 문서보관소, 캘리포니아 주립대학교 버클리 캠퍼스 문서보관소, 컬럼비아 대학교 문서보관소, 뉴욕 대학교 문서보관소, 그리고 특히 하버드 대학교 문서보관소의 직원들에게 깊은 감사를 드리고 싶다. 또한 자료들과 기타 개인 문서들을 인용할 수 있도록 허락해 준 파르타 다스굽타, 폴 켈리, 맷 매트래버스, 마거릿 롤스, W. G. 런시먼, T. M. 스캔런, 퀜틴 스키너, 마이클 슈클라, 앨버트 웨일에게 감사의 말을 전한다. 또한 고 스탠리 카벨, 고 스탠리 호프만, 하비 맨스필드, 토머스 네이글, 한나 피트킨, 토머스 포기, 고 패트릭 라일리, T. M. 스캔런, 데니스 톰슨, 마이클 왈저, 퍼트리샤 윌리엄스가 친절히 자신의 기억을 공유해 준 점에도 감사드린다.

이 책을 쓰는 과정이 즐거울 수 있었던 것은 나의 특별한 친구들 덕분이며, 이 자리에서 그들의 이름을 언급할 수 있어 기쁘다. 케임브리지 시절과 그 이후에도 와심 야쿱, 루스 애벗, 비어트리스 르파누 콜린스의 동료애 없이는 이 작업을 해낼 수 없었을 것이다. 아토사 아락시아 아브라하미안, 케이티 베이커, 조애나 빅스, 카리나 델 발레 쇼스크, 스테파노스 게룰라노스, 필리파 헤더링턴, 플로라 졸, 세라 레너드, 크리스천 로렌첸, 시오 미들턴, 제임스 노턴, 샌디 플라시도, 레이철 로즌펠트, 톰 루셰, 조너선 셰이닌, 팀 솅크, 앨리스 스펄스, 마사 스퍼리어, 조지아 워런로스파스는 내가 예상하지도 못한 곳곳에서 새로운 집을 만들어 주었다. 너태샤 레너드의 에너지와 관대함은 비할 데 없으며, 내가 가장 필요할 때 본질을 정리해 준 점에 감사드린다. 조너선 레비는 내 열정이 소진될 때마다 그것을 되살려 주었으며, 이미 내 안에 있던 것을 발견하도록 도와줬다. 중요한 전환점에서 나눈 대화들은 내가 앞으로 나아갈 수 있는 기회를 열어 주었다. 미라 시겔버그의 우정은 언제나 나를 밝게 비춰 주었고, 내가 하고 싶은 말을 정리하고 그 의미를 이해하도록 수없이 도와주었다. 지오반니 메네갈은 내가 가장 좋아하고 가장 신뢰하는 논쟁 상대였다. 가까이서든 멀리서든, 나는 소피 스미스와 함께한 지속된 동행을 행운으로 여긴다. 대학원 입학 첫날 만난 이후 그녀의 우정과 연대, 그리고 정치사상사와 그 외 여러 주제에 대해 나눈 대화는 내게 큰 힘이 되었다. 라엘 마이어로비츠는 이 책의 완성과 많은 다른 일들을 가능하게 해 주었다. 조시 아피냐네시와 데버라 바움은 내게 영감과 모범을 보여 주었다. 그들뿐만 아니라 수제트 마세두와 에우데르 마세두, 고 모니카 홈스, 재닛 웰런, 로저 마틴을 비롯한 나의 가족들에게도 깊이 감사드린다.

이 책은 세 사람에게 헌정되었다. 그들의 사랑과 지원 없이는 이 책이 존재할 수 없었을 것이다. 내 어머니 리사 아피냐네시•는 지혜

• 리사 아피냐네시는 폴란드에서 태어나 파리와 몬트리올에서 대학을 마치고 런던에서 마르셀 프루스트Marcel Proust와 헨리 제임스Henry James, 로베르트 무질Robert Musil 연구로 박사 학위를 받았다. 국내에는 『카바레』(강수정 옮김, 에코리브르, 2007)로 알려져 있다. 그 외에도 그녀의 남편이자, 역사학자이며

와 지도, 그리고 영감의 원천이시다. 어머니는 글쓰기에 관해서도, 삶에 관해서도 누구보다 많은 것을 가르쳐 주셨다. 처음 글쓰기를 가르쳐 주셨을 때와 마찬가지로, 원고 초안을 읽으며 보여 주신 열정과 격려에 깊이 감사드린다. 아버지 존 포레스터는 이 책이 완성되기 전에 돌아가셨지만, 한결같은 지지를 보내 주셨고 모든 질문에 대해 기쁨 어린 부성애와 열정, 그리고 인내심으로 답해 주셨다. 아버지는 다른 누구도 보지 못할 연결 고리와 실수를 알아채셨을 것이다. 이 책에는 아버지로부터 기원하는 여러 내용이 있다. 비트겐슈타인, 규칙, 사례에 대해 주신 조언, 행정국가에 대해 롤스주의가 어떠한 입장을 가졌는지 처음으로 물어봐 주신 점, 그리고 오래전 주디스 슈클라의 저작들을 읽어 보라는 제안을 해 주신 것에 특히 감사드린다. 나의 남편 제이미 마틴은 매일 내게 기쁨을 주며, 이 프로젝트에 가장 큰 영향을 미쳤다. 그는 시작부터 함께해 주었고, 수십 번 초안을 읽었으며, 모든 논의를 함께하며, 각 주장들을 반박하[여 더 나은 주장으로 거듭날 수 있게 도와 주]고, 수백 개의 어색한 은유를 바로잡아 주었다. 그가 없었다면 이 책은 완전히 다른 책이었거나 어쩌면 존재하지 않았을지도 모른다. 내가 보통 너무 많은 말을 사용한다는 사람이라는 걸 그도 잘 알기에, 그에게 빚진 것을 제대로 표현할 말을 찾을 수 없다는 것이 무슨 뜻인지 이해하리라 믿는다.

과학철학자인 존 포레스터와 함께 『프로이트의 여자들』Freud's Women을 썼다.

옮긴이 해제

우리 옮긴이들은 『정의의 그늘 아래에서: 전후 자유주의와 정치철학의 재탄생』을 한국어로 옮기는 과정에서 서로 많은 이야기를 나누었다. 우리는 종종 한국어판 독자들이 어떤 관심에서 이 책을 접하게 될지를 상상하고, 그들이 이 책으로부터 무엇을 얻을 수 있을지를 함께 의논했다. 그때마다 쉽지만은 않았던 번역 작업은 무척 흥미롭고 보람 있는 일이 되었다. 아래의 옮긴이 해제는 우리의 논의 가운데 한국어판 독자들이 흥미로워할 만한 몇 가지 점들을 추려 정리한 것으로, 이 해제가 『정의의 그늘 아래에서』의 독서 경험을 좁히기보다는 더 풍성하게 할 수 있기를 희망한다.

1.

이 책의 중심인 철학자 존 롤스의 자유주의 정치철학을 해석하거나 비판하는 국내 연구서와 논문은 이미 너무나 많다. 현대 미국 사상의 대표로 롤스의 철학을 소개하며, 자유주의 정치철학과 1960, 70년대 미국의 시대상을 연관시키는 해설서 역시 찾을 수 있다.* 이런 상황에서 롤스와 그의 정의론을 주제로 삼은 책을 또 한 권 번역해 한국

---

* 나카마사 마사키, 『현대 미국 사상: 자유주의의 모험』(송태욱 옮김, 을유문화사, 2012).

에 소개하는 까닭은 본서의 '방법론적' 특징 때문이다.

『정의의 그늘 아래에서』는 전후 영미권 자유주의 정치철학자들에 대한 지성사 연구이다. 이때 지성사란 '지식인과 사상을 주제로 한 역사'라는 일반적인 의미로 이해될 수도 있지만, 좀 더 구체적으로는 이른바 '케임브리지 학파'라고 불리는 연구자 집단이 공유하는 방법론 혹은 문제의식에 따라 쓰인 역사 서술을 가리킨다. 1960년대 영국 케임브리지 대학교와 연관되어 있던 일군의 역사학자들은 사상의 형성과 변화, 사회 안에서 지식인이 벌이는 행위를 엄밀하게 이해하기 위해 기존 연구 경향을 비판하고 나름의 지성사 방법론을 발전시켰다. 오늘날 과거의 지식인과 사상을 탐구하는 연구자들은 이 방법론에 적잖은 영향을 받고 있으며, 특히 영미권 정치사상사 학계에서 케임브리지 학파는 "학자들 사이에서 가장 영향력 있는 집단"이라고 해도 과언이 아니다.•

케임브리지 학파의 방법론이란 무엇인가?•• 서로 약간씩은 견해가 달랐으나, 학파의 정체성을 정립한 것으로 알려진 세 명의 학자, 존 포칵, 퀜틴 스키너, 존 던의 공통 목표는 특정한 텍스트의 저자에게 텍스트를 저술하는 것이 어떤 의미를 지닌 행위였는지 규명하고, 저자의 의도가 그 텍스트를 읽는 이들에게 어떻게 이해되었는지를 설명하는 것이었다. 포칵은 역사 속 저자들을 과거로부터 계승되어 온 언어 혹은 담론을 사용하는 공동체의 일원으로 보았다.••• 언어 혹

- 리처드 왓모어, 『서양 정치사상사』(황소희 옮김, 교유서가, 2024), 122쪽.
- •• 이 부분의 설명은 케임브리지 학파에 대해 잘 소개하고 있는 다음 문헌들에 크게 의지해 그 내용들을 매우 압축한 것으로, 관심 있는 독자들은 이를 참조하기를 권한다. 리처드 왓모어, 『서양 정치사상사』; 리처드 왓모어, 『지성사란 무엇인가?: 역사가가 텍스트를 읽는 방법』(이우창 옮김, 오월의봄, 2020); 안두환, 「케임브리지 학파의 지성사와 역사주의 정치학」, 『한국정치학회보』 55권 1호(2021); 이우창, 「지성사 연구의 방법들: 담론 연구, 개념사, 언어맥락주의」, 『역사와현실』 128호(2023).

은 담론은 저자가 자신의 사상을 표현할 때 영향을 미치는 이데올로기적 맥락이나 패러다임을 형성한다. 다시 말해, 언어는 그 언어를 사용하는 공동체에 속한 행위자의 정치적 주장이 가질 수 있는 범위를 제한한다. 그러나 어떤 저자는 사상을 정교화하는 과정에서 패러다임의 전환을 시도하거나 이룰 수도 있다. 독자들은 『정의의 그늘 아래에서』에서 '언어', '담론', '패러다임'과 같은 개념들이 바로 이와 같은 의미대로 쓰임을 알 수 있을 것이다.

이들의 새로운 접근 방식이 낳은 한 가지 결과는 정전正典의 반열에 오른 소수의 텍스트를 넘어 더 광범위한 텍스트로 정치사상사의 탐구 범위가 넓어졌다는 것이다. 퀜틴 스키너는 1969년 케임브리지 학파의 매니페스토와 같은 성격의 논문 「사상사에서의 의미와 이해」Meaning and Understanding in the History of Ideas를 발표했는데, 이 논문의 원래 제목은 '정치사상사에서 위대한 고전들이 중요하지 않은 이유'였다. 스키너가 의도적으로 강하게 표현한 것이기는 하지만, 이후 케임브리지 학파는 실제로 위대한 사상가들의 대표 저작뿐만 아니라 한 시대의 다종다양한 텍스트들을 연구 대상에 포함했으며, 이를 통해 고전적 텍스트에 대한 지배적인 해석까지도 변화시키는 데 성공했다. 독자들은 『정의의 그늘 아래에서』 역시 롤스 등 몇몇 저명한 철학자들만이 아니라 전후 영미권의 수많은 행위자를 등장시켜 당대 담론 지형을 세밀하게 복원하고 있음을 알 수 있을 것이다.

2013년 케임브리지대 역사학과에서 박사 학위를 받은 카트리나 포레스터는 이 책의 기획이 케임브리지에서 시작되었음을 밝히고 있다. 실제로 그는 퀜틴 스키너와 리처드 턱, 리처드 버크 등 자신에게 직간접적으로 영향을 준 케임브리지 학파의 연구자들을 이 책에

••• J. G. A. Pocock, "The history of political thought: a methodological inquiry", *Political thought and history: essays on theory and method* (Cambridge: Cambridge University Press, 2009).

실린「감사의 말」에서 거명하고 있기도 하다. 포칵과 스키너를 비롯한 학파의 1세대가 르네상스부터 18세기에 이르는 근대 유럽 정치사상을 다루는 데 주력했다면, 후속 세대는 다른 시공간으로 연구 범위를 넓히는 데도 적극적이었다. 20세기 중후반의 영미(특히 미국) 자유주의를 대상으로 한『정의의 그늘 아래에서』는 학파의 문제의식과 연구 방법을 시공간적으로 확대해 적용한 사례에 해당하며, 케임브리지 학파를 소개하는 활동을 가장 활발하게 해 온 리처드 왓모어는『정의의 그늘 아래에서』를 잘 쓰인 사상사 연구의 사례로 들고 있다.•

그러나 학파의 1세대가 대체로 반反마르크스주의 성향을 지녔던 것과 달리, 포레스터를 비롯한 몇몇 소장 연구자들은 좌파 정치에 이로운 방향으로 정치 이론의 역사를 재해석하는 데 관심을 보인다는 차이도 있다.•• 눈 밝은 독자들은 롤스와 자유주의적 평등주의에 대한 비판적 서술에서 자유주의의 대안을 모색하려는 저자의 지향을 읽어 낼 수도 있을 것이다.•••

- • 리처드 왓모어,『서양 정치사상사』, 223쪽.
- •• 2023년 9월 5일 옮긴이 중 오석주와의 인터뷰에서, 포레스터는 자신과 유사하게 이념적 지향이 명확한 지성사ideologically committed intellectual history를 추구하는 동료들로 아돔 게타츄Adom Getachew와 에린 피네다Erin Pineda를 꼽았다. Adom Getachew, *Worldmaking After Empire: The Rise and Fall of Self-Determination* (Princeton, NJ: Princeton University Press, 2019); Adom Getachew Ed., *Imagining Global Futures* (Boston, MA: Boston Review, 2023); Erin R. Pineda, *Seeing Like an Activist: Civil Disobedience and the Civil Rights Movement* (New York: Oxford University Press, 2021).
- ••• 2023년 9월 5일 인터뷰에서, 포레스터는 자유주의 비판을 목적으로 하는『정의의 그늘 아래에서』에 이어 본인의 다음 책은 '대안의 지성사'intellectual history of the alternatives를 다룰 것이라고 말했는데, 이 점은「한국의 독자들에게」에서도 언급되고 있다. "(……) 현재 작업 중인 연구에서 나는 어떤 이론적·실천적 도전이 우선시되어야 하는지 또는 이론과 실천이 어떤 관계를 맺어야 할지에 대해 마르크스주의-페미니즘 전통이 [롤스주의와는] 근본적으로 다른 이해를

2.

저자가 「한국의 독자들에게」에서 밝히듯이, 『정의의 그늘 아래에서』에는 두 가지 주요한 목표가 있다. 하나는 존 롤스와 『정의론』(1971)으로 대표되는 자유주의적 평등주의의 역사를 서술하는 것이고, 다른 하나는 "사회적 조건과 정치철학 사이의 변화하는 관계"를 분석하는 것이다. 이 책이 (그 수가 제한적일 수밖에 없는) 정치철학·지성사 전공자들뿐만 아니라, 좀 더 광범위한 독자들에게 시간과 수고를 들여 읽을 만한 가치를 지닌다면, 그것은 아마 두 가지 목표 가운데 후자 때문이 아닐까 한다.

『정의의 그늘 아래에서』를 읽는 한 가지 방법은 '변화하는 사회적 조건' 대 '고정된 이념'이라는 쌍에 주목하는 것이다. 포레스터는 한 사회적 조건 속에서 탄생한 이념이 다른 사회적 조건에 놓일 때 어떤 모순과 갈등을 마주하게 되는지를 주의 깊게 포착하려 한다. 전후 미국 사회를 지탱하던 조건들이 점차 허물어져 가는 가운데서도, 전후의 조건에서 배태된 자유주의적 평등주의가 영향력을 유지·강화했음을 보여 줌으로써 말이다.

1장 「정의의 형성」은 롤스주의가 전체주의의 공포와 국가 개입에 대한 경계가 최고조에 이르렀던 전후 시대로부터 기원하며, 그 정치적 비전과 주요 개념 역시 1940, 50년대의 미국 사회를 반영하고 있음을 보여 준다. 개인의 자유, 결사체적 삶, 평등, 합의, 법원 중심의 개혁에 대한 롤스의 깊은 관심은 전후 시대의 산물이라는 해석이다. 2장 「의무들」과 3장 「전쟁과 책임」은 반전운동·민권운동으로 대표되는 1960년대의 격동을 다루고 있으나, 포레스터는 이조차도 롤스주의의 기본 가정들과 전제들을 뒤흔들지는 못했다고 본다. 그런

제공한다는 것을 탐구하고 있다"(12쪽).

가운데 『정의론』이 출간되자, 롤스의 이론화에 배경이 되었던 과거의 논쟁들은 잊힌 채 『정의론』이 그 자체로 정치철학 논의의 원점으로 자리 잡게 되었다.

이제 롤스의 여러 가정, 범주, 주장 들은 점차 자연화되어 학계의 구성원이라면 누구나 사용하는 것이 되었다. 다른 정치철학자들은 점점 롤스 이론의 바깥에서 사유하기보다 롤스가 만들어 놓은 틀을 다듬는 데 주력했으며, 그 틀 안에서 '공공 문제'public affairs를 사고하게 되었다. 그렇게 '새로운 평등주의자들'과 그들의 정치철학, 자유주의적 평등주의가 탄생한 것이다(4장). 정치철학자들의 "상상력에 강박적인 힘을 행사"했다는 점에서,• 자유주의적 평등주의는 하나의 패러다임이었다.

그런데 자유주의적 평등주의가 영미권 학계에서 지배적 위치를 확고히 하던 1970년대 초, 당연시되던 전후 사회의 조건들은 해체되고 있었다. 정치·경제적 위기가 중첩되어 발생하는 상황은 새로운 패러다임의 창출을 요구하는 것이었을지도 모르나, 이에 대한 정치철학의 대응은 1960년대와 마찬가지로 롤스주의의 가정들과 전제들을 공고히 하는 것이었다. 대부분의 철학자들은 롤스주의의 틀 안에서 새로운 문제들을 해결하고자 했다. 이런 과정에서 국가의 역할을 강조하는 브라이언 배리의 재분배론 같은 대안적 비전들은 사장되었다. 대안적인 주장들은 패러다임의 기본 가정과 전제에 맞지 않기에 불필요하거나 기각되어야 할 것으로 여겨졌다. 롤스와 롤스주의를 따른 철학자들이 인종주의에 관한 당대의 논의에서 제한적인 주장을 개진하는 데 그쳤던 것, 적극적 평등 실현 조치에 대해 모호한 입장을 보였던 것(250-252쪽), 차등의 원칙에서 국내적·지구적 차원에서

• J. G. A. 포칵, 『마키아벨리언 모멘트: 피렌체 정치사상과 대서양 공화주의 전통 1』(곽차섭 옮김, 나남, 2011), 205, 206쪽.

의 급진적 재분배 가능성을 보았던 베이츠가 종속이론과 자유주의적 발전 경제학 사이에서 결국 후자에 가까워진 것(267-275쪽) 등이 그 예다.

이렇게 볼 때 이 책에서 저자가 던지는 중대한 물음은 '왜, 그리고 어떻게 과거에 구성된 이론/패러다임이 '유령'과도 같이 현재를 구속하는가?'라고 이해할 수 있겠다.• 이런 물음을 염두에 둔다면, 『정의의 그늘 아래에서』를 읽는 것은 전후 영미권 자유주의 철학에 대한 이해의 수준을 높일 뿐만 아니라 사회적 조건이 변화하는 가운데 사상이 맞게 되는 운명 일반을 음미하기에도 좋은 기회가 되리라고 생각한다. 「한국의 독자들에게」에서 저자가 정확히 부각하듯이, 분명 "매우 특정한 역사적 맥락"을 다루고 있으나 "사상과 정치에 대한 훨씬 더 일반적인 물음을 던지는" 점이 이 책이 역사 서술로서 지닌 매력이다.

3.

참고 문헌을 면밀히 살펴본 독자라면, 지성사가인 저자가 동료 정치사·경제사·사회사 연구자들의 방대한 작업을 부지런히 참조했음을

• 한 시대의 사고를 혁신한 마르크스와 케인스 또한 현재에 대한 과거의 구속력을 인정하는 언명을 남긴 바 있다. "인간은 자신의 역사를 만들어 가지만, 그들이 바라는 꼭 그대로 역사를 형성해 가는 것은 아니다. 다시 말해, 그들 스스로 선택한 환경 아래서가 아니라 과거로부터 곧바로 맞닥뜨리게 되거나 그로부터 조건 지어지고 넘겨받은 환경하에서 역사를 만들어 가는 것이다. 모든 죽은 세대의 전통은 악몽과도 같이 살아 있는 세대의 머리를 짓누르고 있다"(칼 마르크스, 『루이 보나파르트의 브뤼메르 18일』, 최형익 옮김, 비르투, 2011, 11쪽). "스스로 어떠한 지적 영향력으로부터 자유롭다고 생각하는 실무가들조차도 대개 어느 죽은 경제학자의 노예에 불과하다"(존 메이너드 케인스, 『고용, 이자 및 화폐의 일반이론』, 조순 옮김, 비봉출판사, 2007, 461, 462쪽).

인지하게 될 것이다. 롤스의 사유가 당대의 다양한 지적 조류들과 조우했듯, 포레스터의 분석 또한 근래 미국 사학계의 동향에 영향받았다. 그렇기에, 자유주의적 평등주의가 형성되고 수용된 역사는 1945년 이후 미국사의 궤적을 보여 주는 하나의 만화경萬華鏡이 될 수 있다.

1971년 세상에 나온 후 지금까지도 '우리 세계'의 한 패러다임을 이루고 있는 롤스 정치철학이 '우리에게 낯선 세계'에서 형성되고 또 대두한 아이러니는 책의 선반부에서 집중 조명된다. 1장에서 잘 설명되듯, 롤스가 자신의 정치철학을 형성해 가던 시기의 지배적 분위기는 1960년대의 개혁적 이니셔티브가 아니라 전후 미국 사회에 만연하던, 전체주의에 대한 공포fear였다.[*] 롤스는 분배적 평등과 시민적 자유의 실현을 희구했으나, 개혁을 실행할 주체로서 국가를 상정하지는 않았으며 오히려 국가권력의 팽창을 경계했다.

전후 미국에서는 수정자본주의 체제가 성공적으로 작동했던, 곧 국가가 시장을 규제하고 복지를 공급하는 역량을 갖는 데 대한 합의가 형성·유지되었던 것으로 알려져 있다. 그런 전후 황금기에 롤스가 '국가 없는 정의'를 구상했던 것을 이해하기 위해서는 당대 미국의 실상을 들여다볼 필요가 있다. 전후 미국사에 대한 역사학적 연구가 본격화된 2000년대 후반 이래, 역사학자들은 1940년대 말부터 이미 뉴딜 질서가 몹시 취약하고 불안정했음을 강조해 왔다. 이를테면, 미국은 복지에 가장 적극적이었던 시기조차도 대부분 인구의 사회경제적 안정을 고용 관계에서 주어지는 사적 복지를 통해 해결하고자 했다. 또한 부족한 부분은 세제 개편을 통한 금융시장에 대한 노동계급과 중산층의 접근성 개선으로 벌충하려 했다.[**]

* 1930~50년대 미국을 지배한 정동affect으로서 '공포'fear에 주목한 연구로는 다음을 보라. Ira Katznelson, *Fear Itself: The New Deal Order and the Origins of Our Time* (New York: W.W. Norton, 2013).

** Jennifer Klein, *For All These Rights: Business, Labor, and the Shaping of*

다른 한편, 이르게는 1940년대부터 정치의 장場은 입법과 행정이 아닌 사법으로, 운동의 주체는 집단이 아닌 개인으로, 운동의 언어는 실질적 개혁에서 추상적인 개인의 사법적 권리로 변모해 갔다. 뉴딜 개혁은 미국의 반反관료제적 전통을 근본적으로 혁신하지는 못했던 것이다.••• 그러니 롤스 이론에서 국가가 결사체나 추상적 절차와 비교해 보조적인 역할을 하는 데 그친 것은 결코 우연이 아닌 셈이다.

1960년대 베트남전쟁과 반전·민권운동의 혼란 속에 롤스와 동료 철학자들은 현실의 문제들에 철학적으로 개입하기 시작했다. 2장과 3장은 격동의 1960년대에 '공공 문제 철학'이 걸었던 행로를 조명한다. 한편에서는 급진적 신좌파, 다른 한편에서는 닉슨과 함께 대두하는 우파의 도전을 마주하며 자유주의 철학자들이 초기에 품었던 개혁적 열망은 빠르게 줄어들었다. 그 까닭에 1950년대의 조건에서 형성된 『정의론』이 10여 년 만인 1971년 출간되었을 때, 독자들은 롤스의 애초 의도와는 꽤 다르게 그의 이론을 수용했다. 개혁의 유산을 지키고 사회적 합의를 복원하는 데 매달렸던 자유주의적 평등주의자

America's Public-Private Welfare State (Princeton, NJ: Princeton University Press, 2003); Louis Hyman, Debtor Nation: The History of America in Red Ink (Princeton, NJ: Princeton Univ. Press, 2012); Caley Horan, Insurance Era: Risk, Governance, and the Privatization of Security in Postwar America (Chicago, IL: Chicago University Press, 2021).

••• Jefferson Cowie & Nick Salvatore, "The Long Exception: Rethinking the Place of the New Deal in American History", International Labor and Working-Class History, Vol. 74, no. 1 (Fall 2008), pp. 3-32; Gary Gerstle, Liberty and Coercion: The Paradox of American Government from the Founding to the Present (Princeton University Press, 2015); Brian Balogh, The Associational State: American Governance in the Twentieth Century (Philadelphia, PA: University of Pennsylvania Press, 2015); Karen Tani, States of Dependency: Welfare, Rights, and American Governance, 1935-1972 (New York: Cambridge University Press, 2016).

들에 의해, 롤스는 복지국가와 민권운동의 수호성인이라는 뜻밖의 이미지를 얻게 되었다. 이렇듯 4장은 롤스 정치철학의 탄생과 수용의 시차時差를 강조한다. 롤스 정치철학은 '지나간 시대로부터의 외침'에 가까운 것이었으나, 이제 정치철학자들은 그것을 경유하지 않고서는 특정 문제들에 대해 말하기 어렵게 되었다.

후반부는 자유주의적 평등주의가 본래 경시하던 주제들을 포섭하고, 자유주의적 평등주의에 도전하는 입장을 때로는 배제하고 때로는 순치하며 정치철학의 지배적 패러다임으로 거듭나는 과정을 조명한다. 여기서 포레스터가 주의를 기울여 서술하는 것은 1970년대의 세계사적 변화가 불러온 '새로운 현실들'이다. 5장 「세계를 향해 나아가다」는 오일쇼크, 경제적 세계화의 진전, 그리고 탈식민주의의 대두에 대응하는 과정에서 '국제 정의 이론'이 탄생한 경과를 살핀다. 6장 「미래라는 문제」는 1970년대 초 중심부 자본주의에서 인플레이션이 발생하고 성장이 정체되기 시작한 맥락에서 '미래'의 문제를 다루는 '세대 간 정의 이론'이 탄생한 흐름을 조명한다. 7장 「신우파와 좌파」는 전후 복지국가가 정당성 위기를 겪고 이에 대한 신우파의 공세가 이어지는 가운데, 일부 마르크스주의적 문제의식들과 주장들마저 순치되어 자유주의적 평등주의에 포섭되었음을 짚는다. 미국에서의 좌파 담론은 이제 구조와 권력이 아닌 소득 불평등과 숙의를 중심으로, 자유주의적 평등주의의 틀 안에서 논의되기에 이른 것이다. 8장 「철학의 한계」는 이렇듯 자유주의적 평등주의의 옹호자와 비판자 모두의 상상력에 지워진 한계를 강조한다.

자유주의적 평등주의가 맞닥뜨린 1970년대의 새로운 현실들은 근래 미국 사학계에서 큰 주목을 받는 주제이기도 하다(2008년 금융위기를 계기로 미국에서는 현대사에 대한 성찰적 관심이 폭발적으로 늘었다). 1970년대의 위기는 전후 질서가 취약하고 불안정한 것이었음을 방증한다. 서유럽과 일본이 산업 경쟁력을 회복하면서 비틀거리기 시작하던 브레턴우즈 체제는 오일쇼크라는 결정타를 맞고 해체되었다.* 글로벌 자본주의의 위기로 말미암아 그 자체로도 이미 취약했던 미국의 복지국가는 곧장 흔들렸다. 산업 대기업들은 경비 절감을 위해 대량 해고와 임금 삭감을 단행했으며, 더 값싼 노동력을 찾아 선벨트 지역과 해외로, 더 많은 이윤을 찾아 금융·서비스 부문으로 진출했다. 그 결과 거대한 규모의 백인 중산층 가장들에게 경제적 안정을 보장해 주던 좋은 일자리는 급격히 줄어들었고, 상당수 미국인은 저임금 서비스 노동을 불안하게 전전하는 처지로 전락했다.** 1970년대의 격변이 낳은 '사회적인 것의 분열'은 정치철학계뿐만 아니라 당대 미국 사회에 만연하던 일반적 동향이었던 것이다.***

이렇듯 1970년대의 단절은 1981년의 '레이건 혁명'에 앞서 일찍이 신자유주의 질서의 골자들 — 특히 금융화, 탈규제, 그리고 시장 근본주의 이념 — 이 미국에서 대두하는 배경이 되었다. 그러니 『정의의 그늘 아래에서』의 구성이 4장을 분기점으로 삼은 것은 자유주의적 평등주의의 전개 과정뿐만 아니라 미국 현대사의 궤적도 일정하게 반영한 셈이다. 5~8장과 결론에서 포레스터는 자유주의적 평

---

* Fritz Bartel, *The Triumph of Broken Promises: The End of the Cold War and the Rise of Neoliberalism* (Cambridge, MA: Harvard University Press, 2022); Niall Ferguson, Charles Maier, Erez Manela, and Daniel Sargent eds., *The Shock of the Global: The 1970s in Perspective* (Cambridge, MA: Harvard University Press, 2011); Daniel Sargent, *Superpower Transformed: The Remaking of American Foreign Relations in the 1970s* (New York: Oxford University Press, 2015).

** Jefferson Cowie, *Captial Moves: RCA's Seventy-year Quest for Cheap Labor* (New York: The New Press, 2001); Jefferson Cowie, *Stayin' Alive: The 1970s and the Last Days of the Working Class* (New York: The New Press, 2010); Gabriel Winant, *The Next Shift: The Fall of Industry and the Rise of Health Care in Rust Belt America* (Cambridge, MA: Harvard University Press, 2021).

*** Daniel T. Rodgers, *Age of Fracture* (Cambridge, MA: Harvard University Press, 2011).

등주의가 1970년대 이후의 새로운 현실들이 제기하는 도전에 적절히 응전하지 못했다는 점을 힘주어 비판한다. 자유주의적 평등주의자들이 국제 질서의 구조적 한계와 영토 국가의 여전한 힘을 간과했고, 후기 자본주의의 정당성 위기를 진지하게 고려하지 않았으며, 신우파의 파괴력을 과소평가하며 그들의 사상을 상당 부분 수용하고 말았다는 것이다. 이와 같은 포레스터의 비판에 기대어 혹자는 자유주의적 평등주의자들이 신자유주의 질서의 형성을 방조 내지는 일조했다고 판단할 수도 있을 것이다.

분명한 것은 '변화하는 현실의 도전에 대한 응전의 미진함'이라는 비판이 오늘날 미국의 사회와 정치에도 고스란히 적용될 수 있다는 점이다. 신자유주의적 세계화 이후 구조적 위기와 정당성 위기가 거듭되고 있음에도 불구하고, 미국은 여전히 뉴딜에 준하는 거대한 전환을 이루지 못하고 있다. 심지어 전후에 미완으로 남은 개혁의 과제 중에서도 아직껏 실현되지 못한 것이 허다하다. 자유주의적 평등주의가 미국사의 궤적 속에서 형성되고 영향력을 키워 온 만큼, 자유주의적 평등주의에 드리워진 '그늘'은 정치철학자들만이 아닌 미국 사회 전반의 고민거리로 남아 있는 것일지 모른다. 『정의의 그늘 아래에서』는 매력적인 지성사인 동시에, 더 정확하게 말하자면 매력적인 지성사이기 '때문에' 현대 미국 사회가 어떤 불확실성과 두려움을 안고 있는지를 성찰하는 데도 유용하다. "정치사상사는 미래에 대한 의심과 불확실성을 과거에 표출됐던 두려움들과 나란히 놓고 바라볼 수 있게 해 준다."•

• 리처드 왓모어, 『서양 정치사상사』, 216, 217쪽.

4.

이상에서 우리는 지성사 연구이자 미국 현대사 연구로서『정의의 그늘 아래에서』가 갖는 의미를 여러모로 짚어 보았다. 이에 더해, 이 한국어 번역본의 독자들은 지성사·미국사의 맥락만큼이나 '한국에서의 롤스와『정의론』'에 대해서도 관심이 있을지 모른다.

사실 우리 옮긴이들이 번역에 참여한 데에는 이 책의 중심인물인 롤스가 한국에서 가진 명성이 한몫했다. 오늘날 롤스는 고등학교 윤리 과목에서 비중 있게 가르치는 철학자이고,『정의론』은 '꼭 읽어야 할 책' 목록에 자주 이름을 올리는 고전이 되어 있다. 그래서 꽤 많은 독자들은 이 책에 등장하는 '무지의 베일', '원초적 입장', '공정으로서의 정의'와 같은 개념들을 그다지 낯설지 않게 여겼을 것이다.『정의의 그늘 아래에서』가 다루는 현대 정치철학의 논점들은 비전공 독자들이 이해하기에 쉽지 않은 면이 있으나, 우리는 이 난해한 내용을 한국 독자들에게 소개하는 데 롤스와『정의론』의 익숙함이 도움을 주리라고 생각했다.

그런데 롤스와『정의론』은 어떤 과정을 거쳤기에 한국의 독자들에게까지 익숙한 이름이 된 것일까? 이 지면에서 온전히 답하기 어려운 물음이기는 하지만, 아래에서는 한국에서의 롤스 수용이 어떤 시대적·제도적 조건에서 이루어졌는지, 또 그 수용을 주도한 이들은 어떤 의도를 지니고 있었는지를 간략하게나마 해명해 본다.●

● 한국 철학·정치학계의 롤스 수용 과정에 대해서는 이미 황경식과 장동진에 의해 간단한 개괄적 논의가 있었으나 더 상세히 규명될 여지가 있으며, 특히 한국 학계의 롤스 수용이 어떤 맹점을 남겼는지에 대한 비판적 고찰은 아직 충분치 않은 것으로 보인다. 황경식,「한국 윤리학계의 연구현황 II('80-현재)」,『철학사상』 7호(1997); 장동진,「서양 정의이론의 동아시아 수용: 롤스 정의이론의 한국적 이해」,『정치사상연구』 12권 2호(2006). 이웃 일본과 중국 학계에서의 롤스 수용에 관해서는 다음의 글들을 참고할 수 있다. Susan

롤스의 『정의론』 초판이 1971년에 나온 지 한 반년쯤 지났을 때, 나의 지도 교수이기도 했던 미국 존스 홉킨스 대학교 맨들바움Mandelbaum 교수는 나에게 보낸 사신私信 가운데서 이 저술에 언급하였다. 롤스의 『정의론』의 서평을 맡게 되어 그 책을 정독했다는 것과 자기가 보기에는 "20세기에 들어선 뒤에 쓰인 윤리학적 저술 가운데서 가장 높이 평가될 역삭"이라는 요지였다. 옛 제자에게 좋은 책을 소개해 주는 스승의 호의와 배려에 감사하면서, 미국에 가 있는 친구에게 한 권을 보내 달라고 부탁하였다.

미국으로 부탁한 책이 오기 전에, 나의 홉킨스 대학교 당시의 학우이며 지금은 뉴욕 주립 대학 교수인 굴드Goold 박사로부터 『정의론』 한 권이 도착하였다. 미국서 일시 귀국한 김진태 교수도 이 책 이야기를 하면서, 한국에 이 책을 소개하는 일을 은밀히 권고하였다.**

우리 시대의 지배적인 도덕 및 정치 이념은 물론 자유주의liberalism의 형식이다. (……) 그래서 롤스Rawls의 목적도 이러한 자유주의에 대해서 일관성 있고 설득력 있는 이론 체계를 구하는 데 있는 것이다. (……) 이러한 대안을 제시하는 롤스의 목표가 비상한 관심을 모으고 있는 이유는 『정의론』이 정치적 투쟁과 의혹의 소용돌이 속에서 자유주의에

Trevaskes, "Rawls rejected, ignored, and radicalized: debating procedural justice in China", edited by Flora Sapio, Susan Trevaskes, Sarah Biddulph and Elisa Nesossi, *Justice: the China experience* (Cambridge: Cambridge University Press, 2017); Satoshi Fukuma, "Rawls in Japan: a brief sketch of the reception of John Rawls' philosophy", *Philosophy East and West* 64:4(2014), 887-901.

•• 김태길, 「1977년 초판 서언」, J. 롤스, 『사회정의론』(황경식 옮김, 서광사, 1985), 7쪽.

대한 심각한 도전의 시기에 발간되었다는 데 있다.•

위에 인용한 것은 『정의론』의 최초 한국어 번역본에 서문을 쓴 원로 철학자 김태길, 그리고 그의 제자이자 『정의론』을 완역해 냈으며 일련의 연구를 통해 한국 철학계에 롤스를 보급하는 데 크게 기여한 황경식의 발언이다. 김태길의 회고를 통해 우리는 『정의론』이 출간된 지 얼마 안 된 시점부터 한국의 철학 연구자들이 그 존재를 인지했고, 거의 곧바로 한국으로의 수용이 기획되었음을 알 수 있다. 번역에 착수하기에 앞서 서울대 철학과 박사과정생이던 황경식은 지도 교수인 김태길과 함께 세 학기 동안 『정의론』을 "정독"했으며, 1975년 한국철학회가 주최한 학술 대회에서 롤스의 정의론을 주제로 발표할 기회를 얻기도 했다.•• 1970, 80년대 대학가에서 널리 읽힌 마르크스주의 관련 서적들이 (대개는 저작권 관련 절차도 미처 밟지 못한 채) 운동권에 가담한 이들에 의해 번역된 것과 비교하면, 한국의 롤스 수용은 철학과를 중심으로 한 제도권 학계의 전문가들이 주도했다고 할 수 있다.

한편, 롤스 철학의 성격을 자유주의와 결부한 황경식의 발언도 주목할 만하다. 자유주의가 "지배적인 도덕 및 정치 이념"으로서 "도전"받는 미국과 1970년대 말 한국 사이에 큰 차이가 있음은 그 또한 모르지 않았을 테지만, 1979년의 역자 해제에서 황경식은 일단 『정의론』에 대한 영미 학계의 반응을 소개하는 데 주력하고 있다. 그리고 1980년대에 이르러 황경식은 『정의론』에서 나타난 형태의 자유주의가 한국에서 가질 수 있는 의의를 나름대로 정립했던 것으로 보

• 황경식, 「정의론에 대한 반향」, 존 롤스, 『사회정의론: 제2부 제도론』(황경식 옮김, 서광사, 1979), 275, 276쪽.

•• 「방황하던 철학도 길 열어준 이정표」, 『경향신문』(1992/12/23).

인다. 민주화를 둘러싸고 정권과 시민사회의 대결이 격화되던 1980년대 한국 사회에서, "전 국민적 합의"*를 이루는 데 『정의론』이 기여하리라는 것이 그의 전망이었다. 합의를 핵심으로 하는 롤스의 자유주의적 사회 비전에 비추어 볼 때, 이는 롤스 수용을 주도한 연구자가 충분히 품을 만한 기대였다고 할 수 있다.

그런데 황경식은 롤스 철학의 긍정적 의의를 부각하는 데 그치지 않고, 마르크스주의를 롤스 자유주의가 힘을 얻기 위해 상대해야 할 적으로 지목하기까지 했다. 그에게 마르크스주의는 롤스를 "미국 자본주의를 옹호하는 또 하나의 이데올로그"로 "오해"하게 만드는 원인이자, 자유주의가 올바른 "민주화"와 "사회 개혁"의 방향을 두고 겨뤄야 할 경쟁 이념이었다.

> 존 롤스의 『사회정의론』이 우리나라에 소개된 지도 어언 10여 년이 넘었다. 그동안 롤스는 많은 사람들의 관심의 대상이 되어 그의 『사회정의론』에 대한 수십여 편의 학위논문들이 여러 분야로부터 제출되기도 하였고, 일부 사람들의 편향된 오해로 인해 그가 미국 자본주의를 옹호하는 또 하나의 이데올로그에 지나지 않는 것으로 평가되기도 했다. 그러나 롤스와 맺은 오랫동안의 인연으로 생긴 애착인지는 모르나 엮은이의 솔직한 심정은, 롤스의 『사회정의론』이 한국 사회를 전면적으로 구제할 수 있는 것은 아니지만

---

* 황경식, 「옮긴이의 말」, J. 롤스, 『사회정의론』(황경식 옮김, 서광사, 1985), 10쪽. "정부에서도 시대적 요구의 반영으로서 정의 사회의 구현을 표방하고 재야의 투쟁도 정의라는 명분 아래 전개되고 있으면서도 서로가 난맥상을 이루고 있는 차제에 전 국민적 합의를 도모해 가는 과정에서 롤스의 정의론이 시사하는 바가 심대할 것으로 짐작하여 부끄러운 졸역이나마 다시 손질해서 수정판을 내기로 작정하였다."

민주화를 지향하는 사회 개혁에 크게 보탬이 될 많은 시사점을 담고 있다고 생각한다. 물론 이를 위해서는 마르크스주의적 좌익 이데올로기와의 한판의 대결을 감수하지 않을 수 없을 것이며, 그런 한에서 한국의 장래를 걱정하는 모든 사회 철학도들의 보다 진지한 관심과 연구가 절실히 요망된다고 본다.•

그의 바람은 일부 현실화되었다. 잘 알려져 있듯 1980년대 말 이후의 한국 지성사는 마르크스주의가 퇴조하는 동시에, 그 빈자리의 상당 부분이 영미권 철학자와 비평가들에 의해 채워지는 흐름을 겪게 된다. 이런 흐름 속에서 정치철학 내 롤스의 위상은 더욱 강화되어 가고, 이 점은 그의 원저작과 한국어 번역본이 출간되는 시차가 점점 줄어드는 모습에서도 확인된다. 1971년 출간된 『정의론』의 한국어 완역본이 8년 뒤인 1979년 출간된 것과 비교해 『정치적 자유주의』(1993)의 번역본은 5년 만에, 『만민법』(1999)의 번역본은 불과 1년 만에 출간되었다. 『만민법』의 경우 그 옮긴이가 "초판 번역은 황급하게 번역"••한 탓에 오류가 적지 않았음을 나중에 인정할 만큼, 롤스는 한국 학계와 공론장에 시급하게 소개할 가치가 있는 철학자로 여겨지게 된 것이다.

그러나 일찍이 『정의론』의 번역자가 희망했던, 합의와 사회 개혁을 위한 자유주의는 롤스의 저작들과 함께 한국에 도래했을까? 1990년대 이후 지금에 이르기까지 '자유주의자'를 자처하는 이들이 한국 사회에서 분명 늘어나기는 했으나, 한국의 자유주의자들이 얼마나

• 황경식, 「엮은이의 말」, 존 롤스, 『공정으로서의 정의』(황경식·이인탁·이민수·이한구·이종길 옮김, 서광사, 1988).

•• 장동진, 「2017년 번역판 옮긴이 서문」, 존 롤스, 『만민법』(장동진·김만권·김기호 옮김, 동명사, 2017).

롤스가 지향했던 정치적 자유주의나 자유주의적 평등주의에 호응해 왔는지에 대해서는 의문이 있다. 오히려 '경제적 자유주의' 혹은 '신자유주의'가 자유주의를 대표하는 이념으로서 한국 사회 저변에 알려지고 또 소비되고 있는 것은 아닌지 돌아보게 된다.

이와 함께, 롤스를 비롯한 여러 영미권 도덕·정치철학자들의 이론을 수용하고 학습함으로써 한국 학계와 공론장에 어떤 유산이 형성되었는지 역시 반성해 봐야 할 것이다. 롤스뿐만 아니라 왈서, 드워킨, 테일러, 샌델 등 다수의 영미 철학자들이 한국의 독자들과 꽤 오랫동안 만나 왔으니, 지성사를 위한 자료가 어느 정도는 쌓인 셈이다. 지성사가 주는 한 가지 교훈은 특정한 이론과 언어를 받아들이는 일이 우리 실천의 지평을 넓히기도, 한계 짓기도 한다는 것이다. 이제 롤스와 그의 동료들, 그리고 그의 후예들이 한국의 학자들과 시민들에게 어떤 빛과 그늘을 드리워 왔는지를 돌아볼 때도 된 것이 아닐까.

5.

한 가지 바람을 덧붙이며 우리의 해제를 마무리하기로 한다. 앞서 밝힌 여러 가지 장점에 더해, 『정의의 그늘 아래에서』는 여성 연구자가 쓴 지성사라는 점에서도 주목할 만하다. 포레스터는 "이 책은 (……) 대부분 백인 남성인 분석 정치철학자들의 이야기"(27쪽)라고 말하며 자신이 분석하는 정치철학자들의 인종적·젠더적 편향을 시사하는데, 실제로 본론의 서술에서는 롤스조차 백인 남성 재산 소유자만을 민주주의 사회의 일원으로 상정한 제퍼슨주의 전통에서 자유롭지 않았다는 비판이나(92쪽), 롤스 이론이 여성해방운동의 요구를 담아내는 데 한계를 보였다는 지적이 가해진다(145쪽).

다른 한편, 포레스터는 "소수의 여성" 학자들이 어떻게 학계의 다수를 차지한 남성들과 더불어, 때로는 그들과 논쟁하며 자신들의 입지를 확보해 갔는지를 여러 대목에서 언급한다. 이런 저자의 노력에 힘입어 엘리자베스 앤스콤, 필리파 풋, 한나 피트킨, 수전 오킨, 주디스 슈클라 등 여성 학자들은 전후 자유주의 지성사에서의 합당한 비중을 부여받을 수 있게 되었다. 근래 지성사 연구에서 이처럼 여성 학자들과 사상가들의 몫을 적극적으로 평가하려는 시도가 꾸준히 이어지고 있는 점은 매우 고무적이다.● 포레스터의 최근 논문 또한 마르크스주의 페미니스트 셀마 제임스의 정치 이론을 재평가하는 것으로, 여성 학자를 본보기 삼아 "정치 이론가들 및 철학자들에게 정치 이론이 어떻게 달리 사유될 수 있는지, 정치 이론이 어떤 다른 질문을 제기할 수 있는지, 그리고 이론이 실천과 어떤 다른 관계를 맺을 수 있는지"를 보여 주고 있다.●●

반면 아쉬운 점은 포레스터가 소개하는 여성 학자들의 저작에 대한 한국어 번역본을 찾기 어렵다는 사실이다. 철학·정치학계에서 이미 저명한 연구자인 이들의 책이 잘 번역되지 못하는 것은 한국 학계가 여전히 남성 중심으로 운영되는 사정과도 무관치 않을 것이다. 한국 학계에서 활발히 소개·수용되는 외국 학자의 절대다수는 남성

● Clare Mac Cumhaill and Rachael Wiseman, *Metaphysical Animals: How Four Women Brought Philosophy Back to Life* (London: Penguin, 2023); Wolfram Eilenberger, *The Visionaries: Arendt, Beauvoir, Rand, Weil and the Power of Philosophy in Dark Times* (London: Penguin, 2023); Benjamin J. B. Lipscomb, *The Women Are Up to Something: How Elizabeth Anscombe, Philippa Foot, Mary Midgley, and Iris Murdoch Revolutionized Ethics* (Oxford: Oxford University Press, 2021); Patricia Owens, *Erased: A History of International Thought Without Men* (Princeton, NJ: Princeton University Press, 2025). 이 가운데 컴헤일·와이즈먼과 립스콤의 논저는 공통으로 엘리자베스 앤스콤, 필리파 풋, 메리 미즐리, 아이리스 머독 네 사람을 다루고 있어 비교해 볼 만하다.

●● Katrina Forrester, "Capitalism and the Organization of Displacement: Selma James's Internationalism of the Unwaged", *Political Theory*, 52:4(2024), 659-692.

이다. 그러나 "남성 학자들이 남성 연구자들끼리만 교류하면서, 여성 학자들의 논의를 참고하지 않아도 성공적인 커리어를 이어 나갈 수 있는 학문 사회가 건강하다고 말할 수는 없을 것이다. (……) 여성 정치학자를 지원하고 육성하는 한편으로, 이미 실력과 권위를 인정받은 다른 언어권의 여성 정치학자들의 논의를 꾸준히 한국어로 소개해야 한다."● 우리는 『정의의 그늘 아래에서』의 출간이 더 많은 여성 학자들을 향한 관심으로 이어지기를 열렬히 기대한다.

6.

이 책의 가치를 알아보고 선뜻 출간을 결정한 후마니타스와 번역 과정 전반을 꼼꼼히 살펴 주신 안중철 대표님에게 진심으로 감사드린다. 여러 단계에 걸쳐 안 대표님의 세심한 검토가 없었다면 이 책의 완성도는 지금과 같지 못했을 것이다.

번역 초고를 읽고 귀중한 조언을 해 주신 이우창, 이지완, 정준영 선생님께도 깊이 감사드린다. 모든 제안을 수용하지는 못했으나 세 분이 베풀어 주신 도움 덕분에 훨씬 더 나은 번역이 되었음은 분명하다.

저자 카트리나 포레스터 선생님께서는 처음 번역 소식을 접한 이래로 이 프로젝트를 지지해 주셨고, 연구와 육아 와중에도 옮긴이들의 질문에 성심성의껏 답변해 주는 등 친절히 도움을 주셨다. 이에 깊이 감사드린다.

옮긴이들 개별적으로 도움받은 분들이 많다. 공민우는 번역을 격려해 주신 김성엽, 노경덕, 조준희, 배영수, 주경철 선생님께 감사

● 김성준, 「번역되지 않는 여성 학자들」, 『한국일보』(2018/05/29). http://dc.koreatimes.com/article/20180528/1181665 (2025/01/15 최종 열람).

의 마음을 전한다. 또한 책의 출판에 많은 관심을 표해 준 동료들, 김동진, 김민우, 신혜인, 이태영, 임명묵 씨에게도 감사의 마음을 전하며, 특히 법학 개념어의 번역에 도움을 준 김영광 씨에게 감사를 표한다. 박광훈은 번역 작업에 대해 여러 차례 관심을 표해 주신 김영민, 김주형, 옥창준 선생님, 번역을 더 다듬을 수 있도록 유익한 논평을 해 준 서울대 정치외교학부 동료들, 강승, 이내원, 홍은아 씨, 믿고 의지하는 '역사와이론' 모임 구성원들과 송지혜, 강민정 선배에게 감사의 마음을 전하고 싶다. 오석주는 '과거의 대화를 엿듣는 것'의 의미를 소개해 주신 안두환 선생님, 이 책 저자의 작업이 가지는 의의를 처음 일깨워 준 이우창, 정빛 선생님, '고비' 때마다 지혜를 나눠 준 아내 신수안, 이 책을 번역 중이라고 말했을 때 밤늦게까지 전후 자유주의에 대해 토론을 한 리처드 존Richard John 선생님과 휘트니 매킨토시Whitney McIntosh 씨에게 특별히 감사를 표하고 싶다.

그러나 이분들의 지원에도 불구하고 번역에서 나타나는 오류가 있다면 그 책임은 오롯이 옮긴이들의 몫이다. 독자 여러분의 지적을 바란다.

주

한국의 독자들에게

1 여기서 신롤스주의는 롤스의 추종자들, 공공 문제 철학, 응용 윤리학, 자유주의적 평등주의 및 그 분파들을 지칭하기 위해 사용한다. 『정의의 그늘 아래에서』에서 나는 서로 연관된 이런 접근들을 "자유주의적 평등주의" 또는 "롤스주의"라는 이름으로 칭했다. 이로써 나는 자유주의적 평등주의의 핵심 주장(예컨대, 운 평등주의)과 관련해 롤스와 그의 추종자들이 내놓은 특정 논점에 대한 반응들을 비롯해, 철학적인 자유주의적 평등주의의 여러 연관된 형태들을 아우르고자 한 것이다. 이제 나는 롤스 이후의 다양한 경향들, 특히 롤스의 틀과 주장을 활용하는 후세대 철학자들을 보다 적절하게 포괄하기 위해서는 "신롤스주의"가 "자유주의적 평등주의"나 "롤스주의"보다 더 나은 표현일 수 있다고 생각하게 되었다.

2 Samuel Moyn, *Not Enough: Human Rights in an Unequal World* (Cambridge, MA: Harvard University Press, 2018)[『충분하지 않다: 불평등한 세계를 넘어서는 인권』, 김대근 옮김, 글항아리, 2022].

3 Katrina Forrester, *In the Shadow of Justice: Postwar Liberalism and the Remaking of Political Philosophy* (Princeton, NJ: Princeton University Press, 2019), xi [이 책, 18쪽 참조].

들어가는 말

1 J. H. Wellbank, Denis Snook, and David T. Mason, *John Rawls and His Critics: An Annotated Bibliography* (Garland Publishing, 1982). 좀 더 일반적으로, 롤스에 대한 철학계 내 논의는 방대하다. 영향력 있는 롤스 해설서로는 다음을 참조. Thomas Pogge, *Realizing Rawls* (Cornell University Press, 1989); Norman Daniels, ed., *Reading Rawls: Critical Studies of Rawls' "A Theory of Justice"* (Stanford University Press, 1975); Chandran Kukathas and Philip Pettit, *Rawls: "A Theory of Justice" and Its Critics* (Stanford University Press, 1990); Samuel Freeman, *Rawls* (Routledge, 2007).

2 정치 이론이 "죽었다"는 패러다임적 선언은 피터 라슬렛의 표현이다. Peter Laslett, "Introduction", in *Philosophy, Politics, and Society*, ed. Peter Laslett (Basil Blackwell, 1956), vii. 정치철학자들은 논쟁의 여지가 있음에도 불구하고 죽음과 부활이라는 거대 서사를 자주 사용하곤 한다. 대표적인 예로는, Brian M. Barry, *Political Argument: A Reissue with a New Introduction* (University of California Press, 1992), lxix.

3 정치철학계 내에서의 이야기에 대해서는 다음을 참조. Mark Bevir and Andrius Gališanka, "John Rawls in Historical Context", *History of Political Thought* 33, no. 4 (2012): 701-725.

4 Daniel T. Rodgers, *Age of Fracture* (Harvard University Press, 2010); Samuel Moyn, *The Last Utopia: Human Rights in History* (Harvard University Press, 2010) [『인권이란 무엇인가』, 공민희 옮김, 21세기북스, 2011].

5 이런 시각을 견지하는 책으로는 다음을 참조. Samuel Moyn, *Not Enough: Human Rights in an Unequal World* (Harvard University Press, 2018), 39, 40[『충분하지 않다: 불평등한 세계를 넘어서는 인권』, 김대근 옮김, 글항아리, 2022, 75-78쪽].

6 미국 내 전후 자유주의의 한계와 모순에 대한 대표적인 연구서로는 다음을 참조. Thomas J. Sugrue, *The Origins of the Urban Crisis: Race and Inequality in Postwar Detroit* (Princeton University Press, 1996); Judith Stein, *Running Steel, Running America: Race, Economic Policy, and the Decline of Liberalism* (University of North Carolina Press, 1998); Elizabeth Hinton, *From the War on Poverty to the War on Crime: The Making of Incarceration in America* (Harvard University Press, 2016). Gabriel Emmet Winant, "Crucible of Care: Economic Change and Inequality in Postwar Pittsburgh, 1955~1995", PhD dissertation, Yale University (2018)[가브리엘 위넌트의 이 박사 학위논문은 *The Next Shift: The Fall of Industry and the Rise of Health Care in Rust Belt America* (Harvard University Press, 2021)로 출간되었다]. 전후 영국에 대한 논의로는, David Edgerton, *The Rise and Fall of the British Nation: A Twentieth-Century History* (Allen Lane, 2018).

7 신자유주의의 기원을 더 이른 시점에서 찾는 연구서로는, Angus Burgin, *The Great Persuasion: Reinventing Free Markets since the Depression* (Harvard University Press, 2012); Quinn Slobodian, *Globalists: The End of Empire and the Birth of Neoliberalism* (Harvard University Press, 2018).

8 John Rawls, *A Theory of Justice* (Harvard University Press, 1971), 3. 모든 인용은 초판을 기준으로 한다[『정의론』, 황경식 옮김, 이학사, 2003, 35쪽. 참고로 이 번역본은 1999년 수정판을 옮긴 것이다. 이 글에서는 기존 번역본을 참고하고, 쪽수를 병기하되, 번역은 모두 옮긴이들이 새로 번역한 것이다. 1999년 수정판에서 내용이 삭제되어 한글 번역본에도 초판의 내용이 없는 경우 별도로 표시했다].

9 Alan Brinkley, *The End of Reform: New Deal Liberalism in Recession and War* (Alfred A. Knopf, 1995).

10   James T. Sparrow, *Warfare State: World War II Americans and the Age of Big Government* (Oxford University Press, 2011).

11   Aaron L. Friedberg, *In the Shadow of the Garrison State: America's Anti-Statism and Its Cold War Grand Strategy* (Princeton University Press, 2000).

12   Marc Stears, *Demanding Democracy: American Radicals in Search of a New Politics* (Princeton University Press, 2010); Anne Kornhauser, *Debating the American State: Liberal Anxieties and the New Leviathan* (University of Pennsylvania Press, 2015); Ira Katznelson, *Desolation and Enlightenment: Political Knowledge after Total War, Totalitarianism, and the Holocaust* (Columbia University Press, 2003).

13   전후 시대 미국 철학이 "활력"을 잃었는지에 대한 논의로는 다음을 참조. Bruce Kuklick, *A History of Philosophy in America: 1720~2000* (Clarendon Press, 2001), 199 [『미국철학사 1720~2000』, 박병철 옮김, 서광사, 2004, 323, 324쪽]. 냉전기 미국 철학의 시야가 어떻게 편협해졌는지에 대해서는 다음을 참조. John McCumber, "Time in the Ditch: American Philosophy and the McCarthy Era", *Diacritics* 26, no. 1 (1996): 33-49; George A. Reisch, *How the Cold War Transformed Philosophy of Science: To the Icy Slopes of Logic* (Cambridge University Press, 2005); cf. Thomas L. Akehurst, *The Cultural Politics of Analytic Philosophy: Britishness and the Spectre of Europe* (Continuum, 2010). 냉전기 미국 사회학에 대한 연구로는 다음을 참조. Andrew Abbott and James T. Sparrow, "Hot War, Cold War: The Structure of Sociological Action, 1940~1955", in *Sociology in America: A History*, ed. Craig Calhoun (University of Chicago Press, 2007).

14   P. Mackenzie Bok, "To the Mountaintop Again: The Early Rawls and Post-Protestant Ethics in Postwar America", *Modern Intellectual History* 14, no. 1 (2017): 153-185; David A. Reidy, "Rawls's Religion and Justice as Fairness", *History of Political Thought* 31 (2010): 309-343.

15   Ben Jackson, *Equality and the British Left: A Study in Progressive Political Thought, 1900-64* (Manchester University Press, 2007); Alice O&Connor, *Poverty Knowledge: Social Science, Social Policy, and the Poor in Twentieth-Century US History* (Princeton University Press, 2001).

16   일례로 다음에 수록된 논문들을 참조. Thom Brooks and Martha C. Nussbaum, *Rawls's Political Liberalism* (Columbia University Press, 2015).

17   Nils Gilman, *Mandarins of the Future: Modernization Theory in Cold War America* (Johns Hopkins University Press, 2003); John G. Gunnell, "The Rise and Fall of the Democratic Dogma and the Emergence of Empirical Democratic Theory", in *Modern Pluralism: Anglo-American Debates since 1880*, ed. Mark Bevir (Cambridge University Press, 2012), 129-153.

18   "다사다난함"eventfulness에 대한 논의로는, William H. Sewell Jr., "The Temporalities of Capitalism", *Socio-Economic Review* 6, no. 3 (July 2008): 517-537.

19 Niall Ferguson, Charles S. Maier, Erez Manela, and Daniel J. Sargent, eds., *The Shock of the Global: The 1970s in Perspective* (Harvard University Press, 2010).

20 Robert Nozick, *Anarchy, State, and Utopia* (Basic Books, 1974), 183 [『아나키에서 유토피아로』, 남경희 옮김, 문학과지성사, 1997, 231쪽].

21 Matthew G. Specter, *Habermas: An Intellectual Biography* (Cambridge University Press, 2010).

22 Greta R. Krippner, *Capitalizing on Crisis: The Political Origins of the Rise of Finance* (Harvard University Press, 2011); Alasdair Roberts, *The Logic of Discipline: Global Capitalism and the Architecture of Government* (Oxford University Press, 2010); Bruce Schulman, "The Privatization of Everyday Life", in *Living in the Eighties*, ed. Gil Troy and Vincent J. Cannato (Oxford University Press, 2009).

23 나는 "자유주의에 의한 포섭"이라는 표현을 던컨 벨Duncan Bell로부터, 벨은 데이비드 스콧과 탈랄 아사드로부터 차용했다. Duncan Bell, "What Is Liberalism?", *Political Theory* 42, no. 6 (2014): 682-715; David Scott, *Conscripts of Modernity: The Tragedy of Colonial Enlightenment* (Duke University Press, 2004), 3장.

24 Joel Isaac, *Working Knowledge: Making the Human Sciences from Parsons to Kuhn* (Harvard University Press, 2012), 1-30.

25 David Runciman, "What Is Realistic Political Philosophy?", *Metaphilosophy* 43, nos. 1-2 (2012): 58-70; Jacob T. Levy, "Political Theory and Political Philosophy", 2003년 4월자 블로그 포스트, http://profs-polisci.mcgill.ca/levy/theory-philosophy.html (2012년 9월 10일 접속).

26 정치 이론의 형성에 대한 연구로는 다음을 보라. John G. Gunnell, *The Descent of Political Theory: The Genealogy of an American Vocation* (University of Chicago Press, 1993); Benjamin Barber, "The Politics of Political Science: 'Value-Free' Theory and the Strauss-Wolin Dust-Up of 1963", *American Political Science Review* 100, no. 4 (2006): 539-545. 아렌트와 월린의 영향에 관해서는 Emily Hauptmann, "A Local History of 'the Political'", *Political Theory* 32, no. 1 (2004): 34-60을, 스트라우스주의에 관해서는 Tony Burns and James Connelly, *The Legacy of Leo Strauss* (Imprint, 2010)를 참조.

27 Raymond Geuss, *Philosophy and Real Politics* (Princeton University Press, 2008).

28 Francis Fukuyama, *The End of History and the Last Man* (Free Press, 1992) [『역사의 종말: 역사의 종점에 선 최후의 인간』, 이상훈 옮김, 한마음사, 1992].

29 지구적 정의 이론의 정치적 기원과, 그것이 가지 않은 경로에 관해서는, Samuel Moyn, "The Political Origins of Global Justice", in Joel Isaac, James T. Kloppenberg, Michael O'Brien, and Jennifer Ratner-Rosenhagen, eds., *The Worlds of American Intellectual History* (Oxford University Press, 2016). 롤스 저작의 "확고한 위상"이

어떻게 정치철학의 경계를 재단했는지에 대한 페미니즘적 논의로는, Sophie Smith, "Rawls, Okin, and the Politics of Political Philosophy", 미출간 원고(2017).

30 전후 정치철학의 역사는 영미권 이외의 세계에서는 다른 방식으로 전개되었다. 이는 롤스 사상의 수용사 역시 마찬가지이다. 다양한 유럽 국가에서 롤스가 어떻게 수용되었는지에 관해서는 다음을 참조. Mathieu Hauchecorne, *La Gauche Américaine en France: La Réception de John Rawls et des Théories de la Justice* (CNRS Éditions, 2019)와 *European Journal of Political Theory* 1, no. 2 (2002). 일본에서의 롤스 수용사에 관해서는 다음을 참조. Satoshi Fukuma, "Rawls in Japan: A Brief Sketch of the Reception of John Rawls's Philosophy", *Philosophy East and West* 64, no. 4 (2014): 887-901.

31 롤스와 정치사상사에 관한 연구의 예로는, Michael L. Frazer, "John Rawls: Between Two Enlightenments", *Political Theory* 35/36, no. 6 (2007): 756-780; Stefan Eich, "The Theodicy of Growth: John Rawls, Political Economy, and Reasonable Faith", 미출간 원고(2018); Eric Nelson, *The Theology of Liberalism: Political Philosophy and the Justice of God* (Harvard University Press, 2019), 3-6장. 정치철학의 고전을 확장하거나 비판하는 연구로는 다음을 참조. Robert Gooding-Williams, *In the Shadow of Du Bois: Afro-Modern Political Thought in America* (Harvard University Press, 2011); Charles Mills, "Decolonizing Western Political Philosophy", *New Political Science* 37, no. 1 (2015): 1-24.

32 Scott, *Conscripts of Modernity*, 3-5; [문제-공간 개념에 관해서는] cf. Quentin Skinner, *Visions of Politics*, vol. 1, Regarding Method (Cambridge University Press, 2002), 1-57[『역사를 읽는 방법: 텍스트를 어떻게 읽고 해석할 것인가』, 황정아·김용수 옮김, 돌베개, 2012, 17-98쪽] 참조.

1장. 정의의 형성

1 Rawls, *A Theory of Justice*, viii[국역본, 27쪽].

2 Thomas Pogge, *John Rawls: His Life and Theory of Justice* (Oxford University Press, 2007), 5-11. 일련의 사건들에 대한 롤스 자신의 회상으로는 다음을 참조. John Rawls, "Just Jack", in "Autobiographical Notes—John Rawls", Box 42, Folder 12, HUM 48, John Rawls Papers, Harvard University Archives(이하 JRP로 약칭).

3 상세한 전기적 내용을 위해서는 다음을 참조. Priscilla Mackenzie Bok, "The Early Rawls and His Path to a Theory of Justice", PhD thesis, University of Cambridge (2015).

4 John Rawls, "Hume's Method", p. 1a, Box 52, Folder 7, JRP.

5 롤스의 사상에서 헤겔의 중요성에 관해서는 다음을 참조. Jeffrey Bercuson, *John*

Rawls and the History of Political Thought: The Rousseauvian and Hegelian Heritage of Justice as Fairness (Routledge, 2014).

6 Sparrow, Warfare State; Barry D. Karl, The Uneasy State: The United States from 1915 to 1945 (University of Chicago Press, 1983).

7 Robert Griffith, "Dwight D. Eisenhower and the Corporate Commonwealth", American Historical Review 87, no. 1 (1982): 87-122.

8 Brinkley, The End of Reform; Robert M. Collins, More: The Politics of Economic Growth in Postwar America (Oxford University Press, 2000). 동시대 영국에서 진행된 계획경제로부터의 후퇴에 대해서는 다음을 참조. Daniel Ritschel, The Politics of Planning: The Debate on Economic Planning in Britain in the 1930s (Clarendon Press, 1997), 8장.

9 Benjamin L. Alpers, Dictators, Democracy, and American Public Culture: Envisioning the Totalitarian Enemy, 1920s-1950s (University of North Carolina Press, 2003); David Ciepley, Liberalism in the Shadow of Totalitarianism (Harvard University Press, 2006); cf. Eric Shickler and David Caughey, "Public Opinion, Organized Labor, and the Limits of New Deal Liberalism, 1936-1945", Studies in American Political Development 25, no. 2 (2011): 162-189.

10 Harold Lasswell, "The Garrison State", American Journal of Sociology 46, no. 4 (1941): 455-468.

11 Kim Phillips-Fein, Invisible Hands: The Businessmen's Crusade against the New Deal (W. W. Norton, 2010); Mark R. Wilson, Destructive Creation: American Business and the Winning of World War II (University of Pennsylvania Press, 2016).

12 Kornhauser, Debating the American State, 2장; Daniel R. Ernst, Tocqueville's Nightmare: The Administrative State Emerges in America, 1900-1940 (Oxford University Press, 2014); cf. Jeremy Kessler, "The Struggle for Administrative Legitimacy", Harvard Law Review 129, no. 3 (2016): 718.

13 Meg Jacobs, Pocketbook Politics: Economic Citizenship in Twentieth-Century America (Princeton University Press, 2007), 5장; Nelson Lichtenstein, State of the Union: A Century of American Labor (Princeton University Press, 2002), 2장.

14 Edward D. Corwin, Total War and the Constitution (Alfred A. Knopf, 1947), 52, 53; cf. Friedberg, In the Shadow of the Garrison State, 40; Laura Kalman, The Strange Career of Legal Liberalism (Yale University Press, 1996), 13-59; Herman Belz, "Changing Conceptions of Constitutionalism in the Era of World War II and the Cold War", Journal of American History 59, no. 3 (1972): 650.

15 Brinkley, The End of Reform, 160; Theodore Rosenof, "Freedom, Planning, and Totalitarianism: The Reception of F. A. Hayek's Road to Serfdom", Canadian Review of American Studies 5, no. 2 (1974). 최근의 해석들은 하이에크의 반국가주의를 덜 강조한다. Burgin, The Great Persuasion, 1장; Slobodian, Globalists, 7장.

16 Kornhauser, *Debating the American State*, 3-5장.

17 Kuklick, *A History of Philosophy in America*, 232-237[『미국철학사 1720~2000』, 박병철 옮김, 373-381쪽].

18 Edward A. Purcell Jr., *The Crisis of Democratic Theory: Scientific Naturalism and the Problem of Value* (University Press of Kentucky, 1973), 9장.

19 "민주주의에 대한 위협" 주장은 다음에서 확인할 수 있다. Mortimer Adler, "God and the Professors", presentation at the Conference on Science, Philosophy, and Religion (1941).

20 Gunnell, *The Descent of Political Theory*, 6장.

21 Carl J. Friedrich, *The New Belief in the Common Man* (Little, Brown & Co., 1942), 40, 41. 당대 사회과학 전반에서 이뤄진 반전체주의 민주주의로의 전환에 관해서는 다음을 참조. Andrew Jewett, *Science, Democracy, and the American University* (Cambridge University Press, 2012), 290-301; Howard Brick, "Talcott Parsons's 'Shift Away from Economics', 1937~1946", *Journal of American History* 87, no. 2 (September 2000): 490-514. "보통 사람"에 대한 호소의 복잡한 역사에 관해서는 다음을 참조. Andrew Seal, "The Common Man: An Intellectual History of the New Middle Class 1880~1950", PhD thesis, Yale University (2017). Cf. Mark Greif, *The Age of the Crisis of Man: Thought and Fiction in America 1933-1973* (Princeton University Press, 2015).

22 Walter Terence Stace, *The Destiny of Western Man* (Reynal & Hitchcock, 1942), 208.

23 Eric Gregory, "Before the Original Position: The Neo-Orthodox Theology of the Young John Rawls", *Journal of Religious Ethics* 35, no. 2 (2007): 179-206.

24 Joshua Cohen, "Introduction", in John Rawls, *A Brief Inquiry into the Meaning of Sin and Faith*, ed. Thomas Nagel (Harvard University Press, 2009)[「서언」, 『죄와 믿음의 의미에 대한 짧은 탐구』, 장동진·김기호·강명신 옮김, 동명사, 2016, 7-36쪽].

25 John Rawls, *A Brief Inquiry into the Meaning of Sin and Faith*, 111-128, 240-248 [롤스, 『죄와 믿음의 의미에 대한 짧은 탐구』, 148-172, 323-333쪽].

26 Samuel Moyn, "Personalism, Community, and the Origins of Human Rights", in *Human Rights in the Twentieth Century*, ed. Stefan-Ludwig Hoffmann (Cambridge University Press, 2011), 85-106, 88; Jan-Werner Müller, *Contesting Democracy: Political Ideas in Twentieth-Century Europe* (Yale University Press, 2011), 137, 138.

27 롤스의 자유주의적 프로테스탄티즘에 관해서는, Bok, "To the Mountaintop Again", 153-185. 롤스 사상의 신학성에 관해서는 Nelson, *The Theology of Liberalism*, 3장; cf. Reidy, "Rawls's Religion and Justice as Fairness", 309-343.

28 Arthur M. Schlesinger Jr., *The Politics of Hope: American Liberalism in the 1960s* (Eyre & Spottiswoode, 1964), 10; Gilbert Allardyce, "The Rise and Fall of the Western

Civilization Course", *American Historical Review* 87, no. 3 (1982): 695-725.

29 S. M. Amadae, *Rationalizing Capitalist Democracy: The Cold War Origins of Rational Choice Liberalism* (University of Chicago Press, 2003).

30 Thomas Bender, "Politics, Intellect, and the American University, 1945~1995", in *American Academic Culture in Transformation: Fifty Years, Forty Disciplines*, ed. Thomas Bender and Carl E. Schorske (Princeton University Press, 1998), 17-54; Richard M. Freeland, *Academia's Golden Age: Universities in Massachusetts, 1945~1970* (Oxford University Press, 1992), 123-179.

31 Joel Isaac, "The Human Sciences in Cold War America", *Historical Journal* 50, no. 3 (2007): 725-746. 냉전 사회과학에 관한 선행 연구를 정리한 논문으로는 Nils Gilman, "The Cold War as Intellectual Force Field", *Modern Intellectual History* 13, no. 2 (2016).

32 John Rawls, "A Study in the Grounds of Ethical Knowledge: Considered with Reference to Judgements on the Moral Worth of Character", PhD diss., Princeton University (1950). 전후 자유주의들에 의한 합의의 자연화에 관해서는, Andrew Jewett, "Naturalizing Liberalism in the 1950s", in *Professors and Their Politics*, ed. Neil Gross and Solon J. Simmons (Johns Hopkins University Press, 2014), 191-216.

33 John Rawls, "A Study in the Grounds of Ethical Knowledge", 16, 17.

34 Ibid., 294.

35 Ibid., 103.

36 Ibid., 8-10.

37 Ibid., 317-343, 1, 2, 7.

38 Christian List and Philip Pettit, "Introduction", *Group Agency: The Possibility, Design, and Status of Corporate Agents* (Oxford University Press, 2013).

39 John Rawls, "Lecture on the Function of Government", p. 14, Box 8, Folder 3, JRP.

40 Rawls, "A Study in the Grounds of Ethical Knowledge", 8.

41 Ibid., 33-38.

42 Ibid., 39. 불법행위 소송의 부상에 관해서는 다음을 참조. John Fabian Witt, *Patriots and Cosmopolitans: Hidden Histories of American Law* (Harvard University Press, 2007), 4장. 불법행위 소송과 반국가주의 간의 관계에 관해서는 다음을 참조. Laura Weinrib, "From Public Interest to Private Rights: Free Speech, Liberal Individualism, and the Making of Modern Tort Law", *Law and Social Inquiry* 34, no. 1 (2009): 187-223.

43 Rawls, "A Study in the Grounds of Ethical Knowledge", 293.

44 Stears, *Demanding Democracy*, 87-93.

45 Rawls, "A Study in the Grounds of Ethical Knowledge", 331; cf. Daniele

Botti, "Rawls on Dewey before the Dewey Lectures", *Journal of the History of Ideas* 78, no. 2 (2017): 287-298.

46 Ibid., 10, 62.

47 "법정과 유사한" 절차가 행정국가를 통제하는 데 있어서 갖는 중요성에 관해서는 다음을 참조. Ernst, *Tocqueville's Nightmare*, 그리고 Joanna L. Grisinger, *The Unwieldy American State: Administrative Politics since the New Deal* (Cambridge University Press, 2012).

48 Gary Gerstle, "The Protean Character of American Liberalism", *American Historical Review* 99, no. 4 (1994): 1071, 1072; Wendy L. Wall, *Inventing the "American Way": The Politics of Consensus from the New Deal to the Civil Rights Movement* (Oxford University Press, 2008); Martin Roiser, "The American Reception of The Authoritarian Personality", in *In Practice: Adorno, Critical Theory, and Cultural Studies*, ed. Holger Matthias Briel and Andreas Kramer (Peter Lang, 2001).

49 Rawls, "A Study in the Grounds of Ethical Knowledge", 31.

50 Ibid., 265.

51 Ibid., 153, 154.

52 Ibid., 157.

53 Joel Isaac, "Pain, Analytical Philosophy, and American Intellectual History", in Isaac et al., *The Worlds of American Intellectual History*, 202-217; cf. Andrius Gališanka, "Wittgenstein and Mid-20th Century Political Philosophy: Naturalist Paths from Facts to Values", in *Wittgenstein and Normative Inquiry*, ed. Mark Bevir and Andrius Gališanka (Brill Press, 2016), 1-22.

54 논리실증주의가 전후 분석철학 학계를 지배한 것으로 그리는 통념에 대한 비판적 논의로는, Joel Isaac, "Missing Links: W. V. Quine, the Making of 'Two Dogmas', and the Analytic Roots of Post-Analytic Philosophy", *History of European Ideas* 37, no. 3 (2011): 267-279.

55 P. Mackenzie Bok, "'The Latest Invasion from Britain': Young Rawls and His Community of Ethical Theorists", *Journal of the History of Ideas* 78, no. 2 (2017): 275-285.

56 Bok, "'The Latest Invasion from Britain'", 278-280.

57 G. E. M. Anscombe, "Intention", *Proceedings of the Aristotelian Society* 57, no. 1 (1957): 321-332; G. E. M. Anscombe, "On the Grammar of 'Enjoy'", *Journal of Philosophy* 64, no. 19 (1967): 607-614; Philippa Foot, "Moral Beliefs", *Proceedings of the Aristotelian Society* 59, no. 1 (1958): 83-104.

58 John Rawls, "The Concept of Morality and the Person", p. 12, Box 35, Folder 1, JRP.

59 John Rawls, "Topic VII: Concept of a Morality", p. 1, Box 35, Folder 1, JRP;

cf. Terry Pinkard, "Forms of Thought, Forms of Life", in *Wittgenstein and Hegel: Reevaluation of Difference*, ed. Jacob Mácha and Alexander Berg (Degruyter, 2019).

60　John Rawls, "Moral Psychology: Bibliographies", Box 34, Folder 17, JRP.

61　John Rawls, "Summary: Topic of Moral Feelings", p. 3, and "Talk on the Concept of a Morality", p. 4, in "Moral Feelings 1 (1958)", Box 34, Folder 19, JRP.

62　John Rawls, "Points in Ms. Foot's Discussion of Moral Principles", and "Talk on the Concept of Morality", pp. 2, 3, Box 34, Folder 18, JRP; Ludwig Wittgenstein, *Philosophical Investigations* (Macmillan, 1953), §282[『철학적 탐구』, 이승종 옮김, 아카넷, 2016, 289, 290쪽].

63　앞의 문단의 주장과 "획득된" 보편주의라는 개념은 켄지 복Kenzie Bok으로부터 차용한 것이다. 롤스가 비트겐슈타인, 철학적 심리함, 아리스토텔레스의 윤리학, 피아제, 그리고 심리분석학과 어떻게 관여했는지에 관해서는 다음을 참조. Bok, "The Early Rawls", 4, 5장.

64　John Rawls, "Wittgenstein on the Hidden", p. 1, in "Wittgenstein Investigations (ca. 1953)", Box 9, Folder 2, JRP.

65　John Rawls, "Wittgenstein Investigation, Lexicon (undated)", Box 60, JRP.

66　John Rawls, "Philosophy and Social Thought", p. 2b, Box 35, Folder 10, JRP.

67　Nelson Lichtenstein, "Pluralism, Postwar Intellectuals, and the Demise of the Union Idea", in *The Great Society and the High Tide of Liberalism*, ed. Sidney M. Milkis and Jerome M. Mileur (University of Massachusetts Press, 2005); Ben Jackson, "Corporatism and Its Discontents: Pluralism, Anti-Pluralism, and Anglo-American Industrial Relations, c. 1930-1980", in Bevir, *Modern Pluralism*, 105-128.

68　Ira Katznelson, "Was the Great Society a Lost Opportunity?", in *The Rise and Fall of the New Deal Order, 1930-1980*, ed. Steve Fraser and Gary Gerstle (Princeton University Press, 1989), 192; Dalia Tsuk Mitchell, "From Pluralism to Individualism: Berle and Means and 20th-Century American Legal Thought", *Law and Social Inquiry* 30, no. 1 (2005): 179-225.

69　Jose Harris, "Political Thought and the Welfare State 1870-1940: An Intellectual Framework for British Social Policy", *Past and Present* 135, no. 1 (1992): 127.

70　Gabriel A. Almond and Sidney Verba, *The Civic Culture: Political Attitudes and Democracy in Five Nations* (Princeton University Press, 1963); James T. Kloppenberg, "Life Everlasting: Tocqueville in America", 5장 in Kloppenberg, *The Virtues of Liberalism* (Oxford University Press, 1998), 71-82.

71　Nelson, *The Theology of Liberalism*, 3장.

72　John Rawls, "Notes on Richard T. Ely, Edwin Corwin, and Robert S. Lynd", Box 7, Folders 15 and 16, JRP; cf. Landon R. Y. Storrs, *The Second Red Scare and the*

Unmaking of the New Deal Left (Princeton University Press, 2012).

73 John Rawls, "Notes on Tocqueville's 'Democracy in America'", p. 22, Box 7, Folder 15, JRP.

74 Ibid., p. 30.

75 롤스의 이 강의에 대해서는 여러 해석들이 존재한다. Cf. Kornhauser, *Debating the American State*, 5장; Andrius Gališanka, "Just Society as a Fair Game: John Rawls and Game Theory in the 1950s", *Journal of the History of Ideas* 78, no. 2 (2017): 299-308.

76 John Rawls, "Society as a Game", pp. 4-6, Box 7, Folder 10, JRP.

77 John Rawls, "Taxation and Justice", p. 2, Box 7, Folder 2, JRP.

78 John Dewey, "The Historic Background of Corporate Legal Personality", *Yale Law Journal* 35, no. 6 (1926): 655-673.

79 후일 롤스 자신의 설명과 비교할 것. John Rawls, "Distributive Justice (1959)", Box 36, Folder 4, JRP. 전후 가족제도와 교외 지역의 가정에 관해서는, Margaret Marsh, *Suburban Lives* (Rutgers University Press, 1990); Elaine Tyler May, *Homeward Bound: American Families in the Cold War Era* (Basic Books, 1988).

80 John Rawls, "Difficult Moral Decisions", p. 7, Box 7, Folder 10, JRP.

81 John Rawls, "Society as a Game", p. 17, Box 8, Folder 3, JRP.

82 John Rawls, "Concept of a Practice and Social Institutions (1960)", p. 8a, Box 35, Folder 9, JRP.

83 Clifford Geertz, "Blurred Genres: The Refiguration of Social Thought", 1장 in Geertz, *Local Knowledge: Further Essays in Interpretive Anthropology* (Basic Books, 1983), 26.

84 Martin Shubik, "Game Theory at Princeton, 1949-1955: A Personal Reminiscence", in *Toward a History of Game Theory*, ed. E. Roy Weintraub (Duke University Press, 1992), 152.

85 John Rawls, "John Rawls: For the Record", interview by Samuel R. Aybar, Joshua D. Harlan, and Won J. Lee, *Harvard Review of Philosophy* 1 (1991): 39.

86 일례로, 다음을 참조. "Stages of History Consumer Behavior", in "Rational Choice and the Concept of Goodness Seminar (1956)", Box 9, Folder 3, JRP.

87 John Rawls, "Lecture on the Function of Government", p. 1, Box 8, Folder 3, JRP.

88 John Rawls, "Concept of a Social System re Equilibrium (1962)", p. 4a, Box 35, Folder 9, JRP.

89 Isaac, "Pain, Analytical Philosophy, and American Intellectual History", 215.

90 반대로, 그는 존 스튜어트 밀과 자신을 대조했다. John Rawls, "Footnotes: Chapter 2: Justice as Reciprocity (1959-1960)", p. 2, Box 8, Folder 6, JRP.

91 나이트의 모호한 위상에 관해서는, Angus Burgin, "The Radical Conservatism of Frank H. Knight", *Modern Intellectual History* 6, no. 3 (2009): 513-538; Ross B. Emmett, *Frank Knight and the Chicago School in American Economics* (Routledge, 2009), 145-155.

92 Rawls, "John Rawls: For the Record", 39. 가치와 윤리에 대한 나이트의 사상에 관해서는 다음을 참조. Frank H. Knight, "Ethics and the Economic Interpretation" (1장), and "Economic Psychology and the Value Problem" (3장), in Knight, *The Ethics of Competition* (Routledge, 2017); Frank H. Knight, "Fact and Metaphysics in Economy Psychology", *American Economic Review* 15, no. 2 (1925): 247-266; cf. Purcell, *The Crisis of Democratic Theory*, 43-46; Yuval P. Yonay, *The Struggle over the Soul of Economics: Institutionalist and Neoclassical Economists in America between the Wars* (Princeton University Press, 1998), 7장.

93 Knight, *The Ethics of Competition*, 58 (롤스가 소유하던 책의 PDF 스캔본을 저자가 소유하고 있음). 롤스와 나이트에 관해서는, Ben Jackson and Zofia Stemplowska, "On Frank Knight's 'Freedom as Fact and Criterion'", *Ethics* 125, no. 2 (2015): 552-54; Andrew Lister, "Markets, Desert, and Reciprocity", *Politics, Philosophy, and Economics* 16, no. 1 (2017): 47-69.

94 Knight, *The Ethics of Competition*, 295.

95 Ibid., 56-64; Emmett, *Frank Knight*, 93-97.

96 Rawls, "Society as a Game", pp. 15-23, Box 8, Folder 3, JRP.

97 Ibid., p. 9.

98 Rawls, "Lecture on the Function of Government", pp. 4, 5, Box 8, Folder 3, JRP.

99 Friedrich A. Hayek, *Law, Legislation, and Liberty*, vol. 2, *The Mirage of Social Justice* (University of Chicago Press, 1977), 100[『법, 입법, 그리고 자유: 자유주의의 정의 원칙과 정치경제학의 새로운 시각』, 민경국·서병훈·박종운 옮김, 자유기업원, 2018, 396쪽].

100 Ben Jackson, "At the Origins of Neo-Liberalism: The Free Economy and the Strong State, 1930-1947", *Historical Journal* 53, no. 1 (2010): 138. 게임과 고속도로 은유의 광범위한 활용의 사례로는, John Maynard Keynes, *How to Pay for the War: A Radical Plan for the Chancellor of the Exchequer* (Macmillan and Co., 1940), 12, 13; cf. Alan Brinkley, "The New Deal and the Idea of the State", in Fraser and Gerstle, *The Rise and Fall of the New Deal Order*, 91-94. 프로이트 또한 윤리를 설명하기 위해 교통 은유를 사용했다. Sigmund Freud, *Psychoanalysis and Faith: The Letters of Sigmund Freud and Oskar Pfister* (Basic Books, 1963), 123.

101 후일 미셸 푸코가 *The Birth of Biopolitics: Lectures at the Collège de France, 1978-1979* (Picador Press, 2010), 173[『생명관리정치의 탄생: 콜레주드프랑스 강의, 1978-79년』, 심세광·전혜리·조성은 옮김, 난장, 2012, 252쪽]에서 지적했듯이, "게임에서의

규칙"이라는 은유는 국제 통화 제도, 특히 금본위제를 설명할 때 널리 사용되기도 했다. 일례로, John Maynard Keynes, "The Economic Consequences of Mr. Churchill", in *The Collected Writings of John Maynard Keynes*, vol. 9, *Essays in Persuasion*, ed. Elizabeth Johnson and Donald Moggridge (Royal Economic Society, 1978).

102   Ronald H. Coase, "The Lighthouse in Economics", *Journal of Law and Economics* 17, no. 2 (1974): 357-378.

103   Rawls, "Lecture on the Function of Government", p. 5, Box 8, Folder 3, JRP.

104   Collins, *More*, 1장. Margaret Weir, "Ideas and Politics: The Acceptance of Keynesianism in Britain and the United States", in *The Political Power of Economic Ideas: Keynesianism across Nations*, ed. Peter A. Hall (Princeton University Press, 1989).

105   Rawls, "Lecture on the Function of Government", p. 9, Box 8, Folder 3, JRP.

106   Rawls, "Taxation and Justice", p. 9, Box 7, Folder 2, JRP.

107   Rawls, "Lecture on the Function of Government", pp. 11, 12, Box 8, Folder 3, JRP.

108   Ibid., pp. 13, 14.

109   Ibid., p. 8.

110   Ibid., p. 6.

111   John Rawls, "Essay and Notes on Toleration (1950-1955)", pp. 3, 4, Box 7, Folder 11, JRP.

112   Rawls, "Society as a Game", p. 26, Box 8, Folder 3, JRP.

113   Ibid., p. 14.

114   Rawls, "Lecture on the Function of Government", p. 9(강조는 원문), Box 8, Folder 3, JRP.

115   Rawls, "Society as a Game", pp. 21, 26, Box 8, Folder 3, JRP.

116   Ibid., p. 9; Knight, *The Ethics of Competition*, 57.

117   Eric Foner, *Free Soil, Free Labor, Free Men: The Ideology of the Republican Party before the Civil War* (Oxford University Press, 1995). Rawls, "Notes on Tocqueville's 'Democracy in America'", p. 21, and "Thomas Jefferson and the French Revolution", p. 8, Box 7, Folder 15, JRP.

118   Alex Gourevitch, *From Slavery to the Cooperative Commonwealth: Labor and Republican Liberty in the Nineteenth Century* (Cambridge University Press, 2014), 32-34, 71.

119   Rawls, "Lecture on the Function of Government", p. 3, Box 8, Folder 3, JRP.

120   Rawls, *A Theory of Justice*, §79[국역본, 79절].

121   Rawls, "Difficult Moral Decisions", p. 7, Box 7, Folder 10, JRP.

122   매카시즘이 어떻게 미국 자유주의를 제약했는지에 관해서는 다음을 참조. Richard H. Pells, *The Liberal Mind in a Conservative Age: American Intellectuals in the*

1940s and 1950s (Wesleyan University Press, 1985); Michael Paul Rogin, *The Intellectuals and McCarthyism: The Radical Specter* (MIT Press, 1967).

123　Gerstle, "The Protean Character of American Liberalism", 1054.

124　G. J. Warnock, "Saturday Mornings", in Isaiah Berlin et al., *Essays on J. L. Austin* (Clarendon Press, 1973); Ved Mehta, *Fly and the Fly-Bottle: Encounters with Contemporary British Intellectuals* (Little, Brown & Co., 1962), 70.

125　Joshua L. Cherniss, *A Mind and Its Time: The Development of Isaiah Berlin's Political Thought* (Oxford University Press, 2013), 54, 55, 162-170.

126　Noel Thompson, *Political Economy and the Labour Party: The Economics of Democratic Socialism, 1884~2005* (Routledge, 2006), 11장, 150-165.

127　Hugh Gaitskell, "Socialism and Nationalisation", *Fabian Tract 300* (Fabian Society, 1956), 3.

128　Ben Jackson, "Revisionism Reconsidered: 'Property-Owning Democracy' and Egalitarian Strategy in Post-War Britain", *Twentieth Century British History* 16, no. 4 (2005): 416-440.

129　Adolf A. Berle and Gardiner C. Means, *The Modern Corporation and Private Property* (Macmillan, 1932); James Burnham, *The Managerial Revolution, or, What Is Happening in the World Now* (Penguin, 1945); J. M. Keynes, "The End of Laissez-Faire" (1926), in Keynes, *The Collected Writings of John Maynard Keynes*, vol. 9[「자유방임의 종언」, 『설득의 에세이』, 정명진 옮김, 부글북스, 2017, 209-220쪽].

130　Howard Brick, *Transcending Capitalism: Visions of a New Society in Modern American Thought* (Cornell University Press, 2006), 5장.

131　Daniel Bell, *The End of Ideology: On the Exhaustion of Political Ideas in the Fifties* (Harvard University Press, 2000 [1960])[『이데올로기의 종언』, 이상두 옮김, 범우, 2015].

132　David Riesman, *The Lonely Crowd: A Study of the Changing American Character* (Yale University Press, 1950)[『고독한 군중』, 최광렬 옮김, 휘문출판사, 1978; 이상률 옮김, 문예출판사, 1999; 류근일 옮김, 동서문화사, 2011]; David M. Potter, *People of Plenty: Economic Abundance and the American Character* (University of Chicago Press, 1954); cf. Daniel Horowitz, *The Anxieties of Affluence: Critiques of American Consumer Culture, 1939~1979* (University of Massachusetts Press, 2005), 101-128; Lizabeth Cohen, *A Consumer's Republic: The Politics of Mass Consumption in Postwar America* (Vintage, 2003).

133　Judith N. Shklar, *After Utopia: The Decline of Political Faith* (Princeton University Press, 1957), ix, 269.

134　Sheldon S. Wolin, "Review of Judith Shklar, After Utopia", *American Journal of Jurisprudence* 5, no. 1 (1960): 175-177.

135　Brick, *Transcending Capitalism*, 154-166.

136　Jackson, *Equality and the British Left*, 155-163, 178-180.

137　Anthony Crosland, *The Future of Socialism* (Jonathan Cape, 2006[1956]), 390.

138　Anthony Crosland, "The Transition from Capitalism", in *Democratic Socialism in Britain: Classic Texts in Economic and Political Thought 1825-1952*, ed. David Reisman, vol. 9 (Routledge, 1996), 33-68; Stephen Brooke, "Atlantic Crossing? American Views of Capitalism and British Socialist Thought 1932-1962", *Twentieth Century British History* 2, no. 2 (1991): 107-136.

139　Douglas Jay, *The Socialist Case* (Faber & Faber, 1947); Nicola Lacey, *A Life of H. L. A. Hart: The Nightmare and the Noble Dream* (Oxford University Press, 2004), 24. 탈집중 소유권의 "분산주의" 전통에 관해서는, Stuart White, "'Revolutionary Liberalism?' The Philosophy and Politics of Ownership in the Post-War Liberal Party", *British Politics* 4, no. 2 (2009): 164-187.

140　I. M. D. Little, *A Critique of Welfare Economics* (Clarendon Press, 1950); Lionel Robbins, *An Essay on the Nature and Significance of Economic Science* (Macmillan, 1932).

141　Richard Wollheim and Isaiah Berlin, "Equality", *Proceedings of the Aristotelian Society* 56 (1955); Iris Murdoch, "A House of Theory", in *Conviction*, ed. Norman Mackenzie (MacGibbon & Kee, 1958), 218-233.

142　Alasdair MacIntyre, "On Not Misrepresenting Philosophy", *Universities and Left Review* 4 (1958); Michael Kenny, *The First New Left: British Intellectuals after Stalin* (Lawrence & Wishart, 1995).

143　C. Wright Mills, *The Power Elite* (Oxford University Press, 1956) [『파워엘리트: 돈과 권력과 명성은 왜 소수의 사람들에게로 집중되는 것일까?』, 정명진 옮김, 부글북스, 2013]; Freddy Foks, "The Sociological Imagination of the British New Left: 'Culture' and the 'Managerial Society', c. 1956-1962", *Modern Intellectual History* (2017년 2월 10일 온라인 발행).

144　Lin Chun, *The British New Left* (Edinburgh University Press, 1993), 34. 이 점에 대해 좀 더 명확한 설명을 제공해 준 찰스 테일러에게 감사의 말을 전한다. 저자와의 교신, 2018년 11월.

145　Madeline Davis, "Arguing Affluence: New Left Contributions to the Socialist Debate 1957-1963", *Twentieth Century British History* 23, no. 4 (2012): 496-528.

146　Charles Taylor, "What's Wrong with Capitalism?", *New Left Review* 2 (1960): 6-7, 11.

147　Charles Taylor, "Alienation and Community", *Universities and Left Review* 5 (Autumn 1958): 11.

148 John Rawls, "Multiplicity of Criteria and Distribution of Income and Wealth (1959 and undated)", Box 35, Folder 8, JRP.

149 John Rawls, "Philosophy 171", Box 35, Folder 10, JRP; John Rawls, "Chapter V: Justice in Conduct (undated)", p. 1, Box 8, Folder 1, JRP.

150 John Rawls, "Notes", Box 7, Folder 10, JRP.

151 20세기 중반 자유주의의 "가치의 패턴" 개념에 관해서는, Christopher Shannon, *A World Made Safe for Differences: Cold War Intellectuals and the Politics of Identity* (Rowman & Littlefield, 2000); cf. Bevir and Gališanka, "John Rawls in Historical Context."

152 Rawls, "Functions of General Rules", p. 1, Box 7, Folder 2, JRP.

153 John Rawls, "Justice: Pure Case", pp. 3, 4, 1, Box 7, Folder 2, JRP.

154 Martin Francis, *Ideas and Policies under Labour, 1945-1951: Building a New Britain* (Manchester University Press, 1997). 전후 영국의 경제 담론이라는 좀 더 광범위한 맥락에 관해서는, Jim Tomlinson, *Managing the Economy, Managing the People: Narratives of Economic Life in Britain from Beveridge to Brexit* (Oxford University Press, 2017), 1, 2장.

155 T. H. Marshall, *Citizenship and Social Class and Other Essays* (Cambridge University Press, 1950); Richard Morris Titmuss, *Essays on The Welfare State* (Allen & Unwin, 1958), 28, 29, 32, 39, 40, 43.

156 소득의 크기와 원천의 차이에 관해서는, John Strachey, *Contemporary Capitalism* (Random House, 1956), 86, 87; Douglas Jay, "What Is Socialism? Marx's Basic Blunder", *Forward* (1956): 2, 3 (Jackson, *Equality and the British Left*, 161에서 언급).

157 Wollheim and Berlin, "Equality", 316, 317.

158 Jackson, *Equality and the British Left*, 169-176.

159 Rawls, "Notes on Loose Sheet", Box 7, Folder 10, JRP.

160 Nelson, The Theology of Liberalism, 3장; Bok, "To the Mountaintop Again", 7.

161 Frank Knight, "Socialism: The Nature of the Problem", *Ethics* 50, no. 3 (1940): 277.

162 Crosland, *The Future of Socialism*, 162-164.

163 Frank Knight, *The Ethics of Competition*, 39(롤스가 소유하던 책의 PDF 스캔본을 저자가 소유하고 있음).

164 John Rawls, "Symposium: Justice as Fairness", *Journal of Philosophy* 54, no. 22 (1957): 654.

165 John Rawls, "Justice as Fairness", *Philosophical Review* 67, no. 2 (1958): 166.

166 John Rawls, "Symposium: Justice as Fairness", 656, 657.

167 John Rawls, "Justice as Fairness", 166, no. 3.

168 John Rawls, "Statement and Discussion of Principles of Explication", p. 15, Box 7, Folder 10, JRP; Rawls, *A Theory of Justice*, 74, 75[국역본, 122쪽].

169 Rawls, *A Theory of Justice*, 106[국역본, 159쪽].

170 Ibid., 73의 §12[국역본, 121쪽의 12절].

171 O'Connor, *Poverty Knowledge*, 5-7장.

172 Richard M. Titmuss, "The Role of Redistribution in Social Policy", *Social Security Bulletin* (1965): 20; Lawrence Black and Hugh Pemberton, eds., *An Affluent Society? Britain's Post-War "Golden Age" Revisited* (Ashgate, 2004).

173 John Kenneth Galbraith, *The Affluent Society* (Houghton Mifflin, 1958)[『풍요한 사회』, 노택선 옮김, 한국경제신문, 2006]; Pells, *The Liberal Mind in a Conservative Age*, 333.

174 Richard Hofstadter, "The Pseudo-Conservative Revolt — 1954", in Hofstadter, *The Paranoid Style in American Politics and Other Essays* (Harvard University Press, 1965), 41-65; Arthur M. Schlesinger Jr., *The Vital Center: The Politics of Freedom* (Houghton Mifflin, 1949), 1; Seymour Martin Lipset, *Political Man: The Social Bases of Politics* (Doubleday & Co., 1960).

175 Robin Marie Averbeck, "'Want in the Midst of Plenty': Social Science, Poverty, and the Limits of Liberalism", PhD diss., University of California, Davis (2013)[이 논문은 다음의 단행본으로 출간되었다. Robin Marie Averbeck, *Liberalism Is Not Enough: Race and Poverty in Postwar Political Thought*, University of North Carolina Press, 2018].

176 Rawls, "Distributive Justice (1959)", Box 36, Folder 4, JRP; John Rawls, "Lecture XXIII: Distributive Justice and the Special Psychologies", Box 35, Folder 8, JRP.

177 Rawls, *A Theory of Justice*, 80-83[국역본, 129-133쪽].

178 롤스와 루소의 관계에 관해서는, Christopher Brooke, "Rawls on Rousseau and the General Will", in *The General Will: The Evolution of a Concept*, ed. James Farr and David Lay Williams (Cambridge University Press, 2015), 429-446.

179 Bok, "The Early Rawls", 5장.

180 John Rawls, "Lecture XXIII: Distributive Justice and the Special Psychologies", and "Lecture XXII: Liberty", pp. 16-16a, Box 35, Folder 8, JRP.

181 Ibid., pp. 16, 17.

182 Jamie Cohen-Cole, *The Open Mind: Cold War Politics and the Sciences of Human Nature* (University of Chicago Press, 2014).

183 Rawls, "Lecture XXII: Liberty", pp. 22, 22a, 16, 16a, Box 35, Folder 8, JRP.

184 Ibid., p. 15b.

185 Ibid., pp. 16-18, 22a.

186 Ibid., 16a-17.

187 John Rawls, "Distributive Justice" (1967), in Rawls, *Collected Papers*, ed. Samuel Freeman (Harvard University Press, 1999), 138.

188 Joel Isaac, "The Political Economy of Uncertainty in the Twentieth Century", 미출간 원고(2016), 30.

189 John Rawls, "Four Systems of Control", Box 8, Folder 6, JRP.

190 John Rawls, "Use of History and Anthropology", p. 5, Box 34, Folder 19, JRP; John Rawls, "Notes on Heinz Hartmann, 'Psychoanalysis and Moral Values' (1960)", Box 34, Folder 16, JRP. 전후 도덕철학에서 제기되었던 문화상대주의와 문화 간 비교의 문제에 관해서는 다음을 참조. Richard B. Brandt, *Hope Ethics* (University of Chicago Press, 1954); 전후 인류학에 관해서는 다음을 참조. Peter Mandler, *Return from the Natives: How Margaret Mead Won the Second World War and Lost the Cold War* (New Haven: Yale University Press, 2013).

191 Rawls, "Distributive Justice (1959)", pp. 14, 15, Box 36, Folder 4, JRP; cf. Richard A. Musgrave, *The Theory of Public Finance: A Study in Public Economy* (McGraw-Hill, 1959).

192 Martin O'Neill and Thad Williamson, eds., *Property-Owning Democracy: Rawls and Beyond* (Wiley-Blackwell, 2012); Amit Ron, "Visions of Democracy in 'Property-Owning Democracy': Skelton to Rawls and Beyond", *History of Political Thought* 29, no. 1 (Spring 2008): 168-187.

193 Richard Tuck, "The Rise of Rational Choice", *European Journal of Sociology* 46, no. 3 (2005): 587-593; cf. Kenneth Arrow, "A Cautious Case for Socialism", *Dissent* (Fall 1978): 476.

194 Rawls, "Distributive Justice (1959)", p. 24, Box 36, Folder 4, JRP.

195 1962년 무렵의 롤스의 칸트적 전회에 관해서는, Bok, "The Early Rawls", 203-207.

196 Rawls, "Lecture XXI: Distributive Justice and the Conflict of Criteria", pp. 3, 29, Box 35, Folder 8, JRP.

197 J. J. C. Smart, "Extreme and Restricted Utilitarianism", *Philosophical Quarterly* 6, no. 25 (1956): 344-354; Richard B. Brandt, "Toward a Credible Form of Utilitarianism", in *Morality and the Language of Conduct*, ed. Hector-Neri Castañeda (Wayne State University Press, 1963).

198 John Rawls, "Review of Stephen Toulmin, 'An Examination of the Place of Reason in Ethics'", *Philosophical Review* 60, no. 4 (1951): 576, 577.

199 Stephen E. Toulmin, *An Examination of the Place of Reason in Ethics* (Cambridge University Press, 1950), 149; Richard Tuck, *Free Riding* (Harvard University Press, 2008), 148.

200 John Rawls, "Two Concepts of Rules", in Rawls, *Collected Papers*, 19.

201 Ibid., 23.

202 Rawls, "Justice as Fairness", 168, n. 5; Rawls, "Two Concepts of Rules", 27.

203 Wittgenstein, *Philosophical Investigations*, §198, 199[『철학적 탐구』, 이승종 옮김, 240-242쪽]; G. E. M. Anscombe, "On Brute Facts", *Analysis* 18, no. 3 (1958): 69-72; Joel Isaac, "Historicizing Rawls", 미출간 원고(2012).

204 Paul W. Taylor, *Normative Discourse* (Prentice-Hall, 1961), 294-305.

205 Cf. Peter Winch, *The Idea of a Social Science and Its Relation to Philosophy* (Routledge & Kegan Paul, 1958)[『사회과학의 빈곤』, 박동천 옮김, 모티브북, 2011].

206 Rawls, "Justice as Fairness", 164, n. 2.

207 Rawls, "Concept of a Social System", pp. 6-8, Box 35, Folder 9, JRP.

208 국가를 직접 행동하는 주체 혹은 대표를 통해 행동하는 법적 인격으로 보는 전통에 관해서는 다음을 참조. David Runciman, *Pluralism and the Personality of the State* (Cambridge University Press, 1997); Quentin Skinner, *From Humanism to Hobbes: Studies in Rhetoric and Politics* (Cambridge University Press, 2018), 12장.

209 미국 행정국가의 구성에 관한 최신 역사 연구로는, James T. Sparrow, William J. Novak, and Stephen W. Sawyer, eds., *Boundaries of the State in US History* (University of Chicago Press, 2015).

210 David Truman, *The Governmental Process: Political Interests and Public Opinion* (Alfred A. Knopf, 1951); Robert Dahl, *A Preface to Democratic Theory* (University of Chicago Press, 1956)[『민주주의 이론을 위한 서설』, 한상정 옮김, 후마니타스, 2022]; John G. Gunnell, "The Declination of the 'State' and the Origins of American Pluralism", in *Political Science in History: Research Programs and Political Traditions*, ed. John Dryzek, James Farr, and Stephen Leonard (Cambridge University Press, 1995), 19-40.

211 Cf. 후대의 마르크스주의 국가 이론가들의 다음과 같은 논의를 참조. Ralph Miliband, *The State in Capitalist Society* (Weidenfeld and Nicolson, 1969), 그리고 Nicos Poulantzas, *Political Power and Social Classes* (New Left Books, 1975)[『정치권력과 사회계급』, 홍순권·조형제 옮김, 풀빛, 1996]. 미국 정치학과 사회학에 대한 그들의 비판으로는 다음을 참조. Peter B. Evans, Dietrich Rueschemeyer, and Theda Skocpol, eds., *Bringing the State Back In* (Cambridge University Press, 1985).

212 이는 특정 결사적 역학과 공과 사를 혼합하는 미국 국가의 특성에 대한 롤스의 감각으로부터 기인한 것일지도 모른다. 결사적 역학에 관해서는 다음을 참조. Brian Balogh, *The Associational State: American Governance in the Twentieth Century* (University of Pennsylvania Press, 2015); Jennifer Klein, *For All These Rights: Business, Labor, and the Shaping of America's Public-Private American State* (Princeton University Press, 2003).

213 John Rawls, "Justice and Social Arrangements", p. 1 in Box 7, Folder 14, JRP.

Rawls, "Concept of a Practice and Social Institutions (1960)", p. 8a, Box 35, Folder 9, JRP.

214 G. A. Cohen, "Where the Action Is: On the Site of Distributive Justice", *Philosophy and Public Affairs* 26, no. 1 (1997): 3-30.

215 Rawls, "Justice as Fairness", 167, 168.

216 John Rawls, "Justice as Reciprocity" (1958), in Rawls, *Collected Papers*, 190-224.

217 Rawls, *A Theory of Justice*, 126[국역본, 182, 183쪽].

218 John Rawls, "Concept of Morality and Conditions for Considered Judgments", p. 1, Box 34, Folder 18, JRP.

219 "도덕적 관점"이라는 개념에 관해서는, Bok, "To the Mountaintop Again", 168-72.

220 Roderick Firth, "Ethical Absolutism and the Ideal Observer", *Philosophy and Phenomenological Research* 12, no. 3 (March 1952): 317-345.

221 Richard B. Brandt, *Ethical Theory: The Problems of Normative and Critical Ethics* (Prentice-Hall, 1959); Kurt Baier, *The Moral Point of View: A Rational Basis of Ethics* (Cornell University Press, 1958).

222 John Harsanyi, "Cardinal Utility in Welfare Economics and in the Theory of Risk-Taking", *Journal of Political Economy* 61, no. 5 (1953): 434, 435; cf. Marc Fleurbaey, Maurice Salles, and John A. Weymark, eds., *Justice, Political Liberalism, and Utilitarianism: Themes from Harsanyi and Rawls* (Cambridge University Press, 2008).

223 John Rawls, "Chapter V: Justice in Conduct", Box 8, Folder 1, JRP.

224 Rawls, "Concept of Morality and Conditions for Considered Judgments", p. 3, Box 34, Folder 18, JRP.

225 Rawls, *A Theory of Justice*, 16[국역본, 51쪽].

226 Rawls, "Concept of Morality and Conditions for Considered Judgments", p. 3, Box 34, Folder 18, JRP.

227 John Rawls, "Topic VIII: The Implications of Morality", p. 3, Box 35, Folder 1, JRP.

228 John Rawls, "Lecture X: A General Analytic Framework for Justice II (1962)", p. 1a, Box 35, Folder 12, JRP.

229 John Forrester, "Justice, Envy, and Psychoanalysis", in Forrester, *Dispatches from the Freud Wars: Psychoanalysis and Its Passions* (Harvard University Press, 1998).

230 Rawls, *A Theory of Justice*, 146[국역본, 206쪽]. 제퍼슨주의에서의 가족에 관해서는 다음을 참조. Annette Gordon-Reed, *Thomas Jefferson and Sally Hemings: An American Controversy* (University of Virginia Press, 1997).

231 Judith N. Shklar, "Rousseau's Two Models: Sparta and the Age of Gold",

Political Science Quarterly 81, no. 1 (1966): 44.

232 롤스의 가족관에 대한 고전적인 페미니스트 비판으로는, Susan Moller Okin, *Justice, Gender, and the Family* (Basic Books, 1989).

233 Rawls, *A Theory of Justice*, 27[국역본, 65쪽].

234 Rawls, "Justice as Fairness", 186.

235 Ibid., 192.

236 Rawls, "Justice as Fairness", 186.

237 John Rawls, "Justice: A Philosophical Essay", Box 10, Folder 1, JRP.

238 Rawls, *A Theory of Justice*, §9[국역본, 9절].

239 Ibid., part 3[국역본, 3부].

240 미국 철학에서 하버드 철학자들의 영향력에 관해서는, Jonathan Strassfeld, "American Divide: The Making of 'Continental' Philosophy", *Modern Intellectual History* (2018년 온라인 발행): 1-34.

241 Richard B. Brandt, ed., *Social Justice* (Prentice-Hall, 1962); Carl J. Friedrich and John W. Chapman, eds., *Nomos VI: Justice* (Atherton Press, 1963); Rawls, "Nature of Political and Social Philosophy (1960~1964)", pp. 6, 7, Box 35, Folder 10, JRP.

242 Alan Brinkley, "The Illusion of Unity in Cold War Culture", in *Rethinking Cold War Culture*, ed. Peter J. Kuznick and James Gilbert (Smithsonian Institution Press, 2001), 61-73.

243 Ibid., p. 6.

244 Ibid., p. 7.

2장. 의무들

1 Howard Brick and Christopher Phelps, *Radicals in America: The US Left since the Second World War* (Cambridge University Press, 2015), 3장.

2 학생운동에 관해서는 다음을 참조. James Miller, *Democracy Is in the Streets: From Port Huron to the Siege of Chicago* (Simon & Schuster, 1987)[『민주주의는 거리에 있다: 미국 신좌파운동과 참여민주주의』, 김만권 옮김, 개마고원, 2010]. 반전운동에 관해서는 다음을 참조. Tom Wells, *The War Within: America's Battle Over Vietnam* (University of California Press, 1994); Rhodri Jeffreys-Jones, *Peace Now! American Society and the Ending of the Vietnam War* (Yale University Press, 1999).

3 William Ruddick, "Philosophy and Public Affairs", *Social Research* 47, no. 4 (1980): 734-748.

4 Yascha Mounk, "An Interview with T. M. Scanlon (Part VI)", *The Utopian*, 7 July 2012, http://www.the-utopian.org/T.M.-Scanlon-Interview-6.

5 Rawls, "Nature of Political and Social Thought and Methodology (1960~1964)", pp. 5-7, Box 35, Folder 10, JRP.

6 Isaiah Berlin, "Does Political Theory Still Exist?", in *Philosophy, Politics, and Society*, ed. W. G. Runciman and Peter Laslett, 3rd ed. (Basil Blackwell, 1967), 7.

7 Bryan Burroughs, *Days of Rage: America's Radical Underground, the FBI, and the Forgotten Age of Revolutionary Violence* (Penguin, 2015). '법과 질서' 수사에 대한 장기적 시각에서 쓰인 역사로는 다음을 볼 것. Naomi Murakawa, "The Origins of the Carceral Crisis: Racial Order as 'Law and Order' in Postwar American Politics", in *Race and American Political Development*, ed. Joseph Lowndes, Julie Novkov, and Dorian T. Warren (Routledge, 2008), 234-255.

8 Sparrow, *Warfare State*.

9 Andrea Friedman, *Citizenship in Cold War America: The National Security and the Possibilities of Dissent* (University of Massachusetts Press, 2014).

10 Katznelson, *Desolation and Enlightenment*, 3장.

11 Elizabeth F. Cohen, *Semi-Citizenship in Democratic Politics* (Cambridge University Press, 2009), 13-58.

12 Nancy MacLean, "Neo-Confederacy versus the New Deal: The Regional Utopia of the Modern American Right", in *The Myth of Southern Exceptionalism*, ed. Matthew D. Lassiter and Joseph Crespino (Oxford University Press, 2010), 308-330. 이와 같이 특정 지역에 대한 '신화'에 기초하는 설명의 한계에 관해서는 다음을 참조. Matthew D. Lassiter, *The Silent Majority: Suburban Politics in the Sunbelt South* (Princeton University Press, 2006); Eric Schickler, *Racial Realignment: The Transformation of American Liberalism, 1932~1965* (Princeton University Press, 2016).

13 Mark Tushnet, *The Rights Revolution in the Twentieth Century* (American Historical Association, 2009).

14 Karl, *The Uneasy State*의 서론 및 에필로그(229-236) 참조.

15 Gary Gerstle, *Liberty and Coercion: The Paradox of American Government from the Founding to the Present* (Princeton University Press, 2015), 253-274.

16 Herbert Wechsler, "Towards Neutral Principles of Constitutional Law", *Harvard Law Review* 73, no. 1 (1959); Alexander M. Bickel, *The Least Dangerous Branch: The Supreme Court at the Bar of Politics* (Bobbs-Merrill Co., 1962); cf. Ronald Dworkin, "The Forum of Principle", *New York University Law Review* 56 (1981): 468.

17 Owen Fiss, "A Life Lived Twice", *Yale Law Journal* 100, no. 5 (1991): 1117-1129.

18 Kalman, *The Strange Career of Legal Liberalism*, 27-65.

19 정치 이론에서의 민권운동이 갖는 "본보기적" 지위와 그 파장에 대해서는 다음을 참조. Brandon Terry, "Which Way to Memphis? Political Theory, Narrative, and

the Politics of Historical Imagination in the Civil Rights Movement", PhD diss., Yale University (2012).

20 Risa L. Goluboff, "Lawyers, Law, and the New Civil Rights History", *Harvard Law Review* 126, no. 8 (2013): 2312-2335; Christopher W. Schmidt, "Divided by Law: The Sit-ins and the Role of the Courts in the Civil Rights Movement", *Law and History Review* 33, no. 1 (2015): 93-149.

21 Emily Hauptmann, "From Opposition to Accommodation: How Rockefeller Foundation Grants Redefined Relations between Political Theory and Social Science in the 1950s", *American Political Science Review* 100, no. 4 (2006): 643-649.

22 William K. Frankena, Ethics (Prentice-Hall, 1963)[『윤리학』, 황경식 옮김, 철학과현실사, 2003]; Chaim Perelman, *The Idea of Justice and the Problem of Argument* (Routledge & Kegan Paul, 1963).

23 이런 예로는 다음의 것들이 있다. Toulmin, *An Examination of the Place of Reason in Ethics*, 144-165; Marcus G. Singer, *Generalization in Ethics* (Alfred A. Knopf, 1961), 178-210.

24 Tuck, *Free Riding*, 4장.

25 H. L. A. Hart, "Positivism and the Separation of Law and Morals", *Harvard Law Review* 71, no. 4 (1958): 593-629; Lon L. Fuller, "Positivism and Fidelity to Law: A Reply to Professor Hart", *Harvard Law Review* 71, no. 4 (1958): 630-672.

26 Lacey, *A Life of H. L. A. Hart*, 181.

27 Hart, *The Concept of Law* (Oxford University Press, 1961)[『법의 개념』, 오병선 옮김, 아카넷, 2001], 5부.

28 H. L. A. Hart, "Are There Any Natural Rights?", *Philosophical Review* 64, no. 2 (1955): 185.

29 H. L. A. Hart, "Legal and Moral Obligation", in *Essays in Moral Philosophy*, ed. A. I. Melden (University of Washington Press, 1958), 90, 91[「법적 의무와 책무」, 안준홍·박준석 옮김, 『법철학연구』 7권 1호 (2004)].

30 John Ladd, "Legal and Moral Obligation", in *Nomos: Yearbook of the American Society for Political and Legal Philosophy*, vol. 12, *Political and Legal Obligation*, ed. J. Roland Pennock and John W. Chapman (Atherton Press, 1970), 21.

31 Richard Wasserstrom, "The Obligation to Obey the Law", *UCLA Law Review* 10 (1962/1963): 780-807, 781.

32 H. L. A. Hart, *Law, Liberty, and Morality* (Stanford University Press, 1963)[『법, 자유, 도덕』, 이경란 옮김, 나남, 1996].

33 Sarah Igo, *The Known Citizen: A History of Privacy in Modern America* (Harvard University Press, 2018), 4장.

34 Baier, *The Moral Point of View*, 134; Toulmin, *An Examination of the Place of*

Reason in Ethics, 151; T. D. Weldon, The Vocabulary of Politics (Penguin Books, 1953), 57-67.

35 Ladd, "Legal and Moral Obligation", 17-23.

36 그 예로는 다음을 참조. Irving Kristol and Robert Penn Warren, "On Civil Disobedience and the Algerian War", Yale Review 50 (1961); Guenter Lewy, "Superior Orders, Nuclear Warfare, and the Dictates of Conscience: The Dilemma of Military Obedience in the Atomic Age", American Political Science Review 55, no. 1 (1961): 3-23.

37 Hugo A. Bedau, "On Civil Disobedience", Journal of Philosophy 58, no. 21 (1961): 653-665.

38 Franz L. Neumann, The Democratic and Authoritarian State: Essays in Political and Legal Theory (Free Press, 1957), 158.

39 Sidney Hook, ed., Law and Philosophy: A Symposium (New York University Press, 1964).

40 John Rawls, "Legal Obligation and the Duty of Fair Play", in Rawls, Collected Papers, 117.

41 롤스의 도덕성 개념과 공정한 게임 의무 사이의 관계에 대한 더 자세한 논의로는 다음을 참조. Bok, "The Early Rawls", 137, 138.

42 Rawls, "Legal Obligation and the Duty of Fair Play", 125, 122, 123.

43 Ibid., 125.

44 John Rawls, "Duty of Fair Play and Law (ca. 1960)", Box 7, Folder 4, JRP.

45 Rawls, "Footnotes: Chapter 2: Justice as Reciprocity (1959-1960)", Box 8, Folder 6, JRP.

46 Wasserstrom, "The Obligation to Obey the Law", 780; Richard Wasserstrom, "Rights, Human Rights, and Racial Discrimination", Journal of Philosophy 61, no. 20 (1964): 629.

47 John Rawls, "Questions Re the 2-S Resolution (suggestions only) (1966)", pp. 2, 5-7, Box 24, Folder 2, JRP.

48 Rawls, "Nature of Political and Social Thought and Methodology (1960-1964)", pp. 5-7.

49 Thomas McCarthy, Race, Empire, and the Idea of Human Development (University of Cambridge, 2009), 23-41; Bernard Boxill, Blacks and Social Justice (Rowman & Allanheld, 1984), 205-225; Howard McGary, Race and Social Justice (Wiley-Blackwell, 1999).

50 David Lyons, "Moral Judgment, Historical Reality, and Civil Disobedience", Philosophy and Public Affairs 27, no. 1 (1998): 38, 39.

51 Hook, ed., Law and Philosophy: A Symposium의 1부에 실린 글들을 참조.

52 Nelson Lichtenstein, "A Moment of Convergence", in *The Port Huron Statement: Sources and Legacies of the New Left's Founding Manifesto*, ed. Richard Flacks and Nelson Lichtenstein (University of Pennsylvania Press, 2015).

53 Timothy Barker, "Wars of Position: Studies on the Left and the New American Marxism, 1959-1976", undergraduate thesis, Columbia University (2013), 21-25.

54 Christian Bay, "Civil Disobedience: Prerequisite for Democracy in Mass Society", in *Political Theory and Social Change*, ed. David Spitz (Atherton Press, 1967), 181; E. P. Thompson, *E. P. Thompson and the Making of the New Left*, ed. Cal Winslow (New York University Press, 2014), 65, 66, 87; Doug Rossinow, *The Politics of Authenticity: Liberalism, Christianity, and the New Left in America* (Columbia University Press, 1998), 297.

55 Walter Roy Harding, ed., *The Thoreau Centennial: Papers Marking the Observance of the 100th Anniversary of the Death of Henry David Thoreau* (State University of New York Press, 1964).

56 Hauptmann, "A Local History of 'the Political'", 34-60.

57 Norman Jacobson, "Civil Disobedience: Philosophy and Tactics", paper presented at the "Conference on Law Enforcement and Racial Cultural Tensions", University of California at Berkeley, 9 October 1964, 3-4, p. 8, Box 3, Folder 14, Norman Jacobson Papers, University of California at Berkeley. 강조는 제이컵슨.

58 Andrew Jewett, "The Politics of Knowledge in 1960s America", *Social Science History* 36, no. 4 (2012): 551-581; Barber, "The Politics of Political Science."

59 Hanna Pitkin, "Obligation and Consent I", *American Political Science Review* 59, no. 4 (1965): 997.

60 Joseph Tussman, *Obligation and the Body Politic* (Oxford University Press, 1960), 35-39.

61 Hanna Pitkin, "Obligation and Consent II", *American Political Science Review* 60, no. 1 (1966), 49.

62 Ibid., 47.

63 Ibid., 52.

64 Ibid., 49. 강조는 피트킨.

65 Michael S. Foley, *Confronting the War Machine: Draft Resistance during the Vietnam War* (University of North Carolina Press, 2003), 1, 2장.

66 Robert J. Samuelson, "Faculty Will Consider Second Draft Proposal", *Harvard Crimson*, 6 January 1967.

67 John Rawls, "In Support of the Resolution on 2-S Deferment", p. 4, and "Conscription (1969)", Box 34, Folder 13, JRP; 2011년 1월 21일 마이클 왈저와의

인터뷰 그리고 2011년 2월 18일 하비 맨스필드와의 인터뷰.

68 John Rawls, "Draft Proposals: Explanatory Note on Item IV", Box 34, Folder 11, JRP.

69 Rawls, "In Support of the Resolution on 2-S Deferment: Suggestions Only", p. 2, Box 34, Folder 13, JRP.

70 Rawls, "A Proposal for a Military Recruitment Policy", pp. 7-10, Box 24, Folder 2, JRP; Daniel Patrick Moynihan, *The Negro Family: The Case for National Action* (US Department of Labor, 1965). 모이니한 보고서에 대한 반응에 대해서는 다음을 참조. Daniel Geary, *Beyond Civil Rights: The Moynihan Report and Its Legacy* (University of Pennsylvania Press, 2015).

71 John Rawls, "In Support of the Resolution on 2-S Deferment: Fac Group Statement Dec (1966)", Box 34, Folder 13, JRP.

72 Jeremy K. Kessler, "The Administrative Origins of Modern Civil Liberties Law", *Columbia Law Review* 114 (June 2014).

73 Milton Friedman, "The Case for Abolishing the Draft—and Substituting for It an All Volunteer Army", *New York Times*, 14 May 1967.

74 Alan Geyer, "The Just War and the Selective Objector", *Christian Century*, 16 February 1966.

75 National Advisory Commission on Selective Service, *In Pursuit of Equity: Who Serves When Not All Serve?* (US Government Printing Office, 1967).

76 Brick and Phelps, *Radicals in America*, 137, 138.

77 Bedau, "On Civil Disobedience", 661.

78 Carl Cohen et al., "Civil Disobedience: Working Paper (March 2, 1965)", Box 653, Folder 7, American Civil Liberties Union Records, Princeton University (hereafter ACLUP); Carl Cohen, "Conscientious Objection", Ethics 78, no. 4 (1968): 269-279; Kevin Mattson, *Intellectuals in Action: The Origins of the New Left and Radical Liberalism, 1945-1970* (Penn State University Press, 2002), 187-228.

79 Bedau, "On Civil Disobedience", 661.

80 Wolfgang Friedmann, "An Analysis of 'In Defense of Natural Law'", in Hook, *Law and Philosophy*, 144-160; Carl Cohen, "Civil Disobedience and the Law", *Rutgers Law Review* 21, no. 1 (1966): 1; Alexander M. Bickel, *Politics and the Warren Court* (Harper & Row, 1965).

81 Edward H. Madden, *Civil Disobedience and Moral Law in Nineteenth-Century American Philosophy* (University of Washington Press, 1968). 이런 시민 불복종 전통에 대한 논의로는 다음을 참조. Alexander Livingston, "Fidelity to Truth: Gandhi and the Genealogy of Civil Disobedience", *Political Theory* 46, no. 4 (2018): 511-536.

82 간디의 시민 불복종에 관해서는 다음을 참조. Karuna Mantena, "Another

Realism: The Politics of Gandhian Nonviolence", *American Political Science Review* 106, no. 2 (2012): 455-470; Faisal Devji, *The Impossible Indian: Gandhi and the Temptation of Nonviolence* (Harvard University Press, 2012). 마틴 루서 킹 목사에 대해서는 다음을 참조. Brandon Terry and Tommie Shelby, eds., *To Shape a New World: Essays on the Political Philosophy of Martin Luther King Jr.* (Harvard University Press, 2018).

83   Michael Walzer, "Michael Walzer: The Art of Theory Interview", in *The Art of Theory: Conversations in Political Philosophy*, 2013.

84   Robert Adcock and Mark Bevir, "The Remaking of Political Theory", in *Modern Political Science: Anglo-American Exchanges since 1880*, ed. Robert Adcock, Mark Bevir, and Shannon C. Stimson (Princeton University Press, 2007), 220.

85   Andrew Sabl, "History and Reality: Idealist Pathologies and 'Harvard School' Remedies", in *Political Philosophy versus History? Contextualism and Real Politics in Contemporary Political Thought*, ed. Jonathan Floyd and Marc Stears (Cambridge University Press, 2011), 152-154.

86   신좌파 클럽에 대해서는 다음을 참조. Robert Paul Wolff, "Memoirs: Ninth Installment", *The Philosopher's Stone*, 12 April 2010, http://robertpaulwolff.blogspot.com/2010/04/memoirs-ninth-installment.html (2012년 9월 7일 접속).

87   Michael Walzer, *Political Action: A Practical Guide to Movement Politics* (Quadrangle Books, 1971)[『운동은 이렇게』, 박수형 옮김, 후마니타스, 2021]; Michael Walzer, "The New Left and the Old" [1967], in Walzer, *Radical Principles: Reflections of an Unreconstructed Democrat* (Basic Books, 1980), 110-127; cf. Maurice Isserman, *If I Had a Hammer: The Death of the Old Left and the Birth of the New Left* (Basic Books, 1987).

88   Michael Walzer, *Obligations: Essays on Disobedience, War, and Citizenship* (Harvard University Press, 1982), 113-115.

89   Tussman, *Obligation and the Body Politic*, 37; J. P. Plamenatz, *Consent, Freedom, and Political Obligation* (Oxford University Press, 1968), 170-175.

90   Walzer, *Obligations*, xii.

91   C. Wright Mills, "Letter to the New Left", in *The Politics of Truth: Selected Writings of C. Wright Mills*, ed. John H. Summers (Oxford University Press, 2008), 263.

92   Cf. Robert Paul Wolff, "An Analysis of the Concept of Political Loyalty", in *Political Man and Social Man: Readings in Political Philosophy*, ed. Robert Paul Wolff (Random House, 1966), 224.

93   Walzer, *Obligations*, 17-19, 204.

94   Cf. Mark Bevir and Toby Reiner, "The Revival of Radical Pluralism: Associationism and Difference", in Bevir, *Modern Pluralism*, 194-200.

95   Lichtenstein, *State of the Union*, 4장; Reuel E. Schiller, "From Group Rights to Individual Liberties: Post-War Labor Law, Liberalism, and the Waning of Union

Strength", *Berkeley Journal of Employment and Labor Law* 20, no. 1 (1999): 1-73.

96 Ibid., 12-17.

97 Walzer, *Obligations*, 117; Michael Walzer, "Democracy and the Conscript", *Dissent* (Winter 1966): 20.

98 Hugo Adam Bedau, "Military Service and Moral Obligation", *Inquiry: An Interdisciplinary Journal of Philosophy* 14, nos. 1-4 (1971): 263.

99 민권운동 및 블랙파워 운동의 국제적, 반식민주의적 차원에 대해서는 다음의 논의들을 보라. Penny M. Von Eschen, *Race against Empire: Black Americans and Anticolonialism, 1937-1957* (Cornell University Press, 1997); Carol Anderson, *Eyes off the Prize: The United Nations and the African American Struggle for Human Rights, 1944-1955* (Cambridge University Press, 2003); Nico Slate, ed., *Black Power beyond Borders: The Global Dimensions of the Black Power Movement* (Palgrave Macmillan, 2012).

100 Wilson Carey McWilliams, "Civil Disobedience and Contemporary Constitutionalism: The American Case", *Comparative Politics* 1, no. 2 (1969): 221.

101 Arnold Kaufman, *The Radical Liberal: New Man in American Politics* (Atherton Press, 1968), 53, 54, 70.

102 Walzer, *Obligations*, 130, 23, 12.

103 Walzer, "Democracy and the Conscript", 20.

104 Walzer, *Obligations*, 41.

105 Laura Weinrib, *The Taming of Free Speech: America's Civil Liberties Compromise* (Harvard University Press, 2016), 311-330.

106 Virginia Held, "On Understanding Political Strikes", in *Philosophy and Political Action: Essays*, ed. Virginia Held, Kai Nielsen, and Charles Parsons (Oxford University Press, 1972), 121-123.

107 스마일 보이콧에 대해서는 Shulamith Firestone, *The Dialectic of Sex: The Case for Feminist Revolution* (Farrar, Straus and Giroux, 1970), 81[『성의 변증법』, 김민예숙·유숙열 옮김, 꾸리에, 2016, 132쪽]을, 룸펜 프롤레타리아에 대해서는 다음의 논의들을 볼 것. Eldridge Cleaver, "On the Ideology of the Black Panther Party" (Black Panther Party 1979); cf. Jeffrey O. G. Ogbar, *Black Power: Radical Politics and African American Identity* (Johns Hopkins University Press, 2005), 4장; Kathi Weeks, *The Problem with Work: Feminism, Marxism, Antiwork Politics, and Postwork Imaginaries* (Duke University Press, 2011), 3장; cf. also Jefferson Cowie, *Stayin' Alive: The 1970s and the Last Days of the Working Class* (New Press, 2010).

108 Walzer, *Obligations*, 30, 31.

109 Reuel Schiller, *Forging Rivals: Race, Class, Law, and the Collapse of Postwar Liberalism* (Cambridge University Press, 2015), 29; cf. Stears, *Demanding Democracy*, 109-115.

110 Walzer, *Obligations*, 12-17, 33.

111 Michael Walzer, "Dissatisfaction in the Welfare State", in Walzer, *Radical Principles*.

112 Michael Walzer, "The Obligations of Oppressed Minorities", *Commentary*, 1 May 1970.

113 Walzer, *Obligations*, 28.

114 Michael Walzer, "Civil Disobedience and 'Resistance': A Symposium", *Dissent* (Winter 1968): 13-15. 억압받는 자들의 의무에 대한 정치철학의 침묵에 비추어 볼 때 왈저가 갖는 예외적 위상에 관해서는 Tommie Shelby, *Dark Ghettos: Injustice, Dissent, and Reform* (Harvard University Press, 2016), 5, 6을 보라.

115 Lawrence E. Eichel, Kenneth W. Jost, Robert D. Luskin, and Richard Neustadt, *The Harvard Strike* (Houghton Mifflin, 1970); Todd Gitlin, *The Sixties: Years of Hope, Days of Rage* (Bantam Books, 1987), 87-104. 다음의 글들도 함께 볼 것. Lewis H. Van Dusen Jr., "Civil Disobedience: Destroyer of Democracy", *American Bar Association Journal* 55, no. 2 (1969): 123-126; cf. Lewis F. Powell Jr., "A Lawyer's Case for Civil Disobedience", *Washington and Lee Law Review* 23, no. 2 (1966).

116 Walzer, *Obligations*, 44.

117 Walzer, *Political Action*, 8; Michael Walzer, "Blacks and Jews: A Personal Reflection", in *Struggles in the Promised Land: Toward a History of Black-Jewish Relations in the United States*, ed. Jack Salzman and Cornel West (Oxford University Press, 1997), 403.

118 신좌파의 전술을 비판한 지식인들에 대한 더 광범한 논의로는 다음의 것이 있다. Sandy Vogelgesang, *The Long Dark Night of the Soul: The American Intellectual Left and the Vietnam War* (Harper & Row, 1974), 135-137.

119 Frank Michelman, "The Supreme Court, 1968 Term: Foreword: On Protecting the Poor through the Fourteenth Amendment", *Harvard Law Review* 83, no. 1 (1969): 7-282. 이 시기 법학계의 롤스 이론 활용에 관해서는 Mark Tushnet, "Truth, Justice, and the American Way: An Interpretation of Public Law Scholarship in the Seventies", *Texas Law Review* 57, no. 8 (1979): 1316-1323을 볼 것.

120 Paul F. Power, "On Civil Disobedience in Recent American Democratic Thought", *American Political Science Review* 64, no. 1 (1971): 45.

121 Hugo Adam Bedau, ed., *Civil Disobedience: Theory and Practice* (Macmillan, 1969).

122 Hannah Arendt, "Reflections on Civil Disobedience", *New Yorker*, 12 September 1970.

123 이와 관련해서는 다음 논문들을 참조. William L. Taylor, "Civil Disobedience — Some Observations on the Strategies of Protest", in *Legal Aspects of the Civil Rights*

Movement, ed. Donald B. King and Charles W. Quick (Wayne State University Press, 1965), 227-235; Burke Marshall, "The Protest Movement and the Law", *Virginia Law Review* 51, no. 5 (1965): 785-803.

124 Bayard Rustin, in Harrop A. Freeman, ed., *Civil Disobedience* (Center for the Study of Democratic Institutions, 1966), 11-13; John Rawls, "Civil Disobedience and Justice, Bibliography and Notes (ca. 1966)", Box 7, Folder 6, JRP.

125 Power, "On Civil Disobedience in Recent American Democratic Thought", 36.

126 Morris Keeton, "The Morality of Civil Disobedience", *Texas Law Review* 43 (1964/1965): 507-525.

127 Alexander Livingston, "Power for the Powerless: Martin Luther King Jr.'s Late Theory of Civil Disobedience", working paper (2018). 이처럼 처벌을 강조하는 것이 어떻게 민권운동의 전투적 성격을 오인하게 하는지에 대해서는 다음을 참조. Erin Pineda, "Civil Disobedience and Punishment: (Mis)reading Justification and Strategy from SNCC to Snowden", *History of the Present* 5, no. 1 (2015): 1-30.

128 Charles Fried, "Moral Causation", *Harvard Law Review* 77, no. 7 (1964): 1269; cf. Sidney Hook, "Law, Justice, and Obedience", in Hook, *Law and Philosophy*, 57.

129 이런 반범죄 어젠다에 관해서는 Hinton, *From the War on Poverty to the War on Crime*을 보라.

130 Kai Nielsen, "Remarks on Violence and Paying the Penalty", *Philosophical Exchange* 1, no. 1 (1970): 113-119; Kai Nielsen et al., "Philosophers and Panthers", *New York Review of Books*, 2 July 1970. 이와 함께 Kai Nielsen et al., "Philosophy and Public Policy", *New York Review of Books*, 29 January 1970도 보라.

131 Howard Zinn, *Disobedience and Democracy: Nine Fallacies on Law and Order* (Vintage Books, 1968), 30, 31, 120, 121.

132 Angela Davis, *If They Come in the Morning... Voices of Resistance* (Verso, 2016).

133 Erwin Griswold, "Dissent — 1968", *Tulane Law Review* 42 (1968): 726-739; Erwin Griswold, "Moral Rights, Legal Duties", *New York Times*, 18 April 1968; Abe Fortas, *Concerning Dissent and Civil Disobedience* (New American Library, 1968); cf. Laura Kalman, *Abe Fortas: A Biography* (Yale University Press, 1990), 277-292.

134 "Analysis of Differences between Board Statements on Civil Disobedience of January 25, 1968, and October 5, 1969", 2 November 1968, Box 391, Folder 3, ACLUP.

135 Samuel Walker, *In Defense of American Liberties: A History of the ACLU*

(Southern Illinois University Press, 1990), 282-289.

136 Carl Cohen et al., "Civil Disobedience: Working Paper (March 2, 1965)", Box 653, Folder 7, ACLUP.

137 "ACLU Interdepartmental Letter RE: Civil Disobedience", 4 January 1967, Box 391, Folder 3, ACLUP.

138 "ACLU Statement on Civil Disobedience: February 1, 1969",, p. 1, Box 391, Folder 3, ACLUP.

139 "Summary of ACLU Policy Change at October 1968 Meeting", pp. 1-3; "ACLU News Release: February 2, 1968", p. 1; both in Box 391, Folder 3, ACLUP.

140 Power, "On Civil Disobedience in Recent American Democratic Thought", 43; James F. Childress, "On Obligation and Civil Disobedience: The Views of Some 'One-Eyed Men'", *Worldview* 14 (1971): 21-25. "내부 식민주의"와 관련해서는 다음을 참조. Kenneth Clark, *Dark Ghetto: Dilemmas of Social Power* (Harper & Row, 1965); Stokely Carmichael and Charles Hamilton, *Black Power: The Politics of Liberation in America* (Random House, 1967).

141 Ronald Dworkin, "The Model of Rules", *University of Chicago Law Review* 35, no. 1 (1967): 25-28.

142 Ronald Dworkin, "On Not Prosecuting Civil Disobedience", *New York Review of Books*, 6 June 1968, 2, 7, 9.

143 Ronald Dworkin, "A Special Supplement: Taking Rights Seriously", *New York Review of Books*, 17 December 1970.

144 Dworkin, "On Not Prosecuting Civil Disobedience", 13.

145 Marshall Cohen, "Civil Disobedience in a Constitutional Democracy", *Massachusetts Review* 10, no. 2 (1969): 211-226; Marshall Cohen, "Liberalism and Disobedience", *Philosophy and Public Affairs* 1, no. 3 (1972): 286, 298.

146 John Rawls, "Justification of Civil Disobedience", in Rawls, *Collected Papers*, 176, 177.

147 Ibid., 182.

148 Ibid., 186.

149 John Rawls, "Duty and Obligation (1967)", Box 7, Folder 7, JRP.

150 Rawls, "Justification of Civil Disobedience", 189.

151 John Rawls, "CD [Civil Disobedience] + the Complications of Our Federal System", p. 1, Box 7, Folder 6, JRP.

152 Cf. Cohen, "Civil Disobedience in a Constitutional Democracy", 217.

153 Rawls, "CD + the Complications of Our Federal System", p. 2, Box 7, Folder 6, JRP.

154 이와 같은 낭만적 시각과 그에 대한 롤스의 의존에 관해서는 Terry, "Which

Way to Memphis?", 8장과 함께 다음 문헌도 참조. Stears, *Demanding Democracy*, 155.

155 Gunnar Myrdal, *An American Dilemma: The Negro Problem and Modern Democracy* (Harper & Brothers, 1944), 1장. 비폭력주의에 관해서는 다음을 참조. Lance Hill, *Deacons for Defense: Armed Resistance and the Civil Rights Movement* (University of North Carolina Press, 2004), 259-273.

156 롤스와는 다른 시각으로 다음을 참조. Michael J. Klarman, "How Brown Changed Race Relations: The Backlash Thesis", *Journal of American History* 81, no. 1 (1994): 81-118; Richard J. Kluger, *Simple Justice: The History of Brown v. Board of Education and Black America's Struggle for Equality* (Alfred A. Knopf, 1976). 브라운 판결을 기존 가치에 대한 확인이 아닌 "새로운 헌법"으로 이해하는 시각으로는 다음을 참조. Danielle S. Allen, *Talking to Strangers: Anxieties of Citizenship since Brown v. Board of Education* (University of Chicago Press, 2004), 6.

157 Clive Webb, ed., *Massive Resistance: Southern Opposition to the Second Reconstruction* (Oxford University Press, 2005).

158 민권운동의 이런 면면들에 대해서는 다음 문헌들을 참조. Charles Payne, "Debating the Civil Rights Movement: The View from the Trenches", in *Debating the Civil Rights Movement, 1945-1968*, ed. Steven F. Lawson and Charles M. Payne (Rowman & Littlefield, 1998), 108-111; Nikhil Pal Singh, *Black Is a Country: Race and the Unfinished Struggle for Democracy* (Harvard University Press, 2004), 1장; Thomas J. Sugrue, "Northern Lights: The Black Freedom Struggle Outside the South", *Organization of American Historians Magazine of History* 26, no. 1 (2012): 9-15; Mary L. Dudziak, *Cold War Civil Rights: Race and the Image of American Democracy* (Princeton University Press, 2000); Nico Slate, *Colored Cosmopolitanism: The Shared Struggle for Freedom in the United States* (Harvard University Press, 2012). 민권운동사를 정치 이론에서 활용한 바에 대해서는 다음을 참조. Terry, "Which Way to Memphis?", 5-7장.

159 Boxill, *Blacks and Social Justice*, 217-225.

160 킹 목사와 블랙파워에 관해서는 다음을 참조. Brandon Terry, "Requiem for a Dream: The Problem-Space of Black Power", in Terry and Shelby, *To Shape a New World; Richard King, Civil Rights and the Idea of Freedom* (Oxford University Press, 1992).

161 Rawls, "Justification of Civil Disobedience", 186.

162 Risa L. Goluboff, *The Lost Promise of Civil Rights* (Harvard University Press, 2007).

163 William E. Forbath, *Law and the Shaping of the American Labor Movement* (Harvard University Press, 1991).

164 Weinrib, *The Taming of Free Speech*, 311-330.

165 Julian E. Zelizer, *The Fierce Urgency of Now: Lyndon Johnson, Congress, and the*

Battle for the Great Society (Penguin Books, 2015).

166 Terry, "Which Way to Memphis?", 490-495.

167 John Rawls, "Constitutional Liberty and the Concept of Justice" (1963), in Rawls, *Collected Papers*, 94.

168 Rawls, "Justification of Civil Disobedience", 187.

169 롤스의 시민 불복종론과 그의 이상론이 연결되어 있다는 데 대한 회의적 입장으로 Joel Feinberg, "Duty and Obligation in the Non-Ideal World", *Journal of Philosophy* 70, no. 9 (1973): 263-275.

170 Peter Singer, *Democracy and Disobedience* (Oxford University Press, 1973), 90.

171 공동체에 대한 신좌파의 재인식에 관해서는 Howard Brick, *Age of Contradiction: American Thought and Culture in the 1960s* (Cornell University Press, 1997), 5장을, 각각의 운동에서 공동체를 어떻게 다양하게 개념화하고 건설하려 했는가에 대해서는 다음 문헌들을 참조. Michael C. Dawson, *Black Visions: The Roots of Contemporary African-American Political Ideologies* (Chicago University Press, 2001), 3장; Joshua Bloom and Waldo E. Martin Jr., *Blacks against Empire: The History and Politics of the Black Panther Party* (University of California Press, 2013), 3부; Alice Echols, *Daring to Be Bad: Radical Feminism in America 1967-1975* (University of Minnesota Press, 1989); Kimberly Springer, *Living for the Revolution: Black Feminist Organizations 1968-1980* (Duke University Press, 2005).

172 John Rawls, "Justice as Fairness as an Approach to the Study of Politics, or to Political Theory, Seminar, UCLA, 1968 Spring", pp. 5-7b, Box 8, Folder 15, JRP.

173 Ibid., pp. 7-7b.

174 John Rawls, *Political Liberalism*, lecture IV.

175 Ibid., p. 7b.

176 John Rawls, *Political Liberalism* (Columbia University Press, 2005), xix, n. 5.

177 Rawls, *A Theory of Justice*, 352[국역본, 460, 461쪽].

3장. 전쟁과 책임

1 John Duffett, ed., *Against the Crime of Silence: Proceedings of the Russell International War Crimes Tribunal* (Bertrand Russell Peace Foundation, 1968).

2 Jean-Paul Sartre, *On Genocide: And a Summary of the Evidence and the Judgments of the International War Crimes Tribunal* (Beacon Press, 1968).

3 Daniel Ellsberg, *Papers on the War* (Simon & Schuster, 1972), 9.

4 Samuel Moyn, "From Antiwar Politics to Antitorture Politics", in *Law and War*,

ed. Austin Sarat, Lawrence Douglas, and Martha Merrill Umphrey (Stanford University Press, 2014), 166, 167.

5 Stuart Hampshire, "Russell, Radicalism, and Reason", *New York Review of Books*, 8 October 1970, 2.

6 Thomas Nagel, "Ruthlessness in Public Life", in *Public and Private Morality*, ed. Stuart Hampshire (Cambridge University Press, 1978), 75; Walzer, *Political Action*, 121.

7 Barbara J. Keys, *Reclaiming American Virtue: The Human Rights Revolution of the 1970s* (Harvard University Press, 2014), 4.

8 Editorial statement, *Philosophy and Public Affairs* 1, no. 1 (1971): 2.

9 Richard Wasserstrom, ed., *War and Morality* (Wadsworth, 1970); Marshall Cohen, Thomas Scanlon, and Richard B. Brandt, eds., *War and Moral Responsibility* (Princeton University Press, 1974); Paul T. Menzel, ed., *Moral Argument and the War in Vietnam: A Collection of Essays* (Aurora, 1971). 이와 더불어 Virginia Held, Sidney Morgenbesser, and Thomas Nagel, eds., *Philosophy, Morality, and International Affairs* (Oxford University Press, 1974)도 볼 것.

10 Bruce Kuklick, *Blind Oracles: Intellectuals and War from Kennan to Kissinger* (Princeton University Press, 2006).

11 Albert R. Jonsen, *A Short History of Medical Ethics* (Oxford University Press, 2000)[『의료윤리의 역사』, 이재담 옮김, 로도스, 2014]; Robert Baker, *Before Bioethics: A History of American Medical Ethics from the Colonial Period to the Bioethics Revolution* (Oxford University Press, 2013), 8-10장.

12 이 시기 정의를 주제로 하여 새롭게 나온 글들로는 다음을 참조. Nicholas Rescher, *Distributive Justice* (Bobbs-Merrill Co., 1966); A. M. Honoré, "Social Justice", in *Essays in Legal Philosophy*, ed. Robert S. Summers (Oxford: Basil Blackwell, 1968).

13 Rawls, *A Theory of Justice*, 245, 246. 롤스의 이상론-비이상론 구분에 관해서는 다음을 참조. A. John Simmons, "Ideal and Nonideal Theory", *Philosophy and Public Affairs* 38, no. 1 (2010): 5-36.

14 Charles Mills, "'Ideal Theory' as Ideology", *Hypatia* 20, no. 3 (2005): 165-184.

15 가장 영향력 있었던 사례로는 Hampshire, *Public and Private Morality*에 수록된 글들을 들 수 있다.

16 Beth Bailey, *America's Army: Making the All-Volunteer Force* (Harvard University Press, 2009).

17 Mark Lewis, *The Birth of the New Justice: The Internationalization of Crime and Punishment, 1919-1950* (Oxford University Press, 2014), 274-282.

18 Richard H. King, *Arendt in America* (University of Chicago Press, 2015), 189-218.

19 Judith Shklar, *Legalism: Law, Morals, and Political Trials* (Harvard University Press, 1964), 147; cf. Samuel Moyn, "Judith Shklar versus the International Criminal Court", *Humanity* 4, no. 3 (2013): 473-500.

20 Shklar, *Legalism*, 173.

21 이런 유형의 주장은 근래에도 찾아볼 수 있다. Chase Madar, "Short Cuts", *London Review of Books*, 2 July 2015; Tanisha Fazal, *Wars of Law: Unintended Consequences in the Regulation of Armed Conflict* (Cornell University Press, 2018).

22 일례로 다음 논문을 볼 것. John Courtney Murray, SJ, "War and Conscience", in *A Conflict of Loyalties: The Case for Selective Conscientious Objection*, ed. James Finn (Pegasus, 1968).

23 United States of America v. David Henry Mitchell, III, 246 F. Supp. 874 (D. Conn, 1965).

24 Richard A. Falk, Gabriel Kolko, Robert Jay Lifton, et al., *Crimes of War: A Legal, Political Documentary, and Psychological Inquiry into the Responsibility of Leaders, Citizens, and Soldiers for Criminal Acts in Wars* (Random House, 1971), 206.

25 "A Call to Resist Illegitimate Authority", *New York Review of Books*, 12 October 1967, 그리고 Virginia Schomp, *American Voices from the Vietnam Era* (Benchmark Books, 2005)에 재수록된 "Individuals against the Crime of Silence", 30; David L. Schalk, *War and the Ivory Tower: Algeria and Vietnam* (University of Nebraska Press, 1991), 120-124.

26 Paul S. Boyer, "God, the Bomb, and the Cold War: The Religious and Ethical Debate over Nuclear Weapons, 1945-1960", in *Uncertain Empire: American History and the Idea of the Cold War*, ed. Joel Isaac and Duncan Bell (Oxford University Press, 2012), 165-194.

27 Nicholas Rengger, "On the Just War Tradition in the Twenty-First Century", *International Affairs* 78, no. 2 (2002): 353-363.

28 William V. O'Brien, "The Nuremberg Principles", in Finn, *Conflict of Loyalties*, 140.

29 Michael Harrington, "Politics, Morality, and Selective Dissent", in Finn, *Conflict of Loyalties*, 227, 228, 237.

30 Murray, "War and Conscience", 28; cf. Alan Gewirth, "Reasons and Conscience: The Claims of the Selective Conscientious Objector", in Held et al., *Philosophy, Morality, and International Affairs*.

31 Paul Ramsey, *War and the Christian Conscience: How Shall Modern War Be Conducted Justly?* (Duke University Press, 1961), 128-133; John Rawls, typescript of review of *Basic Christian Ethics* by Paul Ramsey, *Perspective* 3, no. 7 (May 1951): 3, in "Rational Theology (1951-1955)", Box 7, Folder 17, JRP.

32 Paul Ramsey, *The Just War: Force and Political Responsibility* (Rowman & Littlefield, 1991), 440-448, 499, 502-509, 428, xvi. 이런 시각은 정전론을 베트남에 대해 미국이 행한 것과 같은 "제국주의 침략" 전쟁과 연관시킨 이들에 의해 공유되었다. Jessica Whyte, "The 'Dangerous Concept of the Just War': Decolonization, Wars of National Liberation, and the Additional Protocols to the Geneva Convention", *Humanity* 9, no. 3 (2018), 313-341.

33 Paul Ramsey, "Selective Conscientious Objection: Warrants and Reservations", in Finn, *Conflict of Loyalties*, 74.

34 국가에 대한 제약에 관해서는 Slobodian, *Globalists*, 2-25를, 전후 국제법이 전개된 궤적에 관해서는 다음을 참조. Martti Koskenniemi, *The Gentle Civilizer of Nations: The Rise and Fall of International Law 1870-1960* (Cambridge University Press, 2001), 471-508; cf. Samuel Moyn, "The International Law That Is America: Reflections on the Last Chapter of The Gentle Civilizer of Nations", *Temple International and Comparative Law Journal* 29, no. 2 (2013): 399-415.

35 Richard A. Falk, "The Circle of Responsibility", in Falk et al., *Crimes of War*, 230.

36 Richard Wasserstrom, "On the Morality of War: A Preliminary Inquiry", in Wasserstrom, ed., *War and Morality*.

37 John Rawls, "Just War and Conscientious Refusal, Talks to Students of Draft and Resistance (1968)", p. 5, Box 34, Folder 7, JRP.

38 이에 관한 논의로 다음을 참조. David Armitage, *Civil War: A History in Ideas* (Penguin, 2018), 211-216.

39 Rawls, *A Theory of Justice*, 378, 379, 384[국역본, 492-494, 499, 500쪽].

40 전쟁에 대한 롤스의 논의 중에서는 특히 John Rawls, "Moral Problems, Nations and War, Topic I (1968)", and "Moral Basis, Law of Nations, Problems of War, Topic II (1968)", Box 34, Folders 8-9, JRP를 볼 것.

41 Michael Walzer, "Moral Judgment in Time of War", in Wasserstrom, *War and Morality*, 54.

42 Michael Walzer, "World War II: Why Was This War Different?", *Philosophy and Public Affairs* 1, no. 1 (1971): 3-21.

43 Michael Walzer, *The Revolution of the Saints: A Study in the Origins of Radical Politics* (Harvard University Press, 1965), 307, 308[『성도들이 일으킨 혁명』, 류의근 옮김, 대장간, 2022, 367-369쪽].

44 Richard Tuck, "Democracy and Terrorism", in *Political Judgment: Essays for John Dunn*, ed. Richard Bourke and Raymond Geuss (Cambridge University Press,

2009), 313-332.

45 Walzer, *Political Action*, 30-35.
46 Moyn, "From Antiwar Politics to Antitorture Politics", 154-197.
47 Eric Norden, "American Atrocities in Vietnam", *Liberation* 10, no. 11 (1966), 14-27. 이 글은 다음의 제목으로 다시 출간되었다. *Clergy and Laymen Concerned about Vietnam, In the Name of America* (자비출판, 1968).
48 Neil Sheehan, "Should We Have War Crimes Trials?", *New York Times*, 28 March 1971.
49 이런 주장들에 대한 검토로는 다음을 참조. Telford Taylor, *Nuremberg and Vietnam: An American Tragedy* (Quadrangle Books, 1970), 96.
50 Simon Hall, *Peace and Freedom: The Civil Rights and Anti-War Movements in the 1960s* (University of Pennsylvania Press, 2006); Bloom and Martin, *Blacks against Empire*, 48, 49, 103-130.
51 Sidney Morgenbesser, "Imperialism: Some Preliminary Distinctions", in Held et al., *Philosophy, Morality, and International Affairs*.
52 Noam Chomsky, "Review: Just and Unjust Wars", *Australian Outlook* 32, no. 3 (1978): 357-363.
53 Taylor, *Nuremberg and Vietnam*.
54 Richard Wasserstrom, "The Responsibility of the Individual for War Crimes", in Held et al., *Philosophy, Morality, and International Affairs*, 60-62.
55 Wasserstrom, "On the Morality of War: A Preliminary Inquiry", in Wasserstrom, *War and Morality*, 80-85.
56 Richard Wasserstrom, "The Laws of War", *Monist* 56, no. 1 (1972): 1-19; Richard Wasserstrom, "Introduction", in Wasserstrom, *War and Morality*, 3.
57 Marshall Cohen, "Morality and the Laws of War", in Held et al., *Philosophy, Morality, and International Affairs*, 88.
58 Bernard Williams, "A Critique of Utilitarianism", in J.J.C. Smart and Bernard Williams, *Utilitarianism: For and Against* (Cambridge University Press, 1973), 96, 112, 113.
59 Bernard Williams, *Ethics and the Limits of Philosophy* (Harvard University Press, 1985), 108-110[『윤리학과 철학의 한계』, 이민열 옮김, 필로소픽, 2022, 207-210쪽].
60 Stuart Hampshire, "Morality and Pessimism", in Hampshire, *Public and Private Morality*, 1, 4; cf. Isaiah Berlin, *Fathers and Children* (Clarendon Press, 1972), 55.
61 Alasdair MacIntyre, "Utilitarianism and Cost-Benefit Analysis: An Essay on the Relevance of Moral Philosophy to Bureaucratic Theory", in *Values in the Electric Power Industry*, ed. Kenneth Sayre (University of Notre Dame Press, 1977), 224.
62 Hampshire, "Morality and Pessimism", 18.

63 이에 해당하는 예로는 다음을 참조. Hugh LaFolette, ed., *The Oxford Handbook of Practical Ethics* (Oxford University Press, 2003); Bonnie Steinbock, ed., *The Oxford Handbook of Bioethics* (Oxford University Press, 2009); Jeff McMahan, *Killing in War* (Oxford University Press, 2009).

64 G. E. M. Anscombe, "Modern Moral Philosophy", *Philosophy* 33, no. 124 (1958): 1-19; cf. James Doyle, *No Morality, No Self: Anscombe's Radical Skepticism* (Harvard University Press, 2018), 1부.

65 G. E. M. Anscombe, *The Collected Philosophical Papers of G. E. M. Anscombe*, vol. 3 (University of Minnesota Press, 1981), 62-71; G. E. M. Anscombe, "War and Murder", in *Nuclear Weapons: A Catholic Response*, ed. Walter Stein (Sheed & Ward, 1961).

66 G. E. M. Anscombe, *Intention* (Basil Blackwell, 1957).

67 Joel Isaac, "Donald Davidson and the Analytic Revolution in American Philosophy, 1940-1970", *Historical Journal* 56, no. 3 (2013): 757-779, 그리고 특히 760-763을 참조.

68 Philippa Foot, "The Problem of Abortion and the Doctrine of Double Effect", *Oxford Review* 5 (1967): 5-15.

69 Judith Jarvis Thomson, "Killing, Letting Die, and the Trolley Problem", *Monist* 59, no. 2 (1976): 204-217.

70 Cf. Daniel Callahan, "Profile: Institute of Society, Ethics, and the Life Sciences", *BioScience* 21, no. 13 (1971): 735-737.

71 George I. Mavrodes, "Conventions and the Morality of War", *Philosophy and Public Affairs* 4, no. 2 (1975): 117-131; Robert K. Fullinwider, "War and Innocence", *Philosophy and Public Affairs* 5, no. 1 (1975): 90-97; Lawrence Alexander, "Self-Defense and the Killing of Non-combatants: A Reply to Fullinwider", *Philosophy and Public Affairs* 5, no. 4 (1976): 408-415.

72 John Rawls, "Lecture XV on Jus in Bello: Absolutism and Double Effect (I)", p. 3, Box 34, Folder 11, JRP; Anscombe, *Intention*.

73 John Rawls, "Jus in Bello", and "Notes on the Doctrine of Double Effect", pp. 2, 5, Box 34, Folder 11, JRP.

74 Peter Winch, Bernard Williams, Michael Tanner, and G. E. M. Anscombe, "Discussion of 'Contraception and Chastity'", in Michael D. Bayles, *Ethics and Population* (Schenkman Publishing Co., 1976), 159.

75 John Rawls, "Lecture IX: Just Conduct of War", pp. 6a-7, Box 34, Folder 10, JRP; cf. "Jus in Bello" and "Notes on the Doctrine of Double Effect", Box 34, Folder 11, JRP.

76 John Rawls, "Lecture XVII: Natural Duties and Civilian Immunity", p. 3, Box

34, Folder 11, JRP.

77 Rawls, "Lecture XV: Jus in Bello II: Absolutism and Double Effect (I)", p. 7, Box 34, Folder 11, JRP.

78 Ibid., p. 6.

79 Rawls, "Lecture XVII: Natural Duties and Civilian Immunity", p. 6a(강조는 원문), Box 34, Folder 11, JRP.

80 Ibid., pp. 2-8(강조는 원문); cf. Rawls, "Lecture XVI: Jus in Bello II: Absolutism and Double Effect (II)", p. 5, Box 34, Folder 11, JRP.

81 Paul Ramsey, "How Shall Counter-Insurgency War Be Conducted Justly", in Menzel, *Moral Argument and the War in Vietnam*, 93-113 (reproduced from Ramsey, *The Just War*); cf. Hugo Adam Bedau, "Genocide in Vietnam?", in Held et al., *Philosophy, Morality, and International Affairs*.

82 Rawls, "Lecture XVII: Natural Duties and Civilian Immunity", p. 5, Box 34, Folder 11, JRP.

83 J. L. Austin, "A Plea for Excuses: The Presidential Address", *Proceedings of the Aristotelian Society* 57, no. 1 (1957): 30.

84 Peter F. Strawson, *Freedom and Resentment and Other Essays* (Routledge, 1974), 1-28; cf. Stuart Hampshire and H. L. A. Hart, "Decision, Intention, and Certainty", reprinted in *Freedom and Responsibility: Readings in Philosophy and Law*, ed. Herbert Morris (Stanford University Press, 1961). *Wittgensteinian Studies in Philosophical Psychology* 시리즈로 출간된 다음 논저들도 함께 참조. Anthony Kenny, *Action, Emotion, and Will* (Routledge & Kegan Paul, 1963); A. I. Melden, *Free Action* (Routledge & Kegan Paul, 1961); R. S. Peters, *The Concept of Motivation* (Routledge & Kegan Paul, 1958).

85 Barry, *Political Argument*, 113.

86 관련 논의로는 Samuel Scheffler, "Responsibility, Reactive Attitudes, and Liberalism in Philosophy and Politics", *Philosophy and Public Affairs* 21, no. 4 (1992): 299-323; Michael Rosen, "Liberalism, Desert, and Responsibility: A Response to Samuel Scheffler", *Philosophy Books* 44, no. 2 (2003): 118-124; Eric Nelson, *The Theology of Liberalism*, 3장을 참조.

87 Strawson, *Freedom and Resentment and Other Essays*, 1-28.

88 Thomas Nagel, "War and Massacre", *Philosophy and Public Affairs* 1, no. 2 (1972): 128.

89 Ibid., 142.

90 Ibid., 133.

91 Ibid., 137, 138.

92 Ibid., 139.

93　Ibid., 144.

94　하버드에 대비되는 '옥스퍼드식' 접근법에 대해서는 G. A. Cohen, *Rescuing Justice and Equality* (Harvard University Press, 2008), 4, 5 참조.

95　Brian Barry, "And Who Is My Neighbor?", *Yale Law Review* 88, no. 3 (1979): 635.

96　Erwin Knoll and Judith Nies McFadden, eds., *War Crimes and the American Conscience* (Holt, Rinehart and Winston, 1970).

97　"Transcript: Law, Morality, and War: The Ideals of Nuremberg", in Knoll and McFadden, *War Crimes and the American Conscience*, 25.

98　Knoll and McFadden, *War Crimes and the American Conscience*, 41.

99　Ibid., 32.

100　Ibid., 34.

101　Karl Jaspers, *The Question of German Guilt* (Fordham University Press, 2000)[『죄의 문제』, 이재승 옮김, 앨피, 2014].

102　Dwight Macdonald, *The Responsibility of Peoples and Other Essays in Political Criticism* (Victor Gollancz Ltd., 1957), 21, 33; Hannah Arendt, "Organized Guilt and Universal Responsibility", *Jewish Frontier* (January 1945).

103　Hannah Arendt, "Collective Responsibility", in *Amor Mundi: Explorations in the Faith and Thought of Hannah Arendt*, ed. James W. Bernauer (Martinus Nijoff Publishers, 1987), 47.

104　Mills, *The Power Elite*, 6, 26, 27[『파워 엘리트』, 정명진 옮김, 부글북스, 2013, 20, 21, 49-51쪽].

105　H. L. A. Hart and Tony Honoré, *Causation in the Law* (Oxford University Press, 1959).

106　응보주의를 둘러싼 논쟁으로는 다음을 참조. Herbert Morris, "Persons and Punishment", *Monist* 51, no. 4 (1968): 475-501; Jeffrie Murphy, "Three Mistakes about Retributivism", *Analysis* 31, no. 5 (1971): 166-169; John Finnis, "The Restoration of Retribution", *Analysis* 32, no. 4 (1972): 131-135; 처벌의 부당성에 관해서 다음도 참조. Jeffrie G. Murphy, "Marxism and Retribution", *Philosophy and Public Affairs* 2, no. 3 (1973): 217-243.

107　H. L. A. Hart, *Punishment and Responsibility* (Oxford University Press, 1968), 181, 182.

108　Ibid., 226. 하트로부터 시작된 이런 아이디어들의 긴 역사를 논구한 것으로는 다음을 참조. Thomas L. Haskell, "Persons as Uncaused Causes: John Stuart Mill, the Spirit of Capitalism, and the 'Invention' of Formalism", in *The Culture of the Market: Historical Essays*, ed. Thomas L. Haskell and Richard F. Teichgraeber III (Cambridge University Press, 1994), 441-502.

109 Joel Feinberg, "Collective Responsibility", *Journal of Philosophy* 65, no. 21 (1968): 674-688.

110 이런 논쟁들의 함의에 관해서는 다음을 참조. Maeve McKeown, "Responsibility without Guilt: A Youngian Approach to Responsibility for Global Injustice", PhD diss., University College London (2014), 2장[이후 단행본으로 출간됨]. Maeve McKeown, *With Power Comes Responsibility: The Politics of Structural Injustice*, Bloomsbury Academic, 2024].

111 Bernard Williams, "Moral Luck", *Proceedings of the Aristotelian Society* (1976): 115-135; Thomas Nagel, *Mortal Questions* (Cambridge University Press, 1979); T. M. Scanlon, "The Significance of Choice", in *The Tanner Lectures on Human Values*, vol. 8, ed. Sterling M. McMurrin (Cambridge University Press, 1988), 149-216.

112 Kurt Baier, "Guilt and Responsibility", in *Individual and Collective Responsibility: Massacre at My Lai*, ed. Peter A. French (Schenkman Publishing Co., 1972), 10.

113 D. E. Cooper, "Collective Responsibility", *Philosophy* 43, no. 165 (1968): 258-268; Virginia Held, "Can a Random Collection of Individuals Be Morally Responsible?", *Journal of Philosophy* 67, no. 14 (1970): 471-481; Stanley Bates, "The Responsibility of 'Random Collections'", *Ethics* 81, no. 4 (1971): 343-349.

114 United Nations, *Charter of the International Military Tribunal — Annex to the Agreement for the Prosecution and Punishment of the Major War Criminals of the European Axis* (United Nations, 8 August 1945).

115 Richard Wasserstrom, "The Relevance of Nuremberg", *Philosophy and Public Affairs* 1, no. 1 (1971): 22-46, 41.

116 Ibid., 41.

117 Wasserstrom, "The Responsibility of the Individual for War Crimes", 53.

118 O'Brien, "The Nuremberg Principles", 156.

119 Wasserstrom, "The Responsibility of the Individual for War Crimes", 61.

120 Wasserstrom, "The Relevance of Nuremberg", 27.

121 Shklar, *Legalism*, 179.

122 Wasserstrom, "The Responsibility of the Individual for War Crimes", 70.

123 Hart, *Punishment and Responsibility*, 5장.

124 Noam Chomsky, "The Rule of Force in International Affairs", *Yale Law Journal* 80, no. 7 (1971): 1456-1491.

125 Moyn, "Antiwar Politics to Antitorture Politics", 171-176.

126 "Transcript: Law, Morality, and War: The Ideals of Nuremberg", in Knoll and McFadden, *War Crimes and the American Conscience*, 8.

127　Knoll and McFadden, *War Crimes and the American Conscience*, 36-41. 에코사이드와 관련해서는 Robert Gottlieb, *Forcing the Spring: The Transformation of the American Environmental Movement* (Island Press, 2005), 138을 볼 것.

128　Wasserstrom, "The Relevance of Nuremberg", 45.

129　Falk, "The Circle of Responsibility", in Falk et al., *Crimes of War*.

130　Richard Falk, "The Circle of Responsibility", *Nation*, 26 January 1970; Moyn, "Antiwar Politics to Antitorture Politics", 176.

131　Richard Falk, "Ecocide, Genocide, and the Nuremberg Tradition of Individual Responsibility", in Held et al., *Philosophy, Morality, and International Affairs*, 126, 127, 132, 136.

132　"Transcript: Law, Morality, and War: The Ideals of Nuremberg", in Knoll and McFadden, *War Crimes and the American Conscience*, 8.

133　Bailey, *America's Army*, 2-33; cf. Thomas E. Ricks, *Making the Corps* (Scribner, 1997).

134　Brick, *Age of Contradiction*, 124-165.

135　Charles C. Moskos Jr., "Military Made the Scapegoat for Vietnam", in Knoll and McFadden, *War Crimes and the American Conscience*, 180, 181; cf. Friedberg, *In the Shadow of the Garrison State*, 7장.

136　군의 민영화와 그 영향에 대해서는 다음을 참조. Martha Minnow, "Outsourcing Power: How Privatizing Military Efforts Challenges Accountability, Professionalism, and Democracy", *Boston College Law Review* 46, no. 5 (2005): 989-1026; Paul R. Verkuil, *Outsourcing Sovereignty: Why Privatization of Government Functions Threatens Democracy and What We Can Do about It* (Cambridge University Press, 2007). 자원자들로 구성된 군사 조직이 복지에 미친 영향에 대해서는 다음을 참조. Jennifer Mittelstadt, *The Rise of the Military Welfare State* (Harvard University Press, 2015).

137　Rawls, "Conscription (1969)", p. 11, Box 34, Folder 13, JRP.

138　John Rawls, "Lecture XX", Box 34, Folder 14, JRP; cf. Rawls, *A Theory of Justice*, 380[국역본, 494, 495쪽]. 이 논점과 관련해서는 Immanuel Kant, *Political Writings*, ed. Hans Reiss (Cambridge University Press, 1991), 100[『영원한 평화』, 백종현 옮김, 아카넷, 2013, 118쪽]도 함께 볼 것.

139　베트남전과 '위대한 사회' 정책에 투입된 재정에 관해서는 다음을 참조. Jeffrey W. Helsing, *Johnson's War/Johnson's Great Society: The Guns and Butter Trap* (Praeger, 2000); Julian Zelizer, *Taxing America: Wilbur D. Mills, Congress, and the State, 1945-1975* (Cambridge University Press, 1998), 257-270. 위대한 사회 관련 입법들과 감옥 국가carceral state의 심화 사이의 관계에 대해서는 다음을 참조. Elizabeth Hinton, "'A War within Our Own Boundaries': Lyndon Johnson's Great Society and the Rise of the Carceral State", *Journal of American History* 102, no. 1 (2015): 100-112; Julilly Kohler-Hausmann, "Guns and Butter: The Welfare State, the Carceral State, and the Politics of Exclusion in the Postwar United States", *Journal of American History* 102, no. 1 (2015): 87-99. Jordan T. Camp, *Incarcerating the Crisis: Freedom Struggles and the Rise of the Neoliberal State* (University of California Press, 2016).

140 Sanford Levinson, "Responsibility for Crimes of War", *Philosophy and Public Affairs* 2, no. 3 (1973): 251-259.

141 Ibid., 271, 272.

142 Ibid., 270. Nagel, "Ruthlessness in Public Life", 75, 76; Ronald Dworkin, "Liberalism", in Hampshire, *Public and Private Morality*, 113.

143 Wasserstrom, "The Laws of War".

144 Richard B. Brandt, "Utilitarianism and the Rules of War", *Philosophy and Public Affairs* 1, no. 2 (1972): 163, 164; Richard M. Hare, "Rules of War and Moral Reasoning", *Philosophy and Public Affairs*, 1, no. 2 (1972): 166-181.

145 Nagel, "War and Massacre", 143, 144.

146 Bernard Williams and W. F. Atkinson, "Ethical Consistency", *Proceedings of the Aristotelian Society* (suppl.) 39, no. 1 (1965): 103-138.

147 Robert Nozick, "Moral Complications and Moral Structures", *Natural Law Forum* 137 (1968): 34.

148 Bernard Williams, "A Passion for the Beyond", *London Review of Books* 8, no. 14 (1986): 5, 6.

149 Michael Walzer, "Political Action: The Problem of Dirty Hands", *Philosophy and Public Affairs* 2, no. 2 (1973): 170-172.

150 Michael Walzer, *Just and Unjust Wars: A Moral Argument with Historical Illustrations* (Basic Books, 1977), 16장[『마르스의 두 얼굴: 정당한 전쟁, 부당한 전쟁』, 권영근·김덕현·이석구 옮김, 연경문화사, 2007].

151 Walzer, "Political Action", 143, 144.

152 Ibid., 178, 179. Walzer, "The New Left and the Old".

153 Walzer, "Political Action", 179, 180.

154 Michael Walzer, "War Crimes: Defining the Moral Culpability of Leaders and Citizens", *New Republic*, 5 November 1977, 23.

155 Ibid., 18-21.

156 "새로운 절대주의자들"에 관해서는 다음을 참조. Brian Barry, "Morality and Geography", paper presented at the annual meeting of the American Society for Political and Legal Philosophy (3-4 January 1980) Brian Barry Literary Archive (hereafter BBLA). "결의론자"라는 규정에 관해서는 다음을 참조. Sanford Levinson, "A Symposium Review: Thoughts on a Meditation", *Nation* 227, no. 6 (2 September

1978): 181, 182.

157 이 제목은 편집자가 정한 것이었다.

158 Walzer, *Just and Unjust Wars*, 3[『마르스의 두 얼굴』, 권영근·김덕현·이석구 옮김, 61, 62].

159 관련된 예로 다음을 참조. James Griffin, "Are There Incommensurable Values?", *Philosophy and Public Affairs* 7, no. 1 (1977): 39-59; Kenneth W. Howard, "Must Public Hands Be Dirty?", *Journal of Value Inquiry* 11 (1977): 29-40.

160 관련된 예로 Henry Shue, "Torture", *Philosophy and Public Affairs* 7, no. 2 (1977/1978): 124-143; Gregory S. Kavka, *Moral Paradoxes of Nuclear Deterrence* (Cambridge University Press, 1987).

161 이런 편중을 바로잡으려는 근래의 시도로는 다음의 것들이 있다. Corey Brettschneider, *When the State Speaks, What Should It Say?* (Princeton University Press, 2012); Eric Beerbohm, *In Our Name: The Ethics of Democracy* (Princeton University Press, 2012); Lea Ypi, *Global Justice and Avant-Garde Political Agency* (Oxford University Press, 2011); Bernardo Zacka, *Where the State Meets the Street: Public Service and Moral Agency* (Harvard University Press, 2017); Chiara Cordelli, *The Privatized State* (근간)[이후 단행본으로 출간됨. Chiara Cordelli, *The Privatized State* (Princeton University Press, 2022)].

162 Nagel, "Ruthlessness in Public Life", 86.

163 Dworkin, "Liberalism", 116-118.

164 Nagel, "Ruthlessness in Public Life", 83.

165 Ibid., 91.

166 Rawls, "Two Concepts of Rules".

167 관련된 예로 다음을 참조. Charles Fried, "Privacy", *Yale Law Journal* 77, no. 3 (1968): 475-493. 롤스의 공개성으로의 전환에 대해서는 다음을 참조. Rawls, "Constitutional Liberty and the Concept of Justice" (1963), in Rawls, *Collected Papers*, 73; Rawls, "Distributive Justice" (1967), in Rawls, *Collected Papers*, 149 참조. 사생활을 둘러싼 논의로는 다음을 참조. Igo, *The Known Citizen*, 4장.

168 Cf. S. I. Benn and G. F. Gaus, eds., *Public and Private in Social Life* (St. Martin's Press, 1983).

169 이와 같은 두 가지 비판점 모두를 지적한 것으로 다음을 참조. Carole Pateman, "Feminist Critiques of the Public/Private Dichotomy", in Benn and Gauss, *Public and Private in Social Life*, 281-306.

4장. 새로운 평등주의자들

1 Stuart Hampshire, "A Special Supplement: A New Philosophy of the Just Society", *New York Review of Books*, 24 February 1972.

2 John H. Schaar, "Reflections on Rawls' A Theory of Justice", *Social Theory and Practice* 3, no. 1 (1975): 75.

3 이런 서지 사항에 관해서는 다음을 참조. Wellbank, Snook, and Mason, *John Rawls and His Critics*.

4 일례로 다음을 참조. Frankena, *Ethics*, 6; Brandt, *Social Justice*; Carl J. Friedrich and John W. Chapman, eds., *Nomos* VI: Justice (Atherton Press, 1963); Chaim Perelman, *The Idea of Justice and the Problem of Argument* (Routledge & Kegan Paul, 1963); Rescher, *Distributive Justice*; A. M. Honoré, "Social Justice", in Summers, *Essays in Legal Philosophy*.

5 Rawls, "Nature of Political and Social Philosophy (1960-1964)", pp. 6, 7, Box 35, Folder 10, JRP.

6 Alasdair MacIntyre, "The End of Ideology and the End of the End of Ideology", in MacIntyre, *Against the Self-Images of the Age: Essays on Ideology and Philosophy* (Duckworth, 1971).

7 Michael J. Crozier, Samuel P. Huntington, and Jōji Watanuki, *The Crisis of Democracy: Report on the Governability of Democracies to the Trilateral Commission* (New York University Press, 1975); Jürgen Habermas, *Legitimation Crisis*, trans. Thomas McCarthy (Heinemann, 1976)[『후기 자본주의의 정당성 문제』, 임재진 옮김, 종로서적, 1983]. 다음 또한 참조. "Introduction: Crisis, What Crisis?", in Ferguson et al., *The Shock of the Global*.

8 Michael Harrington, *The Other America: Poverty in the United States* (Macmillan, 1962), 156.

9 Aaron Wildavsky, "Government and the People", *Commentary* (August 1973): 32; Schaar, "Reflections on Rawls' A Theory of Justice", 95.

10 Samuel Freeman, "Capitalism in the Classical and High Liberal Traditions", *Social Philosophy and Policy* 28 (2001): 19-55.

11 Dworkin, "Liberalism", 115.

12 Fred Block, *Capitalism: The Future of an Illusion* (University of California Press, 2018), 15-24.

13 Brick and Phelps, *Radicals in America*, 5장.

14 John Rawls, "Liberalism and the New Left", p. 1, Box 24, Folder 8, JRP.

15 Brian Barry, "Just Men and Just Laws: Rawls on the Just Constitution", APSA roundtable, in "APSA roundtable on TJ (September 1973, New Orleans)", Box 24,

Folder 10, JRP.

16 Brian Barry, review of Robert Paul Wolff, *Understanding Rawls: A Reconstruction and Critique of* A Theory of Justice, *Canadian Journal of Philosophy* 8, no. 4 (1978): 753-783; James S. Fishkin and Peter Laslett, *Philosophy, Politics, and Society: A Collection*, 5th ed. (Yale University Press, 1979), 1.

17 Peter Boettke, "James M. Buchanan and the Rebirth of Political Economy", in *Economics and Its Discontents: Twentieth-Century Dissenting Economists*, ed. Richard P. F. Holt and Steven Pressman (Edward Elgar, 1998), 21-39.

18 Gordon Tullock, *The Politics of Bureaucracy* (Public Affairs Press, 1965); William A. Niskanen, *Bureaucracy and Representative Government* (Transaction Publishers, 1971); James M. Buchanan and Richard A. Musgrave, *Public Finance and Public Choice: Two Contrasting Visions of the State* (MIT Press, 1999); Anthony Downs, *Inside Bureaucracy* (Rand Corporation, 1964).

19 James M. Buchanan, "Politics without Romance: A Sketch of Positive Public Choice Theory and Its Normative Implications" (1979), reprinted in *The Collected Works of James Buchanan: The Logical Foundations of Constitutional Liberty*, vol. 1 (Liberty Fund, 1999); Amadae, *Rationalizing Capitalist Democracy*, 3장.

20 뷰캐넌과 롤스의 관계에 관해서는 다음을 참조. S. M. Amadae, *Prisoners of Reason: Game Theory and Neoliberal Political Economy* (Cambridge University Press, 2015), 175-193; Ben Jackson and Zofia Stemplowska, "James Buchanan and John Rawls on the Social Contract", 미출간 원고(2017).

21 James M. Buchanan, "Rawls on Justice as Fairness", review of John Rawls, *A Theory of Justice*, *Public Choice* 13, no. 1 (1972): 123-128, 123; cf. James Buchanan, "Obituary: Justice among Natural Equals: Memorial Marker for John Rawls", *Public Choice* 114, nos. 3/4 (2003). 나이트, 스티글러 등에 관해서는 다음을 참조. Burgin, *The Great Persuasion*.

22 Avner Offner and Gabriel Söderberg, *The Nobel Factor: The Prize in Economics, Social Democracy, and the Market Turn* (Princeton University Press, 2016), 272.

23 Ariela Gross, "A Grassroots History of Colorblind Conservative Constitutionalism", *Law and Social Inquiry* 44, no. 1(2019): 1-20.

24 G. Warren Nutter and James M. Buchanan, "Different School Systems Are Reviewed", *Richmond-Times Dispatch*, 12 April 1959.

25 Nancy MacLean, *Democracy in Chains: The Deep History of the Radical Right's Stealth Plan for America* (Viking, 2017).

26 James M. Buchanan and Nicos E. Devletoglou, *Academia in Anarchy: An Economic Diagnosis* (Basic Books, 1970); James M. Buchanan, "The 'Social' Efficiency of Education", *Il Politico* 35, no. 4 (1970): 653-662; cf. Frank I. Michelman, "In

Pursuit of Constitutional Welfare Rights: One View of Rawls' Theory of Justice", *University of Pennsylvania Law Review* 121 (1973): 962-1019.

27 Rawls, "Distributive Justice (1959)", pp. 14, 15, Box 36, Folder 4, JRP; A. B. Atkinson, "The Collected Papers of Richard A. Musgrave: A Review Article", *Journal of Public Economics* 33, no. 3 (1987): 389-398.

28 일례로 다음을 참조. Paul Samuelson, "The Pure Theory of Public Expenditure", *Review of Economics and Statistics* 36, no. 4 (1954): 387-389.

29 Rawls, *A Theory of Justice*, 244, 245[국역본, 330, 331쪽]; cf. Martin O'Neill and Thad Williamson, "Branches of Government", in *The Cambridge Rawls Lexicon*, ed. Jon Mandle and David A. Reidy (Cambridge University Press, 2013).

30 Rawls, "Distributive Justice" (1967), in Rawls, *Collected Papers*, 143.

31 "Pres. Leadership" (undated document), Box 19, Folder 4, Mont Pèlerin Society Papers, Hoover Institution Archives.

32 Brian Abel-Smith and Peter Townsend, *The Poor and the Poorest: A New Analysis of the Ministry of Labour's Family Expenditure Surveys of 1953-54 and 1960* (G. Bell & Sons, 1965); W. G. Runciman, *Relative Deprivation and Social Justice: A Study of Attitudes to Social Inequality in Twentieth-Century England* (Routledge & Kegan Paul, 1966).

33 Averbeck, "'Want in the Midst of Plenty'", 1-4장.

34 Titmuss, "The Role of Redistribution in Social Policy"; Black and Pemberton, *An Affluent Society?*

35 Jackson, *Equality and the British Left*, 206-208.

36 Barry, *Political Argument*, 104.

37 Harris, "Political Thought and the Welfare State 1870-1940", 137.

38 Arthur Cecil Pigou, Wealth and Welfare (Macmillan, 1912); John A. Hobson, "Economic Art and Human Welfare", *Philosophy* 1, no. 4 (1926): 467-480; cf. Roger E. Backhouse and Tamotsu Nishizawa, "Welfare Economics, Old and New", in *No Wealth but Life: Welfare Economics and the Welfare State in Britain, 1880-1945*, ed. Roger E. Backhouse and Tamotsu Nishizawa (Cambridge University Press, 2010), 223-236.

39 Brian Barry, *The Liberal Theory of Justice: A Critical Examination of the Principal Doctrines in "A Theory of Justice" by John Rawls* (Clarendon Press, 1973), 7.

40 Richard Tuck, "History", in *A Companion to Contemporary Political Philosophy*, vol. 1, ed. Robert E. Goodin, Philip Pettit, and Thomas Pogge (Blackwell, 1993), 79, 80.

41 일례로 다음을 참조. Amartya Sen, "Neo-Classical and Neo-Keynesian Theories of Distribution", *Economic Record* 39 (1963): 53-64; Amartya Sen and W. G. Runciman, "Games, Justice, and the General Will", *Mind* 74, no. 296 (1965):

554-562; Amartya Sen, *Collective Choice and Social Welfare* (Holden-Day, 1970).

42 이타주의의 다양한 경로에 대한 논의로는 다음을 참조. Thomas Dixon, *The Invention of Altruism: Making Moral Meanings in Victorian Britain* (Oxford University Press, 2008); Stefan Collini, "The Culture of Altruism: Selfishness and the Decay of Motive", in Collini, *Public Moralists: Public Thought and Intellectual Life in Britain, 1850~1930* (Clarendon Press, 1991), 60-90; Jonathan Levy, "Altruism and the Origins of Nonprofit Philanthropy", in *Philanthropy in Democratic Societies: History, Institutions, Values*, ed. Rob Reich, Chiara Cordelli, and Lucy Bernholz (University of Chicago Press, 2017); Elisabeth Clemens, "Good Citizens of a World Power: Postwar Reconfigurations of the Obligation to Give", in Sparrow et al., *Boundaries of the State in US History*, 216.

43 Titmuss, *Essays on The Welfare State*, 39; Titmuss quoted in Michael Freeden, "The Coming of the Welfare State", in *The Cambridge History of Twentieth-Century Political Thought*, ed. Terence Ball and Richard Bellamy (Cambridge University Press, 2003), 19; Marshall, *Citizenship and Social Class*, 266.

44 영국에서의 폴라니에 관한 연구로는, Tim Rogan, *The Moral Economists: R. H. Tawney, Karl Polanyi, E. P. Thompson, and the Critique of Capitalism* (Princeton University Press, 2017), 2장.

45 Richard M. Titmuss, *The Gift Relationship: From Human Blood to Social Policy* (Allen and Unwin, 1970), 245[『선물 관계: 인간의 혈액에서 사회정책까지』, 김윤태·윤태호·정백근 옮김, 이학사, 2019, 444, 445쪽].

46 Cf. Istvan Hont, *Jealousy of Trade: International Competition and the Nation-State in Historical Perspective* (Harvard University Press, 2005).

47 이런 흄 전통에 관해서는 다음을 참조. Brian Barry, "Circumstances of Justice and Future Generations", in *Obligations to Future Generations*, ed. Richard I. Sikora and Brian M. Barry (Temple University Press, 1978).

48 Kenneth J. Arrow, "Gifts and Exchanges", *Philosophy and Public Affairs* 1, no. 4 (1972): 354, 360.

49 Peter Singer, "Altruism and Commerce: A Defense of Titmuss against Arrow", *Philosophy and Public Affairs* 2, no. 3 (1973): 312-320, 313.

50 Arrow, "A Cautious Case for Socialism".

51 Isaac, "Pain, Analytical Philosophy, and American Intellectual History", 215.

52 Rawls, *A Theory of Justice*, 502[국역본, 643쪽].

53 Thomas Nagel, *The Possibility of Altruism* (Clarendon Press, 1970), 3, 19.

54 J. R. Lucas, "Justice", *Philosophy* 47 (1972): 230, 242, 247.

55 Brian Barry, "Social Justice", *Oxford Review* 5 (1967): 49.

56 David Miller, *Social Justice* (Clarendon Press, 1976), 146; cf. N.M.L. Nathan,

The Concept of Justice (Macmillan, 1971).

57 Bernard Williams, "The Idea of Equality" (1962), in Runciman and Laslett, *Philosophy, Politics, and Society*, 3rd ed. 기본적 평등에 대한 보다 최근의 논의로는, Jeremy Waldron, *One Another's Equals: The Basis of Human Equality* (Harvard University Press, 2017).

58 W. K. Frankena, "The Concept of Social Justice", section VII, and Gregory Vlastos, "Justice and Equality", section II, in Brandt, *Social Justice*; W. von Leyden, "On Justifying Inequality", *Political Studies* 11, no. 1 (1963): 56-70.

59 Barry, *Political Argument*, 106.

60 Nathan, *The Concept of Justice*, 37; Hart, *Punishment and Responsibility*, 233-237.

61 P. J. Fitzgerald, "Voluntary and Involuntary Acts", and H. L. A. Hart, "Negligence, Mens Rea, and Criminal Responsibility", in *Oxford Essays in Jurisprudence: A Collaborative Work*, ed. Anthony Gordon Guest (Oxford University Press, 1961).

62 Joel Feinberg, *Doing and Deserving: Essays in the Theory of Responsibility* (Princeton University Press, 1970), 81; John Kleinig, "The Concept of Desert", *American Philosophical Quarterly* 8, no. 1 (1971): 71-78.

63 D. D. Raphael, "Conservative and Prosthetic Justice", *Political Studies* 12, no. 2 (1964): 149-162.

64 Nathan, *The Concept of Justice*, 4장.

65 Barry, *Political Argument*, 111.

66 미국에서 "구제 가치가 없는 빈민" 담론의 지속성에 관한 논의로는, Michael B. Katz, *The Undeserving Poor: America's Enduring Confrontation with Poverty* (Oxford University Press, 2013)를 참조.

67 Barry, *Political Argument*, 113.

68 Nathan, *The Concept of Justice*, 66, 67.

69 Barry, *Political Argument*, 115.

70 Rawls, *A Theory of Justice*, 15[국역본, 50쪽].

71 Ibid., §2[2절].

72 Ibid., 103, 104, §48[국역본, 155, 156쪽, 48절].

73 Rawls, *A Theory of Justice*, 587의 §87[국역본, 749, 750쪽의 87절].

74 원초적 입장에 대한 합리적 선택 이론의 해석이 가지는 영속성에 관한 논의로는 다음을 참조. Gerald Gaus and John Thrasher, "Rational Choice and the Original Position: The (Many) Models of Rawls and Harsanyi", in *The Original Position*, ed. Timothy Hinton (Cambridge University Press, 2015), 39-58.

75 John Rawls, "Talk at the American Economics Association in December 1973", pp. 9, 10, 12, Box 24, Folder 12, JRP.

76 냉전 대학에서의 "급진적 저항"에 관해서는 다음을 참조. David Engerman, "Rethinking Cold War Universities: Some Recent Histories", *Journal of Cold War Studies* 5, no. 3 (2003): 95. 또한 "반냉전 사회과학"에 관한 논의로는, Nils Gilman, "The Cold War as Intellectual Force Field", 15를 비롯해 Isaac and Bell, eds., *Uncertain Empire*에 수록된 다양한 논문들을 참조.

77 John Rawls, "Comments at APSA panel (1973)", p. 4, Box 24, Folder 11, JRP.

78 Rawls, *A Theory of Justice*, 274, n. 14; 42, n. 23[국역본, 368쪽 각주 13, 83, 84쪽 각주 23번]. 롤스는 자신의 아이디어에 대해 다양한 출처를 밝혀 왔다. 예를 들어, 1962년에는 자신의 "우열 서열화" 개념이 경제사학자 피터 테민Peter Temin으로부터 왔다고 말했다. John Rawls to Partha Dasgupta, 26 June 1972, Box 19, JRP.

79 Rawls, *A Theory of Justice*, 273, 274[국역본, 367, 368쪽].

80 이와 상이한 입장으로는, Ron, "Visions of Democracy in 'Property-Owning Democracy'".

81 Rawls, "Comments at APSA panel (1973)", p. 4.

82 David L. Schaefer, "Ideology in Philosophy's Clothing: John Rawls's A Theory of Justice", paper presented at the annual APSA meeting (1973), Box 24, Folder 10, JRP; cf. David Lewis Schaefer, *Justice or Tyranny? A Critique of John Rawls's A Theory of Justice* (Kennikat Press, 1979).

83 Allan Bloom, "Justice: John Rawls vs. the Tradition of Political Philosophy", review of John Rawls, *A Theory of Justice, American Political Science Review* 69, no. 2 (1975): 649.

84 Schaar, "Reflections on Rawls' *A Theory of Justice*", 59.

85 Ronald Moore, "Rawls on Constitution-Making", *Nomos 20: Constitutionalism* (1979): 238-268; Richard B. Parker, "The Jurisprudential Uses of John Rawls", *Nomos 20: Constitutionalism* (1979): 269-295.

86 Marshall Cohen, "The Social Contract Explained and Defended", *New York Times Book Review*, 16 July 1972, 1.

87 Hal R. Varian, "Distributive Justice, Welfare Economics, and the Theory of Fairness", *Philosophy and Public Affairs* 4, no. 3 (1975): 223-247; Backhouse and Nishizawa, *No Wealth but Life*, 13.

88 Lyons, "Moral Judgment, Historical Reality, and Civil Disobedience".

89 Schaefer, "Ideology in Philosophy's Clothing"; Barry, *The Liberal Theory of Justice*, 166-168.

90 Rawls, *A Theory of Justice*, §26[국역본, 26절].

91 Kenneth Arrow, *Essays in the Theory of Risk-Bearing* (North-Holland Publishing Co., 1970).

92 John Harsanyi, "Can the Maximin Principle Serve as a Basis for Morality? A

Critique of John Rawls's Theory", *American Political Science Review* 69, no. 2 (1975): 594-606.

93 "Gordon Schochet, "The Politics (and Sociology) of Justice: Rawls and His Critics", Box 24, Folder 10, JRP.

94 예를 들어 Daniels, *Reading Rawls*에 수록된 토머스 네이글, 로널드 드워킨, 밀턴 피스크Milton Fisk, 그리고 데이비드 라이언스의 논문을 참조.

95 Barry, *The Liberal Theory of Justice*; 그리고 가장 영향력 있는 비판으로는, G. A. Cohen, "Where the Action Is"가 있다.

96 Michael Walzer, "Philosophy and Democracy", *Political Theory* 9, no. 3 (1981): 389.

97 Robert Paul Wolff, *Understanding Rawls: A Reconstruction and Critique of A Theory of Justice* (Society for Philosophy and Culture, 2013).

98 C. B. Macpherson, "Rawls's Model of Man and Society", *Philosophy of the Social Sciences* 3, no. 4 (1973): 343; John Schaar, *Legitimacy in the Modern State* (Transaction Books, 1981), 145-166, 211-230.

99 롤스의 칸트주의에 관해서는 다음을 참조. Rawls, *A Theory of Justice*, 251[국역본, 338쪽]; John Rawls, "A Kantian Conception of Equality", in Rawls, *Collected Papers*, 254-266. 이에 대한 초기 비판으로는 다음을 참조. Andrew Levine, "Rawls' Kantianism", *Social Theory and Practice* 3, no. 1 (1974): 47-63; cf. Stanley Bates, "The Motivation to Be Just", *Ethics* 85, no. 1 (1974): 1-17.

100 Peter French, *Collective and Corporate Responsibility* (Columbia University Press, 1984).

101 Jane English, "Justice between Generations", *Philosophical Studies* 31, no. 2 (1977): 91-104; Okin, *Justice, Gender, and the Family*".

102 Barry, *The Liberal Theory of Justice*, 44.

103 원초적 입장의 중요성에 이의를 제기한 초기 논의 중 제일 중요한 것으로는, Thomas M. Scanlon, "Rawls' Theory of Justice", *University of Pennsylvania Law Review* 121, no. 5 (1973): 1020-1069.

104 Michael Sandel, *Liberalism and the Limits of Justice* (Cambridge University Press, 1982)[『정의의 한계』, 이양수 옮김, 멜론, 2012].

105 H. L. A. Hart, "Rawls on Liberty and Its Priority", *University of Chicago Law Review* 40, no. 3 (1973): 534-555; Brian Barry, "Rawls and the Priority of Liberty", *Philosophy and Public Affairs* 2, no. 3 (1973): 274-290.

106 Perry Anderson, "A Culture in Contraflow—II", *New Left Review* 182 (July/August 1990): 106.

107 Daniel Bell, *The Coming of Post-Industrial Society: A Venture in Social Forecasting* (Basic Books, 1973), 441-444[『탈산업사회의 도래』, 박형신·김원동 옮김,

아카넷, 2006, 779-786쪽].

108 Hampshire, "A Special Supplement: A New Philosophy of the Just Society", 9; Barry, *The Liberal Theory of Justice*, 166-168.

109 David Miller, *Social Justice*, 42-50.

110 Runciman, *Relative Deprivation and Social Justice*, part 4.

111 W. G. Runciman to John Rawls, 14 May 1966, Box 19, Folder 2, JRP.

112 Barry, *The Liberal Theory of Justice*, 50.

113 일례로, Kai Nielsen, "Rawls and Classist Amoralism", *Mind* 86, no. 341 (1977): 19.

114 Varian, "Distributive Justice, Welfare Economics, and the Theory of Fairness"; Brian Barry, "Critical Notice of Robert Paul Wolff, Understanding Rawls: A Reconstruction and a Critique", *Canadian Journal of Philosophy* 8, no. 4 (1978): 753-783; Arthur DiQuattro, "Rawls and Left Criticism", *Political Theory* 11, no. 1 (1983): 53-78. 민중의 자본주의people's capitalism라는 개념은 A. A. 벌A. A. Berle이 유행시켰다. A. A. Berle Jr., *The 20th Century Capitalist Revolution* (Harcourt, Brace & Company, 1954), 24.

115 Barry Clark and Herbert Gintis, "Rawlsian Justice and Economic Systems", *Philosophy and Public Affairs* 7, no. 4 (1978): 302-325; Benjamin R. Barber, "Justifying Justice: Problems of Psychology, Measurement, and Politics in Rawls", *American Political Science Review* 69, no. 2 (June 1975): 672; Robert Amdur, "Rawls and His Radical Critics: The Problem of Equality", *Dissent* (Summer 1980). 또한 Daniels, *Reading Rawls*에 수록된 밀턴 피스크, 노먼 대니얼스, 리처드 밀러Richard Miller의 논문들을 참조.

116 David E. Schweickart, "Should Rawls Be a Socialist? A Comparison of His Ideal Capitalism with Worker-Controlled Socialism", *Social Theory and Practice* 5, no. 1 (Fall 1978): 1-27; cf. Norman Daniels, "Equal Liberty and the Unequal Worth of Liberty", in Daniels, *Reading Rawls*; Amy Gutmann, *Liberal Equality* (Cambridge University Press, 1980).

117 비판 법학의 다양한 조류에 관해서는, Mark Tushnet, "Critical Legal Studies: A Political History", *Yale Law Journal* 100, no. 5 (1991): 1515-1544.

118 Rawls, *A Theory of Justice*, 280[국역본, 374, 375쪽]. 관련해서는 다음을 참조. Macpherson, "Rawls's Model of Man and Society", 341-347; Wolff, *Understanding Rawls*; Kai Nielsen, "On the Very Possibility of a Classless Society: Rawls, Macpherson, and Revisionist Liberalism", *Political Theory* 6, no. 2 (1978): 191-208; Nielsen, "Rawls and Classist Amoralism".

119 Barry, *The Liberal Theory of Justice*, 164.

120 Moyn, *Not Enough*, 40, 168, 169[『충분하지 않다』, 김대근 옮김, 77, 78,

289-291쪽]. 충분성에 대한 논의로는, Harry Frankfurt, "Equality as a Moral Ideal", *Ethics* 98, no. 1 (1987): 21-43; David Wiggins, "Claims of Need", in Wiggins, *Needs, Values, Truth: Essays in the Philosophy of Value* (Clarendon Press, 1998).

121 Goodwin Liu, "Rethinking Constitutional Welfare Rights", *Stanford Law Review* 61, no. 2 (2008): 204-233; William E. Forbath, "Constitutional Welfare Rights: A History, Critique, and Reconstruction", *Fordham Law Review* 69, no. 5 (2001): 1821-1891.

122 Michelman, "The Supreme Court, 1968 Term: Foreword".

123 Brooke, "Rawls and Rousseau on the General Will".

124 Wolff, *Understanding Rawls*, 205-210.

125 Rawls, "Talk at the American Economics Association in December 1973", pp. 12, 13, Box 24, Folder 12, JRP.

126 Ibid., 9.

127 Barry, "Just Men and Just Laws", p. 5; John Rawls, response at APSA roundtable, September 1973, pp. 6, 7, Box 24, Folder 10, JRP.

128 Rawls, "Liberalism and the New Left", 1.

129 Nozick, *Anarchy, State, and Utopia*, ix[『아나키에서 유토피아로』, 남경희 옮김, 11쪽].

130 Thomas Nagel, "Nozick: Libertarianism without Foundations", in Nagel, *Other Minds: Critical Essays 1969-1994* (Oxford University Press, 1995), 137-149; cf. Peter Singer, "The Right to Be Rich or Poor", *New York Review of Books*, 6 March 1975; John Dunn, "Rights", *London Review of Books* 2, no. 19 (2 October 1980).

131 Michael Walzer, *Spheres of Justice: A Defense of Pluralism and Equality* (Basic Books, 1983), xvii[『정의와 다원적 평등: 정의의 영역들』, 정원섭 외 옮김, 철학과현실사, 1999, 24쪽].

132 Nozick, *Anarchy, State, and Utopia*, 30-34[『아나키에서 유토피아로』, 남경희 옮김, 53-58쪽].

133 Ibid., 198[『아나키에서 유토피아로』, 남경희 옮김, 248, 249쪽].

134 Ibid., 150-182[『아나키에서 유토피아로』, 남경희 옮김, 192-230쪽].

135 Ibid., 228-231[『아나키에서 유토피아로』, 남경희 옮김, 285-289쪽].

136 Karen Johnson, "Government by Insurance Company: The Antipolitical Philosophy of Robert Nozick", *Western Political Quarterly* 29, no. 2 (1976): 177-188; Benjamin R. Barber, "Deconstituting Politics: Robert Nozick and Philosophical Reductionism", *Journal of Politics* 39, no. 1 (1977): 2-23.

137 사유재산권 이론의 부상에 관해서는 다음을 참조. Joel Isaac, "Property, Efficiency, and the State: The Neoliberal Critique of Bureaucracy 1945-1970", 미출간 원고(2016).

138 Mark Blyth, *Great Transformations: Economic Ideas and Institutional Change in the Twentieth Century* (Cambridge University Press, 2002); Laura Kalman, *Right Star Rising: A New Politics, 1974-1980* (W. W. Norton, 2010); Jennifer Burns, *Goddess of the Market: Ayn Rand and the American Right* (Oxford University Press, 2009).

139 Bernard Barber, "Absolutization of the Market: Some Notes on How We Got from Here to There", in *Markets and Morals*, ed. Gerald Dworkin, Gordon Bermant, and Peter G. Brown (Halsted Press, 1977).

140 "G. A. Cohen, "Robert Nozick and Wilt Chamberlain: How Patterns Preserve Liberty", *Erkenntnis* 11, no. 1 (1977): 5-23; Peter Singer, "Freedom and Utilities in the Distribution of Health Care", and Charles Fried, "Difficulties in the Economic Analysis of Rights", in Dworkin, Bermant, and Brown, *Markets and Morals*.

141 Cf. Thomas Scanlon, "Nozick on Rights, Liberty, and Property", *Philosophy and Public Affairs* 6, no. 1 (1976): 3-25; Christopher Ake, "Justice as Equality", *Philosophy and Public Affairs* 5, no. 1 (1975): 69-89.

142 Allen Buchanan, "Distributive Justice and Legitimate Expectations", *Philosophical Studies* 28, no. 6 (1975): 419-425.

143 Lawrence C. Becker, "Economic Justice: Three Problems", *Ethics* 89, no. 4 (1979): 385-393; cf. Lawrence H. White, "Redistribution versus Social Stability in Rawls", *Occasional Review* 8/9 (1978): 85-94; David Lewis Schaefer, ed., *The New Egalitarianism: Questions and Challenges* (Kennikat Press, 1979).

144 Dworkin, "Liberalism", 115.

145 Karl, *The Uneasy State*, 229. "비판적 자유주의자들"에 관해서는 Kornhauser, *Debating the American State* 참조.

146 Dworkin, "Liberalism", 116-118.

147 이 책의 8장에서는 공동체주의자들과 자유주의자들이 이런 주장을 어떻게 전개했는지 다룬다. 이와 유사한 선행 논의로 다음의 것도 참조. Raymond Geuss, "Neither History nor Praxis", in *Outside Ethics* (Princeton University Press, 2009).

148 Lucas, "Justice", 233.

149 일례로, T. M. Scanlon, "Contractualism and Utilitarianism", in *Utilitarianism and Beyond*, ed. Amartya Sen and Bernard Williams (Cambridge University Press, 2010); David Gauthier, *Morals by Agreement* (Oxford University Press, 1986)[데이비드 고티에, 『합의도덕론』, 김형철 옮김, 철학과현실사, 1993].

150 John R. Danley, "An Examination of the Fundamental Assumptions of Hypothetical Process Arguments", *Philosophical Studies* 34, no. 2 (1978): 187-195.

151 예를 들어, 다음을 참조. Robert E. Goodin, *The Politics of Rational Man* (John Wiley & Sons, 1976), 6, 12장; Norman Daniels, "Merit and Meritocracy", *Philosophy and Public Affairs* 7, no. 3 (1978): 206-223. 또한 다음을 보라. David Schweickart,

"Capitalism, Contribution, and Sacrifice", James Rachels, "What People Deserve", and Joel Feinberg, "Economic Income as Deserved", in *Justice and Economic Distribution*, ed. John Arthur and William H. Shaw (Prentice-Hall, 1978).

152 DiQuattro, "Rawls and Left Criticism"; Norman Geras, "The Controversy about Marx and Justice", *Philosophica* 33, no. 1 (1984): 33-86; Kai Nielsen, *Equality and Liberty: A Defense of Radical Egalitarianism* (Rowman & Allanheld, 1985). 후대 좌파 진영에서 이뤄진 노직과의 이론적 대화로는 다음을 참조. Robert J. van der Veen and Philippe Van Parijs, "Entitlement Theories of Justice: From Nozick to Roemer and Beyond", *Economics and Philosophy* 1, no. 1 (1985): 69-81.

153 노직에 대한 평등주의적 (그리고 계약주의적) 반응으로는 다음을 참조. Samuel Scheffler, "Natural Rights, Equality, and the Minimal State", *Canadian Journal of Philosophy* 6, no. 1 (1976): 59-76; David B. Lyons, "Rights against Humanity", *Philosophical Review* 85, no. 2 (1976): 208-215; Robert F. Ladenson, "Nozick on Law and the State: A Critique", *Philosophical Studies* 34, no. 4 (1978): 437-444. 새로운 평등주의의 제도주의적 특성에 관해서는 다음을 참조. Hugo Bedau, "Social Justice and Social Institutions", *Midwest Studies in Philosophy* 3, no. 1 (1978): 159-175; cf. Brian Barry, *Justice as Impartiality: A Treatise on Social Justice* (Clarendon Press, 1995), 214.

154 비이상론에의 제약에 관한 주장이 변화하는 과정에 대한 논의로는 다음을 참조.Cf. Feinberg, "Duty and Obligation in the Non-Ideal World", and Michael Phillips, "Reflections on the Transition from Ideal to Non-Ideal Theory", *Noûs* 19, no. 4 (1985): 551-580. 더 후대의 논의로는 다음을 참조. George Sher, *Approximate Justice: Studies in Non-Ideal Theory* (Rowman & Littlefield, 1997); G. A. Cohen, *If You're an Egalitarian, How Come You're So Rich?* (Harvard University Press, 2000); Liam Murphy, *Moral Demands in Nonideal Theory* (Oxford University Press, 2000).

155 Dworkin, "Liberalism", 122.

156 가장 유명한 논의로는 James Forman, "The Black Manifesto", reprinted in Boris I. Bittker, *The Case for Black Reparations* (Beacon Press, 2003), 161-175; cf. Robert S. Lecky and H. Elliott Wright, eds., *Black Manifesto: Religion, Racism, and Reparations* (New York, 1969). 제임스 포먼의 논의에서 노예제만큼이나 계급이 중요하다는 주장으로는, Cedric Johnson, *Revolutionaries to Race Leaders: Black Power and the Making of African American Politics* (University of Minnesota Press, 2007), 155.

157 Michael Harrington and Arnold S. Kaufman, "Black Reparations — Two Views", *Dissent* (July/August 1969): 318-389; Hugo Adam Bedau, "Compensatory Justice and the Black Manifesto", *Monist* 56, no. 1 (1972): 22; Bittker, *The Case for Black Reparations*, 34, 68; Bernard R. Boxill, "The Morality of Reparation", *Social Theory and Practice* 2, no. 1 (1972).

158 Nozick, *Anarchy, State, and Utopia*, 153[『아나키에서 유토피아로』, 남경희 옮김,

196쪽]. 또한 다음을 참조. Katrina Forrester, "Reparations, History, and the Origins of Global Justice", in *Empire, Race, and Global Justice*, ed. Duncan Bell (Cambridge University Press, 2019), 22-51.

159 Boxill, "The Morality of Reparation", 117.
160 Ibid., 116.
161 Ibid., 117, 120, 121.
162 Bedau, "Compensatory Justice"; cf. Evan Simpson, "Socialist Justice", *Ethics* 87, no. 1 (1976): 1-17.
163 David Lyons, "The New Indian Claims and Original Rights to Land", *Social Theory and Practice* 4, no. 3 (1977): 268 (emphasis in original).
164 또한 다음을 참조. Marshall Cohen, Thomas Nagel, and Thomas Scanlon, eds., *Equality and Preferential Treatment* (Princeton University Press, 1977), xii.
165 Ruddick, "Philosophy and Public Affairs", 744.
166 Ira Katznelson, *When Affirmative Action Was White: An Untold History of Racial Inequality in Twentieth-Century America* (W. W. Norton, 2005).
167 Schiller, *Forging Rivals*, 7-9.
168 Judith Jarvis Thompson, "Preferential Hiring", *Philosophy and Public Affairs* 2, no. 4 (1973): 364-384.
169 Robert Simon, "Preferential Hiring: A Reply to Judith Jarvis Thomson", *Philosophy and Public Affairs* 3, no. 3 (1974): 312-320; George Sher, "Justifying Reverse Discrimination in Employment", *Philosophy and Public Affairs* 4, no. 2 (1975): 159-70; George Sher, "Reverse Discrimination, the Future, and the Past", *Ethics* 90, no. 1 (1979): 81-87; Robert K. Fullinwider, "Preferential Hiring and Compensation", *Social Theory and Practice* 3, no. 3 (1975): 307-320.
170 Edwin L. Goff, "Affirmative Action, John Rawls, and a Partial Compliance Theory of Justice", *Cultural Hermeneutics* 4, no. 1 (1976): 43-59. "충분히 롤스주의적이지 않다"는 선언은 Robert S. Taylor, "Rawlsian Affirmative Action", *Ethics* 119, no. 3 (2009): 477에서 찾을 수 있다. 비이상론에 관한 개괄로는 다음을 참조. Laura Valentini, "Ideal vs. Non-Ideal Theory: A Conceptual Map", *Philosophy Compass* 7, no. 9 (2012): 654-664.
171 Robert L. Simon, "Individual Rights and 'Benign' Discrimination", *Ethics* 90, no. 1 (1979): 88-97; Terry Eastland and William J. Bennett, *Counting by Race: Equality from the Founding Fathers to Bakke and Weber* (Basic Books, 1979); Barry Gross, *Discrimination in Reverse: Is Turnabout Fair Play?* (New York University Press, 1978).
172 Norman Daniels, "Meritocracy", in Arthur and Shaw, *Justice and Economic Distribution*, 137.
173 John Rawls, "Distributive Justice: Some Addenda", in Rawls, *Collected*

Papers, 165; Rawls, A Theory of Justice, §17[국역본, 17절].

174 Rachels, "What People Deserve", 144, 147.

175 후대의 평등주의자들은 통합이 아닌 다양성을 이유로 적극적 평등 실현 조치에 찬성했다. Elizabeth S. Anderson, "Integration, Affirmative Action, and Strict Scrutiny", *New York University Law Review* 77, no. 5 (2002): 1195-1271.

176 Owen M. Fiss, "A Theory of Fair Employment Laws", *University of Chicago Law Review* 38 (1971): 235-314; Owen M. Fiss, "School Desegregation: The Uncertain Path of the Law", *Philosophy and Public Affairs* 4, no. 1 (1974): 3-39; Owen M. Fiss, "The Fate of an Idea Whose Time Has Come: Antidiscrimination Law in the Second Decade after Brown v. Board of Education", *University of Chicago Law Review* 41, no. 4 (1973/1974): 742-773; Owen Fiss, "The Jurisprudence of Busing", *Law and Contemporary Problems* 39, no. 1 (1975): 194-216. 언급된 철학자들이 많이 살고 있던 보스턴에서의 버스 등교 정책에 관해서는, Ronald P. Formisano, *Boston against Busing: Race, Class, and Ethnicity in the 1960s and 1970s* (University of North Carolina Press, 1991).

177 Owen M. Fiss, "Groups and the Equal Protection Clause", *Philosophy and Public Affairs* 5, no. 2 (1976): 107; Jack M. Balkin and Reva B. Siegel, "The American Civil Rights Tradition: Anticlassification or Antisubordination?" *Yale Law School Faculty Scholarship Series*, paper 246 (2004).

178 Kathryn R. Abrams, "'Groups' and the Advent of Critical Race Scholarship", *Issues in Legal Scholarship* 2, no. 1 (2003): 23.

179 Fiss, "Groups and the Equal Protection Clause", 151.

180 Thomas Nagel, "Introduction", in Cohen et al., *Equality and Preferential Treatment*, xii.

181 Ibid., ix.

182 이런 비판에 관해서는 다음을 참조. Anita L. Allen, "Race, Face, and Rawls", *Fordham Law Review* 72 (2004): 1677-1696; 그리고 찰스 밀스의 저작들, 특히 Charles Mills, "White Supremacy and Racial Justice", in Mills, *From Class to Race: Essays in White Marxism and Black Radicalism* (Rowman & Littlefield, 2003), 195-218; Charles W. Mills, T*he Racial Contract* (Cornell University Press, 1997)[『(근대를 보는 또 하나의 시선) 인종 계약』, 정범진 옮김, 아침이슬, 2006]; Charles W. Mills, *Black Rights/White Wrongs: The Critique of Racial Liberalism* (Oxford University Press, 2017).

183 Thomas Nagel, "John Rawls and Affirmative Action", *Journal of Blacks in Higher Education* 39 (2003): 82-84; Samuel Freeman, *Rawls* (Routledge, 2007), 90, 91. John Rawls, *Justice as Fairness: A Restatement* (Harvard University Press, 2001), 66[『공정으로서의 정의: 재서술』, 김주희 옮김, 이학사, 2016, 123-125쪽].

184 Rawls, *A Theory of Justice*, §25, 149[국역본, 25절, 211쪽].

185 Boxill, *Blacks and Social Justice*; Laurence Thomas, "Self-Respect: Theory and Practice", in *Philosophy Born of Struggle: Anthology of Afro-American Philosophy from 1917*, ed. Leonard Harris (Kendall/Hunt, 1983), 174-189; Michele M. Moody-Adams, "Race, Class, and the Social Construction of Self-Respect", *Philosophical Forum* 24, nos. 1-3 (1992/1993): 251-266. 보다 최근의 논의로는 다음을 참조. Christopher J. Lebron, *The Color of Our Shame: Race and Justice in Our Time* (Oxford University Press, 2013). Tommie Shelby, *Dark Ghettos: Injustice, Dissent, and Reform* (Harvard University Press, 2016); Shatema Threadcraft, *Intimate Justice: The Black Female Body and the Body Politic* (Oxford University Press, 2016).

186 이런 유형의 롤스 옹호론으로는, Tommie Shelby, "Race and Social Justice: Rawlsian Considerations", *Fordham Law Review* 72, no. 5 (2004): 1697-1714.

5장. 세계를 향해 나아가다

1 Brian Barry, "The Elements of Political Theory", 미출간 원고(1973), BBLA, 22.

2 Ferguson et al., *The Shock of the Global*; Harold James, *International Monetary Cooperation since Bretton Woods* (Oxford University Press, 1996).

3 Meg Jacobs, *Panic at the Pump: The Energy Crisis and the Transformation of American Politics Politics in the 1970s* (Hill and Wang, 2016).

4 Richard N. Cooper, *The Economics of Interdependence: Economic Policy in the Atlantic Community* (McGraw-Hill, for the Council on Foreign Relations, 1968); Herbert L. Marx Jr., ed., *The World Food Crisis* (H. W. Wilson, 1975); Sayed Ahmed Marei, ed., *The World Food Crisis* (Longman, 1976); Geoffrey Barraclough, "The Great World Crisis I", *New York Review of Books*, 23 January 1975; Emma Rothschild, "What Is the 'Energy Crisis?'", *New York Review of Books*, 19 July 1973.

5 Lasse Heerten, "The Dystopia of Postcolonial Catastrophe: Self-Determination, the Biafran War of Secession, and the 1970s Human Rights Moment", in *The Breakthrough: Human Rights in the 1970s*, ed. Jan Eckel and Samuel Moyn (University of Pennsylvania Press, 2014), 15-33. 기아를 국가 차원의 문제로 보는 논의로는 다음의 것도 참조. James Vernon, *Hunger: A Modern History* (Harvard University Press, 2007).

6 Matthew Hilton, "International Aid and Development NGOs in Britain and Human Rights since 1945", *Humanity* 5, no. 3 (Winter 2012): 449-472; Stephen Macekura, *Of Limits and Growth: The Rise of Global Sustainable Development in the Twentieth Century* (Cambridge University Press, 2015).

7   Adom Getachew, *Worldmaking after Empire: The Rise and Fall of Self-Determination* (Princeton University Press, 2019), 5장.

8   "Notes and News", *Journal of Philosophy* 73, no. 19 (November 1976): 768; Henry Shue, *Fighting Hurt: Rule and Exception in Torture and War* (Oxford University Press, 2016), vi; cf. Tom L. Beauchamp, "On Eliminating the Distinction between Applied Ethics and Ethical Theory", *Monist* 67, no. 4 (1984): 514-531.

9   2015년 토머스 포기는 예일 대학교와 컬럼비아 대학교에 재직하던 시기 성추행을 저질렀다는 혐의로 고소되었다. 그는 혐의를 부인했다. 이에 관해서는 다음을 보라. Katie J. M. Baker, "The Famous Ethics Professor and the Women Who Accused Him", *Buzzfeed News*, 20 May 2016, https://www.buzzfeednews.com/article/katiejmbaker/yale-ethics-professor (2018년 8월 24일 접속).

10   Peter Singer, "Famine, Affluence, and Morality", *Philosophy and Public Affairs* 1, no. 3 (1972): 229-243, 231.

11   Ibid., 235, 240.

12   T. M. Scanlon, "Rawls's Theory of Justice", in Daniels, *Reading Rawls*, 202.

13   Peter Singer, "Moral Experts", *Analysis* 32, no. 4 (1972): 115-117.

14   미국과 전 세계의 소비자 행동주의에 관련해서는 다음을 참조. Lawrence B. Glickman, *Buying Power: A History of Consumer Activism in America* (University of Chicago Press, 2009); Tehila Sasson, "Milking the Third World? Humanitarianism, Capitalism, and the Moral Economy of the Nestlé Boycott", *American Historical Review* 121, no. 4 (2016): 1196-1224.

15   효과적 이타주의에 관련해서는 다음을 참조. Amia Srinivasan, "Stop the Robot Apocalypse: The New Utilitarians", *London Review of Books* 37, no. 18 (24 September 2015): 3-6. 자선 윤리에 관해서는 다음을 참조. Rob Reich, *Just Giving: Why Philanthropy Is Failing Democracy and How It Can Do Better* (Princeton University Press, 2018). 법인의 사회적 책임에 관한 역사학적 분석으로는 다음을 참조. Renginee Pillay, *The Changing Nature of Corporate Social Responsibility: CSR and Development in Context — The Case of Mauritius* (Routledge, 2015), 1장.

16   Peter Singer, *Marx* (Oxford University Press, 1980)[『마르크스』, 노승영 옮김, 교유서가, 2019].

17   Singer, "Altruism and Commerce", 318.

18   James P. Grant, "Development: The End of Trickle Down?", *Foreign Policy* 12 (1973): 43-65.

19   Gilman, *Mandarins of the Future*; H. W. Arndt, *Economic Development: The History of an Idea* (University of Chicago Press, 1987), 3장.

20   Howard Brick, "Neo-Evolutionist Anthropology, the Cold War, and the Beginnings of the World Turn in US Scholarship", in *Cold War Social Science: Knowledge*

Production, Liberal Democracy, and Human Nature, ed. Mark Solovey and Hamilton Cravens (Palgrave Macmillan, 2012), 155-174.

21 Fredrick Cooper and Randall M. Packard, *International Development and the Social Sciences: Essays on the History and Politics of Knowledge* (University of California Press, 1997). 반식민주의적 민족주의의 모순에 대한 고전적 연구로는 다음을 참조. Partha Chatterjee, *Nationalist Thought in the Colonial World: A Derivative Discourse* (University of Chicago Press, 1986)[『민족주의 사상과 식민지 세계』, 이광수 옮김, 그린비, 2013]. "방법론적 민족주의" 일반에 관해서는 다음을 참조. Manu Goswami, *Producing India: From Colonial Economy to National Space* (University of Chicago Press, 2004), 1-30.

22 Guiliano Garavini, *After Empires: European Integration, Decolonization, and the Challenge from the Global South 1957-1986* (Oxford University Press, 2012), 241-261; Gilbert Rist, *The History of Development: From Western Origins to Global Faith* (Zed Books, 2014), 10장. "원조가 아닌 무역"론에 대한 미국 측의 인식에 관해서는 다음을 참조. David Ekbladh, *The Great American Mission: Modernization and the Construction of an American World Order* (Princeton University Press, 2009), 5장. "기본적 필요"에 관해서는 다음을 참조. Moyn, *Not Enough*, 5장.

23 Raúl Prebisch, "The Economic Development of Latin America and Its Principal Problems", *United Nations* (1950); Hans Singer, "The Distribution of Gains between Investing and Borrowing Countries", *American Economic Review* 40, no. 2 (1950): 473-485; cf. John Toye and Richard Toye, "The Origins and Interpretation of the Prebisch-Singer Thesis", *History of Political Economy* 35, no. 3 (2003): 437-467.

24 Andre Gunder Frank, *Capitalism and Underdevelopment in Latin America: Historical Studies of Chile and Brazil* (Monthly Review Press, 1967); cf. Cody Stephens, "The Accidental Marxist: Andrew Gunder Frank and the 'Neo-Marxist' Theory of Underdevelopment, 1958-1967", *Modern Intellectual History* 15, no. 2 (2018): 411-442.

25 Getachew, *Worldmaking after Empire*, 1, 3, 5장.

26 유엔 중남미·카리브경제위원회에 관해서는 다음을 보라. Garavini, *After Empires*, 25. 종속성에 대한 다양한 논의와 다양한 네오마르크주의 이론들 중에서는 예컨대 다음을 참조. Arghiri Emmanuel, *Unequal Exchange: A Study of the Imperialism of Trade* (Monthly Review Press, 1972); Tamás Szentes, *The Political Economy of Underdevelopment* (Akadémiai Kiadó, 1976); Samir Amin, "Self-Reliance and the New International Economic Order", *Monthly Review* 29, no. 3 (July/August 1977): 1-21; cf. Aidan Foster-Carter, "The Modes of Production Controversy", *New Left Review* 107 (January/February 1978).

27 Nils Gilman, "The New International Order: A Reintroduction", *Humanity* 6,

no. 1 (2015): 3; Jagdish N. Bhagwati, ed., *The New International Economic Order: The North-South Debate* (MIT Press, 1977); Albert Fishlow et al., *Rich and Poor Nations in the World Economy* (McGraw-Hill, 1978); Mahbub ul Haq, *The Poverty Curtain: Choices for the Third World* (Columbia University Press, 1976).

28 Getachew, *Worldmaking after Empire*, 161.

29 Antony Anghie, "Legal Aspects of the New International Economic Order", *Humanity* 6, no. 1 (2015): 145-158, 147.

30 UN General Assembly, "Declaration on the Establishment of a New International Economic Order", Resolution 3201 (S-VI), A/RES/S-6/3201 (1 May 1974).

31 Daniel J. Sargent, "North/South: The United States Responds to the New International Economic Order", *Humanity* 6, no. 1 (2015): 203, 204.

32 Daniel J. Sargent, *A Superpower Transformed: The Remaking of American Foreign Relations in the 1970s* (Oxford University Press, 2015), 170.

33 Antony Anghie, *Imperialism, Sovereignty, and the Making of International Law* (Cambridge University Press, 2004), 211-220. 현실주의에 관련해서 다음을 참조. Nicholas Guilhot, ed., *The Invention of International Relations Theory: Realism, the Rockefeller Foundation, and the 1954 Conference on Theory* (Columbia University Press, 2011).

34 신국제경제질서를 둘러싼 당대의 논의에 관해서는 다음을 참조. Robert W. Cox, "Ideologies and the New International Economic Order: Reflections on Some Recent Literature", *International Organization* 33, no. 2 (Spring 1979): 257-302.

35 뮈르달이 이전 세대의 논의로부터 받은 영향에 관해서는 다음을 참조. Jamie Martin, "Gunnar Myrdal and the Failed Promises of the Postwar International Economic Settlement", *Humanity* 8, no. 1 (2017): 167-173.

36 Vanessa Ogle, "State Rights against Private Capital: The 'New International Economic Order' and the Struggle over Aid, Trade, and Foreign Investment, 1962-1981", *Humanity* 5, no. 2 (2014): 211-234.

37 Independent Commission on International Development Issues, *North-South: A Programme for Survival* (Macmillan/Pan Books, 1980).

38 Gilman, "The New International Order", 4; Stephen D. Krasner, *Structural Conflict: The Third World against Global Liberalism* (University of California Press, 1985).

39 Chris Brown, "The House That Chuck Built: Twenty-Five Years of Reading Charles Beitz", *Review of International Studies* 31, no. 2 (2005): 371-379.

40 Charles R. Beitz, "Justice and International Relations", *Philosophy and Public Affairs* 4, no. 4 (1975): 360-389, 361, 362.

41 베이츠의 지적 여정, 그리고 그의 사상과 신국제경제질서의 관계에 대해서는

다음을 보라. Moyn, "The Political Origins of Global Justice"; Moyn, *Not Enough*, 152-162[『충분하지 않다』, 김대근 옮김, 263-279쪽].

42　Scanlon, "Rawls's Theory of Justice", 202.

43　Barry, *The Liberal Theory of Justice*, 129.

44　Rawls, "Notes on 'Justice as Fairness 2' chapters V-VI (ca. 1965-67)", Box 10, Folder 1, JRP.

45　Rawls, *A Theory of Justice*, 284[국역본, 379, 380쪽].

46　Beitz, "Justice and International Relations", 370.

47　롤스의 자연주의에 관해서는 다음을 참조. Bok, "The Early Rawls", 5장.

48　Beitz, "Justice and International Relations", 371.

49　Ibid., 371.

50　Ibid., 382, 383.

51　Ibid., 381.

52　Ibid., 382.

53　Singer, "Famine, Affluence, and Morality", 232.

54　Charles R. Beitz, *Political Theory and International Relations* (Princeton University Press, 1979), 4[『현대국제정치이론』, 정종욱 옮김, 민음사, 1982, 22쪽]; cf. Immanuel Wallerstein, *The Modern World System: Capitalist Agriculture and the Rise of the World Economy in the Sixteenth Century* (Academic Press, 1974)[『근대세계체제 1: 자본주의적 농업과 16세기 유럽 세계경제의 기원』, 나종일·박상익·김명환·김대륜 옮김, 까치, 1999].

55　Beitz, "Justice and International Relations", 375.

56　Ibid., 376.

57　Ibid., 375, n. 18.

58　Keith Griffin, *International Inequality and National Poverty* (Palgrave Macmillan, 1978), 3.

59　Charles Beitz, "Global Egalitarianism: Can We Make Out a Case?", *Dissent* 26, no. 1 (1979): 61.

60　Ibid., 62.

61　Ibid., 60-62.

62　Beitz, *Political Theory and International Relations*, 130-132[『현대국제정치이론』, 정종욱 옮김, 150-153쪽].

63　Rodgers, *Age of Fracture*, 41-76.

64　Beitz, "Justice and International Relations", 377.

65　Charles Richard Beitz, "Political Theory and International Relations", PhD diss., Princeton University (1978), 361, 362.

66　Beitz, "Justice and International Relations", 371, n. 9.

67 대표적인 논의로는 다음을 참조. Robert Tucker, *The Inequality of Nations* (Basic Books, 1977), 19-72.

68 Walt Whitman Rostow, *The Stages of Economic Growth: A Non-Communist Manifesto* (Cambridge University Press, 1960)[『경제성장의 제단계: 반맑스주의 사관』, 이상구·강명규 옮김, 법문사, 1987]; Samuel P. Huntington, "Political Development and Political Decay", *World Politics* 17, no. 3 (April 1965): 386-430.

69 Barry, "Just Men and Just Laws", 6; 아울러 다음을 참조. Barry, *The Liberal Theory of Justice*, 7장.

70 Rawls, *A Theory of Justice*, 542-544[국역본, 616쪽]. 경제사상에서 유고슬라비아가 다뤄지는 방식에 대한 연구로는 다음을 참조. Johanna Bockman, *Markets in the Name of Socialism: The Left-Wing Origins of Neoliberalism* (Stanford University Press, 2011), 76-104.

71 인권보다 경제적 안녕에 우선권을 부여하는 논의로는 다음을 참조. David H. Bayley, *Public Liberties in the New States* (Rand McNally, 1964); Rupert Emerson, "The Fate of Human Rights in the Third World", *World Politics* 27, no. 2 (1975): 201-226; Clarence Clyde Ferguson Jr. and David M. Trubek, "When Is an Omelet? What Is an Egg? Some Thought on Economic Development and Human Rights in Latin America", *American Journal of International Law* 67, no. 5 (1973): 198-227.

72 Rawls, *A Theory of Justice*, 247, 248[국역본, 333쪽].

73 Beitz, "Political Theory and International Relations", 196-246.

74 Robert E. Goodin, "The Development-Rights Trade Off: Some Unwarranted Economic and Political Assumptions", *Universal Human Rights* 1, no. 2 (1979): 31-42, 42. 슈의 인도네시아 답사에 관해서는 다음을 보라. Samuel Moyn, "The Doctor's Plot: The Origins of the Philosophy of Human Rights", in *Bell, Empire, Race, and Global Justice*, 62.

75 Beitz, "Political Theory and International Relations", 224, 225.

76 Beitz, "Global Egalitarianism", 64, 63.

77 Ibid., 65.

78 Ibid., 68.

79 Slobodian, Globalists, 7장; Jennifer Blair, "Taking Aim at the New International Economic Order", in *The Road from Mont Pèlerin: The Making of the Neoliberal Thought Collective*, ed. Philip Mirowski and Dieter Plehwe (Harvard University Press, 2015); Umut Özsu, "Neoliberalism and the New International Economic Order: A History of 'Contemporary Legal Thought'", in *Searching for Contemporary Legal Thought*, ed. Christopher L. Tomlins and Justin Desautels-Stein (Cambridge University Press, 2017), 330-347.

80 Samuel Scheffler, "The Idea of Global Justice: A Progress Report", *Harvard*

Review of Philosophy 20 (2014): 18.

81 특히 다음을 참조. William Aiken and Hugh LaFollette, eds., *World Hunger and Moral Obligation* (Prentice-Hall, 1977); Peter G. Brown and Henry Shue, eds., *Food Policy: The Responsibility of the United States in the Life and Death Choices* (Free Press, 1977); Peter G. Brown and Douglas MacLean, eds., *Human Rights and US Foreign Policy* (Lexington Books, 1979).

82 Emma Rothschild, "Food Politics", *Foreign Affairs* (January 1976): 286.

83 Moyn, *Not Enough*, 5장.

84 이에 관한 당대의 논의로는 다음을 참조. Dharam Ghai, "Basic Needs and Its Critics", *Institute of Development Studies Bulletin* 9, no. 4 (June 1978).

85 Amartya Sen, *Poverty and Famines: An Essay on Entitlement and Deprivation* (Clarendon Press, 1981), §2.8; Kenneth J. Arrow, "Why People Go Hungry", *New York Review of Books*, 15 July 1982. 센에 관해서는 다음을 보라. cf. Moyn, *Not Enough*, 136, 137[『충분하지 않다』, 김대근 옮김, 233-235쪽]; Rogan, *The Moral Economists*, 194-197.

86 Thomas Nagel, "Poverty and Food: Why Charity Is Not Enough", in Brown and Shue, *Food Policy*, 54-62.

87 Ibid., 57-59.

88 T. M. Scanlon, "Liberty, Contract, and Contribution", in Dworkin et al., *Markets and Morals*.

89 Nagel, "Poverty and Food", 57.

90 Stanley Hoffmann, *Duties beyond Borders: On the Limits and Possibilities of Ethical International Politics* (Syracuse University Press, 1981), 159.

91 Thomas Nagel, "The Problem of Global Justice", *Philosophy and Public Affairs* 33, no. 2 (2005): 113-147.

92 Nagel, "Poverty and Food", 56.

93 Sargent, "North/South", 208.

94 인권에 대한 철학적 논의를 다룬 역사 연구로는 다음을 참조. Moyn, *The Last Utopia*, 에필로그.

95 Hugo Adam Bedau, "Human Rights and Foreign Assistance Programs", in Brown and MacLean, *Human Rights and US Foreign Policy*, 29-44; cf. Charles Frankel, *Human Rights and Foreign Policy* (Foreign Policy Association, 1978).

96 Henry Shue, *Basic Rights* (Princeton University Press, 1980). 그러나 다음에서 헨리 슈는 조금 다른 결의 주장을 펼친다. Henry Shue, "The Current Fashions: Trickle-Downs by Arrow and Close-Knits by Rawls", *Journal of Philosophy* 71, no. 11 (1974): 319-326.

97 Shue, *Basic Rights*, xi.

98 Peter Singer, "Rights and the Market", in Arthur and Shaw, *Justice and Economic Distribution*, 207-220.

99 Moyn, *Not Enough*, 162-172[『충분하지 않다』, 김대근 옮김, 279-296쪽]. 슈에 대한 보다 자세한 논의로는 다음을 참조. Moyn, "The Doctor's Plot", 52-73.

100 Hoffmann, *Duties beyond Borders*, 155.

101 Ibid., 157; Julius Stone, *Approaches to the Notion of International Justice* (Harry S. Truman Center for the Advancement of Peace, Hebrew University of Jerusalem, 1970).

102 응용 윤리학의 부상을 비롯한 윤리학 전반의 변화들에 대한 당대의 개괄로는 다음을 참조. Marcus G. Singer, "Recent Trends and Future Prospects in Ethics", *Metaphilosophy* 12, nos. 3/4 (1981): 207-223.

103 Brian Barry, "Humanity and Justice in Global Perspective", *Nomos* 24 (1982): 249.

104 Brian Barry, "Justice as Reciprocity", in *Justice*, ed. Eugene Kamenka and Alice Erh-Soon Tay (Edward Arnold, 1979), 50.

105 Brian Barry, "Rich Countries and Poor Countries", 미출간 원고(1980), BBLA, 2장; Barry, "And Who Is My Neighbor?", 632, 633.

106 Brian Barry, "Do Countries Have Moral Obligations? The Case of World Poverty", in *The Tanner Lectures on Human Values*, vol. 2, ed. Sterling M. McMurrin (University of Utah Press, 1981), 28.

107 Barry, "Rich Countries and Poor Countries", 4장, p. 8.

108 Ibid., 4장, p. 6.

109 Barry, "Justice as Reciprocity", 51.

110 Barry, "Humanity and Justice in Global Perspective", 233.

111 Barry, "Justice as Reciprocity", 63.

112 Barry, "Justice as Reciprocity", 65-67.

113 Ibid., 73

114 Brian Barry, "You Have to Be Crazy to Believe It", *Times Literary Supplement*, 25 October 1996; cf. 이에 대한 답변으로는 G. A. Cohen, "Self-Ownership and the Libertarian Challenge", *Times Literary Supplement*, 8 November 1996.

115 Barry, "Justice as Reciprocity", 73.

116 Sen, *Poverty and Famines*, 8.

117 Barry, "Humanity and Justice in Global Perspective", 235.

118 Slobodian, *Globalists*, 7장.

119 Barry, "Rich Countries and Poor Countries", 5장.

120 Barry, "Justice as Reciprocity", 74-76.

121 Beitz, "Justice and International Relations", 371.

122　Barry, "Rich Countries and Poor Countries", 3, 10장.
123　Ibid., 3장, pp. 21, 22.
124　Barry, "Humanity and Justice in Global Perspective", 242.
125　Ibid., 248.
126　Hoffmann, *Duties beyond Borders*, 145.
127　Barry, "Rich Countries and Poor Countries", 3, 15장. 경제 이론에서 분석 단위로서 가족이 폐기되지 않고 끈질기게 남아 있는 것에 대해서는 다음을 참조. Melinda Cooper, *Family Values: Between Neoliberalism and the New Social Conservatism* (MIT Press, 2017).
128　Barry, "Rich Countries and Poor Countries", 3, 18장.
129　Barry, "Do Countries Have Moral Obligations?", 40, 41.
130　Barry, "Rich Countries and Poor Countries", 3, 19장.
131　Hoffmann, *Duties beyond Borders*, 155.
132　Sargent, *A Superpower Transformed*, 6, 236.
133　Barry, "Humanity and Justice", 233.
134　국가 형식이 반식민주의적 상상을 소진시켰다는 관념에 대한 비판으로는 다음을 참조. Partha Chatterjee, *Nationalist Thought and the Colonial World*; Karuna Mantena, "Popular Sovereignty and Anti-Colonialism", in *Popular Sovereignty in Historical Perspective*, ed. Richard Bourke and Quentin Skinner (Cambridge University Press, 2016), 297.
135　Giovanni Arrighi, "The World Economy and the Cold War, 1970-1985", in *The Cambridge History of the Cold War*, vol. 3, *Endings*, ed. Melvyn P. Leffler and Odd Arne Westad (Cambridge University Press, 2010).
136　Julia Dehm, "Highlighting Inequalities in the Histories of Human Rights: Contestations over Justice, Needs, and Rights in the 1970s", *International Legal Theory* 31 (2018): 871-895.
137　P. Uvin, "From the Right to Development to the Rights-Based Approach: How 'Human Rights' Entered Development", *Development in Practice* 17, nos. 4/5 (2007): 597-599.
138　응용 윤리학과 국제 윤리학의 여러 부문에서 인권에 대한 관심이 활성화된 것에 관해서는 다음을 참조. Alan Gewirth, "Starvation and Human Rights", in *Ethics and Problems of the Twenty-First Century*, ed. Kenneth E. Goodpaster and Kenneth M. Sayre (University of Notre Dame Press, 1979); David A. J. Richards, "Commercial Sex and the Rights of the Person: A Moral Argument for the Decriminalization of Prostitution", *University of Pennsylvania Law Review* 127, no. 5 (1979): 1195-1287; Frankel, *Human Rights and Foreign Policy*; Joel Feinberg, *Rights, Justice, and the Bounds of Liberty: Essays in Social Policy* (Princeton University Press, 1980).

139 표제가 "인권"인 『노모스』*Nomos*의 1981년 23호에 실린 수전 오킨, 앨런 거워스Alan Gewirth, 쿠르트 바이어, 그리고 잔 나비슨의 논고들을 참조. 아울러 다음을 참조. A. I. Melden, *Rights and Persons* (University of California Press, 1977).

140 Cf. Gerald Dworkin, "Autonomy and Informed Consent", *Making Health Care Decisions*, vol. 3 (US Government Printing Office, 1982), 63-81; Robert Young, *Personal Autonomy: Beyond Negative and Positive Liberty* (St. Martin's Press, 1986); Joseph Raz, *The Morality of Freedom* (Clarendon Press, 1986); Marilyn Friedman, "Autonomy and the Split-Level Self", *Southern Journal of Philosophy* 24, no. 1 (1986): 19-35; Joel Feinberg, "Autonomy", in *The Inner Citadel: Essays on Individual Autonomy*, ed. John Philip Christman (Oxford University Press, 1989).

141 Brian Barry, "Statism and Nationalism: A Cosmopolitan Critique", *Nomos* 41 (1999): 12-66.

142 Kai Nielsen, "On the Need to Politicize Political Morality: World Hunger and Moral Obligation", *Nomos* 24 (1982): 41-43.

143 David A. J. Richards, "International Distributive Justice", *Nomos* 24 (1982): 286-288.

144 Barry, "Circumstances of Justice and Future Generations", 209; Peter Danielson, "Theories, Intuitions, and the Problem of World-Wide Distributive Justice", *Philosophy of the Social Sciences* 3, no. 4 (1978): 331-340, 336.

145 John Rawls, "Kantian Constructivism in Moral Theory", *Journal of Philosophy* 77, no. 9 (1980): 515-572.

146 이에 관련된 논의로는, 예컨대 다음을 각각 참조. Samuel Scheffler, "The Concept of a Person in Ethical Theory", *Monist* 62, no. 3 (1979): 288-303; Robert E. Goodin, "The Political Theories of Choice and Dignity", *American Philosophical Quarterly* 18, no. 2 (1981): 91-200; Norman Daniels, "Reflective Equilibrium and Archimedean Points", *Canadian Journal of Philosophy* 10, no. 1 (1980): 83-103.

147 Richards, "International Distributive Justice", 289, 291.

148 이런 새로운 형식의 추상화 중 대표적인 작업으로는 다음이 있다. David Harvey, *The Condition of Postmodernity: An Enquiry into the Origins of Cultural Change* (Wiley-Blackwell, 1991)[『포스트모더니티의 조건』, 구동희·박영민 옮김, 한울, 2013]; Fredric Jameson, *Postmodernism, or, The Cultural Logic of Late Capitalism* (Duke University Press, 1991)[『포스트모더니즘, 혹은 후기자본주의 문화 논리』, 임경규 옮김, 문학과지성사, 2022]; Zygmunt Bauman, *Liquid Modernity* (Polity Press, 2000)[『액체 현대』, 이일수 옮김, 필로소픽, 2022]; James Livingston, *The World Turned Inside Out: American Thought and Culture at the End of the 20th Century* (Rowman & Littlefield, 2010).

149 Charles Beitz, "Cosmopolitan Ideals and National Sentiment", *Journal of*

Philosophy 80, no. 10 (1983): 591-600.

150 20세기에 벌어진 원자재를 둘러싼 정치 현상에 관해서는 다음을 보라. Jamie Martin, "Raw Materials and International Organization after the First World War", 미출간 원고(2018).

151 Eich, "The Theodicy of Growth", 8.

152 Pogge, *John Rawls*.

153 Thomas Pogge, "Kant, Rawls, and Global Justice", PhD diss., Harvard University (1983), 51.

154 Thomas Pogge, "International Relations as a Modus Vivendi", *Proceedings of the American Society of International Law Annual Meeting* 81 (1987): 429, 434.

155 Pogge, *Realizing Rawls*, 233; Thomas Pogge, "Rawls and Global Justice", *Canadian Journal of Philosophy* 18, no. 2 (1988): 239.

156 Pogge, *Realizing Rawls*, 233-244.

157 Ibid., 238. 이 표현이 포기의 전유물이라고 보기는 힘들다. cf. Elizabeth Borgwardt, *A New Deal for the World: America's Vision for Human Rights* (Harvard University Press, 2007). 더 최근 연구로는 다음을 참조. Mathias Risse and Gabriel Wollner, *On Trade Justice: A Philosophical Plea for a New Global Deal* (Oxford University Press, 미출간)[2019년에 동명의 단행본으로 출간되었다].

158 Pogge, "Kant, Rawls, and Global Justice", 6장.

159 Ibid., 90, 103.

160 Ibid., 101.

161 Pogge, "Rawls and Global Justice", 247.

162 문화 전쟁에 관해서는 다음을 참조. Andrew Hartman, *A War for the Soul of America: A History of the Culture Wars* (University of Chicago Press, 2015).

163 반전체주의 일반에 관해서는 다음을 참조. Jeffrey Isaac, "Critics of Totalitarianism", in Ball and Bellamy, *The Cambridge History of Twentieth-Century Political Thought*. 1970년대에 반전체주의의 부활에 관해서는, 특히 프랑스에서의 그 양태에 관해서는 다음을 참조. Michael Scott Christofferson, *French Intellectuals against the Left: The Antitotalitarian Moment of the 1970s* (Berghahn Books, 2004); Stephen Sawyer and Iain Stewart, eds., *In Search of the Liberal Moment: Democracy, Anti-Totalitarianism, and Intellectual Politics in France since 1950* (Palgrave Macmillan, 2015).

164 Pogge, "International Relations as a Modus Vivendi", 435.

165 Ibid., 434, 437.

166 Pogge, *Realizing Rawls*, 242.

167 Pogge, *Realizing Rawls*, 266-269; cf. Jan-Werner Müller, "Value Pluralism in Twentieth Century Anglo-American Thought", in Bevir, *Modern Pluralism*.

168 Thomas W. Pogge, *World Poverty and Human Rights: Cosmopolitan Responsibilities and Reforms* (Polity Press, 2002), 246(강조는 원문).

169 Pogge, "Kant, Rawls, and Global Justice", 45.

170 Pogge, *World Poverty and Human Rights*, 231.

171 예컨대 다음을 참조. Scheffler, "The Idea of Global Justice"; Cecile Laborde, "Republicanism and Global Justice", *European Journal of Political Theory* 9, no. 1 (2010): 48-69; Miriam Ronzoni, "Republicanism and Global Institutions: Three Desiderata in Tension", *Social Philosophy and Policy* 34, no. 1 (2017): 186-208.

6장. 미래라는 문제

1 William D. Nordhaus and James Tobin, "Is Growth Obsolete?", in Nordhaus and Tobin, *Economic Research: Retrospect and Prospect, vol. 5, Economic Growth* (National Bureau of Economic Research, 1972), http://www.nber.org/chapters/c7620.pdf (2017년 3월 31일 접속).

2 Samuel Brittan, "The Economic Contradictions of Democracy", *British Journal of Political Science* 5, no. 2 (1975): 129-159; cf. Jim Tomlinson, "The Politics of Declinism", in *Reassessing 1970s Britain*, ed. Lawrence Black, Hugh Pemberton, and Pat Thane (Manchester University Press, 2013), 41-60; David Cannadine, "Apocalypse When? British Politicians and British 'Decline' in the Twentieth Century", in *Understanding Decline: Perceptions and Realities of Britain's Economic Performance*, ed. Peter Clarke and Clive Trebilcock (Cambridge University Press, 1997), 263-269.

3 Crozier et al., *The Crisis of Democracy*; Anthony King, "Overload: Problems of Governing in the 1970s", *Political Studies* 23, nos. 2/3 (1975): 284-296; Jürgen Habermas, *Legitimation Crisis* (Beacon Press, 1975).

4 Adam Rome, "'Give Earth a Chance': The Environmental Movement and the Sixties", *Journal of American History* 90, no. 2 (2003): 525-554; Gottlieb, *Forcing the Spring*, 330.

5 Thomas Robertson, *The Malthusian Moment: Global Population Growth and the Birth of American Environmentalism* (Rutgers University Press, 2012).

6 Paul Ehrlich, *The Population Bomb* (Sierra Club/Ballantine Books, 1968).

7 Mauricio Schoijet, "'Limits to Growth' and the Rise of Catastrophism", *Environmental History* 4, no. 4 (1999): 515-530.

8 Collins, *More*, 141.

9 Garrett Hardin, *Exploring New Ethics for Survival: The Voyage of the Spaceship Beagle* (Viking, 1972).

10 Herman E. Daly, "The Economics of the Steady State", *American Economic Review* 64, no. 2 (1974): 15-21; Kenneth E. Boulding, "The Shadow of the Stationary State", *Daedalus* 102, no. 4 (1973): 89-101.

11 예컨대 다음을 참조. Editors of Ramparts, *Eco-Catastrophe* (Harper & Row, 1970); Robert Disch, ed., *The Ecological Conscience: Values for Survival* (Prentice-Hall, 1970); Thomas R. Harney and Robert Disch, eds., *The Dying Generations: Perspectives on the Environmental Crisis* (Dell Publishing Co., 1971).

12 *Proceedings and Addresses of the American Philosophical Association* 44 (American Philosophical Association, 1970-1971); Stephen R. L. Clark, *The Moral Status of Animals* (Oxford University Press, 1977).

13 Peter Singer, *Animal Liberation: A New Ethics for Our Treatment of Animals* (New York Review, 1975)[『동물 해방』, 김성한 옮김, 연암서가, 2012].

14 예컨대 다음을 참조. Daniel Bell and Stephen R. Graubard, eds., "Toward the Year 2000: Work in Progress", special issue of *Daedalus* 96, no. 3 (MIT Press/American Academy of Arts and Sciences, 1967); Jenny Andersson, "The Great Future Debate and the Struggle for the World", *American Historical Review* 117, no. 5 (2012): 1411-1430.

15 Alison Bashford, "Epilogue: Where Did Eugenics Go?", in *The Oxford Handbook of the History of Eugenics*, ed. Alison Bashford and Philippa Levine (Oxford University Press, 2010), 487-527.

16 Rawls, "Lecture on the Function of Government", p. 10, Box 8, Folder 3, JRP.

17 이 장에서 다뤄진 미래관을 기후 윤리의 맥락에서 바라본 글로는 다음을 참조. Katrina Forrester, "The Problem of the Future in Postwar Anglo-American Philosophy", *Climatic Change* 151, no. 1 (2018): 55-66.

18 Richard Tuck, *The Sleeping Sovereign: The Invention of Modern Democracy* (Cambridge University Press, 2016).

19 David Runciman, "The Concept of the State: The Sovereignty of a Fiction", in *States and Citizens: History, Theory, Prospects*, ed. Quentin Skinner and Bo Stråth (Cambridge University Press, 2003), 28-38. 그보다 이른 시기의 논의에 관해서는 다음을 참조. cf. Aristotle, *Politics*, trans. C.D.C. Reeve (Hackett, 1998), book 3.

20 Peter Laslett, "The Conversation between the Generations" [1971], in Fishkin and Laslett, *Philosophy, Politics, and Society*, 5th ed., 42, 43.

21 자본주의의 동학에서 미래에 대한 상상·기대·예측이 지닌 중요성에 관한 연구로는 다음을 참조. Jens Beckert, *Imagined Futures: Fictional Expectations and Capitalist Dynamics* (Harvard University Press, 2016).

22 Stuart Hampshire, *Freedom of the Individual* (Chatto and Windus, 1965), 11.

23 신자유주의자들이 어떻게 호모 에코노미쿠스를 "스스로를 경영하는

사람"으로 재규정했는지에 관해 다음을 참조. Foucault, *The Birth of Biopolitics*, 226[『생명관리정치의 탄생』, 심세광·전혜리·조성은 옮김, 319쪽]. 위험risk의 보다 장기적인 역사에 관해 다음을 참조. Jonathan Levy, *Freaks of Fortune: The Emerging World of Capitalism and Risk in America* (Harvard University Press, 2012); Dan Bouk, *How Our Days Became Numbered: Risk and the Rise of the Statistical Individual* (University of Chicago Press, 2015).

24 Kenneth J. Arrow, "Alternative Approaches to the Theory of Choice in Risk-Taking Situations", *Econometrica* 19, no. 4 (1951): 404-437; Thomas C. Schelling, *The Strategy of Conflict* (Harvard University Press, 1960)[『갈등의 전략』, 이경남·남영숙 옮김, 한국경제신문, 2013]; cf. Isaac, "The Political Economy of Uncertainty in the Twentieth Century".

25 Robert E. Lucas Jr., *Studies in Business-Cycle Theory* (MIT Press, 1981). 경제이론 중 기대에 주목한 보다 이전의 연구로는 다음을 참조. John Maynard Keynes, *The General Theory of Employment, Interest, and Money* (Palgrave Macmillan, 2018), 5, 12장[『고용, 이자 및 화폐의 일반이론』, 조순 옮김, 비봉출판사, 2007]. 경제학자들의 상상에서 경기순환이 차지하는 중요성에 관해서는 다음을 참조. Jamie Martin, "Time and the Economics of the Business Cycle in Modern Capitalism", in Dan Edelstein, Stefanos Geroulanos, and Natasha Wheatley, eds., *Power and Time: Temporalities in Conflict and the Making of History* (University of Chicago Press, 미출간)[2020년에 동명의 단행본으로 출간됨].

26 Rawls, *A Theory of Justice*, §4, §44, §45[국역본, 4절, 52-58쪽, 44, 45절 379-395쪽].

27 Rawls, *A Theory of Justice*, 287[국역본, 383쪽].

28 Ibid., 289[국역본, 387, 388쪽].

29 Ibid., 286, n. 1[국역본, 381, 382쪽].

30 Ibid., 284-293[국역본, 379-390쪽].

31 Rawls, *A Theory of Justice*, 139[국역본, 198쪽].

32 Ibid., §24[국역본, 24절].

33 Ibid., 288, 289[국역본, 386-388쪽].

34 Rawls to Solow, 15 February 1973, Box 19, Folder 7, JRP.

35 Luc Van Liederkerke, "Discounting the Future: John Rawls and Derek Parfit's Critique of the Discount Rate", *Ethical Perspectives* 11, no. 1 (2004): 73-79; cf. Mauro Boianovsky and Kevin D. Hoover, "In the Kingdom of Solovia: The Rise of Growth Economics at MIT, 1956-70", *History of Political Economy* 46, vol. 5 (2014): 198-228.

36 Frank Ramsey, "A Mathematical Theory of Saving", *Economic Journal* 38, no. 152 (1928): 543-559.

37 Edmund Phelps, "The Golden Rule of Accumulation: A Fable for Growthmen", *American Economic Review* 51, no. 4 (1961): 638-643.

38 A. C. Pigou, *The Economics of Welfare* (Macmillan and Co., 1920).

39 Stephen A. Marglin, "The Social Rate of Discount and the Optimal Rate of Investment", *Quarterly Journal of Economics* 77, no. 1 (1963): 96-98.

40 Ibid., 96.

41 Joan Robinson, *Economic Philosophy* (Aldine Publishing Co., 1962), 115, 116.

42 Maurice Dobb, *An Essay on Economic Growth and Planning* (Routledge & Kegan Paul, 1960); Gordon Tullock, "The Social Rate of Discount and the Optimal Rate of Investment: Comment", *Quarterly Journal of Economics* 78, no. 2 (1964): 331-336; William J. Baumol, "On the Social Rate of Discount", *American Economics Review* 58 (1968): 788-802; Amartya K. Sen, "Isolation, Assurance, and the Social Rate of Discount", *Quarterly Journal of Economics* 81, no. 1 (1967): 112-124.

43 Rawls, *A Theory of Justice*, 286, n. 21[국역본, 381, 382쪽, 각주 20].

44 Ibid., §46, 299[국역본, 397쪽, 46절].

45 Rawls to Solow, 15 February 1973, Box 19, Folder 7, JRP.

46 Rawls, *A Theory of Justice*, 288[국역본, 386쪽].

47 일찍이 롤스는 가계를 미래에 대한 장기적 관점을 담지하는 단위로 규정하며 '이후의 두세 세대'에 대한 논의를 펼친 바 있다. John Rawls, "Justice and Taxation", in "Oxford Notes (1952-1953)", pp. 11, 12, Box 7, Folder 2, JRP.

48 Rawls, *A Theory of Justice*, 587[국역본, 749, 750쪽].

49 Thomas Piketty, *Capital in the Twenty-First Century* (Harvard University Press, 2014)[『21세기 자본』, 장경덕 옮김, 글항아리, 2014].

50 Barry J. Eichengreen, *Globalizing Capital: A History of the International Monetary System* (Princeton University Press, 2008), 126-142[『글로벌라이징 캐피털: 국제통화체제는 어떻게 진화하는가』, 강명세 옮김, 미지북스, 2010, 189-211쪽].

51 Robert Solow, "Intergenerational Equity and Exhaustible Resources", *Review of Economic Studies* 41, no. 5 (1974): 21-35; Kenneth J. Arrow, "Rawls's Principle of Just Saving", *Swedish Journal of Economics* 75, no. 4 (1973): 323-335; Partha Dasgupta, "On Some Alternative Criteria for Justice between Generations", *Journal of Public Economics* 3, no. 4 (1974): 405-423; Dennis C. Mueller, "Intergenerational Justice and the Social Discount Rate", *Theory and Decision* 5, no. 3 (1974); 263-273.

52 Alison Bashford, *Global Population: History, Geopolitics, and Life on Earth* (Columbia University Press, 2014).

53 Michael Freeden, "Eugenics and Progressive Thought: A Study in Ideological Affinity", *Historical Journal* 22, no. 3 (1979): 645-671; Diane Paul, "Eugenics and the Left", *Journal of the History of Ideas* 45, no. 4 (1984): 567-590. 혁신주의의 국가주의

정책을 비판하며 우생학을 거론하는 근래의 대표적 연구로는 다음이 있다. Thomas C. Leonard, *Illiberal Reformers: Race, Eugenics, and American Economics in the Progressive Era* (Princeton University Press, 2016). 자유주의와 제국이 맺어 온 관계에 대한 역사 연구로는 다음을 참조. Uday Singh Mehta, *Liberalism and Empire: A Study in Nineteenth-Century British Liberal Thought* (University of Chicago Press, 1999); Jennifer Pitts, *A Turn to Empire: The Rise of Imperial Liberalism in Britain and France* (Princeton University Press, 2005); Karuna Mantena, *Alibis of Empire: Henry Maine and the Ends of Liberal Imperialism* (Princeton University Press, 2010); Duncan Bell, *Reordering the World: Essays on Liberalism and Empire* (Princeton University Press, 2016).

54 Henry Sidgwick, *The Methods of Ethics* (Cambridge University Press, 2013), IV권, 1장[『윤리학의 방법』, 강준호 옮김, 아카넷, 2018].

55 Matthew Connelly, *Fatal Misconception: The Struggle to Control World Population* (Belknap Press of Harvard University Press, 2008), 1-17.

56 John Rawls, "Difficult Moral Problems", p. 3, Box 7, Folder 10, JRP.

57 Rawls, *A Theory of Justice*, 137[국역본, 196쪽].

58 John Rawls to Partha Dasgupta, 26 June 1972, Box 19, Folder 8, JRP.

59 이와 정반대의 접근으로 유명한 연구로는 다음을 참조. Foucault, *The Birth of Biopolitics*[『생명관리정치의 탄생: 콜레주드프랑스 강의, 1978-79년』, 심세광·전혜리·조성은 옮김, 난장, 2012].

60 Partha Dasgupta, "On the Concept of Optimum Population", *Review of Economic Studies* 36, no. 3 (1969): 295-318; Harold L. Votey Jr., "The Optimum Population and Growth: A New Look: A Modification to Include a Preference for Children in the Welfare Function", *Journal of Economic Theory* 1, no. 3 (1969): 273-290.

61 Alison Bashford and Joyce E. Chaplin, *The New Worlds of Thomas Malthus: Rereading the "Principle of Population"* (Princeton University Press, 2016).

62 Partha Dasgupta to John Rawls, 19 June 1972, Box 19, Folder 8, JRP.

63 Jan Narveson, "Utilitarianism and New Generations", *Mind* 76, no. 301 (1967): 63.

64 Ibid.; Jan Narveson, "Moral Problems of Population", *Monist* 57, no. 1 (1973): 62-86, 73.

65 Narveson, "Utilitarianism and New Generations", 65, 68.

66 Narveson, "Moral Problems of Population", 80.

67 Narveson, "Utilitarianism and New Generations", 71, 72.

68 Stearns, "Ecology and the Indefinite Unborn", 613.

69 Ibid., 623; Hermann Vetter, "The Production of Children as a Problem of Utilitarian Ethics", *Inquiry* 12 (1969): 445-447.

70 Edwin Delattre, "Rights, Responsibilities, and Future Persons", *Ethics* 82, no. 3 (1972): 254-258.

71 J. Brenton Stearns, "Ecology and the Indefinite Unborn", *Monist* 56, no. 4 (1972): 623.

72 Daniel Callahan, "What Obligations Do We Have to Future Generations?", *American Ecclesiastical Review* 164 (1971): 279; Callahan, "Profile", 735-737.

73 Joel Feinberg, "The Rights of Animals and Unborn Generations", in *Philosophy and Environmental Crisis*, ed. William T. Blackstone (University of Georgia Press, 1974), 64, 62.

74 Michael Bayles, "The Human Right to Population Control", in *Human Rights: AMINTAPHIL I*, ed. Ervin H. Pollack (Jay Stewart Publications, 1971).

75 예컨대 다음을 참조. Robert Hunt and John Arras, eds., *Ethical Issues in Modern Medicine* (Mayfield Publishing House, 1977).

76 Judith Jarvis Thomson, "A Defense of Abortion", *Philosophy and Public Affairs* 1, no. 1 (1979): 47-66; Don Marquis, "Why Abortion Is Immoral", *Journal of Philosophy* 86 (1989): 183-202.

77 Marshall Cohen, ed., *Rights and Wrongs of Abortion: A Philosophy and Public Affairs Reader* (Princeton University Press, 1974); R. M. Hare, "Abortion and the Golden Rule", *Philosophy and Public Affairs* 4, no. 3 (1975): 201-222; Francis C. Wade, "Potentiality in the Abortion Discussion", *Review of Metaphysics* 29, no. 2 (1975): 239-255; H. Tristram Engelhardt Jr., "The Ontology of Abortion", *Ethics* 84, no. 3 (1974): 217-234.

78 Mary Warren, "Do Potential People Have Moral Rights?", in Sikora and Barry, *Obligations to Future Generations*, 26.

79 Mary Ziegler, *After Roe: The Lost History of the Abortion Debate* (Harvard University Press, 2015), 96. 인격과 사생활을 둘러싼 철학적 논쟁에 관해서는 다음을 참조. Jeffrey H. Reiman, "Privacy, Intimacy, and Personhood", *Philosophy and Public Affairs* 6, no. 1 (1976): 26-44.

80 Meg Devlin O'Sullivan, "Informing Red Power and Transforming the Second Wave: Native American Women and the Struggle against Coerced Sterilization in the 1970s", *Women's History Review* 25, no. 6 (2016): 1-18; Jennifer Nelson, *Women of Color and the Reproductive Rights Movement* (New York University Press, 2003).

81 Johanna Schoen, *Choice and Coercion: Birth Control, Sterilization, and Abortion in Public Health and Welfare* (University of North Carolina Press, 2005); Randall Hansen and Desmond King, *Sterilized by the State: Eugenics, Race, and the Population Scare in Twentieth-Century North America* (Cambridge University Press, 2013), part C.

82 David A. J. Richards, *A Theory of Reasons for Action* (Clarendon Press, 1971),

81, 132-137.

83 R. M. Hare, "Medical Ethics: Can the Moral Philosopher Help?", in *Philosophical Medical Ethics: Its Nature and Significance: Proceedings*, ed. H. Tristram Engelhart and Stuart F. Spicker (D. Reidel, 1977).

84 Gregory S. Kavka, "Rawls on Average and Total Utility", *Philosophical Studies* 27, no. 4 (1975): 237-253.

85 Brian Barry, "Justice between Generations", in *Law, Morality, and Society: Essays in Honour of H. L. A. Hart*, ed. P.M.S. Hacker and Joseph Raz (Clarendon Press, 1977), 283, 284.

86 Rawls to Dasgupta, 26 June 1972, Box 19, Folder 8, JRP.

87 John Rawls, "The Independence of Moral Theory", in Rawls, *Collected Papers*, 286-302.

88 Derek Parfit to John Rawls, 29 June 1971, in "Comments on Rawls's Justice as Fairness (1964-1971)", Box 19, Folder 3, JRP.

89 Narveson, "Moral Problems of Population"; Peter Singer, "A Utilitarian Population Principle", in Bayles, *Ethics and Population*; R. I. Sikora, "Utilitarianism: The Classical Principle and the Average Principle", *Canadian Journal of Philosophy* 5, no. 3 (1975): 409-419.

90 Derek Parfit, *Reasons and Persons* (Oxford University Press, 1984), x.

91 Derek Parfit, "Personal Identity", *Philosophical Review* 80, no. 1 (1971): 3-27.

92 Derek Parfit, "On the Importance of Self-Identity", *Journal of Philosophy* 68, no. 20 (1971): 683-690.

93 Derek Parfit, "On Doing the Best for Our Children", in Bayles, *Ethics and Population*.

94 Ibid., 100.

95 다음을 참조. Derek Parfit, "Energy Policy and the Further Future: The Social Discount Rate", in *Energy and the Future*, ed. Douglas MacLean and Peter G. Brown (Rowman & Littlefield, 1983), 166-179.

96 다음을 참조. Thomas Schwartz, "Obligations to Posterity", and Gregory Kavka, "The Futurity Problem", in Sikora and Barry, *Obligations to Future Generations*.

97 Cf. Don Locke, "The Parfit Population Problem", *Philosophy* 62, no. 240 (1987): 131-157.

98 이에 관련된 초기의 논의로는, 예컨대 다음을 참조. Jeff McMahan, "Problems of Population Choice", *Ethics* 92, no. 1 (1981): 96-127; Joel Feinberg, "Wrongful Life and the Counterfactual Element in Harming", *Social Philosophy and Policy* 4, no. 1 (1988): 144-178; James Woodward, "The Non-Identity Problem", *Ethics* 96 (1986):

804-831.

99 Parfit, *Reasons and Persons*, x. 파핏 이외의 논자들이 펼친 인구 윤리 논의로는 예컨대 다음을 참조. Michael D. Bayles, *Morality and Population Policy* (University of Alabama Press, 1980); Daniel Callahan and Phillip G. Clark, eds., *Ethical Issues in Population Aid: Culture, Economics, and International Assistance* (Irvington Publishers, 1981); cf. Jonathan Glover, *Causing Death and Saving Lives* (Penguin Books, 1977), 71.

100 Narveson, "Moral Problems of Population", 63.

101 Derek Parfit, "Later Selves and Moral Principles", in *Philosophy and Personal Relations: An Anglo-French Study*, ed. Alan Montefiore (Routledge & Kegan Paul, 1973).

102 Parfit, *Reasons and Persons*, 277.

103 Anderson, "A Culture in Contraflow—II", 100.

104 Robert L. Heilbroner, "What Has Posterity Ever Done for Me?", *New York Times*, 19 January 1975; Loren J. Okroi, *Galbraith, Harrington, Heilbroner: Economics and Dissent in an Age of Optimism* (Princeton University Press, 1988).

105 Martin Hollis and Edward J. Nell, *Rational Economic Man: A Philosophical Critique of Neo-Classical Economics* (Cambridge University Press, 1975); Amartya Sen, "Rational Fools: A Critique of the Behavioral Foundations of Economic Theory", *Philosophy and Public Affairs* 6, no. 4 (1977): 317-344.

106 Parfit, *Reasons and Persons*, parts 1 and 2; 자유방임주의의 한계에 대해서는 p. 62 참조.

107 Ibid., appendix F.

108 Parfit, "Energy Policy and the Further Future", 166, 167; Tyler Cowen and Derek Parfit, "Against the Social Discount Rate", in Peter Laslett and James S. Fishkin, eds., *Justice between Age Groups and Generations* (Yale University Press, 1993), 144-161.

109 Bernard Williams, "Personal Identity", *London Review of Books* 6, no. 10 (7 June 1984): 14, 15.

110 Parfit, *Reasons and Persons*, §150; cf. Nagel, *The Possibility of Altruism*.

111 Nagel, *Mortal Questions*, xii-xiii.

112 Parfit, *Reasons and Persons*, x; Rawls, *A Theory of Justice*, viii[국역본, 26, 27쪽].

113 Onora Nell, "Lifeboat Earth", in *International Ethics*, ed. Charles Beitz, Marshall Cohen, T. M. Scanlon, and A. John Simmons (Princeton University Press, 1985), 280. 1985년 당시 오닐의 성은 넬Nell이었으나, 혼동을 피하기 위해 이 책 전체에서 시점과 무관하게 그녀를 오닐로 칭한다.

114 Benjamin Lazier, "Earthrise; Or, the Globalization of the World Picture", *American Historical Review* 116, no. 3 (2011): 602-630.

115 Adlai Stevenson II, "Strengthening the International Development

Institutions", speech before the United Nations Economic and Social Council, Geneva, Switzerland, 9 July 1965.

116 Kenneth Boulding, "The Economics of the Coming Spaceship Earth", in *Environmental Quality in a Growing Economy: Essays from the Sixth Resources for the Future Forum*, ed. Henry Jarrett (Johns Hopkins University Press, 1966).

117 Garret Hardin, "Lifeboat Ethics: The Case against Helping the Poor", *Psychology Today* (September 1974): 800-812.

118 Alyssa Battistoni, "The Limits to Rawls: Ecology, Economics, and Politics in the 1970s", 미출간 원고(2017).

119 Garrett Hardin, "The Survival of Nations and Civilization", *Science* 172, no. 3990 (1971): 1297. 하딘의 백인 민족주의에 관해서는 다음을 보라. Southern Poverty Law Center, "Garrett Hardin", https://www.splcenter.org/fighting-hate/extremist-files/individual/garrett-hardin (2019년 3월 7일 접속).

120 최초의 논의에 대해서는 다음을 참조. Amnon Goldworth, Robert S. Morison, Neil A. Holtzman, and Michael D. Bayles, "Aboard the Lifeboat Debate", *Hastings Center Report* 5, no. 2 (1975): 43-45; Daniel Callahan, "Doing Well by Doing Good: Garrett Hardin's 'Lifeboat Ethic'", *Hastings Center Report* 4, no. 6 (1974): 1-4.

121 Nell, "Lifeboat Earth", 268.

122 Ibid., 275.

123 Ibid., 265, 270.

124 철학 내부의 논쟁으로는 다음을 참조. Bedau, "Human Rights and Foreign Assistance Programs"; Daniel Callahan, "Fame or Food: Sacrificing for Present and Future Generations", in *Ethics, Free Enterprise, and Public Policy: Original Essays on Moral Issues in Business*, ed. Richard T. De George and Joseph Pichler (Oxford University Press, 1978); Aiken and LaFollette, *World Hunger and Moral Obligation*; Rothschild, "Food Politics", 298-305.

125 Nell, "Lifeboat Earth", 276.

126 Charles Fried, *Right and Wrong* (Harvard University Press, 1978); Walzer, *Just and Unjust Wars*.

127 Nozick, *Anarchy, State, and Utopia*, 35[『아나키에서 유토피아로』, 남경희 옮김, 문학과지성사, 1983, 58쪽].

128 Nell, "Lifeboat Earth", 269.

129 Ibid., 276, 277.

130 Onora O'Neill, *Faces of Hunger: Essays on Poverty, Justice, and Development* (HarperCollins, 1986); Onora O'Neill, "Kantian Approaches to Some Famine Problems", in *Matters of Life and Death: New Introductory Essays in Moral Philosophy*, ed. Tom Regan (McGraw-Hill, 1980).

131 Cf. Nagel, "Poverty and Food", 54-62.

132 Nell, "Lifeboat Earth", 271, 275; cf. Hester van Hensbergen, "Famine, Morality, and Modern Moral Philosophy, c. 1967-1980", MPhil essay, University of Cambridge (2016-2017).

133 다음을 참조. Falk, "Ecocide, Genocide, and the Nuremberg Tradition", 126. 권리를 일종의 부가적인 제한 장치로 보는 논의로는 다음을 참조. James P. Sterba, "The Welfare Rights of Distant Peoples and Future Generations: Moral Side-Constraints on Social Policy", *Social Theory and Practice* 7, no. 1 (1981): 99-119.

134 Independent Commission on International Development Issues, *North-South*.

135 M. P. Golding, "Obligations to Future Generations", *Monist* 56, no. 1 (1972): 85-99.

136 John Arthur Passmore, *Man's Responsibility for Nature: Ecological Problems and Western Traditions* (Scribner, 1974), 90-98.

137 Herman Kahn and Anthony J. Wiener, *The Year 2000: A Framework for Speculation on the Next Thirty-Three Years* (Macmillan, 1967); Julian L. Simon, *The Economics of Population Growth* (Princeton University Press, 1977); cf. Paulo Dragos Aligica, *Prophecies of Doom and Scenarios of Progress: Herman Kahn, Julian Simon, and the Prospective Imagination* (Continuum, 2007), 52-55.

138 Julian L. Simon and Herman Kahn, eds., *The Resourceful Earth: A Response to Global 2000* (Basil Blackwell, 1984).

139 케인스와 인구 통제에 관한 연구로는 다음을 참조. Bashford, *Global Population*, 48-62.

140 Jim Gardner, "Discrimination against Future Generations: The Possibility of Constitutional Limitation", *Environmental Law* 9, no. 1 (1978): 29-59; Bruce Ackerman, *Social Justice in the Liberal State* (Yale University Press, 1980), part 2; Jedediah Purdy, *After Nature: A Politics for the Anthropocene* (Harvard University Press, 2015), 7장.

141 D. Clayton Hubin, "Justice and Future Generations", *Philosophy and Public Affairs* 6, no. 1 (1976): 70-83; English, "Justice between Generations"; Ronald M. Green, "Intergenerational Distributive Justice and Environmental Responsibility", *BioScience* 27, no. 4 (1977): 260-265.

142 Passmore, *Man's Responsibility for Nature*, 86.

143 Laslett, "The Conversation between the Generations", 54, 55.

144 Barry, "The Elements of Political Theory", 13-23.

145 E. F. Schumacher, *Small Is Beautiful: A Study of Economics as if People Mattered* (Blond & Briggs, 1973)[『작은 것이 아름답다』, 이상호 옮김, 문예출판사, 2022]; Collins, *More*, 5장.

146 Barry, "The Elements of Political Theory", 17, 18.

147 Ibid., 23.

148 Barry, "Justice between Generations", 270; cf. Barry, "Contract Theory and Future Generations", Brian Barry Literary Archive Online, https://drive.google.com/file/d/0B_S3_PS1dxMydHhtZlNUS0pZeVk/view (2018년 11월 12일 접속).

149 Ibid., 272.

150 Barry, "Justice between Generations", 270-272.

151 Passmore, *Man's Responsibility for Nature*, 91.

152 Barry, "Justice between Generations", 272-275.

153 Ibid., 284.

154 Ibid., 276, 277.

155 Ibid., 268, 269.

156 Ibid., 277, 278.

157 Barry, "Circumstances of Justice and Future Generations", 227.

158 Thomas Sieger Derr, "The Obligation to the Future", in *Responsibilities to Future Generations: Environmental Ethics*, ed. Ernest Partridge (Prometheus Books, 1981), 40.

159 Barry, "Circumstances of Justice and Future Generations", 226.

160 John Gray to Brian Barry, 1975, Cabinet 1, Folder 19B, BBP.

161 Barry, "Justice between Generations", 282-284; cf. Gregory S. Kavka, "The Paradox of Future Individuals", *Philosophy and Public Affairs* 11, no. 2 (1982): 93-112; Schwartz, "Obligations to Posterity".

162 Barry, "Circumstances of Justice and Future Generations", 209; 아울러 다음을 참조. Rawls, *A Theory of Justice*, 126, 127[국역본, 182-184쪽].

163 Barry, "Circumstances of Justice and Future Generations", 207.

164 Ibid., 237. 배리의 이 구분법은 피터 대니얼슨Peter Danielson에게서 참조한 것이다. "Theories, Intuitions, and the Problem of World-Wide Distributive Justice", 336.

165 Kavka, "The Futurity Problem", 180-203.

166 David A. J. Richards, "Contractarian Theory, Intergenerational Justice, and Energy Policy", in MacLean and Brown, *Energy and the Future*, 131-150.

167 Barry, "Circumstances of Justice and Future Generations", 239, 243.

168 Brian Barry, "Intergenerational Justice in Energy Policy", in MacLean and Brown, *Energy and the Future*, 15-30; cf. Goodpaster and Sayre, *Ethics and Problems of the Twenty-First Century*; Sayre, *Values in the Electric Power Industry*.

169 MacLean and Brown, *Energy and the Future*, 5.

170 Barry, "The Elements of Political Theory", 23.

171 이 문단 및 다음 문단과 관련된 논의로는 다음을 참조. Forrester, "The Problem of the Future in Postwar Anglo-American Philosophy".

172 세대 간 정의 이론과 이 같은 초기 논의가 촉발한 기후 윤리에 대한 개관으로는 다음을 참조. Axel Gosseries and Lukas H. Meyer, eds., *Intergenerational Justice* (Oxford University Press, 2009); Stephen M. Gardiner, Simon Caney, Dale Jamieson, and Henry Shue, eds., *Climate Ethics: Essential Readings* (Oxford University Press, 2010).

173 제도적 문제는 이로부터 수십 년이 지나고서야 비로소 다뤄지기 시작했다. 예컨대 다음을 참조. Iñigo González-Ricoy and Axel Gosseries, eds., *Institutions for Future Generations* (Oxford University Press, 2016).

174 Floris Heukelom, "A Sense of Mission: The Alfred P. Sloan and Russell Sage Foundations' Behavioral Economics Program, 1984-1992", *Science in Context* 25, no. 2 (2012): 278; cf. Paul Warde, "The Invention of Sustainability", *Modern Intellectual History* 8 (2011): 153-170.

175 Richard H. Thaler and Cass R. Sunstein, *Nudge: Improving Decisions about Health, Wealth, and Happiness* (Yale University Press, 2008)[『넛지: 똑똑한 선택을 이끄는 힘』, 안진환 옮김, 리더스북, 2009].

176 Rawls, *Political Liberalism*, 7, n. 5.

177 John Rawls, "Lecture V: Institutions of Stationary State as Mill's Ideal (1985)", pp. 1-2, 8, Box 36, Folder 18, JRP. 강조는 롤스.

178 John Rawls and Philippe Van Parijs, "Three Letters on 'The Law of Peoples' and the European Union'", in "Autour de Rawls", special issue of *Revue de Philosophie Économique* 7 (2003): 9.

179 근래의 예시로는 다음을 참조. Julie Rose, "On the Value of Economic Growth", 미출간 원고(2018).

180 James O'Connor, *The Fiscal Crisis of the State* (St. Martin's Press, 1973); Claus Offe, *Contradictions of the Welfare State* (Hutchinson, 1984).

181 Daniel Bell, *The Cultural Contradictions of Capitalism* (Basic Books, 1976)[『자본주의의 문화적 모순』, 박형신 옮김, 한길사, 2021]. 이를 둘러싼 논의로는 다음을 참조. Kripper, *Capitalizing on Crisis*, 18-26.

182 Cf. John Dunn, *Western Political Theory in the Face of the Future* (Canto, 1979). 추후 여러 이론가들은 번영에 수반되는 생태적 한계를 다루고자 노력하기도 했다. 예컨대 다음을 보라. G. A. Cohen, *Self-Ownership, Freedom, and Equality* (Cambridge University Press, 1995), 10.

7장. 신우파와 좌파

1 Bruce J. Schulman and Julian E. Zelizer, eds., *Rightward Bound: Making America Conservative in the 1970s* (Harvard University Press, 2008).

2 Krippner, *Capitalizing on Crisis*, 86-105.

3 Rodgers, *Age of Fracture*, 2장; Kalman, *Right Star Rising*, 9장.

4 Peter B. Evans and William H. Sewell Jr., "Neoliberalism", in *Social Resilience in the Neoliberal Era*, ed. Peter A. Hall and Michèle Lamont (Cambridge University Press, 2013), 35-68.

5 이에 관한 가장 탁월한 개괄로는 다음을 참조. Blyth, *Great Transformations*. 보수주의와 자유지상주의 운동에 관해서는 다음을 참조. Burns, *Goddess of the Market*, part 4; Brian Doherty, *Radicals for Capitalism: A Freewheeling History of the Modern American Libertarian Movement* (Public Affairs, 2007); Jason Stahl, *Right Moves: The Conservative Think Tank in American Political Culture since 1945* (University of North Carolina Press, 2016).

6 James M. Buchanan, Robert D. Tollison, and Gordon Tullock, eds., *Toward a Theory of the Rent-Seeking Society* (Texas A&M University Press, 1980). 이에 관한 개괄로는 다음을 참조. Dennis C. Mueller, *Public Choice* (Cambridge University Press, 1979).

7 Mark Willes, "'Rational Expectations' as a Counter-Revolution", *Public Interest* (1980): 81.

8 Blyth, *Great Transformations*, 142-182.

9 Phillips-Fein, *Invisible Hands*; Nelson Lichtenstein and Elizabeth Tandy Shermer, eds., *The Right and Labor in America: Politics, Ideology, and Imagination* (University of Pennsylvania Press, 2016).

10 Schulman, "The Privatization of Everyday Life".

11 신자유주의 이념·체제에서 국가의 위상에 관해서는 다음을 참조. Wendy Brown, "Neoliberalism and the End of Liberal Democracy", in Brown, *Edgework: Critical Essays on Knowledge and Politics* (Princeton University Press, 2005), 37-59; David Harvey, *A Brief History of Neoliberalism* (Oxford University Press, 2005)[『신자유주의: 간략한 역사』, 최병두 옮김, 한울, 2007]; Martijn Konings, "Neoliberalism and the State", in *Neoliberalism: Beyond the Free Market*, ed. Damien Cahill, Lindy Edwards, and Frank Stilwell (Edward Elgar, 2012), 54-66; Slobodian, *Globalists*. 보다 이른 시기의 논의로는 다음을 참조. Andrew Gamble, "The Free Economy and the Strong State: The Rise of the Social Market Economy", *Socialist Register*, 18 March 1979, 1-25.

12 Coase, "The Lighthouse in Economics".

13 Hayek, *Law, Legislation, and Liberty*, vol. 2.

14 Roy Jenkins, *What Matters Now* (Collins/Fontana, 1972).

15 Thompson, *Political Economy and the Labour Party*, 14-17장; Mark Wickham-Jones, "The Challenge of Stuart Holland: The Labour Party's Economic Strategy during the 1970s", in Black et al., *Reassessing 1970s Britain*. 동 시기 전개되었던 영국 노동당 우파의 형성에 관해서는 다음을 참조. Stephen Meredith, *Labours Old and New: The Parliamentary Right of the British Labour Party 1970-79 and the Roots of New Labour* (Oxford University Press, 2008).

16 1970년대 미국 정치에서의 노동계급에 관해서는 다음을 참조. Cowie, *Stayin' Alive*. 학계 내외의 좌파에 관해서는 다음을 참조. Brick and Phelps, *Radicals in America*, 5장.

17 Arrow, "A Cautious Case for Socialism", 472-480.

18 Barber, "Absolutization of the Market"; cf. Charles Lindblom, "The Market as Prison", *Journal of Politics* 44, no. 2 (1982): 324-336. 시장의 "마법"에 관해서는 다음을 참조. Jonathan Levy, *Ages of American Capitalism* (Random House, 미출간), 18장[2021년에 동명의 단행본으로 출간되었다].

19 Cf. Albert Hirschman, *Rival Views of Market Society and Other Recent Essays* (Harvard University Press, 1992); Marion Fourcade and Kieran Healy, "Moral Views of Market Society", *Annual Review of Sociology* 33 (2007): 285-311.

20 Karl Polanyi, *The Great Transformation: The Political and Economic Origins of Our Time* (Beacon Press, 1944)[『거대한 전환: 우리 시대의 정치·경제적 기원』, 홍기빈 옮김, 길, 2009].

21 Cohen, *If You're an Egalitarian, How Come You're So Rich?*; cf. Jonathan Wolff, "Fairness, Respects, and the Egalitarian Ethos" in *Philosophy and Public Affairs* 27 (1998): 97-122.

22 탈정치화에 관해서는 다음을 보라. Roberts, *The Logic of Discipline*, 3-22, 140-144; cf. Colin Crouch, "Privatized Keynesianism: An Unacknowledged Policy Regime", *British Journal of Politics and International Relations* 11 (2009): 382-399.

23 Ivor Crewe and Anthony King, *SDP: The Birth, Life, and Death of the Social Democratic Party* (Oxford University Press, 1995).

24 Amartya Sen, "Equality of What?", in *The Tanner Lectures on Human Values*, vol. 1, ed. Sterling M. McMurrin (Cambridge University Press, 1980).

25 Cf. G. A. Cohen, "On the Currency of Egalitarian Justice", *Ethics* 99, no. 4 (1989): 906-944.

26 Roger E. Backhouse, *The Penguin History of Economics* (Penguin Books, 2002), 12장.

27 Amartya Sen, *On Ethics and Economics* (Wiley-Blackwell, 1987)[『윤리학과 경제학』, 박순성·강신욱 옮김, 한울, 1999].

28 Ronald Dworkin, *Taking Rights Seriously* (Harvard University Press, 1977).

29 Ronald Dworkin, "What Is Equality? Part 1: Equality of Welfare", *Philosophy and Public Affairs* 10, no. 3 (1981): 185-246; Ronald Dworkin, "What Is Equality? Part 2: Equality of Resources", *Philosophy and Public Affairs* 10, no. 4 (1981): 283-345.

30 Ronald Dworkin, in Kingsley Amis et al., "Some Views of Mrs. Thatcher's Victory", *New York Review of Books*, 28 June 1979.

31 Colin Crouch, *Post-Democracy* (Polity Press, 2004); Peter Mair, *Ruling the Void: The Hollowing-Out of Western Democracy* (Verso, 2013).

32 Dworkin, "What Is Equality? Part 2", 283-290.

33 Ibid., 301-304.

34 드워킨이 시장을 얼마나 중시했는지에 관해서는 다음을 참조. Debra Satz, *Why Some Things Should Not Be for Sale* (Oxford University Press, 2010), 8, 3장.

35 Ibid., 284.

36 Ibid., 311.

37 Ibid., 294.

38 Ibid., 293.

39 Harry G. Johnson, "The Keynesian Revolution and the Monetarist Counter-Revolution", *American Economic Review* 61, no. 2 (1971): 1-14; Rodgers, *Age of Fracture*, 41-76, 85-88.

40 상기의 논의에 관해서는 다음을 참조. Brown, "Neoliberalism and the End of Liberal Democracy", 37-59; Evans and Sewell, "Neoliberalism", 35-68; 그리고 아주 고전적인 이론적 논의로는 다음을 참조. Foucault, *The Birth of Biopolitics*[『생명관리정치의 탄생: 콜레주드프랑스 강의, 1978-79년』, 심세광·전혜리·조성은 옮김, 난장, 2012].

41 John E. Roemer, "On Several Approaches to Equality of Opportunity", *Economics and Philosophy* 28, no. 2 (2012): 166.

42 로널드 코스와 법경제학 운동에 관해서는 다음을 참조. Steven G. Medema, *Ronald H. Coase* (Palgrave Macmillan, 1994); Steven M. Teles, *The Rise of the Conservative Legal Movement: The Battle for Control of the Law* (Princeton University Press, 2008), 6장.

43 Partha Dasgupta, "Positive Freedom, Markets, and the Welfare State", *Oxford Review of Economic Policy* 2, no. 2 (1986): 25-36.

44 R. H. Coase, "The Problem of Social Cost", *Journal of Law and Economics* 3 (1960): 1-44.

45 Andrew Gamble and Gavin Kelly, "The New Politics of Ownership", *New Left Review* 220 (November/December 1996): 70.

46 Richard A. Posner, "The Ethical and Political Basis of the Efficiency Norm in

Common Law Adjudication", *Hofstra Law Review* 8 (1980): 487-508; cf. Guido Calabresi and A. Douglas Melamed, "Property Rules, Liability Rules, and Inalienability: One View of the Cathedral", *Harvard Law Review* 85, no. 6 (1972): 1089-1128. 법경제학에서 효율성이 지니는 중요성에 관해서는 다음을 참조. William Davies, "Economics and the 'Nonsense' of Law: The Case of the Chicago Antitrust Revolution", *Economy and Society* 39, no. 1 (2010): 64-83.

47 Richard Posner, "Utilitarianism, Economics, and Legal Theory", *Journal of Legal Studies* 8, no. 1 (1979): 103-140.

48 Weinrib, "From Public Interest to Private Rights", 208.

49 이에 대한 회고적 논의로는 다음을 참조. "Critical Legal Studies: Duncan Kennedy", in James R. Hackney Jr., *Legal Intellectuals in Conversation: Reflections on the Construction of Contemporary American Legal Theory* (New York University Press, 2012), 19-46.

50 Ronald M. Dworkin, "Is Wealth a Value?", *Journal of Legal Studies* 9, no. 2 (1980): 220. 이 논쟁에서 제기된 논의들을 더 보고 싶다면 다음을 참조. Guido Calabresi, "An Exchange: About Law and Economics: A Letter to Ronald Dworkin", *Hofstra Law Review* 8, no. 3 (1980): 553-562; Richard A. Posner, "The Value of Wealth: A Comment on Dworkin and Kronman", *Journal of Legal Studies* 9, no. 2 (1980): 243-252; George J. Stigler, "Wealth, and Possibly Liberty", *Journal of Legal Studies* 7, no. 2 (1978): 213-217; Ronald Dworkin, "Why Efficiency? A Response to Professors Calabresi and Posner", *Hofstra Law Review*, 8, no. 3 (1980): 563-590; Jeffrie G. Murphy, "The Justice of Economics", *Philosophical Topics* 14, no. 2 (1986): 195-210.

51 Richard A. Posner, *Economic Analysis of Law* (Little, Brown, 1972) [『법경제학 상·하』, 정기화 옮김, 자유기업센터, 2003].

52 C. Edwin Baker, "The Ideology of the Economic Analysis of the Law", *Philosophy and Public Affairs* 5, no. 1 (1975): 3-48.

53 Cf. Russell Hardin, "The Morality of Law and Economics", *Law and Philosophy* 11, no. 4 (1992): 331-384.

54 드워킨이 신자유주의로부터 받은 영향에 관해서는 다음을 참조. Chris Armstrong, "Equality, Risk, and Responsibility: Dworkin on the Insurance Market", *Economy and Society* 34, no. 3 (2005): 451-473.

55 Cf. Gamble and Kelly, "The New Politics of Ownership", 69-71.

56 Dworkin, "Equality of Resources", 338.

57 중립성에 대한 자유주의적 신념을 드워킨이 처음 주장한 대목으로는 다음을 참조. Dworkin, "Liberalism", 127; cf. Dworkin, *Taking Rights Seriously*, 6, 7, 11장.

58 Barry, *Political Argument*, 106.

59 Elizabeth S. Anderson, "What Is the Point of Equality?", *Ethics* 109, no. 2 (1999): 287-337.

60 Perry Anderson, *In the Tracks of Historical Materialism* (University of Chicago Press, 1984), 20-31[『역사 유물론의 궤적』, 김필호·배익준 옮김, 도서출판 새길, 1994, 34-50쪽].

61 John Fekete, "Telos at 50", *Telos* 50 (1981/1982): 161-170; Martin Jay, *Marxism and Totality: The Adventures of a Concept from Lukács to Habermas* (University of California Press, 1986), 19, 20.

62 미국에서 하버마스 이론의 수용에 관해서는 다음을 참조. Dick Howard, *The Marxian Legacy* (Urizen Books, 1977); Thomas McCarthy, *The Political Theory of Jürgen Habermas* (MIT Press, 1978); Raymond Geuss, *The Idea of a Critical Theory: Habermas and the Frankfurt School* (Cambridge University Press, 1981); Seyla Benhabib, *Critique, Norm, and Utopia* (Columbia University Press, 1986)[『비판, 규범, 유토피아: 비판이론의 토대 연구』, 정대성 옮김, 울력, 2008].

63 Moishe Postone, "Necessity, Labor, and Time: A Reinterpretation of the Marxian Critique of Capitalism", *Social Research* 45, no. 4 (1978): 739-788.

64 Peter Singer, *Marx*.

65 이에 대한 개괄로는 다음을 참조. Geras, "The Controversy about Marx and Justice".

66 Sheldon S. Wolin, "On Reading Marx Politically", *Nomos* 26 (1983): 91; cf. Gilbert, "The Storming of Heaven: Politics and Marx's Capital Politics and Marx's Capital", *Nomos* 26 (1983): 163. 미국의 민주사회주의 및 실용주의 전통에 많은 영향을 받은 윤리적 마르크스주의에 관해서는 다음을 참조. Cornel West, *Ethical Dimensions of Marxist Thought* (Monthly Review Press, 1991).

67 G. H. R. Parkinson, ed., *Marx and Marxisms* (Cambridge University Press, 1982); Martin Carnoy, *The State and Political Theory* (Princeton University Press, 1984).

68 Mark Tushnet, "Is There a Marxist Theory of Law?", in *Nomos: Yearbook of the American Society for Political and Legal Philosophy*, vol. 26, *Marxism*, ed. J. Roland Pennock and John W. Chapman (New York University Press, 1983), 171, 186.

69 브레너 논쟁[제2차 자본주의 이행 논쟁]에 관해서는 다음을 참조. Robert Brenner, "Agrarian Class Structure and Economic Development in Pre-Industrial Europe", *Past and Present* 70, no. 1 (1976): 30-75; Robert Brenner, "The Origins of Capitalist Development: A Critique of Neo-Smithian Marxism", *New Left Review* 104 (July/August 1977): 25-92; T. H. Aston and C. H. E. Philpin, eds., *The Brenner Debate: Agrarian Class Structure and Economic Development in Pre-Industrial Europe* (Cambridge University Press, 1985). 정치적 마르크스주의에 관해서는 다음을 참조. Ellen Meiksins

Wood, "The Separation of the Economic and the Political in Capitalism", *New Left Review* 127 (May/June 1981).

70 John Roemer, ed., *Analytical Marxism* (Cambridge University Press, 1986), 6.

71 Jon Elster, *Ulysses and the Sirens: Studies in Rationality and Irrationality* (Cambridge University Press, 1979), 그리고 Elster, *Sour Grapes: Studies in the Subversion of Rationality* (Cambridge University Press, 1983).

72 Alan Carling, "In Defence of Rational Choice: A Reply to Ellen Meiksins Wood", *New Left Review* 184 (November/December 1990): 107; John E. Roemer, "Neoclassicism, Marxism, and Collective Action", *Journal of Economic Issues* 12, no. 1 (1978): 147-161.

73 이에 대한 회고적 논의로는 다음을 참조. Erik Olin Wright, "Falling into Marxism; Choosing to Stay", in *The Disobedient Generation: Social Theorists in the Sixties*, ed. Alan Sica and Stephen Turner (University of Chicago Press, 2005).

74 G. A. Cohen, *Karl Marx's Theory of History: A Defence* (Princeton University Press, 1978)[『카를 마르크스의 역사이론: 역사유물론 옹호』, 박형신·정헌주 옮김, 한길사, 2011]. 좀 더 이른 시기 제럴드 A. 코언의 논의로는 다음을 참조. G. A. Cohen, "On Some Criticisms of Historical Materialism", *Aristotelian Society* 44 (suppl.), no. 1 (1970): 121-141.

75 Michael Rosen, "Jerry Cohen: An Appreciation", 2010.

76 예컨대 다음을 참조. Michele Barrett, *Women's Oppression Today: Problems in Marxist Feminist Analysis* (Verso, 1980); cf. Antony Easthope, *British Post-Structuralism since 1968* (Routledge, 1988).

77 Alan Carling, "Rational Choice Marxism", *New Left Review* 160 (November/December 1986): 27-31.

78 E. P. Thompson, *The Poverty of Theory and Other Essays* (Merlin Press, 1978)[『이론의 빈곤』, 변상출 옮김, 책세상, 2013]; cf. William H. Sewell Jr., "How Classes Are Made: Critical Reflections on E. P. Thompson's Theory of Working-Class Formation", in *E. P. Thompson: Critical Perspectives*, ed. Harvey J. Kaye and Keith McClelland (Temple University Press, 1990).

79 Cohen, *Karl Marx's Theory of History*, 73; Perry Anderson, *Arguments within English Marxism* (Verso, 1980), 125, 40. 코언에 대한 비판으로는 다음을 참조. Ellen Meiksins Wood, "Happy Campers", *London Review of Books* 3, no. 2 (28 January 2010).

80 예컨대 다음을 참조. Jon Elster, "The Labour Theory of Value", *Marxist Perspectives* 3 (1978); Robert Paul Wolff, "A Critique and Reinterpretation of Marx's Labor Theory of Value", *Philosophy and Public Affairs* 10, no. 2 (1981): 89-120. 이데올로기에 대한 논의는 비교적 적은 관심을 받은 편이다. 이에 관해서는 다음을 참조. Jon Elster, *Making Sense of Marx* (Cambridge University Press, 1985)[『마르크스 이해하기

1·2』, 진석용 옮김, 나남출판, 2015], 8장; Charles Mills, "'Ideology' in Marx and Engels", *Philosophical Forum* 16, no. 4 (1985): 327-346; Kai Nielsen, *Marxism and the Moral Point of View: Morality, Ideology, and Historical Materialism* (Westview, 1989).

81 Adam Przeworski, *Capitalism and Social Democracy* (Cambridge University Press, 1985)[『자본주의와 사회민주주의』, 최형익 옮김, 백산서당, 1995].

82 Jon Elster, "Exploring Exploitation", *Journal of Peace Research* 15, no. 1 (1978): 3-17; Richard J. Arneson, "What's Wrong with Exploitation?", *Ethics* 91, no. 2 (1981): 202-227; Andrew Reeve, ed., *Modern Theories of Exploitation* (Sage Publications, 1987).

83 G. A. Cohen, "The Labor Theory of Value and the Concept of Exploitation", *Philosophy and Public Affairs* 8, no. 4 (1979): 338-360.

84 John E. Roemer, "Property Relations vs. Surplus Value in Marxian Exploitation", *Philosophy and Public Affairs* 11, no. 4 (1982): 281-313; John E. Roemer, *A General Theory of Exploitation and Class* (Harvard University Press, 1982).

85 Harry Braverman, *Labor and Monopoly Capital: The Degradation of Work in the Twentieth Century* (Monthly Review Press, 1974); cf. Clifford L. Staples and William G. Staples, "Rereading Harry Braverman's 'Labor and Monopoly Capital' after Twenty Years", *Social Thought and Research* 23, nos. 1/2 (2000): 227-238.

86 Sheila Cohen, "A Labour Process to Nowhere?", *New Left Review* 165 (September/October 1987): 34-50.

87 John E. Roemer, "New Directions in the Marxian Theory of Exploitation and Class", *Politics and Society* 11, no. 3 (1982): 266, 이는 다음 단행본의 한 장으로 재판되기도 했다. Roemer, *Analytical Marxism*, 93.

88 Alex Callinicos, "The Limits of 'Political Marxism'", *New Left Review* 184 (November/December 1990): 114.

89 Carling, "Rational Choice Marxism", 45.

90 Roemer, "New Directions in the Marxian Theory", 94-96.

91 Erik Olin Wright, "'A Future for Socialism', by John E. Roemer", *Contemporary Sociology* 23, no. 6 (1994): 896-898.

92 Cf. Carling, "In Defence of Rational Choice", 36, 100.

93 Roemer, "New Directions in the Marxian Theory", 49; cf. John Roemer, "Unequal Exchange, Labor Migration, and International Capital Flows: A Theoretical Synthesis", in *Marxism, Central Planning, and the Soviet Economy: Economic Essays in Honor of Alexander Erlich*, ed. Padma Desai (MIT Press, 1983).

94 Rosen, "Jerry Cohen: An Appreciation"; 아울러 다음을 참조. G. A. Cohen, "Valedictory Lecture: My Philosophical Development (and Impressions of Philosophers Whom I Met along the Way)", in G. A. Cohen, *Finding Oneself in the Other*, ed. Michael Otsuka (Princeton University Press, 2012), 175-192.

95 신용 시장에 관해서는 다음을 참조. Greta Krippner, "Democracy of Credit: Ownership and the Politics of Credit Access in Late Twentieth-Century America", *American Journal of Sociology* 123, no. 1 (2017): 1-47.

96 Carling, "Rational Choice", 33-36, 54.

97 Isaac, "Property, Efficiency, and the State".

98 재산세에 관해서는 다음을 참조. Isaac William Martin, *The Permanent Tax Revolt: How the Property Tax Transformed American Politics* (Stanford University Press, 2008). 주주 가치 혁명에 관해서는 다음을 참조. Gerald F. Davis, *Managed by the Markets: How Finance Reshaped America* (Oxford University Press, 2009); Johan Heilbron, Jochem Verheul, and Sander Quak, "The Origins and Early Diffusion of 'Shareholder Value' in the United States", *Theory and Society* 43, no. 1 (2014). 자산 가치 상승의 중요성에 관해서는 다음을 참조. Levy, *Ages of American Capitalism*, 18장.

99 Alan Ryan, *Property* (Open University Press, 1987); Lawrence C. Becker, *Property Rights: Philosophic Foundation* (Routledge & Kegan Paul, 1977); Jeremy Waldron, *The Right to Private Property* (Clarendon Press, 1988); Stephen R. Munzer, *A Theory of Property* (Cambridge University Press, 1990).

100 Amartya Sen, "Well-being, Agency, and Freedom: The Dewey Lectures 1984", *Journal of Philosophy* 82, no. 4 (1985), 169-221; Amartya Sen and Martha Nussbaum, eds., *The Quality of Life* (Clarendon Press, 1993).

101 Richard Arneson, "Equality and Equal Opportunity for Welfare", *Philosophical Studies* 55, no. 1 (1989): 77-93; John E. Roemer, "Equality of Talent", *Economics and Philosophy* 1, no. 2 (1985): 151-188; cf. T. M. Scanlon, "Preference and Urgency", *Journal of Philosophy* 72, no. 19 (1975): 659-661.

102 Eric Shaw, "Retrieving or Re-imagining the Past? The Case of 'Old Labour' 1979-1994", in *Labour and the Left in the 1980s*, ed. Jonathan Davis and Rohan McWilliam (Manchester University Press, 2018), 25-43.

103 예컨대 다음을 참조. John Dunn, *The Politics of Socialism: An Essay in Political Theory* (Cambridge University Press, 1984); Jon Elster, "Socialism", *London Review of Books* 6, no. 21 (15 November 1984).

104 Keith Tribe, "Liberalism and Neoliberalism in Britain, 1930-1980", in Mirowski and Plehwe, *The Road from Mont Pèlerin*, 68-97.

105 James Edward Meade, *The Intelligent Radical's Guide to Economic Policy: The Mixed Economy* (Allen and Unwin, 1975).

106 Julian Le Grand, *The Strategy of Equality: Redistribution and the Social Services* (Allen and Unwin, 1982); Bryan Gould, *Socialism and Freedom* (Macmillan, 1985); 아울러 다음을 참조. Shaw, "Retrieving or Re-imagining the Past?", 30-32.

107 John Scott, *Capitalist Property and Financial Power: A Comparative Study of Britain, the United States, and Japan* (Wheatsheaf Books, 1986); Gamble and Kelly, "The New Politics of Ownership", 78; Richard Krouse and Michael McPherson, "A 'Mixed'-Property Regime: Equality and Liberty in a Market Economy", *Ethics* 97, no. 1 (1986): 119-138.

108 Rawls, *Justice as Fairness: A Restatement*, 135-179[『공정으로서의 정의: 재서술』, 김주희 옮김, 이학사, 2016, 241-311쪽].

109 Ian Forbes, "Introduction", in *Market Socialism: Whose Choice? A Debate*, Fabian Society Tract 516 (Fabian Society, November 1986), 1.

110 David Miller, *Market, State, and Community: Theoretical Foundations of Market Socialism* (Clarendon Press, 1989), 1-6.

111 Cf. Robert Dahl, *Dilemmas of Pluralist Democracy: Autonomy vs. Control* (Yale University Press, 1982), 6장.

112 David Miller and Saul Estrin, "Market Socialism: A Policy for Socialists", in *Market Socialism*, ed. Julian Le Grand and Saul Estrin (Clarendon Press, 1989), 7-9; David Miller, "Justice and Property", *Ratio* 22 (1980): 1-14.

113 Miller, *Market, State, and Community*, 10, 14, 15.

114 David Miller, "Market Neutrality and the Failure of Co-operatives", *British Journal of Political Science* 11, no. 3 (1981): 325; cf. Richard Carr, "Responsible Capitalism: Labour's Industrial Policy and the Idea of a National Investment Bank during the Long 1980s", in Davis and McWilliam, *Labour and the Left in the 1980s*, 90-112; John Gray, "Contractarian Method, Private Property, and the Market Economy", *Nomos* 31 (1989): 13-58.

115 Barbara Fried, "Left-Libertarianism: A Review Essay", *Philosophy and Public Affairs* 32, no. 1 (2004): 66-92.

116 Cohen, "Self-Ownership, World-Ownership, and Equality: Part II", *Social Philosophy and Policy* 3, no. 2 (1986): 79, 80.

117 Ibid., 95, 96. 노직과 코언에 관해서는 다음을 참조. Christopher Brooke, "Who Gets What? A History of Distributive Justice from Mill to Rawls", 미출간 원고(2010), 15장. 자기 소유에 대한 페미니스트적 비판으로는 다음을 참조. Carole Pateman, *The Sexual Contract* (Stanford University Press, 1988), 152[『남과 여, 은폐된 성적 계약』, 유영근·이충훈 옮김, 이후, 2001, 215쪽].

118 Cohen, "On the Currency of Egalitarian Justice", 933.

119 Will Kymlicka, "Left-Liberalism Revisited", in *The Egalitarian Conscience: Essays in Honour of G. A. Cohen*, ed. Christine Sypnowich (Oxford University Press, 2006), 9-35.

120 Scanlon, "The Significance of Choice", 188, 203.

121　Cohen, "On the Currency of Egalitarian Justice", 907, 908.
122　Ibid., 920.
123　Ibid., 937.
124　이와 유사한 시도로는 다음을 참조. Jon Elster, "Self-Realization in Work and Politics: The Marxist Conception of the Good Life", in *Marxism and Liberalism*, ed. Ellen Frankel Paul, Fred D. Miller Jr., Jeffrey Paul, and John Ahrens (Basil Blackwell, 1986), 97-116.
125　Michael Rosen, "Sensible, but Is It Just?", review of G. A. Cohen, *Rescuing Justice and Equality*, Times Literary Supplement, 21 August 2009, 29, 30.
126　Cohen, "Where the Action Is", 3-30.
127　G. A. Cohen, "Back to Socialist Basics", *New Left Review* 207 (September/October 1994): 3-16; G. A. Cohen, "Incentives, Inequality, and Community", in *The Tanner Lectures on Human Values*, vol. 12, ed. Grethe B. Peterson (University of Utah Press, 1991), 264, 265; cf. Nicholas Vrousalis, *The Political Philosophy of G. A. Cohen: Back to Socialist Basics* (Bloomsbury, 2015).
128　Cohen, "Where the Action Is", 3.
129　G. A. Cohen, *Why Not Socialism?* (Princeton University Press, 2009).
130　Matt Matravers, "Responsibility, Luck, and the 'Equality of What?' Debate", *Political Studies* 50, no. 3 (2002): 558-572; Susan L. Hurley, *Justice, Luck, and Knowledge* (Harvard University Press, 2003).
131　Cohen, "On the Currency of Egalitarian Justice", 934; Nelson, *The Theology of Liberalism*, 4장.
132　David Miller, "The Incoherence of Luck Egalitarianism", in *Distributive Justice and Access to Advantage: G. A. Cohen's Egalitarianism*, ed. Alexander Kaufman (Cambridge University Press, 2014), 132.
133　Williams, "Moral Luck"; Thomas Nagel, "Moral Luck", *Proceedings of the Aristotelian Society* 50 (suppl), no. 226 (1976): 135-151.
134　Cf. David Schmidtz and Robert E. Goodin, *Social Welfare and Individual Responsibility: For and Against* (Cambridge University Press, 1998)[『복지는 누구의 책임인가』, 백학영·김은하 옮김, 지식공동체, 2018]; Zofia Stemplowska, "Making Justice Sensitive to Responsibility", *Political Studies* 57, no. 2 (2009): 237-259; Kymlicka, "Left-Liberalism Revisited", 9-35.
135　John Roemer, "Public Ownership and Private Property Externalities", in *Alternatives to Capitalism*, ed. Jon Elster and Karl O. Moene (Cambridge University Press, 1989), 159-179.
136　Jackson, *Equality and the British Left*, 6장.
137　John E. Roemer, *A Future for Socialism* (Harvard University Press, 1994), 125.

138 John E. Roemer, "Socialism Revised", *Philosophy and Public Affairs* 45, no. 3 (2017): 261-315.

139 Roemer, *A Future for Socialism*, 22-24.

140 Robert Van der Veen and Philippe Van Parijs, "A Capitalist Road to Communism", *Theory and Society* 15, no. 5 (1986): 643-652.

141 Peter Vallentyne and Hillel Steiner, *Left-Libertarianism and Its Critics: The Contemporary Debate* (Palgrave Macmillan, 2000).

142 Ibid., 253-257.

143 이 시기에 제안된 다른 종류의 계약 이론으로는 예컨대 다음을 참조. David Gauthier, "The Social Contract as Ideology", *Philosophy and Public Affairs* 6, no. 2 (1977): 130-164; David Gauthier, *Morals by Agreement* (Oxford University Press, 1986), 218-229[『합의 도덕론』, 김형철 옮김, 철학과현실사, 1993, 307-319쪽]. 이에 대한 비판으로는 다음을 참조. Virginia Held, "Non-Contractual Society", in Marsha Hanen and Kai Nielsen, eds., "Science, Morality, and Feminist Theory", supplementary volume of *Canadian Journal of Philosophy* 13 (1987): 111-137; Pateman, *The Sexual Contract*; 그리고 그로부터 조금 시간이 지난 뒤의 논의로는 다음을 참조. Charles Mills, *The Racial Contract* (Cornell University Press, 1997)[『인종계약: 근대를 보는 또 하나의 시선』, 정범진 옮김, 아침이슬, 2006].

144 Forrester, "Reparations, History and the Origins of Global Justice", 22-51.

145 Okin, *Justice, Gender, and the Family*, 2장. 그런 논의가 오킨과 자유주의적 페미니즘에 청구한 대가에 관해서는 다음을 참조. Smith, "Okin, Rawls, and the Politics of Political Philosophy".

146 그와 같이 변모한 국가를 적절하게 포착하려는 개념적 수정의 시도로는 다음을 참조. Cordelli, *The Privatized State*.

147 이와 관련되는 논의로는 다음을 참조. Miller, "The Incoherence of Luck Egalitarianism". 규범 이론의 실질적 영향을 근거로 삼아 제기된 코언에 대한 비판으로는 다음을 참조. Brian Leiter, "Marxism and the Continuing Irrelevance of Normative Theory", *Stanford Law Review* 54 (2002): 1129-1151.

148 Anderson, "What Is the Point of Equality?", 308, 298, 313.

149 Cf. Kok-Chor Tan, *Justice, Institutions, and Luck: The Site, Ground, and Scope of Equality* (Oxford University Press, 2012).

150 Robert E. Goodin, *Reasons for Welfare: The Political Theory of the Welfare State* (Princeton University Press, 1988).

151 G. A. Cohen, "Facts and Principles", *Philosophy and Public Affairs* 31, no. 3 (2003): 211-245.

152 예컨대 다음을 참조. J. Donald Moon, ed., *Responsibility, Rights, and Welfare: The Theory of the Welfare State* (Westview Press, 1988); cf. Albert Weale, *Political*

Theory and Social Policy (Macmillan, 1983).

153 Robert E. Goodin, "Reasons for Welfare: Economic, Sociological, and Political — but Ultimately Moral", in Moon, Responsibility, Rights, and Welfare, 24. 여기서 구딘은 제임스 토빈James Tobin을 인용했다. "On Limiting the Domain of Inequality", Journal of Law and Economics 13, no. 2 (1970): 363-378.

154 Goodin, "Reasons for Welfare", 29.

155 Cf. Satz, Why Some Things Should Not Be for Sale, part II.

156 Goodin, "Reasons for Welfare", 31.

157 Ibid., 43.

158 Ibid., 29.

159 Nancy Fraser and Linda Gordon, "A Genealogy of 'Dependency': Tracing a Keyword of the US Welfare State", Signs 19, no. 2 (1994): 309-336.

160 Daniel P. Moynihan, The Politics of a Guaranteed Income: The Nixon Administration and the Family Assistance Plan (Random House, 1973). 빈민에 대한 국가 규제뿐만 아니라 그것을 자신의 관할로 가져오려는 정부 내부의 경쟁에 주목하는, 그것도 보다 장기적인 안목에서 해당 주제를 다루는 역사 연구로는 다음을 참조. Karen Tani, States of Dependency: Welfare, Rights, and American Governance 1935-1972 (Cambridge University Press, 2016).

161 Martin Anderson, Welfare: The Political Economy of Welfare Reform in the United States (Hoover Institution Press, 1978); cf. Quinn Slobodian, "The Road to the Alt Right: How Race and Culture Split the Neoliberal Movement", 미출간 원고(2017).

162 Burns, Goddess of the Market, 279; George Gilder, Wealth and Poverty (Basic Books, 1981).

163 George Gilder, "The Moral Sources of Capitalism", Imprimis 9, no. 12 (December 1980).

164 Robert O. Self, All in the Family: The Realignment of American Democracy since the 1960s (Hill and Wang, 2012), part 4; Marjorie J. Spruill, Divided We Stand: The Battle over Women's Rights and Family Values That Polarized American Politics (Bloomsbury, 2017); Cooper, Family Values, 3장.

165 Charles Murray, Losing Ground: American Social Policy, 1950-1980 (Basic Books, 1984); Rodgers, Age of Fracture, 202-205. "최하층 계급"underclass에 관해서는 다음을 참조. William Julius Wilson, The Truly Disadvantaged: The Inner City, The Underclass, and Public Policy (University of Chicago Press, 1987); Adolph Reed Jr., Stirrings in the Jug: Black Politics in the Post-Segregation Era (University of Minnesota Press, 1999), 6장. "가난한 미혼모"welfare mothers에 관해서는 다음을 참조. Barbara Cruikshank, The Will to Empower: Democratic Citizens and Other Subjects (Cornell University Press, 1999)[『시민을 발명해야 한다: 민주주의와 통치성』, 심성보 옮김, 갈무리,

2014], 5장; Ange-Marie Hancock, *The Politics of Disgust: The Public Identity of the Welfare Queen* (New York University Press, 2004).

166 Lawrence M. Mead, *Beyond Entitlement: The Social Obligations of Citizenship* (Free Press, 1986); Mickey Kaus, "The Work Ethic State: The Only Way to Break the Culture of Poverty", *New Republic*, 7 July 1986. 납세자들이 '빈곤의 문화'를 지원해 줄 필요가 없다는 주장을 철학적으로 정당화하려는 시도로는 예컨대 다음을 참조. Norman E. Bowie, "Welfare and Freedom", *Ethics* 89, no. 3 (1979): 254-268.

167 Robert E. Goodin, "Vulnerabilities and Responsibilities: An Ethical Defense of the Welfare State", *American Political Science Review* 79, no. 3 (1985): 775-787.

168 Goodin, "Reasons for Welfare", 35.

169 Michael Walzer, "Socializing the Welfare State", in *Democracy and the Welfare State*, ed. Amy Gutmann (Princeton University Press, 1988), 13-26.

170 예컨대 다음을 참조. Fred L. Block, Richard A. Cloward, Barbara Ehrenreich, and Francis Fox Piven, *The Mean Season: The Attack on the Welfare State* (Pantheon Books, 1987); Francis Fox Piven, "Ideology and the State: Women, Power, and the Welfare State", in *Women, the State, and Welfare*, ed. Linda Gordon (University of Wisconsin Press, 1989), 250-264. 이에 대한 반응으로는 다음을 참조. Wendy Brown, "Finding the Man in the State", *Feminist Studies* 18, no. 1 (1992): 7-34. 복지국가의 불안정성에 대한 논의로는 다음을 참조. Samuel Bowles and Herbert Gintis, *Democracy and Capitalism: Property, Community, and the Contradictions of Modern Social Thought* (Basic Books, 1986)[『민주주의와 자본주의』, 차성수·권기돈 옮김, 백산서당, 1994].

171 Goodin, "Reasons for Welfare", 35.

172 예컨대 다음을 참조. Pateman, *The Sexual Contract*. 분석적 마르크스주의 등 당시 계급과 일을 다시 개념화하려는 다양한 시도들로는 대표적으로 다음을 참조. Adam Przeworski, "Proletariat into a Class: The Process of Class Formation from Karl Kautsky's 'The Class Struggle' to Recent Controversies", *Politics and Society* 7, no. 4 (1977): 343-401; Barbara and John Ehrenreich, "The Professional-Managerial Class", *Radical America* 11, no. 2 (1977), 7-31; Erik Olin Wright et. al., *The Debate on Classes* (Verso, 1989); Silvia Federici, *Revolution at Point Zero: Housework, Reproduction, and Feminist Struggle* (PM Press, 2012)[『혁명의 영점: 가사노동, 재생산, 여성주의 투쟁』, 황성원 옮김, 갈무리, 2013].

173 노동 공화주의 전통의 연장선상에서 전형적인, 노동과정에서의 자의적 권력과 착취에 대한 비판으로는 다음을 참조. Gourevitch, *Slavery and the Cooperative Commonwealth*, 3장.

174 Robert E. Goodin, "Exploiting a Situation and Exploiting a Person", in Reeve, *Modern Theories of Exploitation*, 167; cf. Hillel Steiner, "A Liberal Theory of Exploitation", *Ethics* 94, no. 2 (1984): 225-241.

175 Goodin, "Exploiting a Situation and Exploiting a Person", 167.
176 Ibid., 181.
177 Ibid., 192.
178 Ibid., 42.
179 Robert E. Goodin, "The Priority of Needs", *Philosophy and Phenomenological Research* 45, no. 4 (1985): 615-625; Robert E. Goodin, "Self-Reliance versus the Welfare State", *Journal of Social Policy* 14 (1985): 25-47; Robert E. Goodin, *Protecting the Vulnerable: A Reanalysis of Our Social Responsibilities* (University of Chicago Press, 1985); Le Grand, *The Strategy of Equality*.
180 Gøsta Esping-Anderson, *The Three Worlds of Welfare Capitalism* (Princeton University Press, 1990)[『복지자본주의의 세 가지 세계』, 박시종 옮김, 성균관대학교출판부, 2007].
181 Philip Pettit, "The Freedom of the City: A Republican Ideal", in *The Good Polity: Normative Analysis of the Welfare State*, ed. Alan Hamlin and Philip Pettit (Blackwell Publishers, 1989).
182 Robert E. Goodin, *Utilitarianism as a Public Policy* (Cambridge University Press, 1995).
183 Robert E. Goodin, "The End of the Welfare State?", in Ball and Bellamy, *The Cambridge History of Twentieth-Century Political Thought*; cf. also Dennis F. Thompson, "Moral Responsibility of Public Officials: The Problem of Many Hands", *American Political Science Review* 74, no. 4 (1980): 905-916.
184 Goodin, "Reasons for Welfare", 38.
185 Piketty, *Capital in the Twenty-First Century*. 국내 불평등과 달리 전 세계적 불평등이 감소하는 추세에 대한 논의로는 다음을 참조. Branko Milanovic, "Global Income Inequality in Numbers: In History and Now", *Global Policy* 4, no. 2 (2013): 198-208.
186 그중 가장 영향력이 컸던 것으로는 다음을 참조. Offe, *Contradictions of the Welfare State*; Moon, *Responsibility, Rights, and Welfare*.
187 Wilfred Beckerman, ed., *Slow Growth in Britain: Causes and Consequences* (Clarendon Press, 1979); James E. Alt, *The Politics of Economic Decline: Economic Management and Political Behaviour in Britain since 1964* (Cambridge University Press, 1979).
188 John Dryzek and Robert E. Goodin, "Risk-Sharing and Social Justice: The Motivational Foundations of the Post-War Welfare State", *British Journal of Political Science* 16, no. 1 (1986): 1-34; Nicholas Barr, *The Economics of the Welfare State* (Weidenfeld & Nicolson, 1987)[『복지국가와 경제이론』, 이정우 옮김, 학지사, 2008].
189 David Miller, "Altruism and the Welfare State", in Moon, *Responsibility,*

Rights and Welfare, 182.

190 J. Donald Moon, "Introduction", in Moon, *Responsibility, Rights, and Welfare*, 11.

191 Miller, "Altruism and the Welfare State", 184.

192 Goodin, *Reasons for Welfare*, 6장.

193 Brian Barry, "The Continuing Relevance of Socialism", in *Thatcherism*, ed. Robert Skidelsky (Chatto and Windus, 1988), 144; 또한 다음을 참조. Barry, "You Have to Be Crazy to Believe It".

194 Brian Barry, "Does Democracy Cause Inflation? Political Ideas of Some Economists", in *The Politics of Inflation and Economic Stagnation: Theoretical Approaches and International Case Studies*, ed. Leon N. Lindberg and Charles S. Maier (Brookings Institution, 1985), 317.

195 Barry, "The Continuing Relevance of Socialism", 147.

196 Ibid., 147.

197 Ibid., 154.

198 Michelman, "The Supreme Court, 1985 Term: Foreword", 54; Bruce Ackerman, "The Storrs Lectures: Discovering the Constitution", *Yale Law Journal* 93, no. 6 (1984): 1013-1072.

199 Cass Sunstein, "Naked Preferences and the Constitution", *Columbia Law Review* 84, no. 7 (1984), 1689-1691; Cass Sunstein, "Interest Groups in American Public Law", *Stanford Law Review* 38 (1985): 29-87.

200 Kalman, *The Strange Career of Legal Liberalism*, 155-180.

201 Scanlon, "Contractualism and Utilitarianism".

202 John Rawls, "The Idea of Public Reason Revisited", *University of Chicago Law Review* 64, no. 3 (1997): 765-807.

203 Jürgen Habermas, *Between Facts and Norms: Contributions to a Discourse Theory of Law and Democracy*, trans. William Rehg (MIT Press, 1996), 305[『사실성과 타당성: 담론적 법이론과 민주적 법치국가 이론』, 한상진·박영도 옮김, 나남출판, 2007, 372쪽].

204 Jon Elster, "The Market and the Forum: Three Varieties of Political Theory", in *The Foundations of Social Choice Theory*, ed. Jon Elster and Aanund Hylland (Cambridge University Press, 1986).

205 S. A. Lloyd, "Relativizing Rawls: Symposium on John Rawls's Political Liberalism", *Chicago-Kent Law Review* 69 (1994): 709-735; Paul Weithman, *Why Political Liberalism? On John Rawls's Political Turn* (Oxford University Press, 2011).

206 Paul J. Weithman, "Contractualist Liberalism and Deliberative Democracy", *Philosophy and Public Affairs* 24, no. 4 (1995): 314-343; James Bohman and William Rehg, eds., *Deliberative Democracy: Essays on Reason and Politics* (MIT Press, 1997); Jon

Elster, ed., *Deliberative Democracy* (Cambridge University Press, 1998); Habermas, *Between Facts and Norms*; Amy Gutmann and Dennis Thompson, *Democracy and Disagreement* (Harvard University Press, 1996).

207 다음을 참조. Elster, "The Market and the Forum", 121; Benjamin R. Barber, *Strong Democracy: Participatory Politics for a New Age* (University of California Press, 1984).

208 Michael Walzer, "Town Meetings and Workers' Control", *Dissent* (Summer 1978); cf. Michael Walzer, "Socializing the Welfare State", *Dissent* (Summer 1988): 292-300.

209 Joshua Cohen, "The Economic Basis of Deliberative Democracy", *Social Philosophy and Policy* 6, no. 2 (1989): 25, 26, 39, 40.

210 Ibid., 49, 50. 강조는 저자.

211 Arnold S. Kaufman, "Human Nature and Participatory Democracy", *Nomos* 3 (1960); C. B. Macpherson, *The Life and Times of Liberal Democracy* (Oxford University Press, 1977); Jane Mansbridge, *Beyond Adversary Democracy* (University of Chicago Press, 1980).

212 Andrew Gamble and Gavin Kelly, "Stakeholder Capitalism and One Nation Socialism", *Renewal* 4, no. 1 (1996): 23-32; Jeffrey Gates, *Revolutionising Share Ownership* (Demos, 1996); 아울러 다음을 참조. Bruce Ackerman and Anne Alstott, *The Stakeholder Society* (Yale University Press, 1999); cf. Colin Hay, "New Labour and 'Third Way' Political Economy: Paving the European Road to Washington?", in *Critiques of Capital in Modern Britain and America: Transatlantic Exchanges 1800 to the Present Day*, ed. Mark Bevir and Frank Trentmann (Palgrave Macmillan, 2002). 경합주의의 부상에 관해서는 다음을 참조. Seyla Benhabib, ed., *Democracy and Difference: Contesting the Boundaries of the Political* (Princeton University Press, 1996).

213 근래 제기된 이런 성격의 비판으로는 다음을 참조. Lea Ypi, "The Politics of Reticent Socialism", *Catalyst* 3, no. 2 (2018); Alex Gourevitch and Lucas Stanczyk, "The Basic Income Illusion", *Catalyst* 1, no. 4 (2018), 151-177.

214 Jane Mansbridge et al., "A Systemic Approach to Deliberative Democracy", in *Deliberative Systems: Deliberative Democracy at the Large Scale*, ed. John Parkinson and Jane Mansbridge (Cambridge University Press, 2012), 25. 집단 행위 주체성에 관련해서는 다음을 참조. Lea Ypi, *Global Justice and Avant-Garde Political Agency* (Oxford University Press, 2012), 2장.

215 Cohen, "Where the Action Is", 3-30; Liam B. Murphy, "Institutions and the Demands of Justice", *Philosophy and Public Affairs* 27, no. 4 (1998): 251-291; A. J. Julius, "Basic Structure and the Value of Equality", *Philosophy and Public Affairs* 31, no. 4 (2003): 321-355.

216 팀, 게임, 플레이어라는 나의 비유는 민 리Minh Ly에게서 빌려온 것이다.

8장. 철학의 한계

1 Iris Marion Young, *Justice and the Politics of Difference* (Princeton University Press, 1990)[『차이의 정치와 정의』, 김도균·조국 옮김, 모티브북, 2017], 1장.

2 이런 변화들에 대한 조망으로 Livingston, *The World Turned Inside Out*, 2, 3장을 보라.

3 반식민주의에서 후기식민주의 사상으로의 전환에 대한 고찰로 Vinayak Chaturvedi, ed., *Mapping Subaltern Studies and the Postcolonial* (Verso, 2000)을 보라.

4 Samuel H. Beer, *Britain against Itself: The Political Contradictions of Collectivism* (Faber and Faber, 1982); Robert N. Bellah et al., *Habits of the Heart: Individualism and Commitment in American Life* (University of California Press, 1985).

5 Robert D. Putnam, *Bowling Alone: The Collapse and Revival of American Community* (Simon & Schuster, 2000)[『나 홀로 볼링』, 정승현 옮김, 페이퍼로드, 2009].

6 Moyn, *Not Enough*[『충분하지 않다: 불평등한 세계를 넘어서는 인권』, 김대근 옮김, 글항아리, 2022], 5-7장.

7 Gunnell, *The Descent of Political Theory*, 9, 10장.

8 Strassfeld, "American Divide: The Making of 'Continental' Philosophy", 1-34. 이와 같은 관념들에 관한 역사적 연구로 다음을 보라. Stefanos Geroulanos, *An Atheism That Is Not Humanist Emerges in French Thought* (Stanford University Press, 2010); Warren Breckman, *Adventures of the Symbolic: Post-Marxism and Radical Democracy* (Columbia University Press, 2013). 대륙 철학-분석철학 구분의 형성에 대해서는 Simon Critchley, *A Companion to Continental Philosophy* (Routledge, 1998), 3-6을 참조.

9 관련된 예로 William E. Connolly, *Identity/Difference: Democratic Negotiations of Political Paradox* (University of Minnesota Press, 1991)를 참조.

10 영향력 있는 정치·사회 이론가들이 (저마다 롤스의 기획에 서로 다른 공감을 품고서) 롤스 이론에 다양한 비판적 개입을 가한 데 대해서는 다음을 참조. Schaar, *Legitimacy in the Modern State*, 145-166; Pateman, *The Sexual Contract*[『남과 여, 은폐된 성적 계약』, 유영근·이충훈 옮김, 이후, 2001], 3장; Young, *Justice and the Politics of Difference*, 1, 4장; Seyla Benhabib, "Toward a Deliberative Model of Democratic Legitimacy", in Benhabib, *Democracy and Difference*, 67-94; Sheldon Wolin, *Politics and Vision: Continuity and Innovation in Western Political Thought Expanded Edition* (Princeton University Press, 2004)[『정치와 비전 1·2·3』, 강정인 외 옮김, 후마니타스, 2007-2013], 14, 15장.

11 Hampshire, "Morality and Pessimism", 18, 33.
12 Alasdair MacIntyre, "Moral Dilemmas", *Philosophy and Phenomenological Research* 50 (1990): 369-382.
13 Smart and Williams, *Utilitarianism: For and Against*, 75, 108-118. 다음 문헌도 함께 참조. Robert Nozick, *Philosophical Explanations* (Belknap Press of Harvard University Press, 1981); Richard Wollheim, *The Thread of Life* (Cambridge University Press, 1984).
14 Smart and Williams, *Utilitarianism: For and Against*, 104.
15 Williams, *Ethics and the Limits of Philosophy*, 197[『윤리학과 철학의 한계』, 이민열 옮김, 필로소픽, 2022, 357쪽].
16 Ibid., 62[『윤리학과 철학의 한계』, 이민열 옮김, 128쪽].
17 Ibid., 208[『윤리학과 철학의 한계』, 이민열 옮김, 329쪽].
18 Ibid., 185-187[저자의 인용 쪽수에 오류가 있다. 이 내용은 Ibid., 194-196; 『윤리학과 철학의 한계』, 이민열 옮김, 354, 355쪽].
19 Ibid., 194[『윤리학과 철학의 한계』, 이민열 옮김, 353쪽].
20 Ibid., 205[『윤리학과 철학의 한계』, 이민열 옮김, 362쪽].
21 Bernard Williams, *Morality: An Introduction to Ethics* (Cambridge University Press, 1972), 9.
22 Bernard Williams, "Preface to the Canto Edition", in Williams, *Morality: An Introduction to Ethics*, xii.
23 Bernard Williams, *Shame and Necessity* (University of California Press, 1993), 251.
24 Williams, "Moral Luck", 115-135.
25 Bernard Williams, "The Uses of Philosophy: An Interview with Bernard Williams", *Center Magazine* (November/December 1983): 40-49.
26 Alasdair MacIntyre, "Does Applied Ethics Rest on a Mistake?", *Monist* 67, no. 4 (1984): 498-513.
27 John Rawls to H. L. A. Hart, 6 May 1985, Box 39, Folder 34, JRP.
28 Stanley Cavell, *The Claim of Reason: Wittgenstein, Skepticism, Morality, and Tragedy* (Oxford University Press, 1979), 269.
29 Ibid., 306, 309.
30 Judith N. Shklar, *Ordinary Vices* (Harvard University Press, 1984), 24[『일상의 악덕』, 사공일 옮김, 나남, 2011, 53쪽].
31 Ibid., 243, 244[『일상의 악덕』, 사공일 옮김, 376, 377쪽].
32 Judith N. Shklar, "In Defense of Legalism", *Journal of Legal Education* 19, no. 1 (1966): 57.
33 Williams, *Ethics and the Limits of Philosophy*, 96, 97; cf. MacIntyre, "Does

Applied Ethics Rest on a Mistake?", 507.

34 Judith Shklar, "Conscience and Liberty", Berkeley, California, 22 March 1990, in "Speeches, 1966-1990", Box 21, Judith Shklar Papers, Harvard University Archives HUGFP 118 (hereafter JSP).

35 Judith N. Shklar, "Obligation, Loyalty, Exile", in Shklar, *Political Thought and Political Thinkers*, ed. Stanley Hoffmann (University of Chicago Press, 1998), 39.

36 Shklar, *Ordinary Vices*, 25, 9.

37 Stanley Cavell, *In Quest of the Ordinary: Lines of Skepticism and Romanticism* (University of Chicago Press, 1988).

38 Cavell, *The Claim of Reason*, 299. 강조는 원저자.

39 Walzer, *Just and Unjust Wars*, xiii, xv[『마르스의 두 얼굴: 정당한 전쟁, 부당한 전쟁』, 권영근·김덕현·이석구 옮김, 연경문화사, 2007. 이 한글 번역본에는 초판의 서문이 누락되어 있다].

40 Stuart Hampshire, *Thought and Action* (Chatto and Windus, 1959).

41 Hampshire, "Morality and Pessimism", 39.

42 Shklar, *Ordinary Vices*, 230, 231[『일상의 악덕』, 사공일 옮김, 357, 358쪽].

43 R. D. Laing, *The Politics of Experience* (Penguin, 1967). 관련된 비판적 시각으로는 다음을 참조. Juliet Mitchell, *Psychoanalysis and Feminism* (Vintage, 1974), 236. 영미 마르크스주의 진영 내 '경험' 개념에 관해서는 다음을 참조. Thompson, *The Poverty of Theory and Other Essays*; cf. Stuart Middleton, "The Concept of 'Experience' and the Making of the English Working Class", *Modern Intellectual History* 13, no. 1 (2016): 179-208.

44 William H. Sewell Jr., *Logics of History: Social Theory and Social Transformation* (University of Chicago Press, 2005); Joan W. Scott, "The Evidence of Experience", *Critical Inquiry* 17, no. 4 (1991): 773-797; Martin Jay, *Songs of Experience: Modern American and European Variations on a Universal Theme* (University of California Press, 2005), 199-210, 241-255[『경험의 노래들: 한 보편적 주제에 대한 근대 미국과 유럽의 변종들』, 신재성 옮김, 글항아리, 2021, 242-257, 293-310쪽].

45 Isaac, "Pain, Analytical Philosophy, and American Intellectual History", 215.

46 Winch, *The Idea of a Social Science*[『사회과학의 빈곤』, 박동천 옮김, 모티브북, 2011]; Philip Pettit, "Winch's Double-Edged Idea of a Social Science", *History of the Human Sciences* 13, no. 1 (2000): 63-77.

47 Thomas Kuhn, *The Structure of Scientific Revolutions* (University of Chicago Press, 1996)[『과학혁명의 구조』, 김명자·홍성욱 옮김, 까치, 2013]; Quentin Skinner, "Meaning and Understanding in the History of Ideas", *History and Theory* 8, no. 1 (1969): 3-53[「사상사에서의 의미와 이해」, 제임스 털리 엮음, 『의미와 콘텍스트』, 유종선 옮김, 아르케, 1999]; Clifford Geertz, *Available Light: Anthropological Reflections on*

Philosophical Topics (Princeton University Press, 2000), ix-xii; cf. Joel Isaac, "Kuhn's Education: Wittgenstein, Pedagogy, and the Road to 'Structure'", *Modern Intellectual History* 9, no. 1 (2012): 89-107.

48 Bryan R. Wilson, ed., *Rationality* (Basil Blackwell, 1970), viii.

49 Toulmin, *An Examination of the Place of Reason in Ethics*, 149; cf. Bernard Williams, "Wittgenstein and Idealism", in Williams, *Moral Luck: Philosophical Papers 1973-1980* (Cambridge University Press, 1981).

50 Albert R. Jonsen and Stephen Toulmin, *The Abuse of Casuistry: A History of Moral Reasoning* (University of California Press, 1988)[『결의론의 남용: 도덕 추론의 역사』, 권복규·박인숙 옮김, 로도스, 2014]; cf. Purcell, *The Crisis of Democratic Theory*, 66-73.

51 Alan Ryan, ed., *The Philosophy of Social Explanation* (Oxford University Press, 1973); Alan Ryan, *The Philosophy of the Social Sciences* (Macmillan, 1970); Martin Hollis and Steven Lukes, *Rationality and Relativism* (MIT Press, 1982); cf. Isaac, *Working Knowledge*, 에필로그.

52 이런 생각들과 접근법들이 끼친 영향은 물론 광범위했으나, 여러 분야를 새로 열었던 핵심 문헌들은 다음과 같다. Michel Foucault, *Discipline and Punish: The Birth of the Prison* (Penguin Books, 1977)[『감시와 처벌: 감옥의 탄생』, 오생근 옮김, 나남, 2020]; Edward Said, *Orientalism* (Vintage Books, 1979)[『오리엔탈리즘』, 박홍규 옮김, 교보문고, 2015]; Gayatri Chakravorty Spivak, "Can the Subaltern Speak?" in *Marxism and the Interpretation of Culture*, eds. Lawrence Grossberg and Cary Nelson (University of Illinois Press, 1988), 271-316[『서발턴은 말할 수 있는가?』, 『서발턴은 말할 수 있는가?: 서발턴 개념의 역사에 관한 성찰들』, 태혜숙 옮김, 그린비, 2013]; Ranajit Guha and Gayatri Chakravorty Spivak, *Selected Subaltern Studies* (Oxford University Press, 1988); Judith Butler, *Gender Trouble: Feminism and the Subversion of Identity* (Routledge, 1990)[『젠더 트러블: 페미니즘과 정체성의 전복』, 조현준 옮김, 문학동네, 2008].

53 Michael Walzer, "The Politics of Michel Foucault", in *Foucault: A Critical Reader*, ed. David Couzens Hoy (Basil Blackwell, 1986), 51-67; cf. 또한 Quentin Skinner, ed., *The Return of Grand Theory in the Human Sciences* (Cambridge University Press, 1985)의 서론을 참조.

54 상대주의에 관해서는 다음을 참조. Clifford Geertz, "Distinguished Lecture: Anti Anti-Relativism", *American Anthropologist* 86, no. 2 (1984): 263-278; Michael Krausz, ed., *Relativism: Interpretation and Confrontation* (University of Notre Dame Press, 1989); cf. David A. Hollinger, "How Wide the Circle of 'We'? American Intellectuals and the Problem of Ethnos since World War II", *American Historical Review* 98, no. 2 (1993): 317-337. 문화 전쟁에 관해서는 다음을 참조. Hartman, *A War for the Soul of America*, 6. 인류학적 관념들에 대한 타 분야의 수용에 관해서는 다음을 참조.

David Scott, "Criticism and Culture: Theory and Post-Colonial Claims on Anthropological Disciplinarity", *Critique of Anthropology* 12, no. 371 (1992): 371-394.

55 Rosemary J. Coombe, "'Same as It Ever Was': Rethinking the Politics of Legal Interpretation", *McGill Law Journal* 34 (1989): 603. 문화로의 전환에 관한 좀 더 폭넓은 논의로는 다음을 참조. William H. Sewell Jr., "The Concept(s) of Culture", in *Beyond the Cultural Turn: New Directions in the Study of Society and Culture*, ed. Victoria E. Bonnell and Lynn Hunt (University of California Press, 1999), 35, 36.

56 Charles Taylor, *Hegel* (Cambridge University Press, 1975)[『헤겔』, 정대성 옮김, 그린비, 2014]; Charles Taylor, "Neutrality in Political Science", in Runciman and Laslett ed., *Philosophy, Politics, and Society*, 3rd ed., 25-57. 테일러에 대한 롤스의 이해로는 다음을 참조. Rawls, "Justice as Fairness as an Approach to the Study of Politics, or to Political Theory, Seminar, UCLA, 1968 Spring", pp. 5-7b, Box 8, Folder 15, JRP.

57 Richard Rorty, *Philosophy and the Mirror of Nature* (Princeton University Press, 1979)[『철학 그리고 자연의 거울』, 박지수 옮김, 까치, 1998]. 이후의 논의로는 다음을 참조. Hilary Putnam, *Reason, Truth, and History* (Cambridge University Press, 1981)[『이성·진리·역사』, 김효명 옮김, 민음사, 2002].

58 Richard Rorty, "Solidarity or Objectivity?", *Nanzan Review of American Studies* 6 (1984): 1-19.

59 Richard Rorty, "The Priority of Democracy to Philosophy", in *Prospects for a Common Morality*, ed. Gene Outka and John P. Reeder Jr. (Princeton University Press, 1992), 254-278.

60 Walzer, *Spheres of Justice*, xiv[『정의와 다원적 평등』, 정원섭 외 옮김, 철학과현실사, 1999, 20, 21쪽].

61 Walzer, "Philosophy and Democracy", 379.

62 Michael Walzer, "Review: Social Justice in the Liberal State", *New Republic* 183 (25 October 1980): 41; cf. Michael Walzer, "Teaching Morality: Ethics Makes a Comeback", *New Republic* 178 (10 June 1978): 12-14.

63 Peter Novick, *That Nobel Dream: The Objectivity Question in the American Historical Profession* (Cambridge University Press, 1988), 4부.

64 Michael Walzer, "The Political Theory Licence", *Annual Review of Political Science* 16 (2013): 9.

65 이와 관련된 왈저의 초기 주장으로는 다음을 참조. Walzer, *The Revolution of the Saints*, 316[『성도들이 일으킨 혁명: 프로테스탄트 윤리와 급진주의 정치』, 류의근 옮김, 대장간, 2022, 76-78쪽]; Walzer, *Just and Unjust Wars*, 11, 12[『마르스의 두 얼굴: 정당한 전쟁, 부당한 전쟁』, 권영근·김덕현·이석구 옮김, 연경문화사, 2007, 76-78쪽]. 이후의

주장으로는 다음을 참조. Michael Walzer, *Interpretation and Social Criticism* (Harvard University Press, 1987)[『해석과 사회비판』, 김은희 옮김, 철학과현실사, 2007]. 이와 함께 다음도 참조. T. M. Scanlon, "Local Justice", *London Review of Books* (1985): 17, 18.

66 MacIntyre, "Utilitarianism and Cost-Benefit Analysis".

67 관련된 예로는 다음을 참조. William Connolly and Michael Best, "The Decline of Economic Virtue", *democracy* 1 (January 1981): 104-115.

68 Michael J. Sandel, "The Procedural Republic and the Unencumbered Self", *Political Theory* 12, no. 1 (1984): 81-96.

69 Melvin Richter, ed., *Political Theory and Political Education* (Princeton University Press, 1980); Michael Walzer, "The New Masters", *New York Review of Books*, 20 March 1980.

70 Charles Taylor, "Modes of Civil Society", *Public Culture* 3, no. 1 (1990): 117.

71 관련된 예로는 다음을 참조. Bonnie Honig, *Political Theory and the Displacement of Politics* (Cornell University Press, 1993); Chantal Mouffe, *The Democratic Paradox* (Verso, 2000)[『민주주의의 역설』, 이행 옮김, 인간사랑, 2006].

72 Thomas L. Haskell, "The Curious Persistence of Rights Talk in the 'Age of Interpretation'", *Journal of American History* 74, no. 3 (1987): 984-1012.

73 Ronald Dworkin, "Law as Interpretation", *Critical Inquiry* 9, no. 1 (1982): 179-200; Ronald Dworkin, "My Reply to Stanley Fish (and Walter Benn Michaels): Please Don't Talk about Objectivity Anymore", in *The Politics of Interpretation*, ed. W. J. T. Mitchell (University of Chicago Press, 1983); cf. Sanford Levinson, "Law as Literature", *Texas Law Review* 60 (1982): 373-404; Marshall Cohen, ed., *Ronald Dworkin and Contemporary Jurisprudence* (Rowman & Allanheld, 1984).

74 Dworkin, "The Model of Rules"; Ronald Dworkin, "Hard Cases", in Dworkin, *Taking Rights Seriously*[『법과 권리』, 염수균 옮김, 한길사, 2010], cf. Joseph Raz, "Professor Dworkin's Theory of Rights", *Political Studies* 26, no. 1 (1978): 26.

75 Ronald Dworkin, *A Matter of Principle* (Harvard University Press, 1985), 4, 158, 160.

76 Cf. Rorty, "Solidarity or Objectivity?"; Richard Rorty, "The Contingency of Community", *London Review of Books* 8, no. 13 (24 July 1986): 10-14.

77 John Rawls, "Concept of Rational Choice and Understanding Explanation", p. 6, Box 8, Folder 12, JRP.

78 Walzer, *Spheres of Justice*, 313[『정의와 다원적 평등』, 정원섭 옮김, 473쪽]; cf. Joseph Raz, "Morality as Interpretation", *Ethics* 101, no. 2 (1991): 392-405.

79 Richard Rorty, "Postmodernist Bourgeois Liberalism", *Journal of Philosophy* 80, no. 10 (1983): 587.

80 Richard Rorty, "Solidarity or Objectivity?", in Rorty, *Objectivity, Relativism,*

and Truth: Philosophical Papers, vol. 1 (Cambridge University Press, 1991), 28, 29.

81 Sheldon Wolin, *The Presence of the Past: Essays on the State and Constitution* (Johns Hopkins University Press, 1989), 41, 81.

82 Theodore M. Porter, *Trust in Numbers: The Pursuit of Objectivity in Science and Public Life* (Princeton University Press, 1995), 8, 9장.

83 보수주의에 관해서는 다음을 참조. Joseph Crespino, *In Search of Another Country: Mississippi and the Conservative Counterrevolution* (Princeton University Press, 2009); Lisa McGirr, *Suburban Warriors: The Origins of the New American Right* (Princeton University Press, 2001).

84 Rodgers, *Age of Fracture*, 6장; Thomas J. Sugrue and John D. Skrentny, "The White Ethnic Strategy", in Schulman and Zelizer, *Rightward Bound*, 171-192. 인종에서 문화로의 전환에 관해서는 다음을 참조. Thomas C. Holt, *The Problem of Race in the Twenty-First Century* (Harvard University Press, 2000).

85 관련된 예로 다음을 참조. Erich Fromm, *The Sane Society* (Routledge & Kegan Paul, 1956)[『건전한 사회』, 김병익 옮김, 범우사, 1999]; Sheldon S. Wolin, *Politics and Vision: Continuity and Innovation in Western Political Thought* (Little, Brown and Co., 1960)[『정치와 비전 1·2·3』, 강정인 외 옮김]; Robert Paul Wolff, *The Poverty of Liberalism* (Beacon Press, 1968); Eric Hobsbawm, "The Idea of Fraternity", *New Society* 34 (November 1975).

86 Eric Hobsbawm, "Introduction: Inventing Traditions", in *The Invention of Tradition*, ed. Eric Hobsbawm and Terence Ranger (Cambridge University Press, 1983)[『전통을 발명해내기』, 에릭 홉스봄 외, 『만들어진 전통』, 박지향·장문석 옮김, 휴머니스트, 2004]; Rogan, *The Moral Economists*, 4장.

87 Amitai Etzioni, *The Moral Dimension: Toward a New Economics* (Free Press, 1988); cf. Fourcade and Healy, "Moral Views of Market Society". 신폴라니주의자들의 정치적 양가성에 대해서는 다음을 참조. Brick, *Transcending Capitalism*, 260-265; Daniel Immerwahr, "Polanyi in the United States: Peter Drucker, Karl Polanyi, and the Midcentury Critique of Economic Society", *Journal of the History of Ideas* 70, no. 3 (2009): 445-466.

88 Walzer, *Spheres of Justice*, 1-17.

89 Bellah et al., *Habits of the Heart*.

90 Alasdair C. MacIntyre, *A Short History of Ethics* (Routledge & Kegan Paul, 1967), 268[『윤리의 역사, 도덕의 이론』, 김민철 옮김, 철학과현실사, 2004, 452, 453쪽]; David B. Clark, "The Concept of Community: A Re-Examination", *Sociological Review* 21, no. 3 (1973): 397-416; Raymond Plant, "Community: Concept, Conception, and Ideology", *Politics and Society* 8, no. 1 (1978): 79-107.

91 Michael Sandel, "Morality and the Liberal Ideal", *New Republic*, 7 May 1984,

15-17; Alasdair MacIntyre, "Is Patriotism a Virtue?", Lindley Lecture, University of Kansas (1984). 권리 이론에 대한 다른 동시대의 비판으로는 다음을 참조. Mark Tushnet, "An Essay on Rights", *Texas Law Review* 62, no. 8 (1984): 1363-1403.

92 Parfit, *Reasons and Persons*, 453, 454. Anderson, "A Culture in Contraflow — II", 100도 참조.

93 Charles Taylor, *Philosophical Papers*, vol. 1, *Human Agency and Language* (Cambridge University Press, 1985), 그리고 Taylor, *Philosophical Papers*, vol. 2, *Philosophy and the Human Sciences* (Cambridge University Press, 1985).

94 Charles Taylor, "What Is Human Agency?", in Taylor, *Philosophical Papers*, vol. 1, 22-25, 34.

95 Ibid., 41-43.

96 Charles Taylor, "The Concept of a Person", in Taylor, *Philosophical Papers*, vol. 2, 97.

97 Ibid., 104.

98 Ibid., 112.

99 Ibid., 113.

100 Barber, "Justifying Justice", 672.

101 Macpherson, "Rawls's Model of Man and Society", 346; cf. David Miller, "The Macpherson Version", *Political Studies* 30, no. 1 (1982): 120-127.

102 Charles Taylor, "Atomism", in *Powers, Possessions, and Freedom: Essays in Honour of C. B. Macpherson*, ed. Alkis Kontos (University of Toronto Press, 1979), 39-61, reprinted in Taylor, *Philosophical Papers*, vol. 2, 187-210.

103 Barry, "And Who Is My Neighbor?", 651.

104 Sandel, *Liberalism and the Limits of Justice*, 54-65[『정의의 한계』, 이양수 옮김, 멜론, 2012, 152-169쪽].

105 Miller, *Social Justice*, 332; Alasdair MacIntyre, *After Virtue: A Study in Moral Theory* (University of Notre Dame Press, 1981)[『덕의 상실』, 이진우 옮김, 문예출판사, 2021], 16장.

106 Sandel, *Liberalism and the Limits of Justice*, 85[『정의의 한계』, 이양수 옮김, 205, 206쪽].

107 자유주의적 평등주의의 도덕적 독단에 대한 지적으로 Nelson, *The Theology of Liberalism*, 4-6장을 볼 것.

108 Bell, *The Coming of Post-Industrial Society*, 419쪽[『탈산업사회의 도래』, 박형신·김원동 옮김, 아카넷, 2006, 744쪽]; Sandel, *Liberalism and the Limits of Justice*, 144[『정의의 한계』, 이양수 옮김, 304쪽]; cf. Sandel, "Morality and the Liberal Ideal".

109 Sandel, *Liberalism and the Limits of Justice*, 79[『정의의 한계』, 이양수 옮김, 197쪽].

110 Cf. James Livingston, *Pragmatism, Feminism, and Democracy: Rethinking the Politics of American History* (Routledge, 2001), 3장.

111 Amy Gutmann, "Communitarian Critiques of Liberalism", *Philosophy and Public Affairs* 14, no. 3 (1985): 308-322; Christopher Lasch, "The Communitarian Critique of Liberalism", *Soundings* 69, nos. 1/2 (1986): 60-76; Alfonso J. Damico, ed., *Liberals on Liberalism* (Rowman & Littlefield, 1986).

112 Clarke E. Cochran, *Character, Community, and Politics* (University of Alabama Press, 1982). David Miller, *On Nationality* (Oxford University Press, 1995)도 참조.

113 Alasdair MacIntyre, *Whose Justice? Which Rationality?* (University of Notre Dame Press, 1988), 19.

114 Michael Novak, "Toward a Liberal Morality", in "'Liberalism and Community': A Symposium", *New Republic*, 9 May 1988, 21. 이런 주장의 되풀이와 관련해서는 다음의 것들을 참조. Daniel Bell, "The Cultural Contradictions of Capitalism", *Journal of Aesthetic Education* 6, nos. 1/2 (1972): 16; Lionel Trilling, *Beyond Culture* (Viking Press, 1965); cf. Howard Brick, *Daniel Bell and the Decline of Intellectual Radicalism: Social Theory and Political Reconciliation in the 1940s* (University of Wisconsin Press, 1986), 199-211.

115 Daniel Rodgers, *Age of Fracture*, 6장; cf. Toby Reiner, "The Sources of Communitarianism on the American Left: Pluralism, Republicanism, and Participatory Democracy", *History of European Ideas* 37, no. 3 (2011): 293-303.

116 아미타이 에치오니Amitai Etzioni에 의해 창간된 『반응하는 공동체』*The Responsive Community*는 조지워싱턴 대학교의 공동체주의정책연구소Institute of Communitarian Policy Studies를 통해 1990년부터 2004년까지 출간되었다. 1990년대 영국에서의 공동체주의가 나란한 경로를 따른 데 대해서는 Sarah Hale, *Blair's Community: Communitarian Thought and New Labour* (Manchester University Press, 2006)를 보라.

117 Barbara Ehrenreich, "Another Communitarianism", in "'Liberalism and Community': A Symposium", *New Republic*, 9 May 1988, 21; cf. Robert B. Reich, "A Question of Geography", in ibid., 22, 23.

118 공동체주의 내의 다양성에 관해서는 다음을 참조. Robert Booth Fowler, *The Dance with Community: The Contemporary Debate in American Political Thoughts* (University Press of Kansas, 1991); Shlomo Avineri and Avner De-Shalit, eds., *Communitarianism and Individualism* (Oxford University Press, 1992); C. F. Delaney, ed., *The Liberalism-Communitarianism Debate* (Rowman & Littlefield, 1994); Stephen Mulhall and Adam Swift, *Liberals and Communitarians* (Wiley-Blackwell, 1996)[『자유주의와 공동체주의』, 조영달·김해성 옮김, 한울, 2016].

119 Sandel, *Liberalism and the Limits of Justice*, 185[『정의의 한계』, 이양수 옮김, 365쪽]; Sandel, "The Procedural Republic and the Unencumbered Self", 81-96.

120 David Miller, "The Incoherence of Luck Egalitarianism", 148, 149; Lyla A. Downing and Robert B. Thigpen, "Beyond Shared Understandings", *Political Theory* 14, no. 3 (1986): 451-472.

121 Sandel, *Liberalism and the Limits of Justice*, 185[『정의의 한계』, 이양수 옮김, 365쪽]; John R. Wallach, "Liberals, Communitarians, and the Tasks of Political Theory", *Political Theory* 15, no. 4 (1987): 581-611.

122 자유주의와 공동체주의, 사회주의에 대해 민주주의적 대안을 제시한 이들 — 이들 중 몇몇은 롤스를 비판 대상으로 삼았다 — 에 관해서는 Bowles and Gintis, *Democracy and Capitalism*; William E. Connolly, *Politics and Ambiguity* (University of Wisconsin Press, 1987); Benjamin Barber, *The Conquest of Politics: Liberal Philosophy in Democratic Times* (Princeton University Press, 1988).

123 Nancy Rosenblum, *Another Liberalism: Romanticism and the Reconstitution of Liberal Theory* (Harvard University Press, 1987); Stephen Macedo, *Liberal Virtues: Citizenship, Virtue, and Community in Liberal Constitutionalism* (Oxford University Press, 1990).

124 이 시기 공사 구분과 젠더화된 자아관을 둘러싼 여성주의 철학의 논의로는 다음을 참조. Pateman, "Feminist Critiques of the Public/Private Dichotomy", 281-303; Linda Alcoff, "Cultural Feminism versus Post-Structuralism: The Identity Crisis in Feminist Theory", *Signs* 13, no. 3 (1988): 405-436을, 공동체에 대한 여성주의의 논의로는 다음을 참조. Iris Marion Young, "The Ideal of Community and the Politics of Difference", *Social Theory and Practice* 12, no. 1 (1986): 12, 13; Marilyn Friedman, "Feminism and Modern Friendship: Dislocating the Community", *Ethics* 99, no. 2 (1989): 275-279; Susan Hekman, "The Embodiment of the Subject: Feminism and the Communitarian Critique of Liberalism", *Journal of Politics* 54, no. 4 (1992): 1098-1119. 가족에 관한 논의로는 다음을 참조. Okin, *Justice, Gender, and the Family*, 3장과 Walzer, *Spheres of Justice*, 9장.

125 Bernard Williams, "Pluralism, Community, and Left-Wittgensteinianism", in Williams, *In the Beginning Was the Deed: Realism and Moralism in Political Argument* (Princeton University Press, 2005), 34.

126 Rawls, *A Theory of Justice*, 565[국역본, 722쪽].

127 Sandel, *Liberalism and the Limits of Justice*, 80, 81[『정의의 한계』, 이양수 옮김, 199쪽].

128 Rawls, *A Theory of Justice*, 563, 564[국역본, 720쪽].

129 Rawls, "Justice as Fairness" (1958), in Rawls, *Collected Papers*.

130 Rawls, *A Brief Inquiry into the Meaning of Sin and Faith*[『죄와 믿음의 의미에 대한 짧은 탐구』, 장동진·김기호·강명신 옮김, 동명사, 2016].

131 John Rawls, "[Philosophy 272] Contemporary Political Philosophy

Bibliographies (1986)", Box 53, Folder 11, JRP.

132 Gutmann, "Communitarian Critics of Liberalism"과 함께, Charles Taylor, "Cross-Purposes: The Liberal-Communitarian Debate", in *Liberalism and the Moral Life*, ed. Nancy L. Rosenblum (Harvard University Press, 1989); Michael Walzer, "The Communitarian Critique of Liberalism", *Political Theory* 18, no. 1 (1990): 6-23에 있는 테일러와 왈저의 응답을 참조.

133 Rawls, *Political Liberalism*, 27[『정치적 자유주의』, 32, 33쪽].

134 『정치적 자유주의』에서 롤스가 이전까지의 견해를 바꾸었는가를 둘러싼 논쟁은 광범위하다. 초기의 반응으로는 Patrick Neal, "Justice as Fairness: Political or Metaphysical?", *Political Theory* 18, no. 1 (1990): 24-50을, 가장 설득력 있는 설명으로는 Weithman, *Why Political Liberalism?*을 참조.

135 Rawls, *Political Liberalism*, lecture IX.

136 왈저에 대한 롤스의 이해로는 다음을 참조. John Rawls, "Seminar 8, Dec. 1 1983", "Walzer, Michael, 1983, Fall", Box 48, Folder 5, JRP.

137 Ackerman, "The Storrs Lectures: Discovering the Constitution"; Elster, "The Market and the Forum".

138 Joyce Appleby, *Liberalism and Republicanism in the Historical Imagination* (Harvard University Press, 1992); Daniel T. Rodgers, "Republicanism: The Career of a Concept", *Journal of American History* 79, no. 1 (1992): 11-38.

139 J. G. A. Pocock, *The Machiavellian Moment: Florentine Political Thought and the Atlantic Republican Tradition* (Princeton University Press, 1975)[『마키아벨리언 모멘트: 피렌체 정치사상과 대서양 공화주의 전통』, 곽차섭 옮김, 나남, 2011]; Richard Tuck, *Natural Rights Theories: Their Origin and Development* (Cambridge University Press, 1979); Quentin Skinner, "The Republican Ideal of Political Liberty", in *Machiavelli and Republicanism*, ed. Gisela Bock, Quentin Skinner, and Maurizio Viroli (Cambridge University Press, 1990), 293-309; cf. Samuel James, "J. G. A. Pocock and the Idea of the 'Cambridge School' in the History of Political Thought", *History of European Ideas* (2018).

140 로티의 사상에 대한 재구성으로 Norman Geras, *Solidarity in the Conversation of Humankind* (Verso, 1995)를, 역사가들에게 로티가 끼친 영향으로는 John Pettegrew, ed., *A Pragmatist's Progress? Richard Rorty and American Intellectual History* (Rowman & Littlefield, 2000)를, 시민권 논쟁과 관련해서는 Will Kymlicka and Wayne Norman, "Return of the Citizen: A Survey of Recent Work on Citizenship Theory", *Ethics* 104, no. 2 (1994): 352-381을 참조.

141 Michael J. Sandel, *Democracy's Discontent: America in Search of a Public Philosophy* (Harvard University Press, 1998), 56[『민주주의의 불만: 무엇이 민주주의를 뒤흔들고 있는가』, 안규남 옮김, 동녘, 2012, 88쪽]; Michael J. Sandel, "A Reply to My

Critics", in *Debating Democracy's Discontent: Essays on American Politics, Law, and Public Philosophy*, ed. Anita L. Allen and Milton C. Regan Jr. (Oxford University Press, 1998), 320.

142 Michael Walzer, *The Company of Critics: Social Criticism and Political Commitment in the Twentieth Century* (Peter Halban, 1989), 233.

143 관련된 예로 Brian Barry, "Social Criticism and Political Philosophy", *Philosophy and Public Affairs* 19, no. 4 (1990): 360-373; 마이클 왈저와의 2011년 1월 21일 인터뷰.

144 Walzer, *Interpretation and Social Criticism*; Michael Walzer, *Thick and Thin: Moral Argument at Home and Abroad* (University of Notre Dame Press, 1994).

145 Richard Bellamy, "Gramsci, Walzer, and the Intellectual as Social Critic", *Philosophical Forum* 29 (1998): 138-159; Walzer, *The Company of Critics*, 233, 234.

146 Bruce Ackerman, *We the People*, vol. 1, *Foundations* (Harvard University Press, 1991).

147 Amitai Etzioni, *The Spirit of Community: The Reinvention of American Society* (Touchstone Press, 1993).

148 Judith N. Shklar, *American Citizenship: The Quest for Inclusion* (Harvard University Press, 1991); Rogers M. Smith, *Civic Ideals: Conflicting Visions of Citizenship in US History* (Yale University Press, 1997).

149 자유주의가 그 자체로 기저에 갖는 배제적 성격에 관해서는 Uday S. Mehta, "Liberal Strategies of Exclusion", *Politics and Society* 18, no. 4 (1990): 427-454; Marc Stears, "The Liberal Tradition and the Politics of Exclusion", *Annual Review of Political Science* 10 (2007): 85-101.

150 Singh, *Black Is a Country*, introduction; Aziz Rana, *Two Faces of American Freedom* (Harvard University Press, 2010). 이 연대기에 대한 다른 비판으로는 다음을 참조. Partha Chaterjee, *The Politics of the Governed: Reflections on Popular Politics in Most of the World* (Columbia University Press, 2004), 27-41. 노예제와 저항의 역사들을 소거하는 양태들에 관해서는 다음을 참조. Michel-Rolph Trouillot, *Silencing the Past: Power and the Production of History* (Beacon Press, 1995), 95-107[『과거를 침묵시키기: 권력과 역사의 생산』, 김명혜 옮김, 그린비, 2011, 179-200쪽]. 정전canon 만들기가 과거를 침묵시키는 한 가지 방식으로 작동하는 것과 관련해서는 다음을 참조. Susan Buck-Morss, "Hegel and Haiti", *Critical Inquiry* 26, no. 4 (2000), 845.

151 억압된 소수자들을 자유주의적 평등주의 내에서 중심적 위치에 두려는 근래의 시도들에 대해서는 Elizabeth Anderson, *The Imperative of Integration* (Princeton University Press, 2013)을, 억압된 소수자들의 주체성에 주목하려는 노력으로 Shelby, *Dark Ghettos*를 참조.

152 Walzer, *Spheres of Justice*, 11장.

153 Charles Taylor, "The Politics of Recognition", in *Multiculturalism: Examining the Politics of Recognition*, ed. Amy Gutmann (Princeton University Press, 1992), 34; cf. David Scott, "Culture in Political Theory", *Political Theory* 31, no. 1 (2003): 92-115.

154 Nancy Fraser, "From Redistribution to Recognition? Dilemmas of Justice in a 'Post-Socialist Age'", *New Left Review* 212 (July/August 1995): 68.

155 Peter Berger, "On the Obsolescence of the Concept of Honour", in *Revisions: Changing Perspectives in Moral Philosophy*, ed. Alasdair MacIntyre (University of Notre Dame Press, 1983), 172-181.

156 Taylor, "The Politics of Recognition", 26; cf. Charles Taylor, *Sources of the Self: The Making of the Modern Identity* (Harvard University Press, 1989)[『자아의 원천들: 현대적 정체성의 형성』, 권기돈·하주영 옮김, 새물결, 2015].

157 Axel Honneth, *The Struggle for Recognition: The Moral Grammar of Social Conflicts* (Polity, 1995)[『인정투쟁: 사회적 갈등의 도덕적 형식론』, 이현재·문성훈 옮김, 사월의책, 2011], 8, 9장과 16장.

158 Young, *Justice and the Politics of Difference*, 1장; Will Kymlicka, *Liberalism, Community, and Culture* (Oxford University Press, 1989); Will Kymlicka, *Multicultural Citizenship: A Liberal Theory of Minority Rights* (Oxford University Press, 1995)[『다문화주의 시민권』, 황민혁 옮김, 동명사, 2010].

159 James Tully, *Strange Multiplicity: Constitutionalism in an Age of Diversity* (Cambridge University Press, 1995); Duncan Ivison, Paul Patton, and Will Sanders, *Political Theory and the Rights of Indigenous Peoples* (Cambridge University Press, 2000); Miller, *On Nationality*.

160 Brian Barry, *Culture and Equality* (Polity Press, 2001).

161 이와 같은 비판으로 다음을 참조. Smith, *Civic Ideals*, 484-487.

162 Moyn, *The Last Utopia*; Rodgers, *Age of Fracture*; Crewe and King, *SDP*. 영국과 프랑스에서 이루어진 신자유주의 경제정책으로의 전환에 대해서는 다음을 참조. Eric Helleiner, *States and the Reemergence of Global Finance: From Bretton Woods to the 1990s* (Cornell University Press, 1994)[『누가 금융 세계화를 만들었나』, 정재환 옮김, 후마니타스, 2010], 6, 7장. 프랑스에서 반전체주의가 갖는 복잡성과 그 뿌리에 관해서는 다음을 참조. Sawyer and Stewart, *In Search of the Liberal Moment*.

163 Michael Walzer, "On 'Failed Totalitarianism'", in *1984 Revisited: Totalitarianism in Our Century*, ed. Irving Howe (Harper & Row, 1983).

164 Moyn, *The Last Utopia*. 프랑스에서 가장 두드러지긴 했으나, 다른 곳에서도 유사하게 진행되었던 이런 전환에 대해서는 Christofferson, *French Intellectuals against the Left*를 볼 것.

165 Wollheim, *The Thread of Life*; Stanley Cavell, *Pursuits of Happiness: The Hollywood Comedy of Remarriage* (Harvard University Press, 1981). 윌리엄스는

정신분석학 이론을 거부한 바 있다(*Ethics and the Limits of Philosophy*, 45). 그러나 그의 사유가 정신분석학과 화해할 수 있다는 시각으로는 다음을 참조. Jonathan Lear, "Psychoanalysis and the Idea of a Moral Psychology: Memorial to Bernard Williams' Philosophy", *Inquiry* 47, no. 5 (2004): 515-522.

166 Shklar, "Rousseau's Two Models", 49.

167 Judith Shklar to Daniel Bell, 28 December 1981, Box 2, JSP.

168 Shklar, *Ordinary Vices*; Shklar, "Torturers", review of Elaine Scarry, *The Body in Pain*, *London Review of Books* 8, no. 17 (October 1986): 26, 27. Samuel Moyn, "Taboo and Torture: On Elaine Scarry", *Nation*, 5 February 2013도 함께 참조.

169 Judith Shklar to Frederick Whelan, 12 January 1983, Box 2, JSP.

170 Judith Shklar, "Conscience and Liberty", Berkeley, 22 March 1990, in "Speeches, 1966-1990", Box 21, JSP.

171 Judith Shklar, "Ideology Hunting: The Case of James Harrington", in Shklar, *Political Thought and Political Thinkers*, 231, 232.

172 Judith Shklar, "The Liberalism of Fear", in Shklar, *Political Thought and Political Thinkers*.

173 Katrina Forrester, "Experience, Ideology, and the Politics of Psychology", in *Between Utopia and Realism: Judith N. Shklar*, ed. Samantha Ashenden and Andreas Hess (University of Pennsylvania Press, 2019).

174 Richard Rorty, *Contingency, Irony, and Solidarity* (Cambridge University Press, 1989), xv[『우연성, 아이러니, 연대』, 김동식·이유선 옮김, 사월의책, 2020, 22쪽].

175 Bernard Williams, "The Liberalism of Fear", in Williams, *In the Beginning Was the Deed*, 61; Bernard Williams, *Truth and Truthfulness: An Essay in Genealogy* (Princeton University Press, 2002); cf. Bernard Williams, "Getting It Right", *London Review of Books* 11, no. 22 (23 November 1989): 3-5; Richard Rorty, "To the Sunlit Uplands", *London Review of Books* 24, no. 21 (31 October 2002): 13-15.

176 Williams, "'Taking Sides: The Education of a Militant Mind', by Michael Harrington, *New York Times* Book Review (1986)", in Bernard Williams, *Essays and Reviews: 1959-2002* (Princeton University Press, 2015), 255, 256.

177 Corey Robin, *Fear: The History of a Political Idea* (Oxford University Press, 2004).

178 John Dunn, "Hope over Fear: Judith Shklar as Political Educator", in *Liberalism without Illusions: Essays on Liberal Theory and the Political Vision of Judith N. Shklar*, ed. Bernard Yack (University of Chicago Press, 1996), 52.

179 Judith Shklar, "Putting Cruelty First", *Daedalus* 111, no. 3 (1982): 17-27; Bernard Williams, "The Women of Trachis: Fictions, Pessimism, Ethics", in Williams, *The Sense of the Past: Essays in the History of Philosophy* (Princeton University Press,

2006), 55-58.

180 Williams, "The Liberalism of Fear", 55; cf. Judith Shklar, "What Is the Use of Utopia?", in Shklar, *Political Thought and Political Thinkers*, 190. 좌파와 역사주의의 대립과 관련해서는 J. G. A. Pocock, "Political Ideas as Historical Events: Political Philosophers as Historical Actors", in Richter, *Political Theory and Political Education*, 157, 158도 함께 참조.

181 관련된 예로 Stuart Hampshire, *Innocence and Experience* (Harvard University Press, 1991), 서론 및 2장; Isaiah Berlin, "Two Concepts of Liberty", in Berlin, *Four Essays on Liberty* (Oxford University Press, 1969)[『자유론』, 박동천 옮김, 아카넷, 2014]의 고전적 서술을 참조.

182 Robert Meister, *After Evil: A Politics of Human Rights* (Columbia University Press, 2012).

183 Bernard Williams, "Review, 'A Matter of Principle', Ronald Dworkin", in Williams, *Essays and Reviews*, 257.

184 Katrina Forrester, "Hope and Memory in the Thought of Judith Shklar", *Modern Intellectual History* 8, no. 3 (2011): 591-620.

185 John Dunn, *The Cunning of Unreason: Making Sense of Politics* (HarperCollins, 2001); Williams, "Getting It Right", 3-5.

186 정의 이론가들과 다른 이들 사이에서의 정당성 논의에 관해서는 다음을 참조. Thomas Nagel, "Moral Conflict and Political Legitimacy", *Philosophy and Public Affairs* 16, no. 3 (1987): 215-240; Bernard Manin, "On Legitimacy and Political Deliberation", *Political Theory* 15, no. 3 (1987): 338-368. 그리고 Williams, *In the Beginning Was the Deed*, 1장도 참조.

187 Dunn, *The Cunning of Unreason*.

188 Sheila Fitzpatrick, "What's Left?", *London Review of Books* 39, no. 7 (30 March 2017); cf. Moishe Postone, "Critique and Historical Transformation", *Historical Materialism* 12, no. 3 (2004): 56.

189 Richard Rorty, *Achieving Our Country: Leftist Thought in Twentieth-Century America* (Harvard University Press, 1998)[『미국 만들기: 20세기 미국에서의 좌파 사상』, 임옥희 옮김, 동문선, 2003]; Richard Rorty, *Philosophy and Social Hope* (Penguin, 1999).

190 Edward Hall, "Contingency, Confidence, and Liberalism in the Political Thought of Bernard Williams", *Social Theory and Practice* 40, no. 4 (2014): 545-549.

191 Gunnell, *The Descent of Political Theory*; Bell, "What Is Liberalism?", 699-705; Katrina Forrester, "Liberalism Doesn't Start with Liberty", *Nation*, 22 December 2014.

192 Shklar, *Ordinary Vices*, 5[『일상의 악덕』, 사공일 옮김, 22, 23쪽]; Rawls, *Political Liberalism*, xxiv[『정치적 자유주의』, xxx-xxxi쪽]; Barry, *Culture and Equality*, 21, 195;

Wolin, *The Presence of the Past*, 4.
193 Moyn, *Not Enough*, 6장.
194 Cf. Young, *Justice and the Politics of Difference*, 1장.
195 Williams, "The Idea of Equality".
196 Williams, *In the Beginning Was the Deed*; Raymond Geuss, *Philosophy and Real Politics* (Princeton University Press, 2008). 정치적 현실주의에 대한 개관으로 다음을 참조. Enzo Rossi and Matt Sleat, "Realism in Normative Political Theory", *Philosophy Compass* 9, no. 10 (2014): 689-701.

나가는 말

1 Anthony Giddens, *Beyond Left and Right: The Future of Radical Politics* (Stanford University Press, 1994)[『좌파와 우파를 넘어서』, 김현욱 옮김, 한울, 2008]; Michael Freeden, *Liberal Languages: Ideological Imaginations and Twentieth-Century Progressive Thought* (Princeton University Press, 2004), 173-203.

2 Fukuyama, *The End of History and the Last Man*[『역사의 종말』, 이상훈 옮김]. 이제 대부분의 정치적 주장들은 "자유주의 전통" 내부에서 제기되는 것이라는 시각을 견지하는 사례로는 다음을 참조. Thomas Nagel, "Rawls and Liberalism", in *The Cambridge Companion to Rawls*, ed. Samuel Freeman (Cambridge University Press, 2003), 62. 철학적 자유주의의 지배에 관해서는 다음을 참조. Michael Freeden, *Ideologies and Political Theory: A Conceptual Approach* (Clarendon Press, 1996), 226-275.

3 John E. Roemer, "A Pragmatic Theory of Responsibility for the Egalitarian Planner", *Philosophy and Public Affairs* 22, no. 2 (1993): 146-166; Arthur Ripstein, "Equality, Luck, and Responsibility", *Philosophy and Public Affairs* 23, no. 1 (1994): 3-23; Ronald Dworkin, *Sovereign Virtue: The Theory and Practice of Equality* (Harvard University Press, 2000)[『자유주의적 평등』, 염수균 옮김, 한길사, 2005]; Samuel Scheffler, "What Is Egalitarianism?", *Philosophy and Public Affairs* 31, no. 1 (2003): 5-39, 190-198; Derek Parfit, "Equality or Priority?", in *The Ideal of Equality*, ed. Matthew Clayton and Andrew Williams (St. Martin's Press, 2000).

4 Rawls, *Political Liberalism*[『정치적 자유주의』, 장동진 옮김]; Habermas, *Between Facts and Norms*[『사실성과 타당성: 담론적 법이론과 민주적 법치국가 이론』, 한상진·박영도 옮김, 나남, 2007]; Gerald Gaus, *Justificatory Liberalism: An Essay on Epistemology and Political Theory* (Oxford University Press, 1996); Rawls, "The Idea of Public Reason Revisited".

5 Thomas Pogge, "Cosmopolitanism and Sovereignty", *Ethics* 103, no. 1

(1992): 48-75; Daniele Archibugi, David Held, and Martin Köhler, eds., *Re-imagining Political Community: Studies in Cosmopolitan Democracy* (Stanford University Press, 1998); John Rawls, "The Law of Peoples", in *On Human Rights: The Oxford Amnesty Lectures 1993*, ed. Stephen Shute and Susan Hurley (Basic Books, 1993), 41-82; Thomas W. Pogge, "An Egalitarian Law of Peoples", *Philosophy and Public Affairs* 23, no. 3 (1994): 195-224; Nagel, "The Problem of Global Justice", 113-147.

6 David Held, *Democracy and the Global Order: From the Modern State to Cosmopolitan Governance* (Stanford University Press, 1995); Miller, *On Nationality*; Martha Nussbaum et al., *For Love of Country: Debating the Limits of Patriotism*, ed. Joshua Cohen (Beacon Press, 1996)[『나라를 사랑한다는 것: 애국주의와 세계시민주의의 한계 논쟁』, 오인영 옮김, 삼인, 2003]; Charles Taylor, *Reconciling the Solitudes: Essays on Canadian Federalism and Nationalism* (McGill-Queen's University Press, 1993); Yael Tamir, *Liberal Nationalism* (Princeton University Press, 1993); Margaret Canovan, *Nationhood and Political Theory* (Edward Elgar, 1996); Kymlicka, *Multicultural Citizenship*.

7 Andrew Dobson, ed., *Fairness and Futurity: Essays on Environmental Sustainability and Social Justice* (Oxford University Press, 1999); Nick Fotion and Jan C. Heller, eds., *Contingent Future Persons: On the Ethics of Deciding Who Will Live, or Not, in the Future* (Kluwer Academic Publishers, 1997); Laslett and Fishkin, *Justice between Age Groups and Generations*; John Broome, "Discounting the Future", *Philosophy and Public Affairs* 23, no. 2 (1994): 128-156. 최근 선행 연구 검토로는 다음을 참조. Melissa Lane, "Political Theory on Climate Change", *Annual Review of Political Science* 19 (2016): 107-123.

8 Honig, *Political Theory and the Displacement of Politics*; Fraser, "From Redistribution to Recognition", 71, 72; Chantal Mouffe, "Democracy, Power, and the 'Political'", in Benhabib, *Democracy and Difference*, 245-256.

9 Rawls, *Justice as Fairness: A Restatement*, 135-179[『공정으로서의 정의』, 김주희 옮김, 241-311쪽].

10 Richard Krouse and Michael McPherson, "Capitalism, 'Property-Owning Democracy', and the Welfare State", in Gutmann, *Democracy and the Welfare State*; Krouse and McPherson, "A 'Mixed'-Property Regime"; Elster and Moene, *Alternatives to Capitalism*.

11 O'Neill and Williamson, *Property-Owning Democracy*; Martin O'Neill and Joe Guinan, "The Institutional Turn: Labour's New Political Economy", *Renewal: A Journal of Social Democracy* 26, no. 2 (2018): 5-16; Alan Thomas, *Republic of Equals: Predistribution and Property-Owning Democracy* (Oxford University Press, 2017).

12 Ron, "Visions of Democracy in 'Property-Owning Democracy'".

13 Burgin, *The Great Persuasion*; Jackson, "At the Origins of Neo-Liberalism";

Werner Bonefeld, "Freedom and the Strong State: On German Ordoliberalism", *New Political Economy* 17, no. 5 (2012): 633-656.

14 드워킨의 "평등의 행정적 개념"에 대한 비판으로는 다음을 참조. Scheffler, "What Is Egalitarianism?".

15 기본 구조의 범위와 그 위치에 관한 비판으로는 다음을 참조. Okin, *Justice, Gender, and the Family*, 2장; Cohen, "Where the Action Is", 3; Mills, *The Racial Contract*[『(근대를 보는 또 하나의 시선) 인종계약』, 정범진 옮김]. 기본 구조의 개념화에 대한 도전으로는 다음을 참조. Liam Murphy, "Institutions and the Demands of Justice", *Philosophy and Public Affairs* 27, no. 4 (1999), 260, 261; Chiara Cordelli, "Justice as Fairness and Relational Resources", *Journal of Political Philosophy* 23, no. 1 (2015): 86-110.

16 Richard Robison, "Neo-Liberalism and the Market State: What Is the Ideal Shell?", in *The Neoliberal Revolution: Forging the Market State*, ed. Richard Robison (Palgrave Macmillan, 2006).

17 Sugrue, *The Origins of the Urban Crisis*; Hinton, *From the War on Poverty to the War on Crime*; Schickler, *Racial Realignment*; Judith Stein, *How the United States Traded Factories for Finance in the 1970s* (Yale University Press, 2010); Gary Gerstle, "The Rise and Fall (?) of America's Neoliberal Order", *Transactions of the Royal Historical Society* 28 (2018): 241-264[개리 거스틀Gary Gerstle의 논문은 다음 책으로 출간되었다. Gary Gerstle, *The Rise and Fall of the Neoliberal Order* (Oxford University Press, 2022); 『뉴딜과 신자유주의』, 홍기빈 옮김, 아르테, 2024].

18 Forrester, "Reparations, History, and the Origins of Global Justice Theory".

19 Smith, "Okin, Rawls, and the Politics of Political Theory".

20 예로 들어, 다음을 참조. Elizabeth S. Anderson, "Is Women's Labor a Commodity?", *Philosophy and Public Affairs* 19, no. 1 (1990): 71-92; Debra Satz, "Markets in Women's Reproductive Labor", *Philosophy and Public Affairs* 21, no. 2 (1992): 107-131.

21 Barry, "Do Countries Have Moral Obligations?", 28.

22 Rodgers, *Age of Fracture*.

23 Samuel Arnold, "The Difference Principle at Work", *Journal of Political Philosophy* 20, no. 1 (2012): 94-118; Lucas Stanczyk, "Productive Justice", *Philosophy and Public Affairs* 40, no. 2 (2012): 144-164; Elizabeth Anderson, *Private Government: How Employers Rule Our Lives (and Why We Don't Talk about It)* (Princeton University Press, 2017); Julie L. Rose, *Free Time* (Princeton University Press, 2016); Hélène Landemore and Isabelle Ferreras, "In Defense of Workplace Democracy: Towards a Justification of the Firm-State Analogy", *Political Theory* 44, no.1 (2016): 53-81; Martin O'Neill, "Philosophy and Public Policy after Piketty", *Journal of Political*

Philosophy 25, no. 3 (2017): 343-375; Pablo Gilabert, "Dignity at Work", in *Philosophical Foundations of Labour Law*, ed. Hugh Collins, Gillian Lester, and Virginia Mantouvalou (Oxford University Press, 2018): 68-86. 한동안 케임브리지 정치사상사 학파와 연관된 일부 정치 이론가들은 홉스와 국가와의 연관성 때문에 법인corporation 개념을 자신들의 규범적 연구에서 중요시해 왔다. Runciman, "Is the State a Corporation?"; Melissa Lane, "The Moral Dimension of Corporate Accountability", in *Global Responsibilities: Who Must Deliver on Human Rights?*, ed. Andrew Kuper (Routledge, 2005), 229-250; Christian Listand Philip Pettit, *Group Agency: The Possibility, Design, and Status of Corporate Agents* (Oxford University Press, 2011); Quentin Skinner, *From Humanism to Hobbes: Studies in Rhetoric and Politics* (Cambridge University Press, 2018).

24 Tom Sorell and Luis Cabrera, eds., *Microfinance, Rights and Global Justice* (Cambridge University Press, 2015); Boudewijn de Bruin, Lisa Herzo, Martin O'Neill, and Joakim Sandberg, "Philosophy of Money and Finance", *Stanford Encyclopedia of Philosophy* (Winter 2018), https://plato.stanford.edu/archives/win2018/entries/money-finance/ (2018년 11월 10일 접속); Alex Gourevitch, "Labor Republicanism and the Transformation of Work", *Political Theory* 41, no. 4 (2013): 591-617; K. Sabeel Rahman, "Democracy against Domination: Contesting Economic Power in Progressive and Neorepublican Political Theory", *Contemporary Political Theory* 16, no. 1 (2017): 41-64.

25 이 분야 모두 엄청난 양의 선행 연구가 축적되어 있다. 널리 알려진 글들로는, William Galston, "Realism in Political Theory", *European Journal of Political Theory* 9, no. 4 (2010): 385-411; Bonnie Honig and Marc Stears, "The New Realism: From Modus Vivendi to Justice", in Floyd and Stears, *Political Philosophy versus History?*, 177-205; Valentini, "Ideal vs. Non-Ideal"; Jeremy Waldron, *Political Political Theory* (Harvard University Press, 2016). Cf. Lorna Finlayson, *The Political Is Political: Conformity and the Illusion of Dissent in Contemporary Political Philosophy* (Rowman & Littlefield, 2015).

26 Iris Marion Young, "Responsibility and Global Labor Justice", *Journal of Political Philosophy* 12, no. 4 (2004): 365-388; Cecile Fabre, *Justice in a Changing World* (Polity, 2007); Lea Ypi, Robert E. Goodin, and Christian Barry, "Associative Duties, Global Justice, and the Colonies", *Philosophy and Public Affairs* 37, no. 2 (2009): 103-135; Catherine Lu, "Colonialism as Structural Injustice: Historical Responsibility and Contemporary Redress", *Journal of Political Philosophy* 19, no. 3 (2011): 261-281; Anna Stilz, "Collective Responsibility and the State", *Journal of Political Philosophy* 19, no. 2 (2011): 190-208; Jacob T. Levy and Iris Marion Young, eds. *Colonialism and its Legacies* (Lexington Books, 2011); Lea Ypi, "What's Wrong with Colonialism?", *Philosophy and Public Affairs* 41, no. 2 (2013): 158-191.

27 Zacka, *Where the State Meets the Street*; Cordelli, *The Privatized State* (미출간)[코르델리의 책은 동일한 제목으로 출간되었다. Chiara Cordelli, *The Privatized State* (Princeton University Press, 2020)].

28 Tommie Shelby, "Ideology, Racism, and Critical Social Theory", *Philosophical Forum* 34, no. 2 (2003): 153-188; Mills, "'Ideal Theory' as Ideology"; Sally Haslanger, "'But Mom, Crop-Tops Are Cute!' Social Knowledge, Social Structure, and Ideology Critique", *Philosophical Issues* 17, no. 1 (2007): 70-91; 최근에 출간된 다음 책도 참조. Jason Stanley, *How Propaganda Works* (Princeton University Press, 2015).

29 이에 대한 대안적인 비전으로는 다음을 참조. Jonathan White and Lea Ypi, *The Meaning of Partisanship* (Oxford University Press, 2016).

30 Ypi, "The Politics of Reticent Socialism".

31 Rawls, "Nature of Political and Social Thought and Methodology (1960~1964)", p. 6, Box 35, Folder 10, JRP.

찾아보기

ㄱ

가난한 미혼모 398, 597
가부장주의(가부장제) 92, 165, 320, 394
가상적 동의hypothetical consent 112, 121, 352
가상적 보험 시장hypothetical insurance market 368
가상적 선택hypothetical choice 21, 351
가상적 합의 299, 364, 426, 427
가족의 책임 398, 399
가톨릭 116, 117, 156, 157, 161
간디, 마하트마Mahatma Gandhi 119, 531
간접적인 불복종 131
강한 가치 평가자strong evaluator 438
개방성 이론openness theory 353
개입주의 41, 93, 237, 240, 389, 462
갤브레이스, 존 케네스John Kenneth Galbraith 80
거친 개인주의rugged individualism 395
게이츠켈, 휴Hugh Gaitskell 66, 68
결사체 민주주의 411
결사체적 삶 43, 52, 53, 87, 259
결의론자theorist of casuistry 195, 548
결정론 378, 379, 390, 438, 460

경영자주의 66-69, 383
경제민주주의 386, 410
경제적 인간homo economicus 226, 336
경합(적) 민주주의agonistic democracy 433, 466
경합주의agonism 411, 474, 601
경험의 정치politics of experience 428
계급적 관점 230
계몽주의 47, 430, 460
계약상의 면책contractual immunities 373
계약 이론(계약론) 94, 112, 121, 171, 172, 206, 314, 317, 351, 426, 445, 446, 596
계약주의 238, 407, 426, 455, 560
계획경제 20, 39, 41, 42, 58, 203, 267, 345, 385, 467, 511
고도 자유주의high liberalism 202
골드워터, 배리Barry Goldwater 116
골딩, 마틴Martin Golding 344, 347
공공 도덕public morality 151, 153, 188, 190, 196, 197
공공 문제 철학philosophy of public affairs 19, 29, 34, 150, 200, 205, 238, 239, 249, 259, 337, 338, 421, 471, 506
『공공 선택』Public Choice 207

공공 선택 이론public choice theory
206-208, 235, 359, 378
공공선택연구센터Center for the Study of
Public Choice 207
공급 측면 경제학 359, 398
공동체주의 21, 50, 144, 195, 226,
312, 347, 419, 437, 438, 441,
443-453, 458-460, 462-464,
469, 472, 559, 610, 611
공리주의 45, 55, 83, 84, 89, 93, 94,
109, 151, 164, 165, 167, 169,
173-175, 179, 189-191, 193,
210, 219, 224, 228, 236, 237,
247, 261, 262, 280, 309, 313,
322-327, 330, 331, 333, 335,
337, 338, 346-348, 366, 401,
420-422, 425, 433, 438-440,
447
공산주의 60, 158, 263, 392
공적 도덕 137, 154, 197, 391
공적 이성public reason 140, 365, 408,
409, 411, 412, 417, 447, 465, 469
「공정으로서의 정의」Justice as Fairness
75, 199
공정한 게임fair play 105, 107-109,
120, 127, 130, 133, 136, 138,
144, 207, 288, 400, 529
공정한 교환fair exchange 289, 290
공포의 자유주의The Liberalism of Fear
456-458, 461, 462
공화주의 62, 392, 400, 401, 407,
409, 448, 474, 598, 612
관계적 평등주의 395
관습주의conventionalism 21, 425
구딘, 로버트Robert Goodin 278, 396,
397, 399-404, 406, 597
『구명보트 지구』Lifeboat Earth(오노라

오닐, 1976) 339
국가계획state planning 20, 41, 65,
369, 387
국민건강보험National Health Service, NHS
65
『국제 발전에 관한 브란트 보고서』
(『브란트 보고서』)Brandt Report on
International Development 267, 296,
344
국제노동기구International Labor
Organization, ILO 264, 281
국제적 제도 이론international institutional
theory 268
국제적 평등주의 286
국제전쟁범죄법정International War
Crimes Tribunal 149, 162
군사주의 123, 154, 160, 165, 186
굴드, 브라이언Bryan Gould 385
굿맨, 폴Paul Goodman 156
권리 기반의 개인주의 17
권리의 담지자bearer of rights 327, 439
권리장전 42, 60
귀족정 52, 53, 62, 89
「규칙의 두 가지 개념」Two Concepts of
Rules 84, 199
그레이, 존John Gray 350, 387
그리즈월드, 어윈Erwin Griswold 131
기근 257, 263, 308
기본 구조basic structure 21, 32, 40,
85-88, 90, 94, 104, 108, 116,
138, 141, 143, 152, 206, 220,
225, 236, 237, 240, 244, 250,
257, 269, 271, 272, 283, 291,
298, 304, 363, 364, 390, 393,
394, 401, 402, 412, 470, 472,
474, 619
기본적 평등basic equality 214, 241,

554
기본적 필요Basic Needs 264, 280, 281, 285, 297, 565
기술 관료제 124
기어츠, 클리퍼드Clifford Geertz 54, 429, 430, 433
기업가 55, 60, 62, 79, 221, 229, 243, 313, 314, 356, 370, 398
기저적 평등underlying equality 214
기회의 평등 60, 69, 70, 73, 76, 78, 208, 219, 228, 252, 292
길더, 조지George Gilder 398

ㄴ

나 홀로 볼링 416
나비슨, 잔Jan Narveson 324-326, 332, 333, 335, 572
나이트, 프랭크Frank Knight 55, 56, 62, 71, 74, 78, 206, 207, 212, 517, 551
나치 149
냉전 대학Cold War university 18, 28, 45
너무 많은 손들many hands(의 문제) 402
네오마르크스주의 231, 264
네이글, 토머스Thomas Nagel 23, 98, 150, 151, 169, 173-175, 190, 192, 197, 213, 252, 260, 282-284, 338, 435
노동 가치론 72, 73, 379
『노동과 독점자본』Labor and Monopoly Capital(해리 브레이버맨, 1974) 380
노동당(영국) 21, 40, 65, 66, 68, 70, 71, 73-75, 209, 221, 231, 361, 364, 365, 367, 384, 385, 454, 468, 587
노동당 수정주의 66, 70, 209, 221,

231, 385, 468
노동시장 72, 87, 360, 379-381, 474
노동운동 41, 125, 231, 367, 471
『노예의 길』Road to Serfdom 42
노예제 42, 89, 99, 245, 246, 275, 289, 451, 560, 613
노이만, 존 폰John von Neumann 54
노이만, 프란츠Franz Neumann 107
노직, 로버트Robert Nozick 23, 24, 98, 192, 193, 204, 236-244, 246, 282, 283, 288, 290, 299, 342, 348, 362, 374, 378, 387, 388, 440-442, 469, 560, 594
누스바움, 마사Martha Nussbaum 383
뉘른베르크 원칙(재판) 149, 155, 156, 158, 160, 162, 163, 180-182, 194
『뉴 레프트 리뷰』New Left Review 69, 376
『뉴욕 리뷰 오브 북스』New York Review of Books 133
뉴잉글랜드의 타운 자치 기구 52
『뉴 저먼 크리틱』New German Critique 376
능력주의meritocracy 76, 209, 228, 244, 250, 292, 377, 442
니체, 프리드리히Friedrich Wilhelm Nietzsche 457
닉슨, 리처드Richard Nixon 130, 198, 397
닐슨, 카이Kai Nielson 107, 130, 162, 259, 298, 299

ㄷ

『다른 미국』The Other America(1962) 200
다스굽타, 파르타Partha Dasgupta 324,

624

331
다원주의 20-22, 39, 51, 60, 68, 77,
　86, 87, 91, 120, 122, 124-126,
　128, 144, 200, 270, 304, 335,
　386, 409, 416, 446, 447, 450,
　452, 453, 460-462, 474
다층적 병영 국가split-level garrison state
　186
단기 성과주의short-termism 318-320
단순한 계량자simple weigher 438
달, 로버트Robert Dahl 80, 386
당혹스러운 결론Repugnant Conclusion
　333
대니얼스, 노먼Norman Daniels 250,
　557
대위 책임vicarious liability 181
대처, 마거릿Margaret Thatcher 361,
　367, 384, 454, 467
대처주의 406
『대학과 좌파 평론』Universities and Left
　Review 69, 119
더러운 손dirty hands 154, 190,
　192-197, 402, 425
데블린, 패트릭Patrick Devlin 106
데이비드슨, 도널드Donald Davidson
　167
데이비스, 앤절라Angela Davis 131
데일리, 허먼Herman Daly 339
도구 거래tool-trading 45
도덕 수학moral mathematics 335
도덕적 딜레마 168, 170, 196
도덕적 절대주의(자) 151, 160, 164,
　176, 190, 195
독립과 비지배 401, 448
독재적 상황 124
동료애fellow-feeling 50
동정compassion 50, 90, 338

두터운 시민권 개념thicker idea of
　citizenship 161
듀이, 존John Dewey 43, 47, 590
드워킨, 로널드Ronald Dwrokin 23, 26,
　98, 100, 128, 129, 133-136, 195,
　197, 207, 241, 245, 363, 366-
　370, 372-376, 382-384, 386-
　389, 394, 434, 435, 441, 588,
　589, 619
드워킨, 제럴드Gerald Dworkin 98
『디센트』Dissent 119, 120, 160, 274

ㄹ
라스웰, 해럴드Harold Lasswell 41, 186
라슬렛, 피터Peter Laslett 312, 346,
　507
라이언스, 데이비드David Lyons 247,
　556
라이트, 에릭 올린Erik Olin Wright 377
라일, 길버트Gilbert Ryle 65, 378
라즈, 조셉Joseph Raz 386
라파엘, D. D.D. D. Raphael 71
래디컬 페미니즘 125
램지, 폴Paul Ramsey 157-159, 172
램지, 프랭크Frank Ramsey 317, 318
러셀, 버트런드Bertrand Russell 149,
　150, 162
러스틴, 베이어드Bayard Rustin 130,
　160
런던 헌장 155
런시먼, W. G.W. G. Runciman 228, 229
레비스트로스, 클로드Claude
　Lévi-Strauss 50
레빈슨, 샌퍼드Sanford Levinson 188,
　189, 195
레이건, 로널드Ronald Reagan 359,
　361, 383, 398

레이어드, 리처드Richard Layard 385
로긴, 마이클Michael Rogin 111
로마클럽Club of Rome 308
로머, 존John Roemer 363, 377, 378, 380-384, 391, 392
로빈스, 라이어널Lionel Robbins 58, 69
로빈슨, 조앤Joan Robinson 71, 318
로스차일드, 에마Emma Rothschild 280
로스토, 월트Walt Rostow 263, 277
로크, 존John Locke 109, 112, 229, 290
로티, 리처드Richard Rorty 431, 434, 435, 449, 456, 457, 459, 460, 612
루소, 장-자크Jean-Jacques Rouseau 50, 51, 65, 78, 92, 522
루이스, 아서Arthur Lewis 66
리스먼, 데이비드David Riesman 67
리처즈, 데이비드David Richards 299, 352
리틀, 이언Ian Little 69
리프먼, 월터Walter Lippmann 47, 58
린드, 로버트Robert Lynd 52

■

마글린, 스티븐Stephen Marglin 115, 318
마르쿠제, 허버트Herbert Marcuse 156, 376
마르크스주의 12, 26, 34, 52, 69, 111, 220, 221, 230, 239, 243, 265, 266, 289, 291, 299, 357, 362, 363, 365, 372, 376-382, 392, 394, 400, 401, 405, 409, 410, 412, 416, 418, 428, 436, 443, 454, 463, 472, 474, 524, 590, 598, 604

마셜, T. H.T. H. Marshall 73
마스트리히트 조약Treaty of Maastricht 465
마키아벨리적 행위자 193
매킨타이어, 알래스데어Alasdair MacIntyre 69, 165, 415, 424, 443, 445, 447
맥거번, 조지George McGovern 177, 198
맥나마라, 로버트Robert McNamara 183, 189, 264, 280
맥도널드, 드와이트Dwight Macdonald 178
맥윌리엄스, 윌슨 케리Wilson Carey McWilliams 124
맥퍼슨, 크로퍼드 B.Crawford B. Macpherson 440
맨스브리지, 제인Jane Mansbridge 411
맨스필드, 하비Harvey Mansfield 115, 531
맬서스주의 323, 345
맬컴, 노먼Norman Malcolm 49
머독, 아이리스Iris Murdoch 69, 70
머리, 존 코트니John Courtney Murray 107, 157
머리, 찰스Charles Murray 398
머스그레이브, 리처드Richard Musgrave 208
『먼슬리 리뷰』Monthly Review 376
메이슨, 앨피어스Alpheus Mason 52
모겐베서, 시드니Sidney Morgenbesser 131, 162
모겐소, 한스Hans Moegenthau 177
모겐스턴, 오스카르Oscar Morgenstern 54
모병제 116
모스코스, 찰스Charles Moscos 186

모이니한 보고서Moynihan Report 115, 531
모인, 새뮤얼Samuel Moyn 9, 65
몰시간적 도덕성atemporal morality 347
몽펠르랭협회Mont Pèlerin Society 207, 209
무고한 위협innocent threats 342
무과실책임strict liability 179
무디애덤스, 미셸Michele Moody-Adams 254
무어, 배링턴Barrington Moore 120
무연고적 자아unencumbered self 441, 443, 446
무지의 베일 21, 37, 90, 91, 160, 224, 225, 253, 316, 368
무질서와의 전쟁war on disorder 187
무한한 소비자infinite consumer 226
문화 전쟁 303, 430, 573, 605
문화적 숙명주의cultural fatalism 67
뮈르달, 군나르Gunnar Myrdal 78, 140, 267, 566
미국경제학회American Economic Association 219, 233
미국시민자유연합American Civil Liberties Union, ACU 117
미국정치·법철학회American Society for Political and Legal Philosophy 104, 377
미국정치학회American Political Science Association 107, 118, 220
미국철학회American Philosophical Association 75, 98, 331
미국 헌법 47, 48, 141, 223, 232
미끄러운 비탈길 68, 458
미드, 제임스James Meade 62, 66, 221, 366, 385, 386
미라이 학살My Lai Massacre 150, 162, 176, 182
미래 세대 58, 309, 312, 314, 315, 317-319, 321, 327, 328, 330, 332, 335, 344, 345, 347-350, 352, 353
『미래 세대에 대한 의무』Obligations to Future Generations 334
미셸먼, 프랭크Frank Michelman 98, 128, 207, 232, 407
미첼, 데이비드 헨리David Henry Mitchell 156
미합중국 대 미첼 판결United States v. Mitchell 156
미합중국 대 시거 판결United States v. Seeger 117
민권법(1964년) 114, 139, 140, 248
민권운동 22-24, 33, 77, 97, 99, 100, 103, 107, 110, 118, 125, 128, 129, 131-133, 140, 141, 200, 202, 207, 450, 527, 533, 535, 537
민스, 가디너Gardiner Means 66
민족주의 128, 245, 296, 453, 465, 565, 582
민주사회를 위한 학생모임Students for a Democratic Society 157
민주사회주의democratic socialism 119, 120, 230, 235, 277, 365, 386, 590
민주적 도덕성democratic morality 43
『민주주의』Democracy 433
밀, 존 스튜어트John Stuart Mill 308, 355-357
밀러, 데이비드David Miller 214, 228, 363, 386, 387, 404
밀스, C. 라이트C. Wright Mills 121, 178

밀스, 찰스Charles Mills 253, 562

ㅂ

바이너, 제이컵Jacob Viner 55
바이어, 쿠르트Kurt Baier 49, 572
반개입주의 63, 86, 101, 385, 392
반공주의 21, 44, 52
반관료주의 373, 387, 433, 443, 444
반국가주의 68, 116, 165, 186, 221, 360, 361, 387, 463, 511, 513
반마르크스주의 67
반성적 평형 21, 94, 409
반소비주의 262, 346, 356
반식민주의 26, 125, 246, 258, 263-266, 272, 274, 280, 281, 289, 296-298, 329, 361, 393, 416, 451, 472, 533, 565, 571, 602
『반응하는 공동체』The Responsive Community 444, 610
반전체주의 41, 43-45, 47, 60, 65, 68, 202, 303, 419, 454, 456, 459, 460, 463, 469, 512, 573, 614
반체제 운동 99
반케인스주의 345
반핵운동 107
발견 장치heuristic device 45, 46
발리바르, 에티엔Étienne Balibar 379
방글라데시 257, 261, 268, 289
배리, 브라이언Brian Barry 25, 176, 209, 210, 215-217, 226, 228-231, 234, 248, 257, 260, 268, 277, 287-331, 346-353, 357, 405, 406, 441, 453, 455, 461, 473, 584
버넘, 제임스James Burnham 66, 68

버클리 자유 언론 운동 111
버클리 학파 111
번디, 맥조지McGeorge Bundy 189
벌리, 아돌프Adolf Berle 66
벌린, 이사야Isaiah Berlin 65, 68, 69, 71, 73, 99
법경제학 운동law and economics movement 370, 588
법 도덕주의legal moralism 178
법률주의 155, 418, 454
법인 자유주의corporate liberalism 41, 66, 69, 111, 125, 233
베다우, 휴고Hugo A. Bedau 107, 118, 123, 129, 137, 246, 247, 284
베버, 막스Max Weber 123, 154, 193
베이츠, 찰스Charles Beitz 25, 260, 268-279, 285, 286, 288, 292, 294-296, 298-301, 455, 566
베트남의 평화를 위한 워싱턴 행진 March on Washington for Peace in Vietnam 157
베트남전쟁 10, 18, 23, 25, 33, 34, 97, 124, 131, 149-151, 156, 158, 164, 166, 185, 188, 200, 202, 204, 205, 248, 260, 268, 301, 309, 338, 343, 420, 426, 433
벤담, 제러미Jeremy Bentham 55
벨, 대니얼Daniel Bell 67, 228, 442
병영국가garrison state 41, 60, 186
보몰, 윌리엄William Baumol 55, 318
보상 기준compensation criteria 366
보통법 372-374, 401, 426
보편적 보조금 392
보편주의 24, 27, 29, 51, 244, 269, 301, 304, 348, 416, 430, 437, 447, 457, 469, 476, 477, 515
보험 시장 373, 397, 406

복실, 버나드Bernard Boxill 246, 254
복지국가 8
『복지를 지지하는 이유들』Reasons for Welfare(로버트 구딘, 1988) 400
복지 의존(성)welfare dependency 362, 398
볼딩, 케네스Kenneth Boulding 339, 340
볼스, 새뮤얼Samuel Bowles 115
부등가교환unequal exchange (이론) 264, 273, 289, 290, 400
『부등가교환』Unequal Exchange(1972) 289
『부와 빈곤』Wealth and Poverty(조지 길더, 1981) 398
분배(적) 정의 (이론) 11, 16, 26, 34, 69, 75, 95, 104, 152, 208, 215, 236-238, 242, 246, 247, 252, 264, 268, 274-276, 282, 283, 285, 286, 294, 297, 298, 306, 343, 352, 382, 389, 394, 395, 441, 442, 446, 453, 456, 462, 463, 465
분석적 마르크스주의 34, 365, 377-379, 382, 392, 394, 400, 405, 409, 410, 469, 472, 598
불가능성 정리Impossibility Theorem 210
불법행위법tort law 46, 372, 373
불편부당한 관찰자impartial spectator 88
뷰캐넌, 제임스James Buchanan 206-208, 229, 290, 405, 551
브라운 대 교육위원회 판결Brown v. Board of Education 100, 140, 537
브라운, 피터Peter Brown 259
브라이얼리, 제임스 레슬리James Leslie Brierly 160
『브란트 보고서』 → 『국제 발전에 관한 브란트 보고서』
브랜트, 리처드Richard Brandt 49, 104, 190
브레너, 로버트Robert Brenner 377, 378, 590
브레이버맨, 해리Harry Braverman 380
브레턴우즈 체제(협정) 257, 258, 321, 468
브리그스 대 듀크 전력 판결Briggs v. Duke Power 248
블랙, 맥스Max Black 49
블랙파워 125, 133, 145, 533, 537
블룸, 앨런Allan Bloom 222
비난 가능성 173, 179
비동일성 문제non-identity problem 333-335, 466
비마르크스주의 120
비상사태 59, 258, 264, 280, 309, 342, 343, 458
비선택운brute luck 370, 389
비시장의사결정연구위원회Committee on Non-Market Decision-Making 207
비아프라 분리 독립 전쟁 258
비어, 새뮤얼Samuel Beer 120
비트겐슈타인, 루트비히Ludwig Josef Johann Wittgenstein 39, 49-51, 54, 55, 63, 65, 78, 82, 84, 85, 113, 169, 195, 213, 332, 425, 428, 432, 435, 445, 446, 463, 515
「비트겐슈타인 사전」Wittgenstein Lexicon 51
『빈곤과 기아』Poverty and Famines(1981) 281
빈곤 문화culture of poverty 116

ㅅ

사고실험 47, 167-169, 195, 261,

310, 328, 332, 341, 367, 375, 384
사르트르, 장폴Jean Paul Sartre 149, 150
사이먼, 줄리언Julian Simon 345
사적 도덕 106, 154, 197
사회계약 37, 43, 172, 246, 393
사회라는 게임 71, 76, 78, 80, 96
사회민주당(사민당) 361, 384, 386, 454
사회민주주의 8, 21, 24, 34, 68, 72, 187, 201, 205, 210-212, 214, 241, 296, 303, 357, 361, 367, 371, 384, 385, 387, 388, 391, 399, 421, 454, 457, 460
사회보험 72, 79, 172, 210, 211, 216, 236, 398, 404, 405
사회 자유주의social liberalism 17, 30, 66, 111, 202, 313, 322, 375
사회적 공화주의 392
사회적 기본 가치primary social goods 94, 365, 374
사회적 비용 정리theorem of social costs (코스 정리) 371
사회적으로 인정된 필요socially recognized needs 262
사회적 자유주의social liberalism 17, 23, 105, 203, 468
사회적 조건 8
사회적 최저선 232
사회적 할인율social discount rate 318, 319
사회주의 24, 26, 30, 56, 65, 67-72, 74, 79, 81, 82, 89, 116, 119, 157, 203, 204, 210, 217, 220-222, 228, 230, 231, 235, 241-243, 247, 265, 267, 277, 304, 308, 361-366, 376, 378-388, 390-393, 395, 399, 403, 405, 406, 408, 410-412, 416, 436, 444, 454, 455, 457, 460, 469, 476
『사회주의와 자유』Socialism and Freedom (브라이언 굴드, 1986) 385
「사회주의의 여전한 중요성」The Continuing Relevance of Socialism (브라이언 배리, 1988) 405
사회주의 철학 연구회Socialist Philosophy Group 386
산업 계급manufacturing class 53
산업 민주주의 126
3극(3자, 3국) 위원회Trilateral Commission 266
상대적 평등주의 232
상대주의 43, 429, 435, 523, 605
상품화 262, 285, 361, 437, 450, 472
상해 보상 청구personal injury claim 372
상호 보호 347
상호부조 210, 211, 214, 289
새뮤얼슨, 폴Paul Samuelson 318
샌델, 마이클Michael Sandel 27, 415, 441-447
생산적 자산 380, 385, 391
생존주의survivalism 311, 336, 342, 343, 345, 353, 456, 472
생존주의적 윤리(학) 336, 342
생태적 수면자 효과 349
샤, 존John Schaar 111, 222
서로, 레스터Lester Thurow 115
석유수출국기구Organization of the Petroleum Exporting Countries, OPEC 258, 265
선분배predistribution 466, 467
선스타인, 캐스Cass Sunstein 407

선천적 재능natural talents 62, 74, 76, 79, 90, 217, 219, 270, 283
선택운option luck 369, 370
선택적 복무 분류 체계Selective Service classifications 157
선택적 양심적 병역 거부 159
선택적 양심적 병역 거부자selective conscientious objector, SCO 117
설, 존John Searle 85
성장 우선주의growthmanship 41
성장 이론(가) 317, 320, 323, 348, 355
세계시민주의cosmopolitanism 158, 275, 276, 278, 280, 283, 295, 298, 300, 305, 340, 342, 343, 394, 401, 453, 469
세대 간 정의 이론intergenerational justice theory 25, 34, 309, 311, 353, 585
센, 아마르티아Amartya Sen 210, 221, 281, 291, 318, 336, 365, 366
셰보르스키, 애덤Adam Przeworski 377
셰플러, 새뮤얼Samuel Scheffler 280
셸, 조너선Jonathan shell 177
셸비, 토미Tommie Shelby 254
소로, 헨리Henry D. Thoreau 111, 119
소비사회 449
소비주의 67, 111, 262, 356, 416
소유자 자본주의proprietor capitalism 66
소크라테스Socrates 119
손택, 수전Susan Sontag 156
솔로, 로버트Robert Solow 316-318, 321
쇠퇴론declinism 307, 449
숙의 민주주의deliberative democracy 365, 408-410, 434, 446, 465
슈, 헨리Henry Shue 259, 278, 285, 301, 343, 568-570

슈마허, 에른스트 F.Ernst F. Schumacher 346
슈클라, 주디스Judith Shklar 27, 67, 92, 115, 120, 155, 156, 163, 182, 185, 415, 425-428, 455-460
슘페터, 조지프Joseph Schumpeter 39, 66
스미스, 애덤Adam Smith 27, 55, 78, 211
스캔런, 토머스 M.Thomas M. Scanlon 23, 98, 262, 268, 282, 378, 389, 407
스콧, 데이비드David Scott 509
스키너, 퀜틴Quentin Skinner 401, 429, 448
스타이너, 힐렐Hillel Steiner 377, 392
스테이스, 월터Walter Stace 43
스트라우스주의 29, 509
스트로슨, 피터Peter F. Strawson 65, 172, 173
스티글러, 조지George Stigler 207, 371, 551
스티븐슨, 아들라이Adlai Stevenson 339
시민 공화주의 448
시민 불복종 23, 33, 97, 100, 101, 103, 104, 107, 109, 111, 112, 116, 118, 119, 124-134, 136-144, 146, 147, 153, 159, 189, 190, 194-196, 199, 208, 222, 234, 261, 301, 320, 531, 538
시민 자유지상주의 106, 143, 186, 207, 284, 468
시민적 공화주의civic republicanism 407
시민적 자유 17, 102, 125, 142, 144, 202, 227, 277
시온주의Zionism 120

찾아보기 631

시장 사회주의 221, 231, 378, 382, 386, 387, 392, 405
시점 간 선택 모델 354
시지윅, 헨리Henry Sidgwick 35, 199, 322
신국제경제질서New International Economic Order, NIEO 34, 265-268, 273, 276, 278, 279, 281, 287, 288, 290, 291, 295-298, 303, 305, 473, 566
신로크주의 236, 243, 247
신롤스주의 8
신맬서스주의 309, 324, 339
신식민주의 123
신실용주의 431, 460
신우파New Right 25, 26, 30, 34, 291, 338, 359, 361, 363-365, 385, 396, 399, 413, 415, 444, 467
신자유주의 8, 17, 21, 26, 34, 58, 158, 206, 207, 239, 279, 291, 300, 313, 345, 359, 362, 385, 398, 402, 405, 410, 416, 436, 454, 466-468, 470, 473, 507, 575, 586, 589, 614
신자유주의 혁명 8
신제국주의 187
신좌파 22, 29, 69, 99, 104, 111, 118-120, 123, 125, 128, 145, 157, 165, 186, 222, 234, 243, 266, 376, 379, 381, 411, 418, 436, 444, 532, 534, 538
신칸트주의 16, 342, 421, 453
신케인스주의 81, 208
실용주의 43, 457
실제적 호혜성actual reciprocity 300
실존주의 438
싱어, 피터Peter Singer 145, 212, 239, 261, 262, 264, 268, 275, 280, 285, 289, 309, 326, 332, 343, 376
싱어, 한스Hans Singer 264

ㅇ

아너레이, 토니Tony Honoré 178
아네슨, 리처드Richard Arneson 383
아렌트, 해나Hannah Arendt 29, 129, 155, 177, 178, 180, 418, 509
아메리카 원주민 149, 247
아사드, 탈랄Talal Asad 509
아이젠하워, 드와이트Dwight Eisenhower 160
아이히만, 아돌프Adolf Eichmann 155
안일한 자유주의적 보수주의 440
알튀세르, 루이Louis Althusser 379
암묵적 동의tacit consent 109
애국주의 465
애덤스, 브룩스Brooks Adams 52
애로, 케네스Kenneth Arrow 210, 212, 318, 362, 366
애커먼, 브루스Bruce Ackerman 407, 432
앤더슨, 엘리자베스Elizabeth Anderson 375, 395
앤더슨, 페리Perry Anderson 228, 335
앤스콤, 엘리자베스Elizabeth Anscombe 49, 65, 69, 85, 166, 167, 169, 170
앨브리턴, 로저스Rogers Albritton 159
앳킨슨, 앤서니Anthony Atkinson 366, 386
야스퍼스, 카를Karl Jaspers 178
양심적 병역거부 116-118, 124, 156, 157, 159, 222, 426, 456
에런라이크, 바버라Barbara Ehrenreich

에를리히, 폴Paul R. Ehrlich 307, 345
에마뉘엘, 아르기리Arghiri Emmanuel 289, 290, 292
에이어, 앨프리드 J.Alfred J. Ayer 69, 166
에코사이드(생태 살해, 환경 파괴) ecocide 184, 343, 547
엘스버그, 대니얼Daniel Ellsberg 149, 177, 183
엘스터, 욘Jon Elster 377, 378, 409
역사 유물론 378, 380, 460
역사적 부정의 246, 252, 275, 472
연방제적 참여 민주주의 221
열린 사회 63, 72, 78-81
영, 마이클Michael Young 73, 76
영구적 주권 276, 292
『영국정치학회보』British Journal of Political Science 176
예견된 부작용foreseen side effect 166
오닐, 오노라Onora O'Neill 338, 339, 341-343, 581
오스틴, 존 랭쇼John Langshow Austin 49, 65, 85, 172, 193
오킨, 수전 몰러Susan Moller Okin 226, 394, 572, 596
온정주의paternalism 390, 400
와서스트롬, 리처드Richard Wasserstrom 109, 163, 181, 182, 184, 190
완전고용 59, 66, 72, 81, 208
완전 균형 모형 226
완화된 응보주의relaxed retributivisim 215
왈저, 마이클Michael Walzer 23, 98, 99, 115, 119-124, 126-128, 142, 150, 151, 160-164, 192, 193, 195, 196, 225, 237, 270, 347, 386, 399, 410, 415, 427, 432, 433, 435, 437, 445, 447-450, 452, 454, 530, 534, 606, 612, 613
외생적 선호exogenous preferences 408
운 평등주의luck-egalitarian 395, 440, 465, 506
울프, 로버트 폴Robert Paul Wolff 376
워녹, 제프리Geoffrey Warnock 65
워런, 얼Earl Warren 10, 23, 100, 101, 207, 405, 407
원조가 아닌 무역Trade Not Aid 264, 565
원초적 입장 21, 37, 40, 90-92, 94, 160, 171, 218, 224, 226, 227, 242, 253, 268, 270, 314-316, 320, 330, 331, 349, 352, 367, 408, 409, 440, 441, 554, 556
월러스틴, 이매뉴얼Immanuel Wallerstein 271, 377
월린, 셸던Sheldon Wolin 29, 67, 111, 377, 418, 433, 509
월하임, 리처드Richard Wollheim 69, 71, 454
웩슬러, 허버트Herbert Wechsler 107
위대한 사회Great Society 40
위대한 사회 자유주의Great Society liberalism 24
윈치, 피터Peter Winch 429
윌리엄스, 버나드Bernard Williams 27, 164, 170, 191-193, 214, 332, 386, 415, 420-424, 446, 454, 456, 457, 459, 460, 462, 614
유대인 52, 178
『윤리와 인구』Ethics and Population 334
윤리적 불편부당함ethnical impartiality 337

『윤리학과 철학의 한계』Ethics and the Limits of Philosophy(버나드 윌리엄스, 1985) 421
윤리·법철학학회Society for Ethical and Legal Philosophy, SELF 98, 119, 128, 136, 151, 163, 164, 169, 251, 269, 407, 427
응용 윤리학applied ethics 10, 23, 25, 26, 34, 151, 153, 165, 187, 196, 259, 286, 299, 309, 329, 421, 506, 570, 571
『의도』Intention(1958) 166
의무론(자) 83, 99, 105, 119, 120, 122, 127, 280, 347, 421, 422
의무론적 공화국deontological republic 444
의사소통 행위 이론 408
이라크 전쟁 465
『이론과 사회』Theory and Society 376
이름 없는 남nameless aliens 121
이상적 담화 상황ideal speech situation 408, 410
『이성의 요구』The Claim of Reason(스탠리 카벨, 1979) 424
이중 효과double effect 166-171, 173, 176, 183, 423
이타주의altruism 73, 202, 210-213, 217, 224, 228, 230, 239, 260, 262, 283, 356, 375, 398, 403, 404, 406, 553, 564
『이타주의의 가능성』The Possibility of Altruism(1970) 213
이해관계자 민주주의론 411
인간 본성 27, 75, 224, 225, 459
인구과잉 34, 307, 309-311, 322, 323, 325, 333, 338, 339, 344, 346, 472

인구문제 25, 310, 321, 322, 335, 346
인구 윤리학population ethics 34, 326, 335, 338
인구 제로 성장Zero Population Growth, ZPG 308, 342
인구 증가 278, 280, 308, 322-324, 329
인도주의적 개입 172, 458, 459, 465
인도주의적 위기 281, 321
인류학(자) 54, 81, 263, 416, 428-430, 433, 523, 605
인정 이론recognition theory 452, 453
인종(적) 부정의racial injustice 110, 253
인종 자유주의 24, 48, 100, 116, 140
일라이, 리처드 T.Richard T. Ely 52
일반 도덕 원칙 15
일반적 권리general rights 105, 291
『일상의 악덕』Ordinary Vices(주디스 슈클라, 1984) 428
임신 중단 117, 167, 328-330, 423
잉글리시, 제인Jane English 226

ㅈ

자문화중심주의 449
자발적 복지 공급voluntary welfare provision 262
자유 원칙liberty principle 75, 143, 228, 230
자유주의의 변모 8
자유주의적 평등주의liberal egalitarianism 8-11, 16, 18, 19, 21, 24-26, 29-35, 98, 198, 204, 235, 239-241, 244, 245, 247, 251, 253, 254,

259, 260, 264, 267, 275, 280, 282, 286, 288-291, 294, 297-299, 301, 306, 307, 311, 331, 335, 352, 363, 365, 373, 374, 377, 378, 382, 387, 391-393, 401, 402, 409, 411, 415, 417-419, 423, 432-434, 437, 439, 445, 447, 448, 453, 456, 459-461, 463, 465, 466, 468-473, 475-478, 506, 609, 613

자유지상주의 26, 55, 102, 106, 143, 186, 187, 202, 204-207, 235, 237, 239, 273, 284, 290, 322, 348, 359, 361, 386-388, 392, 405, 406, 586

『작은 것이 아름답다』Small Is Beautiful (에른스트 F. 슈마허, 1973) 346

장기 뉴딜 전통long New Deal tradition 203

재산 소유 민주주의property-owning democracy 16, 22, 40, 61, 62, 73, 81, 221, 385, 392, 466, 467

재산의 정치 62, 383

저축률 315, 317-319, 323, 348, 354

「저축의 수학적 이론」A Mathematical Theory of Savings(프랭크 램지, 1928) 317

저축의 원칙 315, 345, 357

적극적 평등 실현 조치affirmative action 205, 208, 248-251, 253, 451

적대 문화adversary culture 443

전미학생연합National Student Association 116

전쟁과 국가 책임War and National Responsibility 컨퍼런스 177, 184, 186

「전쟁과 학살」War and Massacre(1972) 173, 190

전쟁 국가warfare state 41

전쟁범죄 149, 150, 155, 156, 160-163, 180-182, 184, 185, 188-191, 195

전쟁(시기)의 정치politics of war 175

전체 공리주의 322-324, 330, 331, 333, 337

전체론holism 362, 430

전체주의 20, 41, 43-45, 47, 52, 53, 60, 68, 111, 214, 305, 419, 461, 462

절차적 공화국procedural republic 433, 449

절차주의 206, 225, 411, 417, 425, 433, 450, 469, 470

정서주의(정의주의)emotivism 42

『정의, 젠더, 그리고 가족』Justice, Gender, and the Family(수전 몰러 오킨, 1989) 394

정의감sense of justice 46, 78, 91, 137-139, 144, 159, 403, 404, 409

정의로운 시정just rectification 238

정의로운 시초 취득just initial acquisition 238

정의로운 양도just transfer 238, 243

정의로운 저축의 원칙just savings principle 315, 317, 319, 321, 352

『정의로운 전쟁과 정의롭지 않은 전쟁』Just and Unjust Wars(1977) 151, 195

『정의의 제 영역들』Spheres of Justice (마이클 왈저, 1983) 386, 437

정전론just war theory 23, 117, 151, 155-164, 260, 426, 541

정치사상 연구를 위한 국제 컨퍼런스

International Conference for the Study of Political Thought 418
『정치 이론』Political Theory 418
「정치 행위: '더러운 손'의 문제」Political Action: The Problem of Dirty Hands(1973) 192
제1차 뉴딜 41
제2차 바티칸 공의회 157
제3세계주의Third Worldist 296
제3의 길 444, 465, 466, 476
제3의 길 논쟁 411
제국 없는 제국주의 381
제노사이드 172
제도적 분배 이론 154
제도적 정의 21, 24, 108, 170, 217
제도적 평등주의 251, 395, 451
제도주의적 평등주의 251
제이, 더글러스Douglas Jay 68, 73
제이컵슨, 노먼Norman Jacobson 111, 112, 530
제퍼슨, 토머스Thomas Jefferson 52
제퍼슨주의 42, 92, 525
젱킨스, 로이Roy Jenkins 361
존슨, 린든Lyndon Baines Johnson 99, 130, 143, 201, 248
종교 자유에 관한 선언Declaration on Religious Freedom 157
종속이론 264, 265, 267, 272, 274, 275, 290, 297, 400
주들의 권리states' rights 100
주주 가치 혁명 383, 593
죽임을 당하지 않을 권리 341-343
중첩적 합의 21, 22, 145, 146
지구적 남부global south 259, 260, 264-266, 290, 296, 329
지구적 북부global north 259, 264, 265, 267, 279, 303, 329

지구적 정의 이론 25, 32, 34, 260, 283, 302, 305, 306, 453, 455, 509
지구적 평등주의 279, 305
지배의 사회학 380
직관주의intuitionism 45, 71, 93, 94, 98, 129, 169, 191, 223
직접적인 불복종 131
직접 행동하기(함)doing 168
진, 하워드Howard Zinn 131
집단 불이익group disadvantaging 251
집단 책임collective responsibility 166, 178, 180, 181, 186
징병제 23, 154, 187
징집대상자등록위원회National Advisory Commission on Selective Service 117

ᄎ

차등(의) 원칙 21, 37, 77, 208, 209, 220, 228-230, 238, 248, 254, 268-270, 272, 320, 331, 345, 442
참여 민주주의 111, 158, 221, 411, 433
천연자원 269-272, 290-293, 301, 345, 392
『철학과 공공 문제』Philosophy and Public Affairs 98, 131, 136, 150, 169, 190, 212, 252
철학과 공공 문제 학회Society for Philosophy and Public Affairs 98, 131, 158, 162, 163
철학과 공공 정책 연구소Institute for Philosophy and Public Policy 259, 284
『철학과 자연의 거울』Philosophy and the Mirror of Nature(리처드 로티, 1979) 431

초역사적 권리 246
촘스키, 노엄Noam Chomsky 159, 183
최소 수혜자 37, 77, 80, 81, 200, 224, 225, 230, 233, 234, 238, 247, 270, 272, 273, 276, 302, 317, 331, 390
최소주의적 자유주의minimalist liberalism 286, 453, 457, 463
최종 상태 원칙들end-state principles 238
최초의 자산 분배 373, 383
축차적 서열화 221
출발점 이론starting-gate theory 392
칠레 305

ㅋ

『카를 마르크스의 역사 이론: 변론』 Karl Marx's Theory of History: A Defence (조슈아 코언, 1978) 378
카뮈, 알베르Albert Camus 194
카벨, 스탠리Stanley Cavell 85, 115, 415, 424, 425, 427, 454
카브카, 그레고리Gregory Kavka 352
카터, 지미Jimmy Carter 284
카터 행정부 284
칸, 허먼Herman Kahn 345
칸트, 이마누엘Immanuel Kant 28, 35, 39, 48, 65, 94, 198, 201, 213, 226, 227, 297, 299, 301, 351, 352, 394, 408, 417, 421, 437, 452, 457, 458, 523
칸트주의 299, 302, 338, 421, 445, 556
칼레브레시, 귀도Guido Calabresi 372
캘러핸, 대니얼Daniel Callahan 168, 327
캘리포니아 주립대 대 바키 판결 (1978) 248, 254
케네디, 로버트Robert Kennedy 127
케네디, 존 F.John F. Kennedy 130
케인스, 존 메이너드John Maynard Keynes 65, 66, 78, 345, 360, 583
케인스주의 20, 41, 59, 66, 208, 239, 303, 313, 359, 360
케임브리지의 신좌파 클럽 120
케임브리지 학파 448
켈젠, 한스Hans Kelsen 104
코스, 로널드Ronald Coase 371, 588
코언, 마셜Marshall Cohen 98, 128, 129, 136, 164, 195, 223
코언, 제럴드 A.Gerald A. Cohen 26, 239, 363, 377-379, 381, 383, 386-391, 393, 395, 412, 591, 594, 596
코언, 조슈아Joshua Cohen 410
코언, 칼Carl Cohen 118, 132
코윈, 에드워드Edward Corwin 52
코저, 루이스Lewis Coser 119
코프먼, 아널드Arnold Kaufman 118, 124, 132
콜, G. D. H.G. D. H. Cole 65
쿠폰 사회주의coupon socialism 384, 392
쿤, 토머스Thomas Kuhn 429
크라우스, 리처드Richard Krouse 385
크로, 짐Jim Crow 99, 114, 178, 245
크로스랜드, 앤서니Anthony Crosland 66, 68-70, 73, 74
크로스먼, 리처드Richard Crossman 68
클라인, 멜라니Melanie Klein 50
키신저, 헨리Henry Kissinger 189
킹, 마틴 루서, 2세Martin Luther King Jr. 118, 119, 127, 129, 130, 141, 162, 532, 537

ㅌ

타운홀 회의town hall meetings 92, 407, 409, 410, 446

탈식민주의 123, 416, 430, 469

태너, 마이클Michael Tanner 170

털럭, 고든Gordon Tullock 206, 229, 318

테일러, 찰스Charles Taylor 27, 69, 415, 431, 438-442, 445, 447, 452, 520, 606, 612

테일러, 텔퍼드Telford Taylor 163, 177

『텔로스』Telos 376

토니, 리처드 H.Richard H. Tawney 69, 71, 73, 223, 228, 437, 455

토머스, 로런스Laurence Thomas 254

토크빌, 알렉시 샤를 앙리 모리스 클레렐 드Alexis Charles Henri Maurice Clérel de Tocqueville 39, 51-53, 62, 71, 77, 92, 123, 409, 446, 448

톰슨, 데니스Dennis Thompson 402

톰슨, 에드워드 파머Edward Palmer Thompson 379

톰슨, 주디스 자비스Judith Jarvis Thomson 98, 168, 249, 328

통치 가능성governability 200, 307

통화주의 359, 405

『퇴보하는 미국 사회』Losing Ground (찰스 머리, 1984) 398

툴민, 스티븐Stephen Toulmin 49, 84

트롤리 문제trolley problem 168, 195, 261

특수 심리special psychologies 78, 79, 91, 94

특수한 권리special rights 105, 291

티트머스, 리처드Richard Titmuss 77, 209, 211, 212, 215, 223, 228, 262

ㅍ

파국주의(파국론)catastrophism 345, 353

파레이스, 필리프 판Philippe Van Parijs 377, 392

파레토 효율Pareto efficiency 219, 371

파시즘 60

파운드, 로스코Roscoe Pound 216

파인버그, 조엘Joel Feinberg 179, 215, 327

파핏, 데릭Derek Parfit 34, 310, 331-338, 346, 353, 386, 394, 581

판데르페인, 로베르트Robert Van der Veen 392

패스모어, 존John Passmore 344, 345, 348

퍼스, 로더릭Roderick Firth 49, 89, 115

퍼트남, 힐러리Hilary Putnam 115

페미니즘 12, 125, 126, 226, 379, 393, 416, 445, 469, 472, 474, 510, 596, 605

페이비언주의(자) 68, 69

페이비언협회Fabian Society 66, 386

페이트먼, 캐럴Carole Pateman 198

페팃, 필립Philip Pettit 401

펜타곤 페이퍼Pentagon Papers 183

펠라기우스주의적 도덕관Pelagian moralities 43, 44

펠프스, 에드먼드Edmund Phelps 317

평균 공리주의 322, 330

평등 원칙equality principle 73, 75, 228

평등주의 8

평등주의적 분배 정의 16

평화주의 117, 124, 151, 156, 157, 159, 160, 162, 164, 166, 167, 169

포기, 토머스Thomas Pogge 260,

301-306, 564, 573
포스너, 리처드Richard Posner 371, 372
포스트구조주의 24, 335, 416, 428, 430
포스트마르크스주의 24, 29, 433
포스트케인스주의 71
포칵, 존 그레이빌 에이가드John Greville Agard Pocock 407, 448
포크, 리처드Richard Falk 158, 177, 183-185, 343
포타스, 에이브Abe Fortas 131, 132
포퍼, 칼Karl Popper 54
폴라니, 칼Karl Polanyi 66, 211, 437, 553
푸코, 미셸Michel Foucault 457, 517
풀러, 론Lon Fuller 104
풋, 필리파Philippa Foot 49, 166, 173
풍요한 사회affluent society 69, 82, 200, 522
프랑스 사회주의자 454
프랑크, 안드레 군더Andre Gunder Frank 264, 265, 271, 273
프랭케나, 윌리엄William Frankena 49, 107
프레비시, 라울Raúl Prebisch 264, 265
프로이트, 지크문트Sigmund Freud 50, 517
프로테스탄트(프로테스탄티즘) 21, 44, 156, 157, 161, 512, 606
프리덤 라이드Freedom Rides 120, 129, 140
프리드, 찰스Charles Fried 98, 169
프리드리히, 칼 J.Carl J. Friedrich 43, 104, 115
프리드만, 볼프강Wolfgang Friedmann 107
프리드먼, 밀턴Milton Friedman 116, 207, 359, 398
플라메나츠, 존John Plamenatz 71
피구, 아서 C.Arthur. C. Pigou 210, 212, 318
피스, 오언Owen Fiss 98, 128, 251, 252
피아제, 장Jean Piaget 50, 54, 515
피트킨, 한나Hanna Fenichel Pitkin 111-114, 121

ㅎ

하딘, 개릿Garrett Hardin 339, 340, 342, 344, 345, 582
하먼, 길버트Gilbert Harman 169
하버마스, 위르겐Jürgen Habermas 24, 376, 408, 418, 590
하사니, 존John Harsanyi 89, 224, 225
하우, 어빙Irving Howe 119
하이에크, 프리드리히Friedrich Hayek 42, 58, 68, 206, 207, 209, 212, 361, 385, 398, 511
하일브로너, 로버트Robert Heilbroner 336
하츠, 루이스Louis Hartz 120
하트, H. L. A.H. L. A. Hart 54, 65, 68-70, 85, 104-108, 133, 176, 178, 179, 183, 215, 291, 347, 424, 545
한계 생산성 56, 72, 74, 308
할인율 319, 354
합동 소유joint ownership 363
합리적 기대 313, 359, 397
합리적 기대 이론rational expectations theory 359
합리적 바보 336
합리적 선택 이론 45, 90, 225, 379, 408

합리적 토론 46, 48
합법적 살해legitimate killing 166
해링턴, 마이클Michael Harrington 200
해석주의 429, 449
해외 원조 263, 264, 283, 292
해체주의 416, 428
핵전쟁 156, 158, 196
햄프셔, 스튜어트Stuart Hampshire 65,
    150, 165, 199, 228, 313, 420,
    427
행정국가administrative state 11, 20, 39,
    42, 43, 52, 82, 86, 94, 95, 175,
    298, 372, 402, 412, 514, 524
행태주의 45, 111, 418, 420, 430,
    431
허시, 시모어Seymour Hersh 161
허용-(하기)allowing 168
헌법 공동체constitutional community 134
헌법 선택constitutional choice 이론 206
헌정적 반혁명constitutional
    counterrevolution 405
헌정주의 52, 143, 151, 206, 207,
    218, 219, 223, 231, 465
헌팅턴, 새뮤얼Samuel Huntington 277
헤겔, 게오르크 빌헬름 프리드리히
    Georg Wilhelm Friedrich Hegel 28, 35,
    39, 50, 82, 376, 431, 437, 446,
    452, 453, 510

헤겔주의 40, 301, 445
헤어, 리처드Richard Hare 65, 190,
    261, 330
헤이스팅스 연구소 168, 344
헬드, 버지니아Virginia Held 125, 142
혁신주의(진보주의)Progressivism 42,
    116, 577
현재적 편향 316, 320, 354
현재주의presentism 244, 247, 312,
    327
호프만, 스탠리Stanley Hoffmann 115,
    283, 286
호혜적 관점reciprocity view 111
홀리스, 마틴Martin Hollis 336
홉스, 토머스Thomas Hobbes 347, 620
홉슨, 존 A.John A. Hobson 210
화이트, 모턴Morton White 115
『환경 윤리』Environmental Ethics 309
효과적 이타주의effective altruism (운동)
    262
후견주의 470
훅, 시드니Sidney Hook 107, 131
흄, 데이비드David Hume 27, 35, 39,
    55, 78, 88, 201, 213, 299, 350,
    351, 453, 457, 458, 553
흑인 사상(가) 141, 469
흑표당Black Panther 131